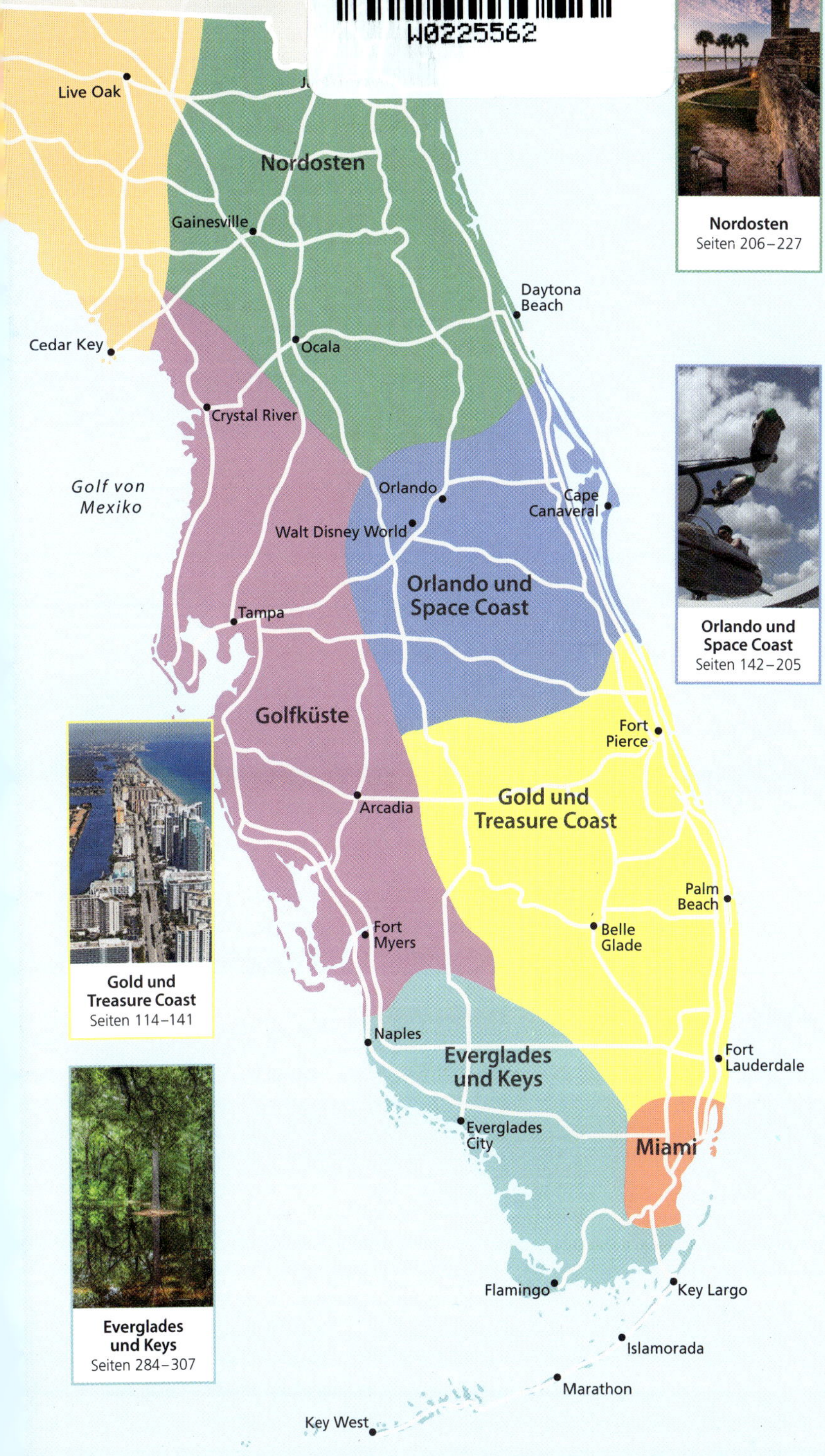

Nordosten
Seiten 206–227

Orlando und Space Coast
Seiten 142–205

Gold und Treasure Coast
Seiten 114–141

Everglades und Keys
Seiten 284–307

VIS-À-VIS

FLORIDA

VIS-À-VIS

FLORIDA

DK

London • New York • München
Melbourne • Delhi

DK | Penguin Random House

www.dorlingkindersley.de

Texte
Ruth und Eric Bailey, Richard Cawthorne, David Dick,
Guy Mansell, Fred Mawer, Emma Stanford, Phyllis Steinberg

Fotografien
Max Alexander, Dave King,
Stephen Whitehorne, Linda Whitwam

Illustrationen
Richard Bonson, Richard Draper,
Chris Orr & Ass., Pat Thorne, John Woodcock

Kartografie
EMS Ltd., East Grinstead (UK)

Redaktion und Gestaltung
Dorling Kindersley London: Vivien Crump, Jane Ewart, Emily Hatchwell, Janice English, Robert Purnell, Freddy Hamilton, Jane Oliver, Naomi Peck, Andrew Szudek, Jill Andrews, Frank Cawley, Dawn Davies-Cook, Eli Estaugh, Somin Oon, Edmund White

Titel der englischen Originalausgabe:
Eyewitness Travel Guide *Florida*
Zuerst erschienen 1997 in Großbritannien
bei Dorling Kindersley Ltd.
A Penguin Random House Company

Für die deutsche Ausgabe:

Ein Unternehmen der Penguin Random House Group

Aktualisierte Neuauflage 2017/2018

Programmleitung Dr. Jörg Theilacker, DK Verlag
Projektleitung Stefanie Franz, DK Verlag
Projektassistenz Antonia Wiesmeier, DK Verlag
Übersetzung Barbara Rusch, Marion Welp, Pia Arras-Pretzler und Susanne Fütterer
Redaktion Gerhard Bruschke, München
Schlussredaktion Philip Anton, Köln
Umschlaggestaltung Ute Berretz, München
Satz und Produktion DK Verlag
Druck RR Donnelley Asia Printing Solutions Ltd.

ISBN 978-3-7342-0184-4
18 19 20 21 21 20 19 18

Dieser Reiseführer wird regelmäßig aktualisiert. Angaben wie Telefonnummern, Öffnungszeiten, Adressen, Preise und Fahrpläne können sich jedoch ändern. Der Verlag kann für fehlerhafte oder veraltete Angaben nicht haftbar gemacht werden. Für Hinweise, Verbesserungsvorschläge und Korrekturen ist der Verlag dankbar. Bitte richten Sie Ihr Schreiben an:

Dorling Kindersley Verlag GmbH
Redaktion Reiseführer
Arnulfstraße 124 • 80636 München
travel@dk-germany.de

◀ **Renovierte Art-déco-Hotels, South Beach, Miami** ***(siehe S. 66f)***
◀◀ **Umschlag: Hollywood Beach nördlich von Miami** ***(siehe S. 140)***

Inhalt

Tiffany-Fenster in St. Augustine ***(siehe S. 217)***

Florida stellt sich vor

Leuchtturm am Ponce de León Inlet nahe Daytona Beach ***(siehe S. 222)***

Eingang zu Mission: SPACE®, Epcot®, Walt Disney World® Resort *(siehe S. 158f)*

Miami

Urlauberin an einem schneeweißen Strand in Florida

Die Regionen Floridas

Zu Gast in Florida

Grundinformationen

Flamingos im Everglades National Park *(siehe S. 290 – 295)*

Villa Vizcaya, Miami *(siehe S. 90f)*

FLORIDA STELLT SICH VOR

Florida entdecken

Florida erstreckt sich über zwei Zeitzonen, eine Autofahrt von Key West an der Südspitze nach Pensacola im äußersten Nordwesten dauert über zwölf Stunden. Der US-Bundesstaat bietet eine Vielzahl an Sehenswürdigkeiten. Die folgenden Touren sind so konzipiert, dass Sie möglichst viele Highlights dieser einzigartigen Region erleben, ohne allzu weite Wege zurücklegen zu müssen. Die Routen beginnen in Miami bzw. Orlando, über deren Flughäfen die meisten Urlauber Florida erreichen.

Eine zweitägige Tour durch Miami macht mit der Metropole vertraut, eine einwöchige Tour ins tropische Florida verläuft von Miami über Keys und Everglades. Eine Fünf-Tage-Tour mit Orlando und Space Coast lässt sich sehr gut mit den weltberühmten Themenparks verbinden, eine zweiwöchige Tour führt durch das Zentrum und den Norden von Florida.

Daytona International Speedway
Einen Adrenalinkick erleben die Zuschauer eines rasanten Autorennens in dem weltbekannten Motodrom. Die Tickets sind oft schon lange vor den Rennen vergriffen *(siehe S. 222)*.

Zwei Wochen in Zentrum und Norden

- Tolle Aussicht in den **Bok Tower Gardens** vom höchsten Punkt Floridas, danach lockt **LEGOLAND® Florida**.
- Bummel durch **Sarasota**, das kulturelle Zentrum des Bundesstaats mit vielen Museen und Sammlungen.
- Spaß für die ganze Familie im Wasserpark **Weeki Wachee Springs**.
- Mit dem Kanu durch den **Ocala National Forest**.
- Nervenkitzel beim Autorennen: **Daytona International Speedway**.
- Besichtigung der **Kingsley Plantation** auf Fort George Island.

Eine Woche im Süden

- Tropisches Ambiente in den Grünanlagen von **Miami**.
- Auf dem Overseas Highway über die Keys bis nach **Key West**.
- Schnorcheln und schwimmen in den **Florida Keys**.
- Zu Fuß oder per Kanu durch den **Everglades National Park**.
- Indianische Kultur und Kunsthandwerk erleben im **Miccosukee Indian Village**.
- Spaziergung unter alten Zypressen im **Corkscrew Swamp Sanctuary**.

Legende

- Zwei Wochen in Zentrum und Norden
- Eine Woche im Süden
- Fünf Tage in Orlando und an der Space Coast

◀ ***Winter in Florida*, Ölgemälde des irischen Landschaftsmalers Sir John Lavery (1856–1941)**

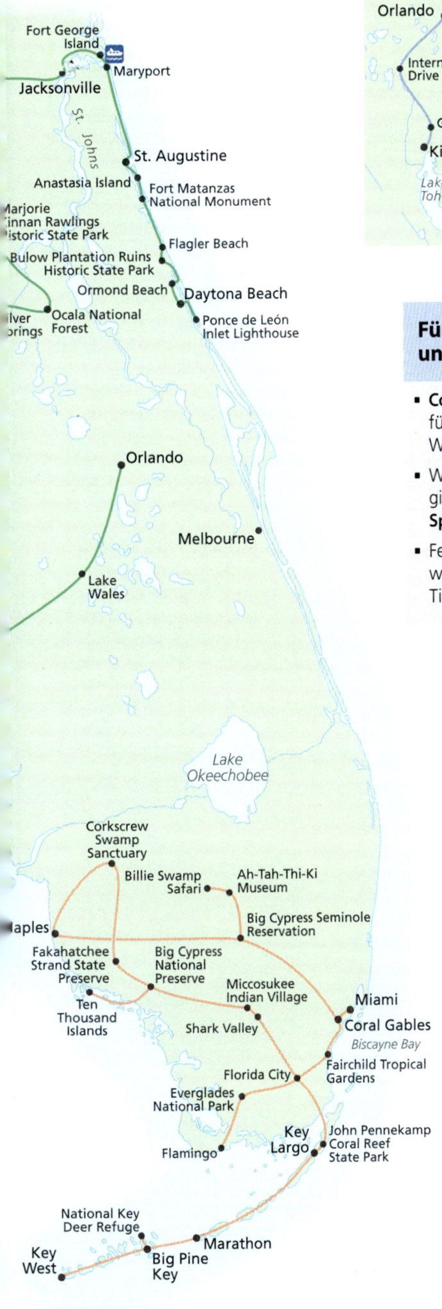

Fünf Tage in Orlando und an der Space Coast

- **Cocoa Beach** – Mekka für Surfer und andere Wassersportler.
- Weltraumerlebnis pur im gigantischen **Kennedy Space Center**.
- Feinstes Kunsthandwerk aus dem Hause Tiffany in **Winter Park**.
- Schlendern durch den größten Rosengarten von Florida in Orlandos **Harry P. Leu Gardens**.
- Im Angesicht von Alligatoren und Giftschlangen in **Gatorland**.
- Fahrt mit dem Riesenrad **The Orlando Eye**.

Key Largo
Bei einem Tauchgang im Korallenriff direkt vor der Küste von Key Largo erlebt man eine artenreiche und faszinierende Unterwasserwelt *(siehe S. 296)*.

Zwei Tage in Miami

Die Metropole hat eine lebendige Kulturszene. Einflüsse aus Lateinamerika und der Karibik sind an vielen Stellen Miamis spürbar.

- **Anreise** Miami International Airport ist 16 Kilometer von Miami Beach entfernt.
- **Weiterreise** Vom Flughafen kommt man mit einem Taxi oder mit dem Metrobus 150 Airport Flyer nach Miami Beach.
- **Reservierung** Hotelzimmer sollte man im Voraus reservieren.

Erster Tag

Vormittags Genießen Sie den Sonnenaufgang über dem Meer, dann ist es in **Miami Beach** am ruhigsten. Bummeln Sie anschließend zum **Bayside Marketplace** *(siehe S. 78)*, wo die **Port Miami Bootstouren** *(siehe S. 79)* starten. Bei einer 90-minütigen Tour erleben Sie die Skyline der Metropole. Die zehnminütige Fahrt mit dem Metromover *(siehe S. 77)*, der Downtown umrundet, bietet ebenfalls einen Überblick über die faszinierende Architektur der Stadt.

Nachmittags Das renommierte **Miami-Dade Cultural Center** *(siehe S. 78)* ist eine erstklassige Kulturstätte. Schlendern Sie anschließend ein wenig durch **South Beach** *(siehe S. 70)*. Am Abend locken die Bars und Clubs des Viertels, darunter auch das angesagte Marlin Hotel *(siehe S. 69)*.

Space Shuttle *Atlantis*, Kennedy Space Center *(siehe S. 200–205)*

Zweiter Tag

Vormittags Den **Ocean Drive** *(siehe S. 64–67)* – vor allem zwischen 6th und 13th Street – säumen schön restaurierte Art-déco-Gebäude. Die Miami Design Preservation League *(siehe S. 68)* bietet Führungen durch das Viertel an. Für eine Shopping-Tour eignet sich die **Lincoln Road Mall** *(siehe S. 72)*.

Nachmittags Das **Wolfsonian Museum** *(siehe S. 71)* zeigt rund 80 000 Designobjekte. Das jüdische Erbe Miamis wird im **Jewish Museum of Florida** *(siehe S. 71)* und durch das **Holocaust Memorial** *(siehe S. 72)* dokumentiert.

Fünf Tage in Orlando und an der Space Coast

Die gigantischen Fantasiewelten der weltberühmten Themenparks locken Besucher aus allen Kontinenten nach Orlando. In der Stadt und an der Space Coast gibt es jedoch noch wesentlich mehr zu entdecken.

- **An-/Abreise** Start- und Endpunkt der Tour ist Orlando.
- **Weiterreise** Für die beschriebene Tour benötigt man ein Auto.

Erster Tag: Cocoa und Cocoa Beach

Fahren Sie von Orlando nach **Cocoa** *(siehe S. 199)*. Ein Streifzug durch diesen attraktiven Ort führt zu vielen historischen Gebäuden, wie etwa zum Porcher House. Nach dem Mittagessen überqueren Sie die Brücke zum **Cocoa Beach** *(siehe S. 199)*, wo sich Floridas Surferszene tummelt. Der **Ron Jon Surf Shop** *(siehe S. 199)* verleiht Surfbretter und bietet Kurse an. Gut sonnenbaden kann man am **Lori Wilson Park**, einem schönen Strandabschnitt.

Zweiter Tag: KSC und Merritt Island

Hinter die Kulissen der US-Weltraumprogramme blickt man im Kennedy Space Center *(siehe S. 200–205)*. Einen ersten Überblick bietet die Ausstellung Early Space Exploration *(siehe S. 203)*. Spannend wird es im IMAX® Theater *(siehe S. 201)* und bei der Shuttle Atlantis Experience *(siehe S. 201)*, wo der Start eines Space Shuttle simuliert wird. Nach dem Lunch with an Astronaut *(siehe S. 200)* nimmt man an einer KSC-Bustour teil *(siehe S. 201)*. Zum Abschluss des Tages fährt man zum **Merritt Island National Wildlife Refuge** *(siehe S. 198)*.

Tipp zur Verlängerung
New Smyrna Beach bietet schöne Küstenlandschaften und einen Ort mit gut erhaltener Bausubstanz.

Dritter Tag: Orlando und Winter Park

Das **Charles Hosmer Morse Museum of American Art** in **Winter Park** *(siehe S. 191)* präsentiert Schmuck aus dem Hause Tiffany. Nach der Mittagspause in einem Café an der **Park Avenue** *(siehe S. 191)* begeben Sie sich auf die **Scenic Boat Tour** *(siehe S. 191)*, dann lockt das **Cornell Fine Arts Museum** *(siehe S. 191)* mit einer Gemäldesammlung.

Vierter Tag: Orlando und International Drive

Ein Morgenspaziergang führt durch **Harry P. Leu Gardens** *(siehe S. 190)* mit dem größten Rosengarten Floridas. Nach einem Besuch des **Orlando Science Center** *(siehe S. 191)* essen Sie am **Lake Eola** *(siehe S. 190)* zu Mittag. Beenden Sie den Tag am International Drive, wo Sie die Aussicht von **The Orlando Eye** genießen. Spaß für die ganze Familie bietet **Wonder Works** *(siehe S. 192)*.

Tipp zur Verlängerung
Weitere Highlights: **SEA LIFE Aquarium** und **Madame Tussauds** *(siehe S. 181)*.

Weitere Informationen zu den Verkehrsmitteln innerhalb Floridas *siehe Seiten 378–387*

Coral Gables City Hall, Miami *(siehe S. 86)*

Fünfter Tag: Kissimmee
Alligatoren ganz nahe kommen Besucher von **Gatorland** *(siehe S. 192f)*, weitere Attraktionen sind ein Avarium und ein Streichelzoo. Am **Lake Toho** *(siehe S. 194)* liegt **Kissimmee** *(siehe S. 193)*, dessen **Old Town** mit ausgefallenen Shops aufwartet. Genießen Sie am Abend eine der turbulenten Dinner-Shows wie etwa **Medieval Times** *(siehe S. 193)*.

Eine Woche im Süden

- **An-/Abreise** Start- und Endpunkt der Tour ist Miami.
- **Weiterreise** Für die Erkundung dieses Teils von Florida benötigt man ein Auto.

Erster Tag: Tropisches Miami
Ein ganz spezielles Flair verströmt **Coconut Grove Village** *(siehe S. 88)*, ein ehemaliger Hippie-Treffpunkt. Aus Tropenholz der Umgebung wurde das **Barnacle** *(siehe S. 88f)*, ein erhabenes Anwesen, erbaut. Die von Stil und Eleganz geprägte Gemeinde Coral Gables *(siehe S. 83–85)* zählt zu den reichsten Kommunen der Vereinigten Staaten. Idylle pur genießt man im **Fairchild Tropical Botanic Garden** *(siehe S. 96)*.

Zweiter Tag: Everglades Main Park Road
Bei einer Fahrt auf der 63 Kilometer langen Main Park Road bekommt man einen guten Überblick über die Vielfalt im **Everglades National Park** *(siehe S. 290–295)* – nehmen Sie dafür Sonnen- und Insektenschutzmittel mit. Die Besucherzentren machen mit Flora und Fauna des Schutzgebiets vertraut. Zu den beliebtesten Routen durch den Park gehören der **Anhinga Trail** *(siehe S. 291)* und der **Pineland Trail** *(siehe S. 294)*. Sehr schön ist der Blick über die Prärie vom **Pa-hay-okee Overlook** *(siehe S. 295)*. Ein guter Stützpunkt für Tierbeobachtungen ist **Flamingo** *(siehe S. 295)*. Der **Mahogany Hammock Boardwalk** *(siehe S. 291)* führt durch die größten Bauminseln des Areals.

Dritter Tag: Key Largo, Big Pine Key und Key West
Auf dem Overseas Highway (US 1) geht es zu den Florida Keys. **Key Largo** *(siehe S. 296)* ist die lebhafteste der Inseln. Im **John Pennekamp Coral Reef State Park** *(siehe S. 296f)* geht es per Boot zum Korallenriff. Von der Aussichtsplattform im **Blue Hole** *(siehe S. 301)* sieht man Hirsche. Die Route führt bis zum Ende der Inselkette in **Key West** *(siehe S. 302–307)*. Die Duval Street *(siehe S. 302)* ist sehr beliebt, den Sonnenuntergang genießt man am Mallory Square *(siehe S. 304)*.

Tipp zur Verlängerung
Verbringen Sie zwei Tage in **Key West** *(siehe S. 302–307)*, um Zeit für die vielen Attraktionen zu haben.

Vierter Tag: Key West, Marathon und Key Largo
Starten Sie in den Tag mit einer Besichtigung des **Fort Zachary Taylor Historic State Park** *(siehe S. 306)*, danach geht es mit dem Conch Train *(siehe S. 304)* durch Key West. Das **Wreckers' Museum** *(siehe S. 306)* zeigt die maritime Geschichte der Keys. Bei der Rückfahrt lohnt ein Stopp im bei Anglern und Strandurlaubern beliebten **Crane Point Hammock** *(siehe S. 300)* in Marathon. Lassen Sie den Tag am Strand von **Key Largo** *(siehe S. 296)* ausklingen.

Fünfter Tag: Everglades und Big Cypress
Von Key Largo geht es auf dem **Tamiami Trail** *(siehe S. 285)* nach Norden durch die Everglades. Mit Bahn oder Rad gelangt man zum Aussichtsturm im **Shark Valley** *(siehe S. 291)*. Indianische Kultur erlebt man in **Miccosukee Indian Village** *(siehe S. 289)*. **Big Cypress National Preserve** *(siehe S. 288f)* ist das größte Naturschutzgebiet des hiesigen Sumpflands.

Sechster Tag: Everglades, Big Cypress und Naples
Frühmorgens ist die beste Zeit für eine Bootstour vom **Gulf Coast Visitor Center** *(siehe S. 291)* zu den **Ten Thousand Islands** *(siehe S. 290)* im Westen des Everglades National Park. Der **Fakahatchee Strand Preserve State Park** *(siehe S. 289)* zählt zu den artenreichsten Gebieten Floridas. Machen Sie danach einen Abstecher zu den Zypressen des **Audubon of Florida's Corkscrew Swamp Sanctuary** *(siehe S. 289)*. Beenden Sie den Tag in **Naples** *(siehe S. 288)*.

Tipp zur Verlängerung
Weitere Ziele in der Umgebung sind **Fort Myers** *(siehe S. 280f)* und **Sanibel Island** *(siehe S. 282f)*.

Siebter Tag: Naples, Big Cypress und Coral Gables
Die Tour verläuft auf der Alligator Alley (I-75) durch den Big Cypress Swamp. Nehmen Sie die Ausfahrt zum **Big Cypress National Preserve** *(siehe S. 288f)* mit dem **Ah-Tah-Thi-Ki Museum** *(siehe S. 289)* zur Kultur der Seminolen. Die einwöchige Tour durch den Süden Floridas endet in **Coral Gables** *(siehe S. 83–85)*.

Zwei Wochen in Zentrum und Norden

- **An-/Abreise** Start- und Endpunkt der Tour ist Orlando.
- **Weiterreise** Für das Reisen entlang dieser Route ist ein Auto notwendig.

Erster Tag: Orlando bis Bradenton

Von Orlando führt die Tour Richtung Süden nach Lake Wales. Genießen Sie ein paar Stunden die Idylle in den **Bok Tower Gardens** *(siehe S. 195)*. Die nächsten Ziele sind **Gamble Plantation Historic State Park** *(siehe S. 270f)* und **Anna Maria Island** *(siehe S. 271)*.

Tipp zur Verlängerung
Für einen Besuch von **LEGOLAND®** *(siehe S. 196f)* sollte man einen ganzen Tag einplanen.

Zweiter Tag: Bradenton und Sarasota

Brechen Sie schon früh zum **De Soto National Memorial** *(siehe S. 271)* auf. Ein absolutes Muss ist ein Besuch der umfangreichen Kunstsammlung im **Ringling Museum** *(siehe S. 274–277)* in **Sarasota**, dessen Zentrum sich wunderbar zum Shoppen eignet. Ideal für ein genussvolles Abendessen sind die Restaurants im **St. Armands Circle** *(siehe S. 273)*.

Dritter Tag: Tampa und Ybor City

Das **Florida Aquarium** *(siehe S. 266)* in **Tampa** *(siehe S. 262–267)* zählt zu den größten in den USA. Besucher lernen hier auch die faszinierende Welt der Korallenriffe kennen. Das Viertel **Ybor City** *(siehe S. 264f)* ist besonders stimmungsvoll. Seine kubanischen Wurzeln werden im **Ybor City State Museum** *(siehe S. 265)* illustriert.

Tipp zur Verlängerung
Weitere Attraktionen in Tampa sind **Busch Gardens** *(siehe S. 268f)* und **Lowry Park Zoo** *(siehe S. 266f)*.

Vierter Tag: St. Petersburg und Clearwater Beach

St. Petersburg *(siehe S. 258–261)* lässt sich wunderbar zu Fuß erkunden. Das **Salvador Dalí Museum** *(siehe S. 260f)* und das **Museum of Fine Arts** *(siehe S. 259)* sind nur zwei von vielen kulturellen Highlights dieser an Attraktionen reichen Stadt. Durch tropische Vegetation schlendert man in den **Sunken Gardens** *(siehe S. 259)*. **Sand Key Park** *(siehe S. 257)* und **Clearwater Beach** *(siehe S. 256)* sind beliebte Strände.

Fünfter Tag: Dunedin und Tarpon Springs

Das von einem Schotten gegründete **Dunedin** *(siehe S. 255)* verströmt kleinstädtisches Flair, wartet aber mit kulturellen Sehenswürdigkeiten auf. Zu Fuß oder mit dem Fahrrad begibt man sich auf den **Pinellas Trail** *(siehe S. 255)*. Nächstes Etappenziel ist der **Honeymoon Island State Park** *(siehe S. 255)*, ein Brutgebiet der Fischadler. Lassen Sie den Tag in **Tarpon Springs** *(siehe S. 255)* ausklingen.

Sechster Tag: Entlang der Küste

Mit vielfältigen Attraktionen überzeugt der traditionsreiche Themenpark **Weeki Wachee Springs** *(siehe S. 254f)*. Seekühe aus nächster Nähe erleben die Besucher des **Homosassa Springs Wildlife State Park** *(siehe S. 254)*. Verbringen Sie den Abend in **Crystal River** *(siehe S. 254)*, wo Sie am Ende des Fort Island Trail, einer beliebten, bis zum Golf von Mexiko führenden Autoroute, einen unvergesslichen Sonnenuntergang genießen.

Flamingos im Homosassa Springs Wildlife State Park ***(siehe S. 254)***

Tipp zur Verlängerung
Im **Crystal River National Wildlife Refuge** *(siehe S. 254)* kann man neben Seekühen schnorcheln.

Siebter Tag: Ocala

Ocala *(siehe S. 226)* ist bekannt als Zentrum der Pferdezucht und Ausgangspunkt für vielfältige Outdoor-Aktivitäten. Im nahe gelegenen **Silver Springs** *(siehe S. 225)* starten u. a. Jeep-Safaris und Buschwanderungen sowie Bootstouren. Der Black Bear Scenic Byway führt in den **Ocala National Forest** *(siehe S. 225)*, in dessen Juniper Springs Recreation Area eine wunderschöne, elf Kilometer lange Kanutour den Juniper Creek hinunter startet.

Skyline und Hafen von St. Petersburg ***(siehe S. 258–261)***

Weitere Informationen zu den Verkehrsmitteln innerhalb Floridas *siehe Seiten 378–387*

Achter Tag: Gainesville

Der Universitätssitz **Gainesville** *(siehe S. 227)* ist eine Kulturstadt ersten Ranges mit diversen Museen. Der **Marjorie Kinnan Rawlings Historic State Park** *(siehe S. 226)* in Cross Creek dokumentiert das Leben in Florida in den 1940er Jahren. In **Micanopy** *(siehe S. 226)* wurde der Charme des 1821 gegründeten Handelspostens bewahrt, Antiquitätensammler können hier ausgiebig stöbern. Zur Tierbeobachtung fährt man ins **Paynes Prairie State Preserve** *(siehe S. 227)*.

Neunter Tag: Gainesville und Suwannee River

Beginnen Sie den Tag mit einem Besuch in Gainesvilles **Florida Museum of Natural History** *(siehe S. 227)*, das riesige Sammlungen von Fossilien, Insekten und Muscheln präsentiert. Durch kleine Orte führt die Route in den **Suwannee River State Park** *(siehe S. 248)*. Neben eindrucksvoller Natur locken hier auch ausgedehnte Kanutouren auf dem gemächlich dahinfließenden Suwannee River.

Tipp zur Verlängerung
Bleiben Sie zwei Tage im Panhandle, um Floridas Hauptstadt **Tallahassee** *(siehe S. 246f)* mit seinen sehenswerten Attraktionen wie **Goodwood Museum and Gardens** *(siehe S. 247)* und **Tallahassee Museum** *(siehe S. 247)* näher kennenzulernen.

Zehnter Tag: Jacksonville

Das am Ufer des St. Johns River gelegene **Cummer Museum of Art and Gardens** *(siehe S. 213)* zeigt Sammlungen mit Gemälden und Kunsthandwerk. Die **Kingsley Plantation** *(siehe S. 211)* an der Nordspitze von Fort George Island ist das älteste Plantagenhaus Floridas. Mit der Mayport Ferry fahren Sie über den St. Johns River nach **Mayport** *(siehe S. 213)*, wo Sie vor dem Abendessen durch den **Kathryn Abbey Hanna Park** *(siehe S. 213)* bummeln.

Der lang gestreckte Daytona Beach *(siehe S. 221)*

Elfter Tag: St. Augustine

Die Küstenstraße A1A führt in Richtung Süden in das Städtchen **St. Augustine** *(siehe S. 214–219)*. Schlendern Sie ein wenig durch die von vielen Sehenswürdigkeiten gesäumte **St. George Street** *(siehe S. 216f)*, um sich einen ersten Überblick zu verschaffen. Die Geschichte von St. Augustine beleuchten u. a. das **Colonial Quarter** *(siehe S. 216)* und das **Lightner Museum** *(siehe S. 217)*. Nach einem Bummel durch die Läden und Galerien können Sie abends durch die Pubs ziehen.

Zwölfter Tag: St. Augustine

Das steinerne **Castillo de San Marcos** *(siehe S. 218f)* blickt auf eine bewegte Geschichte zurück. Über die Bridge of Lions erreicht man Anastasia Island. Der Ende des 19. Jahrhunderts eröffnete **St. Augustine Alligator Farm Zoological Park** *(siehe S. 217)* ist Floridas ältester Tierpark. Der Aufstieg auf die Aussichtsterrasse des **St. Augustine Lighthouse** *(siehe S. 217)* wird mit einem wunderbaren Panoramablick belohnt.

13. Tag: Traumstraße A1A

Erstes Etappenziel bei Weiterfahrt auf der A1A nach Süden ist **Fort Matanzas National Park** *(siehe S. 220)* mit einer aus der spanischen Kolonialzeit stammenden Festung. Der **Washington Oaks Gardens State Park** *(siehe S. 220)* umfasst herrliche Baumbestände. Versäumen Sie nicht den Besuch des charmanten Orts **Flagler Beach** *(siehe S. 220)*, über den Sie den **Bulow Plantation Ruins Historic State Park** *(siehe S. 220)*, Standort einer ehemaligen Plantage, erreichen. Lassen Sie den Tag in **Ormond Beach** *(siehe S. 220f)* ausklingen.

14. Tag: Daytona Beach

Ein Besuch von **Daytona International Speedway** *(siehe S. 222)* ist ein Muss für Fans des Motorsports. Das **Museum of Arts and Sciences** *(siehe S. 221)* birgt erstklassige kubanische und afrikanische Sammlungen. Vom **Ponce de León Inlet Lighthouse** *(siehe S. 222)* genießen Sie die Aussicht über die Küstenlandschaft.

Washington Oaks Gardens State Park *(siehe S. 220)*

Florida auf der Karte

Florida ist der südlichste Staat der kontinentalen USA. Die Halbinsel erstreckt sich von Norden nach Süden über 690 Kilometer zwischen dem Atlantischen Ozean und dem Golf von Mexiko in Richtung Karibische Inseln. Der gesamte Staat ist mit 170 304 Quadratkilometern etwas größer als England. Hier leben rund 20 Millionen Menschen. Die relativ kleine Hauptstadt Tallahassee liegt auf dem »Pfannenstiel« (Panhandle), einem schmalen Landstrich im Westen des Staates am Golf von Mexiko. Floridas »Tore zur Welt« sind Miami und Orlando.

Zeichenerklärung *siehe hintere Umschlagklappe*

KANADA
ONTARIO
QUEBEC
Albany
Moosonee
Lake Nipigon
Lake Superior
Lake Michigan
Lake Huron
Lake Ontario
Lake Erie
Québec
Fredericton
Halifax
Yarmouth
Montréal
Mirabel
Ottawa
OTTAWA
Lester B Pearson
Toronto
Buffalo
MAINE
VT
NH
Logan
Boston
MA
RI
CT
NEW YORK
New York
JFK
Philadelphia
PENNSYLVANIA
NJ
Baltimore
DE
MD
WASHINGTON, DC
Dulles
Pittsburgh
Cleveland
Detroit Metropolitan
Detroit
MICHIGAN
WISCONSIN
Minneapolis
St. Paul
Minneapolis-St. Paul
Milwaukee
Chicago
Chicago-O'Hare
INDIANA
OHIO
Ohio
ILLINOIS
Indianapolis
Cincinnati
WEST VIRGINIA
VIRGINIA
Missouri
Kansas City
Lambert-St. Louis
St. Louis
Louisville
KENTUCKY
MISSOURI
Mississippi
Nashville
Charlotte-Douglas
Charlotte
NORTH CAROLINA
SOUTH CAROLINA
ARKANSAS
Arkansas
Memphis
TENNESSEE
Tennessee
Little Rock
MISSISSIPPI
ALABAMA
Alabama
Birmingham
Atlanta
Savannah
GEORGIA
Jackson
Montgomery
LOUISIANA
Jacksonville
Tallahassee
FLORIDA
Houston
New Orleans
Orlando
Tampa
Miami
ATLANTISCHER OZEAN
0 Kilometer 400
0 Meilen 200
Siehe S. 18f
BAHAMAS
GOLF VON MEXIKO
LA HABANA (HAVANNA)
KUBA
JAMAIKA
KINGSTON
Mérida
YUCATAN
QUINTANA ROO
Chetumal
CAMPECHE
BELIZE
CHIAPAS
GUATEMALA
Legende
Interstate Highway
Eisenbahn
Staatsgrenze
Bundesstaatsgrenze

Straßenkarte Florida

Entfernungstabelle

10 = Entfernung in Meilen
10 = Entfernung in Kilometern

	Miami	Fort Myers	Gainesville	Jacksonville	Key West	Orlando	Palm Beach	Panama City	Pensacola	St. Augustine	St. Petersburg	Sarasota	Tallahassee
Fort Myers	141 **227**												
Gainesville	331 **533**	230 **370**											
Jacksonville	345 **555**	285 **459**	62 **100**										
Key West	155 **249**	270 **434**	474 **763**	493 **793**									
Orlando	228 **367**	153 **246**	109 **175**	134 **216**	371 **597**								
Palm Beach	64 **103**	124 **200**	269 **433**	274 **441**	219 **352**	166 **267**							
Panama City	555 **893**	448 **721**	236 **380**	260 **418**	698 **1123**	334 **537**	493 **793**						
Pensacola	649 **1044**	541 **871**	330 **531**	354 **570**	792 **1274**	428 **689**	587 **944**	103 **166**					
St. Augustine	308 **496**	251 **404**	73 **118**	39 **63**	461 **742**	96 **154**	238 **383**	293 **471**	387 **623**				
St. Petersburg	251 **404**	110 **177**	143 **230**	209 **336**	379 **610**	105 **169**	200 **322**	342 **550**	435 **700**	198 **319**			
Sarasota	214 **344**	71 **114**	179 **288**	240 **386**	344 **553**	132 **212**	174 **280**	378 **608**	471 **758**	228 **367**	39 **63**		
Tallahassee	463 **745**	356 **573**	144 **232**	163 **262**	606 **975**	242 **389**	401 **645**	97 **156**	191 **307**	195 **314**	250 **402**	286 **460**	
Tampa	245 **394**	123 **198**	128 **206**	190 **306**	387 **623**	85 **137**	192 **309**	331 **533**	425 **684**	179 **288**	20 **32**	53 **85**	239 **383**

Zeichenerklärung *siehe hintere Umschlagklappe*

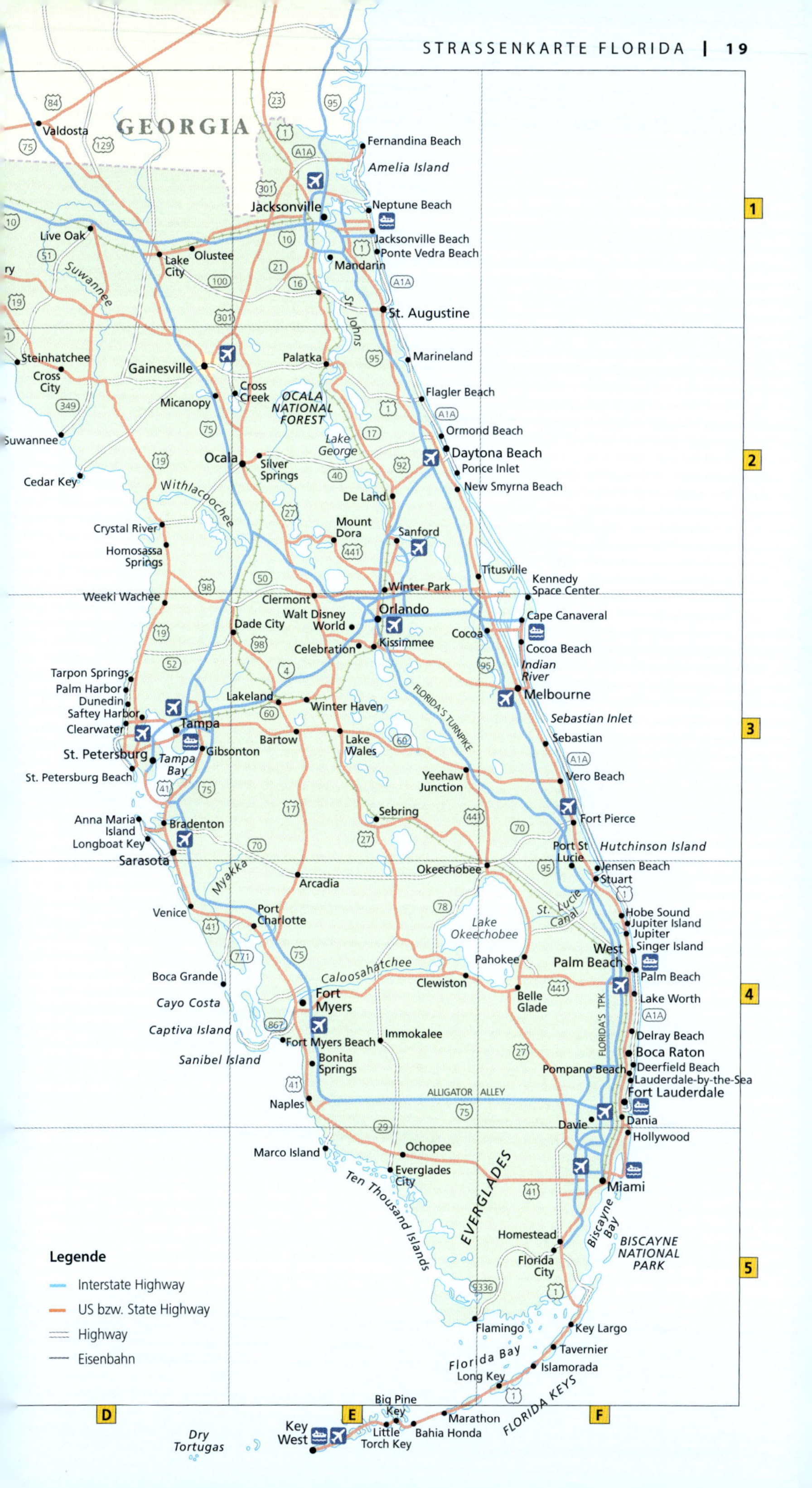
GEORGIA
Valdosta
Fernandina Beach
Amelia Island
Jacksonville
Neptune Beach
Jacksonville Beach
Ponte Vedra Beach
Mandarin
Live Oak
Lake City
Olustee
Suwannee
St. Johns
St. Augustine
Steinhatchee
Cross City
Gainesville
Palatka
Marineland
Cross Creek
Micanopy
OCALA NATIONAL FOREST
Flagler Beach
Suwannee
Lake George
Ormond Beach
Ocala
Silver Springs
Daytona Beach
Ponce Inlet
New Smyrna Beach
Cedar Key
Withlacoochee
De Land
Crystal River
Mount Dora
Sanford
Homosassa Springs
Titusville
Kennedy Space Center
Weeki Wachee
Clermont
Winter Park
Orlando
Walt Disney World
Dade City
Cape Canaveral
Cocoa
Celebration
Kissimmee
Cocoa Beach
Indian River
Tarpon Springs
Palm Harbor
Dunedin
Saftey Harbor
Clearwater
Lakeland
Winter Haven
FLORIDA'S TURNPIKE
Melbourne
Tampa
Sebastian Inlet
Sebastian
St. Petersburg
Tampa Bay
Gibsonton
Bartow
Lake Wales
St. Petersburg Beach
Yeehaw Junction
Vero Beach
Sebring
Fort Pierce
Anna Maria Island
Longboat Key
Bradenton
Sarasota
Port St Lucie
Hutchinson Island
Okeechobee
Jensen Beach
Stuart
Myakka
Arcadia
Venice
Port Charlotte
St. Lucie Canal
Lake Okeechobee
Hobe Sound
Jupiter Island
Jupiter
Singer Island
West Palm Beach
Pahokee
Palm Beach
Caloosahatchee
Boca Grande
Clewiston
Belle Glade
Lake Worth
Cayo Costa
Fort Myers
FLORIDA'S TPK
Captiva Island
Immokalee
Delray Beach
Fort Myers Beach
Boca Raton
Sanibel Island
Bonita Springs
Pompano Beach
Deerfield Beach
Lauderdale-by-the-Sea
Fort Lauderdale
ALLIGATOR ALLEY
Naples
Davie
Dania
Hollywood
Marco Island
Ochopee
Everglades City
Ten Thousand Islands
EVERGLADES
Miami
Biscayne Bay
Homestead
BISCAYNE NATIONAL PARK
Florida City
Flamingo
Key Largo
Tavernier
Florida Bay
Islamorada
Long Key
FLORIDA KEYS
Big Pine Key
Marathon
Key West
Little Torch Key
Bahia Honda
Dry Tortugas
84
75
129
23
95
1
A1A
301
10
51
21
16
100
19
301
95
349
75
1
17
19
92
40
27
441
50
98
19
98
4
52
95
60
60
41
75
17
441
70
27
70
95
1
78
41
771
75
441
A1A
867
27
41
75
29
41
9336
1
1
1
2
3
4
5
D
E
F
Legende
Interstate Highway
US bzw. State Highway
Highway
Eisenbahn

Miamis Innenstadt

Eigentlich heißt die Metropole, die meist Miami oder Greater Miami (Großraum Miami) genannt wird, Miami-Dade County. Dieses Buch teilt Miami in drei für Urlauber besonders interessante Bereiche: Miami Beach mit South Beach, die traditionellen städtischen Gebiete Downtown und Little Havana sowie die Vorstädte Coral Gables und Coconut Grove.

Miamis beliebtestes Wohngebiet Coral Gables erstreckt sich zwischen Kanälen

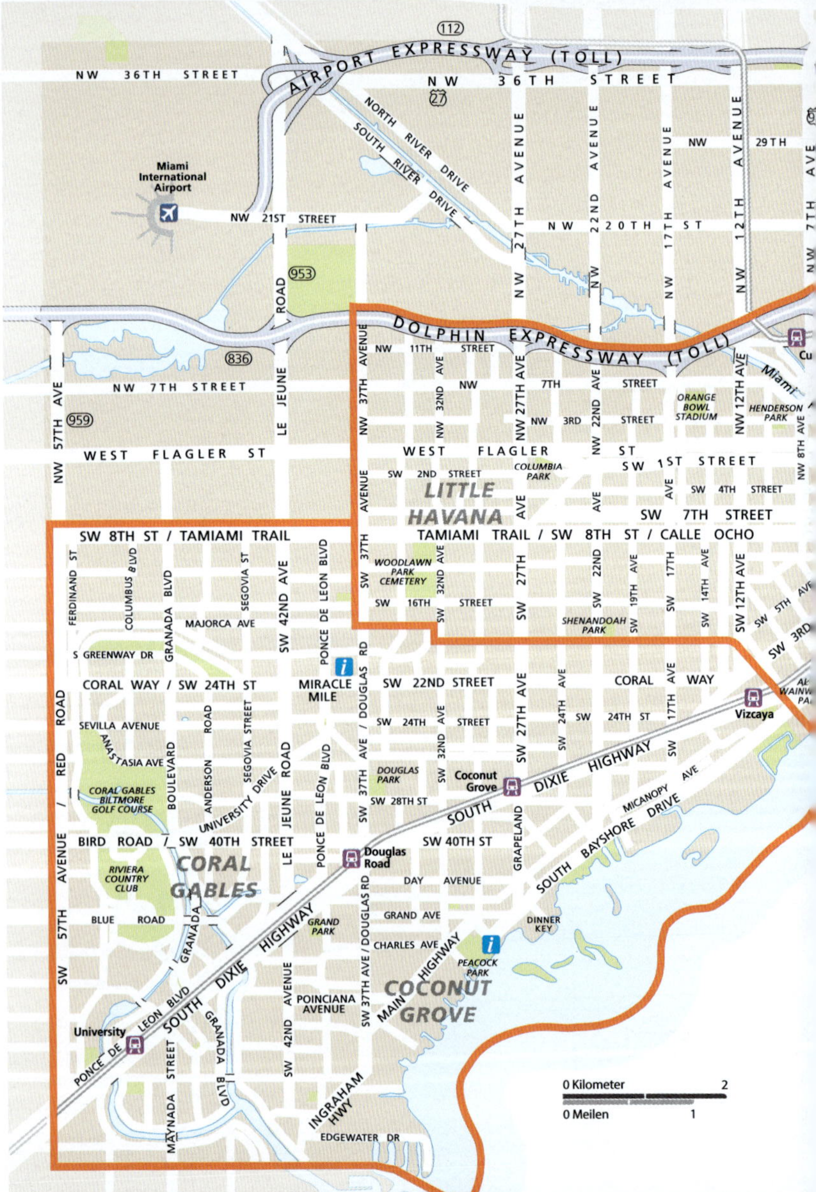

Zeichenerklärung *siehe hintere Umschlagklappe*

Miami Beach, durch Dämme mit dem Festland verbunden, ist eine Stadt für sich

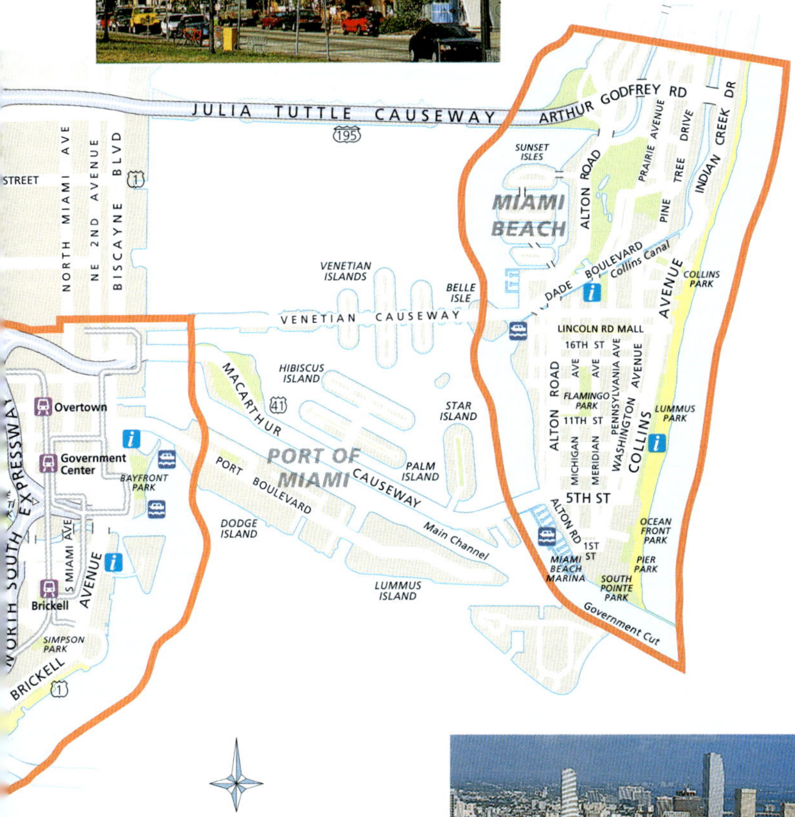

Legende

Expressway

Metrorail-Linie

Downtown: Im Geschäftszentrum überragen Wolkenkratzer den Miami River

Ein Porträt Floridas

Für die meisten Besucher Floridas – jährlich kommen annähernd 100 Millionen Gäste hierher – sind Sonne, Sand und Meer sowie die zahlreichen Themenparks Grund genug für einen Besuch. Der Sunshine State (Sonnenscheinstaat) verdient wahrlich seinen Ruf als perfektes Urlaubsziel für die ganze Familie – doch Florida bietet weitaus mehr, als die herkömmlichen Klischeevorstellungen erahnen lassen. Neben faszinierenden Naturlandschaften haben sich auch viele kulturhistorische Stätten zu wahren Besuchermagneten entwickelt.

Für Sonnenanbeter ist es verlockend, sich auf die abwechslungsreichen, weitläufigen Strände zu beschränken und das Hinterland weitgehend zu ignorieren – schließlich kann man an der Küste herrlich unter Palmen und blauem Himmel entspannen und die reichhaltigen Sportangebote nutzen. Wer aber zuweilen auf Strand und Meer verzichten kann, wird reichlich belohnt.

Die dichten Wälder, die Berge des Nordens, die Blüten der Bougainvilleen und Azaleen im Frühling strafen das Vorurteil Lügen, Floridas Landschaft sei flach und langweilig. Überall im Staat ist es nur ein Katzensprung von der Zivilisation in die Wildnis – etwa in die Everglades mit ihrer vielfältigen Fauna und Flora, wo Alligatoren und Schlangen daran erinnern, wie unwirtlich Florida vor etwa 100 Jahren war. Florida war ein »Spätzünder« (viele »historische Distrikte« stammen aus dem frühen 20. Jahrhundert), doch es kann sich mit St. Augustine der ältesten Stadt der USA rühmen. Hier vermitteln Gebäude in ihrer Vielfalt eine Ahnung vom Leben im 18. Jahrhundert.

Klimatisch und kulturell bildet Florida eine Brücke zwischen dem gemäßigten Nord- und dem tropischen Lateinamerika und der Karibik. Im Norden säumen Eichen die Straßen, die Menschen sprechen im gedehnten Akzent der Südstaaten, während im Süden Palmen in subtropischer Sonne gedeihen und in Miami sowohl Spanisch als auch Englisch gesprochen wird.

Weg zwischen den Baumwipfeln im Everglades National Park

◀ **Blick über den Küstenstreifen am Ferienort Panama City Beach** ***(siehe S. 242f)***

Ein Anwohner genießt das entspannte Angeln nahe Naples Pier am Golf von Mexiko

Bevölkerung und Gesellschaft

Florida, der Bundesstaat, in dem »jeder von irgendwo anders herkommt«, ist schon immer ein besonderer kultureller Schmelztiegel gewesen. Die Seminolen, die sich im 17. Jahrhundert hier ansiedelten, waren vor den landhungrigen europäischen Einwanderern auf der Flucht. Sie leben meist in Reservaten und verkaufen in südlichen Regionen am Straßenrand ihr Kunsthandwerk. Die aussichtsreichsten Kandidaten auf den Titel »echte Floridianer« sind die Cracker-Farmer, deren Vorfahren im frühen 19. Jahrhundert hierherkamen. Ihr Name leitet sich möglicherweise von dem Geräusch ab, das Viehpeitschen verursachen oder das auch beim Schroten des Getreides entsteht. Wer sich ausschließlich an der Küste aufhält, wird wohl überwiegend auf Menschen treffen, deren Wurzeln eher in den Nordstaaten liegen.

Ein Verkaufsstand mit Kleidung von Seminolen

Zuwanderer strömen verstärkt seit dem Zweiten Weltkrieg hierher. 1950 stand Florida bezüglich der Einwohnerzahl an der 20. Stelle der US-Bundesstaaten, heute rangiert es an vierter Stelle. Die größte Zuwanderergruppe sind Rentner, da Klima und Lebensstil (sowie Steuergesetze) das Leben hier reizvoll machen. Viele Senioren spielen Golf oder gehen fischen, attraktiv für alle sind die ultramodernen Shopping-Center. Auch wenn superreiche Gemeinden wie Palm Beach noch dem konservativen und statischen Image entsprechen, das mancher von Florida haben mag, ist die Realität doch vollkommen anders, denn die Zahl der jungen Neuankömmlinge steigt ständig. Für sie ist Florida ein Land mit Chancen, in

Miami-Kubaner spielen Domino

dem man Spaß haben und das gute Leben genießen kann. Sie verwandelten Miamis South Beach mit seinen Art-déco-Gebäuden in eine Trendregion der USA.

Auch aus Lateinamerika kamen viele Immigranten, darunter aus Puerto Rico und Mexiko. Die Metropole Miami hat eine große kubanische Gemeinde. An vielen Ecken der Stadt ertönen Salsa- und Merengue-Rhythmen, überschäumende Feste füllen den Veranstaltungskalender. Die kulturelle Vielseitigkeit schlägt sich auch in der Küche nieder: Man findet typisch karibische oder andere ausländische Gerichte, aber auch aufregende, neu kreierte kulinarische Köstlichkeiten, die aus verschiedensten kulturellen Einflüssen entstanden.

Erfrischung in einem Wasserpark

Wirtschaft und Tourismus

Im Vergleich mit einer ganzen Reihe anderer US-Bundesstaaten ist Floridas Wirtschaft von starker Dynamik geprägt. Früher lebte der Staat vor allem von der Landwirtschaft, speziell vom Anbau von Zitrusfrüchten, Gemüse und Zuckerrohr sowie von der Viehzucht. Zitrusfrüchte wachsen hauptsächlich im südlichen Zentralflorida, wo sich die Plantagen teilweise bis zum Horizont erstrecken. Doch das wirtschaftliche Spektrum ist heute wesentlich größer. Von zentraler Bedeutung ist mittlerweile die Hightech-Industrie. Zudem ist Miami aufgrund seiner geografischen Nähe zu Lateinamerika und der Karibik Drehscheibe des Handels mit diesen Regionen. Floridas mildes Klima zieht auch andere Branchen an: So kommen im Frühjahr Baseball-Teams einschließlich vieler Anhänger zum Trainingslager hierher, die Mode-Industrie sorgt mit ihren Models für Glanz und Glamour.

Orangen – Floridas saftigstes Angebot

Flamingos sind ein beliebtes Fotomotiv

Die wichtigste Einnahmequelle ist der Tourismus. Den größten Anteil daran hat zwar Walt Disney World®, doch das Land selbst ist die eigentliche Attraktion – Strände, die Nähe zu den Bahamas und der Karibik (die Kreuzschifffahrt boomt) sowie natürliche Lebensräume. Nach Jahrzehnten unkontrollierten Wachstums weiß Florida die Bedeutung seines Naturerbes nun zu schätzen. Weite Landstriche verschwanden unter Fabrikanlagen, Siedlungen und Zuckerrohrfeldern, doch alle Beteiligten werden nun zu mehr ökologischer Verantwortung verpflichtet. So wird auch der Wasserverbrauch streng überwacht. Floridas Naturschätze, von den Sümpfen bis zu den letzten Panthern, werden heute für die Nachwelt erhalten.

Landschaften

Florida liegt recht tief, der höchste Punkt befindet sich nur 105 Meter über dem Meeresspiegel. Die wenigen Hügel des Panhandle gehören zu den schönsten Landesteilen, ansonsten bedecken die Halbinsel vor allem Grasland und Wälder zwischen Sumpfland und vielen Seen. Weite Gebiete mussten Städtebau und Landwirtschaft sowie dem Tourismus, der wichtigsten Einnahmequelle des Staats, weichen. Dennoch findet man noch immer überwältigende naturbelassene und unbesiedelte Landstriche.

Feuchtgebiete bestehen vor allem aus baumbestandenen Sümpfen wie diesem Zypressensumpf und Grasmarschen.

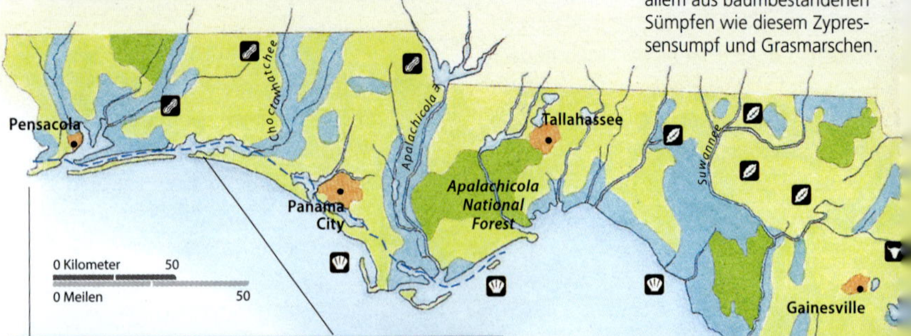

Sandstrände (mehr als 1600 km) erstrecken sich an Floridas Küsten. Im Gegensatz zu den Korallenstränden der Atlantikseite ist der feine Quarzsand des Panhandle so weiß, dass ihn angeblich skrupellose Händler während des Zweiten Weltkriegs als Zucker verkauften.

Barriere-Inseln entstanden durch Schwemmsand. Man findet sie fast überall vor der Küste.

Legende

- Stadtgebiet
- Feuchtgebiet
- Waldgebiet
- Intracoastal Waterway
- Vieh
- Fisch und Seafood
- Zitrusfrüchte
- Zuckerrohr
- Tabak
- Erdnüsse

Floridas Dolinen

Viele der 30 000 Seen und Tümpel bildeten sich in Einsturzdolinen. Dieses merkwürdige Phänomen ist vor allem in Nord- und Zentralflorida zu beobachten, wo der Untergrund aus Kalkgestein natürlich erodiert. Die meisten Dolinen entstanden nach und nach, da sich der Boden langsam senkte. Andere zeigen sich geradezu spektakulär, oft nach schweren Regenfällen, wenn z. B. eine unterirdische Höhle durch das Gewicht der darüberliegenden Schichten zusammenbricht. Die größte Doline bildete sich 1981 in Winter Park. Sechs Autos und ein Haus verschwanden in dem 90 Meter breiten Krater. Da man Einsturzdolinen nicht vorhersagen kann, schließen viele Hausbesitzer eine Versicherung gegen dieses Phänomen ab.

Arbeiter inspizieren eine Doline mitten in einer Straße

Der Intracoastal Waterway ist ein natürlicher, zusätzlich ausgebaggerter Kanal. Sein wichtigster Abschnitt an der Ostküste ist die Verlängerung einer Wasserstraße, die im Staat Maryland beginnt. Einige Abschnitte der beliebten Bootsstrecke wurden bereits Ende des 19. Jahrhunderts ausgebaggert *(siehe S. 364)*.

Wald, vor allem Kiefernwald, bedeckt 50 Prozent des Landes, doch über die Hälfte ist Nutzwald.

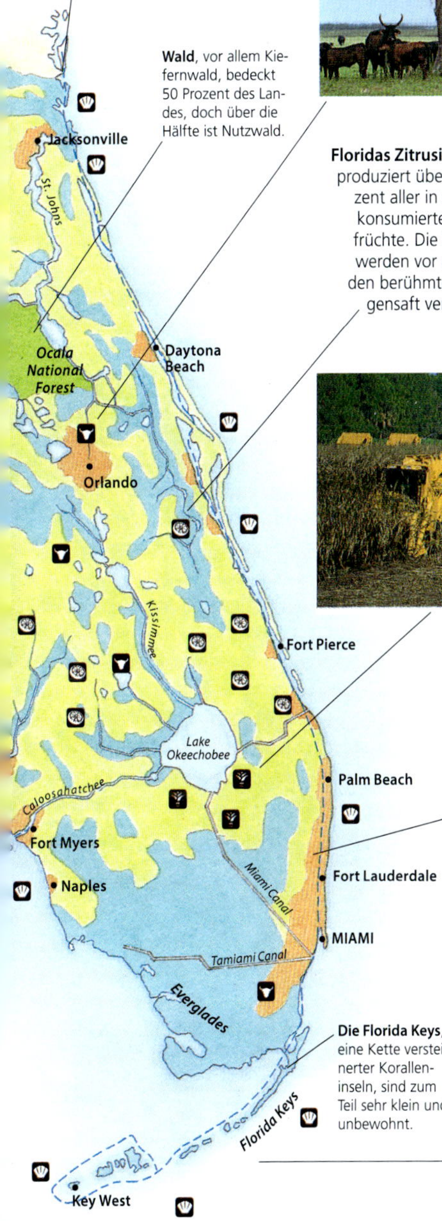

Vieh verschifften schon die Spanier von Florida zu den kubanischen Märkten. Heute besitzt Florida unter den südöstlichen Staaten hinter Kentucky die zweitgrößte Rinderzucht. Man züchtet vor allem Brahman-Rinder, eine widerstandsfähige, ursprünglich aus Indien stammende Rasse. Die wichtigsten Viehzuchtregionen liegen am Kissimmee River, Kissimmee selbst gilt als die »Viehhauptstadt Floridas« *(siehe S. 193)*.

Floridas Zitrusindustrie produziert über 70 Prozent aller in den USA konsumierten Zitrusfrüchte. Die Orangen werden vor allem für den berühmten Orangensaft verwendet.

Zuckerrohr gedeiht südlich des Lake Okeechobee *(siehe S. 132)*. Früher schnitten es karibische Wanderarbeiter mit der Machete, heute wird maschinell angebaut und geerntet.

Die ständige Zuwanderung aus den USA und anderen Staaten sowie ein genereller Trend zur Landflucht führen zu einem Anwachsen der Städte. Die Südostküste von Florida ist nahezu vollständig bebaut – wie hier an der Gold Coast von Delray Beach, einer Stadt im Palm Beach County, die an beiden Seiten des Intracoastal Waterway liegt.

Die Florida Keys, eine Kette versteinerter Koralleninseln, sind zum Teil sehr klein und unbewohnt.

Flora und Fauna

Floridas vielfältige Pflanzen- und Tierwelt beruht zum Teil auf dem klimatischen Kontrast zwischen mildem Norden und subtropischem Süden. Weitere Faktoren sind Böden, Relief und Meeresnähe. Während es für einige Arten mehrere Lebensräume gibt, können andere nur in bestimmten Habitaten überleben. Im Winter sorgen Zugvögel für eine beeindruckende Vogelwelt.

Tropischer Hartholzwald *(hammock)* in Südflorida

Küstengebiete

An den Küsten leben trotz der oft ungeschützten Lagen zahlreiche Wildtierarten. Außer den Watvögeln bleiben viele Tiere tagsüber verborgen. Manche vergraben sich im Sand, andere verlassen das Meer nur in der Dunkelheit. Salzmarschen und Lagunen bieten im Schutz von Dünen optimale Lebensbedingungen.

Pfeilschwanzkrebse kommen üblicherweise im Frühjahr an die Strände, um sich fortzupflanzen.

Salzwasserlagunen sind fruchtbare Gebiete für Fische und Krustentiere.

Die windgebeugten Sträucher auf den Dünen werden von der salzigen Gischt »gestutzt«.

Dünen werden durch Wind und Wellen ständig neu geformt und durch Pflanzenwurzeln stabilisiert.

Der gefährdete Weißkopfseeadler hat eine Flügelspannweite von zwei Metern. Er ist in ganz Florida heimisch.

Die Meertraube wächst vor allem in Südostflorida. Ihr Name stammt von ihren ovalen Früchten, die in Trauben herabhängen.

Kiefernwälder

Diese Wälder mit Unterholz aus Pflanzen und Büschen bedecken etwa die Hälfte Floridas, oft befinden sich in ihnen Sümpfe oder andere Lebensräume. Sie gedeihen besonders gut nach Waldbränden. Tiere und Pflanzen haben sich an die schwierigen Lebensbedingungen angepasst.

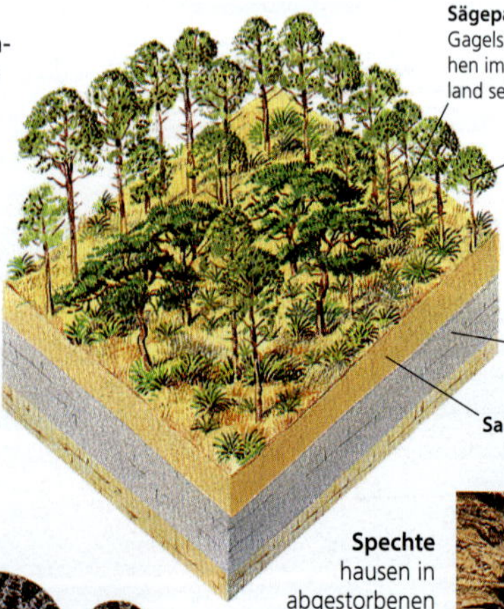

Sägepalmen und Gagelsträucher gedeihen im offenen Waldland sehr gut.

Kiefern dominieren in den Wäldern.

Weißwedelhirsche sind Einzelgänger. Die in Florida lebenden sind kleiner als ihre Verwandten in den Nordstaaten.

Spechte hausen in abgestorbenen Bäumen und benutzen ihre Höhle bisweilen mehrere Jahre.

Klapperschlangen sind durch ihre Zeichnung sehr gut im Gras oder Gebüsch getarnt.

Süßwassersümpfe

Viele Sümpfe wurden trockengelegt, um Land für Ackerbau oder Siedlungen zu gewinnen – doch es gibt noch viele. Oft werden sie von Zypressen dominiert, die an die feuchten Bedingungen optimal angepasst sind, da sie wenig Erdboden benötigen. Die Zwergzypresse kommt am häufigsten vor, die größere Riesenzypresse ist hingegen selten geworden.

Ibisse finden Futter in Süßwassermarschen und -sümpfen. Sie nisten in großen Kolonien in Bäumen oder im Riedgras.

Luchse erkennt man am kurzen Schwanz, am Backenbart und am gefleckten Fell.

Diese Eidechsen sind eigentlich grün, können bei Hitze oder Stress aber dunkelbraun werden.

Seerosen sind die schönsten Süßwasser-Blütenpflanzen. Auf den Blättern rasten oft Frösche.

Hartholzwälder

Die Hartholzwälder *(hammocks)* gehören zu den »grünsten« Ökosystemen Floridas. Im Gegensatz zu den Hartholzwäldern in Südflorida werden die Wälder des Nordens von Immergrünen Eichen dominiert. Dazwischen findet man andere Spezies wie Hickory oder Magnolien.

Wilde Truthähne erkennt man an ihrem bunten Gefieder und dem »Bart«.

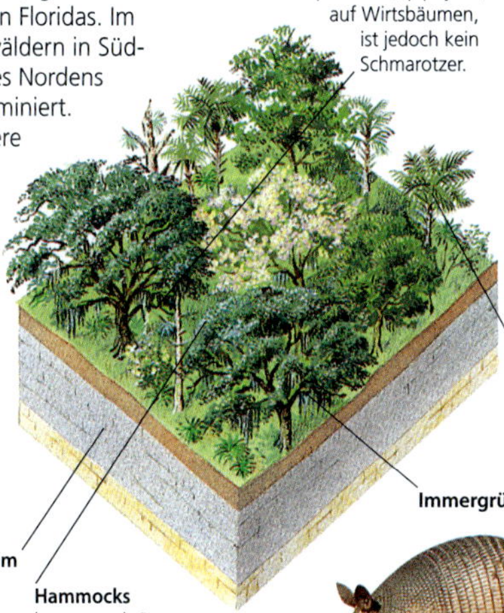

Magnolien zählen zu den ältesten Pflanzen. Typisch sind die auffälligen Blüten und die duftende Rinde.

Opossums sind gute Kletterer. Sie können sich mit Gliedmaßen und Schwanz festklammern.

Gürteltiere sind meist nachtaktiv. Bei Gefahr rollen sie sich zusammen, sodass der harte Panzer sie vor Angreifern wie Rotluchsen schützt.

Hurrikans

Ein Hurrikan ist ein tropischer Wirbelsturm mit einer Geschwindigkeit von mindestens 120 Kilometern pro Stunde. Einer von zehn Hurrikans über dem Nordatlantik erreicht Florida – durchschnittlich einer in zwei Jahren. Die Hurrikan-Saison geht vom 1. Juni bis zum 30. November, größte Gefahr herrscht von August bis Oktober. Die Saffir-Simpson-Hurrikan-Skala, die die erwarteten Winde und Überschwemmungen misst, teilt Hurrikans in fünf Stärken ein. In Kategorie 5 entstehen Windgeschwindigkeiten von über 250 Kilometern pro Stunde. Man benennt die Stürme nach einer alphabetischen Namensliste, die alle sechs Jahre rotiert. Ursprünglich wurden nur Frauennamen verwendet, seit 1979 wechselt man Männer- und Frauennamen ab.

Denkmal für den Hurrikan von 1935 *(siehe S. 298)*

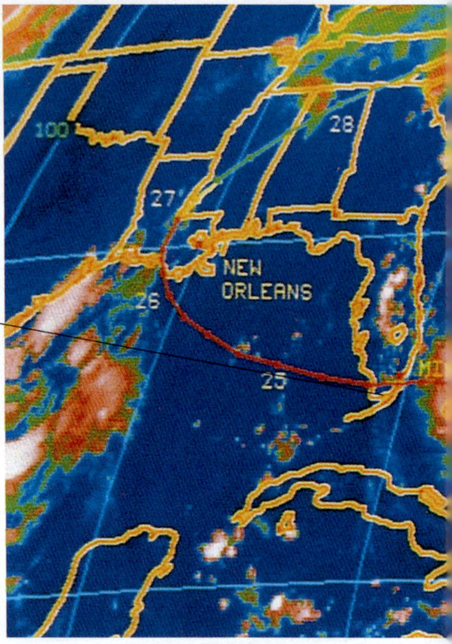

Die Gebiete Floridas, die am wahrscheinlichsten von einem Hurrikan betroffen sind, sind die Südostküste mit den Florida Keys, die Westküste der Everglades und der westliche Panhandle.

Lebenszyklus eines Hurrikans

Das Entstehen eines Hurrikans beeinflussen mehrere Faktoren, vor allem Wärme und Wind. Die Sonne erhitzt die Meeresoberfläche, Wasser verdunstet, steigt auf und kondensiert zu Gewitterwolken. Diese geraten durch die Erdrotation in eine Wirbelbewegung. Der Hurrikan bewegt sich und kann durch Satellitenaufnahmen (siehe rechts) *verfolgt werden. Erreicht er Land, verliert er an Kraft, weil er von seiner Energiequelle abgeschnitten ist – dem warmen Ozean.*

Ein Boot wurde vom Hurrikan aus dem Wasser und auf Miamis Rickenbacker Causeway geschleudert

Hurrikan Andrew riss die Fassade dieses Wohnhauses ab

Eine Zeltstadt für über 250 000 Menschen, die durch Hurrikan Andrew obdachlos wurden

Hurrikan Andrew

Am 24. August 1992 zerstörte der Hurrikan Andrew Südflorida. Obwohl er »nur« Kategorie 4 auf der Saffir-Simpson-Skala erreichte (weniger als der Hurrikan, der 1935 die Keys traf), verursachte er Schäden von 35 Milliarden US-Dollar und blieb bis zum Hurrikan Katrina 2005 die teuerste Naturkatastrophe der USA. 15 Personen starben in Florida durch die direkten Folgen des Sturms.

Das Auge
Im »Auge«, dem Zentrum des Sturms, ist es völlig ruhig. Sobald es eine Stelle passiert hat, kehrt der Sturm zu seiner alten Stärke zurück.

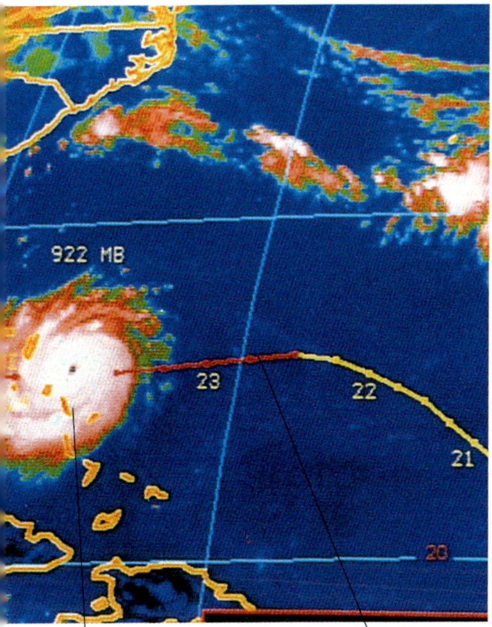

Ein typischer Hurrikan ist 480 Kilometer breit und kann bis zu 18,3 Kilometer über dem Meer in die Höhe steigen. Er bewegt sich mit 15 bis 70 Kilometern pro Stunde vorwärts.

Viele Hurrikans entstehen vor Afrika und bewegen sich über den Atlantik.

Sturmflut

Die meisten Schäden und Todesfälle verursacht nicht der Sturm selbst, sondern die auf ihn folgende Flutwelle. Diese Wasserwand – sie kann im Extremfall mehr als 80 Kilometer breit und über sechs Meter hoch werden – wird von den Winden nahe dem Auge des Hurrikans vorwärtsgepeitscht und prallt schließlich an die Küste.

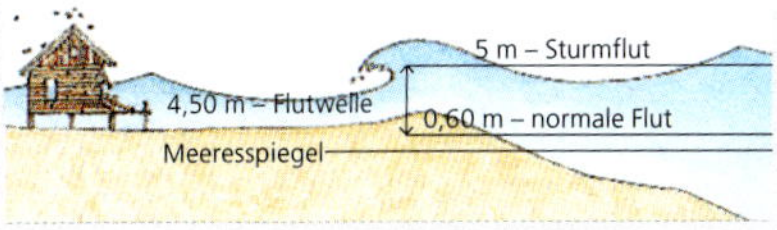

Beobachtung eines Hurrikans

Mit Satelliten, Computersimulation und Radar entdeckt das National Hurricane Center in Miami Hurrikans, bevor sie Florida erreichen. Die detailliertesten Informationen liefern jedoch die Hurricane Hunters (Hurrikan-Jäger), die im und um den Sturm herumfliegen und Daten sammeln.

Hurrikan-Schäden können durch Vorsorge minimiert werden: Über Radio und Fernsehen wird die Bevölkerung auf dem Laufenden gehalten. Jeder wird dazu angehalten, die Route des Hurrikans auf Karten zu verfolgen.

Vom Hurrikan gepeitschte Bäume

1. Hurrikan-Alarm
Die Einrichtung einer Hurrikan-Wache ist das erste Anzeichen für einen Hurrikan. Sobald Hurrikan-Warnung gegeben wird, wird der Sturm wahrscheinlich innerhalb von 24 Stunden eintreffen. Während Hurrikan-Warnungen sind die Flughäfen geschlossen.

Flagge für Hurrikan-Alarm

2. Evakuierung
Notstandsbeamte fordern über Radio und Fernsehen zur Evakuierung auf. Bewohner von Hochhäusern, Wohnwagen und tief liegenden Gebieten sind besonders gefährdet. Schilder mit dem Hurrikan-Symbol leiten die Menschen auf sichere Straßen. Das Rote Kreuz beherbergt diejenigen, die nirgendwo hingehen können.

Evakuierungsschilder

3. Entwarnung
Löst sich der Hurrikan auf oder zieht er weiter, erfolgt eine Entwarnung, und man kann nach Hause fahren. Doch ist weiterhin Vorsicht geboten: Abgerissene Stromleitungen, Überflutungen und Unfälle sind weitere Gefahren.

Schiffswracks und Schätze

Tief in Floridas Gewässern haben sich im Lauf der Jahrhunderte Tausende von Wracks angesammelt. Viele Schiffe sanken bei Stürmen auf See, andere liefen auf die Riffe vor den Keys auf. Von den auf der Karte gezeigten Wracks konnte ein Großteil der Ladung geborgen werden. Spaniens Schiffe ziehen moderne Schatzsucher genauso an wie einst Piraten. Überall in Florida zeigen Museen geborgene Alltags- und Wertgegenstände, die Einblick geben in das damalige Leben und die Reichtümer der Spanier.

Leuchttürme
Seit etwa 1800 leiten Leuchttürme, wie dieser bei Jupiter, die Schiffe.

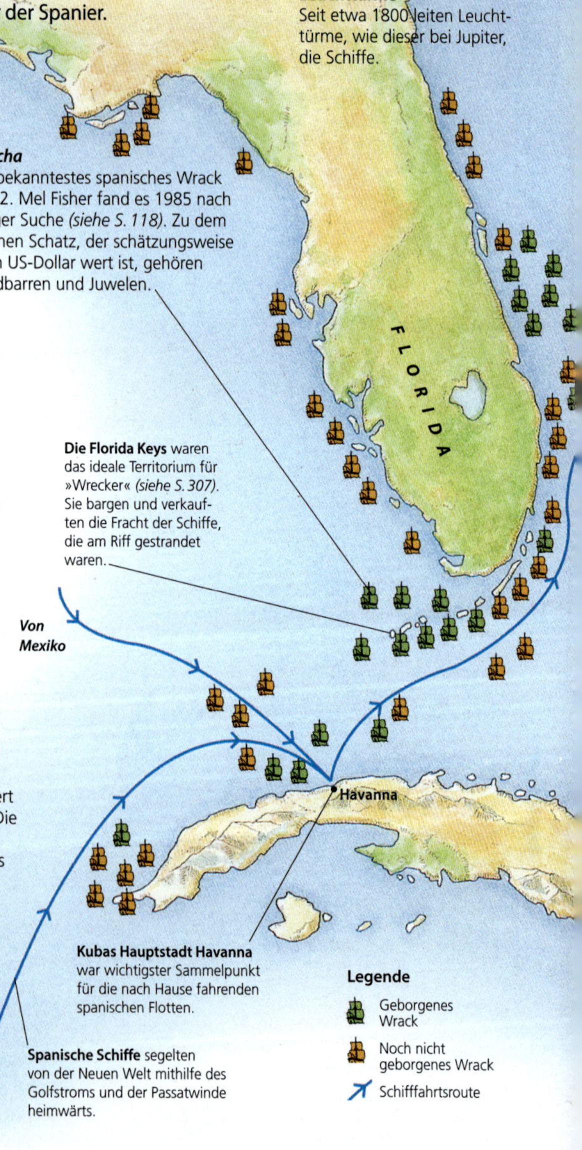

Die *Atocha*
Floridas bekanntestes spanisches Wrack sank 1622. Mel Fisher fand es 1985 nach 16-jähriger Suche *(siehe S. 118)*. Zu dem geborgenen Schatz, der schätzungsweise 300 Millionen US-Dollar wert ist, gehören Münzen, Goldbarren und Juwelen.

Die Florida Keys waren das ideale Territorium für »Wrecker« *(siehe S. 307)*. Sie bargen und verkauften die Fracht der Schiffe, die am Riff gestrandet waren.

Bergung des Schatzes
Das Bergen von Wracks erfordert eine gewisse Erfindungsgabe. Die Abbildung von 1623 zeigt eine spanische Technik, vor den Keys versunkene Schätze zu bergen.

Kubas Hauptstadt Havanna war wichtigster Sammelpunkt für die nach Hause fahrenden spanischen Flotten.

Spanische Schiffe segelten von der Neuen Welt mithilfe des Golfstroms und der Passatwinde heimwärts.

Schatzsucher

Nach über 100 Gerichtsterminen konnte Mel Fisher seine Rechte an den Schätzen der *Atocha* wahrnehmen. Laut Gesetz gehören Wracks innerhalb einer fünf Kilometer breiten Küstenzone dem Staat, in dessen Gewässern sie gefunden werden. Wracks außerhalb dieser Zone sind nicht klar definiert. Wer an Land mit Metalldetektoren Münzen findet, kann diese behalten. In Florida benötigt man eine Lizenz, um in der Küstenzone Gegenstände von versunkenen Wracks zu bergen.

Schatzsucher am Strand

Spanische Schätze in Florida

McLarty Treasure Museum
siehe S. 118
Mel Fisher Maritime Museum
siehe S. 306
Mel Fisher's Treasure Museum
siehe S. 118
Museum of Man in the Sea
siehe S. 242
St. Lucie County Historical Museum
siehe S. 119

Spanische Schiffe
Karavellen und Galeonen brachten Schätze nach Spanien. Die Crew der Schiffe bestand aus bis zu 200 Mann. Die Kisten mit Gold und Silber lagerten in einem bewachten Raum im Unterdeck.

Blackbeard
Der für seine Grausamkeit berüchtigte Pirat kaperte Anfang des 18. Jahrhunderts spanische Schiffe und wurde von den Briten 1718 getötet. Um seinen Opfern Angst einzujagen, zündete er Hanfseile an seinem Hut an.

Architektur

Floridas Gebäude reflektieren die Geschichte seiner Besiedlung. Die Pioniere bauten einfache Häuser, im Zeitalter der Eisenbahn stiegen die Ambitionen. Unternehmer, die Einwanderer in den Süden locken wollten, imitierten die Architektur des Nordens. Dies und die schnelle Besiedlung führten dazu, dass Florida nie einen eigenen Architekturstil entwickelte. Dennoch sind merkwürdige und beachtenswerte Werke zu sehen, deren Stil durch die besonderen klimatischen Bedingungen beeinflusst wurde.

Hochhäuser im Geschäftszentrum von Jacksonville

Frühe Architektur

Die Pioniere um 1800 richteten sich beim Hausbau vor allem nach dem Klima und den örtlichen Gegebenheiten. Sie versuchten, die natürliche Luftzirkulation zu verbessern, und verwendeten lokale Materialien, meist Holz. Von diesen »Cracker«-Häusern, benannt nach den Cracker-Farmern *(siehe S. 24)*, die sie errichteten und in ihnen lebten, sind nur wenige erhalten. Dennoch übte dieser typische Architekturstil großen Einfluss auf Floridas Baukunst aus.

Die traditionelle Unterkunft der Indianer heißt *chickee*

Ein Ziegelkamin ersetzt den Originalkamin aus Lehm und Stöcken.

Ein offener Durchgang blieb, wenn, wie hier, ein Anbau hinzugefügt wurde.

Das Dach, hier aus Zypressenschindeln, war üblicherweise steil geneigt.

Das McMullen-Blockhaus wurde 1852 fertig. Das typische Cracker-Haus aus Kiefernbalken steht heute im Pinellas County Heritage Village *(siehe S. 256)*.

Überhängende Dächer spenden Veranda und Fenstern Schatten.

Goldenes Zeitalter

Ab etwa 1880 kamen mit Eisenbahn und Fremdenverkehr Wohlstand und Ideen aus anderen Landesteilen. Man liebäugelte mit dem neomediterranen Stil, typisches Beispiel hierfür sind Flaglers Ziegelhotels in St. Augustine. Holz diente nun verstärkt zur Dekoration – am deutlichsten wird dies in Key West. Viele viktorianische Häuser stehen in Fernandina Beach *(siehe S. 210)* und Mount Dora *(siehe S. 224f)*.

Maurischer Turm, Tampa Bay Hotel

Der Turm dient eher dekorativen als praktischen Zwecken.

Giebeldächer waren bisweilen so hoch, dass darunter eine Mansarde Platz fand.

Belüftung war von größter Bedeutung, deshalb die vielen Fenster.

Veranden, die das ganze Haus umgaben, waren typisch.

Das McCreary House in Pensacola (um 1900) im Queen-Anne-Stil zeigt die Verfeinerungen einheimischer Stile in der viktorianischen Periode *(siehe S. 235)*.

Kreative Boom-Jahre

Die bemerkenswertesten Gebäude aus der Zeit von 1920 bis 1950 beschwören Bilder weit entfernter Orte. Jede Neuentwicklung hatte ihr Motto und schuf »Architekturinseln«, deren Stile von maurisch bis Art déco reichten, wie in Miamis South Beach *(siehe S. 64–71)*. Dominant blieb der neomediterrane Stil mit Architekten wie Addison Mizner in Palm Beach *(siehe S. 122–129)* und George Merrick in Coral Gables *(siehe S. 84–87)*.

Park Central Hotel im Art-déco-Stil an Miamis Ocean Drive

Terrakottaziegel erwecken mediterranes Flair.

Verzierungen aus Stein, Terrakotta oder anderen Materialien zieren Türen und Fenster.

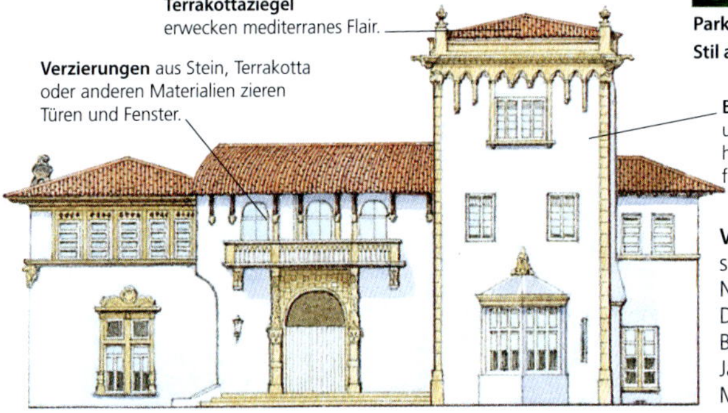

Balkone, Türmchen und unregelmäßige Dachhöhen sind überall zu finden.

Villen in Palm Beach sind meist im spanischen Neo-Kolonialstil erbaut. Diese am South Ocean Boulevard entwarf Julius Jacobs, ein Mitarbeiter Mizners, 1929.

Nachkriegsarchitektur

Viele bemerkenswerte moderne Gebäude sind Shopping-Center oder öffentliche Gebäude wie Theater oder Sportstadien, deren Größe meist mehr beeindruckt als ihre Gestaltung. Interessanter sind die neuen Städte Seaside und Disney's Celebration *(siehe S. 160)*, die eine vage Sehnsucht nach dem alten Kleinstadt-Amerika reflektieren und einen Kontrast zur Anonymität der Großstädte bilden.

Die Van Wezel Performing Arts Hall in Sarasota *(siehe S. 272f)*

Große Schiebefenster lassen Sonne und Seewind das Haus erhellen und kühlen.

Eine Veranda im ersten Stock, am besten mit Meerblick, bietet ein schattiges Ruheplätzchen.

Holz, das typische Baumaterial einheimischer Architektur, wird auch in Seaside bevorzugt eingesetzt.

Seaside, Teil einer preisgekrönten Stadtplanung auf dem Panhandle, hat Häuser mit Holzzäunen und anderen pseudo-viktorianischen Elementen *(siehe S. 240f)*.

Neonschilder am International Drive, Orlando

Highway-Bauten

Im 20. Jahrhundert entstanden entlang den Highways zahlreiche einzigartige Gebäude. So befinden sich neben Drive-in-Banken und -Restaurants beispielsweise zu Stein gewordene Eistüten oder Alligatoren. Die schon aus großer Entfernung auffälligen Bauten mit ihren bunten Neonlichtern dienen als Blickfang für die vorbeifahrenden Reisenden und bilden fantasievolle Oasen in der Monotonie der Motels und Filialen der Fast-Food-Ketten.

Sport

Florida bietet eine Menge an Sportunterhaltung, von Football, Baseball und Basketball bis hin zu Pferde-, Windhund- und Autorennen. Überall im Staat finden Wettkämpfe statt. In Miami sind all diese Sportarten sowie Jai Alai sehr populär *(siehe S. 100)*. Das warme Klima Floridas sorgt dafür, dass Tennis, Golf und Wassersport das ganze Jahr über möglich sind *(siehe S. 362–365)*. Viele Sportstadien sind Schauplatz wichtiger nationaler und internationaler Turniere.

College-Football-Match im EverBank-Field-Stadion, Jacksonville

Football

Florida hat derzeit drei Teams in der National Football League (NFL): die Miami Dolphins, die Tampa Bay Buccaneers und seit 1995 die Jacksonville Jaguars. Die Miami Dolphins, schon viel länger in der NFL als die Buccaneers oder die Jaguars, spielten bereits fünfmal um den Super Bowl, zweimal waren sie siegreich. Die Saison dauert von September bis Dezember *(siehe S. 100)*.

Unter den College-Teams sind die Tallahassee Seminoles, Miami Hurricanes und Gainesville Gators am erfolgreichsten. In Florida finden mehr College-Spiele statt als in jedem anderen US-Staat.

Rund um Neujahr gibt es viele wichtige und beliebte College-Spiele. Die mit Abstand meisten Zuschauer finden sich beim Capital One Bowl in Orlando, beim Orange Bowl in Miami und beim jährlichen Gator Bowl in Jacksonville ein.

Baseball

Die Florida Marlins, 1993 gegründet, waren das erste professionelle Baseball-Team des Staates. Sie tragen ihre Heimspiele im Marlins Park in Miami aus und gewannen bereits zweimal die Meisterschaft. Die zweite Mannschaft Floridas in der Liga sind die Tampa Bay Rays, deren Heimatstadion das St. Petersburg Tropicana Field ist. Die Baseball-Saison dauert von April bis Oktober.

16 Profi-Teams halten in Florida alljährlich ihr Frühjahrstraining ab. Im März finden die Freundschaftsspiele der **Grapefruit League** statt. Diese Spiele ziehen Massen an, auch aus anderen Staaten pilgern Fans nach Florida, um dabei zu sein. Terminpläne und Eintrittskarten erhält man im Voraus bei den Stadien.

Eine Liste der Mannschaften und Spielorte sowie der Telefonnummern für die Kartenvorbestellung bekommt man bei der Florida Sports Foundation *(siehe S. 365)*.

Grapefruit League: Wer spielt wo?

Atlanta Braves
Walt Disney World.
☎ 1-407-939-4263.

Baltimore Orioles
Sarasota.
☎ 1-941-954-4101,
☎ 1-800-745-3000.

Boston Red Sox
Fort Myers. ☎ 1-617-482-4769.

Houston Astros
Kissimmee.
☎ 1-321-697-3200.

Minnesota Twins
Fort Myers. ☎ 1-800-338-9467.

New York Yankees
Tampa. ☎ 1-813-879-2244.

Philadelphia Phillies
Clearwater.
☎ 1-727-467-4457.

St. Louis Cardinals
Jupiter. ☎ 1-561-775-1818.

Tampa Bay Rays
Port Charlotte.
☎ 1-727-825-3250.

Eine komplette Liste der Teams ist bei der Florida Sports Foundation *(siehe S. 365)* erhältlich.
W flasports.com

Pferde- und Windhundrennen

Florida besitzt die zweitgrößte Zuchtindustrie für Vollblüter in den USA, deren Zentrum Ocala ist *(siehe S. 226)*. Im Gulfstream Park in Hallandale finden von Januar bis April Rennen statt, so auch das Florida Derby mit einer Million

Training des Baseball-Teams New York Yankees in Tampa

Dollar Siegerprämie im März oder Anfang April. Der Breeder's Cup wird ebenfalls oft ausgetragen. Die Blütezeit des Reitsports in Florida ist jedoch vorbei. Passionierte Wetter versuchen ihr Glück inzwischen in den Casinos des Bundesstaats. Immer noch sehr populär sind die Pferderennen im Oktober und November im Calder Casino (früher Calder Race Course). Vollblutrennen werden auch in Tampas Tampa Bay Downs abgehalten (Dez–Mai). In Florida gibt es nur einen Hindernis-Parcours: Pompano Park in Pompano Beach (Okt–Juni).

Die beliebten Windhundrennen werden auf Rennplätzen in ganz Florida ausgetragen.

Pferderennen im renommierten Gulfstream Park

Eishockey

Obwohl Eishockey im Allgemeinen als Sportart für etwas kältere Gefilde gilt, stellt Florida zwei Teams der National Hockey League. Die Florida Panthers spielen im BB&T Center in Sunrise, die Mannschaft Tampa Bay Lightning, Gewinner des Stanley Cup 2004, in der Amalie Arena. Die Spiele locken regelmäßig viele Zuschauer an. Die Saison dauert von Oktober bis April.

Jai Alai

Jai Alai, ein für die Vereinigten Staaten typisches Spiel, entstand aus dem europäischen Pelota *(siehe S. 141)*. Man spielt auf einem Spielfeld mit drei Wänden. Die Spieler fangen und werfen den Ball mit einem gekrümmten Korb, der Ball wird bis zu 240 Kilometer pro Stunde schnell. Die Rückwand, auf die der Ball trifft, ist deshalb aus Granit.

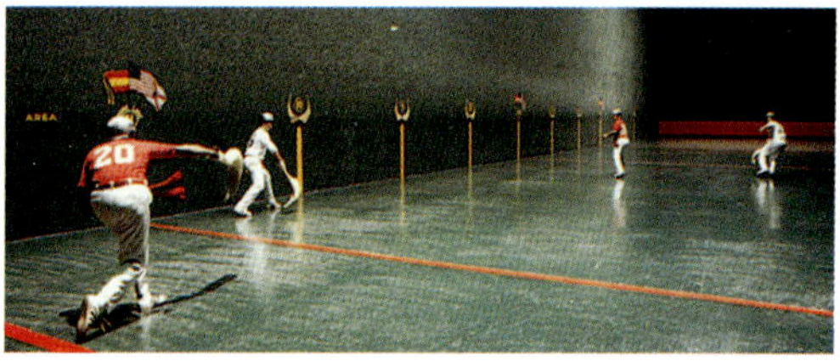

Jai Alai gilt bei den Fans als ältestes und schnellstes Spiel der Welt

Acht ein- oder zweiköpfige Teams treten gegeneinander an. Nach dem ersten Punkt treffen die Gewinner auf den nächsten Gegner, so lange, bis ein Team sieben Punkte hat. Normalerweise spielt man 14 Spiele.

Jai Alai wird das ganze Jahr in überdachten Stadien, *frontons*, gespielt. Seine Wettmöglichkeiten ziehen viel Publikum an.

Motorsport

Auto- und Motorradrennen sind in Florida sehr populär. Die Saison beginnt im Februar mit zwei Rennen am Daytona International Speedway *(siehe S. 222)*, einer der schnellsten Strecken der Welt. Das Rolex 24 geht über 24 Stunden, wie sein Vorbild in Le Mans. Das Daytona 500 ist ein Höhepunkt der Stockcar-Rennen.

Das Daytona 500 fand erstmals 1959 statt

Andere bedeutende Rennen finden in Homestead, Pensacola, und in Sebring (bei Orlando) statt. Die Gatornationals in Gainesville im März sind das wichtigste Dragster-Rennen an der Atlantikküste. Daytona 200 ist ein jährlich stattfindendes Motorradrennen in Daytona Beach.

Basketball

Sowohl Profi- als auch College-Basketball haben in Florida eine riesige Fangemeinde. Die Miami Heat mit dem Heimatstadion American Airlines Arena und die Orlando Magic, die im Amway Center zu Hause sind, spielen in der National Basketball Association (NBA).

Orlando in Aktion

Golf und Tennis

Golfturniere finden im Geburtsstaat der Golflegende Jack Nicklaus geradezu im Überfluss statt. Spitzenturniere sind Ende März das Bay Hill Invitational in Orlando und die PGA Players Championship in Ponte Vedra Beach bei Jacksonville.

Auch Tennis ist ein Publikumsmagnet. Jährlich strömen beispielsweise Tausende zu den Miami Open im Crandon Tennis Center in Key Biscayne.

Das Jahr in Florida

Mit seinem warmen Klima zieht der Bundesstaat im Südosten der Vereinigten Staaten das ganze Jahr über Scharen von Besuchern an. Das Wetter ist im Norden und Süden Floridas sehr unterschiedlich, daher variieren auch die Hauptreisezeiten. In Südflorida (inklusive Orlando) ist von Oktober bis April Hochsaison. Die Besucher genießen in diesen Monaten den milden Winter und verlassen Florida zumeist vor Beginn des extrem heißen Sommers. Orlandos Freizeitparks ziehen zwar auch im Sommer Familien mit Kindern an, doch die meisten Urlauber tummeln sich zu dieser Zeit auf dem Panhandle im Nordwesten. Dort können in der Hochsaison die Preise durchaus doppelt so hoch sein wie in den anderen Monaten. Wann auch immer Sie Florida besuchen, es findet mit Sicherheit stets irgendwo ein Fest statt – nicht nur an den Feiertagen *(siehe S. 41)*. Eine Liste mit allen Festivitäten erhalten Sie bei den Fremdenverkehrsbüros vor Ort.

Frühling

Ende Februar strömen Massen von College-Studenten aus den ganzen USA während des »Spring Break« (Frühjahrsferien) nach Florida. Sechs Wochen lang sind die Küstenorte mehr oder minder ausgebucht, vor allem Daytona Beach, Panama City Beach, Fort Lauderdale und Miami. Auch das Baseball-Training *(siehe S. 36)* lockt Besucher an.

Sonnenhungrige bevölkern in den Frühjahrsferien Daytona Beach

März

Sanibel Shell Festival *(1. Woche)*. Muschelsammler und Künstler auf Sanibel Island *(siehe S. 282f)*.

Florida Strawberry Festival *(1. Woche)*, Plant City bei Tampa. Erdbeerkuchen, Country-Musik und Tanz.

Carnaval Miami *(Anfang März)*. Miami. Zehn Tage dauernde Festivitäten in Latin Havana. Vor allem das Straßenfest auf der Calle Ocho ist legendär.

Calle Ocho, Little Havana – Zentrum beim Carnaval Miami *(März)*

Miami International Film Festival *(Anfang März)*. Zehn Tage langes Filmfest.

»Bike Week« *(Anfang März)*, Daytona Beach *(siehe S. 222f)*. Biker kommen von überall her, auf Oldtimern und modernen Motorrädern.

Festival of the States *(Anfang März)*, St. Petersburg. Drei Wochen Umzüge, Bälle, Country-Musik und Feuerwerke.

Winter Park Art Festival *(Mitte März)*. Eines der renommiertesten Kunstfestivals im ganzen Land.

Antique Boat Festival *(Ende März)*, Mount Dora *(siehe S. 224f)*. Historisches Bootsrennen auf dem See und Ausstellungen in der Stadt.

Springtime Tallahassee *(Ende März–Anfang Apr)*. Eines der größten Festivals mit Paraden, Ballonwettfahrten und Live-Musik.

April

Ostern *(März/Apr)*. Messen im Castillo de San Marcos *(siehe S. 218f)* und Kutschfahrten in St. Augustine.

Conch Republic Celebration *(Mitte Apr–Anfang Mai)*, Key West. Eine Woche mit Paraden, Tanz und Veranstaltungen zu Ehren der Gründerväter.

Mai

SunFest *(1. Woche)*, West Palm Beach. Kultur- und Sport-Events.

Pensacola Crawfish Festival *(1. Woche)*. Cajun-Bands spielen auf, während Sie Seafood probieren.

Emblem der Conch Republic

Isle of Eight Flags Shrimp Festival *(1. Wochenende)*, Fernandina Beach. Meeresfrüchtefest.

Jacksonville Jazz Festival *(Mitte–Ende Mai)*. Dreitägiger Kunstmarkt mit Jazz aus aller Welt.

Florida Folk Festival *(Ende Mai)*. Drei Tage lang gibt es Folk-Musik und Spezialitäten.

Orlando International Fringe Festival *(Ende Mai)*. Zehn Tage lang Komödien, Dramen, Tanz und Musicals.

Durchschnittliche tägliche Sonnenstunden

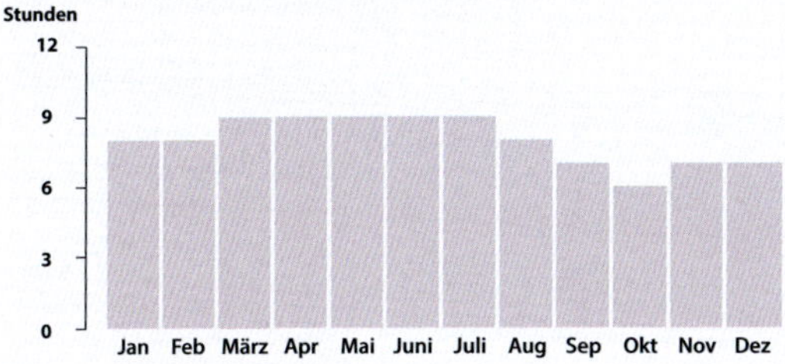

Sonnenschein
Die Tabelle bezieht sich auf ganz Florida. Die Westküste bei St. Petersburg bietet mit durchschnittlich 361 Sonnentagen im Jahr am meisten Sonne, doch blauen Himmel gibt es eigentlich immer und überall. Sogar in den feuchteren Sommermonaten in Südflorida sind die Wolken meist nur kurz zu sehen.

Junge in *Stars and Stripes* bei den Feiern zum 4. Juli

Sommer

Temperaturen und Luftfeuchtigkeit steigen im Sommer stetig, Erleichterung verschaffen atlantische Brisen und nachmittägliche Gewitter. In Florida ist besonders im Spätsommer Hurrikan-Saison *(siehe S. 30f)*. Preisbewusste Reisende profitieren jetzt von den günstigsten Angeboten im Süden. Das größte Ereignis ist der Unabhängigkeitstag am 4. Juli, der mit Umzügen, Feuerwerk, Picknicks und Abkühlung im Meer gefeiert wird.

Juni

Fiesta of Five Flags *(Anfang Juni)*, Pensacola. Zwei Wochen gibt es Paraden, Marathonläufe, Fishing-Rodeos und die Aufführung von Tristán de Lunas Landung am Strand (1559).

Monticello Watermelon Festival *(Mitte Juni)*, Monticello *(siehe S. 247)*. Die Ernte wird mit Grillpartys und anderen Veranstaltungen gefeiert.

Downtown Venice Craft Festival *(Mitte Juni)*. Venice putzt sich für den Kunsthandwerksmarkt heraus.

Silver Spurs Rodeo *(Juni)*, Osceola Heritage Park, Kissimmee *(siehe S. 193)*. Das älteste und wildeste Rodeo Floridas steigt in einer klimatisierten Halle.

Juli

America's Birthday Bash *(4. Juli)*, Miami. Am Tag gibt es Picknicks und bei vielen Veranstaltungen Spaß für die ganze Familie. Bei Dunkelheit erhellt ein großartiges Feuerwerk die City zur größten Unabhängigkeitsfeier in Südflorida.

Goombay Festival *(Mitte Juli)*, Coconut Grove, Miami *(siehe S. 88)*. Bahamas-Party mit Parade, kulinarischen Spezialitäten und Karibik-Musik.

Hemingway Days Festival *(Mitte Juli)*, Key West. Eine Woche mit Autorenlesungen, Auszeichnung der besten Kurzgeschichten, Theater und einem Hemingway-Doppelgänger-Wettbewerb.

August

Key West Lobsterfest *(Anfang Aug)*, Key West. Festival im Zeichen des Hummers mit Live-Musik, kühlen Drinks und jeder Menge Hummer. Gefeiert wird bis Sonnenuntergang.

Boca Festival Days *(ganzer Monat)*, Boca Raton. Festival mit Kunsthandwerksmesse, Chorgesängen und Wettbewerb im Sandburgenbauen.

Annual Wausau Possum Festival *(1. Sa)*, Wausau. Diese Stadt nördlich von Panama City Beach ehrt das Beuteltier mit Veranstaltungen wie Kletterwettbewerben und Maisbrotbacken, außerdem kann man Opossum-Gerichte probieren.

Bärtige Kandidaten beim Hemingway-Doppelgänger-Wettbewerb *(Juli)*

Durchschnittliche monatliche Niederschläge

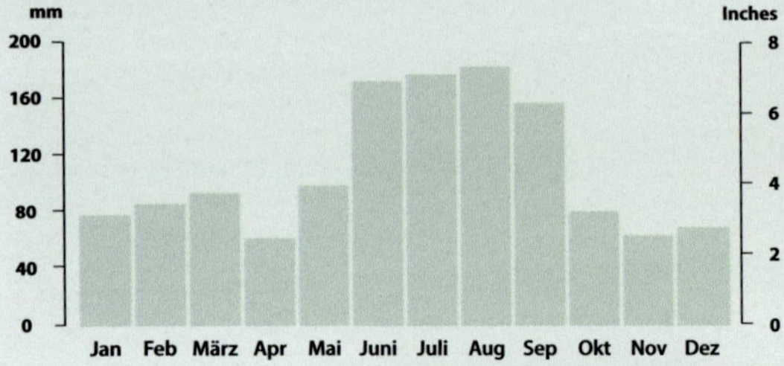

Niederschläge
Die Tabelle bezieht sich auf ganz Florida. Die große Nord-Süd-Ausdehnung bewirkt z. B., dass Oktober der trockenste Monat auf dem Panhandle, aber der feuchteste in den Keys ist. Faustregel: Im Sommer ist der Süden feuchter als der Norden, wo kurze Schauer die Regel sind. Im Winter ist es umgekehrt.

Herbst

Es wird etwas kühler, doch trotz gelegentlicher Stürme ist das Wetter immer noch sehr angenehm. Die Herbstmonate sind im Allgemeinen ruhig: Strände, Sehenswürdigkeiten und Highways sind nicht mehr stark frequentiert – eigentlich ist dies eine wunderbare Reisezeit.

Thanksgiving am vierten Donnerstag im November ist der Höhepunkt des Herbstes, wenn sich die Familien zu Truthahn und Kürbiskuchen treffen. Danach leitet der größte Einkaufstag des Jahres (»Black Friday«) die Vorweihnachtszeit ein.

September

St. Augustine's Founding Anniversary *(Sa um den 8. Sep).* Bei diesem Fest wird Historie lebendig: In historischen Kostümen wird die Ankunft der Spanier im Jahr 1565 nahe der Stelle aufgeführt, an der die ersten Siedler landeten.

Eleganz und Handwerk bei der Fort Lauderdale Boat Show *(Okt)*

Junior Orange Bowl *(Sep–März)*, Miami. Das Jugendfestival präsentiert über 15 Sport- und Kulturveranstaltungen.

Oktober

Destin Fishing Rodeo *(ganzer Monat)*. Das Städtchen heißt Angler zu Wettbewerben willkommen. An zwei Tagen der ersten Woche findet ein Seafood-Festival statt.

Boggy Bayou Mullet Festival *(Mitte Okt)*, Valparaiso und Niceville. Regionale Fischspezialitäten, Kunst und Entertainment in den beiden Städten nahe Fort Walton Beach.

Fort Lauderdale Boat Show *(Ende Okt)*. Die weltgrößte Bootsmesse im Wasser lockt Yachtenfans an verschiedene Orte in der Stadt. Ein Muss für passionierte Segler.

Fantasy Fest *(letzte Woche)*, Key West. Wilde, einwöchige Halloween-Feier mit schrägen Travestieshows, Maskenbällen, Kostümprämierungen und kunterbunten Umzügen.

Johns Pass Seafood Festival *(letztes Wochenende)*, Madeira Beach. Traditionsreiches Seafood-Fest in Johns Pass Village *(siehe S. 256)*.

Guavaween *(letzter Sa)*, Tampa. Die Halloween-Parade nimmt Leben und Geschichte der Stadt auf den Arm, besonders den Versuch, hier Guaven zu züchten.

Stand beim Florida Seafood Festival *(Nov)*

November

Florida Seafood Festival *(1. Wochenende)*, Apalachicola. Segnung der Flotte, Netzknüpfen und Wettbewerbe im Austernessen bei diesem Seafood-Festival.

Delray Beach Wine & Seafood Festival *(Anfang Nov)*. Genießerfest mit viel Seafood, Wein und Musik.

Miami Book Fair International *(Mitte Nov)*. Verleger, Autoren und Bücherwürmer treffen sich in Downtown Miami.

St. Augustine Art & Craft Festival *(letztes Wochenende)*, Sarasota. Kunst und Kunsthandwerk.

Durchschnittliche monatliche Temperaturen

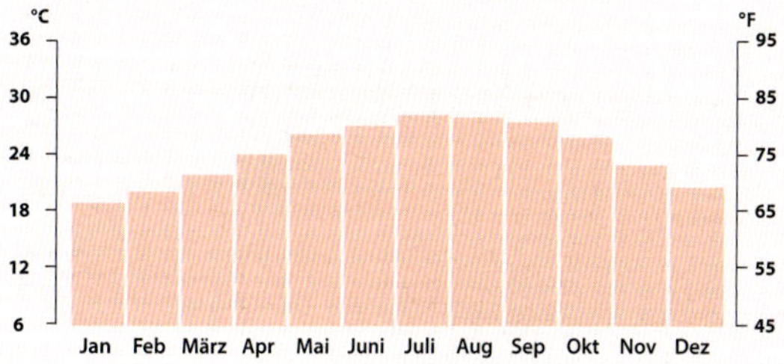

Temperaturen
Die Tabelle bezieht sich auf ganz Florida. Im Norden sind die Abende auch im Winter nur kühl, Schnee fällt äußerst selten, doch es ist zu kalt zum Schwimmen. Im Süden des Bundesstaats hingegen verschlimmert die hohe Luftfeuchtigkeit die dort herrschende Hitze zusätzlich.

Winter

Der Winter steht im Zeichen von Weihnachten und Neujahr. Nun kommen Winterflüchtlinge, auch Berühmtheiten – manche, um zu entspannen, andere, um in der Unterhaltungssaison aufzutreten. Walt Disney World® hat Hochsaison, das Magic Kingdom® zeigt sich von seiner buntesten Seite.

Nachgespielte Piratenlandung beim Gasparilla Festival in Tampa ***(Jan)***

Dezember

Winterfest Boat Parade *(Anfang Dez)*, Fort Lauderdale. Beleuchtete Boote kreuzen in der Nacht auf dem Intracoastal Waterway und sorgen für magische Bilder.
St. Augustine Grand Illumination *(Anfang Dez)*. Umzug mit Fackeln durch die Altstadt und eine Bootsparade vor dem Castillo de San Marcos.

Der Weihnachtsmann auf dem Intracoastal Waterway

Januar

Las Olas Art Fair *(Anfang Jan)*, Fort Lauderdale. Kunterbunter Straßenmarkt mit vielen Ständen, Ausstellungen, Essen und Musik rund um den Las Olas Boulevard.
Orange Bowl *(Neujahr)*, Miami. Großes Nachsaison-Football-Match *(siehe S. 100)*.
Greek Epiphany Day *(6. Jan)*, Tarpon Springs. Fest in der griechisch-orthodoxen Kathedrale *(siehe S. 255)*.
Art Deco Weekend *(Mitte Jan)*, Miami Beach. Ein Straßenfest im berühmten Art-déco-Viertel *(siehe S. 64–69)*.
Winter Equestrian Festival *(Jan–März)*, Wellington. Bei sieben Reitveranstaltungen treffen sich Reitsportfreunde.
Gasparilla Festival *(Ende Jan)*, Tampa. Party mit Bootsparaden und Kostümen zur Erinnerung an die Zeit der Piraten *(siehe S. 267)*.

Februar

Speed Weeks *(erste drei Wochen)*, Daytona Beach. Rennen mit dem berühmten Daytona 500 am letzten Sonntag *(siehe S. 222f)*.
Coconut Grove Arts Festival *(Mitte Feb)*, Miami. Eine der größten Avantgarde-Kunstausstellungen in Florida.
Florida State Fair *(Mitte Feb)*, Tampa. Volksfest mit Pferdeparaden, Unterhaltungskünstlern und Alligatorringen.
Swamp Cabbage Festival *(Ende Feb)*, La Belle, östlich von Fort Myers. Ein kunterbuntes Fest mit Rodeos, Tanzdarbietungen und vielen Gerichten aus Swamp Cabbage (Knospen der Sabalpalme, Floridas Staatsbaum).

Feiertage

New Year's Day *(1. Jan)*
Martin Luther King Day *(3. Mo im Jan)*
Presidents' Day *(3. Mo im Feb)*
Memorial Day *(letzter Mo im Mai)*
Independence Day *(4. Juli)*
Labor Day *(1. Mo im Sep)*
Columbus Day *(2. Mo im Okt)*
Election Day *(1. Di im Nov)*
Veterans Day *(11. Nov)*
Thanksgiving *(4. Do im Nov)*
Christmas Day *(25. Dez)*

RAIL ~ STEAMER ~ AIR ~ HIGHWAY
ALL LEAD TO MIAMI
LAKE CITY
JACKSONVILLE
GAINESVILLE
St. AUGUSTINE
PALATKA
ORMOND
DAYTONA
OCALA
NEW SMYRNA
DeLAND
SANFORD
ORLANDO
TITUSVILLE
KISSIMMEE
LAKELAND
COCOA
TAMPA
St. PETERSBURG
MELBOURNE
SEBRING
Ft. PIERCE
SARASOTA
S.S. LINES NEW YORK TO MIAMI
S.S. LINES PHILADELPHIA TO MIAMI
S.S. LINES BALTIMORE TO MIAMI
S.S. LINE JACKSONVILLE TO MIAMI
ATLANTIC
OCEAN
TROPICAL
ZONE
TROPICAL
ZONE
OKEECHOBEE
DIXIE HIGHWAY
ARCADIA
LAKE OKEECHOBEE
PUNTA GORDA
WEST PALM BEACH
PALM BEACH
Ft. MEYERS
IMMOKALEE
ESTERO
GULF OF MEXICO
NAPLES
Ft. LAUDERDALE
SUGAR FIELDS SUGAR MILL
EVERGLADE
DRAINED FARM LAND
MIAMI
HOMESTEAD
BIMINI
CAPE SABLE
KEY WEST
HAVANA
CUBA
441 N.E. 1ST AVE.
CITY
MIAMI FLA.
MIAMI
IN THE TROPICAL ZONE
of FLORIDA
WHERE WINTER IS TURNED TO SUMMER
World's Greatest Playground
The Land of Opportunity

Die Geschichte Floridas

Hinter der modernen Fassade kommt eine reiche Historie zum Vorschein, geformt von Menschen verschiedenster Nationen und Kulturen. Die Ankunft der Europäer zu Beginn des 16. Jahrhunderts hatte einschneidende Folgen für die hier lebenen indianischen Stämme. In der Folgezeit war Florida zwischen den Großmächten hart umkämpft. Ende des 19. Jahrhunderts setzte das Goldene Zeitalter ein, heute ist Florida einer der wohlhabendsten Bundesstaaten der USA.

Nachdem der spanische Konquistador Ponce de León »La Florida« 1513 entdeckt hatte, wurde die indianische Urbevölkerung durch Kriege und Krankheiten dezimiert. In den folgenden rund 250 Jahren fungierte Florida als Außenposten der spanischen Kolonien im Karibischen Meer sowie als Zufluchtsort für entflohene Sklaven und Seminolen *(siehe S. 289)*. Erst nach der Machtübernahme der Briten 1763 blühte Florida auf. In den folgenden knapp 60 Jahren stritten Spanien, Großbritannien und Amerika um Florida. 1821 wurde die Region dem US-Territorium angegliedert. Die USA trieben die Besiedlung voran und weiteten das Plantagensystem aus. Mehrere Jahrzehnte lang versuchten die Amerikaner vergeblich, die Seminolen aus Florida zu vertreiben. Dem Seminolenkrieg folgte der Bürgerkrieg, an dessen Ende 1865 der Staat ruiniert war. Doch Florida erholte sich schnell. Unternehmer wie Henry Flagler bauten Eisenbahnen und Luxushotels, die wohlhabende Urlauber aus dem Norden anlockten. Der Fremdenverkehr blühte auf und ist seit 1950 Floridas wichtigster Wirtschaftsfaktor.

Mit der Öffnung des Staates expandierte die Landwirtschaft, die Zuwanderung stieg. Floridas große hispanische Gemeinde hat ihre Wurzeln in Kuba. Auch wenn wirtschaftliche Ungleichheit soziale Probleme schafft und Urbanisierung Umweltschäden nach sich zieht – Florida boomt.

Eine der ersten Karten von Florida (Théodore de Bry, 16. Jh.)

◀ **Frühe Postkarte aus Miami, einem beliebten Urlaubsziel der 1920er Jahre**

Prähistorie

Florida war einst Teil einer vulkanischen Kette, die die karibischen Inseln formte. Die Vulkane erodierten in Jahrmillionen und wurden vom Meer überspült. Als die Landmasse sich schließlich wieder hob, war Florida mit dem nordamerikanischen Kontinent verbunden. Die ersten Menschen erreichten Florida nach der letzten Eiszeit. Einige Gruppen gaben ihr Nomadentum auf und siedelten an den Flüssen und Küsten. Um 1000 n. Chr. lebten die meisten Gruppen in hoch entwickelten religiösen und politischen Gesellschaften, wovon Tempel- und Grabhügel zeugen.

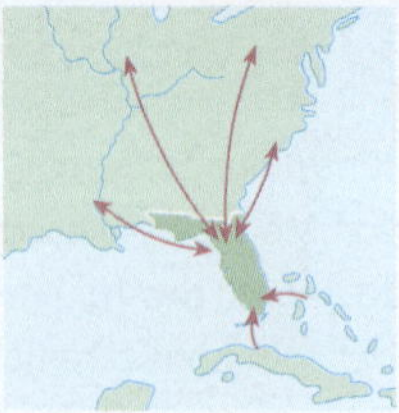

Früheste Besiedelung
— Beteiligte Stammesgebiete

Töpfe wurden oft eingeritzt, um die Gefäßoberfläche zu vergrößern – so waren sie hitzebeständiger. Oft waren die Einkerbungen auch rein ästhetisch motiviert.

Platten aus gehämmertem Kupfer, die bis von den Großen Seen kamen, wurden zu Haarschmuck verarbeitet.

Bestattungsgefäß
Dieses bemalte Keramikgefäß (etwa 400 bis 600 n. Chr.) diente als Urne. Solche Gefäße wurden reich verziert und stellten oft Tiere dar. Durch Löcher im Gefäß sollte die Seele der Keramik die Seele des Toten begleiten.

Floridas Urbevölkerung

Ackerbau und Grabhügel lassen sich den Timucua und anderen Stämmen Nordfloridas zuordnen. Die Volksgruppen des Südens, etwa die Calusa und Tequesta, hinterließen Holzschnitzereien und Abfallberge, deren Zusammensetzung vermuten lässt, dass sich die Menschen vor allem von Fisch und Krustentieren ernährten.

Schnitzerei der Calusa

Funde auf Marco Island

1896 entdeckte man auf Marco Island *(siehe S. 288)* Einzigartiges: Artefakte der Calusa-Kultur aus vergänglichen organischen Materialien waren im Sumpf perfekt konserviert worden. Außerhalb des schützenden Mangrovenschlamms zerfielen sie sofort. Leider sind nur noch ein oder zwei dieser bedeutenden Fundstücke, zu denen Zeremoniengegenstände wie Schnitzereien und Masken gehörten, erhalten.

Schüssel
Diese Keramikschüssel (ca. 800 n. Chr.) wurde bei Zeremonien benutzt. Archäologen können die Töpfer anhand der Muster identifizieren.

um 10 000 v. Chr. Floridas früheste Bewohner fertigen die ersten Steinwerkzeuge

Atlatls oder Speerschleudern – Jagdwaffen aus der Zeit um 6000 v. Chr.

10 000 v. Chr. | **9000 v. Chr.** | **8000 v. Chr.** | **7000 v. Chr.** | **6000 v. Chr.** | **5000 v. Chr.**

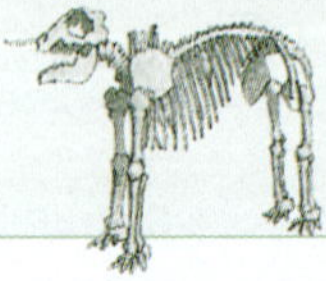

Das eiszeitliche Mastodon lebte einst in Florida

um 7500 v. Chr. Klimaerwärmung. Beginn der Jagd auf kleinere Tiere wie Hirsche und mehr pflanzliche Nahrung

um 5000 v. Chr. Die ersten halb sesshaften Siedlungen entstehen am St. Johns River. Sie hinterlassen große Abfallhügel

Timucua-Frau
Die ersten Zeichnungen der Indianer Floridas zeigen, dass sie stark tätowiert waren. Sie trugen Schmuck aus Holz und Muscheln sowie spärliche Kleidung aus Tierhäuten und Spanischem Moos.

Tonpfeife
Die frühen Einwohner verwendeten bei Ritualen starken, halluzinogenen Tabak, aufgelöst als Getränk, als Kautabak, oder sie rauchten ihn in solchen Ton- oder Steinpfeifen.

Prähistorische Funde

Überall in Florida findet man Museen, die prähistorische Funde zeigen. Zu den bemerkenswertesten unter ihnen gehört sicherlich das Florida Museum of Natural History in Gainesville *(siehe S. 227)*. Den Tempelhügeln am Crystal River und am Fort Walton Beach sind Museen angeschlossen – besonders Crystal River ist einen Besuch wert *(siehe S. 254)*.

Der Komplex am Crystal River besteht aus gut erhaltenen Abfall- und Tempelhügeln.

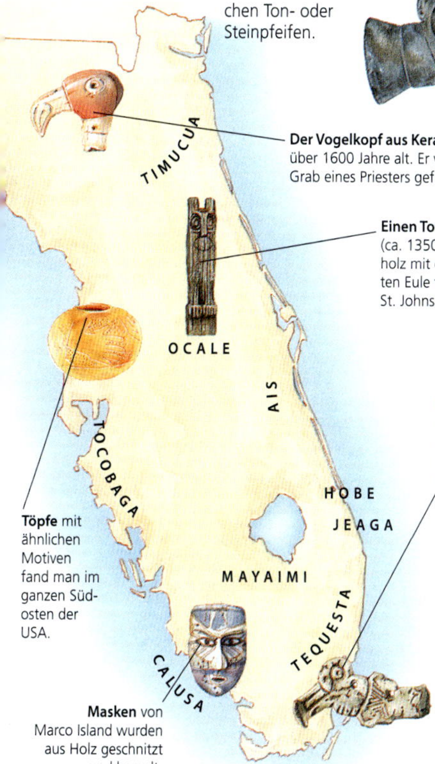

Der Vogelkopf aus Keramik ist über 1600 Jahre alt. Er wurde im Grab eines Priesters gefunden.

Einen Totempfahl (ca. 1350) aus Kiefernholz mit einer gehörnten Eule fand man im St. Johns River.

Töpfe mit ähnlichen Motiven fand man im ganzen Südosten der USA.

Der Muschelanhänger wurde in einem Abfallhügel gefunden. Der Stil der Schnitzerei lässt eine Verbindung mit der Karibik vermuten.

Masken von Marco Island wurden aus Holz geschnitzt und bemalt.

Kupferwaren
Die getriebene, kupferne Brustplatte (um 1300) wurde in Nordflorida entdeckt und ähnelt Funden in Georgia. In Florida gibt es kein Kupfer, daher geht man davon aus, dass Kupferobjekte einst als Prestigeobjekte gehandelt wurden.

um 1000 v. Chr. In Nordflorida werden aus vielen Jägern und Sammlern Ackerbauern. In den Siedlungen entstehen komplexere Gesellschaften. Die ersten Grabhügel werden errichtet

um 1000 n. Chr. Ausbildung neuer politischer Systeme und religiöser Praktiken, Bau von Tempelhügeln. Verstärkter Kontakt mit Volksgruppen außerhalb des heutigen Florida

4000 v. Chr.	3000 v. Chr.	2000 v. Chr.	1000 v. Chr.	0	1000 n. Chr.

um 3000 v. Chr. Ab jetzt ist Floridas Klima ähnlich dem heutigen

um 2000 v. Chr. Beginn der Töpferei in Florida

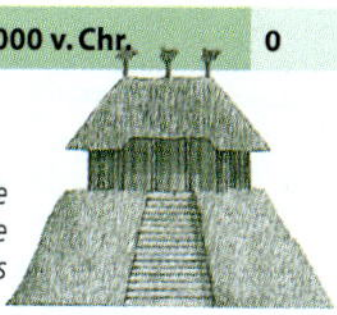

Tempelgebäude auf der Spitze eines Grabhügels

um 800 n. Chr. Frühester nachgewiesener Anbau von Mais in Nordflorida

Spanische Herrschaft

Nachdem Juan Ponce de León 1513 erstmals Florida gesichtet hatte, versuchten spanische Konquistadoren erfolglos, das Gebiet zu kolonialisieren und Gold zu finden. 1564 errichteten die Franzosen das erste Fort, das die Spanier aber bald zerstörten. Der Golfstrom trug Spaniens Schiffe mit den Schätzen der Kolonien an der Küste vorbei, sodass »La Florida« zu deren Schutz spanisch bleiben musste. Die Spanier brachten das Christentum, Pferde und Vieh ins Land. Krankheiten und die Brutalität der Eroberer dezimierten die ursprüngliche Bevölkerung. Die Briten, die ihre Kolonien ausdehnen wollten, versuchten im 18. Jahrhundert wiederholt, Spaniens Herrschaft zu brechen.

Seerouten der Spanier

– Seerouten

Ribaults Säule (1562) demonstrierte Frankreichs Anspruch auf Florida *(siehe S. 211)*.

Juan Ponce de León
Auf der Suche nach Gold stieß er auf ein Land, das er nach dem Blumenfest (Ostern) *Pascua Florida* nannte.

Mais war für die Bevölkerung stets das Grundnahrungsmittel.

Floridas erste Siedlung
Der Hugenotte René Goulaine de Laudonnière gründete 1564 »La Caroline«, die erste erfolgreiche europäische Siedlung in Florida. Der Franzose Le Moyne malte die Indianer, die die Siedler begrüßen.

Fort Mose

Sklaven flohen vor den grausamen Zuständen in British Carolina nach Florida oder in andere spanische Kolonien, die ihnen bestimmte Rechte gewährten. Die Spanier unterstützten die Feinde Großbritanniens, indem sie für Flüchtlinge 1738 Fort Mose nahe der Garnisonsstadt St. Augustine errichteten. Das Fort mit eigenen Milizen und eigener Wirtschaft gilt als Nordamerikas erste unabhängige schwarze Gemeinde.

Schwarzer Uniformierter in den Kolonien

1513 Ponce de León sichtet Florida. Acht Jahre später versucht er erfolglos, eine spanische Kolonie zu errichten

Hernando de Sotos Unterschrift

1622 Die spanischen Schiffe *Atocha* und *Santa Margarita* sinken in einem Sturm

um 1609 Inca Garcilaso de la Vega veröffentlicht *Eine Geschichte der Eroberung Floridas*

1520 | 1540 | 1560 | 1580 | 1600 | 1620

1528 Pánfilo de Narváez landet auf der Suche nach dem sagenhaften El Dorado in der Tampa Bay

1539 Hernando de Soto landet mit 600 Männern in der Tampa Bay. Er stirbt drei Jahre später am Mississippi

1566 Die Jesuiten erreichen Florida

1565 Pedro Menéndez de Avilés gründet San Augustín (St. Augustine) nach dem Sieg über die Franzosen

Querschnitt der Atocha

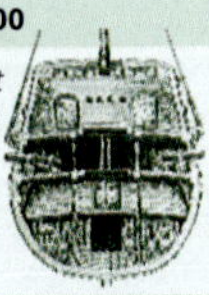

Hernando de Soto
De Soto war der brutalste der Konquistadoren. Seine Goldgier führte zu Massakern an vielen Indianern, nur ein Drittel seines eigenen Gefolges überlebte.

Spanische Herrschaft

In St. Petersburg befindet sich das De Soto National Memorial an jener Stelle, wo Hernando de Soto landete *(siehe S. 271)*. Eine Rekonstruktion von Fort Caroline *(siehe S. 211)* liegt außerhalb von Jacksonville. Am besten ist das spanische Erbe Floridas in St. Augustine *(siehe S. 214–217)* und im Castillo de San Marcos *(siehe S. 218f)* zu sehen.

Haarschmuck aus Gold und Silber
Indianische Artefakte aus Edelmetallen nährten den Glauben an ein El Dorado. Doch die Metalle stammten aus Wracks.

Plantation Señora de la Leche, ein Schrein, den de Avilés 1565 in St. Augustine erbaute.

René Goulaine de Laudonnière betrachtet indianische Gaben.

Athore, Häuptling der Timucua, zeigt den französischen Siedlern, wie seine Leute an Ribaults Säule beten.

Sir Francis Drake
Spaniens Vormachtstellung in der Neuen Welt störte die Briten. 1586 brannte Francis Drake St. Augustine nieder.

Osune-Kodex
Das Manuskript (16. Jh.) zeigt Mitglieder von Tristan de Lunas Florida-Expedition. 1559 zerstörte ein Hurrikan sein Lager an der Pensacola Bay und beendete die Kolonisierungsversuche.

1670 Der Vertrag von Madrid legt Spaniens Anspruch auf die Neue Welt fest

Flagge des Piraten Blackbeard

1718 Blackbeard, der die Ostküste Floridas terrorisierte, wird vor North Carolina getötet

1740 In Georgia stationierte Briten belagern das Castillo de San Marcos

1763 Vertrag von Paris: Die Briten erhalten Florida und geben das kurz zuvor eroberte Kuba an Spanien zurück

1640 | 1660 | 1680 | 1700 | 1720 | 1740 | 1760

1687 Die ersten acht Sklaven fliehen von den britischen Plantagen in North und South Carolina nach Florida

1693 Die Spanier errichten Pensacola, das fünf Jahre später ständig besiedelt wird

1702 Die Briten zerstören St. Augustine

Castillo de San Marcos, St. Augustine

1756 Castillo de San Marcos fertiggestellt

Kampf um Florida

Der Reichtum an Häuten und Fellen sowie die Aussicht auf neue Plantagenflächen lockten die Briten nach Florida. Sie übernahmen 1763 die Macht und teilten die Kolonie. Mit Subventionen sicherten sich die Briten die Loyalität Floridas während des Unabhängigkeitskriegs. 1781 fiel Westflorida jedoch wieder an die Spanier, Ostflorida wurde zwei Jahre später zurückgegeben. Sklaven flohen nach Florida und schürten die Feindschaft zwischen Spanien und den Vereinigten Staaten. Als sich Indianer mit den geflohenen Sklaven verbündeten, marschierten die Vereinigten Staaten in die Kolonie ein. General Andrew Jackson überfiel das Land, besetzte Westflorida und entfachte so den Ersten Seminolenkrieg.

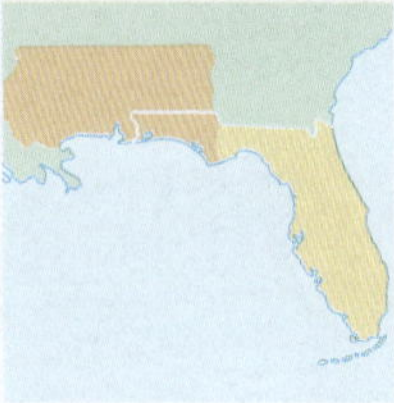

Britisch-Florida 1764–83

Ostflorida

Westflorida

Spanisches Kastensystem
Es zog nur wenige spanische Frauen in die Kolonien, sodass spanische Männer oft schwarze oder indianische Frauen heirateten. Rein spanische Nachkommen bildeten die oberste Kaste.

Fort George war die wichtigste britische Festung bei Pensacola.

Ein Trommler gab den Marschtakt der Soldaten an.

Eroberung von Pensacola
Nach einem Monat Belagerung schlug der Spanier Bernardo de Gálvez 1781 die Briten und nahm Pensacola für Spanien ein. Sein Sieg half zweifellos den rebellierenden amerikanischen Kolonien, ihre Unabhängigkeit zu erlangen.

Kohlenpfanne
Braseros wärmten in den Wintern Nordfloridas. Im Sommer diente ihr Rauch der Moskitobekämpfung.

1765 | 1770 | 1775 | 1780 | 1785 | 17

Britischer Soldat im Amerikanischen Unabhängigkeitskrieg

1776 Der Amerikanische Unabhängigkeitskrieg erschöpft die britischen Reserven; britische Loyalisten verlassen die Kolonie

1781 Unter de Gálvez landen die Spanier bei Pensacola und erobern Westflorida

1782 Der US-Kongress wählt den Seeadler zum Wappentier der neuen Republik

US-Wappen

1783 Im zweiten Vertrag von Paris erkennt Großbritannien Amerikas Unabhängigkeit an. Es gewinnt dafür die Bahamas und Gibraltar, gibt aber Florida an Spanien zurück

1785–1821 Grenzstreitigkeiten zwischen Spaniern und Amerikanern

General Jackson
Dem ehrgeizigen Soldaten Andrew Jackson gelang es, Florida zu erobern. Daher war er 1821 der ideale Kandidat für das Amt des ersten amerikanischen Gouverneurs Floridas. Er wurde später der siebte Präsident der USA.

Kampf um Florida

Die Kingsley Plantation *(siehe S. 211)* bei Jacksonville ist das älteste existierende Plantagenhaus Floridas. Den Seville District in Pensacola *(siehe S. 234)* bauten die Briten während der Besatzungszeit. Auch in St. Augustine *(siehe S. 214–217)* befinden sich noch einige Gebäude jener Zeit, darunter auch das British Government House und das reizende Ximenez-Fatio House aus der zweiten Periode der spanischen Herrschaft.

William Bartrams Illustrationen
1765 wurde William Bartram königlicher Hofbotaniker in Amerika. Er dokumentierte Floridas Flora, aber auch seine Urbevölkerung.

Bernardo de Gálvez, der spanische Gouverneur von Louisiana, wurde mit 27 Jahren in der Schlacht um Pensacola verwundet.

Die Kingsley Plantation liegt wunderschön an der Mündung des St. Johns River.

Politische Karikatur
Die Karikatur zeigt das Pferd Amerika, das seinen Herrn abwirft. Die britischen Loyalisten in Ostflorida verließen nach dem Verlust der Kolonien, kurz nach 1783, das Land.

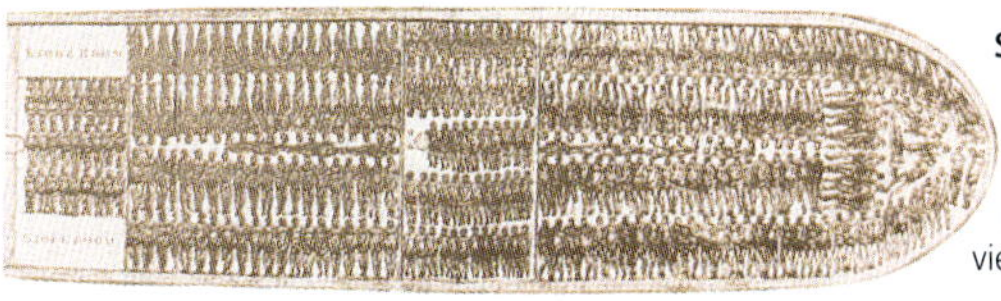

Sklavenhandel
Das Plantagensystem gründete auf Sklaven. Sie waren auf der langen Reise von Afrika so unmenschlich untergebracht, dass viele schon an Bord starben.

1803 Die USA kaufen Louisiana, stoßen nach Osten vor und schaffen Floridas heutige Westgrenze. Die USA beanspruchen Westflorida

1800 Spanien überlässt Frankreich Louisianas Gebiete in Westflorida

1808 Der US-Kongress verabschiedet ein Gesetz gegen den Sklavenhandel, das aber zumeist ignoriert wird

Handfesseln für Sklaven

1817 Beginn des Ersten Seminolenkriegs

1795 | **1800** | **1805** | **1810** | **1815**

1795 Spanien tritt Gebiete nördlich des 31. Breitengrades an die USA ab

Flagge der Patrioten Ostfloridas

1812 Patrioten besetzen Amelia Island und fordern die Befreiung Ostfloridas von den Spaniern. Ihr Versuch schlägt fehl, verstärkt jedoch das Zugehörigkeitsgefühl Floridas zu Amerika

1819 Um eine Schuld von fünf Millionen Dollar an die USA zu begleichen, überlässt Spanien seine Territorien östlich des Mississippi (einschließlich Florida) den USA

Florida vor dem Bürgerkrieg

Nachdem Florida 1821 Teil der USA geworden war, trieb man die Besiedelung voran und weitete das Plantagensystem auf Nordflorida aus. Da die Siedler gutes Land wollten, begann die Bundesregierung, alle Indianer westlich des Mississippi zu vertreiben. An diesem Konflikt entzündeten sich der Zweite und Dritte Seminolenkrieg. Als Abraham Lincoln, ein Gegner der Sklaverei, 1860 Präsident wurde, löste sich Florida als dritter Staat von der Union. Florida erlebte im Bürgerkrieg kaum Schlachten, es diente hauptsächlich als Lieferant von Lebensmitteln, vor allem Rindfleisch und Salz.

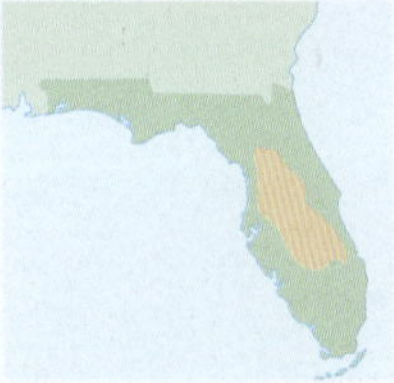

Indianergebiete 1823–32

Indianerreservate

Osceola
Der indianische Führer Osceola weigerte sich, mit seinem Volk Florida zu verlassen. 1835 begann er den Zweiten Seminolenkrieg, in dessen Verlauf viele Plantagen zerstört wurden.

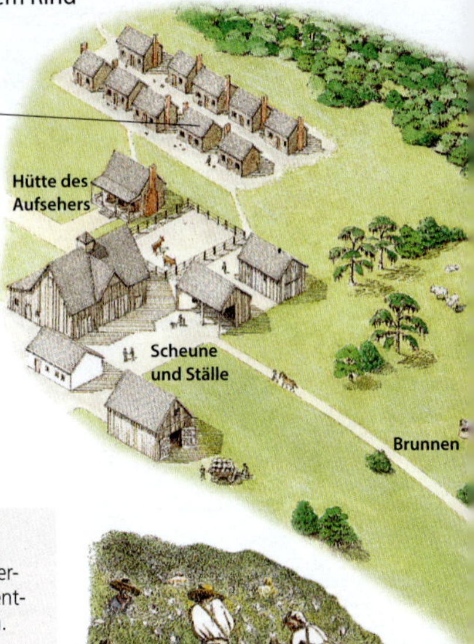

Onkel Toms Hütte

Harriet Beecher Stowe, eine religiöse Nordstaatlerin, verbrachte ihren Lebensabend in Florida. Ihr 1852 veröffentlichter Roman sollte die Vereinigten Staaten verändern. *Onkel Toms Hütte* handelt von einem Sklaven, der ein weißes Kind rettet, an einen sadistischen Herrn verkauft und zu Tode gepeitscht wird. Der erfolgreiche Roman half, die Sklaverei zu beenden. Präsident Lincoln scherzte, dass Harriet Beecher Stowe »die kleine Frau war, die diesen großen Krieg begann«.

Plakat für *Onkel Toms Hütte*

Baumwolle
Baumwolle war die wichtigste Anbaupflanze auf den Plantagen. Ihre Pflege ist äußerst arbeitsintensiv – besonders hart ist die Ernte der Baumwollflocken.

1820 – **1825** – **1830** – **1835** – **1840**

1821 Jackson wird Gouverneur von Florida

Osceola weigert sich, den Vertrag von 1832 zu unterschreiben

1823 Der Vertrag von Moultrie Creek vertreibt die Seminolen von Nord- nach Zentralflorida

um 1824 Das indianische Dorf Talasi wird Sitz der neuen Hauptstadt und in Tallahassee umbenannt

1829 General Jackson wird Präsident der USA

1832 Im Vertrag von Payne's Creek treten 15 Seminolenhäuptlinge ihr Land in Florida an die USA ab und ziehen nach Westen

1832 Der Naturforscher Audubon besucht Key West

1835 Beginn des Zweiten Seminolenkriegs

Von Pferden gezogener Zug

1836 Die Eisenbahn kommt nach Florida

1842 Ende des Zweiten Seminolenkriegs

Raddampfer
Im Seminolen- und Bürgerkrieg wurden Truppen und Versorgungsgüter auf Raddampfern transportiert.

Häuptling Billy Bowlegs
1855 raubten Landvermesser indianisches Land. Häuptling Billy Bowlegs rächte sich und löste so den Dritten Seminolenkrieg aus. 1858 gab er auf, andere Seminolen zogen sich in die Everglades zurück.

Florida vor dem Bürgerkrieg

Die Gamble Plantation *(siehe S. 270f)* veranschaulicht den Lebensstil reicher Plantagenbesitzer. Die Plantagen Bulow *(siehe S. 220)* und Indian Key *(siehe S. 298)* wurden in den Seminolenkriegen zerstört. Jacksonvilles Museum of Science and History *(siehe S. 212)* präsentiert Exponate aus dem Bürgerkrieg wie etwa den Dampfer *Maple Leaf*. East Martello Tower in Key West *(siehe S. 304)*, Fort Zachary *(siehe S. 306)* und Fort Clinch *(siehe S. 210)* stammen aus dem 19. Jahrhundert.

Den East Martello Tower errichteten die Unionisten zur Verteidigung der Atlantikküste.

Goodwood House demonstriert mit seiner exquisiten Ausstattung seine Bedeutung innerhalb der Gemeinde.

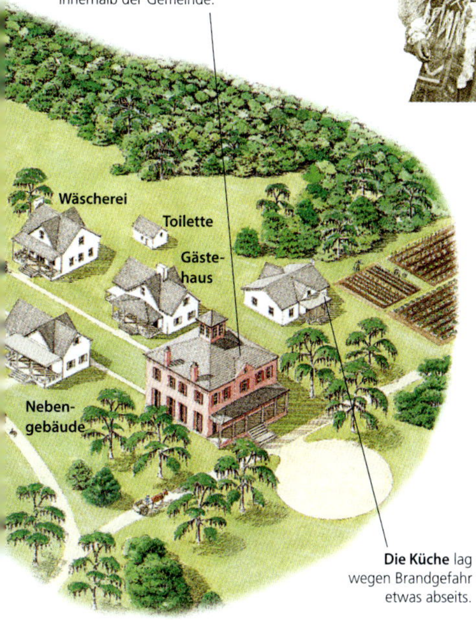

Die Küche lag wegen Brandgefahr etwas abseits.

Leben auf der Plantage

Vorkriegsplantagen, wie die in Goodwood rekonstruierte (siehe S. 247), *waren annähernd autark, mit eigenen Gesetzen. Einige hatten mehr als 200 Sklaven, die in allen Bereichen eingesetzt wurden.*

Schlacht von Olustee
1864 besiegten die Konföderierten im Nordosten Streitkräfte der Union, u. a. zwei Regimenter mit Afroamerikanern. Etwa 10 000 Soldaten kämpften sechs Stunden lang, 2000 wurden verletzt, 300 getötet.

1845 Am 4. Juli wird Florida 27. Staat der USA. Das Capitol in Tallahassee wird fertiggestellt

1848 John Gorrie erfindet eine Eismaschine

1855 Beginn des Dritten Seminolenkriegs; drei Jahre später geben 163 Indianer (auch Billy Bowlegs) auf und werden mit Waffengewalt aus Florida vertrieben

1861 Beginn des Bürgerkriegs

1865 Die Nord-Armee wird in der Schlacht von Natural Bridge geschlagen. Der Bürgerkrieg endet im selben Jahr

1845 | 1850 | 1855 | 1860 | 1865

Floridas erstes Staatssiegel

1852 Harriet Beecher Stowe veröffentlicht *Onkel Toms Hütte*

um 1860 Schottische Kaufleute gründen Dunedin an der Westküste Floridas

Kriegsanleihe

Goldenes Zeitalter

Der Bürgerkrieg ruinierte Floridas Wirtschaft, doch Klima und geringe Bevölkerungsdichte boten den idealen Boden für Investitionen. Ende des 19. Jahrhunderts drangen die Strecken der Eisenbahnbarone Henry Flagler und Henry Plant zur Ost- und Westküste Floridas vor. Der Fremdenverkehr kurbelte die Wirtschaft an, die Landwirtschaft führte den Staat durch die Depression im ausgehenden 19. Jahrhundert. Viele wurden reich, große Anwesen entstanden. Die Afroamerikaner hatten weniger Erfolg: Die meisten verloren das Wahlrecht, die Macht des Ku-Klux-Klan wuchs, und Rassentrennung war die Regel.

Ausbau der Eisenbahn

- Schienennetz bis 1860
- Schienennetz bis 1890
- Übersee-Schienennetz bis 1912

Raddampfer-Tourismus
Vor dem Bau der Eisenbahnen erkundeten die Besucher Florida auf Raddampfern, die malerische Flüsse wie den Oklawaha und den St. Johns befuhren.

Jacob Summerlin
Nach dem Bürgerkrieg wurde der »König der Cracker« *(siehe S. 24)* durch den Verkauf von Rindfleisch in das spanische Kuba reich. Ironischerweise stammten seine Kühe von Tieren ab, die die Konquistadoren nach Florida gebracht hatten.

Zigarrenetiketten waren kleine Kunstwerke, die häufig Ansichten zeigten. Die Zigarrenindustrie begann Ende des 19. Jahrhunderts.

Grandhotels
Plant und Flagler erbauten opulente Paläste für reiche Urlauber, die mit der Bahn vor der Kälte im Norden flohen und die Wintersaison stilvoll in Städten wie Tampa und St. Augustine verbrachten.

1868 Wahlrecht für alle männlichen, auch schwarzen, amerikanischen Bürger über 21 Jahre

1869 Das erste schwarze Kabinettsmitglied wird Staatssekretär von Florida

1870 Der Ku-Klux-Klan tötet in Jackson County über 100 Afroamerikaner

um 1870 Raddampfer transportieren Urlauber und Waren ins Landesinnere von Florida

Zirkusnummer der Ringling Brothers

1870 | **1875** | **1880** | **1885** | **1890**

1884 Die Brüder Ringling gründen ihren Wanderzirkus

1885 Vicente Ybor verlegt seine Zigarrenindustrie nach Tampa

1886 Flagler beginnt an der Ostküste mit dem Bau der Eisenbahn

1891 José Martí hält in Tampa eine Rede, um die kubanische Unabhängigkeitsbewegung zu unterstützen

1892 Bei den Wahlen haben nur elf Prozent der Afroamerikaner Stimmrecht

Bahnreise
Einige Wohlhabende hatten Privatwaggons. Henry Flaglers Wagen steht auf seinem Gut in Palm Beach *(siehe S. 128f)*.

Goldenes Zeitalter

St. Augustine *(siehe S. 214–219)* birgt noch einige Gebäude von Flagler, beispielsweise das Lightner Museum. Das ehemalige Tampa Bay Hotel beherbergt heute das Henry B. Plant Museum *(siehe S. 262)*. In Fernandina Beach *(siehe S. 210)* findet man mehrere schöne Gebäude im Steamboat-Stil. Am Pigeon Key *(siehe S. 300)* steht Flaglers Bauarbeiterlager für die Übersee-Eisenbahn.

Das Flagler College in St. Augustine, einst Flaglers prächtiges Ponce de León Hotel.

Spanisch-Amerikanischer Krieg
Als Amerika 1898 Kuba im Kampf gegen Spanien unterstützte, boomte Florida. Tausende Soldaten wurden nach Tampa, Miami und Key West verlegt. Um den Krieg zu unterstützen, flossen reichlich Staatsgelder nach Florida.

Das Tampa Bay Hotel, von Henry Plant 1891 erbaut, diente bis 1932 als Hotel. Es hatte 511 Zimmer und fungierte während des Spanisch-Amerikanischen Kriegs als Offiziersquartier.

Der Hillsborough River und die nahe gelegene Tampa Bay machten Tampa um 1900 zu einem der drei größten Golfhäfen.

Vergoldeter Schaukelstuhl
Der mit Schnörkeln und Schwänen geschmückte Schaukelstuhl aus dem Lightner Museum *(siehe S. 217)* steht für die übertriebenen Verzierungen im 19. Jahrhundert.

Die Geburt einer Nation
Bei seiner Aufführung 1915 löste der Film in Florida einen Gewaltausbruch des Ku-Klux-Klan aus.

1895 Die Zitrusblüten erfrieren im »Großen Frost«. Julia Tuttle schickt Flagler einige Orangenblüten nach Palm Beach, um ihn zu überzeugen, die Eisenbahn nach Miami fortzuführen

1905 Gründung der University of Florida in Gainesville

Fahrt auf dem Sand von Daytona Beach

1918 Beginn der Prohibition in Florida

1895 | 1900 | 1905 | 1910 | 1915

Orangenblüte

1898 Teddy Roosevelt und seine »Rough Riders« rasten auf dem Weg zum Spanisch-Amerikanischen Krieg auf Kuba in Tampa

1903 Alexander Winton stellt mit 109 km/h einen Geschwindigkeitsrekord auf dem harten Sand von Daytona Beach auf

1912 Eisenbahnlinie bis Key West fertiggestellt

1915 Baggeraushub verdoppelt die Fläche von Miami Beach

1916 Schädlinge zerstören Floridas Baumwollernte

Boom, Pleite und Aufschwung

Florida erlebte in der ersten Hälfte des 20. Jahrhunderts schnelles Wachstum, aber auch wirtschaftliche Depression. Aufgrund des Landbooms der 1920er Jahre kamen aus dem Norden der USA Tausende, die man wegen ihrer Verpflegungsart auch »Dosentouristen« nannte. 1926, drei Jahre vor dem Crash an der Wall Street, ruinierte der Niedergang der Immobilienpreise bereits manche Existenz. Der Aufschwung kam durch den Tourismus und staatliche Förderprogramme früher als in den restlichen USA. Viele Arbeitslose aus dem Norden suchten in Florida ihr Glück. Nach dem Zweiten Weltkrieg wuchs der Wohlstand, in den 1950er Jahren schuf die Weltraumforschung der NASA neue Arbeitsplätze.

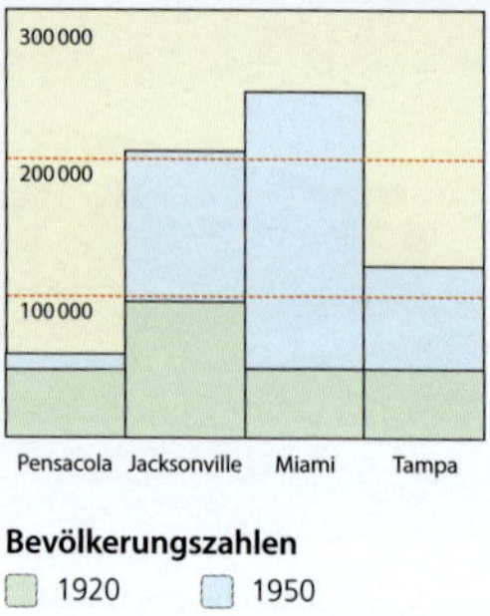

Landkauf
Auf der Höhe des Booms wurden für einen Hektar Land 11 600 US-Dollar bezahlt. Viele Nordstaatler stürzten in den Ruin, da sie unwissentlich in Sumpfland investierten.

Der Hurrikan von 1926
Am 18. September zerstörte ein Hurrikan, der so stark war, dass er »krumme Straßen gerade blies«, 5000 Häuser in Florida.

Der »American Dream«
Floridas warme Winter und florierende Wirtschaft zogen Einwanderer aus dem Norden an. Viele kamen als Urlauber und ließen sich dann nieder, aber auch Ausländer immigrierten. Floridas schnelles urbanes und industrielles Wachstum bot sehr gute Aufstiegschancen – auch junge Leute erreichten einen hohen Lebensstandard.

1928 Der Tamiami Trail zwischen Tampa und Miami wird offiziell eröffnet

1929 Pan American World Airways startet den ersten kommerziellen Flug zwischen Miami und Havanna

1931 Ernest Hemingway erwirbt ein Haus in Key West

1935 Ein Hurrikan zerstört Flaglers Overseas Railroad

1920 | 1925 | 1930 | 1935 | 1940

1926 Einbruch der Landpreise, zwei Banken melden Konkurs an. Ein Hurrikan trifft den Südosten, die Everglades und Miami

1931 Nach Legalisierung von Wettbüros wird die Rennbahn im Hialeah Park eröffnet

Pferderennen im Hialeah Park

1939 Al Capone genießt seinen Ruhestand auf einem Anwesen auf Palm Island in Miami

»Dosentouristen«
Jeden Winter zog diese neue Art von Urlaubern in bepackten Autos Richtung Süden. In Wohnwagenparks genossen sie Essen aus Dosen und die Sonne Floridas.

Floridas Boom-Jahre

Das Wolfsonian Museum *(siehe S. 71)* und die Art-déco-Gebäude in Miami Beach *(siehe S. 64–67)* sind sehenswert, ebenso Mizners Erbe in Palm Beach *(siehe S. 122–127)*. Imposant präsentiert sich Frank Lloyd Wrights College in Lakeland *(siehe S. 270)*, eher bescheiden Henry Fords Wintersitz in Fort Myers *(siehe S. 280)*.

In Miami Beach sind die vielen restaurierten Art-déco-Gebäude beliebte Fotomotive.

Zora Neale Hurston
Zora schrieb über das Leben der Schwarzen auf dem Land. 1937 veröffentlichte sie *Und ihre Augen schauten Gott.*

Roosevelts Plan
Durch Kreditvergaben an Bauern konnte sich Florida von der Wirtschaftskrise erholen. Schriftsteller und Fotografen dokumentierten die Auswirkungen dieser Politik.

Zweiter Weltkrieg
1941–45 wurden in Florida Tausende Soldaten ausgebildet. Der Krieg beeinträchtigte den Fremdenverkehr, doch die Wirtschaft profitierte.

Zitrusindustrie
Florida als bedeutendster US-Produzent von Zitrusfrüchten überstand die Depression der 1930er Jahre.

1942 Im Februar torpedieren deutsche U-Boote einen Tanker vor der Küste Floridas in Sichtweite der Badenden

1945 Am 5. Dezember beginnt mit dem Verschwinden von Flug 19 der Mythos des Bermuda-Dreiecks

1947 Präsident Truman eröffnet den Everglades National Park

1954 Erster Teil der Sunshine-Skyway-Brücke über die Tampa Bay ist fertig

Rennwagen beim Daytona 200

1958 Die NASA wählt Cape Canaveral zum Standort für das Satelliten- und Raketenprogramm. Der erste Erdsatellit, *Explorer I*, startet in Florida

1959 Lee Perry gewinnt das erste Daytona 200 auf dem Daytona Speedway

1945 | 1950 | 1955 | 1960

NASA

Logo der NASA

Modernes Florida

Seit 1960 floriert Floridas Wirtschaft. Der Fremdenverkehr wuchs, viele Hotels entstanden, um den Bedürfnissen der Urlauber gerecht zu werden. Freizeitparks wie Walt Disney World®, aber auch das Kennedy Space Center mit dem Raumfahrtprogramm der NASA machten Florida weltberühmt. Durch den Zuzug aus anderen Teilen der USA und dem Ausland stieg die Bevölkerungszahl rapide an. Florida ist heute ein multikultureller Staat. Eine Besonderheit des Sunshine State sind die vielen spanischsprachigen Einwohner: Nach der kubanischen Revolution machten Exilkubaner Miami zur zweitgrößten kubanische Stadt der Welt. Die negativen Umweltauswirkungen des Wachstums, eine der größten Sorgen des Staats, führten zu verstärktem Engagement im Umweltschutz.

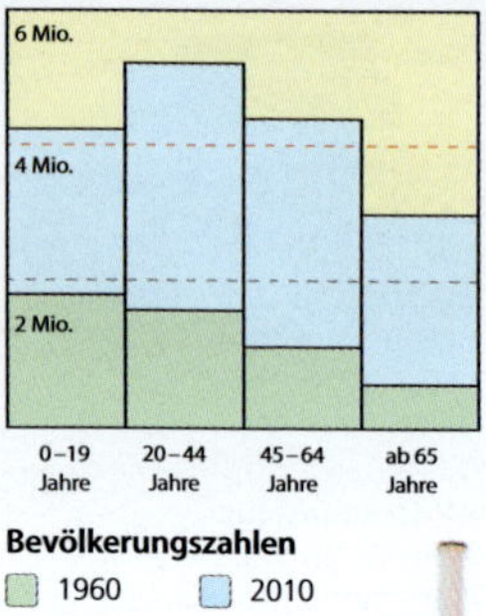

Kubas Exodus
Über 300 000 Kubaner flohen seit der Kubanischen Revolution 1959 nach Florida. Die ersten kamen mit »Freiheitsflügen«, spätere Flüchtlinge auf wackligen Flößen.

Martin Luther King
Die Bürgerrechtsbewegung erreichte Florida in den 1960er Jahren. Ihr prominenter Anführer, Martin Luther King, wurde 1964 bei einem Protestmarsch in St. Augustine verhaftet.

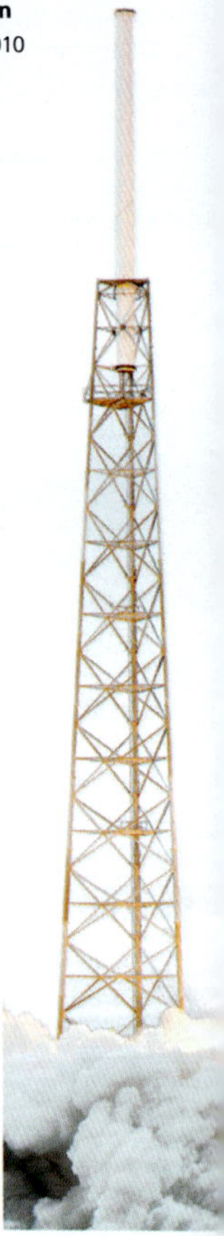

SpaceX Dragon
Seit 2012 stellt SpaceX mit seinen Dragon-Raketen als erstes privat geführtes US-Weltraumunternehmen die Versorgung der ISS (International Space Station) nach Ende des Space-Shuttle-Programms sicher. SpaceX plant auch den Einstieg in die bemannte Raumfahrt.

1961 Alan Shephard ist der erste Amerikaner im All

1962 Kubakrise

1964 Martin Luther King wird in St. Augustine verhaftet und inhaftiert

NASA-Astronaut Alan Shephard

1969 Apollo 11 startet in Cape Canaveral. Buzz Aldrin und Neil Armstrong sind die ersten Menschen auf dem Mond

1970

1971 Magic Kingdom®, Walt Disneys erstes, 700 Millionen US-Dollar teures Unternehmen in Florida, öffnet in Orlando

1973 Dade County wird offiziell zweisprachig

1977 In Miami schneit es im Januar

1980

1980 125 000 Kubaner erreichen Florida während der fünfmonatigen, von Castro initiierten Mariel-Verschiffung

1981 Jungfernflug des Space Shuttle

1982 Key West erklärt sich eine Woche zur Conch-(Muschel-) Republik

1986 Bei der Explosion der *Challenger* stirbt die siebenköpfige Besatzung

1990 General Noriega, Ex-Staatschef von Panama, wird in Miami wegen Drogendelikten angeklagt

19

Umweltschutz
Florida unterstützt die Umweltschutzbewegung auch durch den Verkauf spezieller Autokennzeichen. Das Geld fließt in Kampagnen.

Miami im Fernsehen
Miami gilt als kriminelle Stadt. Diesen Ruf untermauerte in den 1980er Jahren die TV-Serie *Miami Vice*, heute tut dies *CSI: Miami*.

Modernes Florida

Es gibt in vielen Städten Floridas sehenswerte moderne Architektur. Bemerkenswert sind u. a. die Wolkenkratzer in Downtown Miami *(siehe S. 74–79)* und in Jacksonville *(siehe S. 212f)* oder das Florida Aquarium in Tampa *(siehe S. 266)*. Nostalgisch angehauchte moderne Architektur ist in Seaside *(siehe S. 240f)* zu sehen.

Downtown Miami mit seinen modernen Wolkenkratzern bildet eine imposante Skyline.

Einbürgerung
Viele Einwanderer träumen von der US-Staatsbürgerschaft. Bei Massenzeremonien schwören Tausende den Treueeid auf die Nation.

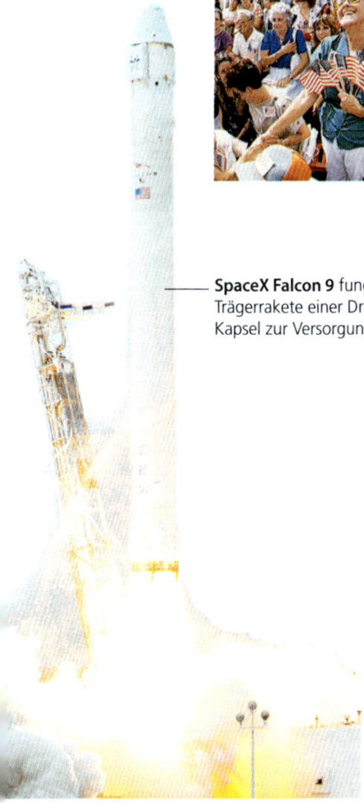

SpaceX Falcon 9 fungiert als Trägerrakete einer Dragon-Kapsel zur Versorgung der ISS.

Floridas Senioren
Knapp 20 Prozent von Floridas Bevölkerung sind älter als 65 Jahre. Viele Rentner kommen wegen der niedrigen Steuern, des Lebensstils und des Klimas.

Karibik-Kreuzfahrten
Der Fremdenverkehr ist ein stetig wachsender Wirtschaftszweig. Kreuzfahrten an Bord von topmodernen Schiffen werden immer beliebter.

1992 Hurrikan Andrew wütet über Südflorida

1993 Bildung einer Einheit zur Sicherheit der Urlauber

1994 Neuer Flüchtlingsstrom aus Kuba

2000

2000 George W. Bush gewinnt umstrittene Präsidentschaftswahlen

George W. Bush

2002 Jimmy Carter besucht als erster (Ex-)US-Präsident seit dem Embargo Kuba

2003 Als die *Columbia* beim Wiedereintritt in die Erdatmosphäre explodiert, kommt die ganze Crew ums Leben

2004 Eine der schlimmsten Hurrikan-Phasen in der Geschichte verursacht Schäden in Höhe von über 40 Milliarden US-Dollar

2010

2011 Nach 30 Jahren stellt die NASA ihr Space-Shuttle-Programm ein. Das letzte Shuttle, *Atlantis*, landet am 21. Juli – das Ende einer Ära

2012 SpaceX versorgt mit seinen Dragon-Raumschiffen die Weltraumstation ISS

Sep 2017 Hurrikan Irma richtet in Florida schwere Verwüstungen an

2020

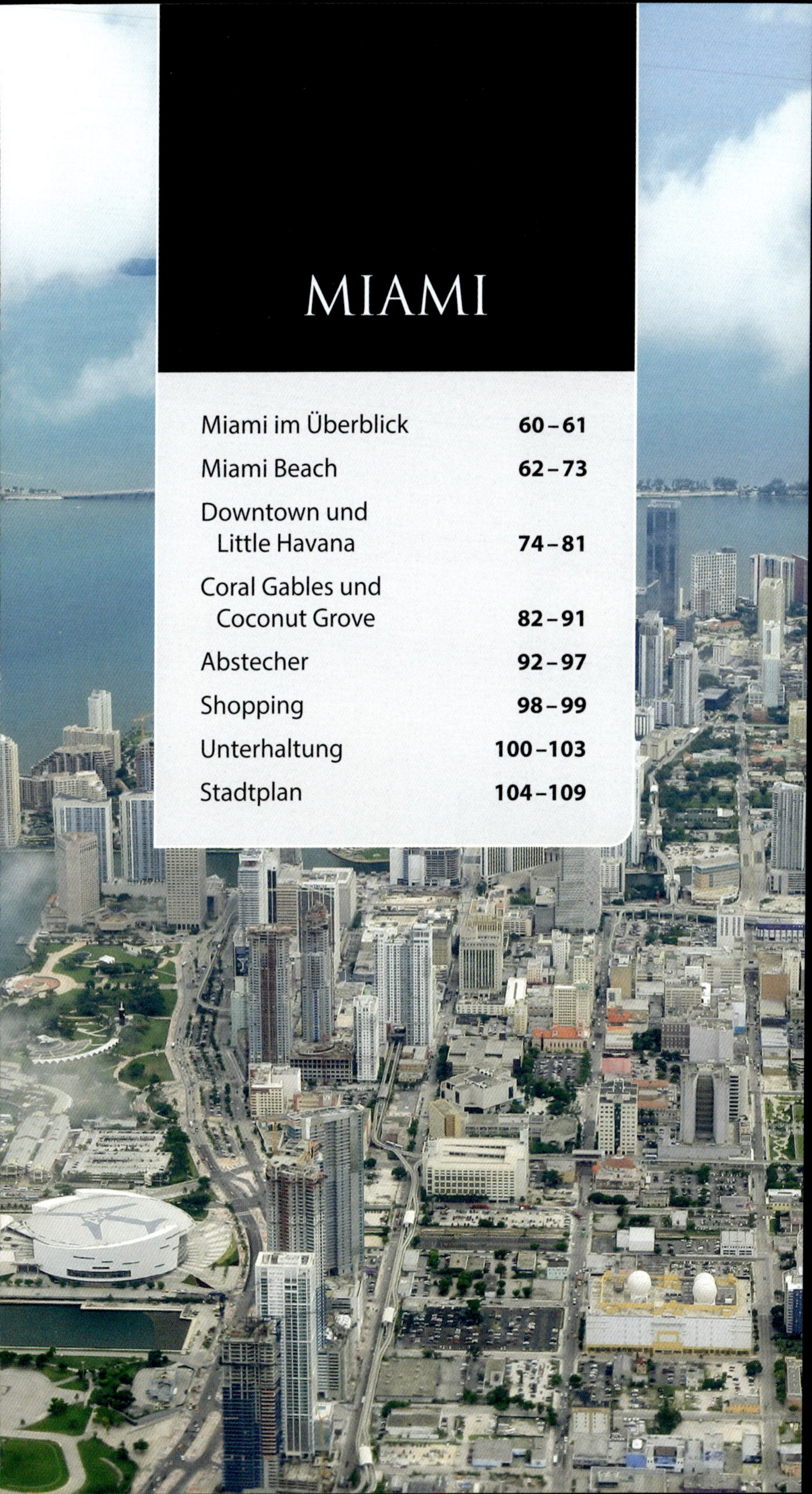

MIAMI

Miami im Überblick

Miami wird auch Magic City genannt, weil sich der winzige Handelsposten im Lauf eines Jahrhunderts zu einer rund 5000 Quadratkilometer großen Metropolregion mit über fünf Millionen Einwohnern entwickelte. Besucher mögen Miami vor allem wegen South Beach, der Strände und des überall spürbaren Einflusses aus Lateinamerika und der Karibik. Mehr als 14 Millionen Urlauber besuchen die Stadt und das Umland jedes Jahr.

Little Havana, das ursprüngliche Herz der kubanischen Gemeinde, ist Miamis lebendigstes Stadtviertel. In den quirligen Straßen spielt man Domino oder plaudert mit Freunden in den Cafés *(siehe S. 80f)*.

Das Biltmore Hotel ist das Wahrzeichen von Coral Gables, der exklusiven Mini-Stadt, die während des Baubooms der 1920er Jahre errichtet wurde. Um das Luxushotel ranken sich Legenden von berühmten Gästen und Mafia-Morden *(siehe S. 84–87)*.

Die »international Villages« in den schattigen Straßen von Coral Gables sind Architekturinseln verschiedenster Stile – von französisch bis chinesisch. Miamis hübschesten Vorort kann man auf einer Tour erkunden *(siehe S. 84f)*.

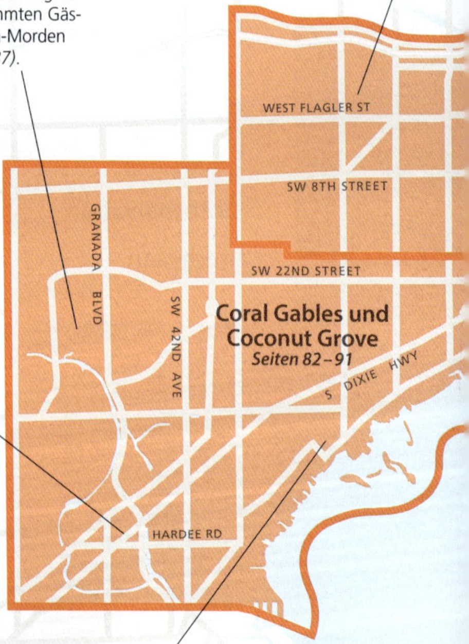

Coconut Grove Village, ein kleines, freundliches Viertel, ist auf Unterhaltung spezialisiert. Bummeln Sie tagsüber durch die Straßen und suchen Sie am Abend die Restaurants und Bars auf *(siehe S. 88)*.

◀ **Blick über Miamis Küste mit der American Airlines Arena** ***(siehe S. 100)***

Downtown Miami ist das Wirtschaftszentrum der Stadt. Die beeindruckende Architektur der Wolkenkratzer wie das Southeast Financial Center und die hispanische Geschäftigkeit machen einen Besuch lohnenswert *(siehe S. 76–79)*.

Zur Orientierung

Im Art-déco-Viertel in South Beach stehen Gebäude aus den 1930er Jahren mit in den USA einzigartigen dekorativen Elementen *(siehe S. 64–71)*.

In South Beach kann man an den fantastischen Sandstränden das Strandleben genießen und viele Sportarten ausüben – oder auch einfach nur zusehen *(siehe S. 68–70)*.

Vizcaya ist Miamis Top-Attraktion. Die Zimmer des Anwesens in italienischer Architektur sind in verschiedenen Stilrichtungen gestaltet. Die Gärten zieren Statuen und malerische Gebäude wie dieser romantische Teepavillon *(siehe S. 90f)*.

COLONY
COLONY
THEATRE
RHYTHM FOUNDATION
PRESENTS "NATACHA ATLAS IN CONCERT"
SAT JULY 31 8PM

Miami Beach

Miami Beach, die »Amerikanische Riviera«, war vor 100 Jahren ein Sandstreifen und nur per Boot erreichbar. Erst der Bau der Brücke zum Festland veranlasste 1913 Grundstücksspekulanten wie den Millionär Carl Fisher, die Insel zu erschließen. In den 1920er Jahren entstand aus dem Nichts die Infrastruktur für einen mondänen Winterurlaubsort. Der Hurrikan von 1926 und der Börsenkrach 1929 signalisierten das Ende des Booms, doch Miami Beach trotzte dem Untergang in den 1930er Jahren mit dem Bau zahlreicher Art-déco-Gebäude. Nach dem Zweiten Weltkrieg setzte eine neue Krise ein, danach blühte Miami Beach wieder auf. Eine groß angelegte Restaurierungskampagne weckte South Beach, den südlichen Teil von Miami Beach, aus dem Dornröschenschlaf. Es rühmt sich der weltweit größten Ansammlung von Art-déco-Gebäuden, deren Farbenpracht ebenso fasziniert wie die hier ansässigen Bodybuilder, Models und Transvestiten. In SoBe, wie South Beach in Anlehnung an New Yorks In-Viertel SoHo genannt wird, ist alles erlaubt. Die Art-déco-Hotels am Ocean Drive sind eine Augenweide, weitere Attraktionen sind die vielen Boutiquen und Kunstmuseen. Das Viertel nördlich von SoBe zieht kaum Besucher an, doch beide Gebiete besitzen einen fantastischen kilometerlangen Sandstrand.

Sehenswürdigkeiten auf einen Blick

Museen und Sammlungen

3 Jewish Museum of Florida
5 The Wolfsonian Museum – FIU
9 Bass Museum of Art

Straßen und Viertel

1 Ocean Drive
4 Collins und Washington Avenue
6 Española Way
7 Lincoln Road Mall
10 Central Miami Beach

Strand

2 The Beach

Monument

8 Holocaust Memorial

0 Meter 1000
0 Yards 1000

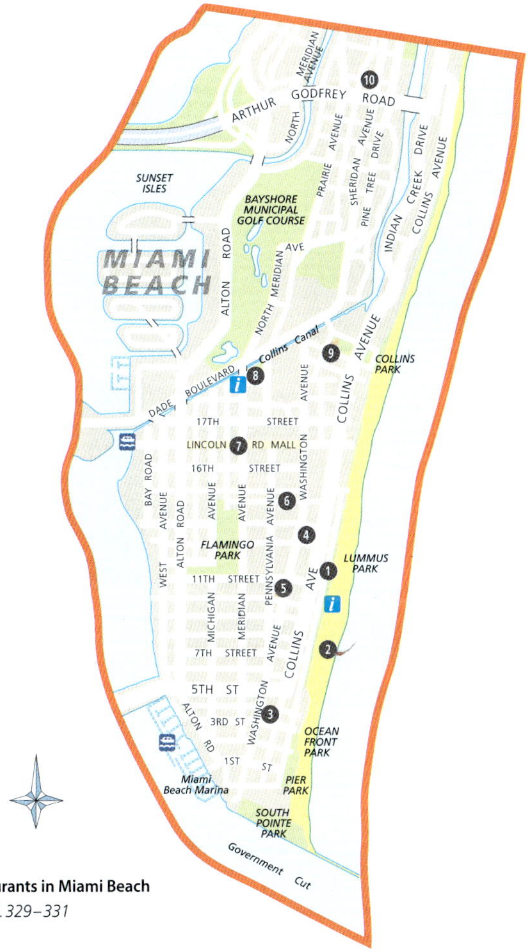

Stadtplan *2*

Restaurants in Miami Beach
siehe S. 329–331

Art déco am Ocean Drive 1

Den Ocean Drive säumen die schönsten der etwa 800 restaurierten Gebäude des Art-déco-Viertels South Beach. Hier zeigt sich wunderbar die für Miami typische Interpretation des Art déco, der die Welt in den 1920er und 1930er Jahren im Sturm eroberte. Floridas unbeschwerte Version dieses Stils wird auch Tropical Deco genannt. Flamingos und Sonnenmotive findet man überall, und die Häuser am Ufer zeigen Elemente, die eher zu einem Ozeandampfer passen würden. Durch die Verwendung preiswerter Materialien gelang es den Architekten, auch bescheidenen Hotels eine gewisse Eleganz zu verleihen. Die schönsten Gebäude sind hier und auf der nächsten Doppelseite abgebildet.

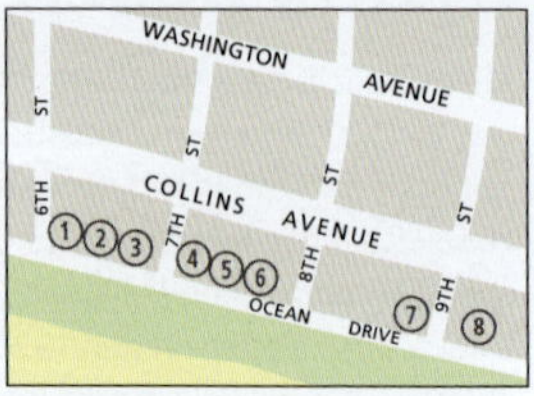

Ocean Drive: 6th bis 9th Street

Breite Eckfenster sind ein häufiges Bauelement.

Weiß, Blau und Grün, die Farben der Vegetation und des Meeres, waren in den 1930er und 1940er Jahren beliebt.

① **Park Central** (1937)
Das Hotel mit den schönen Fenstern entwarf Henry Hohauser, der berühmteste in Miami tätige Architekt.

Häuser am Ocean Drive

Geometrische Elemente zeigen den Einfluss des Kubismus.

Reihen von Fenstern lassen Licht und kühle Brisen in die Zimmer hinein.

④ **Avalon** (1941)
Das Avalon ist ein Beispiel für Streamline-Moderne. Typisch sind fehlenden Verzierungen, asymmetrische Gestaltung und Betonung der Horizontalen.

Flamingo-Motiv auf den Glastüren zur Lobby des Beacon.

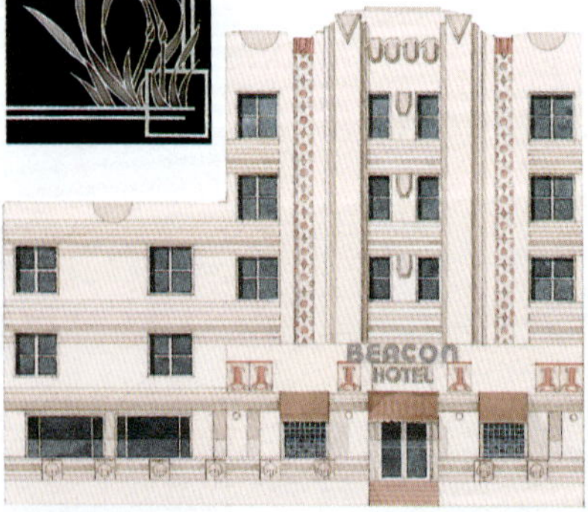

⑤ **Beacon** (1936)
Die abstrakte Dekoration oberhalb des Erdgeschosses betont eine zeitgenössische Farbgebung – ein Beispiel für Leonard Horowitz' »Deco Dazzle« *(siehe S. 71)*.

Art déco: Von Paris nach Miami

Der Art-déco-Stil entwickelte sich aus der Exposition Internationale des Arts Décoratifs et Industriels Modernes, die 1925 in Paris stattfand. Art déco kombiniert viele Einflüsse, von Blumenmotiven des Jugendstils über ägyptische Bilder bis zu geometrischen Elementen des Kubismus. Im Amerika der 1930er Jahre reflektieren Art-déco-Gebäude mit Elementen des Maschinenzeitalters und Science-Fiction-Dekors den Technikglauben. Der Stil entwickelte sich zur Streamline-Moderne, die am Ocean Drive dominiert. In South Beach sind viele Stile vertreten. Erst die Mixtur von klassischem Art déco mit Elementen der Streamline-Moderne und tropischen Motiven macht den Charakter der Architektur am Ocean Drive aus.

Art-déco-Postkarte vom Avalon Hotel

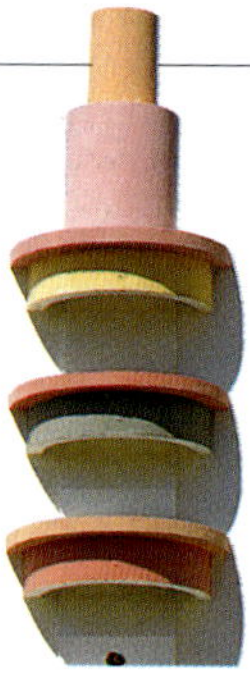

Berkeley Shore in der Collins Avenue hinter dem Ocean Drive zeigt klassische Elemente der Streamline-Moderne wie diese Treppenbrüstung.

Kreismotive, als Dekoration oder Fenster, sind den Bullaugen von Schiffen nachempfunden.

② **Imperial** (1939)
Die Gestaltung des Imperial erinnert an das ältere Park Central.

Reliefs tauchen als dekoratives Element überall am Ocean Drive auf.

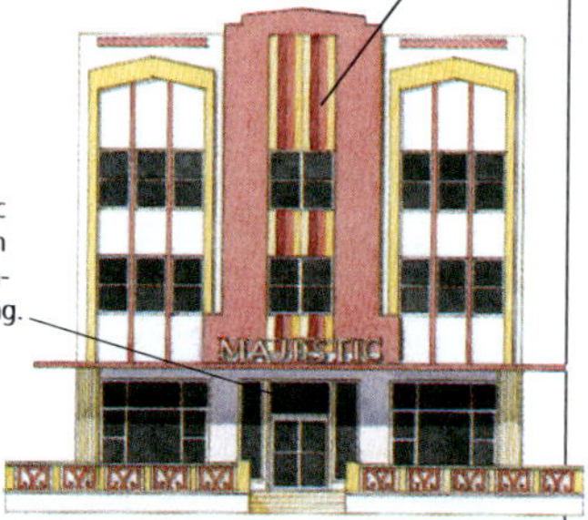

Farben täuschen eine Kannelierung vor.

Die Lobby des Majestic hat Lifttüren aus glänzendem Messing.

③ **Majestic** (1940)
Das Hotel stammt von Architekt Albert Anis, der auch die nahe gelegenen Hotels Avalon und Waldorf baute.

Neonlicht wurde für Hotelschilder verwendet, aber auch für besondere Motive, die so auch nachts bewundert werden konnten.

Horizontale Streifen (Stromlinien) sind typisch für die Streamline-Moderne.

Bullaugenfenster

⑥ **Colony** (1935)
Mit der berühmten Neonreklame und einem Wandbild in der Lobby ist dies eines der schönsten Hotels von Henry Hohauser.

»Augenbrauen« über den Fenstern sind der ideale Schutz gegen Miamis unerbittliche Sonne.

Dieser Zierleuchtturm gehört zu den aufsehenerregendsten Beispielen der »Uferarchitektur« am Ocean Drive.

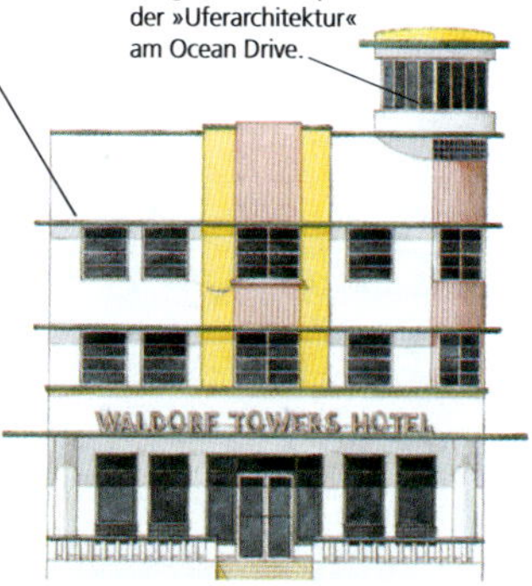

⑦ **Waldorf Towers** (1937)
Der maritime Einfluss auf die Gestaltung des Waldorf und verschiedener anderer Hotels prägte den Begriff »Nautische Moderne«.

Art déco am Ocean Drive 2

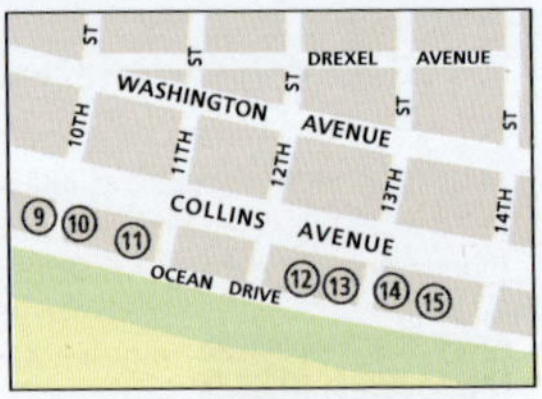

Ocean Drive: 10th bis 13th Street

Drei große Stilrichtungen des Art déco sind in South Beach vertreten: traditioneller Art déco, die eher futuristische Streamline-Moderne und der Mittelmeerstil, der sich aus französischer, italienischer und spanischer Architektur entwickelte. Der Einfluss des Mittelmeerstils kann vor allem zwischen der 10th und 13th Street betrachtet werden. Hier befinden sich auch einige der klassischen Art-déco-Gebäude in South Beach.

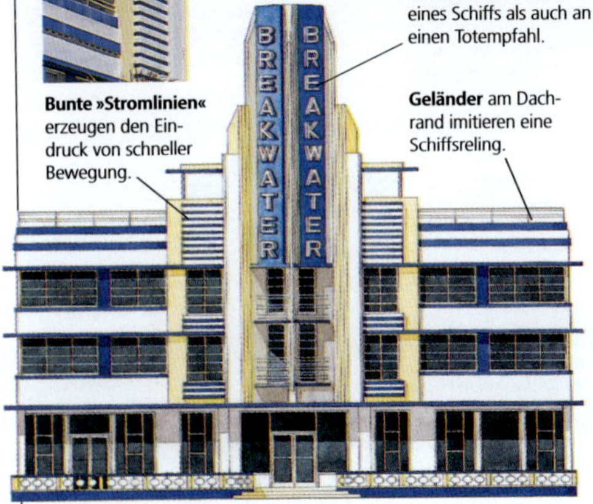

⑧ **Breakwater** (1939)
Anton Skislewicz baute das Hotel mit Stromlinien und dominantem Zentralturm im Stil der klassischen Streamline-Moderne. Viele Millionen Dollar kostete die letzte Renovierung zu altem Glanz.

⑨ **Edison** (1935)
Wie zuvor schon der Architekt des nahe gelegenen Adrian, experimentierte Hohauser *(siehe S. 64)* hier mit dem Mittelmeerstil.

⑫ **Leslie** (1937)
Die leuchtend gelbe Bemalung dieses klassischen Art-déco-Hotels ist typisch für die damals bevorzugte Farbgebung am Ocean Drive *(siehe S. 70)*.

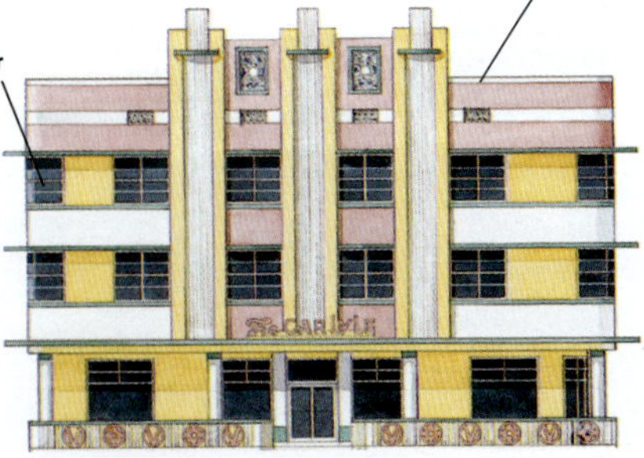

⑬ **Carlyle** (1941)
Die drei Etagen und vertikalen Säulen des Carlyle bilden eine klassische Art-déco-Komposition. Die meisten Hotels am Ocean Drive haben Erdgeschoss und zwei Obergeschosse, oft »holy three« genannt.

Ein Stucksalamander über dem Vordereingang des Abbey Hotel an der 21st Street verleiht der Fassade ein buntes und verspieltes Flair.

Die Erhaltung von South Beach

Barbara Capitman (1920–1990) rief 1976 die Miami Design Preservation League zur Erhaltung der Art-déco-Architektur in South Beach ins Leben. Damals drohten Hochhäuser einen Großteil davon zu verdrängen. Drei Jahre später wurden 2,5 Quadratkilometer in South Beach (als erstes Viertel des 20. Jh.) in das National Register of Historic Places aufgenommen. Im Kampf gegen die Spekulanten wurden in den 1980er und 1990er Jahren auch Nachtwachen vor gefährdeten Gebäuden eingesetzt.

Barbara Capitman, 1981

Kannelierung ist ein viel verwendetes Stilelement am Ocean Drive.

»Augenbrauen« spenden Schatten.

⑩ **Clevelander** (1938)
Der Architekt der Top-Adresse in South Beachs Nachtleben, Albert Anis, stattete die Hotelbar mit den klassischen Glasbausteinen aus.

Terrakottaziegel

Stahlbeton ist das am häufigsten verwendete Baumaterial am Ocean Drive. Die Wände sind meist mit Stuck verziert.

Eine Veranda gehört zu den meisten Hotels am Ocean Drive.

⑪ **Adrian** (1934)
Mit seinen sanften Farben und Reminiszenzen an Mittelmeer-Architektur hebt sich das Adrian von den Nachbargebäuden ab.

Der Terrazzoboden in der Bar ist aus einer Mischung aus Steinchen und Zement gefertigt. Dieser Ersatz für Marmor schuf Eleganz zu niedrigen Kosten.

Der Fries erinnert an die abstrakten Dekors der Azteken.

Die Ecken sind elegant abgerundet.

⑭ **Cardozo** (1939)
Barbara Capitmans Lieblingshotel ist ein Spätwerk Hohausers. Bei diesem Meisterwerk der Streamline-Moderne wurden traditionelle Art-déco-Elemente durch geschwungene Wände und andere Kennzeichen der Moderne ersetzt.

⑮ **Cavalier** (1936)
Mit seinen scharfen Kanten bildet das traditionelle Art-déco-Hotel einen harten Kontrast zum Cardozo nebenan.

Im Detail: South Beach

Das Art-déco-Viertel South Beach erstreckt sich von der 6th bis zur 23rd Street zwischen der Lenox Avenue und dem Ocean Drive. Seit den 1980er Jahren lockt es immer mehr Besucher an, unter anderem auch, weil Stars wie Gloria Estefan und Michael Caine den Bezirk in einen der In-Plätze der USA verwandelten. Vielen Besuchern erscheinen die Art-déco-Gebäude wie die Kulisse eines hedonistischen Spielplatzes, auf dem die Tage mit Schlafen, am Strand oder im Fitness-Center und die Nächte in den Diskotheken verbracht werden. Doch egal, ob Sie eher an Unterhaltung oder an Architektur interessiert sind, die vorgeschlagene Route ist sowohl tagsüber als auch im Neonlicht der Nacht zu empfehlen.

Die Old City Hall diente bis 1977 als Rathaus. Noch heute erhebt sich das im Mittelmeerstil erbaute Gebäude aus den 1920er Jahren als markantes Wahrzeichen über die Straßen von South Beach.

5 Wolfsonian Museum-FIU
Das Museum mit einem Relief im spanischen Neobarock über dem Hauptportal beherbergt eine exzellente Sammlung mit Kunst und Kunsthandwerk.

11th Street Diner *(siehe S. 329)*

Das Essex House Hotel von Henry Hohauser *(siehe S. 64)* hat Art-déco-Elemente wie den abgerundeten Eckeingang. Auch die Lobby ist einen Blick wert.

Das News Café ist rund um die Uhr geöffnet und eines der In-Cafés in South Beach *(siehe S. 329)*. Bei einer Erfrischung kann man hervorragend Flaneure beobachten.

Legende

– Routenempfehlung

Strandwache

Art Deco Welcome Center

Art-déco-Touren

Die Miami Design Preservation League veranstaltet 90-minütige Führungen vom Art Deco Welcome Center aus (1001 Ocean Drive; Fr–Mi 10.30 Uhr, Do 18.30 Uhr); täglich gibt es Audio-Touren. Der Verein organisiert auch Art-déco-Wochenenden *(siehe S. 41)*. Informationen erhalten Sie im Center 1-305-763-8026. mdpl.org

★ Bars und Clubs in South Beach
In South Beach sollte man unbedingt ein paar der angesagten Bars und Clubs, wie etwa das Marlin Hotel in der Collins Avenue, aufsuchen.

Zur Orientierung
Siehe Stadtplan 2

❶ ★ Ocean Drive
Der Ocean Drive mit seinen eleganten Hotels ist die Hauptattraktion von South Beach – hier lautet die Devise: Sehen und gesehen werden!

Das Netherland Hotel (1935) mit seinem farbenfrohen Stuck steht am ruhigen Ende des Ocean Drive. Heute befinden sich darin Eigentumswohnungen.

Im Amsterdam Palace (Villa Casa Casuarina) residierte früher der Modedesigner Gianni Versace, heute ist er Sitz eines Luxushotels.

Lummus Park

Das Cardozo Hotel, eines der schönsten Art-déco-Gebäude am Ocean Drive, gehört Gloria Estefan. Seine Neueröffnung 1982 leitete eine neue Sanierungsphase in South Beach ein.

❷ ★ The Beach
Am 16 Kilometer langen Sandstrand kann man je nach Belieben Ruhe und Unterhaltung suchen – Letztere am lebhaften Abschnitt in South Beach.

South Beach

Am Ocean Drive sind die bekanntesten Art-déco-Gebäude zu sehen – darunter auch etliche, die keinen internationalen Vergleich zu scheuen brauchen. Doch absolut bezaubernd sind auch die Collins und die Washington Avenue sowie die ruhigeren Wohnstraßen wie etwa die Lenox Avenue weiter westlich. Hier finden Sie Türen mit Flamingo-Motiven und anderes liebevoll-verspieltes Dekor.

Da Parkplätze hier nur schwer zu finden sind, sollte man South Beach am besten zu Fuß oder, wie die Einheimischen, auf Inlineskates oder Fahrrädern erkunden. Beides kann man vor Ort mieten.

Amsterdam Palace: einer der wenigen Nicht-Art-déco-Bauten

❶ Ocean Drive

Stadtplan 2 F3–4. 🚌 150 Miami Beach Airport Flyer, M (113), S (119), C (103), 120 Beach MAX. **i** 1001 Ocean Drive, 1-305-672-2014; Art Deco Welcome Center, 1-305-763-8026. **W** **mdpl.org**

Am besten genießen Sie die Atmosphäre des Ocean Drive in einer Bar oder einem Café am Ufer und bestaunen dabei die Parade topmodischer, gebräunter Menschen – sogar die Straßenfeger mit Helmen und weißen Uniformen und die Polizisten in engen Hosen auf Mountainbikes sehen »cool« aus. Auch in den Lobbys der Hotels gibt es schöne Beispiele typischen Art-déco-Designs.

Der 1930 im neomediterranen Stil erbaute Amsterdam Palace (Nr. 1114) – auch bekannt als Casa Casuarina –, den der 1997 ermordete Modedesigner Gianni Versace 1993 für 3,7 Millionen US-Dollar erwarb, ist heute ein Boutiquehotel. Die Station der Strandwache hinter dem Art Deco Welcome Center bietet ein klassisches Beispiel der Nautischen Moderne *(siehe S. 65)*. Typisch sind die Geländer am Dach und die Bullaugen.

Südlich der 6th Street gibt es wenig zu entdecken. Doch der South Pointe Park bietet einen tollen Ausblick auf die Luxusliner, die in den Government Cut einlaufen.

❷ The Beach

Stadtplan 2. 🚌 M (113), S (119), C (103), 120 Beach MAX, 150 Miami Beach Airport Flyer, A (101).

Ein Großteil des Sands wurde vor zwei Jahrzehnten nach Miami Beach importiert. Um der Küstenerosion zu begegnen, wird ständig neu aufgeschüttet. Der weite Sandstrand ist in der Hauptsaison stets überfüllt.

Bis auf Höhe der 5th Street tummeln sich die Surfer. Den Strand von SoBe dahinter füllen die farbenfrohen Häuser der Wasserwacht und Sonnenhungrige. Im Lummus Park scheint die Zeit stehen geblieben zu sein: Hier hört man noch Jiddisch, die Sprache der alten jüdischen Bevölkerung. Rund um die 12th Street ist die schwule Szene zu finden.

Die Stationen der Wasserwacht passen in Stil und Farbgebung gut zum Ocean Drive

Hotels und Restaurants in Miami *siehe Seiten 314–316 und 329–333*

❸ Jewish Museum of Florida

301 Washington Ave. **Stadtplan** 2 E4. 1-305-672-5044. C (103), 120 Beach MAX, 150 Miami Beach Airport Flyer, 123 South Beach Local, M (113). Di–So 10–17 Uhr. jüdische und nationale Feiertage. **jewishmuseum.com**

Das Museum hat in der ersten Synagoge von Miami Beach, erbaut 1936, seine Ausstellungsräume. Den Juden, die in den 1930er Jahren in Miami Beach ankamen, schlug häufig starker Antisemitismus entgegen – »Für Juden und Hunde verboten«, verkündeten manche Hotels. Heute sind sie ein wichtiger Bestandteil der Gemeinde von Miami Beach.

Die ehemals baufällige Synagoge öffnete 1995 als Museum und Forschungszentrum für jüdisches Leben in Florida. Mit seinen Art-déco-Elementen ist das Gebäude ebenso sehenswert wie seine Ausstellungen.

Farbwechsel in South Beach

Die Art-déco-Gebäude waren ursprünglich einfarbig, meist weiß mit bunten Zierleisten. Da Farbe in den 1930er Jahren recht teuer war, wurden in vielen Fällen nur die Fassaden bunt bemalt. In den 1980er Jahren schuf der Designer Leonard Horowitz das »Deco Dazzle« (Dekorbetonung) und tauchte nicht weniger als 150 Gebäude in Farbe. Puristen kritisierten diese Neuerfindung des Art déco, Anhänger hielten dagegen, dass die Farbgebung die Dekorelemente besser zur Geltung bringe.

Das Cardozo Hotel am Ocean Drive erhält einen neuen Farbanstrich

Der charakteristische Turm des Delano Hotel, Collins Avenue

❹ Collins und Washington Avenue

Stadtplan 2. C (103), M (113), S (119), 120 Beach MAX, 150 Miami Beach Airport Flyer, 123 South Beach Local. 1920 Meridian Avenue (Miami Beach Visitor Center), 1-305-672-1270. **miamibeachchamber.com**

Die Straßen mit ihren Klamottenläden und Tattoo-Studios sind weniger elegant als der Ocean Drive, doch liegen hier einige der besten Clubs von Miami Beach *(siehe S. 102)*, und viele der Art-déco-Gebäude sind wahrlich einen zweiten Blick wert. Das Marlin Hotel in der Collins Avenue 1200 ist sicher eines der eindrucksvollsten Häuser der Streamline-Moderne. Es gehörte Christopher Blackwell, dem Gründer von Island Records. 2009 wurde es umfassend renoviert.

Das Postamt von Miami Beach ist in einem Art-déco-Gebäude in der Washington Avenue (Nr. 1300) untergebracht. Ein Wandgemälde im Inneren stellt die Landung Ponce de Leóns *(siehe S. 46)* dar.

Jenseits der Lincoln Road, weiter nördlich, sind die Gebäude von herber Schönheit. Hohe Hotels aus den 1940er Jahren wie das Delano und das Ritz Plaza weisen Spuren des Art déco auf, ihre Türme sind von Comics wie *Buck Rogers* oder *Flash Gordon* inspiriert. Die Innenausstattung des luxuriösen Delano *(siehe S. 314)* am South Beach mit weißen Draperien und Originalen von Gaudí, Dalí und Man Ray sollten Sie nicht versäumen.

Elektrischer Wasserkessel (1909) im Wolfsonian

❺ The Wolfsonian Museum – Florida International University

1001 Washington Ave. **Stadtplan** 2 E3. 1-305-531-1001. C (103), 120 Beach MAX, 150 Miami Beach Airport Flyer, 123 South Beach Local. Do–Di 12–18 Uhr. **wolfsonian.org**

In dem Gebäude aus den 1920er Jahren, in dem früher die Washington Storage Company ihren Sitz hatte, lagerten reiche Einwohner Miamis ihre Wertsachen, wenn sie in den Norden reisten. Heute findet man hier eine exzellente Sammlung mit etwa 80 000 Objekten aus der Zeit von 1885 bis 1945. Die Ausstellungen der Möbel, Bücher, Drucke und Skulpturen konzentrieren sich auf die soziale, politische und ästhetische Bedeutung von Design um der Jahr 1900.

Española Way, eine baumbestandene Einkaufszeile im mediterranen Stil

❻ Española Way

Stadtplan 2 E2. 🚌 C (103), 123 South Beach Local.

Zwischen Washington Avenue und Drexel Avenue verläuft der Española Way, eine baumbestandene Enklave im neomediterranen Stil. Die Gebäude aus den 1920er Jahren mit Rundbogen, Kapitellen, Balkonen und lachsfarbenen Stuckfassaden sollen Addison Mizner bei der Gestaltung der Worth Avenue in Palm Beach *(siehe S. 122f)* inspiriert haben.

Española Way sollte Künstlerkolonie sein, entwickelte sich aber zum berüchtigten Rotlichtbezirk. In den letzten Jahrzehnten näherte er sich mit vielen Boutiquen und extravaganten Kunstgalerien *(siehe S. 99)* seiner ursprünglichen Bestimmung.

❼ Lincoln Road Mall

Stadtplan 2 E2. 🚌 A (101), 120 Beach MAX, 150 Miami Beach Airport Flyer, 123 South Beach Local, S (119), M (113), L (112), C (103). ☎ 1-305-538-7887. 🕐 Mo–Mi 11–22, Sa, So 11–23 Uhr. ● 1. Jan, Thanksgiving, 25. Dez. ♿

Nach wechselvoller Geschichte hat sich die Lincoln Road Mall kulturell und gesellschaftlich gemausert. Carl Fisher *(siehe S. 63)* sah in ihr in den 1920er Jahren die »Fifth Avenue des Südens«, und tatsächlich gehörten ihre Läden zur modischen Crème de la Crème. Vier Jahrzehnte später verwandelte Morris Lapidus, der das Fontainebleau Hotel entwarf, die Straße in eine der ersten Fußgängerzonen, doch auch das verhinderte den Abstieg der Lincoln Road in den 1970er Jahren nicht. Die von Lapidus konzipierten hässlichen Betonpavillons trugen auch dazu bei.

Der Wiederaufstieg begann im Jahr 1984 mit der Einrichtung des ArtCenter South Florida. Zwischen Lincoln und Meridian Avenue entstanden drei Ausstellungsareale sowie Ateliers und Galerien *(siehe S. 99)*. Die gezeigte Kunst hat experimentellen Charakter. Die Galerien sind meist am Abend geöffnet. Dann erwacht die Straße zum Leben, und Theaterbesucher strömen in die restaurierten Art-déco-Theater (Lincoln Theatre und Colony Theatre, *siehe S. 103*). Wer eine Alternative zum Ocean Drive sucht, kann in den Restaurants und Cafés entspannen, etwa im Van Dyke (Nr. 846) – Lincoln Roads Antwort auf das News Café *(siehe S. 68)*. Nachts fasziniert das im Stil der Streamline-Moderne erbaute Sterling Building (Nr. 927), wenn die Glasbausteine blau schimmern.

❽ Holocaust Memorial

1933–1945 Meridian Ave. **Stadtplan** 2 E1. ☎ 1-305-538-1663. 🚌 A (101), L (112), M (113), S (119), 123 South Beach Local. 🕐 tägl. 9–21 Uhr. ♿

Da in Miami Beach die weltweit größte Gemeinde Überlebender des Holocaust wohnt, hat das Denkmal (1990) von Kenneth Treister hohe Bedeutung. Herzstück ist ein riesiger Arm aus Bronze, der sich Hilfe suchend gen Himmel reckt und den Todeskampf eines Menschen darstellt. Den Arm mit einer eingemeißelten Häftlingsnummer aus Auschwitz umgeben ca. 100 Bronzefiguren, Männer, Frauen und Kinder, in Trauer gebeugt. Um diesen Platz führt ein Tunnel mit den Namen der Konzentrationslager, einer illustrierten Historie des Holocaust und einer Granitwand, auf der die Namen Tausender Opfer zu lesen sind.

Holocaust Memorial

Wein und Essen gibt es im Van Dyke Café in der Lincoln Road Mall

Krönung der Maria (um 1492) von Domenico Ghirlandaio

❾ Bass Museum of Art

2100 Collins Ave. **Stadtplan** 2 F1. ☎ 1-305-673-7530. 🚌 C (103), S (119), L (112), M (113), 120 Beach MAX, 150 Miami Beach Airport Flyer, 123 South Beach Local. 🕐 Mi–Mo 12–17 Uhr. ● Feiertage. **thebass.org**

Das Art-déco-Gebäude im Stil der Maya fungiert als Stadtbücherei und Kunstzentrum. 1964 wurde es zum Museum. Basis ist die Sammlung von John und Johanna Bass: europäische Gemälde, Skulpturen und Textilien aus dem 15. bis 17. Jahrhundert.

Die Säle sind in Dauer- und Wechselausstellungen aufgeteilt – Erstere präsentieren über 2800 Exponate aus Bildhauerei, Grafik und Fotografie. Zu den Highlights zählen Werke der Renaissance, Gemälde nordeuropäischer Schulen, etwa Gemälde von Rubens, und flämische Gobelins aus dem 16. Jahrhundert. Zudem gibt es Werke zur zeitgenössischen Architektur. Das Museum wurde nach längerer Renovierung 2017 wiedereröffnet.

Modefotografie in Miami Beach

Dank der einmaligen Kombination von Art-déco-Architektur, Palmen, Strand und warmem Klima ist South Beach ein begehrter Platz für Modefotografen. Etwa 1500 Models leben hier – nicht gezählt Tausende hoffnungsvoller junger Schönheiten, die in den Bars und am Strand auf ihre Entdeckung warten. Die Saison dauert von Oktober bis März, wenn es in Europa und in Nordamerika zu kalt für Außenaufnahmen ist.

Wenn Sie in SoBe am frühen Morgen spazieren gehen, können Sie die Teams mit Regisseuren, Fotografen, Make-up-Spezialisten und deren Assistenten kaum übersehen – und natürlich auch nicht die Models. Der Ocean Drive ist für Aufnahmen geradezu ideal, aber auch in den ruhigeren Nebenstraßen werden Fotos geschossen.

Fotografin, Team und Model bei Aufnahmen in Miami Beach

❿ Central Miami Beach

Stadtplan 2 F1. 🚌 C (103), M (113), S (119), J (110), L (112), 120 Beach MAX, 150 Miami Beach Airport Flyer.

Der Bereich nördlich der 23rd Street ist auch unter dem Namen Central Miami Beach bekannt. Apartmenthäuser aus den 1950er und 1960er Jahren trennen den Atlantik von der Collins Avenue. Von der 23rd bis zur 46th Street verläuft eine Promenade an einem schmalen Strand, der insbesondere von Familien frequentiert wird.

Pool-Landschaft des Fontainebleau Hotel, Central Miami Beach

Die auffälligste Sehenswürdigkeit hier ist das **Fontainebleau Hotel** (auch »Fountainblue« genannt).

Das 1954 fertiggestellte Fontainebleau ist die kompromissbereite Annäherung des Architekten Morris Lapidus (1903–2001) an den Kundenwunsch, ein modernes französisches Gebäude im Château-Stil. Seine Grandesse ist beeindruckend – besonders die Lobby mit Fliesen von Lapidus und der Pool mit Wasserfall. Das Hotel war in den 1960er Jahren Drehort des James-Bond-Kinofilms *Goldfinger*.

Das Fontainebleau beherbergte einst Größen wie Frank Sinatra, Elvis Presley, Bob Hope, Sammy Davis Jr. und Lucille Ball. Auch heute noch ist die Lobby einer der besten Orte in Central Miami Beach, um Stars zu erspähen.

Vom Bayside Marketplace *(siehe S. 78)* aus kann man eine gemütliche Fahrt auf einem der Ausflugsboote zu den Millionärsvillen in Biscayne Bay *(siehe S. 79)* unternehmen. Es gibt jedoch keine Wassertaxis in Miami und Miami Beach.

HERITAGE OF
MIAMI, FL.

Downtown und Little Havana

Als Miamis Erschließung mit Errichtung der Florida East Coast Railroad 1896 einsetzte, erstreckte sich die Stadt auf 2,5 Quadratkilometern am Miami River, an der Stelle der heutigen Downtown. Industrielle aus den Nordstaaten bauten Banken, andere Institutionen und ihre Winterdomizile an der Brickell Avenue. Hier schlägt heute das Herz von Miamis Finanzviertel, dessen Hochhäuser im Bankenboom der 1980er Jahre entstanden. Die futuristischen Wolkenkratzer zeugen auch bei Dunkelheit im Neonlicht von der Stellung der Stadt als Finanz- und Handelszentrum.

Bis nach dem Zweiten Weltkrieg blieb Miami allerdings wenig mehr als ein Ferienort. Erst die Einwanderer, die ab 1959 aus Kuba hierherkamen *(siehe S. 56)*, verwandelten Miami in eine Metropole. Der kubanische Einfluss ist am besten im Zentrum (Downtown) und jenseits des Flusses in Little Havana zu erkennen. Sprache, Gesichter, Schilder und Lebensmittel schaffen in beiden Vierteln ein hispanisches Flair.

Downtown und Little Havana bestechen eher durch Atmosphäre als durch Sehenswürdigkeiten. Das Miami-Dade Cultural Center birgt eines der besten Geschichtsmuseen Floridas, auch das Pérez Art Museum Miami lohnt einen Besuch. Die meisten Besucher kommen aber wegen des Shopping- und Entertainment-Angebots am Bayside Marketplace, an dem auch Bootsfahrten rund um Biscayne Bay starten.

Sehenswürdigkeiten auf einen Blick

Museen und Sammlungen

1. Miami-Dade Cultural Center
3. Pérez Art Museum Miami

Historisches Gebäude

2. US Federal Courthouse Complex

Moderne Architektur

6. Brickell Avenue

Viertel

7. Little Havana

Läden und Restaurants

4. Bayside Marketplace

Bootstouren

5. Port Miami Bootstouren

Stadtplan *3, 4*

Restaurants in Downtown und Little Havana
siehe S. 331

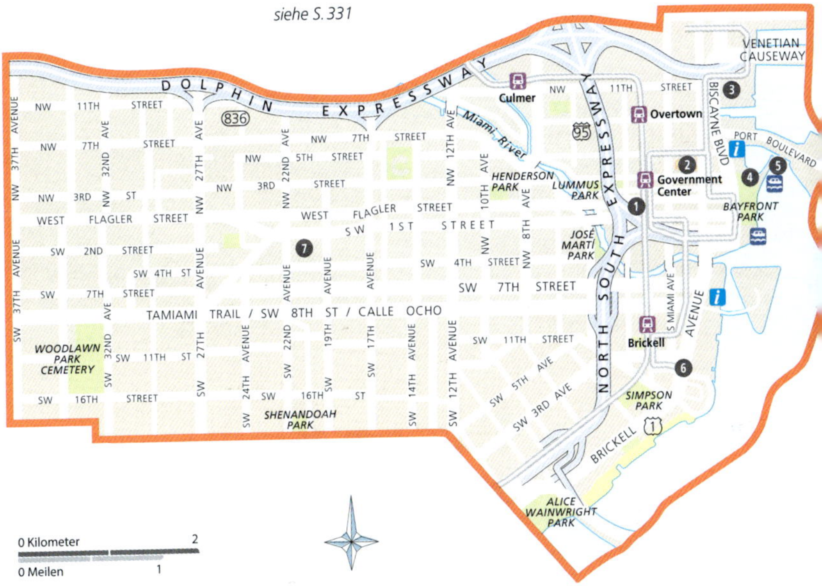

◀ **Illuminierter Bayside Marketplace** ***(siehe S. 78)***

Zeichenerklärung *siehe hintere Umschlagklappe*

Im Detail: Downtown

Die Skyline von Downtown wirkt am imposantesten nachts und aus der Ferne, aber es lohnt sich, die Architektur aus der Nähe zu betrachten. Einige öffentliche Gebäude in Downtown kann man auch als Besucher betreten, um einen Blick auf die Ausstattung zu werfen. Einen hervorragenden Überblick bietet eine Fahrt mit der Hochbahn Metromover. Im Geschäftsviertel findet man zahlreiche Läden mit preiswertem Schmuck und günstigen Elektronikgeräten. Die Cafés offerieren Kaffee aus Kuba, Straßenverkäufer bieten geschälte Orangen im karibischen Stil feil. In der Flagler Street, der wichtigsten Durchgangsstraße in Downtown, ist das südländische Flair am lebendigsten.

Die Skyline von Downtown ist ein Denkmal des Bankenbooms der 1980er Jahre. Der MacArthur Causeway bietet einen fantastischen Blick darauf.

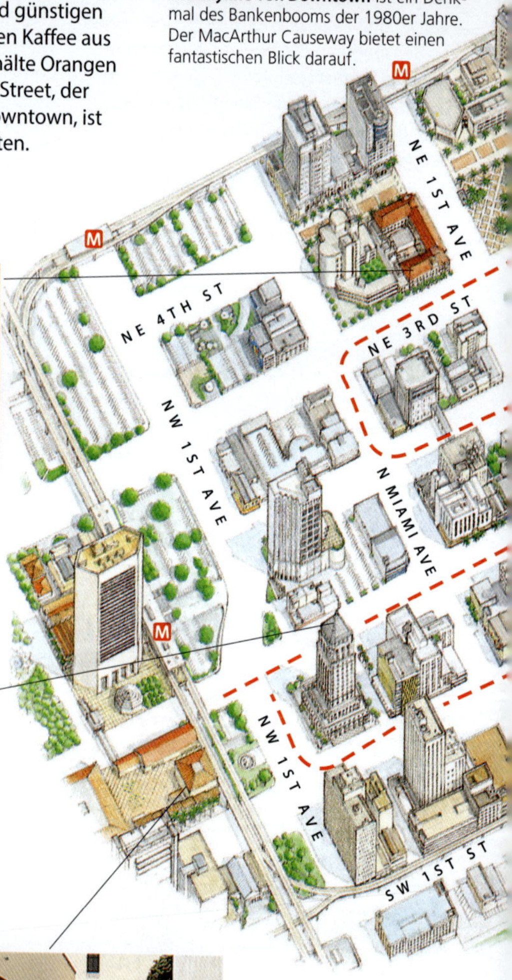

❷ **US Federal Courthouse Complex**
Das großflächige Wandgemälde im Gerichtshof zeigt Miamis Entwicklung von einer Wildnis zur modernen Großstadt.

Das Dade County Courthouse hat eine beeindruckende Lobby. Das Deckenmosaik zeigt die früheste Version von Floridas Staatssiegel – mit Bergen.

❶★ **Miami-Dade Cultural Center**
Der große Komplex mit mediterranem Innenhof und Brunnen beherbergt die einzigen Museen in Downtown.

0 Meter 150
0 Yards 150

Legende

— Routenempfehlung

Hotels und Restaurants in Miami *siehe Seiten 314–316 und 329–333*

Die Gesu Church gehört zu Miamis ältestem katholischem Pfarrbezirk. Die Kirche (1896) ist vor allem wegen ihrer in München gefertigten Buntglasfenster berühmt.

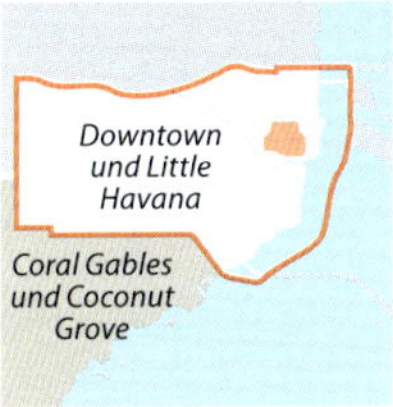

Zur Orientierung
Siehe Stadtplan 4

Im Alfred I. DuPont Building (1939) residiert die Florida National Bank. Teile der Ausstattung sind noch im Originalzustand, so auch die Lifttüren aus Messing mit Palmen und Flamingos.

Das Ingraham Building (1927) ist eine Mischung aus Neoklassizismus und Neorenaissance. Die Decke der Lobby ist mit Blattgold und den in Messing geätzten Hausinitialen verziert.

Southeast Financial Center

★ Bank of America Tower
Der imposanteste Wolkenkratzer ist berühmt wegen seiner Nachtbeleuchtung. Der Bürokomplex von 1983 hieß zuerst Centrust Tower, ist heute aber nach seinem wichtigsten Mieter benannt.

Der 1986 eingeweihte Metromover ist eine führerlose Bahn, die im Uhrzeigersinn Downtown umrundet. Während der sieben Kilometer langen, zehnminütigen Fahrt gewinnt man einen guten Überblick über das Gebiet *(siehe S. 386)*.

Downtown

Mitten unter modernen Wolkenkratzern rufen großartige Gebäude aus dem frühen 20. Jahrhundert Erinnerungen an diese boomenden Jahre hervor. Zu dieser Zeit waren der neomediterrane und der neoklassizistische Stil äußerst populär. Der heute leer stehende Freedom Tower (1925) am Biscayne Boulevard, ein wunderbares Beispiel neoklassizistischer Architektur, ist in Anlehnung an die Giralda in Sevilla gestaltet. Er beherbergte zuerst die heute aufgelösten *Miami News*, in den 1960er Jahren wurde er jedoch zum Anlaufpunkt für Flüchtlinge aus Kuba *(siehe S. 56)*, die sich dem Regime Fidel Castros entzogen – daher auch der Name »Freiheitsturm«. In Downtown stehen auch einige Art-déco-Gebäude, z. B. Macy's (ehemals Burdines) in der Flagler Street *(siehe S. 98)*.

❶ Miami-Dade Cultural Center

101 West Flagler St. **Stadtplan** 4 E1. Metrorail (Government Center). 2, 3, 66, 77, alle Busse zum Government Center. 1-305-375-1492. Mo–Mi, Fr, Sa 10–17, So 12–17 Uhr. Feiertage. **historymiami.org**

Das 1982 vom amerikanischen Stararchitekten Philip Johnson erbaute Zentrum ist Kunstgalerie, Museum und Bibliothek in einem.

Das HistoryMiami geht auf die Geschichte Miamis vor 1945 ein. Das Museum informiert umfassend über die spanische Kolonialisierung und die Kultur der Seminolen. Sehr anschaulich sind die Fotos zwischen Pionierzeit und Roaring Twenties (1920er Jahre).

❷ US Federal Courthouse Complex

301 N Miami Ave. **Stadtplan** 4 E1. 1-305-523-5100. Wilkie D. Ferguson. Metrorail (Historic Overtown/Lyric Theatre). 6, alle Busse nach Downtown. Mo–Fr 8–17 Uhr. Feiertage.

Zu dem eindrucksvollen Gebäudekomplex gehören das moderne Wilkie D. Ferguson Building und das sehenswerte neoklassizistische C. Clyde Atkins Building.

Der Innenhof des Anwesens ist im mediterranen Stil gestaltet. Einen besonderen Akzent setzt vor allem das Wandbild *Das Gesetz leitet Floridas Fortschritt (siehe S. 76)* im ersten Stock, entworfen von Denman Fink, der durch seine Arbeiten in Coral Gables *(siehe S. 86)* berühmt wurde. Bei großen Gerichtsverhandlungen ist die Öffentlichkeit meist ausgeschlossen.

❸ Pérez Art Museum Miami

1075 Biscayne Blvd. **Stadtplan** 4 F1. 1-305-375-3000. College/Bayside. Di–So 10–17 Uhr. Thanksgiving, 25. Dez. **pamm.org**

Das im Dezember 2013 eröffnete Pérez Art Museum Miami (PAMM) für moderne und zeitgenössische Kunst präsentiert vielfältige Exponate aus dem 20. und 21. Jahrhundert. Die Kulturstätte basiert im Wesentlichen auf den Kunstwerken des aus dem Miami-Dade Cultural Center ausgegliederten Miami Art Museum.

Zu den spannendsten Ausstellungsstücken gehört Hew Lockes aus vielen kleinen Schiffen bestehende Installation *For Those in Peril on the Sea*.

Die Schweizer Architekten Herzog & de Meuron gestalteten das Gebäude, von dem aus man auf die Biscayne Bay blickt. Benannt ist das Museum nach dem Mäzen Jorge Pérez.

❹ Bayside Marketplace

401 Biscayne Blvd. **Stadtplan** 4 F1. 1-305-577-3344. College/Bayside. 3, 11, C (103), S (119), 95, 93 Biscayne MAX, 120 Beach MAX. Mo–Do 10–20, Fr, Sa 10–23, So 11–21 Uhr. Thanksgiving, 25. Dez.

Der Bayside Marketplace ist nicht nur der beste Parkplatz, sondern vor allem die populärste Besucherattraktion in Downtown. Der Komplex erstreckt sich um die Miamarina, wo unzählige Yachten vor Anker liegen und Bootstouren um die Biscayne Bay starten.

Mit ihren Bars und Restaurants – darunter auch das auffällige Hard Rock Café, durch dessen Dach eine Gitarre ragt – eignet sich die Bayside hervorragend zum Ausgehen und Shoppen. Man kann im Freien essen und den Musikgruppen, die am Ufer spielen, zuhören.

Der nahe Bayfront Park ist ein eher ernster Ort. In seiner Mitte erinnert die mit den Wappen von mittel- und südamerikanischen Ländern umgebene Torch of Friendship (Fackel der Freundschaft) an Präsident John F. Kennedy. Auf einer Gedenktafel dankt Miamis Gemeinde von Exilkubanern den USA dafür, dass sie sich hier niederlassen durften.

Vor dem Bayside Marketplace drängen sich die Boote in der Miamarina

Hotels und Restaurants in Miami *siehe Seiten 314–316 und 329–333*

❺ Port Miami Bootstouren

Bayside Marketplace. **Stadtplan** 4 F1. Ⓜ College/Bayside. 🚌 3, 16, A (101), C (103), S (119), 11, 120 Beach MAX, 93 Biscayne MAX. **Island Queen Cruises** ☎ 1-305-379-5119. **Duck Tours** ☎ 1-786-673-2217. **Bayside Marketplace Bootstouren** ☎ 1-305-577-3344.

Moderne Fassade des Pérez Art Museum Miami

Zwischen Downtown und Miami Beach, in der Biscayne Bay, liegen der größte Kreuzfahrthafen der Welt und einige exklusive Privatinseln. Da man vom MacArthur Causeway nur einen kurzen Blick auf dieses Gebiet werfen kann, bieten die am Bayside Marketplace startenden Bootstouren einen besseren und entspannteren Eindruck dieser Pracht. Auf den eineinhalbstündigen Ausflügen von Island Queen Cruises und anderen Unternehmen sieht man die Anwesen der Reichen und Berühmten.

Bootsschild, Port Miami

Die Touren führen vorbei am Hafen bei den Inseln Dodge und Lummus, über den jedes Jahr etwa vier Millionen Kreuzfahrtpassagiere abgefertigt werden. Er steuert rund 18 Milliarden US-Dollar jährlich zur lokalen Wirtschaft bei. Die Luxusliner bilden einen tollen Anblick, wenn sie in den Hafen einlaufen oder ihn verlassen (meist am Wochenende).

Beim östlichen Ende des MacArthur Causeway liegt die Flotte der US-Küstenpolizei, die Drogenschmuggler und illegale Einwanderer verfolgt. Fisher Island hat keine Brücke zum Festland, ein Kanal trennt es von South Beach. Sein Strand war in den 1920er Jahren Treffpunkt der Afroamerikaner. Heute ist die Insel ein exklusives Wohngebiet, in dem Häuser ab etwa 500 000 US-Dollar kosten. Die Tour führt um die Anfang des 20. Jahrhunderts angelegten Inseln Star Island, Palm Island und Hibiscus Island.

Hinter üppigem Grün – und diversen Sicherheitseinrichtungen – verstecken sich Villen, auch die Häuser von verstorbenen und lebenden Prominenten wie Frank Sinatra und Al Capone einerseits sowie Gloria Estefan und Julio Iglesias andererseits.

Vom Bayside Marketplace starten auch nächtliche Bootsfahrten und Ausflüge zum Hochseefischen. Interessant sind Fahrten mit Duck Tours im Amphibienfahrzeug. Sie starten von South Beach in die Biscayne Bay.

Eine der prächtigen Villen, die man bei einer Port Miami Bootstour passiert

❻ Brickell Avenue

Stadtplan 4 E2–4. Ⓜ mehrere Stationen. 🚆 Metrorail (Brickell & Government Center). 🚌 6, 8, 48, B (102), 207, 208, 95, 500 Midnight Owl. ℹ Greater Miami Beaches Convention and Visitors Bureau, 701 Brickell Ave, Suite 2700, 1-305-539-3000. **W miamiandbeaches.com**

Anfang des 20. Jahrhunderts hieß die Brickell Avenue wegen ihrer palastähnlichen Villen »Millionaires' Row«. Heute ist ihr nördlicher Abschnitt Miamis Entsprechung zu New Yorks Wall Street – internationale Banken residieren in imposanten Gebäuden, deren Glas Häuser und Sonne widerspiegelt. Einige Wohnhäuser weiter südlich, jenseits der Southwest 15th Road, sah man im Vorspann von *Miami Vice*. Sie wurden Anfang der 1980er Jahre von dem avantgardistischen Architekturbüro Arquitectonica entworfen. Auch wenn sie nicht mehr ganz zeitgemäß wirken, beeindrucken sie doch.

Sehr auffällig ist das Atlantis (Nr. 2025): Die Fassade hat ein quadratisches Loch mit Palme und Whirlpool. Sein Gegenstück, ein Kubus gleicher Größe, steht davor. Arquitectonica entwarf auch Palace (Nr. 1541) und Imperial (Nr. 1627). Die Paläste der »Architektur für 55 Meilen pro Stunde« (sie sind am besten vom Auto aus zu sehen) sind so entworfen, dass man sie aus der Entfernung bewundern kann.

Stadtplan Miami *siehe Seiten 104–109*

7 Little Havana

Stadtplan 3 C2. 🚌 207 und 208 Little Havana Connections. **El Titan de Bronze Cigar** 1071 W 8th St. ☎ 1-305-860-1412. ◯ Mo–Fr 9–17, Sa 8–16 Uhr. ● Feiertage. **El Aguila Vidente (Der sehende Adler)** 1122 SW 8th St. **Stadtplan** 3 C2. ☎ 1-305-854-4086. ◯ Mo–Sa 10.30–17.30 Uhr. ● Feiertage.

Obwohl Kubaner in ganz Miami leben, ist Little Havana ihre Heimatgemeinde, seit sie in den 1960er Jahren von Kuba flüchteten *(siehe S. 56)*. Auch andere hispanische Gruppen haben sich hier angesiedelt.

Little Havana zeigt sich am lebendigsten in seinen pulsierenden Straßen. Aus jedem Laden dringt Salsa-Musik, Plakate künden von der Fortsetzung des Kampfs gegen Fidel Castro. *Bodegas* bieten kubanische Spezialitäten wie *moros y cristianos*, und alte Männer genießen *café cubano*.

Little Havanas Herz und Wirtschaftsader ist die Southwest 8th Street, besser bekannt als **Calle Ocho**. Ihren lebhaftesten Abschnitt zwischen der 11th und der 17th Avenue sollte man zu Fuß erkunden, andere Sehenswürdigkeiten entdeckt man einfacher mit dem Auto.

Das Ambiente einer alten kubanischen Tabakfabrik erlebt man bei **El Titan de Bronze Cigar** in der Calle Ocho, einem Familienbetrieb, in dem die Zigarren von Meistern ihres Fachs produziert werden. Hier kann man die Zigarrendreher bei der Arbeit beobachten. Die Blätter wachsen in Nicaragua – und zwar aus kubanischem Tabaksamen, dem besten der Welt. Einheimische Raucher, vor allem Nicht-Kubaner, kaufen hier ihre Zigarren, die in großer Vielfalt angeboten werden *(siehe S. 99)*.

Ein paar Türen weiter befindet sich **El Aguila Vidente (Der sehende Adler)**, ein spiritueller Laden, der sich der afrokubanischen Santería-Religion widmet. Verkauft werden hier z. B. Kräuter, Wässerchen und Heiligenfiguren aus Keramik.

Kellnerin im Versailles

Südlich der Calle Ocho ist die Southwest 13th Avenue als **Cuban Memorial Boulevard** (Kubanischer Boulevard der Erinnerung) bekannt und das nationalistische Zentrum des Viertels.

Die ewige Flamme am Denkmal für die Brigade 2506 erinnert an die Kubaner, die 1961 bei der von den USA unterstützten Invasion in der Schweinebucht starben. Jedes Jahr gedenken hier am 17. April Menschen des Versuchs, Castros Regime zu stürzen. Andere Denkmäler sind Antonio Maceo und José Martí gewidmet, die im 19. Jahrhundert gegen die Kolonialherren kämpften *(siehe S. 52f)*.

Zwischen der 12th und 17th Avenue ähnelt die Calle Ocho Hollywoods Walk of Fame: In den Gehweg eingelassene Sterne ehren Berühmtheiten.

Die ewige Flamme erinnert an die Invasion in der Schweinebucht

An der Ecke 14th Avenue spielen kubanische Rentner Domino im **Máximo Gómez Park**, der deshalb auch Domino Park heißt. Die Regeln besagen, dass Spieler wegen Spuckens, Schreiens oder unflätigen Geredes aus dem Park verbannt werden können. Nördlich der Calle Ocho, an der West Flagler Street und der Southwest 17th Avenue, ist auf der **Plaza de la Cubanidad** eine Bronzekarte Kubas mit José Martís Worten »Palmen sind wartende Geliebte«. Dahinter kennzeichnen Flaggen das Hauptquartier von Alpha 66, Miamis fanatischster Gruppe kubanischer Castro-Gegner. Ihre Anhänger unternehmen Militärübungen in den Everglades – doch die meisten wissen, dass eine bewaffnete Invasion Kubas nie stattfinden wird.

Weiter westlich liegt an der Calle Ocho Nr. 3260 der **Woodlawn Cemetery**. Die Friedhofsverwaltung kann Ihnen die Denkmäler für die kubanischen Freiheitskämpfer in Sektion 31 zeigen, die die kubanische und die US-amerikanische Flagge schmücken. Auf dem Friedhof liegt auch Kubas Diktator der 1930er Jahre, Gerardo Machado.

Krönender Abschluss der Tour kann eine Mahlzeit im **Versailles** *(siehe S. 331)* sein, einem beliebten Treffpunkt der kubanischen Einwohner.

Kubaner beim Domino im Máximo Gómez Park

Hotels und Restaurants in Miami *siehe Seiten 314–316 und 329–333*

Miamis kubanische Einwohner

Der Zusammenhalt der kubanischen Einwohner Miamis basiert auf der gemeinsamen Leidenschaft für ihre Heimat und der kollektiven Abneigung gegen Fidel Castro und sein Regime. Die Exilanten, wie sie sich selbst oft nennen, kommen aus unterschiedlichsten sozialen Schichten. Die frühen Immigranten gehörten meist der weißen konservativen Oberschicht an, sitzen in den Vorständen einiger der größten Unternehmen Miamis und leben in den eleganten Vororten. Die »Marielitos« (Bootsflüchtlinge) der 1980er Jahre und die späteren Flüchtlinge gehörten meist der Arbeiterklasse an. Einige Kubaner der zweiten Generation, wie Gloria Estefan, machten Karriere und werden »Yucas« genannt, Abkürzung für »Young Urban Cuban Americans«. Kubanischer Einfluss ist in Miami von Little Havana bis Coral Gables spürbar – ob in der Küche oder in der Sprache.

Bilder des alten Kuba
Wandgemälde, wie das des kubanischen Ferienorts Varadero, kennzeichnen die Heimatverbundenheit der Kubaner jeden Alters. Viele hoffen, einmal auf die Insel zurückkehren zu können.

Politisches Engagement
Die Kubaner Miamis verfolgen intensiv die Ereignisse in Kuba. Oft protestieren sie mit Kubas Fahne gegen das Castro-Regime oder die Kubapolitik der US-Regierung.

Salsa-Musik der Kubaner in Miami

Kubanische Kultur in Miami
Die Kubaner brachten ihre Musik, ihre Religion und ihren Lebensstil mit. Offiziell sind sie katholisch, doch viele sind Anhänger von Santería, einer Mischung aus katholischen Elementen und afrikanischen Religionen, die afrikanische Sklaven in der Kolonialzeit nach Kuba brachten.

Ein Stehcafé im kubanischen Stil – man genießt Kaffee, Snacks und einen Plausch im Freien

Ein Laden für religiöses Zubehör, *botánica*, in Little Havana verkauft Heiligenbilder und mehr

Stadtplan Miami *siehe Seiten 104–109*

Coral Gables und Coconut Grove

Coral Gables, eine der reichsten Kommunen der USA, ist eine eigene Gemeinde in Greater Miami. In der »City Beautiful« stehen elegante Häuser an Alleen mit Eichen und Banyanbäumen. Viele Grundstücke grenzen an Kanäle, die Besitzer haben eigene Boote. Alle Gebäude müssen Vorgaben entsprechen, die Architekt George Merrick formulierte, als er Coral Gables in den 1920er Jahren plante *(siehe S. 86)*. Außer Merricks architektonischem Erbe findet man hier einige der elegantesten Shops Miamis. Coconut Grove ist Miamis älteste Gemeinde. Ab Mitte des 18. Jahrhunderts lebten hier Wrecker *(siehe S. 307)*, doch das Gebiet lockte nur wenige Menschen an, bis Ralph Munroe *(siehe S. 88f)* in den 1880er Jahren Freunde überredete, ein Hotel zu eröffnen. Das Personal kam von den Bahamas, die Gäste waren Munroes Freunde. Heute ziehen Restaurants und Läden viele Besucher an: Coconut Grove ist nach South Beach das lebhafteste Viertel Miamis. Doch nur ein Katzensprung trennt die feine Villengegend vom etwas verwahrlosten Black Coconut Grove.

Sehenswürdigkeiten auf einen Blick

Museen und Sammlungen

6 Lowe Art Museum
11 Coral Gables Museum

Straßen und Viertel

1 Miracle Mile
7 Coconut Grove Village

Historische Gebäude

2 Coral Gables City Hall
3 Coral Gables Merrick House
4 Venetian Pool
5 Biltmore Hotel
8 Barnacle
12 *Vizcaya S. 90f*

Kirche

10 Ermita de la Caridad

Yachthafen

9 Dinner Key

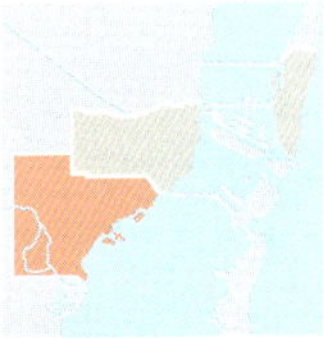

Stadtplan *5, 6*

Restaurants in Coral Gables und Coconut Grove
siehe S. 331f

◀ **Biltmore Hotel in Coral Gables** ***(siehe S. 87)***

Zeichenerklärung *siehe hintere Umschlagklappe*

Tour durch Coral Gables

Die Tour führt durch die ruhigen Straßen von Coral Gables zu den wichtigsten Attraktionen der von George Merrick in den 1920er Jahren geplanten Stadt *(siehe S. 86)*, zu bewunderten Gebäuden wie dem Biltmore Hotel, zu zwei der einst vier Stadttore und sechs der von Merrick entworfenen »internationalen Dörfer«.

Die Sehenswürdigkeiten kann man an einem Tag ansehen, doch nehmen Sie sich Zeit, denn die Straßenführung ist etwas verwirrend. Die Schilder mit Namen, die Merrick einem Wörterbuch entnahm, sind oft schwer zu finden, da sie auf Steinen im Gras versteckt sind.

③ Alhambra Water Tower
Diesen Prachtbau schuf Denman Fink 1925 *(siehe S. 86)*.

⑥ Venetian Pool
ist ein wunderschönes öffentliches Bad, das mit Bauten im venezianischen Stil verziert ist.

⑦ Coral Gables Congregational Church
Coral Gables' erste Kirche mit prächtigem Glockenturm und Portal gestaltete Merrick in spanischem Barock.

⑩ Das Lowe Art Museum
beherbergt eine exzellente Sammlung europäischer und indianischer Kunst.

⑧ Biltmore Hotel
Eines der beeindruckendsten Hotels des Landes erstrahlt nach der Renovierung wieder im Glanz der 1920er Jahre.

⑪ French City Village
Das französische Dorf gehört zu den sieben internationalen Dörfern, die mediterranes Flair schaffen sollten.

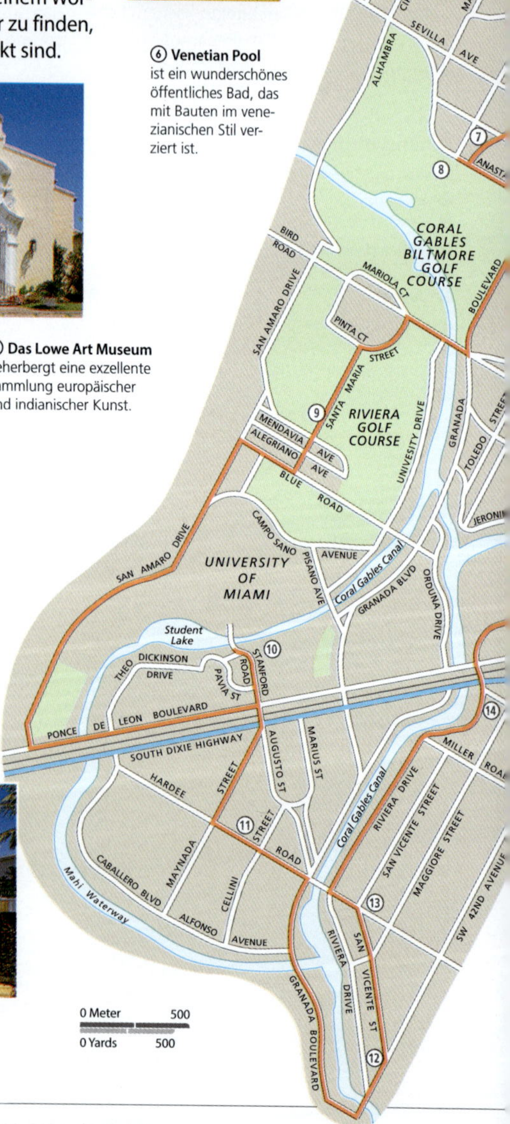

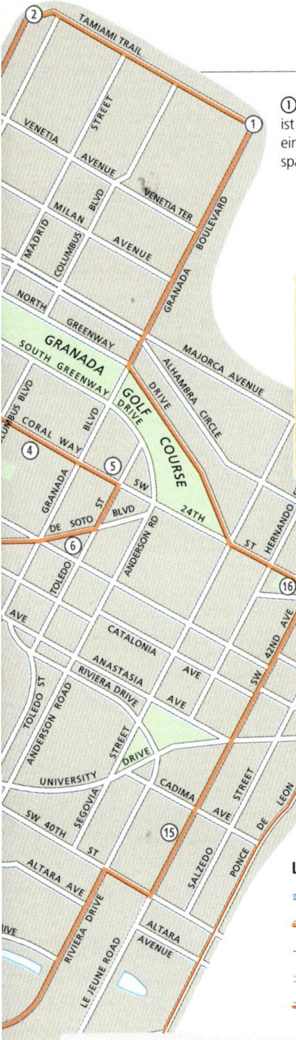

① **Granada Entrance** ist die Nachbildung eines Stadttors des spanischen Granada.

② **Country Club Prado Entrance** mit seinen verzierten Pfeilern ist das eleganteste der schönen Stadttore.

Zur Orientierung
Siehe Stadtplan 5

④ **Coral Way**
Eichen und Häuser im spanischen Stil säumen eine der schönsten und ältesten Straßen von Coral Gables.

⑤ **Coral Gables Merrick House**
ist heute ein Museum. Hier wohnte einst George Merrick.

⑯ **Coral Gables City Hall**
schmücken Wandgemälde aus den 1920er und 1950er Jahren.

⑰ **Miracle Mile**
Konservative Brautmodenläden, Boutiquen und Juweliere dominieren die wichtigste Shopping-Meile.

Routeninfos

Länge: 14 Meilen (23 km).
Start: Optional, idealerweise fährt man entgegen dem Uhrzeigersinn.
Rasten: Bei der Miracle Mile gibt es einige teure Restaurants, im Biltmore bekommt man, wenn man einen Tag zuvor reserviert hat, Tee im englischen Stil. Oder Sie erfrischen sich im Venetian Pool.
Beste Zeit: Mittwoch und Sonntag wegen der Öffnungszeiten des Coral Gables Merrick House, des Lowe Art Museum und der Biltmore-Touren *(siehe S. 87)*. Meiden Sie nach Möglichkeit den Berufsverkehr (7–9.30 und 16.30–18.30 Uhr).

Privatboot auf einem der ruhigen Kanäle in Coral Gables

Sehenswürdigkeiten

① Granada Entrance
② Country Club Prado Entrance
③ Alhambra Water Tower
④ Coral Way
⑤ Coral Gables Merrick House
⑥ Venetian Pool
⑦ Coral Gables Congregational Church
⑧ Biltmore Hotel
⑨ Colonial Village
⑩ Lowe Art Museum
⑪ French City Village
⑫ Dutch South African Village
⑬ French Country Village
⑭ Chinese Village
⑮ French Normandy Village
⑯ Coral Gables City Hall
⑰ Miracle Mile

Rundhalle mit Galerien im Colonnade Building an der Miracle Mile

❶ Miracle Mile

Coral Way zwischen Douglas Rd und Le Jeune Rd. **Stadtplan** 5 C1. Metrorail (Douglas Rd, Vizcaya). 37, 42 (beide von Douglas Rd), 24 (von Vizcaya).

Ein Investor taufte 1940 Coral Gables' wichtigste Einkaufsstraße Miracle Mile (wer auf der einen Straßenseite hin und auf der anderen zurückgeht, ist eine Meile unterwegs). Baldachine beschatten gehobene Läden, die entsprechende Kundschaft anlocken. Hohe Preise und die Konkurrenz der Shopping-Center ließen die Straße etwas vereinsamen.

George Merrick baute das Colonnade Building (Nr. 169) 1926 als Verkaufszentrum seiner Immobilienfirma. Die elegante Rundhalle ist heute die Lobby des Colonnade Hotel. Im Caffè Abbracci *(siehe S. 332)* mit italienischen Spezialitäten verkehren VIPs. Am alten Polizei- und Feuerwehrgebäude, Ecke Salzedo Street und Aragon Avenue, stellt eine Skulptur zwei Feuerwehrmänner dar.

❷ Coral Gables City Hall

405 Biltmore Way. **Stadtplan** 5 C1. 1-305-446-6800. Metrorail (Douglas Rd). 24, 42, 56. Mo–Fr 8–17 Uhr. Feiertage.
coralgables.com

Coral Gables' Rathaus wurde 1928 in dem von Merrick und seinen Kollegen bevorzugten Stil der spanischen Renaissance erbaut. Sogar die halbrunde Fassade schmücken Wappen im spanischen Stil, die Merricks Onkel Denman Fink entwarf. Er schuf auch das Wandgemälde mit den vier Jahreszeiten in der Kuppel des Glockenturms, auf dem der Winter als alter Mann, die anderen Jahreszeiten als junge Frauen dargestellt sind.

Über der Treppe zeigt das Wandgemälde *Meilensteine der Zwanzigerjahre*, aus den 1950er Jahren von John St. John, die Frühzeit von Coral Gables. Er blies Zigarettenrauch auf die trocknende Farbe, um das Bild künstlich altern zu lassen.

Wappen an der Coral Gables City Hall

❸ Coral Gables Merrick House

907 Coral Way. **Stadtplan** 5 B1. 1-305-460-5361. 24, 42. Mi, So 13–16 Uhr.

Trotz der begrenzten Öffnungszeiten sollten Sie das Haus der Familie Merrick besuchen, um den bescheidenen Hintergrund des Stadtgründers kennenzulernen.

Als Reverend Solomon Merrick 1899 mit seiner Familie von Neuengland nach Florida zog, lebten sie zuerst in einer Holzhütte südlich der sich ausbreitenden Stadt Miami. Später fügten sie Anbauten hinzu und nannten das Haus Coral Gables, da sie den Kalkstein, mit dem sie bauten, irrtümlicherweise aufgrund der darin gefundenen Fossilien für Korallen hielten.

Das heutige Museum widmet sich der Familie Merrick und ihrem berühmten Sohn George. Einige Möbelstücke gehörten der Familie, außerdem sind Familienporträts sowie Bilder von George Merricks Mutter und Onkel ausgestellt. Der kleine Garten ist mit tropischen Bäumen und Pflanzen üppig begrünt.

George Merricks Traumstadt

George Merrick träumte von einer neuen Stadt. Mit Denman Fink als künstlerischem Berater, Frank Button als Landschaftsarchitekten und Phineas Paist als Chefarchitekten beschwor er ein ästhetisches Wunderland herauf. Sein Stil war halb spanisch, halb italienisch, er nannte ihn »eine Kombination der besten Elemente aus beidem und einem Hauch von Fröhlichkeit, die Floridas Atmosphäre entspricht«. Aus dem Traum entstand das größte, ca. 100 Millionen US-Dollar teure Immobilienunternehmen der 1920er Jahre. Etwa drei Millionen US-Dollar flossen jährlich allein in Werbung: Plakate zeigten z. B. idyllische Kanäle, die zunächst nur auf dem Reißbrett existierten. Wegen des Hurrikans von 1926 *(siehe S. 54)* und des Börsenkrachs wurde Merricks Stadt zwar nicht fertig, ist aber ein großartiges Zeugnis seiner schöpferischen Kraft.

Porträt George Merricks in seinem Haus

Der Venetian Pool wurde in den 1920er Jahren aus einem Korallensteinbruch gestaltet

❹ Venetian Pool

2701 De Soto Blvd. **Stadtplan** 5 B2. 1-305-460-5306. Metrorail (Douglas Rd, Vizcaya). 42 (von Douglas Rd), 24 (von Vizcaya). Juni–Mitte Aug: Mo–Fr 11–19.30 Uhr; Mitte–Ende Aug: Mo–Fr 11–17.30 Uhr; Apr, Mai, Sep, Okt: Di–Fr 11–17.30 Uhr; Nov–März: Di–Fr 10–16.30 Uhr; ganzjährig: Sa, So 10–16.30 Uhr. 1. Jan, Thanksgiving, 25. Dez. **coralgablesvenetianpool.com**

Dies ist wohl das schönste Bad der Welt, auch für Nichtschwimmer. Denman Fink und Phineas Paist gestalteten es 1923 aus einem alten Korallensteinbruch. Rosa Stucktürme und Loggien, venezianische Säulen, eine gepflasterte Brücke, Höhlen und Wasserfälle umgeben klares Quellwasser. Es war einer der mondänsten Treffpunkte in Coral Gables. Den historischen Prunk der 1920er Jahre können Sie auf Fotos in der Eingangshalle bewundern.

❺ Biltmore Hotel

1200 Anastasia Ave. **Stadtplan** 5 A2. 1-305-445-1926. Metrorail (Douglas Rd). 40 (von Douglas Rd), 24, 57. nur So. **biltmorehotel.com**

Coral Gables' spektakulärstes Gebäude wurde 1926 fertiggestellt. Hier schliefen Berühmtheiten wie Al Capone (der hier eine »Flüsterkneipe« hatte), Judy Garland sowie der Herzog und die Herzogin von Windsor. Die Gäste gingen in den Anlagen (heute ein Golfplatz) auf Fuchsjagd und ließen sich in Gondeln die Kanäle hinaufstaken. Da das Biltmore im Zweiten Weltkrieg als Lazarett diente, wurde auf seinen Marmorböden Linoleum ausgelegt. Bis 1968 war es ein Veteranenhospital. 1986 wurde es für 55 Millionen US-Dollar renoviert, 1990 meldete es Konkurs, 1992 wurde es erneut eröffnet.

Eine Replik des Turms der Kathedrale in Sevilla, die auch als Vorbild für Miamis Freedom Tower diente *(siehe S. 78)*, reckt sich an der Fassade 96 Meter hoch. Innen gliedern mächtige Säulen die Lobby. Von der hinteren Terrasse kann man den größten Swimmingpool der USA bewundern, an dem Johnny Weissmuller, Star in Tarzan-Filmen, Schwimmlehrer war und in dem er in den 1930er Jahren seinen Weltrekord aufstellte.

Pferd, Han-Dynastie, Lowe Art Museum

❻ Lowe Art Museum

1301 Stanford Drive. **Stadtplan** 5 A5. 1-305-284-3535. Metrorail (University). 48, 56. Di–Sa 10–16, So 12–16 Uhr. Feiertage. **lowemuseum.org**

Das sehenswerte Museum am Campus der University of Miami wurde 1925 dank einer Fünf-Millionen-Dollar-Spende von George Merrick gegründet. Zu den rund 8000 Exponaten gehören Werke aus Renaissance und Barock sowie eine der besten Sammlungen indianischer Kunst in den USA. Es gibt darüber hinaus eine ägyptische Sammlung, schöne Werke aus dem 17. Jahrhundert sowie zeitgenössische europäische und amerikanische Kunst zu bewundern. Afrokubanische Werke, historische Andenken, Kunst aus Lateinamerika und Asien sowie Fotografien aus dem 20. Jahrhundert sind ebenfalls sehr gut repräsentiert.

Blick von Süden auf das Biltmore Hotel, Coral Gables' Wahrzeichen

❼ Coconut Grove Village

Stadtplan 6 EF4. Metrorail (Coconut Grove, Douglas Rd). 48, 249 Coconut Grove Circulator.

Der beliebte Hippie-Treffpunkt der 1960er Jahre gibt sich mittlerweile recht gesetzt. Im Zentrum von Coconut Grove genießen gestylte junge Paare, die typische Klientel ihres »Village«, unter altmodischen Straßenlaternen Wein und Essen. Nur der Schlangenbeschwörer und der Nackenmasseur sowie ein paar New-Age-Läden zeugen noch vom alternativen Lebensstil. Am besten können Sie dieses Viertel nachts oder am Wochenende entdecken.

Das Herz des Village ist die Kreuzung Grand Avenue, McFarlane Avenue und Main Highway mit Johnny Rockets, einer wunderschönen Hamburger-Bar im Stil der 1950er Jahre, sowie **CocoWalk**. Das Freiluft-Shopping-Center *(siehe S. 98)* ist Coconut Groves geschäftigster Ort. In seinem Innenhof sind Cafés und Souvenirläden, in den oberen Etagen wird häufig Live-Musik gespielt. Hier gibt es Familienrestaurants, ein Kino und einen Club.

Östlich lohnt das Shopping-Center **Streets of Mayfair** *(siehe S. 98)* einen Besuch – nicht nur wegen seiner Ausstattung mit spanischen Fliesen, Wasserfällen und Pflanzen, sondern auch wegen der hier ansässigen Läden. Die lockere Café-Szene ist am besten in den Seitenstraßen der Commodore Plaza und Fuller Street zu erkunden.

Das Freiluft-Shopping-Center CocoWalk in Coconut Grove Village

Ganz anders ist die Atmosphäre samstags auf dem bunten **Farmers' Market** (Bauernmarkt) auf der McDonald Street und der Grand Avenue. Etwas weiter entfernt stehen an der Grand Avenue die einfacheren Häuser der Gemeinde der Bahamas-Insulaner. Dieses Viertel erwacht vor allem zum Goombay Festival *(siehe S. 39)*, zu anderen Zeiten sollten Sie hier etwas vorsichtiger sein.

Ein fünfminütiger Spaziergang auf dem Main Highway Richtung Süden führt durch ein wohlhabendes Viertel mit Palmen, Bougainvilleen und Hibiskus vor schindelgedeckten Villen. In der Devon Road Nr. 3400 steht die pittoreske, normalerweise geschlossene **Plymouth Congregational Church** mit efeubedeckter Fassade. Sie wurde 1916 erbaut, sieht aber viel älter aus.

R. Munroe, Gestalter des Barnacle, 1931 von Lewis Benton gemalt

❽ Barnacle

3485 Main Highway, Coconut Grove. **Stadtplan** 6 E4. 1-305-442-6866. 37, 48, 249 Coconut Grove Circulator. Fr–Mo 9–16 Uhr. 1. Jan, Thanksgiving, 25. Dez. **floridastateparks.org/thebarnacle**

Hinter tropischen Hölzern versteckt sich das Barnacle, das älteste Haus in Dade County. Ralph Munroe entwarf und bewohnte es. Er lebte von Bootsbau und Wrackbergung, war Botaniker, Fotograf sowie engagierter Umweltschützer und glaubte fest an wirtschaftliche Unabhängigkeit.

1891 baute er das Haus als Bungalow. Das erforderliche

Miami: Dichtung und Wahrheit

In den 1980er Jahren galt Miami als Drogen- und Gangsterhauptstadt der USA. Ironischerweise basierte die TV-Serie *Miami Vice (siehe S. 57)* auf diesem Ruf und verherrlichte Stadt und Gewalt. Die besten zeitgenössischen Romane über Miami beschreiben seine schäbige Seite. Die bekanntesten Autoren sind Edna Buchanan, die für ihre Reportagen im *Miami Herald* den Pulitzerpreis erhielt, und Carl Hiaasen, Kolumnist derselben Zeitung. Wie abstrus seine Geschichten scheinen mögen (Bauinspektoren, die Voodoo betreiben; Talkgäste, die sich live Schönheitsoperationen unterziehen), er betont doch immer, seine Ideen aus den Nachrichtenseiten des *Herald* zu bekommen. *Striptease* war sein erster Roman, der verfilmt wurde.

Hiaasens Bestseller

Holz stammte von Wracks und wurde so verlegt, dass die Luft zirkulieren konnte (in Zeiten vor Erfindung der Klimaanlagen ein nicht unbedeutender Aspekt). 1908 stockte er das Haus auf und erweiterte das Erdgeschoss, um für seine wachsende Familie Platz zu schaffen.

In dem Gebäude kann man die Zimmer mit alten Familienerbstücken und späteren Anschaffungen wie einem alten Kühlschrank besichtigen. Bei der einstündigen Führung sieht man auch Munroes schindelgedecktes Bootshaus voller Werkzeuge und Arbeitsbänke sowie die Bahnschiene, mit der Munroe Boote aus der Bay hievte.

Brunnen am Eingang zum Country Club Prado in Coral Gables

❾ Dinner Key

S Bayshore Drive. **Stadtplan** 6 F4. Metrorail (Coconut Grove). 22, 249 Coconut Grove Circulator (beide von Coconut Grove), 48.

Detail an der Miami City Hall, Dinner Key

In den 1930er Jahren machte Pan American Airways Dinner Key zu einem der lebhaftesten Wasserflughäfen der USA. Hier startete Amelia Earhart 1937 ihren verhängnisvollen Flug um die Welt. In dem glänzenden, im Stil der Streamline-Moderne *(siehe S. 65)* gehaltenen Abfluggebäude der Fluggesellschaft ist die Miami City Hall beheimatet. Die Hangars der Wasserflugzeuge beherbergen heute Boote. Beim Spaziergang durch Miamis renommiertesten Hafen gerät man ins Träumen.

❿ Ermita de la Caridad

3609 S Miami Ave. **Stadtplan** 3 C5. 1-305-854-2404. Metrorail (Vizcaya). 12, 48. tägl. 12–20 Uhr. Tägl. Messen auf Spanisch.

Die kegelförmige Kirche von 1966 ist Miamis Exilkubanern heilig, da sie ihrer Patronin, der heiligen Jungfrau der Wohltätigkeit, gewidmet ist. Ein Wandgemälde über dem Altar (der in Richtung Kuba ausgerichtet ist) illustriert die Geschichte der katholischen Kirche in Kuba und zeigt die Jungfrau und ihren Schrein auf der Insel. (Zur Kirche biegen Sie nördlich vom Mercy Hospital ab.)

⓫ Coral Gables Museum

285 Aragon Ave. **Stadtplan** 5 C1. 1-305-603-8067. Metrorail (Douglas Rd). 24, 42, 56. Di–Fr 12–18, Sa 11–17, So 12–17 Uhr. **coralgablesmuseum.org**

Das in einer früheren Polizeistation untergebrachte Museum bietet einen bunten Reigen an Ausstellungen zu Coral Gables und dessen Umgebung. Eine Sammlung großformatiger Fotografien von Clyde Butcher widmet sich der wundervollen Natur entlang dem Tamiami Trail, der 1928 eröffnet wurde *(siehe S. 285)*. Auch Geschichte und Kultur des Gebiets werden eingehend beleuchtet.

Eine weitere Sammlung beschäftigt sich mit Leben und Werk des Architekten George Merrick *(siehe S. 86)*, der Coral Gables in den 1920er Jahren plante.

Das Museum ist auch Sitz der Touristeninformation von Coral Gables.

In der Ermita de la Caridad am Rand der Biscayne Bay beten viele kubanische Gläubige

⑫ Vizcaya

Floridas prächtigstes Wohnhaus wurde 1916 als Winterresidenz für den millionenschweren Industriellen James Deering erbaut. Er wollte einen italienischen Landsitz aus dem 16. Jahrhundert nachbilden, der sich im Lauf der Generationen verändert hatte. Das Vizcaya zeigt Stilrichtungen von Renaissance bis Neoklassizismus, die Möbel sammelte Deering in Europa. Im Park sind Elemente italienischer und französischer Gartenkunst mit Floridas tropischer Vegetation kombiniert.

Deering befürchtete stets, dass der Unterhalt von Vizcaya zu teuer würde, und fragte seinen Architekten ständig nach den Kosten. Nachdem das Anwesen nach seinem Tod 1925 nicht mehr tragbar war, kaufte es Dade County 1952 und machte es öffentlich zugänglich.

★ Deerings Bad
Das Bad ist mit Marmorwänden und Silberplatten ausgestaltet. Die Decke mit Baldachin erinnert an ein napoleonisches Kriegszelt.

Pulcinella
Die englische Statue der Pulcinella (18. Jh.) im Theatergarten ist eine der zahlreichen europäischen Statuen des Anwesens.

Außerdem

① **In der östlichen Loggia** steht das Modell einer Karavelle, eines der Lieblingsmotive Deerings.

② **Das Esszimmer** erinnert mit den Gobelins und dem Refektoriumstisch (16. Jh.) an eine Banketthalle der Renaissance.

③ **Seepferdchen-Wetterfahne**

④ **Den Innenhof**, früher nicht überdacht, schützt heute ein Glasdach.

⑤ **Das Dach** bedecken zylindrische Ziegel von Gebäuden aus Kuba.

⑥ **Im Wohnzimmer**, einer großartigen Renaissance-Halle, steht eine eigens für Vizcaya angefertigte Orgel.

⑦ **Der Swimmingpool** liegt zum Teil unter dem Gebäude. Im Inneren führt eine Treppe ins Wasser.

★ Musikzimmer
Das Rokoko-Zimmer, einer der schönsten Räume, wird von einem überwältigenden Kronleuchter aus Glasblumen erhellt.

★ Park
Ein solcher Park ist in Florida eine Rarität. Vom Hügel hat man einen schönen Blick auf den symmetrischen Mittelgarten südlich der Terrasse.

Infobox

Information
3251 S Miami Ave.
Stadtplan 3 C5.
1-305-250-9133.
Mo, Mi–So 9.30–16.30 Uhr.
Thanksgiving, 25. Dez.
teilweise.
vizcaya.org

Anfahrt
Metrorail (Vizcaya).
12, 17, 18, 24 (alle von Vizcaya), 48 (von Coconut Grove).

Cathay-Schlafzimmer
Das von einem luxuriösen Himmelbett dominierte Schlafzimmer ist mit Chinoiserien dekoriert, die vor allem im 18. Jahrhundert in Europa äußerst beliebt waren.

Deerings Wohnzimmer
An der Decke des neoklassizistischen Raums prangt ein Seepferdchen – ein immer wiederkehrendes Motiv.

Villa und Park

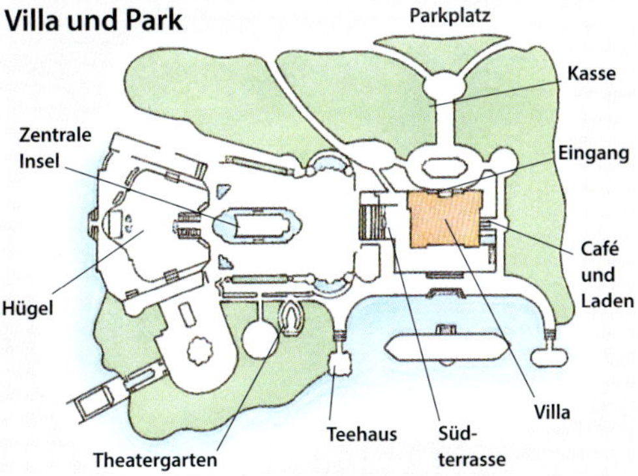

Stadtplan Miami *siehe Seiten 104–109*

Abstecher

Die Gebiete nördlich von Miami Beach und Downtown sowie südlich von Coral Gables wirken auf den ersten Blick weniger attraktiv, warten dafür aber mit Stränden, Familienattraktionen und mit einigen durchaus bizarren Sehenswürdigkeiten auf.

Es heißt, im nördlichen Miami seien Liberty City und Overtown besonders arm und gefährlich. Meiden Sie am besten diese Gebiete und befolgen Sie die Tipps zu Ihrer Sicherheit auf Seite 372. Vorsicht ist auch in Hialeah und Little Haiti geboten – hier herrscht zwar eine besondere Atmosphäre, doch nur abenteuerlustige Urlauber treibt es hierher. Die recht öden Vorstädte im Süden Miamis gehen über in kilometerlange Zitruspflanzungen und Baumschulen. Diese Ebene lag 1992 im Epizentrum des Hurrikans Andrew *(siehe S. 30)*, was man der Landschaft teilweise heute noch ansieht. Zu den Sehenswürdigkeiten zählen vor allem Zoos, Gärten und Parks, die Besuchern einen guten Einblick in üppige tropische Flora und Fauna bieten oder über das reiche Meeresleben informieren.

Sehenswürdigkeiten auf einen Blick

Historische Gebäude

- 2 Ancient Spanish Monastery
- 14 Coral Castle

Museen und Sammlungen

- 10 Wings Over Miami
- 11 Gold Coast Railroad Museum

Parks, Gärten und Zoos

- 5 Miami Seaquarium
- 7 Fairchild Tropical Botanic Garden
- 8 Charles Deering Estate
- 9 Jungle Island
- 12 Zoo Miami
- 13 Monkey Jungle

Strände

- 1 North Beaches
- 6 Key Biscayne

Viertel

- 3 Wynwood Arts District
- 4 Little Haiti

Restaurants in diesen Stadtteilen
siehe S. 332f

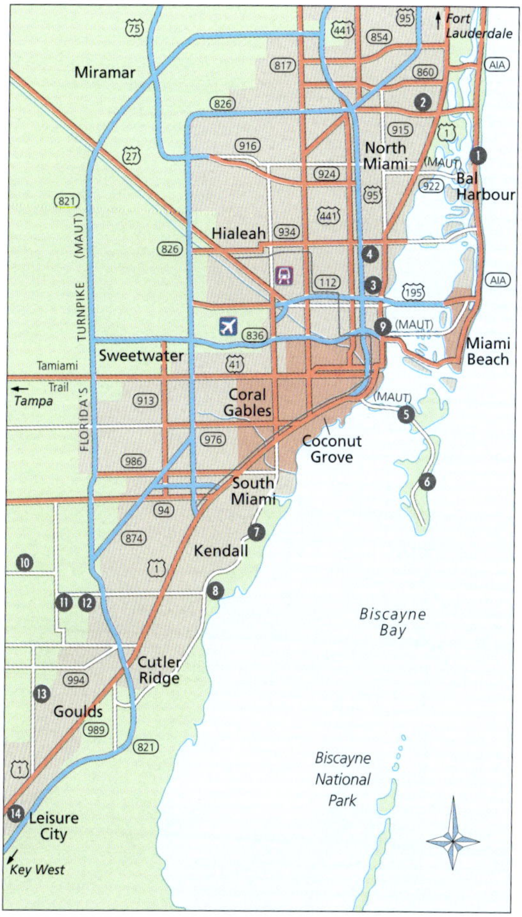

0 Kilometer 10
0 Meilen 10

Legende

- Miami Zentrum
- Stadtgebiet
- Interstate Highway
- State Highway
- Highway
- Eisenbahn

◀ **Crandon Park Beach, Key Biscayne** ***(siehe S. 95)***

Zeichenerklärung *siehe hintere Umschlagklappe*

❶ North Beaches

Collins Avenue. 🚌 G (107), H (108), E (105), S (119), 120 Beach MAX.

Auf den Barriere-Inseln nördlich von Miami Beach dominieren exklusive, piekfeine Wohngebiete, an der Collins Avenue hingegen sind reizlos erscheinende Ferienanlagen aneinandergereiht, in denen häufig Pauschalurlauber einquartiert werden. Hier finden Urlauber preiswerte Unterkünfte und einen langen Sandstrand vor.

Ein ruhiger Sandstreifen trennt Miami Beach zwischen der 79th und der 87th Street von **Surfside**. Die bescheidene Gemeinde ist bei Besuchern aus dem frankofonen Kanada beliebt. An der 96th Street geht sie in **Bal Harbour** über, eine elegante Enklave, die wegen ihrer teuren Hotels und eines der edelsten Shopping-Center der Gegend *(siehe S. 98)* bekannt ist. Nördlich davon liegt der **Haulover Park** mit Yachthafen und Sanddünen.

Posten der Rettungsschwimmer am Strand von Haulover Park

❷ Ancient Spanish Monastery

16711 W Dixie Hwy, N Miami Beach. ☎ 1-305-945-1462. 🚌 3 (von Downtown Miami), 93, E (105), H (108). ◯ Mo–Sa 10–16, So 11–16 Uhr. ● Feiertage, einige Wochenenden (tel. nachfragen). ♿ **W spanishmonastery.com**

Der Klosterkreuzgang hat eine ungewöhnliche Geschichte. Er wurde 1133–41 in Spanien erbaut, 1925 erwarb ihn der Zeitungszar William Randolph Hearst. Die einzelnen Steine kamen in 35 000 Kisten. Wegen einer grassierenden Maul- und Klauenseuche wurden diese geöffnet, um das Stroh darin zu prüfen, und die Steine falsch zurückgepackt. In New York lagerten sie dann, bis man 1952 beschloss, »das größte und teuerste Puzzle der Welt« in Florida als Attraktion zusammenzusetzen. Der Kreuzgang ähnelt inzwischen dem Original, obschon man einige der Steine noch immer nicht zuordnen kann.

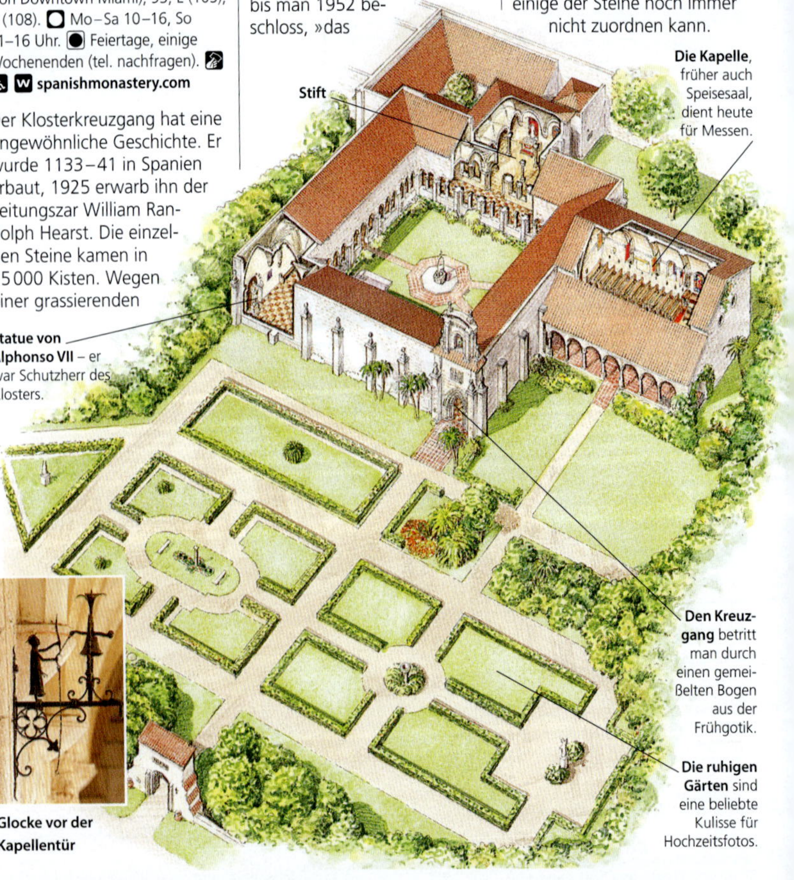

Glocke vor der Kapellentür

❸ Wynwood Arts District

3 Meilen (4 km) nördl. von Downtown, östl. der I-95. 🚌 2.
W wynwoodmiami.com

Das Kunstareal wurde in einem früheren Gewerbegebiet von Greater Miami eingerichtet und ist für seine lebhafte Kunstszene bekannt. Die vorher grauen Fassaden zieren nun farbenprächtige Wandgemälde und Graffiti, in die ehemaligen Industriegebäude zogen Galerien sowie Restaurants und Cafés, Läden und Boutiquen ein, Open-Air-Bühnen geben dem Wynwood Arts District sein besonderes Flair.

Bei Kunstspaziergängen und Street-Food-Touren lernt man den kulturellen Hotspot kennen. Besuchermagnet im Zentrum des Kunstareals ist das namengebende Projekt – The Wynwood Walls.

❹ Little Haiti

46th bis 79th Street, östl. der I-95. 🚌 2 und 202 Little Haiti Connection.

Seit den 1980er Jahren kommen viele haitianische Flüchtlinge in diesen Teil Miamis. Das arme, aber bunte Viertel ist um die Hauptstraßen (54th Street und NE 2nd Avenue) relativ sicher.

Auf dem **Caribbean Marketplace** an der NE 2nd Avenue und der 60th Street gibt es Kunsthandwerk zu kaufen, interessanter sind die umliegenden, leuchtend bunt bemalten Läden. Aus einigen dröhnt haitianische Musik. Andere, *botánicas*, verkaufen Kräuter und religiöses Zubehör *(siehe S. 81)*, wieder andere bieten Hühnchen und Kochbananen auf »karibische Art« feil.

Miami Seaquarium – ein Spaß für die ganze Familie

❺ Miami Seaquarium

4400 Rickenbacker Causeway, Virginia Key. 📞 1-305-361-5705. 🚇 Metrorail (Brickell). 🚌 B von Bahnhof Brickell. 🕒 tägl. 9.30–18 Uhr. ♿
W miamiseaquarium.com

Dieser Komplex mit Seelöwen, Delfinen und Killerwalen bietet einen Mix aus Entertainment und Information, Besucher werden hier in tropische Gefilde versetzt. Zweimal täglich läuft das Programm »Swim with the Dolphins« (wer teilnehmen will, muss Englisch verstehen). Zu den weiteren besonders für Kinder spannenden Attraktionen zählen Mantas, Haie, ein Mangrovensumpf voller Pelikane und ein Korallenriff-Aquarium, in dem sich die buntesten Tropenfische tummeln.

Werbung für einen Devotionalienladen *(botánica)*, Little Haiti

❻ Key Biscayne

7 Meilen (11 km) südöstl. von Downtown. 🚌 B (102). **Bill Baggs Cape Florida State Park** 📞 1-305-361-5811. 🕒 tägl.
W floridastateparks.org

Der Rickenbacker Causeway, der das Festland mit Virginia Key und Key Biscayne verbindet, bietet den besten Blick auf Downtown. Key Biscayne hat einige der besten Strände der Stadt. Am beeindruckendsten ist der fünf Kilometer lange, sehr breite Strand im **Crandon Park** in der oberen Hälfte der Insel. Hier kann man unter Palmen picknicken.

Am südlichen Ende der Insel verbinden Wege durch die Dünen die Picknickzonen des **Bill Baggs Cape Florida State Park** mit einem etwas kürzeren Strand. Der Leuchtturm aus dem Jahr 1825 ist das älteste Gebäude im Süden Floridas und wurde restauriert.

Kleine Einkaufszentren und Strandwohnungen säumen zwischen beiden Parks den Crandon Boulevard. Hier befinden sich für die Allgemeinheit auch ein Golfplatz und mehrere Tennisplätze.

Hotels und Restaurants im Großraum Miami *siehe Seiten 316 und 332f*

❼ Fairchild Tropical Botanic Garden

10901 Old Cutler Rd. 1-305-667-1651. 57, 136. tägl. Sonnenauf- bis -untergang. Büro 8–17 Uhr. 25. Dez.
fairchildgarden.org
Matheson Hammock Park
1-305-665-5475. tägl. 7.30–16.30 Uhr.
fairchildgarden.org

Dieser schöne botanische Garten, 1938 gegründet, dient auch als wichtiges botanisches Forschungsinstitut. Um eine Reihe künstlich angelegter Seen wächst mit 550 von 2500 bekannten Spezies eine der weltweit größten Palmensammlungen. Zudem gedeihen hier viele Palmfarne mit ungewöhnlich großen roten Zapfen sowie zahllose andere skurrile Bäume und Pflanzen.

40-minütige Führungen per Bus erklären, wie Pflanzen bei der Herstellung von Medikamenten oder Parfüms (z. B. Ylang-Ylang-Blüten in Chanel No. 5) eingesetzt werden. Sie sollten sich weitere zwei Stunden Zeit nehmen, um den Garten auf eigene Faust zu erkunden.

Direkt daneben liegt der **Matheson Hammock Park**. Wander- und Radwege führen durch Mangrovensümpfe, doch Hauptattraktion ist der Atoll Pool, ein von Sand und Palmen umgebenes künstliches Salzwasserbecken an der Biscayne Bay. Hier gibt es auch einen Hafen mit einer Segelschule und ein exzellentes Restaurant am Strand.

❽ Charles Deering Estate

16701 SW 72nd Ave. 1-305-235-1668. tägl. 10–17 Uhr. Thanksgiving, 25. Dez. **deeringestate.com**

Während sein Bruder James den Luxus in Vizcaya genoss *(siehe S. 90f)*, zog sich Charles Deering zwischen 1916 und 1927 regelmäßig in sein elegantes Winterdomizil an der Biscayne Bay zurück. Das 180 Hektar große Anwesen, das 1985 vom Staat erworben wurde, beherrscht eine Villa im neomediterranen Stil.

Das Haupthaus und das Richmond Cottage stammen aus dem 19. Jahrhundert. Letzteres war ein Gästehaus, das bei seiner Eröffnung das südlichste Hotel der USA war.

Hauptanziehungspunkt ist das riesige Grundstück. Hier sieht man Mangroven- und Kiefernwälder, Salzmarschen, den wohl größten intakten Hartholzwald auf dem Festland der USA und eine weitläufige Lagerstätte von Fossilien. Am Wochenende werden verschiedene Programme und Kanutouren veranstaltet.

Charles Deering Estate – Standort für vielfältige Touren

❾ Jungle Island

1111 Parrot Jungle Trail, Watson Island. 1-305-400-7000. C (103), M (113), S (119), 120 Beach MAX. tägl. 10–18 Uhr.
jungleisland.com

Über 1100 Vögel leben in den tropischen Anlagen der »Dschungelinsel«, teils in Käfigen, teils in Freiheit. Einige treten in den »Trained Bird Shows« auf, z. B. als Rollschuhläufer. Man kann auch Fische und Flamingos füttern oder Schlangen beobachten.

Angeboten werden hier zudem Sommercamps sowie Aktivitäten für Jugendliche und Erwachsene, bei denen man eine Menge über Flora und Fauna lernt.

Palmengesäumter See im Fairchild Tropical Botanic Garden

Hotels und Restaurants im Großraum Miami *siehe Seiten 316 und 332f*

Bengalischer Tiger vor nachgebildetem Khmer-Tempel, Zoo Miami

⑩ Wings Over Miami

14710 SW 128th St, neben dem Flughafen Tamiami. 1-305-233-5197. 136, 137. Mi–So 10–17 Uhr. Feiertage.
wingsovermiami.com

Das Museum widmet sich der Erhaltung alter Flugzeuge. In seinem Hangar befindet sich eine ausgezeichnete Sammlung mit Maschinen wie einer amerikanischen F-86 Sabre, einer russischen MiG 15, einem texanischen AT6D-Oldtimer von 1943, einer Douglas B-23 Dragon sowie anderen Exponaten wie einem Maschinengewehrturm. Am Wochenende des Memorial Day erheben sich die Flugzeuge in die Luft. Im Januar oder Februar, bei den »Wings of Freedom«-Feierlichkeiten, begleiten sie B-17- und B-24-Bomber.

⑪ Gold Coast Railroad Museum

12450 SW 152nd St, Miami. 1-305-253-0063. Metrorail (Dadeland North), dann Zoo-Bus. 252. Mo–Fr 10–16, Sa, So 11–16 Uhr. **gcrm.org**

Das Museum neben dem Zoo Miami ist ein Muss für Eisenbahnfans. Zu den Highlights gehören der Präsidentenwaggon »Ferdinand Magellan«, zwei kalifornische Zephyr-Waggons und drei alte Dampflokomotiven von der Ostküste. Es gibt auch eine Kindereisenbahn, die am Wochenende in Betrieb ist.

⑫ Zoo Miami

12400 SW 152nd St, Miami. 1-305-251-0400. Metrorail (Dadeland North), dann Zoo-Bus. Mo–Fr 10–17, Sa, So 9.30–17.30 Uhr. **zoomiami.com**

Der riesige Zoo ist einer der besten der USA. Die Tiere leben in großen Gehegen und sind von den Besuchern durch Gräben getrennt. Sehenswert sind die Gorillas und die weißen bengalischen Tiger. Im Streichelzoo kann man auf Elefanten reiten, in der Wildtiershow Raubkatzen bewundern. Man kann mit der Zoo-Bahn fahren und sich die interessantesten Gehege aussuchen oder bis Station 4 fahren und von dort zum Startpunkt zurückgehen.

⑬ Monkey Jungle

14805 SW 216th St, Miami. 1-305-235-1611. Metrorail (Dadeland South), dann Bus 31, 38 zur Cutler Ridge Mall, dann Taxi. tägl. 9.30–17 Uhr.
monkeyjungle.com

Makaken gehören zu den aktivsten Primaten im Monkey Jungle

Der »Affendschungel« wird noch immer von derselben Familie betrieben, die ihn 1933 gründete. Er ist deshalb so erfolgreich, weil in einem Teil die Besucher hinter Gittern bleiben und die Affen frei herumlaufen. So sieht man über Gittern Makaken turnen oder südamerikanische Affen in Regenwaldgehegen. Andere Primaten wie Gorillas, Orang-Utans, Klammeraffen und Gibbons leben leider in konventionellen Käfigen.

In regelmäßigen Vorführungen lernt man die Fähigkeiten der Makaken, Schimpansen und anderer Arten kennen.

Aus dem Fels gehauener Halbmond in Coral Castle

⑭ Coral Castle

28655 S Dixie Hwy, Homestead. 1-305-248-6345. Metrorail (Dadeland South), dann Bus Busway Max. 38, 70. tägl. 7–20 Uhr. 25. Dez.
coralcastle.com

Das Coral Castle ist zwar kein Schloss, aber dennoch eine der spannendsten Attraktionen in Miami. Von 1920 bis 1940 meißelte der Lette Edward Leedskalnin die schlossartigen Skulpturen aus Korallen ohne fremde Hilfe – mit Werkzeugen aus Autoteilen. Die meisten schuf er im 16 Kilometer entfernten Florida City und brachte sie hierher zurück.

Einige Werke reflektieren seine Leidenschaft für Astronomie. Ein herzförmiger Tisch erinnert an ein lettisches Mädchen, das ihn nicht heiraten wollte.

Shopping

Miamis zahlreiche Läden spiegeln den Charakter und die Vielfalt der Metropole wider – ihre gesamte Bandbreite reicht von elegant bis witzig und farbenfroh. Das aus mehreren Vierteln zusammengewachsene Miami bietet ausgezeichnete Shopping-Möglichkeiten. Häufiges Ziel sind die Shopping Malls, die vor allem Besucher aus Lateinamerika und der Karibik anziehen. Sie sind meistens auch gefragte Unterhaltungszentren und oft bis 23 Uhr geöffnet, wobei die Läden nur zu den üblichen Geschäftszeiten öffnen. Coconut Grove und South Beach bedienen die extravaganten Wünsche einer vollkommen anderen Klientel und bieten z. B. motorisierte Skateboards, Lederkleidung, Kunst aus Pappe und ungewönliche Souvenirs an. Die meisten Läden in Coconut Grove sind vor allem am Wochenende bis abends geöffnet. Die Läden in South Beach haben davon abweichende Geschäftszeiten, manche machen erst um 11 oder 12 Uhr auf.

Department Stores und Shopping Malls

Shopping macht in South Beach richtig Spaß. In Coconut Grove sind zahlreiche Boutiquen auf ein kleines Gebiet konzentriert, dazu gibt es zwei Shopping Malls *(siehe S. 88)*. In **CocoWalk** spielen die Schmuck-, Geschenk- und Bekleidungsläden hinter den Cafés und Restaurants die zweite Geige. In den **Streets of Mayfair** laden die teuren Boutiquen eher nur zum Schaufensterbummel ein.

Bayside Marketplace *(siehe S. 78)* ist unterhaltsam und bietet viele Souvenir- und Modeläden. Preiswerte Elektronik und Schmuck gibt es in Downtown. Auch das 1898 gegründete Kaufhaus **Macy's** hat ein breit gefächertes Angebot.

Gesetzt und elegant geben sich die Läden und Galerien der Miracle Mile *(siehe S. 86)* in Coral Gables. Der **Village of Merrick Park** bereichert Coral Gables mit Nobelläden samt Concierge-Service.

In Miamis Shopping Malls kann man ausgezeichnet bummeln. Die elitären **Bal Harbour Shops** locken mit verführerischen Auslagen und gleichen in eindrucksvoller Lage einem tropischen Garten. Hier kaufen die Reichen und Berühmten ein. Auch wenn Sie nicht auf Luxusgüter aus sind, sollten Sie wegen des Ambientes vorbeischauen. Die **Aventura Mall**, ebenfalls in Nordmiami, bietet über 200 Läden sowie vier Department Stores, darunter auch Macy's.

Typisches Schaufenster einer Boutique in South Beach

Mode und Schmuck

In Miami bekommt man einfach alles, von Designermode bis Billigkleidung. In den Bal Harbour Shops liegen berühmte Juweliere und Modeläden wie Tiffany & Co, Gucci und Cartier neben Läden wie JW Cooper, Spezialist für Westernmode. **Stein Mart** in der Aventura Mall verkauft reduzierte Designermode. Schnäppchen kann man auch in den Billigläden in Downtowns Modeviertel auf der 5th Avenue zwischen 24th und 29th Street machen. Das **Seybold Building** in Downtown ist für Goldschmuck, Diamanten und Uhren zu attraktiven Preisen bekannt.

In South Beachs Lincoln Road und Washington Avenue bietet man hauptsächlich Leder- und Disco-Klamotten an, es gibt jedoch auch elegantere Läden. Die Boutiquen an der Miracle Mile in Coral Gables gehören zur oberen Preisklasse, wie auch der Maßschneider **Bolado Clothiers**.

Souvenirs

Am Bayside Marketplace finden Sie sicher etwas – Läden wie **Caribbean Life** und **Disney Store** sowie unzählige Stände mit Espadrilles, Krawatten und vielem mehr sind ideale Geschenkeläden. In Coconut Grove kann man nicht nur

CocoWalk, beliebtes Shopping-Center in Cononut Grove

Zigarrendreher bei der Arbeit

T-Shirts und Sonnenbrillen kaufen. Hier gibt es auch ein breites Spektrum an Spezialgeschäften – z. B. für orientalisches Handwerk oder Kondome. In North Miami Beach sollte man **Edwin Watts Golf Shop** besuchen, hier erhält man auch Ermäßigungen auf Golfplatz-Gebühren.

Intermix ist eine Boutique für gehobene Ansprüche. Das exklusive Angebot des Hauses spiegelt sich auch in entsprechend hohen Preisen wider. Wer sexy aussehen möchte und großen Wert auf Stil legt, kauft hier ein.

South Beach ist ideal, wenn Sie auf der Suche nach witzigen Souvenirs sind. Das **Art Deco Welcome Center** führt u. a. T-Shirts, Plakate und Modelle von Gebäuden am Ocean Drive, einige wenige Art-déco-Antiquitäten und eine reiche Auswahl an Fachbüchern.

Zigarrenliebhaber – ob Einheimische oder Besucher – kaufen handgemachte Zigarren gerne bei **El Titan de Bronze Cigar** in Little Havana *(siehe S. 80)*. Zu den Favoriten gehören auch La Palina, **Macabi Cigars** und El Crédito Cigar Factory. All diese Läden bieten ein gutes Sortiment an Zigarren, dass auch den Kenner überzeugt.

Im **Epicure** in South Beach erhält man Kulinarisches wie Marmeladen und Saucen. Urlauber sind jedoch nicht die eigentliche Zielgruppe des bekannten Feinkost-Supermarkts.

Kunstgewerbliches kann man am Wochenende an den Ständen am Española Way kaufen *(siehe S. 72)*, im Allgemeinen eignet sich Miami jedoch nicht zum Kauf einheimischen Kunsthandwerks. Am Española Way findet man ein paar avantgardistische Galerien. Wenn es um hochwertige Kunst geht, wird man aber zumeist in der Lincoln Road fündig. Hier bieten mehr als 20 Kunstgalerien, darunter auch das ArtCenter South Florida *(siehe S. 72)*, zeitgenössische Malerei, Bildhauerei, Keramik und Möbel, z. B. im Pop-Art-Stil, an. Die Galerien in Coral Gables hingegen sind eher konservativ.

Bücher und Musik

Die beliebte Buchhandlung **Books & Books** in Coral Gables ist vollgestopft mit Reise- und Kunstliteratur. Bücher über Florida findet man am besten in der Indies-Company-Geschenkeboutique im Museum HistoryMiami *(siehe S. 78)*. Die hier angebotenen Bücher behandeln jedes nur erdenkliche Thema, das mit Florida in Verbindung steht. In den meisten Shopping Malls gibt es zudem Filialen größerer Buchhandlungsketten.

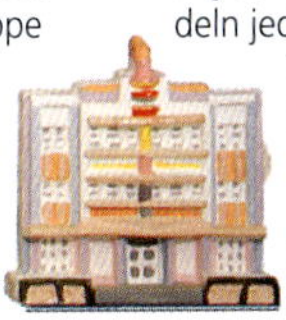

Art-déco-Hotel aus Keramik

Uncle Sam's Music in Miami Beach nennt sich »South Florida's Flagship Independent Record Store« und bietet seit 1984 Musik der unterschiedlichsten Stilrichtungen an.

Auf einen Blick

Department Stores und Shopping Malls

Aventura Mall
Biscayne Blvd an 195th St. ☎ 1-305-935-1110.

Bal Harbour Shops
9700 Collins Ave.
☎ 1-305-866-0311.

Bayside Marketplace
401 Biscayne Blvd.
Stadtplan 4 F1.
☎ 1-305-577-3344.

CocoWalk
3015 Grand Ave.
Stadtplan 6 E4.
☎ 1-305-444-0777.

Macy's
22 E Flagler St.
Stadtplan 4 E1.
☎ 1-305-577-1500.

Streets of Mayfair
2911 Grand Ave.
Stadtplan 6 F4.
☎ 1-305-448-1700.

Village of Merrick Park
358 San Lorenzo Ave.
Stadtplan 3 C3.
☎ 1-305-529-0200.

Mode und Schmuck

Bolado Clothiers
314 Miracle Mile.
Stadtplan 5 C1.
☎ 1-305-448-5905.

Seybold Building
36 NE 1st St. **Stadtplan** 4 E1. ☎ 1-305-374-7922.

Stein Mart
19915 Biscayne Blvd.
Stadtplan 4 A1.
☎ 1-305-932-4171.

Souvenirs

Art Deco Welcome Center
1001 Ocean Drive.
Stadtplan 2 F3.
☎ 1-305-672-2014.

Caribbean Life
Bayside Marketplace.
Stadtplan 4 F1.
☎ 1-305-416-9695.

Disney Store
Bayside Marketplace.
Stadtplan 4 F1.
☎ 1-305-371-7621.

Edwin Watts Golf Shop
15100 N Biscayne Blvd.
☎ 1-305-944-2925.

El Titan de Bronze Cigar
1071 SW 8th St.
Stadtplan 3 B2.
☎ 1-305-860-1412.

Epicure
1656 Alton Rd.
Stadtplan 2 D2.
☎ 1-305-672-1861.

Intermix
634 Collins Avenue.
Stadtplan 2 E4.
☎ 1-305-531-5950.

Macabi Cigars
3475 SW 8th St.
Stadtplan 2 E4.
☎ 1-305-446-2606.

Bücher und Musik

Books & Books
265 Aragon Ave.
Stadtplan 5 C1.
☎ 1-305-442-4408.

Uncle Sam's Music
1141 Washington Ave.
Stadtplan 4 E3.
☎ 1-305-532-0973.

Unterhaltung

Die Stretch-Limousinen vor den heißesten Clubs weisen darauf hin: South Beach (SoBe) ist einer der Trendplätze auf diesem Planeten. So ist die Chance, dort einmal todschick zu feiern, eine der Hauptattraktionen der Stadt. Viele der ungeheuer lässigen Clubs bieten häufig auch gute Live-Musik. Wer weder tanzen noch Berühmtheiten bestaunen will, kann unzählige Kultur- und Sportveranstaltungen besuchen. Miami besitzt eine blühende Szene im Bereich der darstellenden Kunst, größter Veranstaltungsort ist das Arsht Center for the Performing Arts. Vor allem im Winter ist im Bereich Entertainment viel geboten, wenn sich hier viele weltberühmte Stars aufhalten. Mit etwas Glück erleben Sie während Ihres Besuchs eines der populären, farbenfrohen Festivals.

Am einfachsten können Sie die Eintrittskarten über Ticketmaster *(siehe S. 361)* bestellen oder sie direkt am entsprechenden Veranstaltungsort erwerben.

Information

Die beiden wichtigsten Informationsquellen in Floridas Metropole sind die Beilage der Freitagsausgabe des *Miami Herald* und die kostenlose, umfassendere *New Times*, die mittwochs erscheint.

Die besten aktuellen Tipps zu Veranstaltungen in Miami und Umgebung bietet die Internet-Seite **Miami NightGuide**. Über South Beachs umfangreiches Angebot für Homosexuelle informieren mehrere kostenlose Broschüren, die vielerorts ausliegen.

Theater, Shows und Tanz

Große Ensembles gastieren im **Adrienne Arsht Center for the Performing Arts**, das aus dem Ziff Ballet Opera House und der Knight Concert Hall besteht, im **Miami/Dade County Auditorium**, im **Jackie Gleason Theater** in South Beach und im **Gusman Center for the Performing Arts**, einem 1920er-Jahre-Theater in Downtown mit fantastischer maurisch anmutender Einrichtung.

Die Broadway Series (Nov–April) im Ziff Ballet Opera House führen die Theaterszene in Floridas Metropole an. Gemütlicher ist das Ambiente in den kleinen Theatern, darunter etwa **Miami Theater Center** in Miami Shores, **Gable Stage** und das **Actors' Playhouse** in Coral Gables, das neue Shows und Klassiker zeigt.

Das anerkannte **Miami City Ballet** tanzt sowohl klassische als auch moderne Werke, häufig im Arsht Center. Öffentliche Proben sind im Stammhaus (Liberty Avenue) zu sehen. Das **Performing Arts Network** in North Miami ist häufig Bühne für Tanz und Akrobatik.

Miamis zweifellos renommiertestes klassisches Orchester ist die New World Symphony von Michael Tilson Thomas. Die brillanten Musiker treten von Oktober bis Mai im **New World Center** auf. Die Concert Association of Florida *(siehe S. 359)* organisiert die meisten Konzerte mit internationalen Größen in Miami.

Das 2006 eröffnete Adrienne Arsht Center for the Performing Arts

Zuschauerandrang am Gulfstream Park Racetrack

Sportstadien

Miami verfügt in allen klassischen US-Sportarten über Spitzenteams. Das Football-Team Miami Dolphins trägt seine Spiele im **Sun Life Stadium** aus, die Baseballer der Florida Marlins im **Marlins Stadium** mit seiner variablen Überdachung. Die Hurricanes der University of Miami, eines der besten College-Football-Teams, locken bei Heimspielen viele Zuschauer an. Die Miami Heat spielen Basketball in der **American Airlines Arena**.

Authentisches Florida-Flair können Sie insbesondere beim Jai Alai *(siehe S. 37)* im **Casino Miami Jai-Alai** beim Flughafen schnuppern. Hier und bei den immer sehr gut besuchten Rennen im **Gulfstream Park Racetrack**, **Calder Casino** und Flagler Dog Track wird viel gewettet.

Latin-Musik

Das **Mango's Tropical Café** am Ocean Drive in South Beach ist auf laute lateinamerikanische

2400 Zuschauer finden im Ziff Ballet Opera House Platz

Musik spezialisiert, Bedienungen und Kellner tanzen oftmals auf der Bar. Es ist zwar sehr touristisch, aber die Gäste haben hier ihren Spaß. Ebenfalls in South Beach liegt das **Tapas & Tintos**, die geradezu ideale Location für ein paar Drinks und einen Happen am Samstag, dazu wird Flamenco getanzt.

Hoy Como Ayer in der Calle Ocho, im Herzen von Little Havana, ist einer der Hotspots für kubanisches Flair. Der mit schier zahllosen Devotionalien des Karibikstaats dekorierte Club begeistert mit seinen heißen Musik- und Tanznächten mit Mambo, Rumba, Cha-Cha-Cha und vielen anderen Rhythmen. Gefeiert wird bis tief in die Nacht. Oft spielen Live-Bands, an anderen Tagen legen DJs auf (u. a. Funk, Latin und Jazz).

Wenn Sie an Ihren Tanzkünsten zweifeln, sollten Sie sich die Gelegenheit einer Gratisstunde bei Miamis besten Tanzlehrern nicht entgehen lassen. Mittwochs werden Kurse im **Mango's Tropical Café**, freitags und samstags im **Bongo's Cuban Café** in der American Airlines Arena angeboten.

Live-Musik

Die meisten Bars am Ocean Drive bieten Live-Musik, üblicherweise Latin, Jazz, Reggae oder Salsa. Ein paar Häuserblocks weiter hört man im Untergeschoss des **Jazid** Jazz, Blues, Funk und Latin, im oberen Bereich legt ein DJ Fusion und Trance auf.

In der Lincoln Road Mall ist das **Upstairs at the Van Dyke Café**. In diesem Lokal, das einem klassischen »Speakeasy« nachempfunden ist, treten Jazz-Musiker aus der Umgebung auf.

Im Art-déco-Viertel South Beach zählen The Fillmore Miami Beach und das Jackie Gleason Theater zu den angesagtesten Locations für Live-Musik. In Coral Gables wird in **The Globe Café & Bar** samstagabends Live-Jazz gespielt.

Bars

Einen Hauch von Luxus bietet Repour Bar & Lounge im Albion Hotel. Die Cocktails hier sind geradezu legendär. Eine weitere angesagte Bar mit Cocktailmixern, die ihr Handwerk bestens beherrschen, ist **The Drawing Room**. Ganz in der Nähe können Sie in der schicken **Marlin Bar** Ihren Drink zu verschiedenen Musikrichtungen genießen. Die beliebte VIP-Bar **Skybar** mit drei Bereichen gehört zu SoBes glamourösesten Etablissements.

In der eleganten **Rose Bar** weiter unten serviert man Top-Martinis. Die Poolbar des **Raleigh Hotel** ist für ihre Mojitos berühmt. Am anderen Ende des Spektrums liegen die Poolbars des **Clevelander** mit ihrer Party-Atmosphäre. Außerhalb SoBes bietet die **Noir Bar** Cocktailkurse am Freitag (18–21 Uhr), außerddem klasse Horsd'œuvres und schöne Aussicht.

Eine der vier Bars des Clevelander am Ocean Drive

Der Mansion Nightclub in South Beachs Opium Group *(siehe S. 102)*

Clubs

Miami gilt seit Langem als echte Partystadt – und das zu Recht. Vor den angesagtesten Lokalitäten bilden sich oft lange Warteschlangen. Die Chancen auf Einlass sind höher, wenn Sie sich herausputzen. Mehrere Männer in einer Gruppe werden eher eingelassen, wenn sie Frauen dabeihaben. In den meisten Clubs wird extrem viel Wert darauf gelegt, dass eher mehr Frauen als Männer anwesend sind.

Im Großraum Miami gibt es drei Gegenden, die in den Abendstunden aufleben: das trendige South Beach (SoBe), Downtown mit dem Wynwood Arts District und Coconut Grove mit den besten Wein- und Speiselokalen.

In SoBe sind die Bars am und nahe dem Ocean Drive den ganzen Tag gut besucht, die Clubs jedoch füllen sich erst ab Mitternacht. Viele Gäste machen sich nicht vor Sonnenaufgang auf den Heimweg. Ein guter Start für eine Partynacht ist **Nikki Beach** mit seinem preisgekrönten Restaurant und einem Club. Schicker ist das Ambiente unmittelbar nebenan in der **Pearl Champagne Lounge** mit Varieté-Abenden.

LIV at Fontainebleau Miami Beach ist ein Mega-Club im Fontainebleau Hotel. In den 1960er Jahren traten hier Stars wie Frank Sinatra und Elvis Presley auf, heute heizen DJs ein. Der höhlenartige **Mansion Nightclub** ist eine Institution in SoBe mit tollem Entertainment-Programm und köstlichen, aber teuren Drinks. Die Nachfrage ist groß, vor allem an Wochenenden bilden sich am Eingang lange Schlangen.

Weiter im Süden lockt das opulent ausgestattete **STORY** auf den Dancefloor. Für die Light-Shows und die renommierten DJs muss man ein saftiges Eintrittsgeld hinblättern.

Lateinamerikanische Rhythmen, live gespielt oder vom DJ aufgelegt, bringen Schwung ins **Mango's Tropical Café** mit seinen verschiedenen Räumen. Hier wird mit großer Leidenschaft vor allem Salsa und Merengue getanzt – die allerbesten Tänzer demonstrieren ihr Können manchmal sogar auf der Bar.

Terrasse des populären Sushi Samba

Etwas weiter, beim Delano, finden Sie die **Mynt Lounge**, die sich selbst als heißester Club SoBes bezeichnet. Sie ist für ihre strengen Türsteher bekannt – reinzukommen ist zuweilen schwierig.

Ausgefallene Cocktails, jede Menge Styling und gute DJs zeichnen die verschiedenen Club-Bereiche der **Skybar** aus: Der Red Room glänzt mit Purpurrot und Gold, der Gartenbereich nimmt Anleihen an marokkanischem Dekor. Am Strand kann man sich seine Drinks in der Sand Bar schmecken lassen.

Auch Downtown rühmt sich seiner lebhaften Clubszene, ständig eröffnen hier neue Locations. Von der **Fifty Ultra Lounge** über dem Viceroy Hotel genießt man eine tolle Aussicht über die Stadt und den Hafen.

Etwas nördlich von Downtown erreicht man Wynwood mit vielen Clubs, die im Vergleich zu SoBe und den anderen in Downtown günstiger sind. Im **SHOTS Miami** läuft oft Hip-Hop. Das Social Lubricant bietet neben DJs gelegentlich auch Live-Musik. An manchen Abenden steht die Bühne den Musikern unter den Gästen offen. Zu Drinks werden auch Wasserpfeifen gereicht. Das **Gramps** ist nicht nur für Live-Musik und Cocktails bekannt, sondern auch für seinen spektakulär möblierten Innenhof.

Im **Tantra**, einem beliebten Nobelrestaurant und Club, widmet man sich ganz dem Thema Nahost. Der Boden ist mit echtem Rasen ausgelegt. Drei Blocks weiter befindet sich das **Sushi Samba**, dessen Wasabi-Dienstag ein Muss für alle Liebhaber von Sushi, Sake und Karaoke ist.

Viele Clubs veranstalten spezielle Gay-Abende, andere weisen sich als exklusiv homosexuell aus. Die meisten Locations haben jedoch eine gemischte Gästeschar. Das **Twist** mit seiner Key-West-Terrasse und Tanzfläche ist eine sehr beliebte Gay-Bar. Der düstere **Club Space** zieht Homosexuelle in Scharen an, am Freitagabend hingegen tummeln sich hier Clubgänger jeder Couleur und sexuellen Vorliebe.

Festivals

Mit etwas Glück fällt in die Zeit Ihres Aufenthalts eines der bunten Festivals der Stadt *(siehe S. 38–41)*. Zwei der größten und bekanntesten Festivals sind sehr unterschiedlich, aber gleichermaßen beliebt: das Winter Music Conference im März, bei dem Tausende von DJs und Club-Kids South Beach bevölkern, und das South Beach Wine & Food Festival (auch im März), bei dem berühmte Köche die Gäste bewirten. Beide Festivals sind Besuchermagneten, weshalb es in diesen Zeiten noch schwieriger ist, in Clubs reinzukommen. Wer auf Stars und Sternchen sowie auf die lokale Prominenz treffen möchte, hat dann die besten Chancen.

Auf einen Blick

Information

Miami NightGuide
W miami.nightguide.com

Theater, Shows und Tanz

Actors' Playhouse
280 Miracle Mile.
Stadtplan 5 C1.
1-305-444-9293.

Adrienne Arsht Center for the Performing Arts
1300 Biscayne Blvd.
Stadtplan 4 F1.
1-305-949-6722.

Colony Theatre
1040 Lincoln Rd.
Stadtplan 2 D2.
1-305-674-1026.

Gable Stage
1200 Anastasia Ave, Coral Gables.
Stadtplan 5 A2.
1-305-445-1119.

Gusman Center for the Performing Arts
174 E Flagler St.
Stadtplan 4 E1.
1-305-374-2444.

Jackie Gleason Theater
1700 Washington Ave.
Stadtplan 2 E2.
1-305-673-7300.

Miami City Ballet
2200 Liberty Ave.
Stadtplan 2 E2.
1-305-929-7010.

Miami/Dade County Auditorium
2901 W Flagler St.
1-305-547-5414.

Miami Theater Center
500 17th St.
Stadtplan 4 E1.
1-305-751-9550.

New World Center
541 Lincoln Rd.
Stadtplan 2 E2.
1-305-673-3330.

Performing Arts Network
13124 West Dixie Hwy, North Miami
1-305-899-7730.

Sportstadien

American Airlines Arena
601 Biscayne Blvd.
1-786-777-1000.

Calder Casino
21001 NW 27th Ave.
1-305-625-1311.

Casino Miami Jai-Alai
3500 NW 37th Ave.
1-305-633-6400.

Gulfstream Park Racetrack
901 S Federal Hwy.
1-954-454-7000.

Magic City Casino
450 NW 37th Ave.
1-305-649-3000.

Marlins Stadium
501 Marlins Way
1-305-480-1300.

Sun Life Stadium
347 Don Shula Dr.
1-305-943-8000.

Latin-Musik

Bongo's Cuban Café
601 Biscayne Blvd.
1-786-777-2100.

Hoy Como Ayer
2212 SW 8th St.
1-305-541-2631

Mango's Tropical Café
900 Ocean Drive.
Stadtplan 2 E5.
1-305-673-4422.

Salsa Mia
900 Ocean Drive.
Stadtplan 2 E5.
1-305-458-4558.

Tapas & Tintos
448 Española Way.
Stadtplan 2 E2.
1-305-538-8272.

Live-Musik

The Globe Café & Bar
377 Alhambra Circle, Coral Gables.
Stadtplan 5 C1.
1-305-445-3555.

Jazid
1342 Washington Ave.
Stadtplan 2 E2.
1-305-673-9372.

Upstairs at the Van Dyke Café
846 Lincoln Rd.
Stadtplan 2 E2.
1-305-534-3600.

Bars

The Bar at 1220
The Tides Hotel, 1220 Ocean Drive.
Stadtplan 2 F3.
1-305-604-5070.

The Clevelander
1020 Ocean Drive.
Stadtplan 2 F3.
1-786-276-1414.

The Drawing Room
1801 Collins Ave.
Stadtplan 2 F3.
1-305-531-1271.

Marlin Bar
1200 Collins Ave.
Stadtplan 2 E3.
1-305-604-3595.

Noir Bar
Conrad Miami Hotel, 1395 Brickell Ave.
Stadtplan 4 E2.
1-305-503-6560.

Raleigh Hotel
1775 Collins Ave.
Stadtplan 2 F1.
1-305-534-6300.

Rose Bar
The Delano Hotel, 1685 Collins Ave.
Stadtplan 2 F1.
1-305-672-2000.

Skybar
The Shore Club Hotel, 1901 Collins Ave.
Stadtplan 2 F1.
1-305-695-3100.

Clubs

Club Space
142 NE 11th St.
1-305-375-0001.

Fifty Ultra Lounge
485 Brickell Avenue.
Stadtplan 4 F2.
1-305-503-4400.

Gramps
176 NW 24th St.
Stadtplan 5 C1.
1-302-699-2669.

LIV at Fontainebleau Miami Beach
4441 Collins Ave.
Stadtplan 2 F1.
1-305-674-4680

Mansion Nightclub
1235 Washington Ave.
Stadtplan 2 E3.
1-305-695-8411.

Mynt Lounge
1921 Collins Ave.
Stadtplan 2 F1.
1-786-276-6132.

Nikki Beach
1 Ocean Drive.
Stadtplan 2 E5.
1-305-538-1111.

Pearl Champagne Lounge
1 Ocean Drive.
Stadtplan 2 E5.
1-305-510-6524.

Skybar
The Shore Club Hotel, 1901 Collins Ave.
Stadtplan 2 F1.
1-305-695-3100.

SHOTS Miami
311 NW 23rd St.
Stadtplan 2 E3.
1-305-571-0439.

STORY
136 Collins Ave.
Stadtplan 2 E5
1-305-538-2424

Sushi Samba
600 Lincoln Rd.
Stadtplan 2 E2.
1-305-673-5337.

Tantra
1445 Pennsylvania Ave.
Stadtplan 2 E3.
1-305-672-4765.

Twist
1057 Washington Ave.
Stadtplan 2 E3.
1-305-538-9478.

Stadtplan Miami *siehe Seiten 104–109*

Stadtplan

Hinter allen im Kapitel *Miami* genannten Sehenswürdigkeiten, Läden und Lokalen finden Sie Angaben, die auf die folgenden fünf Karten verweisen. Die Übersichtskarte unten zeigt das beschriebene Gebiet, die drei Gegenden mit den wichtigsten Attraktionen sind rosa. Neben den Sehenswürdigkeiten sind auch Haltestellen, Tourismusbüros und Postämter vermerkt. Die vollständige Liste steht in der Legende. Kartenverweise für Hotels *(siehe S. 314–316)*, Restaurants *(siehe S. 329–333)* sowie für Bars und Cafés *(siehe S. 348)* in Miami finden Sie im Kapitel *Zu Gast in Florida*.

2
D
E
F
1
2
3
4
5
D
E
F
W 25TH STREET
W 23RD ST
Sunset Lake
Lake Pancoast
BAYSHORE MUNICIPAL GOLF COURSE
WEST 24TH STREET
WEST 23RD STREET
WEST 22ND ST
WEST 21ST ST
BAY AVE
LAKE AVE
LAKE AV
SUNSET DR
W 21ST ST
NORTH BAY ROAD
ALTON ROAD
MERIDIAN AVENUE
NORTH MERIDIAN AVENUE
PRAIRIE AVENUE
23RD ST
PINE TREE DRIVE
24TH TER
24TH ST
FLAMINGO DRIVE
L PANCOAST DRIVE
25TH ST
24TH ST
PROMENADE DRIVE
WASHINGTON COURT
23RD ST
22ND ST
PARK AVENUE
21ST ST
LIBERTY AVENUE
20TH ST
Bass Museum of Art
COLLINS AVENUE
MIAMI BEACH DRIVE
COLLINS PARK
Holocaust Memorial
CONVENTION CENTER DRIVE
Miami Beach Convention Center
MICHIGAN AVENUE
DADE BOULEVARD
20TH STREET
19TH STREET
19TH STREET
19TH STREET
18TH STREET
18TH STREET
18TH STREET
ISLAND VIEW PARK
PURDY AVENUE
BAY ROAD
WEST AVENUE
(MAUT)
City Hall
Jackie Gleason Theater
WASHINGTON AVENUE
17TH STREET
New World Symphony Theatre
JAMES AVENUE
Delano Hotel
LINCOLN COURT
LINCOLN ROAD MALL
LINCOLN ROAD
Colony Theatre
South Florida Art Center
LINCOLN TERRACE
16TH STREET
16TH STREET
15TH TER
15TH STREET
15TH STREET
LENOX AVENUE
JEFFERSON AVENUE
FLAMINGO WAY
14TH COURT
14TH TER
ESPANOLA WAY
14TH PLACE
14TH STREET
14TH ST
13TH TER
MONAD TER
13TH STREET
13TH ST
OCEAN DRIVE
EUCLID AVENUE
Miami Beach Post Office
Cardozo Hotel
Marlin Hotel
DREXEL AVENUE
FLAMINGO PARK
12TH STREET
12TH ST
Amsterdam Palace
PENNSYLVANIA AVENUE
MEMORIAL FIELD
11TH STREET
Old City Hall
11TH ST
Clevelander Hotel
LUMMUS PARK
10TH STREET
Wolfsonian Foundation
10TH ST
9TH STREET
SOUTH BEACH
9TH ST
Art Deco Welcome Center
8TH STREET
8TH ST
News Café
7TH STREET
7TH ST
South Shore Hospital
6TH STREET
6TH ST
Park Central Hotel
5TH STREET
Atlantischer Ozean
4TH STREET
4TH STREET
Jewish Museum of Florida
US Coast Guard Base
3RD STREET
3RD STREET
OCEAN FRONT PARK
Miami Beach Marina
2ND STREET
2ND STREET
1ST STREET
1ST STREET
PIER PARK
COMMERCE STREET
Joe's Stone Crab Restaurant
BISCAYNE STREET
HARLEY STREET
SOUTH POINTE DRIVE
SOUTH POINTE PARK

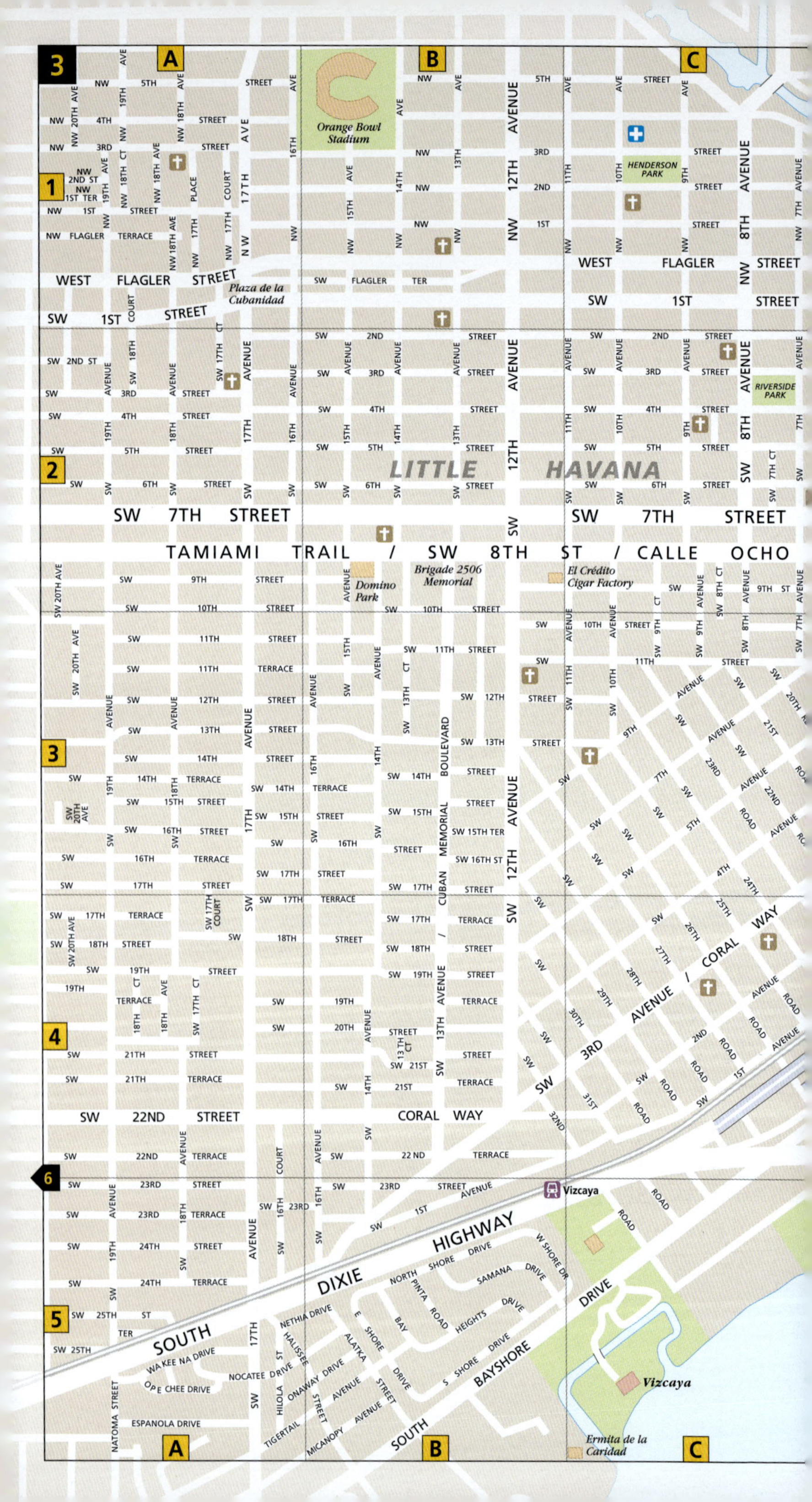
3
A
B
C
1
2
3
4
5
6
Orange Bowl Stadium
Henderson Park
Riverside Park
Plaza de la Cubanidad
LITTLE HAVANA
Domino Park
Brigade 2506 Memorial
El Crédito Cigar Factory
Vizcaya
Ermita de la Caridad
WEST FLAGLER STREET
SW 1ST STREET
SW 7TH STREET
TAMIAMI TRAIL / SW 8TH ST / CALLE OCHO
SW 22ND STREET
CORAL WAY
SW 3RD AVENUE / CORAL WAY
SOUTH DIXIE HIGHWAY
SOUTH BAYSHORE DRIVE
CUBAN MEMORIAL BOULEVARD
NW 12TH AVENUE
SW 12TH AVENUE
NW 8TH AVENUE
SW 8TH AVENUE
17TH AVENUE
NW FLAGLER TERRACE
SW FLAGLER TER
NORTH SHORE DRIVE
SAMANA DRIVE
W SHORE DR
PINTA ROAD
BAY HEIGHTS DRIVE
S SHORE DRIVE
E SHORE DRIVE
ALATKA STREET
NETHIA DRIVE
HALISSEE ST
ONAWAY DRIVE
HILOLA ST
TIGERTAIL AVENUE
MICANOPY AVENUE
NOCATEE DRIVE
WAKEE NA DRIVE
OPE CHEE DRIVE
ESPANOLA DRIVE
NATOMA STREET
VIZCAYA ROAD

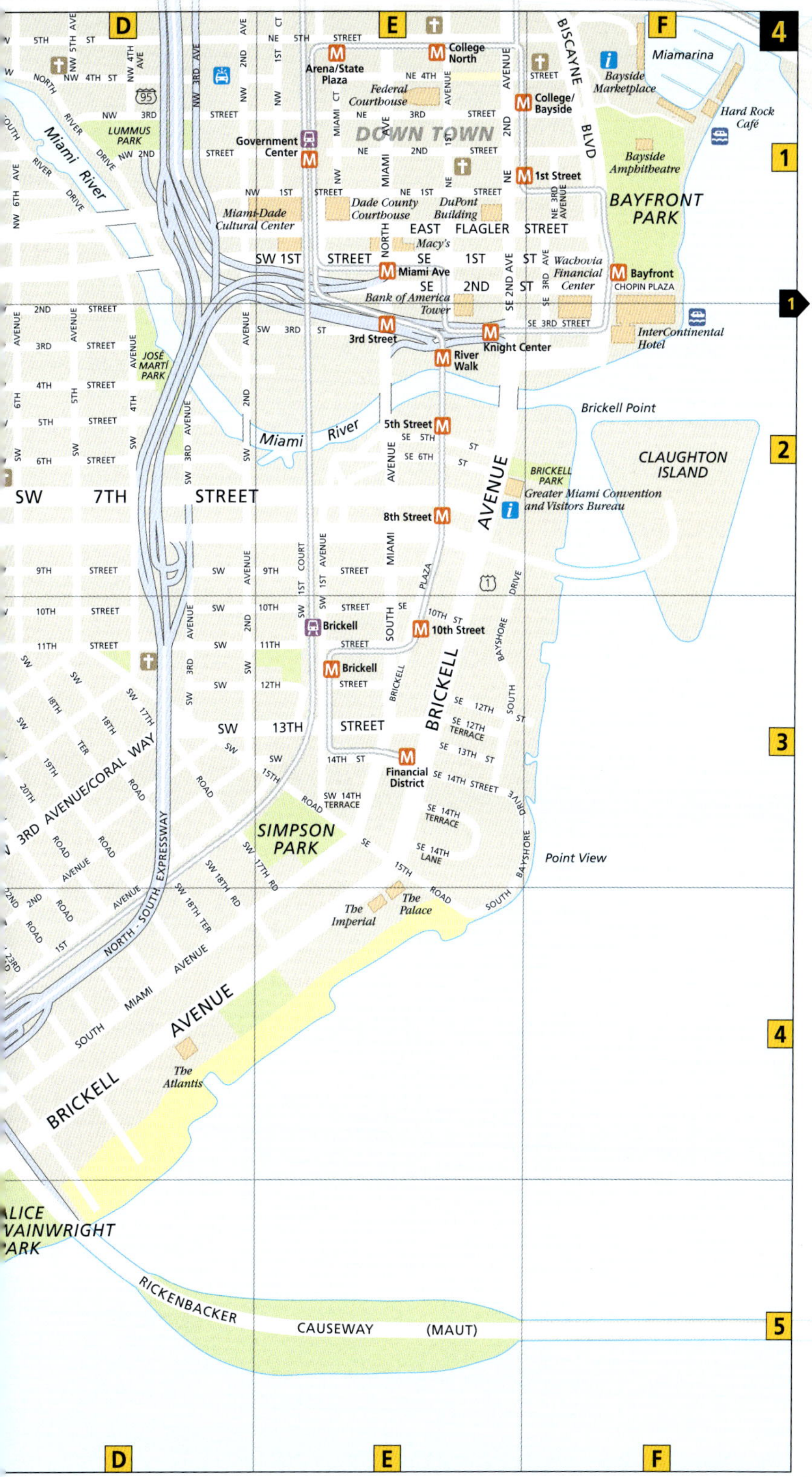
4
D
E
F
1
2
3
4
5
DOWN TOWN
Arena/State Plaza
College North
College/ Bayside
Government Center
1st Street
Federal Courthouse
Miami-Dade Cultural Center
Dade County Courthouse
DuPont Building
EAST FLAGLER STREET
Macy's
Miami Ave
Bank of America Tower
Wachovia Financial Center
Bayfront
CHOPIN PLAZA
InterContinental Hotel
3rd Street
Knight Center
River Walk
Miamarina
Bayside Marketplace
Hard Rock Café
Bayside Amphitheatre
BAYFRONT PARK
BISCAYNE BLVD
LUMMUS PARK
Miami River
JOSÉ MARTÍ PARK
SW 7TH STREET
Brickell Point
CLAUGHTON ISLAND
5th Street
BRICKELL PARK
Greater Miami Convention and Visitors Bureau
8th Street
10th Street
Brickell
BRICKELL AVENUE
Financial District
SW 13TH STREET
SIMPSON PARK
3RD AVENUE/CORAL WAY
NORTH - SOUTH EXPRESSWAY
Point View
The Imperial
The Palace
SOUTH MIAMI AVENUE
The Atlantis
ALICE WAINWRIGHT PARK
RICKENBACKER CAUSEWAY (MAUT)

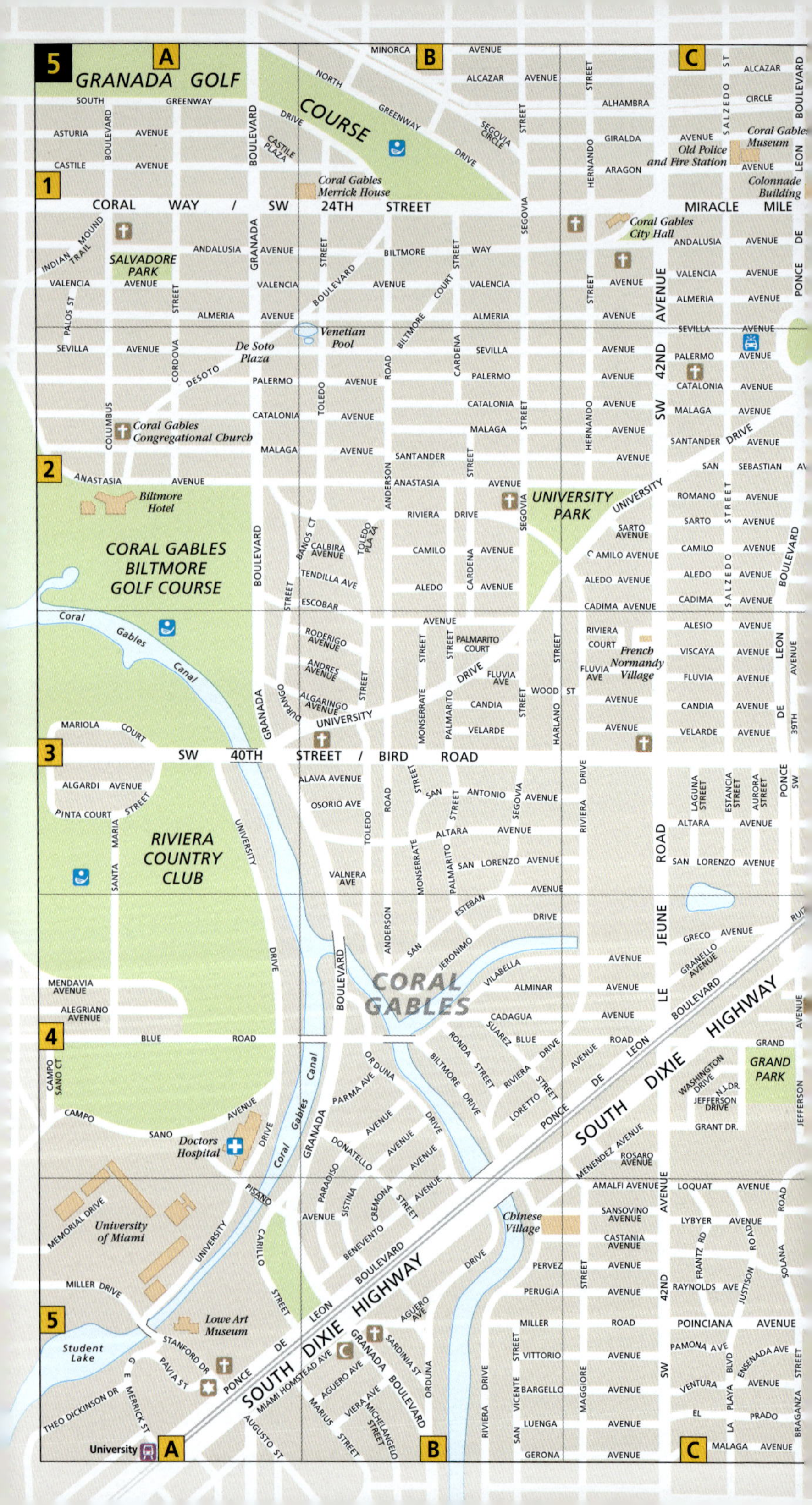
5
A
B
C
1
2
3
4
5
GRANADA GOLF
COURSE
NORTH GREENWAY DRIVE
SOUTH GREENWAY DRIVE
MINORCA AVENUE
ALCAZAR AVENUE
ALHAMBRA CIRCLE
GIRALDA AVENUE
ARAGON AVENUE
ASTURIA AVENUE
CASTILE AVENUE
CASTILE PLAZA
SEGOVIA CIRCLE
Coral Gables Merrick House
Coral Gables Museum
Old Police and Fire Station
Colonnade Building
CORAL WAY / SW 24TH STREET
MIRACLE MILE
Coral Gables City Hall
INDIAN MOUND TRAIL
SALVADORE PARK
ANDALUSIA AVENUE
BILTMORE WAY
VALENCIA AVENUE
ALMERIA AVENUE
SEVILLA AVENUE
PALERMO AVENUE
CATALONIA AVENUE
MALAGA AVENUE
SANTANDER AVENUE
SAN SEBASTIAN AVENUE
ANASTASIA AVENUE
PALOS ST
CORDOVA STREET
COLUMBUS BOULEVARD
DESOTO BOULEVARD
De Soto Plaza
Venetian Pool
Coral Gables Congregational Church
GRANADA BOULEVARD
TOLEDO STREET
BILTMORE COURT
CARDENA STREET
ANDERSON ROAD
SEGOVIA STREET
HERNANDO STREET
SW 42ND AVENUE
PONCE DE LEON BOULEVARD
SALZEDO STREET
Biltmore Hotel
CORAL GABLES BILTMORE GOLF COURSE
UNIVERSITY PARK
UNIVERSITY DRIVE
RIVIERA DRIVE
CALBIRA AVENUE
BANOS CT
TOLEDO PLAZA
TENDILLA AVE
ESCOBAR AVENUE
CAMILO AVENUE
ALEDO AVENUE
CADIMA AVENUE
SARTO AVENUE
ROMANO AVENUE
ALESIO AVENUE
VISCAYA AVENUE
FLUVIA AVENUE
CANDIA AVENUE
VELARDE AVENUE
RODERIGO AVENUE
ANDRES AVENUE
ALGARINGO AVENUE
DURANGO STREET
MONSERRATE STREET
PALMARITO COURT
PALMARITO STREET
FLUVIA AVE
WOOD ST
HARLANO STREET
RIVIERA COURT
FRENCH NORMANDY VILLAGE
Coral Gables Canal
MARIOLA COURT
SW 40TH STREET / BIRD ROAD
ALGARDI AVENUE
PINTA COURT
SANTA MARIA STREET
RIVIERA COUNTRY CLUB
UNIVERSITY DRIVE
ALAVA AVENUE
OSORIO AVE
SAN ANTONIO AVENUE
ALTARA AVENUE
SAN LORENZO AVENUE
VALNERA AVE
ESTEBAN
SAN JERONIMO DRIVE
VILABELLA
ALMINAR AVENUE
CADAGUA AVENUE
SUAREZ STREET
GRECO AVENUE
GRANELLO AVENUE
LE JEUNE ROAD
LAGUNA STREET
ESTANCIA STREET
AURORA STREET
SW 39TH AVENUE
CORAL GABLES
MENDAVIA AVENUE
ALEGRIANO AVENUE
BLUE ROAD
CAMPO SANO CT
CAMPO SANO AVENUE
Doctors Hospital
RONDA STREET
BILTMORE DRIVE
RIVIERA STREET
LORETTO
ORDUNA DRIVE
PARMA AVE
DONATELLO AVENUE
PARADISO AVENUE
SISTINA AVENUE
CREMONA STREET
BENEVENTO
PISANO
SOUTH DIXIE HIGHWAY
PONCE DE LEON BOULEVARD
WASHINGTON DRIVE
N. DR.
JEFFERSON DRIVE
GRANT DR.
GRAND PARK
GRAND AVENUE
JEFFERSON
MENENDEZ AVENUE
ROSARO AVENUE
AMALFI AVENUE
SANSOVINO AVENUE
CASTANIA AVENUE
Chinese Village
PERVEZ AVENUE
PERUGIA AVENUE
MILLER ROAD
VITTORIO AVENUE
BARGELLO AVENUE
LUENGA AVENUE
GERONA AVENUE
LOQUAT AVENUE
LYBYER AVENUE
FRANTZ RD
JUSTISON ROAD
SOLANA ROAD
RAYNOLDS AVE
POINCIANA AVENUE
PAMONA AVE
ENSENADA AVE
VENTURA AVENUE
LA PLAYA BLVD
EL PRADO
MALAGA AVENUE
BRAGANZA STREET
University of Miami
MEMORIAL DRIVE
MILLER DRIVE
CARILLO STREET
Lowe Art Museum
Student Lake
STANFORD DR
PAVIA ST
THEO DICKINSON DR
MERRICK ST
University
AUGUSTO ST
MIAMI HOMSTEAD AVE
AGUERO AVE
SARDINIA ST
GRANADA BOULEVARD
VIERA AVE
MICHELANGELO STREET
MARIUS STREET
ORDUNA
RIVIERA DRIVE
SAN VICENTE STREET
MAGGIORE STREET

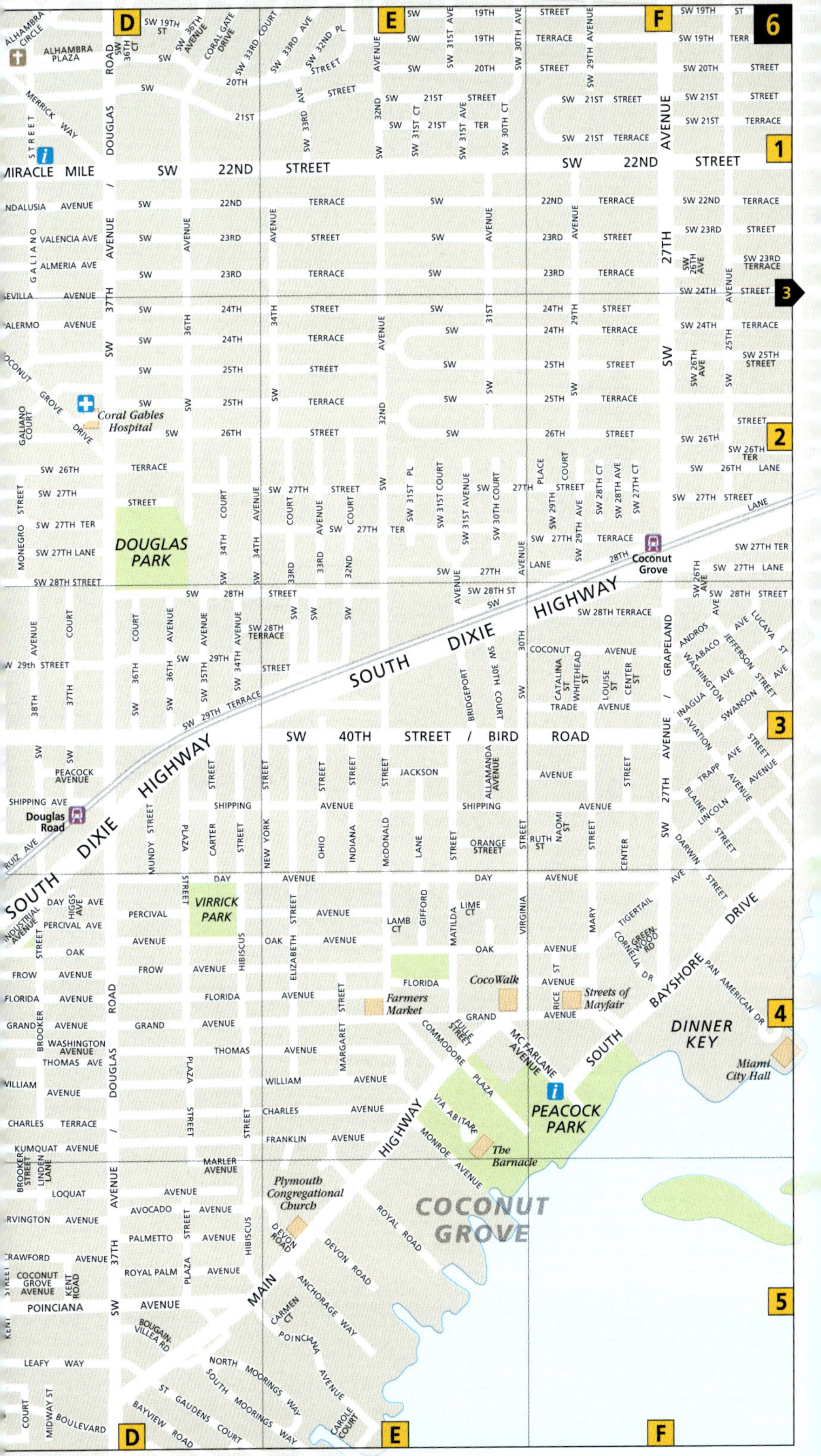
6
D
E
F
1
2
3
4
5
MIRACLE MILE
SW 22ND STREET
DOUGLAS ROAD
SW 37TH AVENUE
SW 27TH AVENUE
SOUTH DIXIE HIGHWAY
SW 40TH STREET / BIRD ROAD
SOUTH BAYSHORE DRIVE
MAIN HIGHWAY
GRAND AVENUE
FLORIDA AVENUE
DAY AVENUE
OAK AVENUE
SW 28TH STREET
SW 29TH TERRACE
GRAPELAND
ALHAMBRA CIRCLE
ALHAMBRA PLAZA
MERRICK WAY
CORAL GATE DRIVE
CORAL WAY
GALIANO STREET
ANDALUSIA AVENUE
VALENCIA AVE
ALMERIA AVE
SEVILLA AVENUE
PALERMO AVENUE
COCONUT GROVE DRIVE
GALIANO COURT
MONEGRO STREET
Coral Gables Hospital
DOUGLAS PARK
Coconut Grove
Douglas Road
PEACOCK AVENUE
SHIPPING AVE
RUIZ AVE
INDUSTRIAL AVENUE
HIGGS AVE
PERCIVAL AVE
FROW AVENUE
BROOKER STREET
WASHINGTON AVENUE
THOMAS AVE
WILLIAM AVENUE
CHARLES TERRACE
KUMQUAT AVENUE
LINDEN LANE
LOQUAT AVENUE
IRVINGTON AVENUE
CRAWFORD AVENUE
COCONUT GROVE AVENUE
KENT ROAD
POINCIANA AVENUE
LEAFY WAY
MIDWAY ST
BOULEVARD
BOUGAINVILLEA RD
BAYVIEW ROAD
ST GAUDENS COURT
NORTH MOORINGS WAY
SOUTH MOORINGS WAY
VIRRICK PARK
HIBISCUS
MUNDY STREET
CARTER STREET
NEW YORK
OHIO
INDIANA
McDONALD
JACKSON
ALLAMANDA AVENUE
ORANGE STREET
RUTH ST
NAOMI ST
CENTER STREET
ELIZABETH STREET
LAMB CT
GIFFORD
MATILDA
LIME CT
VIRGINIA
MARY
TIGERTAIL
CORNELIA DR
GREENWOOD RD
MARGARET STREET
FRANKLIN AVENUE
MARLER AVENUE
AVOCADO AVENUE
PALMETTO AVENUE
ROYAL PALM AVENUE
Plymouth Congregational Church
DEVON ROAD
ROYAL ROAD
ANCHORAGE WAY
CARMEN CT
CAROLE COURT
Farmers Market
CocoWalk
Streets of Mayfair
FULLER STREET
COMMODORE PLAZA
McFARLANE AVENUE
VIA ABITARE
MONROE AVENUE
PEACOCK PARK
The Barnacle
COCONUT GROVE
DINNER KEY
Miami City Hall
PAN AMERICAN DR
BRIDGEPORT AVENUE
SW 30TH COURT
COCONUT AVENUE
CATALINA ST
WHITEHEAD ST
LOUISE ST
CENTER ST
TRADE AVENUE
ANDROS AVE
LUCAYA ST
ABACO AVE
JEFFERSON STREET
WASHINGTON AVE
INAGUA AVE
SWANSON AVENUE
AVIATION AVE
TRAPP AVENUE
BLAINE STREET
LINCOLN
DARWIN STREET
SW 27TH TER
SW 27TH LANE
SW 28TH TERRACE

DIE REGIONEN FLORIDAS

Florida im Überblick

Florida ist nicht nur für Walt Disney World bekannt, sondern auch für die Vielfalt der Strände. Die meisten Attraktionen, von modernen Museen bis zu historischen Städten, liegen an der Küste. Besonders angenehm ist, dass die Orte im Landesinneren leicht erreichbar sind. Verlassen Sie die ausgetretenen Touristenpfade an der Küste und entdecken Sie einige der naturnahen Landschaften, um Florida in seiner ganzen Fülle kennenzulernen.

Kanufahren ist auf dem Panhandle äußerst beliebt. Dichte Vegetation säumt Flüsse wie den Suwannee *(siehe S. 248)*.

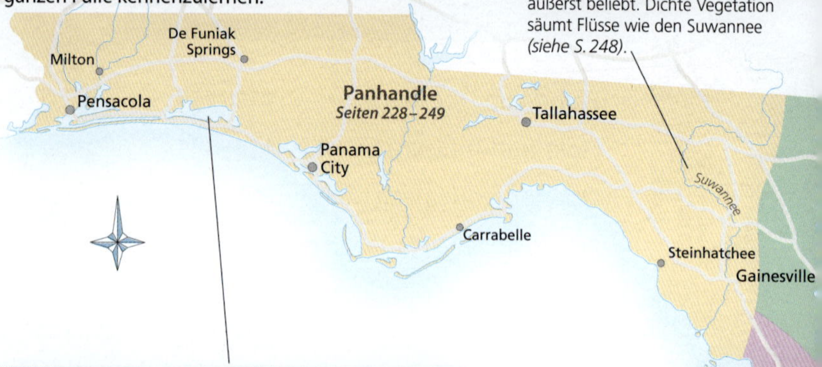

Die Strände des Panhandle bieten den feinsten Sand Floridas und das warme Wasser des Golfs von Mexiko. Ferienorte wie Panama City Beach sind im Sommer dicht bevölkert *(siehe S. 240f)*.

Busch Gardens, eine Kombination aus Wildpark und Rummelplatz, gehört zu den beliebtesten Attraktionen für Familien in der Umgebung von Orlando *(siehe S. 268f)*.

0 Kilometer 75

0 Meilen 75

Das Ringling Museum of Art besitzt eine der besten Kunstsammlungen Floridas. Im schönen Innenhof stehen Kopien klassischer Statuen wie *Lygia und der Stier (siehe S. 274–277)*.

◀ **Long Pine Key, Everglades National Park *(siehe S. 294)***

Das Castillo de San Marcos in Floridas ältester Stadt, St. Augustine, ist ein spanisches Fort aus dem 17. Jahrhundert. Es überlebte dank seiner Bauweise und sechs Meter dicker Mauern *(siehe S. 218f)*.

Orlandos Freizeitparks produzieren eine Fantasiewelt, in der eine Vielzahl von Veranstaltungen und Fahrgeschäften locken. Am berühmtesten ist Walt Disney World® *(siehe S. 146–179)*, aber auch SeaWorld® *(siehe S. 180)* und das hier abgebildete Universal Orlando® *(siehe S. 182–187)* sind einen Besuch wert.

Die Gold Coast säumen unzählige Luxusvillen. In Palm Beach können Sie das 1920er-Jahre-Haus von Henry Flagler besuchen und die Villen und Yachten am Intracoastal Waterway *(siehe S. 122–129)* bewundern.

Der Everglades National Park zeigt mit Grasebenen, Sümpfen, Mangroven und Tieren das ursprüngliche Florida. Er ist von Miami aus mit dem Auto leicht zu erreichen *(siehe S. 290–295)*.

Gold und Treasure Coast

Die nach der wertvollen Fracht hier gestrandeter spanischer Galeonen benannten Gebiete Gold Coast und Treasure Coast (Schatzküste) zählen heute zu den wohlhabendsten des Bundesstaates Florida. Früher zog die Wärme nur die Reichen hierher, heute kommen Millionen von Urlaubern – und Rentner aus allen Teilen der Vereinigten Staaten. Gold und Treasure Coast bieten nur wenige kulturelle Attraktionen, dafür kommen Sonnenanbeter und Wassersportler auf ihre Kosten.

Die meisten Urlaubsorte liegen auf den äußerst schmalen, vorgelagerten Barriere-Inseln zwischen herrlichen Sandstränden und dem Intracoastal Waterway *(siehe S. 27)*. Die Treasure Coast von Sebastian Inlet bis Jupiter Inlet ist noch recht ursprünglich und zeichnet sich durch große Weiten, Sandstrände und wohlhabende, jedoch unspektakuläre Orte aus.

Die Gold Coast zwischen Atlantik und Everglades erstreckt sich nördlich von West Palm Beach nach Süden bis Miami. Vor der Erschließung durch Flaglers East Coast Railroad Ende des 19. Jahrhunderts lebten hier Indianer und einige weiße Siedler. Seither gibt es in der Region eine rege Bautätigkeit. Die vielen Parks und Golfplätze sind grüne Oasen.

Die Gold Coast ist in zwei Bezirke unterteilt. Im Palm Beach County reihen sich die Villen wohlhabender Nordstaatler, die ihre Zeit gern mit Sportarten wie Krocket und Polo verbringen. Die Winterbadeorte Palm Beach und Boca Raton vermitteln einen guten Eindruck davon, wie die reichen Amerikaner ihr Geld ausgeben. Bei dem mit Greater Fort Lauderdale gleichzusetzenden Bezirk Broward County handelt es sich um eine Metropole, in der einzelne Wasserwege und lange Strände die schonungslose Urbanisierung und Verbauung ein wenig auflockern. Fort Lauderdale, das »Venedig Amerikas«, ist einer der Badeorte, in denen die Atmosphäre lockerer ist als in den eher biederen Pendants im Palm Beach County.

Ausblick vom Jupiter Inlet Lighthouse auf den Atlantik

◀ **Blick über Fort Lauderdale** ***(siehe S. 136–139)***

Überblick: Gold und Treasure Coast

Die meisten Besucher verbringen hier einen Strandurlaub. Nördlich von Palm Beach erstreckt sich ein unberührter, menschenleerer Küstenstrich, doch den Süden prägen Ferienwohnungen, Sonnenliegen und Trubel. Die Küstenparks mit ihrer Vogelvielfalt lassen erahnen, wie das Land ursprünglich aussah. Kulturelle Sehenswürdigkeiten sind rar, doch das ausgezeichnete Norton Museum of Art in West Palm Beach und das exklusive Palm Beach sind einen Besuch wert. Aktive können Golf spielen, shoppen und angeln, Letzteres vor allem am Lake Okeechobee im Landesinneren. An der Küste sind die Hotels meist ausgebucht und kosten von Dezember bis April das Doppelte. Im Sommer gelten günstigere Preise.

Die Old Town Hall von Addison Mizner ***(siehe S. 124)*** **in Boca Raton** ***(siehe S. 134)***

Sehenswürdigkeiten auf einen Blick

1. Sebastian Inlet
2. Mel Fisher's Treasure Museum
3. Vero Beach
4. Fort Pierce
5. Hutchinson Island
6. Stuart
7. Jupiter Island
8. Jupiter
9. Juno Beach
10. *Palm Beach S. 122–129*
11. West Palm Beach
12. Lion Country Safari
13. Lake Okeechobee
14. Lake Worth
15. Delray Beach
16. Loxahatchee National Wildlife Refuge
17. Morikami Museum und Japanese Gardens
18. Butterfly World
19. *Boca Raton S. 134f*
20. *Fort Lauderdale S. 136–139*
21. Dania
22. Hollywood
23. Davie
24. Flamingo Gardens

Weitere Zeichenerklärungen *siehe hintere Umschlagklappe*

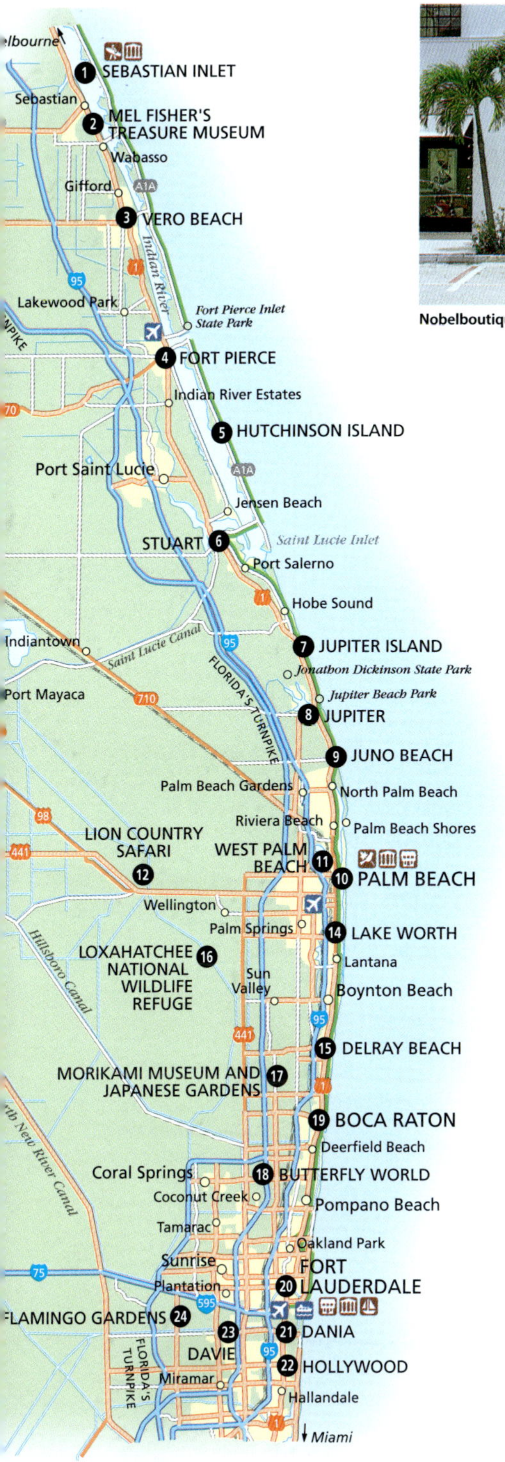

Nobelboutique und -flitzer im exklusiven Palm Beach

An der Gold und Treasure Coast unterwegs

Da öffentliche Verkehrsmittel nur bedingt oder gar nicht existieren, ist ein Auto unbedingt erforderlich. Mit Amtrak können Sie zwar grundsätzlich in dieses Gebiet gelangen (dort aber nicht umherfahren). Tri-Rail *(siehe S. 384)* hält in Städten und an Flughäfen zwischen Miami und West Palm Beach. An der Küste verlaufen drei große Highways. Nehmen Sie die mehrspurige I-95 für lange Strecken. Vermeiden Sie die US 1: Sie zieht sich ohne landschaftliche Reize durch alle größeren Orte. Die A1A ist langsamer, jedoch weniger befahren und bietet herrliche Ausblicke. Meiden Sie in der Hauptverkehrszeit (wochentags 7.30–9.30 und 16.30–19 Uhr) die großen Straßen an der Gold Coast sowie nahe den Hauptzentren an der Treasure Coast.

Der Strand von Fort Lauderdale bietet alles für den Wassersport

❶ Sebastian Inlet

Straßenkarte F3. Indian River Co. Sebastian. 700 Main St, 1-772-589-5969.
sebastianchamber.com

Bei Sebastian Inlet vermischt sich der Atlantik mit dem Brackwasser des Indian River am Intracoastal Waterway *(siehe S. 27)*, einem Teil des **Sebastian Inlet State Park**, der mit seinen fünf Kilometer langen Stränden zu Floridas beliebtesten Nationalparks gehört.

Eine ruhige Bucht an der Nordspitze der Halbinsel eignet sich zum Schwimmen, denn hier fehlen die Wellen, die den südlichen Küstenabschnitt (auf Orchid Island) zu den besten Surfstränden der Ostküste Floridas machen. An Wochenenden finden hier oft Wettkämpfe statt. Man kann auch Surfbretter leihen. Der Park ist für seine reichen Fischgründe bekannt, in der Mündung der Halbinsel wimmelt es von Fischerbooten. Angler gehen auch zu den beiden in den Atlantik reichenden Hafendämmen und zum klaren Indian River.

An der Südspitze des Parks erzählt das **McLarty Treasure Museum** die Geschichte des Untergangs einer spanischen Schatzflotte. Am 31. Juli 1715 strandeten elf Galeonen bei Orkan auf den Riffen vor der seichten Küste zwischen Sebastian Inlet und Fort Pierce. Sie waren auf dem Rückweg von Havanna nach Spanien und fuhren, beladen mit Beute aus den Kolonien, auf dem warmen Golfstrom. Ein Drittel der 2100 Seefahrer starb. Die Überlebenden errichteten an dem Standort des McLarty Treasure Museum ein Lager.

Spanisches Silber, McLarty Museum

Mithilfe der ansässigen Ais-Indianer retteten sie gleich danach etwa 80 Prozent der Ladung. Bis zur Wiederentdeckung eines der Wracks 1928 lag die Flotte hier unbehelligt. Seit erneuter Bergung zu Beginn der 1960er Jahre wurden wertvolle Schätze gehoben. Zu den Objekten gehören Gold- und Silbermünzen, Ringe, Knöpfe und Besteck.

Sebastian Inlet State Park
9700 S A1A, Melbourne Beach. 1-321-984-4852. tägl. **floridastateparks.org/sebastianinlet**

McLarty Treasure Museum
13180 N Highway A1A. 1-772-589-2147. tägl. 10–16 Uhr.

❷ Mel Fisher's Treasure Museum

Straßenkarte F3. Indian River Co. 1-772-589-9875. Sebastian. Mo–Sa 10–17, So 12–17 Uhr. 1. Jan, Ostern, Sep, Thanksgiving, 25. Dez.
melfisher.com

Das Museum zeigt die Verwirklichung des amerikanischen Traums. Mel Fisher, der »größte Schatzsucher aller Zeiten«, starb 1998, sein Team aus Schatzsuchern (»Golden Crew«) arbeitet noch immer.

Der verstorbene Mel Fisher, Schatzsucher und Museumsgründer

Gezeigt werden Schätze aus Wracks, darunter einer Flotte von 1715 und aus der *Atocha (siehe S. 32f)*. Es gibt Juwelen, einen Goldbarren und Alltagsgegenstände zu sehen. Im Bounty Room kann man spanische *reales* und Kopien von alten Schmuckstücken kaufen. Infos zum Mel Fisher Maritime Museum finden Sie auf S. 306.

Wellenreiten, Sebastian Inlet an der Gold Coast

❸ Vero Beach

Straßenkarte F3. Indian River Co. 18 000. 1216 21st St, 1-772-567-3491.
indianriverchamber.com

Der Hauptort von Indian River County, Vero Beach, und vor allem seine Ferienkolonie auf Orchid Island sind besonders bei Gutbetuchten beliebt. Uralte Eichen säumen die Straßen, die Gebäudehöhe ist auf vier Stockwerke beschränkt. In den Holzhäusern am Ocean Drive befinden sich Galerien, Mode- und Antiquitätenläden.

Das **Vero Beach Museum of Art** im Riverside Park auf Orchid Island zeigt Ausstellungen. Bekannt ist die Stadt jedoch vor allem wegen ihrer Strände und der beiden Hotels. Das Driftwood Resort auf der Seeseite von Vero Beach entstand 1935 als Strandhaus. Ein exzentrischer Einheimischer errichtete es aus Treibholz und versah es mit Unmengen von Nippes. Elf Kilometer nördlich am mit Muscheln übersäten Wabasso Beach, einem der besten Sandstrände von Orchid Island, liegt das Vero Beach Resort, das erste außerhalb von Orlando errichtete Disney-Hotel. Es zeichnet sich durch gediegene Eleganz aus.

Das **Indian River Citrus Museum** auf dem Festland zeigt alte Fotos und viele Objekte aus dem Zitrusfruchtanbau, beispielsweise Erntegeräte und Warenzeichen.

Vero Beach Museum of Art
3001 Riverside Park Drive.
1-772-231-0707. Thanksgiving, 25. Dez, 1. Jan.
verobeachmuseum.com

Indian River Citrus Museum
2140 14th Ave. 1-772-770-2263. Di–Fr 10–16 Uhr. Feiertage. **veroheritage.om**

❹ Fort Pierce

Straßenkarte F3. St. Lucie Co.
42 000. 2300 Virginia Ave, 1-772-462-1535.
visitstluciefla.com

Hauptattraktion der nach einem Militärposten des Zweiten Seminolenkrieges *(siehe S. 50f)* benannten Stadt sind die vorgelagerten Inseln, die über zwei den Intracoastal Waterway überspannende Brücken zu erreichen sind.

Der North Beach Causeway führt nach North Hutchinson Island. An dessen Südspitze, im **Fort Pierce Inlet State Park**, ist der dünengesäumte Strand bei Surfern beliebt. Nördlich hiervon ist in einer ehemaligen Ausbildungsstätte aus dem Zweiten Weltkrieg das **National Navy UDT-SEAL Museum** untergebracht. 1943–46 lernten hier mehr als 3000 Froschmänner der Underwater Demolition Teams der US-Marine, Seeminen und Strandbefestigungen zu entschärfen. In den 1960er Jahren wurde die als SEALs (Sea, Air, Land) bekannte Elite-Kampftruppe ausgebildet. Das Museum erläutert die Rolle der Froschmänner im Zweiten Weltkrieg, im Koreakrieg, im Vietnamkrieg und heute.

Auf Jack Island, einer Halbinsel im Indian River etwa 800 Meter entfernt, leben in einem mangrovenübersäten Reservat unzählige Vögel. Ein kurzer Weg führt zu einem Aussichtsturm. Auf dem südlichen Damm, der Fort Pierce mit Hutchinson Island verbindet, präsentiert das **St. Lucie County Historical Museum** einige interessante Funde aus den Wracks von 1715 sowie Nachbildungen eines Seminolenlagers und eines alten Ladens.

Das aus Treibholz errichtete Driftwood Inn in Vero Beach

Das benachbarte, 1907 erbaute »Cracker«-Haus *(siehe S. 34)* wurde 1985 hertransportiert.

Wieder an Land können Fans der Autorin Zora Neale Hurston *(siehe S. 55)* auf einem ihr gewidmeten Pfad pilgern.

Fort Pierce Inlet State Park
905 Shorewinds Drive, N Hutchinson Island. 1-772-468-3985. teilweise.

National Navy UDT-SEAL Museum
3300 N Highway A1A. 1-772-595-5845. Jan–Apr: tägl.; Mai–Dez: Di–So. Feiertage.
navysealmuseum.com

St. Lucie County Historical Museum
414 Seaway Drive. 1-772-462-1795. Di–Sa 10–16, So 12–16 Uhr. Feiertage. teilweise. **stlucieco.gov**

Zora Neale Hurston Dust Tracks Heritage Trail
Ecke Avenue S u. 17th St.
stlucieco.gov/zora

Dieses Etikett von 1937 aus Mittelflorida wirbt mit »Indian River«

Zitrusindustrie am Indian River

Die Spanier brachten im 16. Jahrhundert Zitrusfrüchte nach Florida: Jedes Schiff musste angeblich 100 Zitrussamen in die neuen Kolonien in Übersee mitnehmen. Die Bedingungen in Florida waren ideal, vor allem am Indian River zwischen Daytona und West Palm Beach, das zum größten Zitrusanbaugebiet Floridas wurde. 1931 gründeten ortsansässige Farmer die Indian River Citrus League, damit man außerhalb des Gebiets nicht mehr die Bezeichnung »Indian River« verwenden konnte. Hier werden rund ein Drittel der Zitronenernte Floridas und 75 Prozent der Grapefruiternte produziert. Aus den Orangen wird meist Saft gewonnen. Wegen des warmen Klimas, des guten Bodens und des Regens sind die Orangen besonders süß und saftig.

Gilbert's Bar House of Refuge Museum an der Atlantikküste von Hutchinson Island

5 Hutchinson Island

Straßenkarte F3. St. Lucie Co/Martin Co. 5000. 1900 Ricou Jensen Beach, 1-772-334-3444.
jensenbeach.biz

Die 32 Kilometer lange Insel besticht durch ihre atemberaubenden Strände. Im Süden strömen Sonnenanbeter zum Sea Turtle Beach und zum benachbarten Jensen Beach Park nahe der Kreuzung von 707 und A1A. Stuart Beach, am Damm über den Indian River nach Stuart, ist ebenfalls sehr beliebt.

In der Nähe dieses Strands präsentiert das im Jahr 1961 zu Ehren des Tüftlers Sterling Elliott errichtete **Elliott Museum** einige seiner seltsamen Erfindungen. Seit der Umgestaltung des Gebäudes im Jahr 2013 zeigt das Museum vielfältige Exponate aus den Bereichen Kunst, Geschichte und Technik.

1,5 Kilometer südlich steht das **Gilbert's Bar House of Refuge Museum** (1875), eine von zehn Rettungsstationen der Ostküste, die der Lifesaving Service (Vorgänger der amerikanischen Küstenwache) zur Bergung von Schiffbrüchigen errichtete. Die ausgesprochen spartanisch eingerichteten Räume in dem pittoresken Holzhaus zeigen, wie schwer es die ersten Rettungsleute hatten.

Draußen ist die Kopie eines bei Rettungsaktionen eingesetzten »Surfbootes« von 1840 zu sehen. Gegenüber liegt der **Bathtub Beach**. Ein vorgelagertes Sandsteinriff schafft hier ein natürliches Becken.

Elliott Museum
825 NE Ocean Blvd. 1-772-225-1961. tägl. 10–17 Uhr. Ostern, 4. Juli, Thanksgiving, 25. Dez, 1. Jan.

Gilbert's Bar House of Refuge Museum
301 SE MacArthur Blvd. 1-772-225-1875. Mo–Sa 10–16, So 13–16 Uhr. Ostern, 4. Juli, Thanksgiving, 25. Dez, 1. Jan.

6 Stuart

Straßenkarte F3. Martin Co. 17000. 1650 S Kanner Highway, 1-772-287-1088.
goodnature.org

Von Hutchinson Island führt ein herrlicher Damm über den inselreichen Indian River zum Hauptort von Martin County. Die Stadt inmitten luxuriöser Küstenorte und Golfanlagen hat ein bezaubernd saniertes Stadtzentrum, das die verkehrsreichen Küstenstraßen umfahren. Entlang der Flagler Avenue und Osceola Street südlich der Roosevelt Bridge gibt es einen kurzen Promenadenweg, eine Reihe hübscher Backstein- und Stuckgebäude aus den 1920er Jahren und zahlreiche Kunstgalerien. Am Abend dringt Live-Musik aus den gut besuchten und stilvoll dekorierten Restaurants und Bars.

Das bunt bemalte Riverwalk Café in der St. Lucie Street, Stuart

Der Florida-Buschhäher in den Kiefern auf Jupiter Island

7 Jupiter Island

Straßenkarte F4. Martin Co. 600. 11954 SE Dixie Highway, 1-772-546-4724.
townofjupiterisland.com

Die lange, schmale Insel ist eine Wohnsiedlung für Wohlhabende mit Stränden.

Im **Hobe Sound National Wildlife Refuge** locken ein fünf Kilometer langer Strand, Mangroven und Dünen. Die andere Hälfte des Reservats, ein mit Sandkiefern bestandener Abschnitt am Intracoastal Waterway, ist ein Paradies für Vögel wie den Florida-Buschhäher. An der Kreuzung US 1 und A1A gibt es ein Naturzentrum.

Das **Blowing Rocks Preserve** weiter südlich hat einen Sandstrand. Bei Stürmen sprüht das Wasser durch Löcher in den Kalksteinsteilhängen gen Himmel – daher der Name.

Hobe Sound National Wildlife Refuge
13640 SE Federal Hwy. 1-772-546-6141. für den Strand.
Strand tägl.
Nature Center 1-772-546-2067. Mo–Fr. Feiertage.

Hotels und Restaurants an der Gold und Treasure Coast *siehe Seiten 316f und 333–336*

Umgebung: Mangrovensümpfe, Kiefernwälder und ein zypressenbestandener Abschnitt des Loxahatchee River kennzeichnen den **Jonathan Dickinson State Park**, benannt nach einem 1696 in der Nähe gestrandeten Mann. Es gibt Wander- und Reitwege, Kanuverleih und Bootstouren. Man sieht Seekühe, Alligatoren, Fischadler und Reiher.

Jonathan Dickinson State Park
16450 SE Federal Hwy. 1-772-546-2771. tägl. teilweise.

8 Jupiter

Straßenkarte F4. Palm Beach Co. 58 000. 800 N US 1, 1-561-694-2300. **jupiter.fl.us**

Die Kleinstadt ist bekannt für ihre Strände und das Frühjahrstraining der Miami Marlins und St. Louis Cardinals. Der Strand des **John D. MacArthur State Park** auf Singer Island zählt zu den schönsten Floridas *(siehe S. 131)*. Die **Loxahatchee River Historical Society** betreibt die Kulturstätte **Jupiter Inlet Lighthouse and Museum** und zeigt dort Exponate der Hobe-Indianer und der englischen Siedler des 18. Jahrhunderts.

John D. MacArthur State Park
Singer Island (via Intracoastal Waterway auf Blue Heron Blvd, Richtung Norden auf Ocean Blvd). tägl.

Blick vom Jupiter Beach Park auf das Jupiter Inlet Lighthouse

Umgebung: In der Nähe, auf der Südseite von Jupiter Inlet, zieht der idyllische **Jupiter Beach Park** Angler und Pelikane an und bietet als Attraktionen einen wunderschönen, schokoladenfarbenen beaufsichtigten Sandstrand, Picknickareale, Spielplätze, Ruheräume, eine Mole für Angler und Blick auf das **Jupiter Inlet Lighthouse** (1860). Wer in diesem ältesten Leuchtturm des Bezirks hinaufsteigt, wird mit einer grandiosen Aussicht belohnt.

Am Fuß des Turms, in einem alten Ölhaus, ist ein Museum untergebracht: Das 1896 eröffnete Dubois House Museum ist für Besucher sonntags geöffnet. Es wird von der Loxahatchee River HistoricalSociety betrieben und ist im Stil der Pionierzeit möbliert. Führungen sind gratis, Spenden werden jedoch gerne entgegengenommen.

In der Nähe liegt der riesige **Carlin Park**. Auf Spielfeldern, Tennisplätzen, in Picknickbereichen, einer Snackbar, Ruheräumen und an einem beaufsichtigten Strand ist immer viel los.

Jupiter Inlet Lighthouse and Museum
500 Captain Armour's Way. 1-561-747-8380. Di–So 10–17 Uhr. Feiertage. **jupiterlighthouse.org**

Carlin Park
400 South State Road, A1A. 1-561-966-6600. tägl. Der Strand ist von 9–17.20 Uhr bewacht.

9 Juno Beach

Straßenkarte F4. Palm Beach Co. 2700. 1555 Palm Beach Lakes Blvd, Suite 800, 1-561-471-3995.

Die Sandstrände des kleinen Orts Juno Beach und der Strand nördlich von Jupiter Inlet gehören zu den weltweit größten Brutstätten von Meeresschildkröten. Im Loggerhead Park zwischen US 1 und A1A liegt das faszinierende **Loggerhead Marinelife Center** mit Naturlehrpfad. Schildkröten, die von Schiffspropellern oder Angelschnüren verletzt wurden, erholen sich hier in Aquarien. Ein Weg führt durch Dünen zu dem Strand, an dem die Schildkröten im Sommer ihre Eier ablegen. Nur nach Voranmeldung zu besichtigen!

Loggerhead Marinelife Center
14200 US 1. 1-561-627-8280. Mo–Sa 10–16, So 12–15 Uhr. 25. Dez. **marinelife.org**

Floridas Meeresschildkröten

An der Ostküste Floridas liegt das größte Brutgebiet der Meeresschildkröten in den USA. Von Mai bis September kriechen die Weibchen nachts auf den Strand und legen etwa 100 Eier in den Sand. Zwei Monate später schlüpfen die Jungtiere und laufen nachts zum Meer. Die Schildkröten, wie die in Florida am häufigsten vorkommende Art, die Karettschildkröte, sind auch bedroht, weil die Jungen wegen der Gebäudelichter die Orientierung verlieren.

Nächtliche Beobachtungstouren sind beliebt. Nähere Auskünfte erhalten Sie bei der örtlichen Chamber of Commerce, z.B. in Juno Beach.

Erste Begegnung einer jungen Schildkröte mit dem Meer

Straßenkarte Florida *siehe Seite 18f*

⑩ Palm Beach

Palm Beach ist seit schon seit langer Zeit ein Mekka der Reichen Amerikas. Der Pionier Henry Flagler *(siehe S. 129)* gründete diesen Tummelplatz für den Jetset Ende des 19. Jahrhunderts. In den 1920er Jahren verhalf der Architekt Addison Mizner *(siehe S. 124)* dem Ort zu weiterem Aufschwung, indem er großzügige Wohnhäuser im spanischen Stil schuf.

Noch in den 1960er Jahren schien die Stadt im Sommer praktisch wie ausgestorben – selbst die Ampeln wurden abgeschaltet. Heute wird Palm Beach das ganze Jahr über besucht, ist aber immer noch vor allem Winterferienort. In der angeblich reichsten Stadt der USA können Besucher die »oberen Zehntausend« dabei antreffen, wie sie sich in den elegantesten Läden und Restaurants des Bundesstaats die Zeit vertreiben oder Privatclubs und Wohltätigkeitsbälle besuchen.

Der imposante Eingang zur Via Roma führt in eine kleine Gasse

Die edle Worth Avenue, Shopping-Mekka der Superreichen

Worth Avenue

Die Worth Avenue bietet einen guten Einblick in den Lebensstil von Palm Beach. Chauffeure schalten in den parkenden Rolls-Royce die Klimaanlagen ein, während ihre Arbeitgeber mit einer antiken russischen Ikone oder einem Armani-Anzug liebäugeln. Die sich über vier berühmte Blocks vom Lake Worth zum Atlantik erstreckende Straße ist die bekannteste Durchgangsstraße der Stadt. Mit dem exklusiven Everglades Club (1918) kamen auch Worth Avenue und die Architektur Addison Mizners in Mode. Der Club war das Ergebnis einer Zusammenarbeit zwischen Mizner und Paris Singer, dem Erben des Nähmaschinen-Imperiums, der den Architekten nach Florida eingeladen hatte. Ursprünglich war der Club als Krankenhaus für Offiziere aus dem Ersten Weltkrieg geplant, wurde aber stattdessen gesellschaftlicher Mittelpunkt der Stadt. Auch heute noch bilden die Loggien und Innenhöfe im spanischen Stil eine den Mitgliedern vorbehaltene Enklave.

Gegenüber der eher schlichten Fassade des Clubs liegen die Via Mizner und die Via Parigi mit bunten Läden und Restaurants. Die verkehrsberuhigten Seitenstraßen entwarf Mizner in den 1920er Jahren, sie sind die ästhetischen Höhepunkte der Worth Avenue. Inspiriert von spanischen Dörfern, haben sie Bogen, überdachte Treppenfluchten, Bougainvilleen, Brunnen und hübsche Innenhöfe, überragt vom Büroturm und der Villa, die Mizner für sich selbst entwarf. In der ersten Etage des Turms befand sich einst der erste Laden der Avenue, ein Ausstellungsraum für Keramik. Eine Passage verbindet die beiden Gebäude und bildet den Eingang zur Einkaufszone der Via Mizner. Die moderneren Vias jenseits der Worth Avenue im selben Stil faszinieren durch ihr Blumendekor und die Fensterauslagen. Sehenswert sind vor allem die Via Roma und die Innenhöfe zwischen Via de Lela und Via Flora.

Brunnen in der Via Mizner

Worth Avenue, 1939 vom Fotografen Bert Morgan aufgenommen

Hotels und Restaurants an der Gold und Treasure Coast *siehe Seiten 316f und 333–336*

Shopping an der Worth Avenue

An der Worth Avenue, dem Wahrzeichen von Palm Beach, und ihren Nebenstraßen liegen ca. 250 Boutiquen, Galerien und Antiquitätenläden. Die Fassaden im spanischen Stil à la Mizner oder im Art-déco-Stil bilden eine bunte, aber angenehm homogene Mischung. Die kunstvoll gestalteten Schaufenster der berühmtesten Shopping-Meile Floridas kommen am besten bei nächtlicher Beleuchtung zur Geltung. Einige Auslagen zeigen wunderbar ironische Symbole des Reichtums wie falschen Kaviar auf Toast oder das lebensgroße Modell eines Butlers. 1979 machte ein Rolls-Royce mit einem Planierschild symbolisch den ersten Spatenstich für die Shopping Mall 150 Worth am Ostende der Straße. Diese Art der Selbstdarstellung ist typisch für die Worth Avenue.

Nobelläden an der Worth Avenue

Die Worth Avenue bietet eine große Vielfalt an prächtigen Läden: unzählige Juweliere, von denen einige auf hochwertige Imitate spezialisiert sind, elegante Prêt-à-porter-Geschäfte, Souvenirläden, Designer-Boutiquen und Luxuskaufhäuser.

Cartier bietet eine einzigartige Auswahl an Goldschmuck, Kugelschreibern und natürlich den bekannten Uhren.

Tiffany & Co, zweifellos eine der berühmtesten Adressen der Straße, verkauft außer Schmuck (u. a. Entwürfe von Paloma Picasso) Tafelgeschirr, Parfüm und Lederartikel.

Saks Fifth Avenue bietet im Esplanade-Einkaufszentrum auf zwei Etagen Luxusartikel, von Dessous bis Herrenmode.

Betteridge at Greenleaf and Crosby, seit 1896 eine Adresse für Schmuckliebhaber.

Giorgio Armani Boutique bietet Kleidung für höchste Ansprüche sowie Schuhe, Handtaschen (u. a. aus Krokodil- und Straußenleder) und Möbel aus feinstem Holz.

Richters of Palm Beach ist eine angesagte Adresse für seltenen Schmuck.

Überblick: Palm Beach

Der Geist und die Fantasie von Addison Mizner prägten das Bild von Palm Beach. Nicht nur die von ihm selbst entworfenen, sondern auch viele andere Gebäude tragen seinen Stempel. Mizners Architektur, die ein Biograf als »kostenverachtende Mischung aus spanischer, maurischer, romanischer und gotischer Renaissance« bezeichnete, inspirierte Zeitgenossen wie Marion Wyeth, Maurice Fatio und Howard Major. Auch jüngere Nachahmungen sind zu finden. Ein wichtiger Zeitvertreib in Palm Beach besteht darin, die luxuriösen Wohnhäuser der Reichen und Berühmten in den noblen Vororten zu bestaunen.

Überblick: Stadt Palm Beach
Die Atmosphäre in den Wohnstraßen nördlich der opulenten Worth Avenue ist eher gedämpft. An der Leafy Cocoanut Row stehen luxuriöse Privathäuser, doch Mizners Einfluss ist in der Parallelstraße South County Road deutlicher – z. B. in der erstklassig restaurierten Town Hall von 1926. In der Nähe liegt der reizende Mizner Memorial Park mit Brunnen und palmengesäumtem Pool sowie Phipps Plaza, ein angenehm ruhiger, schattiger Platz mit hübschen Häusern und blumengeschmückten Toren. Mizner entwarf das Korallenhaus Nr. 264, Howard Major schuf 1939 das Tropenhaus mit chinesischem Einfluss.

Mizner Memorial Fountain

Wenn Sie etwas Zeit erübrigen können, lohnt sich ein Spaziergang durch die Straßen westlich der South County Road, in denen Sie eine gelungene Mischung aus Häusern im Mizner-Stil und Bungalows aus dem frühen 20. Jahrhundert in schattigen Gärten vorfinden. Im Gegensatz dazu ist der palmengesäumte Royal Palm Way die beeindruckendste Straße dieses Bezirks. Sie führt zur Royal Palm Bridge, von der aus man einen ausgezeichneten Blick auf die Luxusyachten des Lake Worth hat. Sie zeigen ihre Wirkung vor allem im Dezember, wenn sie für die jährliche Bootsparade mit bunten Lichtern geschmückt sind.

Wandmalerei in der Bibliothek der Society of the Four Arts

Society of the Four Arts

2 Four Arts Plaza. 1-561-655-7226. **Galerie** Dez–Apr: Mo–Sa 10–17, So 14–17 Uhr. Feiertage. **Park** Mo–So 10–17 Uhr. **Bibliotheken** Mo–Fr 10–16.45, Sa 10–12.45 Uhr. So, Feiertage, Mai–Okt: Sa.

Die 1936 gegründete Gesellschaft umfasst Bibliotheken, Ausstellungsflächen und ein Auditorium für Vorlesungen, Konzerte und Filme. Galerie und Auditorium waren Teil eines von Mizner entworfenen Privatclubs.

Imposant ist die Four Arts Library, die Maurice Fatio im italienischen Stil schuf. Das Wandgemälde in der Loggia stellt Kunst, Musik, Theater und Literatur dar. Im Park stehen moderne Skulpturen.

Via Mizner *(siehe S. 122)*, ein Beispiel für Mizners Arbeit

Mizners spanische Fantasie

Addison Mizner Mitte der 1920er Jahre

Addison Mizner (1872–1933) kam 1918 von New York nach Palm Beach, um sich von einem Unfall zu erholen. Der Architekt entwarf schon bald Häuser, die das Gesicht von Florida und vor allem von Palm Beach *(siehe S. 35)* verändern sollten. Indem er den Stil von alten spanischen Gebäuden der jeweiligen Lokalität anpasste, kreierte er einen neuen Stil. Der Hitze Floridas trug er mit der Anlage von Loggien und Außentreppen Rechnung. Die Wände ließ er mit Kondensmilch bedecken und mit Stahlwolle abreiben, um den Eindruck von jahrhundertealtem Schmutz zu erwecken. Mizner verdankte seine Millionen seinem architektonischen Weitblick und der Fähigkeit, sich dem Milieu seiner zukünftigen Kunden anzupassen. Später richtete er sein Augenmerk auf Boca Raton *(siehe S. 134f)*, doch der Zusammenbruch von Floridas Bauboom Ende der 1920er Jahre traf ihn schwer. Am Ende seines Lebens mussten Freunde seine Rechnungen bezahlen.

Hibel Museum of Art

5353 Parkside Drive, Jupiter. 1-561-622-5560. Di–Fr 11–16 Uhr (vorher anrufen). Feiertage. **hibelmuseumofart.org**

Typisch für die 1917 in Boston geborene und auf Singer Island *(siehe S. 131)* lebende Künstlerin Edna Hibel sind idealisierte Bilder von Müttern und Kindern aus der ganzen Welt. Edna Hibel malt vorzugsweise auf Holz, Seide, Kristall und Porzellan. Das 1977 von zwei Hibel-Sammlern gegründete Museum präsentiert über 1500 ihrer Arbeiten.

***Brittany and Child* (1994) von Edna Hibel (Öl, Gips und Gold auf Seide)**

The Breakers

1 South County Rd. 1-561-655-6611. Mi nachmittags. **thebreakers.com**

Das Gebäude im italienischen Renaissance-Stil am ältesten Golfplatz Floridas ist bereits das dritte Hotel an diesem Ort: Das erste aus dem Jahr 1896 brannte 1903 nieder, das zweite zerstörte 1925 ebenfalls ein – von einer Lockenschere entfachtes – Feuer. Wie von Zauberhand entstand das jetzige Hotel in einem Jahr, es ist Mittelpunkt des gesellschaftlichen Lebens der Stadt und Schauplatz zahlreicher Galas.

Da auch Zuschauer immer willkommen sind, sehen Sie sich ruhig ein Krocket-Spiel an, trinken Sie einen Milchshake in dem altmodischen Café oder werfen Sie einen Blick in die Lobby mit der kunstvoll bemalten Decke oder in die pompösen Toiletten. Für Interessierte werden wöchentlich Führungen mit dem »Chronisten des Hotels« angeboten.

Fassade des renommierten Hotels The Breakers

Südlich des Hotels stehen drei Holzhäuser aus dem 19. Jahrhundert, Reste der **Breakers Row**. Die »Hütten« wurden während der Wintersaison an reichere Besucher von Palm Beach vermietet.

Palm Beachs Vororte

Die High Society von Palm Beach versteckt sich hinter hohen Hecken in millionenschweren Häusern. Einige davon bauten Addison Mizner und seine Nachahmer in den 1920er Jahren, doch seitdem entstanden Hunderte anderer in allen möglichen architektonischen Stilrichtungen, vom Neoklassizismus bis Art déco.

Sehr gut zu sehen sind die Residenzen an der »Mansion Row«, einem Kamm entlang dem South Ocean Boulevard. Die georgianische Residenz am oberen Ende (Nr. 126) gehörte Estée Lauder, und die 1919 von Mizner für sich selbst errichtete Nr. 720 bewohnte eine Zeit lang John Lennon. Das großartigste Anwesen von Palm Beach ist jedoch zweifellos Mar-a-Lago (Nr. 1100), acht Blocks weiter, mit 58 Schlafzimmern, 33 Bädern und drei Bunkern. Joseph Urban und Marion Wyeth bauten es 1927, 1985 richtete der heutige US-Präsident Donald Trump hier einen teuren Privatclub ein.

Versteckter liegen die Häuser in den nördlichen Vororten. Die North County Road führt durch das größte private Anwesen von Palm Beach (Nr. 513). Die Nr. 1095 am North Ocean Boulevard war bis 1995 Winterresidenz der Kennedys.

Die Mindestgeschwindigkeit von 40 Kilometern pro Stunde unterbindet Versuche, einen Blick auf die Villen zu erhaschen. Man kann auch Fahrräder leihen *(siehe S. 127)* und damit mehrere Routen erkunden. Am malerischsten ist der fünf Kilometer lange Lake Trail, zugleich Trimmpfad. Er führt von der Worth Avenue zur Nordspitze der Insel, umrundet Lake Worth und streift die Rückseiten der Häuser. Der schönste Abschnitt erstreckt sich nördlich der Dunbar Road.

Mar-a-Lago, das extravaganteste Haus in den Vororten von Palm Beach

Straßenkarte Florida *siehe Seite 18f*

Fahrt durch Palm Beach

Diese Fahrt deckt den Bereich zwischen South County und Cocoanut Row ab und somit alle wichtigen Sehenswürdigkeiten im Zentrum von Palm Beach, einschließlich Whitehall, der Residenz Henry Flaglers. Der Abschnitt entlang dem Lake Drive South ist Teil einer malerischen Radtour durch Palm Beach, die am Lake Worth vorbei in die Vororte führt *(siehe S. 125)*. Man kann mit dem Auto fahren oder Teile (oder die ganze Strecke) mit dem Fahrrad, zu Fuß oder mit Inlineskates zurücklegen.

① Flagler Museum
Flaglers herrlich restauriertes Privatdomizil »Whitehall« ist mit Originalmobiliar eingerichtet und wurde 1959 für das Publikum geöffnet.

② Sea Gull Cottage
Dies ist das älteste Gebäude (1886) von Palm Beach. Es war Flaglers erste Winterresidenz.

③ Die Royal Poinciana Chapel baute Flagler 1896 für seine Gäste.

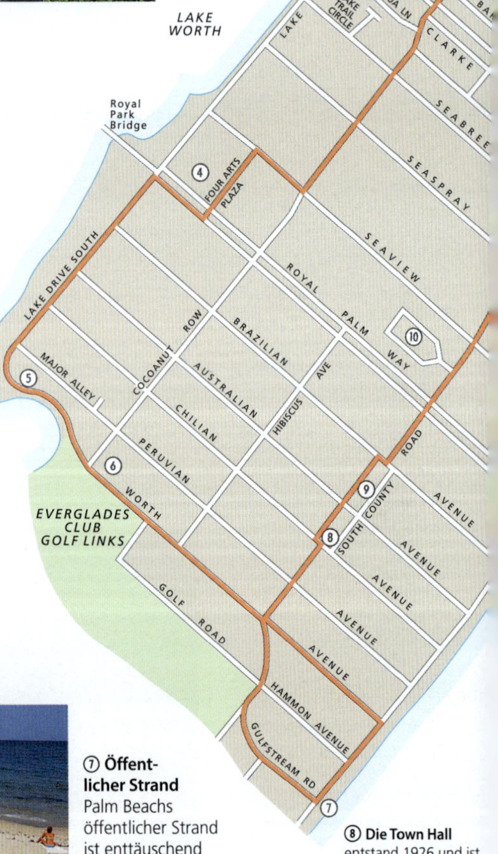

⑤ Casa de Leoni
Die Nr. 450 der Worth Avenue, eines von Mizners schönsten Gebäuden, machte den venezianisch-gotischen Stil modern.

0 Meter 250
0 Yards 250

Legende

Routenempfehlung

⑦ Öffentlicher Strand
Palm Beachs öffentlicher Strand ist enttäuschend unspektakulär, dafür aber gebührenfrei.

⑧ Die Town Hall entstand 1926 und ist ein berühmtes Wahrzeichen der Stadt.

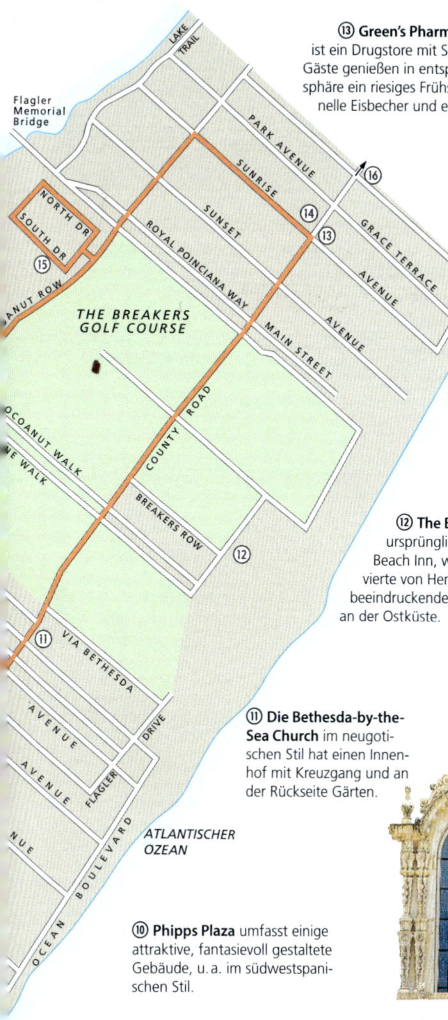

⑬ **Green's Pharmacy** von 1937 ist ein Drugstore mit Speiselokal. Die Gäste genießen in entspannter Atmosphäre ein riesiges Frühstück, traditionelle Eisbecher und enorme Burger.

⑫ **The Breakers**, ursprünglich Palm Beach Inn, war das vierte von Henry Flaglers beeindruckenden Hotels an der Ostküste.

⑪ **Die Bethesda-by-the-Sea Church** im neugotischen Stil hat einen Innenhof mit Kreuzgang und an der Rückseite Gärten.

⑩ **Phipps Plaza** umfasst einige attraktive, fantasievoll gestaltete Gebäude, u. a. im südwestspanischen Stil.

Infobox

Information
Straßenkarte F4. Palm Beach Co. 10000. 45 Cocoanut Row, 1-561-655-3282. Artigras (Feb).

Anfahrt
3 Meilen (5 km) westl. Amtrak und Tri-Rail, 201 S Tamarind Ave, West Palm Beach, 1-800-872-7245. 201 S Tamarind Ave, West Palm Beach, 1-800-231-2222. 41, 42 von West Palm Beach.

⑮ **Hotel Royal Poinciana**
Das luxuriöse Hotel aus Holz mit 2000 Zimmern war einst Winterresidenz der Superreichen. Es brannte 1935 ab. Heute existiert nur noch die Kuppel des Treibhauses.

⑭ **St. Edward's Church**
Die 1927 fertiggestellte Kirche im spanisch-neugotischen Stil hat einen reich verzierten Barock-Glockenturm und -Eingang.

Routeninfos

Länge: 4,5 Meilen (7 km).
Start: An irgendeinem Punkt an der Strecke. Fahren Sie am besten im Uhrzeigersinn, da die Worth Avenue eine Einbahnstraße (von Osten nach Westen) ist. Am Palm Beach Bicycle Trail Shop, 223 Sunrise Ave, 1-561-659-4583 (tägl. geöffnet), können Sie sich Fahrräder oder Inlineskates ausleihen.
Rasten: Nehmen Sie Quarter (25-Cent-Münzen) für Parkuhren mit. Es gibt auch kostenlose Parkplätze für eine Stunde, seien Sie aber pünktlich zurück.

⑨ **Der Brunnen im Memorial Park in Palm Beachs Downtown**

Sehenswürdigkeiten

① Flagler Museum *(siehe S. 128f)*
② Sea Gull Cottage
③ Royal Poinciana Chapel
④ Society of Four Arts *(siehe S. 124)*
⑤ Casa de Leoni
⑥ Worth Avenue *(siehe S. 122f)*
⑦ Öffentlicher Strand
⑧ Town Hall *(siehe S. 124)*
⑨ Memorial Park *(siehe S. 124)*
⑩ Phipps Plaza *(siehe S. 124)*
⑪ Bethesda-by-the-Sea Church
⑫ The Breakers *(siehe S. 125)*
⑬ Green's Pharmacy
⑭ St. Edward's Church
⑮ Hotel Royal Poinciana
⑯ Hibel Museum of Art *(siehe S. 125)*

Palm Beach: Flagler Museum

Die als Whitehall bekannte Villa, die Henry Flagler 1902 baute, war »schöner als jeder europäische Palast«. Flagler schenkte die Vier-Millionen-Dollar-Winterresidenz seiner dritten Ehefrau, Mary Lily Kenan, zur Hochzeit. Jedes Jahr fuhren die Flaglers in einem ihrer Privatwaggons hierher *(siehe S. 53)*. Der Eisenbahnwaggon Nr. 91 ist jetzt im Flagler Kenan Pavilion im südlichen Teil des Anwesens zu sehen. Der Pavillon ähnelt einem Eisenbahnpalast des Goldenen Zeitalters. 1925, zwölf Jahre nach Flaglers Tod, baute man auf der Rückseite einen zehnstöckigen Turm an – aus Whitehall wurde ein Hotel. 1959 kaufte Jean Flagler Matthews das Gebäude ihres Großvaters und machte daraus ein Museum.

Ballsaal
Der beeindruckendste aller Bälle in dem prächtigen Saal war der Bal Poudré von 1903.

★ Flaglers Badezimmer
Eingelassene Badewanne, Toilette, abgetrennte Dusche sowie dieses prächtige doppelte Onyx-Waschbecken waren Bestandteile von Flaglers privatem Bad.

Außerdem

① **Flaglers Schlafzimmer** ist mit gelbem Silberdamast ausgekleidet, einer Kopie des ursprünglichen Stoffs im Rokokostil.

② **Billardzimmer**

③ **Das Gelbe-Rosen-Schlafzimmer** hatte aufeinander abgestimmte Tapeten und Möbel.

④ **Den Ost-Portikus** tragen mächtige kannelierte Säulen. Auf den Stufen stehen übergroße Urnen.

⑤ **Salon**

⑥ **Die große Treppe** in der Marmorhalle besteht aus unterschiedlichem Marmor und ist mit einem Bronzegeländer geschmückt.

Bibliothek
In dem roten, holzverkleideten Raum mit in Leder gebundenen Büchern herrscht eine gemütliche Atmosphäre.

Hotels und Restaurants an der Gold und Treasure Coast *siehe Seiten 316f und 333–336*

Salon
Das im Louis-XVI-Stil gehaltene Musikzimmer, in dem häufig Klavierabende stattfanden, ziert ein Deckengemälde.

Infobox

Information
Ecke Cocoanut Row u. Whitehall. 1-561-655-2833. Di–Sa 10–17, So 12–17 Uhr. 1. Jan, Thanksgiving, 25. Dez. tel. erfragen. **flaglermuseum.us**

★ Grand Hall
Die Eingangshalle aus Marmor schmücken ein Deckengemälde sowie vergoldete Stühle und Gemälde, darunter dieses Porträt von Jean Flagler Matthews.

★ Colonial Chamber
Anfang des 20. Jahrhunderts gingen die Gäste in Whitehall ein und aus. Reiche und Berühmte schliefen in dem einladenden Zimmer in Creme und Rose-de-Barry-Rot.

Henry Flagler und seine dritte Ehefrau Mary Lily, 1910

Flaglers Palm Beach

Nach dem Schiffbruch der spanischen *Providencia* 1878 landeten die geladenen Kokosnüsse überall am Strand bei Lake Worth, und schon bald wuchsen dort Palmen. Henry Flagler, der die Ostküste Floridas erschließen wollte *(siehe S. 52f)*, sah den palmengesäumten Strand um 1890 und war von der Szenerie derart fasziniert, dass er dort Land kaufte. Im Jahr 1894 eröffnete er das Hotel Royal Poinciana *(siehe S. 127)* und legte hiermit den Grundstein für die Entstehung des noblen Ferienortes Palm Beach.

Hochhäuser spiegeln sich im Lake Worth, West Palm Beach

⓫ West Palm Beach

Straßenkarte F4. Palm Beach Co. 78 000. Amtrak und Tri-Rail. 1555 Palm Beach Lakes Blvd, 1-561-233-3000. **palmbeachfl.com**

Ende des 19. Jahrhunderts beschloss Henry Flagler *(siehe S. 129)*, die recht unansehnlichen Häuser der Arbeiter und Dienstboten auf das Festland umzusiedeln. So entstand West Palm Beach, heute das Wirtschaftszentrum von Palm Beach County.

In den letzten Jahrzehnten gewann die Stadt zwar durchaus an Persönlichkeit, spielt aber verglichen mit ihrer imposanteren (erheblich kleineren) Nachbarstadt immer noch die zweite Geige.

In Downtown ist vor allem in der Clematis Street und am Lake Worth immer viel los. Dort gibt es das ganze Jahr über Veranstaltungen. Auch Northwood Village lohnt einen Besuch, hier findet man u. a. Restaurants mit internationaler Küche, Antiquitätenläden und Boutiquen.

Sie sollten in West Palm Beach nicht Ihren gesamten Urlaub verbringen, doch die Stadt hat einige lohnenswerte Sehenswürdigkeiten – vor allem das Norton Museum of Art, das die *New York Times* als bestes Museum im Südosten der USA einstufte.

Reitsportsaison

Die Gemeinde Wellington in West Palm Beach gehört zu den weltweit bedeutendsten Standorten für Polo und andere Reitsportarten. Der International Polo Club Palm Beach zählt einige der besten Spieler zu seinem Team, von Januar bis April gibt sich die Elite ein Stelldichein. Hier kann man den Sport auch lernen.

Das Palm Beach International Equestrian Center organisiert Reitsportveranstaltungen, die viele Besucher anlocken. Informationen über Termine erhalten Sie in den Clubs von Wellington, 1-561-204-5687, Boca Raton, 1-561-994-1876, oder Lake Worth, 1-561-965-2057.

Polo ist beliebt im Palm Beach County – auch zum Zusehen

South Florida Science Center and Aquarium

4801 Dreher Trail N. 1-561-832-1988. Mo–Fr 9–17, Sa, So 10–18 Uhr. Thanksgiving, 25. Dez. **sfsciencecenter.org**

Das Wissenschaftsmuseum spricht vor allem Kinder an. Es gibt interaktive Exponate, um Besuchern Themen wie Licht, Ton, Farbe und Wetter nahezubringen. Sie können selbst Wolken erschaffen und sogar einen Mini-Tornado spüren. Am letzten Freitagabend im Monat kann man im Dekelboum Planetarium durch ein Teleskop blicken und sich eine Lasershow ansehen.

Norton Museum of Art

1451 South Olive Ave. 1-561-832-5196. Di–Sa 10–17 (Do bis 21), So 11–17 Uhr. Feiertage. **norton.org**

Das Kunstmuseum, das größte in Florida, besitzt wohl die beste Sammlung des Staates und zeigt zudem erstklassige Wanderausstellungen. Das Museum wurde 1941 gegründet, mit etwa 100 Bildern aus dem Besitz des Stahlmagnaten Ralph Norton, der sich zwei Jahre zuvor in West Palm Beach niedergelassen hatte. Die ausgestellten Kunstwerke spiegeln den Geschmack Nortons wider.

Die Sammlung ist in drei Hauptbereiche gegliedert. An erster Stelle sind die französischen Impressionisten und

Hotels und Restaurants an der Gold und Treasure Coast *siehe Seiten 316f und 333–336*

Post-Impressionisten zu nennen, darunter Cézanne, Picasso, Braque, Matisse und Gauguin, dessen ergreifendes Bild *Christus am Ölberg* das berühmteste Gemälde des Museums ist. Ein weiteres beachtliches Werk aus Nortons beeindruckender Sammlung des 20. Jahrhunderts ist *Night Mist* (1945) von Jackson Pollock. Daneben sieht man auch Werke von Winslow Homer, Georgia O'Keeffe, Edward Hopper und Andy Warhol.

Dritter Schwerpunkt sind Artefakte aus China, darunter Grabjaden (um 1500 v. Chr.) und Keramikfiguren von Tieren und Höflingen aus der Tang-Dynastie (4.–11. Jh.). Außer zahlreichen buddhistischen Schnitzereien gibt es auch moderne Skulpturen von Brancusi, Degas und Rodin zu bewundern.

***Christus am Ölberg* von Paul Gauguin (1889)**

Ein seltener Florida-Panther im Palm Beach Zoo

Palm Beach Zoo at Dreher Park

1301 Summit Blvd. 1-561-547-9453. tägl. Thanksgiving, 25. Dez.
palmbeachzoo.org

Der Zoo ist für Kinder genauso attraktiv wie das Science Museum. Von den etwa 100 Tierarten beeindrucken vor allem der bedrohte Florida-Panther und Riesenschildkröten, die bis 200 Jahre alt werden können. Man kann eine rekonstruierte südamerikanische Pampa besuchen, in der Lamas, Nandus und Tapire grasen, einem Plankenweg durch Buschwerk folgen oder auf einem See voller Pelikane fahren.

Umgebung: Angenehmere Unterkünfte als in West Palm Beach (und wesentlich preisgünstigere als in Palm Beach) gibt es auf der anderen Seite der Bucht in **Singer Island** oder **Palm Beach Shores**, beides ruhige Orte mit ausgezeichnetem breitem Strand, aber auch einigen Hochhäusern.

Bootsfahrten und Angeln sind hier beliebte Freizeitaktivitäten. In Palm Beach Shores kann man Sportfischerboote mieten. Außerdem werden Bootsfahrten auf dem Lake Worth angeboten. *Manatee Queen* ist ein Katamaran *(siehe S. 360)*, der entlang dem Intracoastal Waterway anlegt.

Im **John D. MacArthur Beach State Park** an der Nordspitze von Singer Island schlängelt sich eine Brücke über eine mangrovengesäumte Bucht des Lake Worth zu einem Hammock und einem hübschen Strand. Broschüren des Besucherzentrums weisen auf Pflanzen und Watvögel hin. Im Sommer hat man bei Nachtführungen die Gelegenheit, Meeresschildkröten zu beobachten *(siehe S. 121)*.

Eine Alternative bietet die Shopping Mall **The Gardens** drei Kilometer landeinwärts in Palm Beach Gardens. Gehwege und Glasaufzüge verbinden die etwa 200 Läden.

John D. MacArthur Beach State Park
A1A, 2 Meilen (3 km) nördl. von Riviera Bridge. 1-561-624-6950. tägl. **Nature Center**
macarthurbeach.org

The Gardens Mall
3101 PGA Blvd. 1-561-622-2115. tägl. Ostersonntag, Thanksgiving, 25. Dez.

⓬ Lion Country Safari

Straßenkarte F4. Palm Beach Co. 2003 Lion Country Safari Rd, Loxahatchee. 1-561-793-1084. West Palm Beach. West Palm Beach. tägl.

Der Park 32 Kilometer landeinwärts von West Palm Beach lockt vor allem Familien an. Man kann durch ein 200 Hektar großes Gehege fahren und Löwen, Giraffen, Nashörner und andere Wildtiere aus der Nähe beobachten. (Cabriobesitzer können sich ein Auto mit festem Dach leihen.) Zudem gibt es einen Campingplatz sowie eine Mischung aus Zoo und Vergnügungspark. Neben Volieren, Streichelzoo und Affeninseln sind Karussells, Bootsfahrten und ein Park mit Plastik-Dinosauriern besondere Attraktionen.

Alle Bereiche sind an den Wochenenden und in den Ferien sehr stark besucht.

Antilopen im Park Lion Country Safari

Fischer am frühen Abend auf dem Lake Okeechobee

⓭ Lake Okeechobee

Straßenkarte E4, F4. Palm Trans Bus nach Pahokee, 1-561-841-4200. 115 E Main St, Pahokee, 1-561-924-5579. **pahokee.com** **Roland Martin** 920 E Del Monte Ave, Clewiston. 1-800-473-6766. **rolandmartinmarina.com**

Der Okeechobee, das »Große Wasser« in der Sprache der Seminolen, ist mit einer Fläche von 1942 Quadratkilometern der zweitgrößte Süßwassersee der USA. Der »Big O« ist für seinen Fischreichtum bekannt. **Roland Martin** und andere Marinas verleihen Boote, Führer, Angelausrüstung und Picknickzubehör. Mit drei Yachthäfen und einigen Hotels versorgt **Clewiston** Besucher am besten.

Für Nicht-Angler ist der See weniger interessant. Das Ufer bietet zwar eine große Vogelvielfalt, doch schon wegen seiner Größe ist der See nicht sehr malerisch und zudem aufgrund eines Damms, der das Land vor Überflutungen schützt, von der Straße aus nicht zu sehen. Von **Pahokee** ist er gut zu erreichen. Hier kann man die schönsten Sonnenuntergänge sehen und eine mehrstündige Bootstour mit Captain JP Boat Cruises unternehmen.

Das Wohlergehen der eher düsteren Arbeiterorte am Südufer hängt vom Zucker ab. Die Hälfte des Zuckerrohrs in den USA wird in den Ebenen um Belle Glade und Clewiston (»die süßeste Stadt Amerikas«) angebaut, wo der nährstoffreiche Boden dunkler als Schokolade ist.

Pläne der Regierung, die Zuckerrohrfelder südlich des Lake Okeechobee zu kaufen und wieder in Sumpfland zu verwandeln, damit die Everglades sauberes Wasser erhalten, wurden verworfen.

Eine Stadt am Lake Okeechobee preist sich an

⓮ Lake Worth

Straßenkarte F4. Palm Beach Co. 30 000. 807 Lucerne Ave, 1-561-582-4401. **lwchamber.com**

Lake Worth ist ein Ferienort mit einem öffentlichen Strand auf der Barriere-Insel. Die Gemeinde hat viel getan, um das Flair des alten Florida zu erhalten und übermäßige Neubebauung in Schach zu halten. Hier bestimmen etwa ein Dutzend Antiquitätengeschäfte an Lake und Lucerne Avenue, dem unauffälligen Zentrum der Innenstadt, das Bild. Ein ehemaliges Art-déco-Kino ist nun ein Ort für Kunstausstellungen. Außerdem findet man hier Kunstgalerien, Clubs mit Live-Musik, ein Amphitheater am Wasser, Parks sowie viele Restaurants und Cafés.

Für sportliche Unternehmungen bieten sich ein Golfplatz und ein Pier zum Angeln an. Man kann in Lake Worth Bootstouren im Ozean oder im Süßwasser unternehmen.

⓯ Delray Beach

Straßenkarte F4. Palm Beach Co. 50 000. Amtrak und Tri-Rail. 64 SE 5th Ave, 1-561-278-0424. **Pilgrim Belle** 1-561-243-0686. **delraybeach.com**

Das durchaus noble, jedoch nicht versnobte Delray Beach ist der urlauberfreundlichste Ort zwischen Palm Beach und Boca Raton. Überall weisen Nationalflaggen auf die Auszeichnung für Bürgernähe hin. Der lange, sehr ruhige Strandabschnitt mit direktem Zugang ist hervorragend. Von November bis April bietet Pilgrim Belle Cruises jeden Tag Ruderbootfahrten auf dem Intracoastal Waterway an. Auch die Agentur Drift Fishing Boats organisiert Fahrten.

Delrays Zentrum ist die palmengesäumte Atlantic Avenue mit Cafés, Antiquitätenläden und Galerien, die Laternen abends in sanftes Licht tauchen. Am Old School Square stehen hübsche Gebäude aus den 1920er Jahren. Das **Cason Cottage** in der Nähe wurde getreu seinem Aussehen von 1915 restauriert.

Cason Cottage
5 NE 1st St. 1-561-274-9578.
nach Vereinbarung.
Feiertage.

Beschauliche Strandszene im Frühjahr bei Delray Beach

Hotels und Restaurants an der Gold und Treasure Coast *siehe Seiten 316f und 333–336*

⑯ Loxahatchee National Wildlife Refuge

Straßenkarte F4. Palm Beach Co. 10216 Lee Rd. 1-561-732-3684. Boynton Beach. Delray Beach. **Reservat** tägl. Thanksgiving, 25. Dez. **Besucherzentrum** tägl. Thanksgiving, 25. Dez. **fws.gov/loxahatchee**

Das 572 Quadratkilometer große Reservat am Nordzipfel der Everglades zeichnet sich durch eine eindrucksvolle, vielfältige Fauna aus. Am besten kommt man im Winter frühmorgens oder spätabends, wenn Zugvögel aus dem Norden hier rasten.

Das Besucherzentrum an der 441 im Osten des Reservats, 16 Kilometer westlich von Delray Beach, bietet Informationen über das Ökosystem der Everglades. Hier beginnen auch zwei Wanderwege. Der Cypress Swamp Boardwalk (800 Meter) führt in eine traumhafte Natur mit Guaven- und Wachsmyrtenbäumen sowie Epiphyten *(siehe S. 294)*. Der längere Marsh Trail passiert Sumpfland, dessen Wasserstand geregelt wird, um Wat- und Wasservögeln die bestmögliche Umgebung zu sichern. An einem Winternachmittag bietet sich dem Beobachter ein buntes Schauspiel mit Reihern, Seetauchern, Ibissen, Schlangenhals- und anderen Vögeln sowie Schildkröten und Alligatoren.

Blauer Reiher im Tierreservat von Loxahatchee

Japanisches Schüler-Schlafzimmer im Morikami Museum

Mit einem eigenen Kanu können Sie eine Tour unternehmen (9 km). Außerdem werden zahlreiche naturkundliche Führungen angeboten.

⑰ Morikami Museum und Japanese Gardens

Straßenkarte F4. Palm Beach Co. 4000 Morikami Park Rd. 1-561-495-0233. Delray Beach. Delray Beach. Di–So 10–17 Uhr. Feiertage. **morikami.org**

Das einzigartige Museum über japanische Kultur liegt auf einem Grundstück, das der Farmer George Morikami zur Verfügung stellte, einer der japanischen Pioniere, die die Yamato-Kolonie (bezeichnet nach dem Ur-Japan) an der Nordspitze von Boca Raton 1905 gründeten. Mit dem Geld eines Bauunternehmens von Henry Flagler *(siehe S. 128f)* wollten sie Reis, Tee und Seide anbauen. Das Projekt wurde nicht realisiert, und die Kolonie verschwand in den 1920er Jahren. Die Yamato-kan-Villa auf einer kleinen Insel in einem See erzählt die Geschichte der Siedler und der japanischen Kultur anhand von Nachbildungen eines Badezimmers, eines japanischen Schüler-Schlafzimmers und Restaurants inmitten sechs historischer Gärten und Kiefernwälder.

In einem Gebäude auf der anderen Seeseite sind Ausstellungen über Japan, ein Café mit japanischer Küche und ein traditionelles Teehaus, in dem einmal im Monat klassische Teezeremonien abgehalten werden, untergebracht. Außerdem finden hier Origami-Workshops statt.

Blauer Morphofalter in Butterfly World

⑱ Butterfly World

Straßenkarte F4. Broward Co. 3600 W Sample Rd, Coconut Creek. 1-954-977-4400. Deerfield Beach (Amtrak und Tri-Rail). Pompano Beach. tägl. Ostern, Thanksgiving, 25. Dez. **butterflyworld.com**

In riesigen, begehbaren Volieren voll tropischer Blumen schwirren Tausende Schmetterlinge aus der ganzen Welt umher. Da Schmetterlinge Sonnenenergie tanken, sind sie an warmen, sonnigen Tagen besonders aktiv. Entsprechend sollten Sie Ihren Besuch planen. Es werden aber auch viele verpuppte Raupen und Insekten in Schaukästen ausgestellt, darunter Morphofalter mit ihren metallisch blauen Flügeln sowie Käfer und Grashüpfer von der Größe einer Erwachsenenhand. Draußen kann man in den Gärten spazieren gehen.

⑲ Boca Raton

Eine Werbung für Boca Raton von 1925 lautete: »Ich bin der größte Ferienort der Welt.« Die vom Architekten Addison Mizner *(siehe S. 124)* erdachte Stadt wurde zwar nicht zu dessen Lebzeiten vollendet, ist aber heute einer der mondänsten Orte Floridas. Viele Hightechfirmen sind hier ansässig, und Manager bezeichneten den Ort in einer nationalen Untersuchung als attraktivsten Wohnsitz Floridas. Anziehungspunkte sind vor allem die Country Clubs, die feudalen Shopping Malls und herrlichen Strandparks sowie die von Mizner inspirierten Wohnhäuser.

Violinkonzert am Lynn University Conservatory of Music

Der Mizner Park, eine der Shopping Malls von Boca Raton

Überblick: Boca Raton

Nachdem Addison Mizner die Erschließung von Palm Beach begonnen hatte, konzentrierte er sich auf eine verschlafene Gemeinde im Süden. Anstelle seines angestrebten städtebaulichen Meisterwerks waren nur eine Handvoll Gebäude fertiggestellt, als Floridas Bauboom 1926 jäh endete *(siehe S. 54)*. Bis Ende der 1940er Jahre war Boca, wie der Ort heute oft genannt wird, nur ein kleiner Weiler.

Kern von Mizners Vision war die Luxusherberge Cloister Inn im spanischen Stil, die 1926 fertig wurde und sogar einen Kanal hat, auf dem Gondeln schaukeln. Das Hotel am östlichen Ende der geplanten Hauptstraße, des Camino Real, gehört jetzt zum umfassend erweiterten und exklusiven **Boca Raton Resort and Club** *(siehe S. 316)*, den Fremde nur bei einer Tour besichtigen können, die die Historische Gesellschaft in Boca Raton wöchentlich veranstaltet. Sie hat ihren Sitz in der **Town Hall** an der Palmetto Park Road, in der eine kleine Ausstellung die Geschichte der Stadt dokumentiert.

Gegenüber liegt der im Stil Mizners gestaltete **Mizner Park**, die vielleicht imposanteste, dem Lebensstil Bocas am ehesten entsprechende Shopping Mall der Stadt. Noch stärker erinnert der **Royal Palm Place**, auch Pink Plaza genannt, dessen Boutiquen sich in Innenhöfen verstecken, an Mizner.

In dem grünen Bezirk **Old Floresta**, etwa 1,6 Kilometer westlich des Rathauses, erbaute Mizner für seine Direktoren 29 Häuser im mediterranen Stil. Hier kann man angenehm bummeln.

🏛 Boca Raton Museum of Art

501 Plaza Real, Mizner Park.
Tel. 1-561-392-2500. Di–So.
Feiertage.
W bocamuseum.org

Das Museum hat eine spektakuläre Lage in Boca Ratons Mizner Park. Es zeigt Ausstellungen von Weltniveau sowie eine eindrucksvolle Sammlung zeitgenössischer Kunst.

🏛 Lynn University Conservatory of Music

3601 N Military Trail. Tel. 1-561-237-9000. W **lynn.edu/music**

Am Konservatorium für Musik der Lynn Universität wird nur eine streng ausgewählte Anzahl von Musikstudenten aus der ganzen Welt zugelassen. Sie erhalten hier eine erstklassige Ausbildung als Solisten, Kammer- und Orchestermusiker und werden später meist weltberühmt. Das Konservatorium zieht mit seinen Vorlesungen sowie den Studenten-, Fakultäts- und Gastauftritten jedes Jahr Tausende von Musikliebhabern an.

🏛 Sports Immortals Museum

6830 N Federal Hwy. Tel. 1-561-997-2575. Mo–Sa 10–18 Uhr.
1. Jan, 25. Dez.
W **sportsimmortals.com**

Zu den 10 000 Exponaten zählen Babe Ruths Baseballschläger und Boxmäntel von Muhammad Ali. Teuerstes Stück ist ein Zigarettenbild im Wert von einer Million Dollar: Es wurde zurück-

Das 1927 nach einem Entwurf Mizners errichtete Rathaus von Boca

Hotels und Restaurants an der Gold und Treasure Coast *siehe Seiten 316f und 333–336*

Deerfield Beach, ein ruhiger Badeort bei Boca Raton

Infobox

Information
Straßenkarte F4. Palm Beach Co. 90 000. 1555 Palm Beach Lakes Blvd, 1-561-233-3000.
Boca Raton Historical Society 1-561-395-6766 (Führungen). Meet Me Downtown (März), Boca Festival (Aug), Holiday Boat Parade (Dez). **myboca.us**

Anfahrt
Tri-Rail, Yamato Rd, 1-800-874-7245. 1300 W Hillsboro Blvd, Deerfield Beach, 1-800-872-7245.

gezogen, da der abgebildete Baseballspieler jegliche Verbindung zum Tabak von sich wies.

Strände

Nördlich der Bucht von Boca Raton erstreckt sich ein langer, natürlicher, von Dünen gesäumter Strand, der über Strandparks zu erreichen ist. Der **Spanish River Park** im Norden ist mit seinen Picknickplätzen im Schatten von Pinien und Palmen und der Lagune auf dem Intracoastal Waterway der attraktivste.

Im **Red Reef Park** führt ein Plankenweg durch die Dünen, in einem künstlichen Riff vor der Küste kann man schnorcheln *(siehe S. 362f)*. Die Strände sind relativ leer, was an den enorm hohen Parkgebühren liegen mag.

Gumbo Limbo Nature Center

1801 North Ocean Way Blvd. 1-561-338-1473. tägl. Feiertage. **gumbolimbo.org**

Dieses erstklassige, informative Zentrum liegt neben dem Intracoastal Waterway im Red Reef Park. Ein Naturpfad windet sich durch Mangrovenwälder und einen tropischen Hammock zu einem Turm, der einen tollen Ausblick bietet.

Umgebung: Die Hochhausbebauung setzt sich im Süden entlang der A1A ungehindert fort. Ein Anglerpier und ein feiner, ruhiger Muschelstrand mit einer palmengesäumten Promenade machen **Deerfield Beach** zum einladendsten Ort dieser Region. **Pompano,** acht Kilometer südlich, soll die »Schwertfisch-Hauptstadt der Welt« sein. Fotografien von riesigen Fängen auf dem Pier unterstützen dieses Image.

Zentrum von Boca Raton

① Old Floresta
② Boca Raton Museum of Art
③ Town Hall
④ Lynn University Conservatory of Music
⑤ Mizner Park
⑥ Boca Raton Resort and Club
⑦ Red Reef Park
⑧ Gumbo Limbo Nature Center
⑧ Spanish River Park

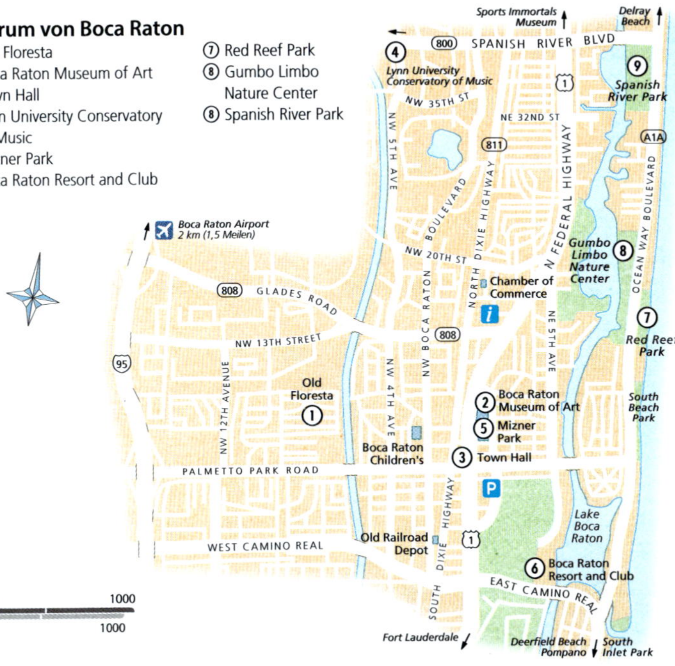

Zeichenerklärung *siehe hintere Umschlagklappe*

⑳ Fort Lauderdale

Fort Lauderdale bestand im Zweiten Seminolenkrieg *(siehe S. 50)* aus kaum mehr als drei Forts. 1900 war es ein geschäftiger Handelsplatz am New River, der sich durch die jetzige Metropole windet. Heute hat Greater Fort Lauderdale viele Gesichter: Es ist ein wirtschaftliches und kulturelles Zentrum, beliebter Ferienort und riesiger Yachthafen. Den Charakter der Stadt machen immer noch ihre Wasserwege *(siehe S. 139)* aus.

Appels *Großer Vogel mit Kind*, Museum of Art

Überblick: Downtown Fort Lauderdale

Downtown Fort Lauderdale ist mit seinen modernen, schlanken Bürohochhäusern das Geschäftszentrum der Stadt. Der **Riverwalk** am Nordufer des New River verbindet die meisten historischen Wahrzeichen und kulturellen Einrichtungen. Er beginnt beim Stranahan House, das an der Stelle des ersten Handelspostens der Stadt entstand, und führt durch eine Parklandschaft zum Broward Center for the Performing Arts *(siehe S. 358)*.

In Old Fort Lauderdale an der Southwest 2nd Avenue werden eine Reihe hübscher Gebäude aus dem frühen 20. Jahrhundert von der Historical Society verwaltet, deren Sitz das Fort Lauderdale History Center ist. Das 1907 am Südufer des Flusses errichtete King-Cromartie House wurde 1971 mit einem Lastkahn zum jetzigen Standort transportiert. Die Einrichtung verdeutlicht das einfache Leben der ersten Siedler. Hinter dem Haus steht eine Rekonstruktion der ersten Schule der Stadt (1899).

Die Cafés und Restaurants in den alten Backsteingebäuden an der Southwest 2nd Street sind mittags und am frühen Abend gut besucht.

Auf einer Rundfahrt mit der Straßenbahn kann man das Herz der Stadt erkunden. Sie führt vom Stadtzentrum zum Strand und an allen Hauptsehenswürdigkeiten vorbei.

Fort Lauderdale History Center

219 SW 2nd Ave.
1-954-463-4431.
Di–So. 1. Jan, 4. Juli, 25. Dez.
oldfortlauderdale.org

Das 1905 aus Beton errichtete New River Inn in Old Fort Lauderdale beherbergt ein Museum, das die Geschichte der Region und das Wachstum der Stadt bis in die 1940er Jahre beschreibt. Ein kleines Kino zeigt amüsante Stummfilme, die in der Blütezeit (1920er Jahre) der Filmindustrie in Südflorida entstanden.

Zentrum von Fort Lauderdale

① Museum of Discovery and Science
② Broward Center for the Performing Arts
③ Fort Lauderdale History Center
④ Museum of Art
⑤ Stranahan House
⑥ International Swimming Hall of Fame
⑦ Bonnet House
⑧ Hugh Taylor Birch State Park

Der am Nordufer des New River verlaufende schattige Riverwalk

Museum of Art

1 E Las Olas Blvd. 1-954-525-5500. Di–So 11–18 Uhr. Feiertage. **moafl.org**

Das Museum hat seinen Sitz in einem imposanten postmodernen Gebäude. Es besitzt eine große CoBrA-Sammlung. »CoBrA« leitet sich von den Anfangsbuchstaben von Kopenhagen, Brüssel und Amsterdam ab, den Hauptstädten der Heimatländer einer Gruppe von Expressionisten. Zu sehen sind Werke von Künstlern wie Karel Appel, Pierre Alechinsky und Asger Jorn, den führenden Repräsentanten der Bewegung. Der neue William-Glackens-Flügel enthält Werke dieses amerikanischen Impressionisten.

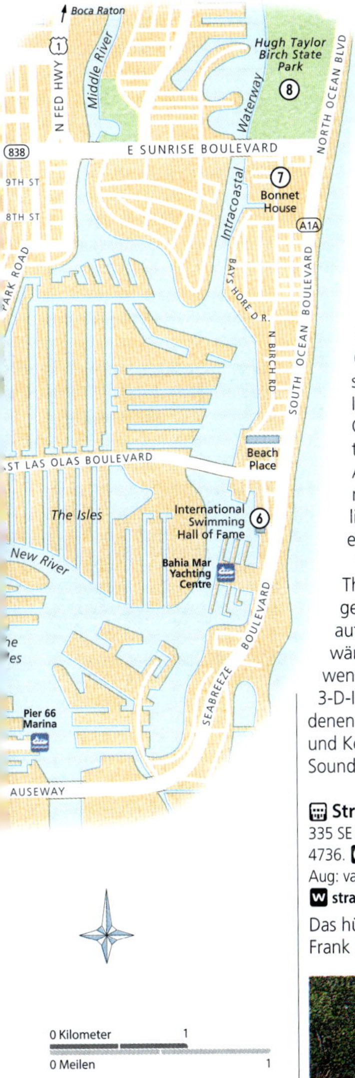

Zeichenerklärung
siehe hintere Umschlagklappe

Museum of Discovery and Science

401 SW 2nd St. 1-954-467-6637. tägl. **mods.org**

Dies ist eines der größten und besten naturwissenschaftlichen Museen in ganz Florida. Alle möglichen Tiere, darunter Alligatoren, Schildkröten oder Ottern, leben in rekonstruierten »Ökoräumen«. Im neuen EcoDiscovery Center gibt es viele interaktive Exponate zum Ausprobieren. So kann man z. B. auch eine simulierte Fahrt zum Mond erleben.

Das AutoNation IMAX® Theater, das zum Museum gehört, zeigt seine Filme auf 18 Meter hohen Leinwänden. Dies ist einer der wenigen Orte der Welt, der 3-D-IMAX-Filme zeigt, zu denen es besondere Brillen und Kopfhörer für den 360°-Sound gibt.

Stranahan House

335 SE 6th Ave. 1-954-524-4736. Mi–So. Feiertage; Juli, Aug: variierend. teilweise. **stranahanhouse.org**

Das hübsche, vom Pionier Frank Stranahan 1901 aus Pinien- und Eichenholz errichtete Haus ist das älteste der Stadt. Als Handelsposten, Versammlungsraum, Post und Bank war es das Zentrum von Fort Lauderdale. Mobiliar und Fotografien, die Stranahan beim Handel mit den einheimischen Seminolen *(siehe S. 289)* zeigen, lassen die Vergangenheit aufleben. Die Seminolen schafften Waren wie Alligatorhäute, Otterpelze und Reiherfedern, die damals sehr modern und begehrt waren, von den nahe gelegenen Everglades in ihren Einbaumkanus hierher.

Infobox

Information

Straßenkarte F4. Broward Co. 173 000. 100 East Broward Blvd, 1-954-765-4466. **Bahnfahrten** 1-954-429-3100. Winter Fest Boat Parade (Dez). **fortlauderdale.gov**

Anfahrt

5 Meilen (8 km) südl. 200 SW 21st Terrace, 1-800-872-7245.

Las Olas Boulevard

Der Abschnitt des Las Olas Boulevard zwischen 6th und 11th Avenue ist trotz des starken Verkehrs die hübscheste und geschäftigste Straße von Fort Lauderdale. Hier hat sich eine Mischung aus konventionellen, sportlichen sowie eleganten Boutiquen und Lokalen angesiedelt. In den Läden findet man alles, vom Pelz bis zu Haiti-Kunst. Abends ist in den Bars und Restaurants viel los.

Auf dem Weg zum Strand führt der Boulevard über einige Inseln, die einen sehr guten Einblick in das luxuriösere Fort Lauderdale erlauben *(siehe S. 139)*.

Stranahan House am New River, das älteste Wohnhaus in Broward County

Überblick Fort Lauderdale: Außerhalb von Downtown

Selbst wenn Sie die Schilder »Willkommen in Fort Lauderdale, der Welthauptstadt des Segelsports« verpassen, erkennen Sie schon bald, worum sich in dieser Stadt alles dreht. Genießen Sie vor allem die attraktiven, gut besuchten Strände und die Wasserwege, die von dem historischen Ursprung der Stadt, dem New River, abzweigen.

Radfahrer und Fußgänger auf der schattigen Uferpromenade

Strand

Tausende von Studenten kamen alljährlich in den Frühjahrsferien nach Fort Lauderdale, bis die Behörden sie Mitte der 1980er Jahre vergraulten. Heute hat die Stadt wieder ein besseres Image. Der ausgezeichnete Strand ist immer noch der meistbesuchte der Gold Coast, vor allem am Ende des Las Olas Boulevard, wo Inlineskater entlangfahren. Ansonsten ist Fort Lauderdale eher auf Familien ausgerichtet. Im Hugh Taylor Birch State Park kann man Kanu fahren.

Trainingspause am Pool in der Swimming Hall of Fame

International Swimming Hall of Fame

1 Hall of Fame Drive. 1-954-462-6536. tägl.

Das erstaunlich ausführliche Museum präsentiert alles, sei es die Geschichte des Wassersports in Oman oder die Entwicklung der Tauchpositionen. Die amüsanten Exponate reichen von alten wollenen Badeanzügen bis zu lustigen Puppen von Stars wie Johnny »Tarzan« Weissmuller, der 57 Schwimmweltrekorde aufstellte.

Bonnet House Museum and Gardens

900 N Birch Rd. 1-954-563-5393. Mi–So. obligatorisch, Di–So 9–16 Uhr. Mo, Feiertage. **bonnethouse.org**

Das eigenartig eingerichtete Haus am Meer ist das interessanteste Gebäude von Old Fort Lauderdale. Der Künstler Frederic Bartlett errichtete die plantagenartige Winterresidenz 1920. Beispiele seiner Arbeit sind überall zu sehen. Im tropischen Garten wuchs früher die Hauben(»Bonnet«)-Wasserlilie – daher stammt der Name der Anlage. Heute gedeiht hier eine riesige Orchideensammlung.

Sawgrass Mills Mall

12801 W Sunrise Blvd. 1-954-846-2300. Mo–Sa 10–21.30, So 11–20 Uhr. 25. Dez. **sawgrassmillsmall.com**

Die größte Outlet-Mall Floridas und die zweitgrößte Besucherattraktion des Staates nach Walt Disney World in Orlando bietet ca. 300 Läden, Kinos, Restaurants und die Barbie Dream House Experience.

Hugh Taylor Birch State Park

3109 E Sunrise Blvd. 1-954-564-4521. tägl.

Der Chicagoer Anwalt Hugh Taylor Birch kaufte 1894 auf einer fünf Kilometer langen Barriere-Insel das 70 Hektar große Grundstück. Besucher können auf der Lagune Kanu fahren, durch einen tropischen Hammock gehen oder auf einem malerischen Rundweg laufen.

Schmuckstände und Neonlichter im Fort Lauderdale Swap Shop

Umgebung: Der **Fort Lauderdale Swap Shop**, eine amerikanische Version eines orientalischen Basars, bietet auf 30 Hektar Schmuck, Sonnenbrillen und anderen Zierrat und ist somit ein Paradies für Schnäppchenjäger. Viele der alljährlich zwölf Millionen Besucher kommen wegen der von den dortigen Gärtnereien angebotenen Zimmer-, Balkon- und Gartenpflanzen. Abends wird der Parkplatz zu einem riesigen Autokino.

Fort Lauderdale Swap Shop

3291 W Sunrise Blvd. 1-954-791-7927. tägl.

Hotels und Restaurants an der Gold und Treasure Coast *siehe Seiten 316f und 333–336*

Die *Jungle Queen*, der berühmteste Flussdampfer von Fort Lauderdale

Wasserwege

An der Mündung des New River verlaufen Dutzende pfeilgerader, paralleler Kanäle. Das Gebiet, **The Isles**, ist nach den Halbinseln benannt, die durch den aufgeworfenen Schlamm bei der Ausgrabung der Kanäle in den 1920er Jahren entstanden, sowie die begehrteste Wohngegend der Stadt: Hinter üppigem Grün und luxuriösen Yachten liegen Häuser im Wert von Millionen Dollar, in denen Prominente wohnen, z. B. Wayne Huizenga, der frühere Besitzer des Blockbuster-Video-Imperiums und Teilhaber am Football-Team Miami Dolphins.

Die Inseln liegen am Intracoastal Waterway, der auch durch **Port Everglades** führt. Der nicht unbedingt sehr malerische, dafür jedoch überaus faszinierende Ort ist nach Miami der weltweit zweitgrößte Kreuzfahrt- und Anlegehafen für Containerschiffe, Öltanker, Zerstörer und U-Boote. Eine Bootsfahrt bietet den besten Blick auf das Netz an Wasserwegen. Häuser, Yachten und Hafen sind sogar nur vom Wasser aus gut zu sehen. Verschiedene Anbieter werben um Fahrgäste. Die *Jungle Queen*, ein nostalgischer Flußdampfer, ist auf dem New River seit mehr als acht Jahrzehnten unterwegs. Die angebotenen Tagesfahrten dauern rund drei Stunden und beinhalten auch die Fahrt zu einer tropischen Insel.

Wassertaxi auf dem New River

Eine 90-minütige Fahrt mit einem Dampfer von **Carrie B** startet am Riverwalk, zieht an Wohnhäusern vorbei, durchkreuzt den Hafen und erreicht schließlich das an Seekühen *(siehe S. 254)* reiche, warme Gewässer eines Kraftwerks.

Wassertaxis von **Water Taxi**, vergleichbar mit Sammeltaxis an Land, fahren den New River nach Downtown und Richtung Norden zum Oakland Park Boulevard entlang. Die Wassertaxis fahren stündlich, am besten lösen Sie ein Tagesticket. Im Bahia Mar Yachting Center und an der Pier Sixty-Six Marina können Sie Boote mieten.

Für alle Besucher, die einmal Pirat spielen möchten: **Bluefoot Pirat Adventures** bietet eine Abenteuerfahrt, bei der sich die als Seeräuber verkleideten Passagiere auf Schatzsuche begeben. Auch Kanonendonner und eine Schlacht gehören zum Programm.

Auf einen Blick

Carrie B
Las Olas Boulevard/
Ecke SE 5th Ave.
☎ 1-954-768-9920.

Bluefoot Pirate Adventures
801 Seabreeze Blvd.
☎ 1-954-530-8302.
W **bluefootpirates.com**

Jungle Queen
Bahia Mar Yachting Center,
A1A, Fort Lauderdale Beach.
☎ 1-954-462-5596.

Water Taxi
413 SW 3rd Ave.
☎ 1-954-467-6677.
W **watertaxi.com**

Blick vom Hyatt Regency Pier Sixty-Six Hotel auf die Wasserwege von Fort Lauderdale

Straßenkarte Florida *siehe Seite 18f*

Schwertfisch vor IGFA Fishing Hall of Fame and Museum

㉑ Dania

Straßenkarte F4. Broward Co. 15 000. Hollywood. Hollywood. Dania, 1-954-926-2323. **greaterdania.org**

Dania geht nahtlos in das Ballungszentrum an der Küste über. Manche Leute kommen nur hierher, um ein Jai-Alai-Spiel zu sehen. Die andere Hauptattraktion ist der **John U. Lloyd Beach State Park**, ein Stück ursprünglicher Barriere-Insel, das einen krassen Kontrast zum nahe gelegenen Port Everglades *(siehe S. 139)* bildet. An der Nordspitze des Parks ziehen Schiffe vorbei, im Süden lädt einer der schönsten piniengesäumten Strände der Gold Coast (3 km) zum Baden ein. Sie können mit Kanus den malerischen, mangrovengesäumten Fluss durch den Park entlangfahren.

Das **IGFA (International Game Fishing Association) Fishing Hall of Fame and Museum** zeigt auf sieben Ausstellungsflächen die Meeresbewohner. Es gibt einen Raum nur für Kinder und eine virtuelle Ausstellung.

Am nördlichen Teil der US 1 liegen etwa 150 Antiquitätenläden. Trotz ihrer Lage an der viel befahrenen Straße macht das Stöbern darin Spaß.

John U. Lloyd Beach State Park
6503 N Ocean Drive. 1-954-923-2833. tägl.

IGFA Fishing Hall of Fame and Museum
300 Gulf Stream Way, Dania Beach. 1-954-927-2628. tägl. 10–18 Uhr. Thanksgiving, 25. Dez. **igfa.org**

㉒ Hollywood

Straßenkarte F4. Broward Co. 126 000. Amtrak und Tri-Rail. 330 N Federal Highway, 1-954-923-4000. **hollywoodchamber.org**

Das große und sehr beliebte, in den 1920er Jahren von einem Kalifornier gegründete Seebad ist das Ziel von vielen der annähernd 300 000 Frankokanadier, die jedes Jahr im Winter Greater Fort Lauderdale besuchen.

Die neueren Baumaßnahmen in Hollywood konzentrieren sich auf das historische Kunstviertel um den Young Circle. In der Gegend gibt es zahlreiche Restaurants. Ein bedeutender kultureller Anziehungspunkt ist das **Art and Culture Center of Hollywood**, das Ausstellungen, Theater, Musik und Tanz bietet.

Zum **Anne Kolb Nature Center** gehören ein fünfstöckiger Aussichtspier, zwei Wanderwege, ein Amphitheater und ein Ausstellungssaal.

Der **Topeekeegee Yugnee Park** umfasst neben schattigen Picknickplätzen und Spielplätzen auch einen Wasserpark sowie Basketball-, Tennis- und Angelplätze.

Art and Culture Center of Hollywood
1650 Harrison Street. 1-954-921-3274. Mo–Sa 10–17, So 12–16 Uhr. **artandculturecenter.org**

Anne Kolb Nature Center
751 Sheridan St. 1-954-926-2480. **broward.org/Parks/WestLakePark/Pages/AnneKolbNatureCenter.aspx**

Topeekeegee Yugnee Park
3300 N Park Rd. 1-954-357-8811. tägl. 9–17 Uhr. Thanksgiving, 25. Dez. **broward.org/Parks/topeekeegeeyugneepark/pages/default.aspx**

Umgebung: Im Westen Hollywoods, an der Kreuzung von State Road 7/441 und Route

Sonnenanbeter am Hollywood Beach

Im riesigen Seminole Hard Rock Hotel and Casino

848/Stirling Road, liegt die Seminole Tribe of Florida Hollywood Reservation, mit 194 Hektar das kleinste Indianerreservat Floridas. Von der Legalisierung von Casinos auf seinem Gelände profitiert das Reservat erheblich.

Das riesige, rund um die Uhr geöffnete **Seminole Casino in Hollywood** bietet Poker, Bingo und andere Spiele. An manchen Abenden spielen in der höhlenartigen Bingohalle bis zu 1400 Gäste um fünfstellige Summen.

Eine weitere Attraktion ist auch das **Seminole Hard Rock Hotel and Casino**. Das Ferienhotel hat ein riesiges Casino und einen tropischen Pool.

Seminole Casino in Hollywood
4150 N State Rd 7. 1-954-961-3220. immer. 25. Dez. **semtribe.com**

Seminole Hard Rock Hotel and Casino
1 Seminole Way. 1-866-502-7529, 1-924-327-7625. ganzjährig. **seminolehardrock hollywood.org**

㉓ Davie

Straßenkarte F4. Broward Co. 70 000. Fort Lauderdale. Fort Lauderdale. 4185 Davie Rd, 1-954-581-0790. **davie-coopercity.org**

Davie liegt an Orange Drive und Davie Road, ist von Weiden und Ställen umgeben. Es spiegelt die Cowboy-Tradition Floridas wider, die länger ist als die von Kalifornien. Vor den Holzhütten des Rathauses wachsen Kakteen, an der Rückseite von McDonald's steht eine Wagenburg. Grif's Western Wear, ein Cowboy-Supermarkt an der South West 45th Street Nr. 6211, verkauft Sättel, Cowboyhüte und -stiefel.

Die wahre Atmosphäre der Stadt spüren Sie während eines Rodeos in den **Bergeron Rodeo Grounds**, dem Sitz der Davie Rodeo Association. Neben Rodeos finden hier weitere Veranstaltungen – darunter Konzerte, Zirkusvorstellungen sowie Truck- und Airboat-Shows – statt.

Stetson-Hüte im Grif's Western Wear in Davie

Bergeron Rodeo Grounds
4271 Davie Road. 1-954-797-1153. **davie-fl.gov**

㉔ Flamingo Gardens

Straßenkarte F4. Broward Co. 3750 S Flamingo Rd, Davie. 1-954-473-2955. Fort Lauderdale. Fort Lauderdale. tägl. Mo (Juni–Okt), Thanksgiving, 25. Dez. **flamingogardens.org**

Ursprünglich entstanden diese Gärten 1927 als Wochenendrefugium für die Wrays, eine Familie von Zitrusfarmern. Das Haus, eingerichtet im Stil der 1930er Jahre, lohnt einen Besuch, vor allem aber die ungewöhnlichen Gärten. Eine Tram fährt durch Zitronen-, Kumquat-, Eichen- und Banyanhaine. In den Gärten leben viele Vögel Floridas wie die seltenen Weißkopfseeadler *(siehe S. 28)* und Flamingos. Enten-, Möwen-, Tauben- und Reiherarten, u. a. Rosalöffler *(siehe S. 293)*, bewohnen eine begehbare Voliere, die in mehrere Lebensräume, z. B. Zypressenwald oder Mangrovensumpf, unterteilt ist. Nachmittags gibt es Wildlife Encounter Shows.

Ein fröhlicher Sport: Jai Alai

Jai Alai (»Fröhliches Fest«) ist eine Fortentwicklung des vor ungefähr 300 Jahren im Baskenland entstandenen Pelota-Spiels und kam Anfang des Jahrhunderts über Kuba in die USA. In Florida liegen einige *frontons* (Arenen).

Ein Jai-Alai-Spiel ist eine preisgünstige Abendunterhaltung (wenn Sie nicht wetten). Programmhefte erklären Wettregeln und Zählweise. Diejenigen, die auf den Sieger wetten, teilen sich den gesamten Einsatz. Die Leute schreien und jubeln lauthals beim Punkten, da viel Geld im Spiel ist. Trotz der Zunahme von Spielcasinos und damit sinkenden Einnahmen beim Jai Alai ist die Begeisterung für den Sport in Florida ungebrochen. Die Spielregeln sind auf Seite 37 erklärt.

Jai-Alai-Spieler

Orlando und Space Coast

Mit seiner kunterbunten Fantasiewelt für Familien, rasanten Achterbahnen, spektakulären Shows und der Maus mit den großen Ohren ist Orlando unbestritten die Welthauptstadt der Freizeitparks. Das lebhafte Treiben lockt jährlich mehr als 62 Millionen Besucher an, denen immer wieder auch neue Attraktionen geboten werden.

Orlando war während der Seminolenkriege *(siehe S. 50f)* lediglich ein Außenposten. Berichten zufolge wurde jenes Fort Gatlin später nach dem Soldaten Orlando Reeves, den 1835 ein Seminolen-Pfeil tötete, benannt. Es entwickelte sich eine Stadt, doch noch in der ersten Hälfte des 20. Jahrhunderts waren Orlando und Nachbarstädte wie Kissimmee nur kleine, verschlafene Orte, deren Bewohner von Viehzucht und Zitrusanbau lebten.

Das sollte sich jedoch in den 1960er Jahren ändern. Zunächst schuf das Weltraumprogramm am Cape Canaveral Arbeitsplätze. Später nahm Walt Disney World® Formen an: Der erste Themenpark, Magic Kingdom, wurde 1971 eröffnet. Disneys Angaben zufolge sollen seitdem mehr als 500 Millionen Besucher zu dem angeblich weltweit beliebtesten Urlaubsziel gepilgert sein. Dieser Erfolg hat eine boomende Unterhaltungsindustrie in Greater Orlando hervorgebracht. Immer mehr Attraktionen, Themen- und Freizeitparks entstehen.

Landschaftlich wird die Region von zahlreichen Seen mit teils bewaldeten Uferregionen sowie Agrarland geprägt. Die auf dem Festland gelegenen Orte an der Space Coast sind eher reizlos. Auf den Barriere-Inseln gegenüber dem breiten Indian River gibt es jedoch endlos lange Sandstrände (116 km insgesamt) und zwei große Naturreservate mit einer reichen Vogelwelt. Mittendrin, in erstaunlichem Einklang mit der Natur, liegt das Kennedy Space Center in einer geschützten Sumpflandschaft unter der riesigen Weite des Himmels. Hier starteten bis 2011 die Space Shuttles der NASA.

Die weitläufige, ursprüngliche Wasserlandschaft von Merritt Island an der Space Coast

◀ **Astro Orbiter in Tomorrowland, Walt Disney World®** ***(siehe S. 152f)***

Überblick: Orlando und Space Coast

Die große Attraktion von Orlando sind die riesigen Themenparks von Walt Disney World®, SeaWorld® und Universal Studios®. In und um die Themenparks, in der Nähe des International Drive und in Kissimmee gibt es insgesamt über 115 000 Hotelbetten, also mehr als in ganz New York. Besuchen Sie, wenn Sie ein wenig mehr Zeit haben, auch LEGOLAND®. Nachts können Sie sich in den Rummel des Entertainment-Komplexes Universal CityWalk® stürzen. Ein wenig ruhiger geht es im eleganten Vorort Winter Park zu.

Zu einem Tagesausflug lädt die nur 80 Kilometer entfernte Space Coast ein. Die Strände reichen von menschenleeren naturbelassenen Sandstränden bis zu dem beliebten Surf-Mekka im lebhaften Cocoa Beach. Im Kennedy Space Center kann man die Geschichte der Raumfahrt nachvollziehen.

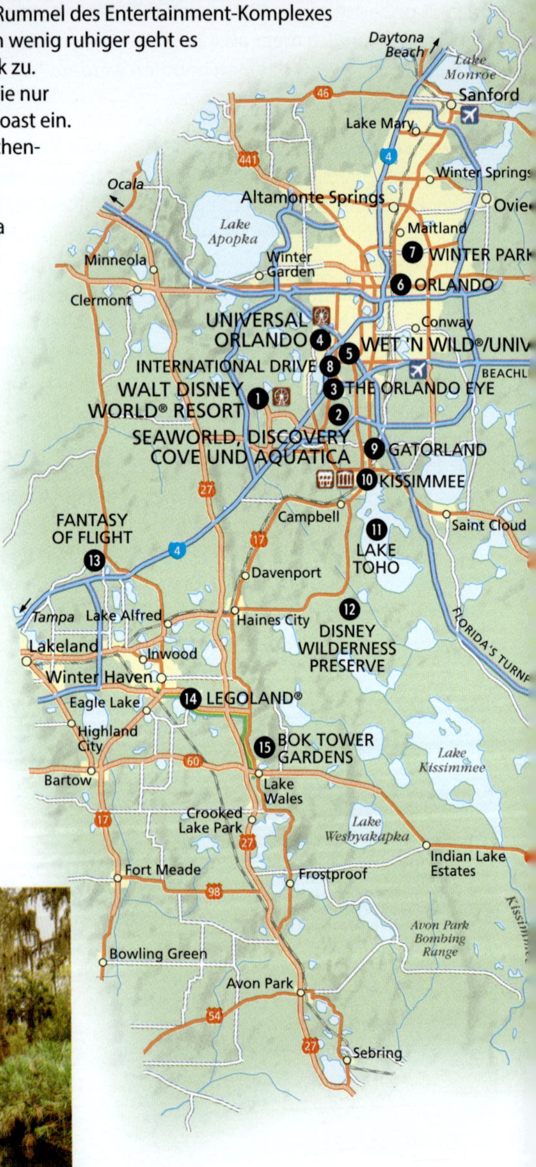

Legende

- Interstate Highway
- US Highway
- State Highway
- Highway
- Panoramastraße
- Eisenbahn

Im Reflection Pool der Bok Tower Gardens spiegelt sich der Singing Tower

Weitere Zeichenerklärungen *siehe hintere Umschlagklappe*

Raketen aus den frühen Tagen der Weltraumforschung im Kennedy Space Center

In Orlando und an der Space Coast unterwegs

Für Ausflüge abseits der Themenparks sollten Sie ein Auto mieten. Das ausgedehnte Highwaynetz erlaubt zügiges, stressfreies Fahren. Von Walt Disney World® liegt Orlando eine halbe Stunde nördlich und LEGOLAND® eine Stunde südlich. Verbringen Sie Ihren Aufenthalt ausschließlich auf Disney-Gelände, finden Sie auf den Seiten 147 und 178 weitere Transportmöglichkeiten. Viele Hotels bieten kostenlosen Pendelbusservice zu den Parks. Die Lynx-Busse *(siehe S. 387)* fahren zu den meisten Zielen in Greater Orlando. Die Space Coast liegt etwa eine Stunde östlich von Orlando an der Route 528 (Beachline Expressway). Wichtigste Nord-Süd-Verbindung an der Küste ist die I-95, die A1A führt auf die Inseln.

Sehenswürdigkeiten auf einen Blick

1. *Walt Disney World® Resort S. 146–179*
2. *SeaWorld® Orlando, Discovery Cove® und Aquatica S. 180*
3. *The Orlando Eye und Merlins Entertainment Complex S. 181*
4. *Universal Orlando® S. 182–187*
5. *Wet 'n Wild®/Universal's Volcano Bay™ S. 188f*
6. Orlando
7. Winter Park
8. International Drive
9. Gatorland
10. Kissimmee
11. Lake Toho
12. Disney Wilderness Preserve
13. Fantasy of Flight
14. *LEGOLAND® S. 196f*
15. Bok Tower Gardens
16. Yeehaw Junction
17. American Police Hall of Fame
18. Canaveral National Seashore und Merritt Island
19. *Kennedy Space Center S. 200–205*
20. US Astronaut Hall of Fame
21. Valiant Air Command Warbird Air Museum
22. Cocoa
23. Cocoa Beach

❶ Walt Disney World® Resort

Lassen Sie in diesem Unterhaltungszentrum von Weltformat Ihrer Fantasie freien Lauf. Hier kommt jeder auf seine Kosten, unabhängig vom Alter. Planen Sie für jeden der vier großen Themenparks – Magic Kingdom®, Epcot®, Disney's Hollywood Studios® und Disney's Animal Kingdom® – mindestens einen Tag ein. Abkühlen können Sie sich in den zwei Wasserparks Blizzard Beach und Typhoon Lagoon. In Disney's Wide World of Sports können Sie Golf spielen, reiten, in Pools und Seen schwimmen, Boot oder Wasserski fahren oder sich anderweitig austoben. Zur Anlage gehören mehr als 30 Hotelanlagen – Sie können sich also im Zimmer ausruhen, ehe Sie sich am Abend die Feuerwerke oder eine Show in Disney Springs® (früher Downtown Disney®) ansehen.

Magic Kingdom®
Sieben fantastische, abenteuerliche Länder umgeben das wunderschöne Cinderella's Castle.

Sehenswürdigkeiten auf einen Blick

① Magic Kingdom® *S. 150–153*
② Epcot® *S. 156–163*
③ Disney's Hollywood Studios® *S. 166–169*
④ Disney's Animal Kingdom® *S. 170f*
⑤ Blizzard Beach *S. 172*
⑥ Typhoon Lagoon *S. 173*
⑦ Fort Wilderness Resort & Campground *S. 175*
⑧ Disney Springs® *S. 176f*

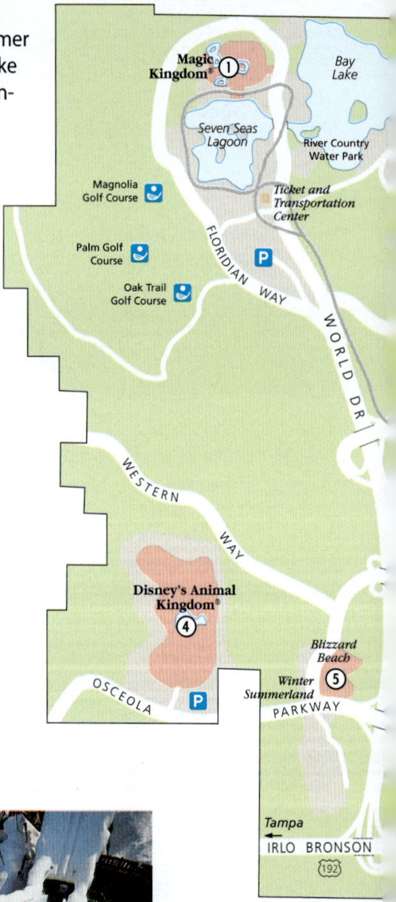

Disney's Animal Kingdom®
Ein aufregendes Erlebnis: Begegnen Sie wilden Tieren, gehen Sie auf Safari, zum Floßfahren oder Wandern – oder kreischen Sie auf verrückten Fahrgeschäften.

0 Meter 500
0 Yards 500

Legende

Monorail
Interstate Highway

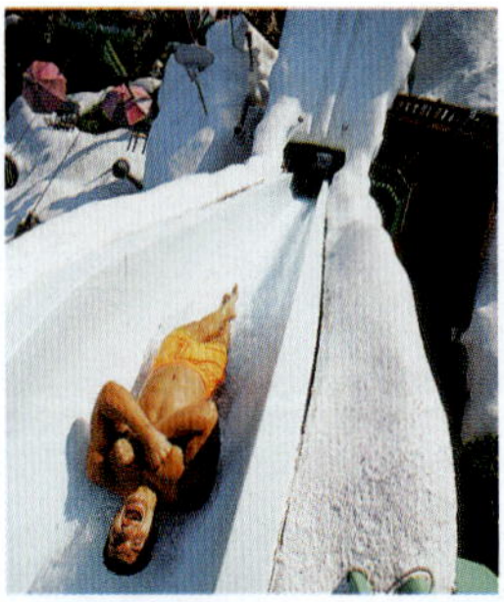

Blizzard Beach
Spannende Fahrgeschäfte und Wasserrutschen bietet dieser durchdachte und vergnügliche 27 Hektar große Wasserpark.

Weitere Zeichenerklärungen *siehe hintere Umschlagklappe*

Epcot®
Reisen Sie hier über die Kontinente, fliegen Sie mit einer Rakete zum Mars, erleben Sie ein Unterwasser-Abenteuer und blicken Sie in die Zukunft.

Disney's Hollywood Studios®
In Disney's Hollywood Studios dreht sich alles ums Showbusiness. Gäste aller Altersstufen tauchen hier in die Glitzerwelt und den Zauber von Hollywood ein.

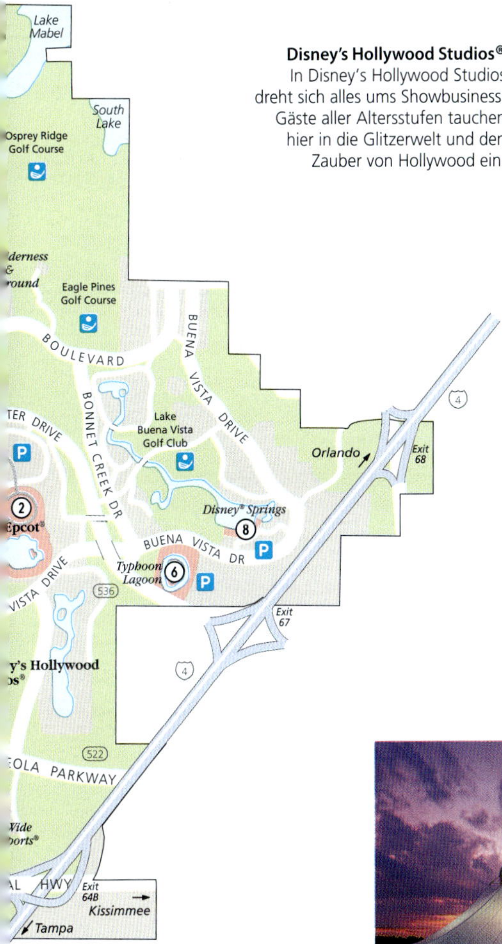

Im Walt Disney World® Resort unterwegs

Ein umfangreiches Transportsystem befördert am Tag über 200 000 Besucher. Verkehrsknotenpunkt in Walt Disney World® ist das Ticket and Transportation Center (TTC). Täglich verkehren Monorails, Fähren und Shuttle-Busse. Die Hotels außerhalb des Resorts bieten außerdem einen kostenlosen Shuttle-Service zu den Parks (Details *siehe S. 178f*).

Disney Springs®
Themenrestaurants, Clubs, Shows und der neueste Disney-Souvenirladen – all das und noch viel mehr gibt es in diesem tollen Entertainment- und Shopping-Komplex.

Legende

Hauptattraktionen

Hotels und Restaurants in Orlando und an der Space Coast *siehe Seiten 317f und 336–339*

Magic Kingdom® ①

Der Klassiker unter den Disney-Themenparks ist Magic Kingdom®, das es in ähnlicher Form auch in Kalifornien, Japan und Frankreich gibt. Comicfiguren sowie Blicke auf die Welt (vor allem auf Amerika) von einst und von morgen bestimmen das Bild. In dem 43 Hektar großen Park werden in sechs »Ländern« Themen wie der Wilde Westen, Amerika in der Kolonialzeit oder Zukunft verkörpert. Überall finden Musikparaden statt, Straßenkünstler treten auf, lebensgroße Disney-Figuren begrüßen die Gäste.

Traumschloss im Fantasyland®

Erkundung des Parks

Gäste der Disney-Hotels können von Extra Magic Hours profitieren und sich auch vor und nach den regulären Öffnungszeiten im Park aufhalten.

So können sie Fantasyland® und Tomorrowland® eine Stunde lang besichtigen, bevor der übrige Teil des Parks geöffnet wird. Bei der Ankunft erhalten Sie eine Karte, die die Länder und Attraktionen zeigt und die Paradezeiten auflistet. Die Informationstafel am Ende der Main Street zeigt außerdem die Wartezeiten der verschiedenen Attraktionen an. Für die spannendsten Fahrgeschäfte bucht man ein FastPass+ genanntes Ticket bis zu 30 Tage im Voraus. Die Reservierungen für einzelne Attraktionen können noch am Tag des Besuchs an den Kiosken des Geländes geändert werden. Mit Disney's MagicBands am Handgelenk oder Magic Cards kommt man ebenfalls durch die Eingänge. Die zentralen Türme des Cinderella's Castle sind eine gute Orientierungshilfe, wenn Sie sich im Park bewegen.

Die Hauptattraktionen liegen auf gegenüberliegenden Seiten des Parks, daher sind größere Strecken zurückzulegen. Es gibt diverse Transportmöglichkeiten. Main Street® verfügt über eine Vielzahl von Fahrzeugen, von Pferdekutschen bis hin zu Autos. Eine Dampflokomotive fährt durch den Park und hält in der Main Street®, im Fantasyland® und im Frontierland®.

Tipps

- Wenn Sie zu den vorgezogenen Öffnungszeiten Einlass bekommen, sollten Sie 15 bis 20 Minuten vor der Öffnung an der Abgrenzung neben Peter Pan und »it's a small world« sein.
- Wenn Sie zuerst Splash Mountain besichtigen möchten, steigen Sie in einen Zug an der Main Street, bevor der Park öffnet. Zur Öffnungszeit fährt der Zug los und erreicht Frontierland sieben Minuten später. Die Haltestelle befindet sich neben Splash Mountain und Big Thunder.
- Um die Zahl der Gäste bei den Attraktionen gegen Betriebsschluss zu reduzieren, werden viele Wartestellen abgegrenzt, sodass die Warteschlangen von außen sehr lang erscheinen.
- Die kunterbunten Paraden betrachtet man am besten im Frontierland. Seien Sie dafür möglichst schon 45 Minuten vorher vor Ort.
- Paraden am Tag führen von Splash Mountain zum Town Square, Paraden in der Nacht in die entgegengesetzte Richtung.

Essen und Trinken

Das Restaurant-Angebot beschränkt sich mehr oder weniger auf Fast-Food-Restaurants. Wenn Sie besser und ruhiger essen möchten, versuchen Sie Liberty Tree Tavern oder den Crystal Palace. Cinderella's Royal Table im Schloss bietet gutes Essen zu hohen Preisen.

Main Street, USA®

Die Main Street verkörpert Disneys Traum eines viktorianischen Amerika, das es so nie gab. Gleich zu Beginn befindet sich die Main Street Station. Von dort geht es mit dem Zug durch den Park. Die Züge fahren alle zehn Minuten ab. Bei der Haltestelle gibt es Schließfächer, in denen Sie gegen eine geringe Gebühr Wertsachen und Taschen aufbewahren können. Wenn Sie Town Square betreten, liegt links die City Hall, die erste Anlaufstelle für Informationen über Shows und Sonderveranstaltungen. Main Street® selbst ist ein bezaubernder Mix aus Farben, Formen und Musik. In der Town Square Exposition Hall zu Ihrer rechten Seite hilft man Ihnen bei Problemen mit Ihrer Kamera. Die Läden befinden sich aber entlang der Main Street®. Nachts strahlt diese Gegend ein tolles Ambiente aus, wenn Tausende Lichter die Bürgersteige beleuchten. Von hier sollten Sie sich die Main Street Electrical Parade ansehen, eine Mischung aus Fantasie und Musik, mit Live-Action und Festwagen.

Adventureland®

Üppiges Grün, dumpfe Trommelschläge und Gebäude im Kolonialstil beschwören Bilder von Afrika und der Karibik herauf. Das Adventureland, eine aufregende und unterhaltsame Mischung von Exotischem und Tropischem, liegt jenseits einer Holzbrücke.

Bei der **Jungle Cruise** werden die Gäste im Boot zu verschiedenen animierten Landschaften aus dem tiefsten Afrika, Indien und Südamerika gebracht. Diese eindrucksvollen »Kreuzfahrten« sind bei den

◀ **Spaß im Wasserpark Typhoon Lagoon, Walt Disney World® Resort** *(siehe S. 173)*

Tagesprogramm

Es ist nicht empfehlenswert, Magic Kingdom an einem Tag zu besichtigen. Auf jeden Fall sollten Sie früh starten. Die folgenden Tipps helfen, den Tag so zu gestalten, dass Sie keine wichtige Attraktion verpassen. Hilfreich sind außerdem die App **My Disney Experience** und der Übersichtsplan, den Sie am Eingang erhalten.

1. Begeben Sie sich nach dem Drehkreuz direkt zum Zentralbereich. Wenn der gesamte Park geöffnet ist, gehen Sie nach rechts zu **Space Mountain®**. Wer auf Nervenkitzel steht, sollte hier einsteigen, die anderen können sich **Buzz Lightyear's Space Ranger Spin®** widmen.
2. Gehen Sie nach dem Space Mountain® zum **Fantasyland** (der Speedway sollte sich rechts von Ihnen befinden) und genießen Sie **Seven Dwarfs Mine Ride** oder **Many Adventures of Winnie the Pooh**.
3. Wenden Sie sich nach links und steuern Sie **Peter Pan's Flight** und **»it's a small world®«** an.
4. Gehen Sie zur linken Seite hinaus in Richtung Liberty Square und besuchen Sie die **Haunted Mansion**.
5. Verlassen Sie Haunted Mansion auf der rechten Seite und gehen Sie weiter zum **Splash Mountain**. Biegen Sie nach rechts ab zur **Big Thunder Mountain Railroad**.
6. Verlassen Sie Big Thunder, überqueren Sie die Brücke und fahren dann mit **Pirates of the Caribbean®**.
7. Fahren Sie mit der **Jungle Cruise**. Dann geht es weiter zu Walt Disney's **Enchanted Tiki Room**.
8. Zeit für das Mittagessen in einem Fast-Food-Restaurant.
9. Gehen Sie zum **Swiss Family Treehouse** im Adventureland®.
10. Gehen Sie in Richtung Tomorrowland und nehmen Sie an **Stitch's Great Escape!** teil.
11. Besuchen Sie den **Monsters, Inc. Laugh Floor® Comedy Club** und wählen Sie zwischen **Astro Orbiter** und dem **Carousel of Progress**.
12. Kehren Sie zurück, um mit **Dumbo the Flying Elephant®** oder **The Barnstormer** zu fahren.
13. Überqueren Sie den Zentralbereich in Richtung **Frontierland** und beobachten Sie die **Nachmittagsparade**.
14. Sie haben nun die Top-Attraktionen von Magic Kingdom besucht. Ruhen Sie sich aus, ehe die **Main Street® Electrical Parade** beginnt. Schließt der Park früh, schauen Sie vom Town Square aus zu. Bei langen Öffnungszeiten sehen Sie sich die Parade von der Seite vom Tomorrowland an, so können Sie nach dem Ende die Attraktionen im Tomorrowland und im Fantasyland besichtigen.
15. Setzen Sie sich schließlich auf eine Bank im Park und genießen Sie von dort in aller Ruhe das **Feuerwerk**.

Besuchern besonders beliebt, hauptsächlich wegen des großen Unterhaltungswerts des »Kapitäns«, der es immer wieder schafft, die Gäste mit seinem Humor anzustecken.

Der **Enchanted Tiki Room** ist eine amüsante und hervorragend animierte Attraktion, in der man der Hitze für 20 Minuten entfliehen kann. Sie zeigt Figuren aus *Aladdin* und *Der König der Löwen* und ist wirklich einen Besuch wert.

Pirates of the Caribbean® ist eine unterhaltsame und äußerst detailgetreue Reise, in der Sie an schon ziemlich verfallenen, unterirdischen Gefängnissen und an heftig umkämpften Galeonen aus dem 16. Jahrhunderts vorbeifahren und wilde Kampfszenen aus dieser Zeit bestaunen können. Die Effekte sind wirklich verblüffend und machen die Attraktion zu einer der beliebtesten des gesamten Areals.

Beim Ausgang befindet sich ein Souvenirladen mit vielen Piraten-Accessoires – von Schwertern über Halstücher bis zu Schätzen.

Frontierland®

Vom Wilden Westen in Hollywood inspiriert, hat dieses Land viel zu bieten. Die **Frontierland Shootin' Arcade** erinnert an den Wilden Westen und an Rummelplätze aus längst vergangenen Zeiten. Im **Country Bear Jamboree** wird eine vollständig animierte Tiershow gezeigt, die vor allem bei Kindern sehr beliebt ist und an heißen Sommertagen eine willkommene Erholung bietet.

Dem Big Thunder Mountain gegenüber befindet sich ein Steg, von dem Flöße zu Tom Sawyer Island ablegen. Dieser Abenteuerspielplatz ist mit seinem Fort, den Hängebrücken, Wasserfällen und Tunneln der Traum aller Kinder.

Der Klassiker im Park ist die **Big Thunder Mountain Railroad**, die ihre Passagiere auf eine Reise durch den Wilden Westen mitnimmt und dabei etwas außer Kontrolle zu geraten scheint. Die Achterbahn ist allerdings harmloser, als sie auf den ersten Blick aussieht, wobei die Fahrt in den hinteren Waggons wilder ist. Da diese Bahn äußerst beliebt ist, sollten Sie sie bereits frühzeitig in Ihr Programm aufnehmen.

Shows und Paraden

Sie sollten wenigstens eine Show und eine Parade sehen. Der 3-D-Film *Mickey's PhilharMagic Orchestra* und Walt Disney's *Enchanted Tiki Room* sind bereits bemerkenswert, die Paraden sind jedoch einzigartig. Riesige Festwagen, umgeben von vielen Schauspielern und Tänzern, ziehen auf einer festgelegten Route zwischen Frontierland® und dem Town Square in Main Street® an den Besuchern vorüber. Es gibt eine Parade am Nachmittag und in der Hauptsaison zusätzlich zwei am Abend (zumeist um 20.30 und 22.30 Uhr), *Main Street Electrical Parades* genannt. Abends wird auch *Wishes* aufgeführt – ein Riesenspektakel mit Feuerwerk und Musik, bei dem Cinderella's Castle im Rahmen einer Light-Show fantastisch beleuchtet wird.

Hotels und Restaurants in Orlando und an der Space Coast *siehe Seiten 317f und 336–339*

Eine Attraktion, bei der Sie nicht so nass werden, wie es auf den ersten Blick scheint, ist **Splash Mountain®**. Er ist der Inbegriff von Disneys größter Stärke, der nahtlosen Integration von Musik, Special Effects und wunderschön gestalteten Figuren. Viele Mini-Abfahrten vor dem großen Finale machen Splash Mountain zur besten Wildwasserbahn der Welt. Garantiert werden Sie es nicht bei einer Fahrt belassen wollen, doch da es den meisten Besuchern so geht, bilden sich schon früh lange Schlangen.

Liberty Square

Der Platz ist im postkolonialistischen Stil gehalten und bietet drei Attraktionen: **Liberty Square Riverboat**, **The Hall of Presidents** und **Haunted Mansion®**. Bei letzterer muss man selten anstehen, die angenehm kühle Fahrt ist auch eher amüsant als Furcht einflößend – außer vielleicht für ganz kleine Kinder. Man kommt über einen Friedhof, auf dem die Grabsteine singen, und erreicht, begleitet von schauerlichen Melodien, ein verlassenes Geisterhaus. Hier treiben die Wände und Böden ihr eigenes Spiel, und nichts ist so, wie es zu sein scheint. Achten Sie auf den durchsichtigen Mitfahrer, der beim Verlassen des Hauses direkt neben Ihnen sitzt.

Realistischer geht es an Bord des Liberty Square Riverboat zu, einem (natürlich nur imitierten) Schaufelraddampfer, mit dem Sie langsam durch das Amerika des 19. Jahrhunderts fahren und dabei Texte von Mark Twain hören. Auf Tom Sawyers Island begleiten (ausnahmsweise echte!) tropische Vögel Ihren Weg.

Die Hall of Presidents ist ein überaus angenehmer Ort, um an heißen Sommertagen der Hitze und den Menschenmassen entfliehen zu können. Hier sehen Sie einen spannenden Film über die Geschichte Amerikas und bekommen alle US-Präsidenten als animierte Figuren präsentiert.

Shopping

Überall im Magic Kingdom findet man Läden, in denen man alles Mögliche an Kleidung, Süßigkeiten (außer Kaugummi!) und Merchandise-Artikeln kaufen kann. Alle Länder haben ihre eigenen Shops. Die angebotenen Artikel basieren auf dem Thema des Landes und den dazugehörenden Attraktionen (Piraten-Accessoires können z. B. in der Nähe von *Pirates of the Caribbean* erworben werden). Der Shop mit dem umfangreichsten Sortiment ist jedoch Disney Springs® (vorher Downtown Disney®), der größte Disney-Laden der Welt.

Fantasyland®

Fantasyland ist zweifellos das Herz und die Seele des Magic Kingdom®. Sein Wahrzeichen ist Cinderella's Castle, das mit seinen Türmen alles überragt und daher ein guter Orientierungspunkt ist.

Die Fläche von Fantasyland® wurde im Rahmen einer umfassenden Erweiterung nahezu verdoppelt. Dabei entstanden auch zwei neue Schlösser: Beast's Castle und Prince Eric's Castle.

Eine weitere Attraktion ist **The Barnstormer**, wo Great Goofini mit tollkühner Akrobatik begeistert. Nervenkitzel pur bietet eine Fahrt mit der Achterbahn **Seven Dwarfs Mine®** – für viele Besucher von Fantasyland® der ultimative Kick. **Prince Charming Regal Carousel** (ein Nachbau eines Fahrgeschäftes von 1917) begeistert Jung und Alt.

Auch **Peter Pan's Flight** gehört verdientermaßen zu den beliebtesten Attraktionen in Fantasyland®, da er den Passagieren das Gefühl des Fliegens vermittelt, wobei Musik und Bewegungen hier perfekt harmonieren. Direkt gegenüber erreicht man **»it's a small world®«**. Die muntere Fahrt auf dem Wasser verläuft vorbei an Schaubildern mit animierten Puppen. Während der ganzen Fahrt werden Sie von einer süßen Melodie begleitet, die sich leicht zum Ohrwurm entwickeln kann.

The Many Adventures of Winnie the Pooh kombiniert die neueste Technologie mit raffinierten Licht- und Soundeffekten. Für eine Pause eignet sich das Gelände »Pooh's Thoughtful Spot«.

Mickey's PhilharMagic Orchestra® ist ein animierter 3-D-Film mit den beliebtesten Disney-Figuren.

Im Sommer kann es nervenaufreibend sein, mit Kindern in der Hitze in der Warteschlange zu stehen. Versuchen Sie möglichst, Attraktionen im Freien (wie Dumbo oder Karussell- und Achterbahnfahrten) mit Attraktionen in geschlossenen Räumen (»it's a small world®«), bei denen man innen ansteht, abzuwechseln.

Tomorrowland®

The Tomorrowland® Transit Authority ist eine sehr entspannte zehnminütige Fahrt durch Tomorrowland®. Sie bietet einen schönen Blick auf den Park, und man kann sich dabei ausruhen. Hier ist nie viel los, der Zug bietet interessante Einblicke in einige der spannendsten Highlights auf dem Gelände.

Die schnellste Attraktion ist **Space Mountain®**, bei der Sie in einer Rakete von einer Startrampe in den Weltraum geschossen werden. Im All ist es, abgesehen von blinkenden Sternen, tiefschwarz, weshalb eine Kollision mit den Asteroiden geradezu unvermeidbar scheint. Die Effekte sind hervorragend, aber obwohl die Fahrt wilder als im **Big Thunder Mountain** ist, ist sie für routinierte Achterbahnfahrer eher harmlos.

Erfreulicherweise wird die Wartezeit an vielen Attraktionen mit Videospielen verkürzt – damit wird auch längeres Anstehen erträglich.

Für eine kleine Stärkung zwischendurch ist **Cosmic Ray's Starlight Café** genau der richtige Ort. Die Gäste werden von »Sonny Eclipse« unterhalten, dieser gigantische Alien spielt Keyboard. Es gibt drei Speisesäle mit jeweils unterschiedlichem Essen, für jeden Besucher findet sich etwas.

Das **Walt Disney's Carousel of Progress** kommt mit großen Massen sehr gut zurecht. Hier sitzen die Gäste in Kabinen, die sich um eine zentrale Bühne drehen, auf der die Entwicklung des häuslichen Lebens in verschiedenen Epochen dargestellt wird. Obwohl es eher kitschig wirkt, ist das Carousel sehr beliebt, vor allem spät am Abend kommen viele Besucher her.

Im interaktiven Abenteuer **Monsters, Inc. Laugh Floor** werden Sie mit Mike Wazowski, dem einäugigen Helden aus dem Film *Monster AG*, und seinen beiden Comedy-Freunden herzhaft lachen und singen.

Eine der größeren Neuerungen von Tomorrowland® ist **Buzz Lightyear's Space Ranger Spin**. Bei dieser Reise durch *Toy-Story*-Abenteuer sitzen Sie in einem Zweisitzer, der mit Laserkanonen, elektronischen Anzeigetafeln und einer Steuerung versehen ist, mit deren Hilfe Sie das Fahrzeug kontrollieren können.

Das Herumballern mit den Laserkanonen ist auch bei Erwachsenen derart beliebt, dass dies eine der wenigen Attraktionen ist, von der Kinder ihre Eltern wegziehen müssen.

Tipps

- Bei Paraden sind die Wartezeiten an den Attraktionen kurz.
- Beobachten Sie das Feuerwerk vom oberen Ende der Main Street, fahren Sie dann mit den Attraktionen, bis die Abendparade beginnt, die weniger stark besucht ist.
- Auf der Zugfahrt durchs Magic Kingdom® gewinnen Sie einen Überblick über die Attraktionen.
- Von der Terrasse von Cosmic Ray's hat man den besten Blick auf das Feuerwerk.
- Wenn Sie im Resort wohnen, können Sie über Mittag eine Pause einlegen, sich ausruhen und erst nachmittags zurückkommen, wenn es etwas kühler geworden ist.
- Für Kleinkinder kann man am Eingang Kinderwagen mieten.

Checkliste der Attraktionen

Die folgenden Angaben zu den Fahrten und Shows sollen Ihnen bei der Planung Ihres Besuchs im Magic Kingdom® behilflich sein.

		Wartezeit	Mindestgröße	Hauptbesuchszeit	FastPass+	Geschwindigkeit	Nichts für empfindliche Mägen	Bewertung
	Adventureland®							
F	Jungle Cruise®	●		11–17 Uhr	➡	❷		▼
F	Pirates of the Carribbean®	❍		12–16 Uhr		❶		◆
S	Enchanted Tiki Room	❍				❶		▼
F	Magic Carpet of Aladdin	❍				❶		▼
	Frontierland®							
F	Big Thunder Mountain Railroad	●	1,02 m	10–19 Uhr	➡	❶	✔	★
F	Splash Mountain®	●	1,02 m	10–19 Uhr	➡	❶		★
S	Country Bear Jamboree	❍				❶		▼
S	Frontierland Shootin' Arcade	◗				❶		◆
	Liberty Square							
F	Hall of Presidents	❍				❶		▼
F	Haunted Mansion®	◗				❶		◆
F	Liberty Square Riverboat	❍				❶		▼
	Fantasyland®							
F	Seven Dwarfs Mine®	◗		9–19 Uhr		❶		▼
F	»it's a small world®«	❍				❶		▼
F	The Many Adventures of Winnie the Pooh	●		10–18 Uhr	➡	❸		★
F	Peter Pan's Flight	●		9–21 Uhr	➡	❸		★
F	The Barnstormer	◗	89 cm	9–19 Uhr		❷		▼
F	Mad Tea Party	❍				❶	✔	▼
	Tomorrowland®							
F	Buzz Lightyear's Space Ranger Spin®	◗		10–18 Uhr	➡	❶		◆
F	Space Mountain®	●	1,20 m	9–21 Uhr	➡	❷		★
S	Cosmic Ray's Starlight Café	❍						▼
S	Monsters, Inc. Laugh Floor® Comedy Club	◗						▼
F	Tomorrowland® Transit Authority	❍				❶		▼

F = Fahrt; S = Show; Wartezeiten: ❍ = kurz, ◗ = mittel, ● = lang; Bewertung: ▼ = gut, ◆ = sehr gut, ★ = überragend; Geschwindigkeit: ❶ = schnell, ❷ = mittel, ❸ = langsam

MISSION SPACE
INTERNATIONAL SPACE TRAINING CENTER
FLIGHT TRAINING
presented by
hp

Epcot® ②

Epcot® steht für *Experimental Prototype Community of Tomorrow* (Prototyp einer Stadt von morgen) und verkörpert Walt Disneys Traum von einer hochtechnologischen und doch lebenswerten Stadt. Epcot sollte eine utopische Vision darstellen, doch schon vor der Eröffnung 1982 wurden verschiedene Änderungen vorgenommen, sodass Epcot® schließlich als Informations- und Messezentrum eröffnet wurde. Der Park umfasst zwei Bereiche: *Future World* konzentriert sich auf Unterhaltung und Bildung, *World Showcase* zeigt die künstlerische, kulturelle und kulinarische Vielfalt verschiedenster Länder dieser Welt.

Französischer Pavillon im World Showcase

Erkundung des Parks

Epcot® ist zweieinhalbmal so groß wie Magic Kingdom®, d. h., man braucht mindestens zwei Tage, um den Park ganz zu sehen. World Showcase öffnet normalerweise erst um 11 Uhr, sodass die meisten Besucher morgens Future World besuchen. Der hintere Eingang (International Gateway) öffnet um 9 Uhr. Besucher kommen dort in den Bereich World Showcase und können bei Les Halles Boulangerie Patisserie im französischen Pavillon frühstücken. Wie überall in Disney World ist es wichtig, rechtzeitig da zu sein. Wenn Sie das Privileg genießen, früh in den Park eingelassen zu werden, kommen Sie bereits eine Stunde und 40 Minuten vor der offiziellen Öffnungszeit.

Future World bietet zwar nur relativ wenige Attraktionen, doch zwei von ihnen, Test Track® und Mission: SPACE®, werden ständig belagert. Um sie zu erreichen, biegen Sie im *Innoventions East Building* links ab. Es ist hilfreich, sich Future World als ein Ziffernblatt vorzustellen. Wenn Sie sich an der 6 befinden, liegt Mission: SPACE® auf der 9 und Test Track® auf der 11 – das ist etwa so weit wie vom Eingang des Magic Kingdom® bis zum Splash Mountain®.

Wenn Sie den Bereich von Mission: SPACE® und Test Track® verlassen haben, gehen Sie das Innoventions East zurück und in das Innoventions West. Besuchen Sie *Soarin'®* und *The Seas with Nemo & Friends®*. Wenn Sie sich für bekannte Bauwerke interessieren und außerdem in einem der vielen Restaurants in Epcot® essen möchten, sollten Sie den Park durch den International Gateway betreten *(siehe oben)*. Sie parken bei Disney's Boardwalk und machen sich von dort zu Fuß oder mit dem Boot zum Eingang zwischen den Bereichen Frankreich und England auf.

World Showcase wird eher Erwachsene als Kinder interessieren. Die Fahrt *Frozen Ever After* eignet sich für Fans des

Tipps

- Gäste, die zum vorzeitigen Einlass berechtigt sind, umgehen Wartezeiten, die durchaus sehr lang sein können – es lohnt sich auf jeden Fall, mindestens 15 Minuten vor den Öffnungszeiten da zu sein.
- Test Track® und Mission: SPACE® sind sehr beliebt, aber kaum einzuplanen. Besuchen Sie nach Möglichkeit diese Attraktionen zuerst und kaufen Sie sich einen FastPass+ für eine weitere Fahrt zu einem späteren Zeitpunkt.
- Boote überqueren die World Showcase Lagoon in regelmäßigen Abständen. Sie sind mit einer Klimaanlage ausgestattet und bieten etwas Erholung von der Hitze, die mittags und nachmittags meist vorherrscht.
- Die meisten Besucher fahren mit Spaceship Earth, sobald sie in Epcot® angekommen sind, es gibt an dieser Attraktion also lange Wartezeiten. Nachmittags ist der Andrang jedoch weniger groß.

IllumiNations: Reflections of Earth

Auf keinen Fall versäumen sollten Sie die Abendshow IllumiNations, die kurz vor der Schließung an der World Showcase Lagoon gezeigt wird. Diese absolut ausgefallene *Son-et-Lumière*-Show mit Lasern, Feuerwerk und Fontänen stellt elf Länder vor und wird von herrlicher symphonischer Musik untermalt. Der beste Blick auf dieses Spektakel bietet sich von der Veranda der Cantina de San Angel in Mexico, dem Balkon des japanischen Restaurants und der Brücke bei United Kingdom.

◀ Eingang zu Mission: SPACE®, Epcot®

Animationsfilms *Frozen*. Da es kein gutes Transportsystem im Park gibt (zu Fuß ist man schneller), sind bequeme Schuhe wichtig. Beachten Sie: Es gibt wenig Schatten, an vielen Plätzen fehlen Bäume.

Future World

Future World ist das erste Ziel für Besucher, nachdem sie den Eingang passiert haben. Es besteht aus einer Reihe großer, moderner Gebäude, zu denen man durch die Innoventions East und West gelangt. Einige Gebäude beherbergen lediglich eine einzige Attraktion, während andere verschiedene Ausstellungen und kleinere Attraktionen in einem Hauptpavillon bieten. Die meisten Highlights werden von Großunternehmen gesponsert, wie man an den allgegenwärtigen Logos unschwer erkennt.

Pin Trading

Als diese Tauschbörse für Anstecker eröffnet wurde, schienen die Gebete vieler Eltern erhört worden zu sein. Bei Disney bemerkte man, dass Anstecker, die für bestimmte Events hergestellt wurden, sich oft zu einem Vielfachen des Marktwerts verkauften. Also wurden Pin Stations geschaffen, kleine Stände in jedem Park, die Hunderte verschiedene Anstecker verkaufen (meist für 6 bis 15 Dollar pro Stück). Es wurden auch sogenannte Pin Traders eingeführt, Mitarbeiter, die von Gästen überredet werden können, Anstecker mit ihnen zu tauschen. Die ganze Idee erhielt noch Handelsregeln, die die Mitarbeiter zugunsten der Gäste brechen können. Kinder und Jugendliche verbringen inzwischen Stunden, um den Anstecker zu finden, der ihnen noch in ihrer Sammlung fehlt, und ihn gegen andere einzutauschen. Abhängig von Ihrem gebuchten Pauschalpaket bekommen Sie bei Ihrer Ankunft nun eventuell ein Anstecker-Set, um diesen Tauschhandel anzukurbeln. Das Konzept hatte einen derart großen Erfolg, dass das Pin Trading weiterhin betrieben wird.

Spaceship Earth

Diese Attraktion befindet sich in einer Traglufthalle und zeigt in einer Fahrt Fortschritte im Bereich Technologie. Geführt von der Stimme der Schauspielerin Judy Dench reist man von den prähistorischen Anfängen des Menschen ins Cyber Age.

Genauso interessant wie die Fahrt ist die faszinierende Kuppel, von der das Regenwasser direkt in die World Showcase Lagoon geleitet wird.

Top 10 Attraktionen

1. **Test Track®**
2. **Mission: SPACE®**
3. **Rock 'n' Roller Coaster® Starring Aerosmith**
4. **The Seas with Nemo & Friends**
5. **Soarin'®**
6. **Ellen's Energy Adventure**
7. **Maelstrom**
8. **Reflections of China**
9. **Impressions de France**
10. **IllumiNations**

Innoventions

In beiden Gebäuden von Innoventions, East und West, sieht man Produkte, die man bald kaufen kann. Elektronikfirmen halten diese Ausstellung auf dem neuesten Stand. Die Funktion vieler Objekte kann man ausprobieren. Da sich viele Spiele inzwischen in Disney Springs® befinden, ist dieser Pavillon eher für Erwachsene geeignet. *(Weiter auf S. 160)*

Blick über World Showcase Epcot®

Epcot®: Mission: SPACE®

Das aufregendste Fahrgeschäft in Epcot®, Mission: SPACE®, nimmt seine Passagiere mit auf eine Reise durch das Weltall, an deren Ende eine Bruchlandung auf dem Mars steht. Diese extrem beliebte Attraktion, der ultimative Nervenkitzel, kombiniert Highspeed-Drehungen mit einem Simulator und einem 3-D-Film. Das Resultat ist ein absolut echt wirkender Raketenstart und eine Highspeed-Fahrt zum Mars, inklusive einer Umrundung des Mondes. Beeindruckend sind die realistischen Darstellungen des Abhebens und der problematischen Landung. Mission: SPACE®, die technologisch ausgeklügeltste Disney-Attraktion, basiert auf wissenschaftlichen Fakten und Thesen, die Astronauten, Wissenschaftler und Techniker beisteuerten.

International Space Training Center

Die Story spielt im International Space Training Center (ISTC) im Jahr 2036. Zu dieser Zeit haben sich mehrere Länder zusammengetan, um eine neue Generation von Weltraumforschern heranzubilden. Die Teilnehmer der Mission: SPACE® werden zu Astronauten auf der ersten Trainingsmission.

Das ISTC liegt in einem glänzenden Metallgebäude mit gebogenen Wänden und einzigartigem Weltraum-Look. Die gebogene Stahlfassade umgibt den **Planetary Plaza** genannten Innenhof – sobald man diesen Platz betritt, ist man in der Zukunft. Auf der Planetary Plaza stehen Modelle von Erde, Mond und Jupiter. An den Wänden kann man lesen, was historische Persönlichkeiten zu den Themen Weltraumflüge und -forschung von sich gaben. Auf dem Modell des Mondes sind Plaketten, die jede amerikanische und sowjetische Mondlandung der 1960er und 1970er Jahre – ob bemannt oder unbemannt – markieren.

Innen ist das ISTC in mehrere Trainingsareale unterteilt. Es gibt vier Flugabteilungen mit jeweils zehn Raumkapseln, von denen jede vier Passagiere aufnehmen kann.

Training

Ehe sie den Flug antreten, müssen die Astronauten mehrere Prozeduren absolvieren, um sich auf ihre Mission vorzubereiten. Diese Trainings- und Einweisungslektionen sorgen vor allem auch dafür, dass einem die Wartezeit nicht allzu lang erscheint, da sie die Leute unterhalten und beschäftigen, bevor sie die tatsächliche Show erleben. Das Ambiente ist sehr realitätsnah und mutet ein bisschen militärisch an – etwas, das für einen Disney-Park sehr ungewöhnlich ist. Im **ISTC Astronaut Recruiting Center** werden die Besucher über das Training informiert und können ein Modell des futuristischen X-2-Trainingsfahrzeugs besichtigen, das sie später besteigen werden.

Die zweite Station ist das **Space Simulation Lab**, ein sich langsam drehendes, zehn Meter hohes Schwerkraft-Rad mit Labor, Sporträumen, Schlafkojen und Essbereichen für das Team. Eines der Highlights ist ein authentisches Mondfahrzeug aus der Apollo-Ära, eine Leihgabe des Smithsonian National Air and Space Museum. Hier werden die ersten Schritte in Sachen Mondforschung dokumentiert.

Danach kommt man in den **Training Operations Room**, in dem Vorbereitungen getroffen werden. Auf Monitoren werden Live-Filme über das momentan laufende ISTC-Training gezeigt. Im **Team Dispatch** stößt ein Offizier zu den angehenden Astronauten. Diese werden in vierköpfige Teams eingeteilt und in den **Ready Room** geschickt. An diesem Punkt erhält jeder Teilnehmer einen Posten: Kommandant, Pilot, Navigator oder Techniker. Während des Flugs muss jeder die seiner Rolle entsprechenden Aufgaben und Funktionen übernehmen. Hier lernen die

Planetenmodelle vor der Metallfassade des »Mission: SPACE«-Gebäudes

Hotels und Restaurants in Orlando und an der Space Coast *siehe Seiten 317f und 336–339*

Passagiere auch Capcom kennen, den »Kapsel-Kommunikator«, der beim Flug den Astronauten als Führer dient. Im **Pre-flight Corridor** gibt es letzte Instruktionen für die Mission. Ein Crew-Mitglied bringt das Team dann zu seiner Kapsel – einem X-2 Space Shuttle.

Flug und Landung

Das Team besteigt die X-2-Trainingskapsel und wird darin angeschnallt. Jeder Astronaut hat sein eigenes »Fenster«. Der Countdown beginnt, anschließend folgt ein aufregender Startvorgang: Maschinen dröhnen, Rauch steigt auf, die Kapsel fängt an, sich zu bewegen – all diese Prozesse bewirken, dass die Passagiere das gleiche Gefühl haben wie echte Astronauten bei einem echten Raketenstart.

Die »Fenster« bestehen in Wirklichkeit aus LCD-Flachbildschirmen, auf denen mithilfe aktueller Computertechnik ein absolut scharfes Video läuft, das Mars-Satelliten aufgenommen haben. Diese höchst spektakulären Aufnahmen der Planeten Erde und Mars verstärken bei den Passagieren noch den Eindruck, sie würden wirklich durch den Weltraum fliegen.

Die Teammitglieder müssen in ihren Rollen des Piloten, des Kommandanten, des Navigators und des Technikers zusammenarbeiten, um Herausforderungen zu meistern und ihre Mission zum Mars erfolgreich auszuführen. Während des ganzen Fluges bekommen sie vom Capcom Anweisungen hinsichtlich ihrer Aufgaben, die nur im Drücken von Knöpfen bestehen. Die Kapsel reagiert darauf sehr realistisch. Bei unerwarteten Drehungen und Wendungen müssen die Teammitglieder mit Joysticks trickreiche Manöver herbeiführen. Neben der aufregenden Schleuderpartie um den Mond werden sie durch den kurzen Eindruck der Schwerelosigkeit und durch umherfliegende Asteroiden in Atem gehalten. Die vierminütige Fahrt endet mit der Bruchlandung auf dem Mars. Die erstklassigen Soundeffekte erschallen aus einem Stereo-Basslautsprecher, der direkt hinter den Fahrgästen angebracht ist. Pioniere der Weltraumfahrt wie Edwin »Buzz« Aldrin und Rhea Seddon haben Mission: SPACE getestet und für authentisch befunden.

Die G-Kräfte, die während des »Flugs« entstehen, sind in Wirklichkeit zwar geringer als in einer normalen Achterbahn, dauern aber wesentlich länger an.

Tipps

- Dies ist das erste Fahrgeschäft, das mit dem FastPass+ im Hinterkopf gestaltet wurde. Für diese Attraktion ist der Erwerb eines derartigen Tickets notwendig.
- Lesen Sie alle Warn- und Hinweisschilder am Eingang aufmerksam und unternehmen Sie die Fahrt nur, wenn Sie sich sicher sind, ihr gewachsen zu sein.
- Es gibt zwei Varianten: Die orangefarbene ist deutlich heftiger und ruft bei manchen Passagieren Übelkeit hervor, die grüne ist wesentlich ruhiger.
- Fahrgäste von Mission: SPACE® müssen mindestens 1,10 Meter groß sein.
- Die ganze Mission: SPACE®, von der Pre-Show bis zum Advance Training Lab, dauert mindestens 45 Minuten. Der Flug zum Mars dauert von der Schließung der Kapseltüren bis zu deren Öffnung rund vier Minuten.

Advance Training Lab

Nach dem »Flug« können Besucher im Advance Training Lab anhand interaktiver Spiele für jedes Alter ihre Weltraum-Kenntnisse testen. Diese Abteilung steht auch jenen offen, die an der Fahrt nicht teilnehmen. Hier ist auch keine Mindestgröße vorgeschrieben.

Im **Space Race** treten zwei Teams gegeneinander an. Gewinner ist die Mannschaft, die als erste erfolgreich eine Mission vom Mars zurück auf die Erde ausführt. Die Teams bestehen jeweils aus bis zu 60 Personen, die gut zusammenarbeiten müssen, um diverse Herausforderungen und Rückschläge in ihrer Mission zu bewältigen. Bei dem ausgeklügelten Videospiel **Expedition: Mars** muss der Spieler vier Astronauten ausfindig machen, die auf dem Mars verschollen sind. **Space Base** ist ein interaktiver Spielplatz für Junior-Astronauten, die hier klettern, rutschen, forschen und überschüssige Energie loswerden können. An einem Kiosk im Advance Training Lab haben die Besucher die Möglichkeit, **Postcards from Space** zu verschicken. Sie drehen hier einen Videofilm über sich selbst vor verschiedenen Weltraum-Kulissen – ein tolles Andenken an ihre Mission: SPACE®, das sie ihren Freunden und Angehörigen daheim auch per E-Mail senden können.

Hinter dem Advance Training Lab befindet sich die **Mission: SPACE® Cargo Bay**, ein Shopping-Areal. Eine 1,20 Meter große 3-D-Mickey-Mouse im Astronauten-Outfit begrüßt die Besucher, ein 3,60 Meter großes Wandbild mit mehreren Disney-Figuren auf dem Mars dominiert das Areal. Hier können Sie als Erinnerung an Ihr Weltraum-Abenteuer vielerlei Souvenirs kaufen.

Infobox

Information
Future World, zwischen Test Track und Wonders of Life.
☎ 1-407-934-7639.
◷ tägl. 9–21 Uhr.

Vorsicht!

Die Fahrt ist nicht für Personen geeignet, die keine schnellen Drehbewegungen, engen Räume oder Lärm vertragen. Kleine Kinder bekommen eventuell Angst. Schwangere sowie Personen mit Bluthochdruck oder Herzproblemen sollten nicht teilnehmen. Hat die Kapsel erst mal abgehoben, muss man den ganzen Flug mitmachen.

Future World (Fortsetzung von S. 157)

Ellen's Energy Adventure

Hier sehen Sie einen Film, bei dem hauptsächlich die faszinierende Technik und Gastgeberin Ellen DeGeneres begeistern. Das ganze Kino rotiert, bevor es in einzelne Sektionen mit jeweils über 100 Sitzplätzen zerfällt. In diesen geht es auf eine Reise durch eine prähistorische Landschaft voller urzeitlicher Wesen.

The Seas with Nemo & Friends®

Die Technologie ist faszinierend, doch für die meisten Besucher ist die Hauptattraktion hier *Sea Base Alpha*, Epcots® ehrgeizigstes Forschungszentrum. In einer Präsentation werden Sie auf Ihre Reise in die Tiefen des Ozeans vorbereitet, bevor Sie mit den »clamobiles« auf Tour durch ein erstaunliches Korallenriff gehen. Die Reise beginnt dort, wo der Spielfilm *Findet Nemo* endet. In dem riesigen Aquarium trifft man auf vertraute Charaktere wie Dory, Bruce, Marlin und Squirt sowie auf weitere 65 Meerestierarten. **Turtle Talk with Crush** ist eine bahnbrechende Echtzeit-Animation mit interaktiven Komponenten.

The Seas veranstaltet eine Reihe verschiedener Aktivitäten mit Führern: Im Rahmen von *Dolphins in Depth* kann man ganz aus der Nähe zusehen, wie Delfine gefüttert und trainiert werden. Wer möchte, kann im Salzwasser-Becken einem Delfin ganz nah kommen. Beim Epcot Dive Quest taucht man unter Aufsicht inmitten von Meeresschildkröten, Kaiserfischen, Adlerrochen und kleinen Haien. Die Seas Aqua Tour schließlich ermöglicht Besuchern, im riesigen Aquarium zu schnorcheln.

Test Track®

Dies ist eine der populärsten Attraktionen in Epcot®, deshalb gibt es lange Wartezeiten. Test Track® zeigt die modernste Fahrzeugtechnik. Hier sind Sie Passagier in einem Sechs-Personen-Wagen, der vor der Produktion Tests für Bremsen, extreme Steigungen, scharfe Kurven und Beinahekollisionen durchläuft. Der Höhepunkt der Testfahrt ist jedoch, wenn das Fahrzeug mit Hochgeschwindigkeit um den Pavillon rast. Da die Technologie derart hoch entwickelt ist, wird diese Attraktion 24 Stunden am Tag nicht angehalten – die Startphase dauert sehr lange. Das sensible Sicherheitssystem greift jedoch häufig ein und bringt die Fahrzeuge zum Halten. Dies ist zwar manchmal etwa ärgerlich, gleichzeitig können Sie hier jedoch mit einem Gefühl der Sicherheit einsteigen. Diese Attraktion ist bei den Besuchern derart beliebt, dass die Warteschlangen unablässig länger werden – abends müssen Sie mit einer Wartezeit von bis zu zwei Stunden für die vierminütige Fahrt rechnen. Doch selbst dies wird die meisten wohl kaum davon abhalten, sich für eine zweite Fahrt anzustellen.

Beachten Sie, dass das Kontingent für Reservierungen mit dem FastPass+ häufig schon mittags ausgeschöpft ist.

Imagination Pavilion

Dieser Pavillon bietet eine Reihe weiterer spannender Attraktionen. Nebenbei kann ein Aufenthalt in dem mit Klimaanlage versehenen Raum bei Hitze erholsam sein.

Phineas and Ferb: Agent P's World Showcase Adventure ist ein interaktives Spiel, das auf einer bekannten animierten Diseney-Serie basiert. Bei der **Journey into Imagination with Figment** handelt es sich um eine amüsante Fahrt auf der

Tipps

- Test Track® ist sehr beliebt, aber nur schwer einzuplanen. Kommen Sie zuerst hierher, um lange Wartezeiten zu vermeiden, und nehmen Sie Ihr Ticket (FastPass+) für eine spätere Fahrt mit.
- Falls Test Track® während der Fahrt stoppt, fragen Sie nach dem Aussteigen, ob Sie noch einmal fahren dürfen.
- Da Test Track® ununterbrochen fährt – auch wenn der Park geschlossen ist –, kann man z. B. kurz vor Schließung noch einmal fahren.
- Ellen's Energy Adventure ist sehr lang (45 Min.). Planen Sie die Show als Pause ein, z. B. wenn Sie auf eine Fahrt für FastPass+ warten.
- Die Warteschlange vor Ellen's Energy Adventure kann zwar durchaus sehr lang sein, es werden aber alle 17 Minuten 600 Personen eingelassen – die Wartezeit ist somit recht kurz.
- Der Pavillon The Land ist ein landwirtschaftlicher Traum. Zu ihm gehört der neueste Nervenkitzel Soarin'®. Für die kleinsten Parkbesucher eignet sich allerdings eher The Seas with Nemo & Friends mit Charakteren aus dem Disney-Film *Findet Nemo* und mehr als 6000 weiteren Meeresbewohnern.

Celebration Florida

Die auf dem Reißbrett geplante Stadt Celebration entstand im einstigen Sumpfgebiet neben Walt Disney World®. Disney möchte hier in Anlehnung an die hübschen Straßen von Charleston in South Carolina die idyllische Kleinstadtatmosphäre mit Tante-Emma-Läden, an die sich viele Amerikaner mittleren Alters noch gerne erinnern, wieder aufleben lassen. 1996 zogen die ersten Bewohner ein, heute leben hier über 11 000 Menschen. Die fußgängerfreundlichen Straßen, die nostalgischen Gebäude und das Krankenhaus, das »Leib und Seele« behandelt, scheinen für Menschen, die vor dem modernen Stadtleben flüchten wollen, wie geschaffen zu sein. Doch Celebration hat strenge Vorschriften: Vorhänge müssen weiß oder cremefarbig sein, Pflanzen an der Straßenseite müssen von Disney genehmigt werden. Doch in gewisser Weise ist Celebration wie jede andere Stadt auch: Sie ist öffentlich zugänglich, man kann sich überall umsehen.

Suche nach Anregungen für Kunst und Wissenschaft.

Das **ImageWorks Lab** ist ein interaktiver Spielplatz mit audiovisuellen Spielen und Vorführungen.

The Land

Ernährung und Umweltschutz werden in drei Attraktionen thematisiert, die sich um das Fast-Food-Restaurant herum befinden. **The Circle of Life** ist eine Hymne für den Umweltschutz mit Film und Animationen. **Living with the Land** führt auf eine Reise durch Vergangenheit, Gegenwart und Zukunft der amerikanischen Landwirtschaft.

Die größte Attraktion ist jedoch die schier atemberaubende Fahrt **Soarin'®**. Die Passagiere erleben in diesem sensationellen Simulator einen aufregenden Flug über Kalifornien. Dabei erblicken sie u. a. die Golden Gate Bridge und den Yosemite-Nationalpark aus der Sicht eines Drachenfliegers.

Tagesprogramm

1. Stellen Sie sich beim Eingang bereits eine Stunde und 40 Minuten vor der offiziellen Öffnungszeit an (an Tagen mit frühem Einlass, eine Stunde vorher an Tagen mit normalem Einlass).
2. Wenn Sie Ihren FastPass+ schon vor der Reise gebucht haben, sind Sie im Vorteil. Ansonsten steuern Sie einen Kiosk an, der diese Tickets verkauft, und buchen Sie Fahrten mit **Test Track®** und **Mission: SPACE®**. Die nächsten Ziele heißen **Future World** oder **ImageWorks Lab**.
3. Gehen Sie zurück zum Eingang und machen Sie eine Fahrt mit dem **Spaceship Earth**.
4. Gehen Sie nach rechts zu The Land und holen Sie sich ein Ticket für Soarin'®.
5. Sehen Sie sich dann die Show **Ellen's Energy Adventure** an.
6. Gehen Sie zum **World Showcase**.
7. Gehen Sie nach links um die Lagune zum Mexiko-Pavillon und nehmen Sie an der **Gran Fiesta Tour** teil.
8. Halten Sie sich weiter links und dann Richtung Norwegen-Pavillon. Fahren Sie mit **Frozen Ever After**.
9. Jetzt ist Mittagszeit, und Sie haben die Hauptattraktionen bereits kennengelernt. Essen Sie nun zu Mittag. Anschließend besuchen Sie den China-Pavillon (Film), den Frankreich-Pavillon (Film) und den Kanada-Pavillon (Film).
10. Gehen Sie zu **Future World** zurück und besuchen Sie **The Land**. Sehen Sie sich alle Attraktionen an.
11. Verlassen Sie The Land links und gehen Sie weiter zu **The Seas with Nemo & Friends**.
12. Verlassen Sie The Seas with Nemo & Friends links, um **Innoventions** zu erreichen. Besichtigen Sie beide Abteilungen: East und West.
13. Jetzt ist eine gute Zeit, zum Hotel zurückzukehren und sich auszuruhen. Kommen Sie aber gegen 19 Uhr wieder, um noch einen guten Platz für das Feuerwerk **IllumiNations** zu ergattern.

Checkliste der Attraktionen

Die folgenden Angaben zu den Fahrten und Shows in der Future World und im World Showcase sollen Sie bei der Planung Ihres Besuchs in Epcot® unterstützen.

		Wartezeit	Mindestgröße	Hauptbesuchszeit	FastPass+	Nichts für empfindliche Mägen	Bewertung
	Future World						
S	Circle of Life	❍		12–14 Uhr			▼
F	Soarin'®	●	1,02 m	ganztags	➡	✔	★
S	Living with the Land	●		12–14 Uhr			◆
F	Mission: SPACE®	●	1,30 m	9–17 Uhr	➡	✔	◆
F	Spaceship Earth	◗		9–12 Uhr			★
F	Test Track®	●	1,10 m	ganztags	➡	✔	★
S	Ellen's Energy Adventure	◗		10–13 Uhr			◆
S	The Seas with Nemo & Friends® / Turtle Talk with Crush	❍		11–15 Uhr			◆
S	Phineas and Ferb: Agent P's World Showcase Adventure	❍					▼
S	Journey into Imagination with Figment	◗					▼
	World Showcase						
F	Gran Fiesta Tour	❍		12–15 Uhr			▼
S	Impressions de France	❍					▼
F	Frozen Ever After	●		11–17 Uhr			▼
S	The American Adventure	❍					◆
S	O Canada!	❍					◆
S	Reflections of China	❍					★
S	Japan Drummers	◗					▼
S	Biergarten Oompah Band	◗					▼

F = Fahrt; S = Show; Wartezeiten: ❍ = kurz, ◗ = mittel, ● = lang; Bewertung: ▼ = gut, ◆ = sehr gut, ★ = überragend

World Showcase

Die Tempel, Kirchen, Rathäuser und Schlösser dieser elf Pavillons oder Länder sind Kopien echter Gebäude oder im Landesstil gestaltet. World Showcase ist aber viel mehr als nur eine Aneinanderreihung architektonischer Stilelemente. In jedem Pavillon verkaufen Bewohner des dargestellten Landes hochwertige, landestypische Produkte und überraschend gute Nationalgerichte.

Zu bestimmten Zeiten (sie stehen in der Broschüre) treten Einwohner eines jeden Landes auf den Vorplätzen in Live-Shows auf. Am besten sind die Akrobaten aus China und die Trommler aus Japan. Nur wenige Pavillons bieten auch Fahrten an, viele zeigen Filme auf riesigen Leinwänden über Geschichte, Kultur und Landschaften ihres Landes. In einigen wurden sogar Kunstgalerien eingerichtet, die jedoch wenig beachtet werden.

Fähren verkehren auf der World Showcase Lagoon zwischen Kanada und Marokko sowie zwischen Mexiko und Deutschland. Im World Showcase ist man aber ebenso gut und schnell zu Fuß unterwegs.

Mexiko

Eine Maya-Pyramide birgt die beachtlichste Innenausstattung des World Showcase. Die Stände mit Pappmaschee-Tieren *(piñatas)*, Sombreros und Ponchos sowie die *Mariachi*-Spieler auf der Plaza sind in pinkfarbenes Halbdunkel getaucht. Als Kulisse dient ein grollender Vulkan. Auf der äußerst populären **Gran Fiesta Tour** begegnen Sie Caballeros und fahren im Boot vorbei an Animationen und Filmszenen aus dem Mexiko von gestern und heute. Von zwei Restaurants hat man gute Sicht auf die IllumiNations.

Norwegen

Zu den hier präsentierten Bauwerken gehören Kopien einer alten Wikingerkirche und des Akershus-Schlosses (Festung an Oslos Hafen, 14. Jh.), die um einen Platz mit Kopfsteinpflaster angeordnet sind.

Hier können Sie Trolle, Pullover und andere Produkte kaufen. Die Hauptattraktion ist **Frozen Ever After**. Dort wird der Animationsfilm *Frozen* mit den Prinzessinnen Anna und Elsa zum Leben erweckt, der Pavillon ist wie das märchenhafte Königreich Arendelle gestaltet.

China

Herzstück dieses Pavillons ist eine Kopie des Himmelstempels (Tian Tan), des bekannten Wahrzeichens von Beijing, in halber Größe. Die beschauliche Atmosphäre kontrastiert mit dem Rummel manch anderer Pavillons.

Der Film **Reflections of China** mit 360-Grad-Rundumsicht (parallel auf neun Leinwänden) zeigt die beeindruckendsten, eher unbekannten antiken Stätten und Landschaften Chinas. Während des Films müssen Sie stehen. Auf der weitläufigen Empore des Pavillons wird alles Mögliche, von chinesischen Lampions und bemalten Schirmen bis zu Teebeuteln, verkauft. Die Restaurants sind leider recht enttäuschend.

Deutschland

Amerikas Deutschlandbild zeigt eine Ansammlung von Gebäuden mit Giebeln und Türmchen um den St.-Georgs-Platz. Sie basieren auf echten Bauwerken aus ganz Deutschland, darunter eine Markthalle aus Freiburg und eine Burg aus dem Rheintal. Teilen Sie Ihre Zeit so ein, dass Sie das stündliche Glockenspiel auf dem Platz hören können.

An manchen Tagen musiziert ein Akkordeonspieler. Die Läden bieten seltsame, aber auch geschmackvolle Souvenirs wie wunderschöne Hummel-Figuren.

Italien

In diesem relativ kleinen Pavillon dominiert Venedig: von Gondeln, die an Zuckerstangen in der Lagune vertäut sind, bis zu Kopien eines hohen Glockenturms aus rotem Backstein und des Dogenpalastes (14. Jh.) am Markusplatz. Selbst der falsche Marmor sieht echt aus. Die Gebäude dahinter sind im Veroneser und Florentiner Stil gehalten. Die Neptun-Statue ist die Kopie einer Bernini-Arbeit.

Der Schwerpunkt liegt hier auf der Architektur, doch Sie sollten auch in den diversen Läden stöbern, in denen Sie Pasta, Amaretto und Wein kaufen können.

USA

Mittelpunkt des World Showcase ist dieser Pavillon, obwohl ihm der Charme der meisten anderen Pavillons fehlt. Dennoch sind die Amerikaner von »ihrem« **The American Adventure** in einem großen Gebäude im georgianischen Stil sehr angetan. Besucher anderer Länder erhalten hier einen interessanten Einblick in die amerikanische Psyche. Die Show ist

World Showcase: Hinter den Kulissen

Wollen Sie tiefer in die Welt von Walt Disney World® eintauchen, bieten sich die Touren hinter die Kulissen an. In Future World geht das sehr gut im Rahmen der vierstündigen Tour the UnDISCOVERed Future World. Dabei werden Sie auch hinter die Kulissen von Test Track® geführt und erleben die Attraktion aus ungewohnten Perspektiven. Auch Geheimnisse des Feuerwerks IllumiNations werden gelüftet. Die Teilnahme an der Tour kostet 64 Dollar pro Person.

Wenn Sie 249 Dollar und ein wenig mehr Zeit übrig haben, bietet sich die Tour Backstage Magic an, die alle drei Parks umfasst. Ein absoluter Höhepunkt ist der Besuch des berühmten Tunnelsystems unter dem Magic Kingdom®. Infos zu allen Disney-Touren erhalten Sie unter der Nummer 1-407-939-1929.

eine patriotische, jedoch zum Nachdenken anregende Reise durch die US-amerikanische Geschichte. Es sind Filme und exzellente, elektronisch gesteuerte Figuren zu sehen, darunter der Schriftsteller Mark Twain und der große Staatsmann des 18. Jahrhunderts, Benjamin Franklin.

Japan
Ein Platz mit japanischem Garten, Samurai-Festung und Pagode im Stil eines Tempels in Nara (7. Jh.), dessen Stockwerke die fünf Elemente Erde, Wasser, Feuer, Wind und Himmel verkörpern. Das Mitsukoshi-Kaufhaus, eine Kopie der Zeremonienhalle des Kaiserlichen Palastes in Tokyo, verkauft Kimonos, Windspiele und Bonsaibäume. Hier kann man eine Perle aus einer Auster fischen. Einen wahren Eindruck von Japan vermitteln die Restaurants.

Marokko
Marokko zeigt sich mit emaillierten Fliesen, schlüssellochförmigen Türen, rötlichen Festungsmauern und engen Gassen einer Medina (Altstadt), die man durch eine Kopie eines Tores in der Stadt Fès betritt.

Die Gassen der Altstadt führen zu einem geschäftigen Markt mit einigen Läden, die Teppiche, Messingartikel, Lederwaren und Tücher verkaufen. Das Restaurant Marrakesh bietet zum Couscous auch Bauchtanz. Mediterrane Küche genießt man auch im Spice Road Table.

Frankreich
Im Frankreich-Pavillon dominiert gallisches Flair, von der Architektur (darunter eine 1:10-Kopie des Eiffelturms, Pariser Belle-Époque-Häuser und die Hauptstraße eines Bauerndorfes) bis zu den erstklassigen Läden (Parfüm, Wein und Baskenmützen). Mehrere Restaurants bieten französische Küche, eine Patisserie verkauft Croissants und Kuchen. Ein ruhiger, mit klassischer Musik untermalter Film mit dem Titel **Impressions de France**, der auf fünf Leinwänden nebeneinander gezeigt wird, vermittelt einen Eindruck französischer Landschaften.

Großbritannien
Den Mittelpunkt bildet das Rose and Crown Pub, das Spezialitäten wie Pasteten aus Cornwall, Fish and Chips und kühles Fassbier bietet. Das Lokal umgeben hübsche Gärten und Gebäude unterschiedlicher Architektur, darunter eine Hampton Court nachempfundene Burg, die Nachbildung eines Regency-Reihenhauses und ein reetgedecktes Häuschen (dessen Dach aber aus Kunststoffborsten besteht).

Hier bietet sich ein Bummel durch die Geschäfte an, die neben Tee und Porzellan auch Sweatshirts, Teddybären und Spielzeugsoldaten verkaufen. Von der Terrasse im Rose and Crown hat man einen guten Blick auf die IllumiNations.

Kanada
Ein neun Meter hoher Totempfahl, eine Holzhütte, die Kopie des viktorianischen Hotels Château Laurier in Ottawa, eine Felsenschlucht und Ziergärten bestimmen diesen großen, doch recht nüchternen Pavillon.

Die ganze Vielfalt Kanadas, insbesondere die großartige Landschaft, unterstreicht der Circle-Vision-Film **O Canada!**. Das Publikum steht in der Mitte des Theaters und dreht sich, um den Film der Reihe nach auf neun Leinwänden zu verfolgen. In den kanadischen Läden sind Kunsthandwerk der Indianer und Inuit sowie verschiedene Spezialitäten, etwa Wein, erhältlich.

Essen und Trinken

Der Besuch eines Restaurants ist in Epcot® und im World Showcase® ein Muss. Einige neuere Pavillons haben Fast-Food-Lokale, in den besseren Restaurants (u. a. die unten aufgelisteten) müssen Sie (möglichst frühzeitig) reservieren. Rufen Sie die Reservierungs-Hotline 1-407-939-3463 an. Die meisten Restaurants sind mittags und abends geöffnet. Weniger Betrieb herrscht gegen 11 oder 16 Uhr. Zu Mittag isst man rund 30 Prozent billiger als zu Abend. Selbst die feinsten Restaurants bieten Kindermenüs.

Im World Showcase sind zu empfehlen:
Mexiko: La Hacienda de San Angel serviert mexikanische Küche mit Blick auf die Lagune und das Feuerwerk. Vom San Angel Inn sieht man die Pyramide und die Boote.
Norwegen: Das Restaurant Akershus bietet ein reichhaltiges *koldtbord* (Buffet) in Burgambiente.
Deutschland: Im Biergarten wird ein günstiges und großzügiges Buffet zu Blasmusik geboten.
Italien: Das Ristorante L'Originale Alfredo di Roma ist überaus beliebt und sympathisch chaotisch.
Japan: In den Teppan Yaki Dining Rooms bereitet der Koch direkt vor Ihren Augen die Speisen zu. An der Bar des Tempura Kiku (keine Reservierungen) gibt es Sushi.
Frankreich: Es gibt drei erstklassige Restaurants: das Monsieur Paul (nur abends), Les Chefs de France, ein familienfreundliches Bistro mit feiner Küche von renommierten französischen Köchen, und Les Halles Boulangerie & Patisserie mit Backwaren zum Niederknien.
Kanada: Le Cellier Steakhouse ist hervorragend, frühzeitige Reservierung ist notwendig.

Im Frühling und im Herbst gibt es in Epcot® zwei spektakuläre Festivals für Genießer: **Spring's International Flower & Garden Festival** mit Gartenkunst vom Feinsten und **International Food & Wine Festival** mit zahlreichen Imbiss- und Getränkeständen sowie interessanten Weinseminaren.

Eingang zu *Honey, I Shrunk the Kids* in Disney's Hollywood Studios® ▶

HONEY I
PLAY SET
CELEBRATING
135 YEARS
OF SPORTS
CITY
SPORTING
GOODS

K THE KIDS
VENTURE

Disney's Hollywood Studios® ③

Disney's Hollywood Studios® wurden 1989 unter dem Namen Disney-MGM Studios als Stätte für Film- und Fernsehproduktionen eröffnet. 2004 gab Disney seine Animationsstudios auf, woraufhin die Produktionshallen fast komplett leer standen. Dessen ungeachtet blieb der Park ein Besuchermagnet, ein Tribut an Hollywood mit erstklassigen Shows und Fahrgeschäften auf Basis der Filme und TV-Shows von Disney und Metro-Goldwyn-Mayer. Neue spektakuläre Attraktionen wie »Fantasmic!« und »Voyage of The Little Mermaid« machten den Park sogar noch beliebter. Erwachsene wie Kinder können hier nicht nur viel Spaß haben, sondern auch jede Menge lernen.

The Star Tours® – The Adventure Continues

Erkundung des Parks

Dieser Park ist nicht wie die anderen Themenparks gestaltet, auch wenn Hollywood Boulevard den gleichen Zweck wie »Main Street, USA« erfüllt, nämlich die Gäste zu den Attraktionen zu führen. In den letzten Jahren vergrößerte Disney seine Attraktionen und baute die besten in Orlando. Der Ablauf ändert sich oft, und die Straßen können während des Besuchs einer berühmten Persönlichkeit oder bei Dreharbeiten abgesperrt sein. Auch wenn dies meistens im Winter der Fall ist, empfiehlt es sich, sich beim Betreten des Parks nach Öffnungszeiten und Special Events zu erkundigen (bei Guest Services links neben dem Haupteingang).

Wie bei den anderen Themenparks ist es auch hier wichtig, rechtzeitig da zu sein, um lange Wartezeiten zu vermeiden. Beachten Sie auch, dass sich manche Attraktionen nicht für jedes Kind eignen.

Um 15.30 Uhr findet die Nachmittagsparade von Disney's Hollywood Studios® statt. Die offene Struktur des Parks führt dazu, dass die Besucher während der Paraden, die immer auf einem der neueren Disney-Filme basieren, oft ins Schwitzen geraten.

Abends findet **Fantasmic!** statt – einmal täglich in der Nachsaison, zweimal täglich in der Hauptsaison. Da hier bis zu 10 000 Menschen teilnehmen können, sollten Sie sich mindestens zwei Stunden vor dem Beginn einen Platz suchen!

Hollywood Boulevard

Helle Gebäude im Art-déco-Stil und ein Nachbau von Grauman's Chinese Theater präsentieren ein Hollywood, das es so eigentlich nie gab. Hier können Sie sich fotografieren lassen, einige Mitarbeiter verfolgen als Reporter oder Polizisten verkleidet berühmte Persönlichkeiten. Die Mitarbeiter versuchen, Sie zum Indiana Jones Epic Stunt Spectacular! zu locken, einer Live-Show, in der Stunts der Indiana-Jones-Filme gezeigt werden. Die besten Attraktionen befinden sich aber auf der gegenüberliegenden Seite.

Nach der Hälfte der Strecke macht der Sunset Boulevard eine Rechtskurve und führt zu den zwei beliebtesten Attraktionen im Park, dem Twilight Zone Tower of Terror™ und dem Rock 'n' Roller Coaster® Starring Aerosmith.

An der Kreuzung von Hollywood und Sunset Boulevard befindet sich eine der scheinbar allgegenwärtigen Pin Stations, in denen man mit Mitarbeitern und anderen Gästen Disney-Anstecker tauschen kann. Am oberen Ende von Hollywood Boulevard befindet sich die Central Plaza, die von dem Nachbau von Grauman's Chinese Theater und einem riesigen Baldachin in Form von Mickeys Hut aus *Der Zauberlehrling* beherrscht wird. Dort können Sie **The Great Movie Ride®** besuchen, eine der wenigen guten Attraktionen, für die Sie nicht lange anstehen müssen. Fahrzeuge mit Platz für 60 Personen fahren an den größten Filmkulissen vorbei, die je für Disney gebaut wurden. Wie immer sind die realistischen Filmkulissen mit Live-Action-Sequenzen kombiniert. So wird die Fahrt zu einem besonderen Ereignis.

Sunset Boulevard

Wie der Hollywood Boulevard ist auch der Sunset Boulevard eine idealisierte Darstellung der berühmtesten Straße Hollywoods in den 1940er Jahren. Theater und Ladenfronten (einige echt, einige nachge-

Tipps

- Die populärsten Fahrgeschäfte auf dem Gelände sind Twilight Zone Tower of Terror und Rock 'n' Roller Coaster®. Besuchen Sie sie früh, um Wartezeiten zu umgehen.
- Die Nachmittagsparade sieht man am besten von einer Bank beim Popcornstand gegenüber »Sounds Dangerous« aus. Doch auch hier müssen Sie sich rechtzeitig einfinden.
- Während der Paraden ist bei den Attraktionen meistens viel weniger los, man kann sie aber kaum erreichen, wenn man sich auf der falschen Seite befindet.
- Nehmen Sie im Boiler Room von Twilight Zone Tower of Terror irgendeine Tür zu den Aufzügen, selbst wenn sonst niemand dort ansteht – so bekommen Sie einen guten Sitz.

Hotels und Restaurants in Orlando und an der Space Coast *siehe Seiten 317f und 336–339*

Top 10 Attraktionen

① Fantasmic!

② Twilight Zone Tower of Terror™

③ Rock 'n' Roller Coaster® Starring Aerosmith

④ Muppet Vision 3-D

⑤ Star Tours® – The Adventure Continues

⑥ The Great Movie Ride

⑦ Voyage of The Little Mermaid

⑧ Indiana Jones™ Epic Stunt Spectacular

⑨ Toy Story Midway Mania!

⑩ The Magic of Disney Animation

macht) wurden mit Liebe zum Detail rekonstruiert. Am Ende der Straße ragt das Hollywood Tower Hotel auf. Dieses vom Blitz zerstörte, heruntergekommene Hotel ist Schauplatz der unheimlichsten Attraktion Orlandos: **The Twilight Zone Tower of Terror™**. Hier begeben Sie sich, eingesperrt in einen Lastenaufzug, auf eine Reise, die von der Fernsehserie *The Twilight Zone* aus den 1950er Jahren inspiriert wurde. In der Pre-Show-Area gibt es eine Bibliothek, in der eine melancholische Musik ertönt. Von hier betreten Sie den Heizungsraum des Hotels und gehen zu den Fahrstühlen, die mit Holzbänken ausgestattet sind. Die offenen Türen der Fahrstühle geben den Blick auf gespenstische Korridore frei, doch die meisten können sich kaum auf etwas anderes als den Sturz über 13 Stockwerke konzentrieren, dessen Zeitpunkt jedoch keiner kennt. Wenn Sie das 13. Stockwerk erreicht haben, schwankt der Fahrstuhl horizontal und stürzt dann siebenmal hintereinander in die Tiefe.

Diese Attraktion ist ein Meisterwerk der Technologie und Fantasie. Ursprünglich sollten die Fahrgäste nur einmal in den freien Fall geschickt werden, doch inzwischen werden sie siebenmal von gigantischen Motoren in die Tiefe gezogen – mit mehr Tempo als beim freien Fall.

Von oben können Sie auch den Blick auf den gesamten Park und auf die Umgebung genießen, bevor Sie auf die schreckliche Abfahrt geschickt werden. Diese Fahrt ist nicht jedermanns Sache, aber Hartgesottene werden sie lieben.

Der Lärm übertrumpft alles andere auf dieser wilden Fahrt: Der **Rock 'n' Roller Coaster® Starring Aerosmith** wird im Dunkeln in drei Sekunden auf fast 90 Kilometer pro Stunde beschleunigt. In der ersten Spirale wird das Fünffache der Erdanziehungskraft erreicht.

The Rock 'n' Roller Coaster® Starring Aerosmith, Sunset Boulevard

Die Pre-Show, die einen auf diese Adrenalinspritze vorbereitet, zeigt die Gruppe Aerosmith im Tonstudio. Hier stellt man sich in zwei Reihen an. Wer gerne vorne sitzt, kann über eine niedrigere Rampe dorthin gelangen. Die Loopings, Abwärtsspiralen und halsbrecherischen Abfahrten werden mit einem sehr lauten Soundtrack untermalt.

Am Sunset Boulevard liegt der Eingang zum **Theater of the Stars**, das Live-Shows mit Musik und Animationen zeigt. Die Shows ändern sich in diesem Theater regelmäßig. Seit einiger Zeit wird tagsüber *Beauty and the Beast – Live on Stage* gespielt, abends *The Music of Pixar LIVE!*.

Ebenfalls am Sunset Boulevard finden Sie den Eingang zur Show **Fantasmic!**.

Fantasmic!

Die Abendshow von Disney's Hollywood Studios ist eine Show der Superlative. Es ist die beste Vorführung dieser Art in Florida. Sie synchronisiert Musik, Lasershow, Laserprojektionen, Animationen und über 100 Tänzer sekundengenau in einer einzigartigen Choreografie. Die Geschichte, die auf einer einsamen Insel in einer Lagune spielt, handelt von der immerwährenden Schlacht zwischen Gut und Böse. Beleuchtete, fliegende Boote und ein brennender See sind nur einige der vielen erstaunlichen Effekte dieser Show, an der bis zu 10 000 Besucher pro Vorstellung teilnehmen.

Sie müssen mindestens zwei Stunden vor Beginn vor Ort sein, um noch einen guten Platz zu bekommen. Einige Restaurants bieten ihren Gästen die Möglichkeit der Platzreservierung an. Auch in der Nebensaison sind spätestens 30 Minuten vor der Vorstellung sämtliche Plätze belegt. Doch allen Erschwernissen zum Trotz ist dies eine Show, die Sie auf gar keinen Fall versäumen sollten.

Animation Courtyard

Ursprünglich sollten die Besucher des Animation Courtyard nicht nur einen Einblick in die Geschichte und den Prozess der Trickfilm-Animation gewinnen, sondern auch bei der Entstehung animierter Disney-Filme zusehen können. Seit Schließung der Animationsstudios 2004 ist dieser Teil des Parks zwar weniger populär, lohnt aber dennoch einen Besuch.

Die Gesangs- und Tanzshow **Voyage of The Little Mermaid** zeigt das gelungene Zusammenspiel von Zeichentrickfiguren, elektronisch gesteuerten Figuren und Menschen. Laser und Wassereffekte erwecken den Eindruck einer Unterwassergrotte. Diese Show ist bei allen Altersklassen beliebt, nur kleine Kinder fürchten sich manchmal beim Gewitter. **Disney Junior – Live on Stage!** zeigt Disney-Figuren – diese Show ist etwas für Kinder und Jugendliche.

Mickey Avenue

Die Mickey Avenue ist ein Highlight des Geländes – nicht nur, um ein Mickey-Mouse-Autogramm zu ergattern.

Zu den spektakulärsten Attraktionen gehört **Walt Disney – One Man's Dream**, eine geradezu gigantische Propagandashow zu Disneys Visionen. Walt Disney selbst wäre vermutlich von dem enormen Umfang seines Unternehmens erschrocken, schließlich soll er einmal in aller Bescheidenheit gesagt haben: »Vergessen Sie nie: Es begann alles mit einer Maus.«

Von der Mickey Avenue kommt man zum **Pixar Place** mit **Toy Story Midway Mania**. Diese interaktive 4-D-Fahrt durch Kulissen, die nach den bekannten *Toy-Story*-Filmen gestaltet sind, beinhaltet auch einige Minispiele. Bei Green Army Men Firing Range etwa müssen die Teilnehmer Objekte abschießen, als »Waffen« dienen u. a. hart gekochte Eier, Ringe oder Saugpfeile.

Szene aus dem Slapstick-Film Muppet™ Vision 3-D

Streets of America

Hier sieht man die nachgebildeten Straßen von New York, San Francisco, Chicago und anderen Städten. Die lediglich auf Kunststoff und Fiberglas aufgemalten Fassaden werden mit Trägern abgestützt. Wäsche auf der Leine vor einem Haus, ein chinesischer Waschsalon und das Empire State Building (mit aufgemalter, vergrößernder Perspektive) verleihen der Stadt Authentizität. Früher waren die Straßen für Besucher gesperrt, doch heute können Sie sich hier frei bewegen, obwohl noch Filme gedreht werden.

Mit kleinen Kindern dürfen Sie den fantasievollen Spielplatz **Honey, I Shrunk the Kids Movie Set Adventure** mit seinen neun Meter hohen Grashalmen, einer Filmrolle als Rutsche und einer Ameise von der Größe eines Ponys auf keinen Fall verpassen. Hier können es Kinder stundenlang aushalten. Wegen der geringen Kapazität sollten Sie möglichst früh kommen.

In dem lustigen Slapstick-Film **Muppet™ Vision 3-D** stürzen Posaunen, Autos und Felsblöcke von der Leinwand auf Sie herunter. Sie wirken so echt, dass Kinder oft nach den vermeintlich realen Gegenständen greifen.

Elektronisch gesteuerte Figuren und Spezialeffekte wie Kanonenlöcher in den Theaterwänden liefern die vierte Dimension. Im hinteren Teil des Geländes lockt die **Lights, Motors, Action! Extreme Stunt**

Essen und Trinken

Vor allem wegen der tollen Atmosphäre lohnt es sich, in den Restaurants der Disney's Hollywood Studios® einen Tisch zu reservieren. Möglich ist dies telefonisch unter der Nummer 1-407-939-1947, beim Dining Reservation Booth an der Kreuzung Hollywood und Sunset Boulevard oder in den Restaurants selbst.

Hollywood Brown Derby (obere Preisklasse) ist eine Kopie des Original Brown Derby in Hollywood, in dem sich die Stars der 1930er Jahre trafen. Selbst die Karikaturen von Prominenten an den Wänden und die Spezialitäten des Hauses, wie Cobb Salad und Grapefruit-Kuchen, wurden übernommen. Kinder ziehen das Sci-Fi Dine-In Theater Restaurant vor, ein Drive-in aus den 1950er Jahren, wo die Gäste in Mini-Cadillacs Popcorn und Burger unterm Sternenhimmel essen und alte Science-Fiction-Filme sehen. Im 1950's Prime Time Café servieren Kellnerinnen in Küchen der 1950er Jahre Hausmannskost wie Hackbraten und Schmorfleisch, während im Fernsehen Sitcoms der damaligen Zeit laufen. Ohne Reservierung essen Sie am besten in dem im Art-déco-Stil gehaltenen Selbstbedienungscafé Hollywood & Vine, wo Sie am Buffet zwischen Pasta, Salaten, Meeresfrüchten, Spareribs und Steaks wählen können.

Show. Dabei wird man Zeuge bei der Produktion eines Agententhrillers mit Verfolgungsjagden und Stunt-Einlagen.

Echo Lake

Hier dreht sich alles um zwei Shows und die spannende Fahrt **Star Tours**. Kinder sind auch von dem großen Dinosaurier beeindruckt.

In der **Academy of Television, Arts, and Sciences Hall of Fame** werden Fernsehlegenden gefeiert: Produktionen, die wegen hervorragender Leistungen vor oder hinter der Kamera Fernsehgeschichte geschrieben haben. Rundherum gibt es Imbissstände, die alle als Filmschauplätze aufgemacht sind.

Die **Star Tours**-Fahrt basiert auf den *Star-Wars*-Filmen. Im Simulator, der den bei der Astronautenausbildung verwendeten ähnelt, trifft Ihr Raumschiff auf Meteoriten und muss intergalaktische Angreifer abwehren. Da sich das Raumschiff synchron zur Handlung bewegt, wirkt alles unglaublich echt.

Shopping

Die besten Läden liegen am Hollywood Boulevard und sind noch eine halbe Stunde nach Schließung des Parks geöffnet. Mickey's of Hollywood ist ein riesiges Warenhaus für Disney-Artikel. Das 5 & 10 verkauft erschwingliche Filmsouvenirs wie Klappen, Oscars, Bücher und Poster. Deutlich teurer ist Sid Cahuenga's One-Of-A-Kind, das seltene Erinnerungsstücke aus Film und Fernsehen wie etwa Fotos mit Autogrammen (z. B. von Boris Karloff und Greta Garbo) oder Kleidungsstücke berühmter Schauspieler offeriert. Im Animation Courtyard in der Animation Gallery werden »Cels« in limitierter Auflage verkauft, die ein noch größeres Loch in Ihre Brieftasche reißen. Hier gibt es auch Disney-Poster und Bücher.

In der Show **Indiana Jones™ Epic Stunt Spectacular!** werden bekannte Szenen aus den Indiana-Jones-Filmen nachgestellt. Wagemutige Kämpfe und Special Effects fesseln jeden Zuschauer. Todesmutige Stuntmen springen von einem Dach zum nächsten und weichen dabei noch gekonnt Pistolenkugeln und plötzlichen Explosionen aus.

Außerdem zeigen der Stunt-Direktor und echte Stunt-Doubles, wie Actionszenen gedreht werden. Wer mitmachen möchte, muss möglichst früh vor Ort sein.

Brennender Truck, Indiana Jones™ Epic Stunt Spectacular!

Checkliste der Attraktionen

Die folgenden Angaben zu den einzelnen Fahrten und Shows sollen Sie bei der Planung Ihres Besuchs in Disney's Hollywood Studios® unterstützen.

		Wartezeit	Mindestgröße	Hauptbesuchszeit	FastPass+	Nichts für empfindliche Mägen	Bewertung
	Hollywood Boulevard						
F	**Great Movie Ride**	❍		ganztags			★
	Sunset Boulevard						
S	**Fantasmic!**	●		ganztags			◆
F	**Rock 'n' Roller Coaster® Starring Aerosmith**	●	1,20 m	➤11	➡	✔	◆
F	**Twilight Zone Tower of Terror™**	●	1,10 m	➤11	➡	✔	★
	Animation Courtyard						
S	**Disney Junior – Live on Stage!**	◗		ganztags			▼
S	**Voyage of the Little Mermaid**	●		ganztags	➡		◆
	Pixar Place						
T	**Toy Story Midway Mania**	◗		ganztags	➡		★
T	**Walt Disney – One Man's Dream**	◗		ganztags			▼
	Streets of America						
S	**Muppet™ Vision 3-D**	●		ganztags			★
	Echo Lake						
S	**Indiana Jones™ Epic Stunt Spectacular!**	●		ganztags			◆
S	**Lights, Motors, Action! Extreme Stunt Show**	◗		ganztags			▼
F	**Star Tours**	◗	1,10 m	➤11	➡	✔	★

F = Fahrt; S = Show; T = Tour; Wartezeiten: ❍ = kurz, ◗ = mittel, ● = lang; Bewertung: ▼ = gut, ◆ = sehr gut, ★ = überragend; Beste Zeit: ➤11 = vor 11 Uhr

Disney's Animal Kingdom® ④

Der Themenpark ist fünfmal so groß wie Magic Kingdom® und somit der größte Disney-Park. Er ist einzigartig unter den Disney-Parks, da hier rund 1700 Tiere aus 250 Arten zu bestaunen sind. Der Park widmet sich lebenden, mythischen und ausgestorbenen Arten. Einige Bereiche des Parks lassen sich nur in safariartigen Touren erkunden.

Erkundung des Parks

Der Park ist in sieben Gebiete aufgeteilt: Oasis, Discovery Island®, Dinoland USA®, Pandora – The World of AVATAR, Africa, Asia und Rafiki's Planet Watch®.

Animal Kingdom ist etwas anders aufgebaut als die anderen Parks. Nachdem Sie den Eingang passiert haben, betreten Sie zuerst **The Oasis**, von der einige Straßen zum Zentralbereich Safari Village führen. Oasis birgt jede Menge Überraschungen, die man aber nur allzu leicht übersieht, wenn man zu den größeren Attraktionen hetzt. Es lohnt sich auf jeden Fall, die langen Wartezeiten an den Gehegen auf sich zu nehmen. Besuchern, die auf Nervenkitzel stehen, bietet der Park einige außergewöhnliche Attraktionen, die meist gut besucht sind.

Discovery Island

Wenn Sie den offenen Bereich des Village betreten, sehen Sie als Erstes den **Tree of Life**, einen massiven, 14-stöckigen Bau, das Wahrzeichen dieses Parks. Er thront erhaben über bunten Läden und einer Vielzahl von Becken und Gärten, in denen zahlreiche Tiere leben. Die Läden, ein Wickelraum und eine Erste-Hilfe-Station sind direkt gegenüber dem Tree of Life untergebracht.

Unter den Zweigen des Baums befinden sich die Brücken zu den anderen Ländern. Im Baumstamm selbst wird die Show **It's Tough to be a Bug®** gezeigt. Dieser 3-D-Film ist wirklich herausragend, Sie sollten ihn auf keinen Fall versäumen.

Bunt lackiertes Fahrzeug im Animal Kingdom®

Pandora – The World of AVATAR

Der Bereich wurde früher vom Camp Minnie-Mickey eingenommen. Mittlerweile steht das Gelände ganz im Zeichen des preisgekrönten Films *Avatar* von James Cameron.

Die exotische Kulisse des Kassenschlagers mit schwebenden Bergen und dichtem Dschungel, biolumineszenten Bäumen und Flugwesen wird Kinogängern bekannt vorkommen. Zu den größten Attraktionen gehört zweifellos **The Flight of Passage**: Bei diesem Flugsimulator hat man das Gefühl, auf dem Rücken eines Banshees über die fantastischen Landschaften von Pandora zu schweben. Die 3-D-Brillen leisten ganze Arbeit.

Bei der Na'vi River Journey, einer kurzen Bootsfahrt, erreicht man auch den Dschungel, in dem Tiere und Pflanzen in den prächtigsten Farben erstrahlen.

Africa

Dieses Land, das man durch das Dorf Harambe betritt, ist das größte in diesem Park. Die Architektur ist sehr eng an ein kenianisches Dorf angelehnt und verbirgt hinter den Fassaden von einfachen Gebäuden und einigen Telegrafenmasten Disney-typische Sauberkeit.

Bei **Kilimanjaro Safaris®** ist immer am meisten los, auch wenn es am Nachmittag ruhiger zugeht. Die Besucher fahren in Transportern durch eine Nachahmung einer ostafrikanischen Landschaft. Während der rund 20-minütigen Fahrt durch Schlammlöcher und über wackelige Brücken können Sie viele afrikanische Tiere erleben, die sich hier frei und vollkommen ungestört bewegen können, z. B. Nilpferde, Rhinozerosse, Löwen und Elefanten. Es kann sogar durchaus passieren, dass sich ein Tier in die Nähe der Trucks traut, um daran herumzuschnuppern!

Wenn Sie Gorillas aus der Nähe betrachten wollen, eignet sich der **Pangani Forest Exploration Trail®**, eine Welt von Flüssen und Wasserfällen.

Bei den Kilimanjaro Safaris® sieht man frei lebende Tiere

In diesem Gelände kann es allerdings sehr voll werden, da die Gäste hier die Safari verlassen. Am Spätnachmittag ist es meist etwas ruhiger, und die Tiere lassen sich in Ruhe beobachten. Von einigen Aussichtspunkten kann man zusehen, wie sich die Gorillas von Baum zu Baum hangeln.

Der Wildlife Express bringt Sie stressfrei zu **Rafiki's Planet Watch**®, wo zwei lehrreiche Shows – Conservation Station und Habitat Habit – gezeigt werden. Ein schattiger Streichelzoo (Affection Section) ist der unbestrittene Renner bei den Kleinsten.

Asia

In diesem Bereich können Sie exotische Vögel und Tiger in den nachgebauten Ruinen einer Indianersiedlung sehen. Bei **Kali River Rapids**® werden Sie in der Regel völlig durchnässt. Wenn nicht gerade eine große Welle über Ihnen zusammenbricht, haben Sie jedoch die Möglichkeit, die faszinierende Umgebung dieses Landes zu erleben.

Tapire, Komodowarane und Fledermäuse finden Sie im **Maharaja Jungle Trek**®, dessen Highlight die bengalischen Tiger sind, die durch Palastruinen streifen. Durch Glaswände können Sie diese faszinierenden Tiere aus nächster Nähe beobachten.

Bei **Flights of Wonder** fliegen Vögel komplizierte Flugmanöver und demonstrieren Überlebenstechniken in der freien Wildbahn.

Expedition Everest – Legend of the Forbidden Mountain™ ist eine rasante Zugfahrt über das zerklüftete Terrain und die vergletscherten Hänge des Himalaya.

Dinoland USA®

Ein Traum für Dino-Fans: Hier können Sie Dinosaurier mit eigenen Augen leben und sterben sehen. In dem beliebten Bewegungssimulator **DINOSAUR** wird den Besuchern der Eindruck vermittelt, sie müssten einen fleischfressenden Dinosaurier einfangen und dabei seinen Angriffen entgehen. Diese wilde Fahrt in fast völliger Dunkelheit eignet sich eher für größere Kinder. Familienunterhaltung bieten **Finding Nemo – The Musical** im Theatre in the Wild oder **TriceraTop Spin**, eine der neuesten Achterbahnen. Auf dem Spielplatz **The Boneyard**® können die Kleinsten nach Dinosaurierknochen graben.

Top 10 Attraktionen

1. Kilimanjaro Safaris®
2. Festival of the Lion King
3. It's Tough to Be a Bug®
4. Kali River Rapids®
5. DINOSAUR
6. Finding Nemo – The Musical
7. Flights of Wonder
8. Primeval Whirl®
9. Triceratop Spin
10. Expedition Everest – Legend of the Forbidden Mountain™

Checkliste der Attraktionen

Die folgenden Angaben zu den einzelnen Fahrten und Shows sollen Sie bei der Planung Ihres Besuchs im Animal Kingdom unterstützen.

		Wartezeit	Mindestgröße	Hauptbesuchszeit	FastPass+	Nichts für empfindliche Mägen	Bewertung
	Discovery Island®						
S	It's Tough to Be a Bug®	❍		ganztags	➡		◆
	Dinoland USA®						
R	DINOSAUR	◗	1,05 m	ganztags	➡	✔	▼
R	Primeval Whirl®	●	1,20 m	➤11	➡	✔	◆
R	Triceratop Spin	●		➤11		✔	★
S	Finding Nemo – The Musical	◗		ganztags			◆
	Africa						
R	Kilimanjaro Safaris®	●		ganztags	➡	✔	★
T	Pangani Forest Exploration Trail®	●		ganztags			◆
S	Festival of the Lion King	◗		ganztags			★
	Asia						
R	Kali River Rapids®	◗	1,00 m	ganztags	➡	✔	★
S	Flights of Wonder	◗		ganztags			★
T	Expedition Everest – Legend of the Forbidden Mountain™	●	1,15 m	➤11	➡	✔	▼

F = Fahrt; S = Show; T = Tour; Wartezeiten: ❍ = kurz, ◗ = mittel, ● = lang; Bewertung: ▼ = gut, ◆ = sehr gut, ★ = überragend; Beste Zeit: ➤11 = vor 11 Uhr

Wasserparks

Walt Disney World® hat zwei der weltbesten Wasserparks zu bieten, einer davon ist der zweitgrößte der Welt. Ein weiterer Aquapark, River Country – einst der erste in Walt Disney World® –, wurde inzwischen geschlossen. Die Wasserparks spielen neben den großen Themenparks zwar die zweite Geige, ziehen jedoch vor allem in den heißen Sommermonaten riesige Besuchermassen an.

Typhoon Lagoon mit Piraten- bzw. schlicht nautischen Motiven bietet alles Mögliche, von aufregenden Rutschen über Stromschnellen bis zu ruhigen Flussfahrten. Dies ist ein normaler Aquapark, nur eben mit Disney-Anstrich, und man kann mit echten Haien schnorcheln. Blizzard Beach dagegen ist ein ausgeklügelter »überfluteter Wintersportort« mit Kanälen und Rutschen statt Ski- und Rodelpisten. Das Areal ist das ganze Jahr mit »Schnee« bedeckt – das Wasser ist aber immer angenehm warm.

Blizzard Beach ⑤

Während eines Schneesturms, so lautet die Legende, versank ein Teil des Disney-Anwesens unter Pulverschnee. Disneys kluge Köpfe gingen sofort daran, Floridas ersten Wintersportort zu bauen – mit Skilifts, Rodelpisten und einem atemberaubenden Skihang. Doch der Schnee begann bald zu schmelzen, und die Disney-Leute dachten, alles wäre vorbei, bis sie einen Alligator sahen, der einen Hang hinunterrutschte. Sofort wandelten sie den Skiort in einen Wasserpark um: Blizzard Beach. Aus Schlittenbahnen wurden Wasserrutschen, aus dem Berg wurde der längste und höchste Kanal der Welt, und es entstanden Bäche, in denen man umherpaddeln kann.

Herzstück von Blizzard Beach ist die 36 Meter hohe Rutschbahn **Summit Plummet**, in der mutige Besucher mit knapp 100 Kilometern pro Stunde hinabstürzen. Diese bei Teenagern sehr beliebte Attraktion ist für jüngere Kinder nicht geeignet – man muss dafür mindestens 1,20 Meter groß sein.

Slusher Gusher und Toboggan Racer sind ähnliche, aber weniger furchterregende Wasserrutschen. Daneben gibt es die Snow-Stormers-Kanäle und Downhill-Double-Dipper-Rutschen. Bei Letzteren können zwei Rutschende gegeneinander antreten – kein Wunder, dass sie bei Familien besonders beliebt sind.

Beim Summit Plummet rutscht man fast senkrecht in die Tiefe

Die Mount-Gushmore-Rutsche in Blizzard Beach

Aufregung bietet auch die Wildwasser-Floßfahrt **Teamboat Springs** durch unruhiges Wasser. Die Fahrt dauert zwar sehr lange, trotzdem werden Sie danach noch mehr davon wollen. Runoff Rapids ist eine weitere schnelle Fahrt durch wildes Wasser, diesmal allerdings in einer Röhre.

Wenn Sie es eher ruhiger angehen lassen möchten, nehmen Sie den Sessellift auf den **Mount Gushmore**, wo Sie klettern, wandern oder auch nur ein wenig schlendern können. Oder Sie fahren den Cross Country Creek hinab oder rutschen die gefahrlosen Cool Runners hinunter.

Wer Entspannung sucht, ist im weitläufigen Pool-Bereich Melt-Away Bay gut aufgehoben. Diese Attraktion bietet Wellen zwischen sanft und so hoch, dass man sogar surfen kann. Außerdem lockt ein weißer Sandstrand mit Liegen.

Für größere Kinder gibt es z. B. das Blizzard Beach Ski Patrol Training Camp. Für kleine Kinder eignen sich die Attraktionen im Bereich Tike's Peak.

Tipps

- Die beiden Wasserparks Blizzard Beach und Typhoon Lagoon haben eigene, kostenlose Parkplätze; für Winter Summerland parkt man bei Blizzard Beach. Mit eigenem Wagen sind Sie nicht auf Disneys Verkehrsmittel angewiesen, sondern können direkt bis zu den Wasserparks fahren.

Hotels und Restaurants in Orlando und an der Space Coast *siehe Seiten 317f und 336–339*

Typhoon Lagoon ⑥

Dieser Aquapark bietet weniger künstlich geschaffene Vergnügungen – dennoch einige traditionelle Wasserpark-Attraktionen –, dafür mehr Natur. Während Blizzard Beach auf Neuheiten baut, setzt Typhoon Lagoon auf natürliche Schönheit, Meereslebewesen und das mit 18 406 Kubikmetern größte Wellenbad der Welt. Im Mittelpunkt steht das Schiffswrack »Miss Tilly«, das in einem schweren Sturm auf den Gipfel des **Mount Mayday** inmitten eines Tropenparadieses geschleudert wurde.

Vom Gipfel des Mount Mayday kann man auf drei Wasserfällen nach unten fahren: auf den atemberaubenden Gang Plank Falls, den hohen und wilden Mayday Falls und den relativ harmlosen Keelhaul Falls.

Die Wasserrutschen vom Mount Mayday (Humunga-Kowabunga) bieten Spaß, sind aber nicht ganz ohne. Auf den 15 Metern rast man mit knapp 50 Kilometern pro Stunde dahin. Zutritt besteht ab einer Körpergröße von 1,20 Metern. Die weniger rasanten Storm Slides bestehen aus drei sehr kurvigen Tunneln im Inneren des Bergs. Waghalsige stürzen den Crush 'n' Gusher hinunter.

Etwas entspannter geht es im **Wave Pool** zu, in dem sich ruhige Phasen mit 1,80 Meter hohen Wellen abwechseln. Eine weitere eher geruhsame Attraktion in Typhoon Lagoon ist zugleich das Park-Highlight für Erwachsene: der sich wunderbar dahinschlängelnde **Castaway Creek**, auf dem man angesichts von Wasserfällen, Grotten und Regenwäldern alle Sorgen hinter sich lassen kann. Kinder vergnügen sich auf dem Aqua-Spielplatz Ketchakiddee Creek und in kleineren Wellenbädern.

Etwas Besonderes ist das **Shark Reef**, in dem man tropische Fische und echte kleine Haie von einem »gekenterten Frachter« aus beobachten kann – oder man nimmt sich Schnorchel und Taucherbrille und begibt sich zu ihnen ins Wasser. Es ist ein absolut sicheres Vergnügen und eine wunderbare Erfahrung.

Der Wave Pool mit »Miss Tilly« im Hintergrund

Im Shark Reef begegnet man Meeresbewohnern hautnah

Winter Summerland

Fantasia Gardens am Buena Vista Drive war zwar Disneys erster Themen-Minigolfplatz, aber Winter Summerland ist einzigartig. Er führt die Motive der benachbarten Aquaparks, Blizzard Beach und Typhoon Lagoon, weiter, fügt aber einen Hauch von Weihnachten hinzu. Es gibt zwei clever konzipierte Minigolfplätze: den Sommer- und den Winterplatz. Beide gestalteten, so will es die Legende, die Elfen des heiligen Nikolaus, die sich in zwei Lager teilten – jene, die den Nordpol vermissten, und jene, die die Hitze Floridas mochten.

Beide Minigolfplätze bieten eine Vielzahl interaktiver Elemente und sind zuweilen richtig schwierig. Der beliebtere der beiden, der Winter Course mit viel »Schnee« und Weihnachtsdekor, gilt als ein wenig einfacher. Ein paar Löcher der beiden Plätze sind identisch, abgesehen von Sand statt Schnee auf dem Summer Course. Auf diesem findet man Surfbretter, Wasserfontänen und andere Hindernisse, etwa einen im Sand vergrabenen, dösenden Nikolaus. Die letzten zwei Löcher teilen sich beide Minigolfplätze in einer Holzhütte.

Disney Cruise Line®

Mit einer Kreuzfahrtlinie, die vier überdurchschnittlich große Schiffe, private Anlegestellen und All-inclusive-Preise zu bieten hat, erweiterte Walt Disney World® seine Spannweite bis ins Karibische Meer, Mittelmeer sowie in den Pazifik und Atlantik. Neben Drei- und Vier-Nächte-Ausflügen gibt es auch längere Kreuzfahrten mit mehreren Anlaufhäfen. Disneys Cruise Line® kann Attraktionen aufweisen, die keine andere Kreuzfahrtlinie zu bieten hat: Neben hoher Qualität und erstklassigem Komfort auf den Schiffen findet man hier Pauschalangebote, die einen Aufenthalt in Walt Disney World® einschließen.

Schiff der Disney Cruise Line®

Schiff der Disney Cruise Line® vor Castaway Cay

Schiffe und Reiseziele

Die Kabinen auf den Schiffen **Disney Magic®**, **Disney Wonder®**, **Disney Dream®** und **Disney Fantasy®** sind um ein Viertel größer als die der meisten anderen Kreuzfahrtschiffe. Normalerweise sind solche Kabinen modern gestaltet – bei Disney verströmen sie die Eleganz alter europäischer Schiffe, mit Jugendstil auf der *Wonder* und Art déco auf der *Magic*, *Dream* und *Fantasy*. Auf allen Schiffen gibt es ein Theater, Restaurants, Wellness-Bereiche, Fitness-Center und andere Einrichtungen. **Castaway Cay**, Disneys eigene Insel und Endziel der Karibik-Kreuzfahrt, ist eine Art tropische Erweiterung der Hotels und Ferienanlagen von Walt Disney World®. Im Angebot stehen einsame Strände, Schnorcheln, Radfahren, Ausflüge im Glasbodenboot, Wassersport und vieles mehr. Auch für Kinder gibt es an Bord und an Land so viel zu erleben, dass die Eltern sie kaum zu Gesicht bekommen.

Stilvolles Dinner im Restaurant Palo auf einem Disney-Schiff

Kurze Kreuzfahrten (3 – 4 Nächte)

Der Ablauf der kürzeren Fahrten ist immer gleich: Nach der Ankunft im Charterbus im Port Canaveral und dem Einchecken legt das Schiff ab und erreicht am nächsten Tag Nassau auf den Bahamas. Am Tag darauf wird Castaway Cay angelaufen. Abends fährt das Schiff zurück Richtung Canaveral, wo es am Morgen um 9 Uhr ankommt. Bei der Vier-Tage-Kreuzfahrt verbringt man einen Tag mehr auf See und legt einen Stopp in Freeport ein, ehe man wieder Port Canaveral anläuft.

Lange Kreuzfahrten (7 – 14 Nächte)

Disneys längere Kreuzfahrten führen in die Karibik und ins Mittelmeer. Letztere landen an sieben Häfen in Italien, Frankreich (mit Korsika), Spanien, Malta und Tunesien. Eine weitere Option ist eine zwölftägige Kreuzfahrt zu den großen Hafenstädten Nordeuropas.

Zur Angebotspalette gehören auch zweiwöchige Transatlantikfahrten, sie starten und enden auf den Bahamas bzw. an einem Mittelmeerhafen.

Tipps

- Nicht im All-inclusive-Preis enthalten sind unter anderem die Trinkgelder für Kellner und Zimmermädchen. Extra berechnet werden außerdem alkoholische Drinks sowie alle Getränke am Pool. 10 US-Dollar Aufschlag muss man für einen Platz im Spezialitätenrestaurant nur für Erwachsene berappen. Landausflüge kosten ebenfalls extra – außerdem werden hier noch Hafengebühr und Steuern hinzugerechnet.
- Es empfiehlt sich, etwaige Landausflüge rechtzeitig im Voraus zu planen, damit man nicht in der Warteschlange stehen muss, um sich erst an Bord in entsprechende Listen einzutragen. Beachten Sie: Auf der Website *(siehe S. 179)* können Sie die Buchung bereits vorher erledigen, wodurch Sie viel Zeit einsparen.

Hotels und Restaurants in Orlando und an der Space Coast *siehe Seiten 317f und 336–339*

Pirates of the Caribbean: Battle for Buccaneer Gold bei DisneyQuest®

Grand Café™, die Südstaatenküche im **House of Blues®** und die amerikanischen Spezialitäten im **Planet Hollywood®** voller Filmandenken. Einen schnellen Imbiss bekommt man bei **Wetzel's® Pretzels**, wo es warme Brezeln und Eis gibt, und im unteren Bereich des Wolfgang Puck Grand Café™, in dem Pizzas und Salate serviert werden. Drei Attraktionen in der West Side verlangen Eintritt: die Konzerthalle House of Blues® – Teil einer landesweiten Kette –, die atemberaubende **Cirque du Soleil®**-Show La Nouba™ und das elektronische Spieleland **DisneyQuest®**.

La Nouba™-Show im Cirque du Soleil®

Neben den regelmäßigen Shows landesweit bekannter Künstler – und weniger bekannten Acts auf einer kleineren Bühne – präsentiert das House of Blues® einen Sunday Gospel Brunch mit Gospel-Sängern, die live echt amerikanischen Kirchengesang zum Besten geben. Die Cirque-du-Soleil®-Show, eine Theaterproduktion, die auf einem Zirkus basiert, ist so beliebt, dass sie praktisch immer ausverkauft ist – reservieren Sie also Ihre Karten möglichst weit im Voraus. Bei der fabelhaften Show treten gleichzeitig 64 Artisten auf.

DisneyQuest ist bei Kindern und Jugendlichen besonders beliebt. Es bietet Videospiele, Virtual-Reality-Spiele und andere Computer- und 3-D-Abenteuer neben Automatenspielen wie Skee-Ball, Mario Kart und Pac-Man. Gelungen sind die virtuellen Fahrten, bei denen man spezielle Helme mit Brillen aufsetzt. Dazu gehören **Aladdin's Magic Carpet Ride**, **Ride the Comix** und **Invasion!** sowie Ballerspiele wie **Pirates of the Caribbean: Battle for Buccaneer Gold**.

Marketplace

Der Marketplace, eine Freiluft-Mall mit einigen exzellenten Läden und einer guten Auswahl an Restaurants, bietet sich für einen entspannten Bummel an, wenn man etwas Zeit hat. Zu den Highlights, vor allem für Kinder, gehört das **LEGO® Imagination Center**, in dem man sich mit wundervollen LEGO-Konstruktionen fotografieren lassen kann. Aus LEGO-Steinen entstanden z. B. ein Raumschiff und ein Drache im Teich neben dem Laden. Für Kids interessant sind auch die Läden **Once Upon a Toy** und **Disney's Days of Christmas**. Die schiere Größe der **World of Disney**, des größten Disney-Shops der Welt, beeindruckt. Zu den Restaurants am Marketplace gehören das **Rainforest Café**, in dem inmitten von elektronisch gesteuerten Gorillas stündlich Gewitter niedergehen, **Fulton's Crab House** mit Seafood und Riverboat-Ambiente sowie **Ghirardelli® Soda Fountain & Chocolate Shop**. Einen Imbiss kann man sich in **Cap'n Jack's** oder bei **McDonald's**, **Wolfgang Puck™ Express** oder **Earl of Sandwich** genehmigen.

Abendveranstaltungen

Abendunterhaltung bieten außer den populären Disney-Springs®-Attraktionen z. B. **Dinner-Shows** und das **Electrical Water Pageant**. Letzteres, eine bei Kindern beliebte, schwimmende Parade durch Park-Hotels wie Polynesian und Contemporary, sieht man am besten von dem unbebauten Strand in Fort Wilderness aus. Etwa 20 Minuten lang werden schwindelerregende elektronische Animationen präsentiert: Delfine springen aus dem Wasser, Wale und sogar ein Feuer speiender Drache schwimmen vorüber. Seit 1971 fungiert die Parade häufig als Auftakt oder Schlusspunkt der Feuerwerke von Magic Kingdom® und Epcot®. Die zwei etablierten Dinner-Shows, Hoop-Dee-Doo Musical Revue und Disney's Spirit of Aloha, sind sehr unterhaltsam, aber nicht unbedingt ein Grund, die Themenparks früher zu verlassen. Erstere ist eine Western-Comedy in Fort Wilderness' Pioneer Hall, Zweitere bietet authentisch polynesische Musik und Küche. Die Show Mickey's Backyard BBQ ist großer Spaß im Country-und-Western-Ambiente.

Ein »netter« LEGO®-Drache am Marketplace

Praktische Informationen

Auf einer Fläche von 121 Quadratkilometern bietet Walt Disney World® Resort Attraktionen, die die ganze Familie mindestens eine Woche lang unterhalten. Wer nicht viel Zeit hat, muss seinen Aufenthalt in diesem Traumurlaubsland frühzeitig und gut planen, um das Beste aus dem Aufenthalt zu machen. Die Informationen auf diesen Seiten sollen Sie dabei unterstützen.

Beste Besuchszeiten

Der größte Andrang herrscht an Weihnachten, von Ende Februar bis Ostern sowie von Juni bis August. Dann kommen die Parks – mit täglich etwa 90 000 Besuchern im Magic Kingdom® – schon mal an ihre Belastungsgrenze. Alle Fahrgeschäfte sind dann in Betrieb, und die Parks sind länger geöffnet. In der Nebensaison kommen um etwa die 10 000 Besucher täglich ins Magic Kingdom®. Teilweise ist nur ein Wasserpark geöffnet, und einige Attraktionen sind wegen Wartungsarbeiten geschlossen. Auch das Wetter spielt eine Rolle: Im Juli und August ist es heiß, und es gibt häufig Gewitter. Zwischen Oktober und März sind die Temperaturen jedoch angenehm und erlauben mehr Aktivitäten im Freien.

Besucherreichste Tage

Die Themenparks sind jeweils an bestimmten Wochentagen besonders voll. Magic Kingdom®: Montag, Donnerstag und Samstag. Epcot®: Dienstag, Freitag und Samstag. Disney's Hollywood Studios®: Mittwoch und Sonntag. Ein Tipp: Nach Gewittern sind die Wasserparks häufig wie leer gefegt – auch in der Hauptsaison.

Öffnungszeiten

Wenn die Themenparks am vollsten sind, sind sie auch am längsten geöffnet, normalerweise von 9 Uhr bis 22, 23 oder sogar 24 Uhr. In der Nebensaison öffnen sie meist von 9 bis 18 oder 20 Uhr. Rufen Sie am besten vorher an. Pass-Inhaber und Gäste in einem der WDW-Hotels erhalten mindestens 30 Minuten früher Einlass.

Aufenthaltsdauer

Am besten ist es, für Magic Kingdom® und Epcot® jeweils zwei volle Tage einzuplanen – oder eineinhalb Tage und einen halben Tag in einem Aquapark. Für Disney's Hollywood Studios® und Animal Kingdom® benötigen Sie jeweils einen Tag. Planen Sie drei Abende für Fantasmic!, IllumiNations und das Wishes-Feuerwerk ein.

Ideale Planung

Um größere Menschenmengen in der Hitze zu vermeiden,

- besuchen Sie die beliebtesten Attraktionen so früh wie möglich,
- pausieren Sie am frühen Nachmittag, wenn es am heißesten und vollsten ist,
- kehren Sie am Abend in die Parks zu Paraden und Feuerwerken zurück.

Tickets und Pässe

Es stehen verschiedene Angebote zur Auswahl: Sie können ein **Magic Your Way** genanntes Basisticket erwerben. Damit kann eine einzelne Person am betreffenden Tag einen Themenpark besuchen. Je länger Sie bleiben, desto günstiger sind die Tarife pro Tag. Dafür gibt es drei Optionen: Mit **Park Hopper®** haben Sie Zugang zu mehreren Parks und flexiblere Besuchszeiten. Das Ticket **Water Park Fun & More** umfasst zwei Wasserparks, DisneyQuest® Indoor Interactive Theme Park, ESPN Wide World of Sports® Complex und eine Partie Golf im Disney's Oak Trail Golf Course. **No Expiration** ermöglicht bei einer späteren Rückkehr das Einlösen eines nicht genutzten Angebots.

Infos zu Tickets und Preisen finden Sie im Internet unter https://disneyworld.disney.go.com/tickets. Dort wird auch das System FastPass+ erklärt, mit dem man lange Wartezeiten vermeidet *(siehe unten)*.

Wenn Sie nicht in einem Disney-Hotel wohnen und länger als zehn Tage hier sind, erwägen Sie den Kauf eines **Annual Pass**. Es gibt ihn in drei Varianten: Der **Disney Platinum Pass** gilt für alle Themenparks, der **Water Parks Annual Pass** für alle Wasserparks, der **Disney Platinum Plus Pass** für alle Parks. Die Kinderpreise gelten für Drei- bis Neunjährige.

Pässe gibt es in den Disney-Läden, am Flughafen, dem Informationszentrum am I-Drive und über die offizielle Disney-Website. Manchmal gibt es Pauschalangebote für Hotels und Tickets.

Verkehrsmittel

Ein umfassendes, effizientes Verkehrsnetz transportiert täglich durchschnittlich rund 200 000 Gäste. Auch zahlreiche Hotels außerhalb des Walt Disney World® Resort bieten kostenlosen Shuttle-Service zu und von den Parks.

Die Verkehrsnabe von Walt Disney World® ist das **Ticket and Transportation Center (TTC)**. Zwei Monorail-Bahnen fahren von hier zum Magic Kingdom. Eine dritte Monorail verbindet das TTC mit Epcot®. Fähren verkehren auf der Seven Seas Lagoon zwischen TTC und Magic Kingdom®.

Weitere Fähren verbinden Magic Kingdom® und Epcot® mit ihren Hotelanlagen. Busse sind in der gesamten Walt Disney World® unterwegs, einige fahren direkt zum Magic Kingdom®. Alle Ticketbesitzer dürfen die Verkehrsmittel kostenlos nutzen.

Vielleicht wollen Sie einen Wagen mieten, um die Region bequem zu erkunden. Die Themenparks liegen nämlich teils weit auseinander, und für Besuche von Blizzard Beach und Typhoon Lagoon ist das öffentliche Verkehrsmittel – insbesondere für kleine Kinder – nicht immer die allerbeste Option.

Hotels und Restaurants in Orlando und an der Space Coast *siehe Seiten 317f und 336–339*

Wartezeiten

Die Warteschlangen sind frühmorgens und am Abend sowie während der Paraden und zu Essenszeiten kürzer. Bei Fahrgeschäften muss man zuweilen lange warten, die Wartezeit für Shows ist jedoch selten länger als die Show selbst. Mit dem **FastPass+** können Sie sich bei vielen Attraktionen ein bestimmtes Zeitfenster reservieren lassen. Die Parks füllen sich morgens bereits innerhalb einer Stunde. Bis dahin können Sie Attraktionen besuchen, für die Sie später lange warten müssten.

Behinderte Reisende

Rollstühle kann man am Parkeingang ausleihen, an speziellen Eingängen kommen Behinderte ohne Wartezeit hinein. Das Personal in den Parks darf jedoch aus Sicherheitsgründen behinderte Gäste nicht hochheben.

Kleinkinder

Da Walt Disney World® für Kinder körperlich und emotional anstrengend sein kann, planen Sie Ihren Tag entsprechend. Für Kinder im Vorschulalter empfiehlt sich vor allem Magic Kingdom®.

Das Warten und viele Gehen in den Themenparks kann kleine Kinder schnell erschöpfen – mieten Sie am besten am Parkeingang einen Kinderwagen. Wenn Sie ihn nach einer Fahrt nicht wiederfinden, bekommen Sie bei Vorlage des Mietscheins einen Ersatz. In den Parks gibt es Baby Care Center zum Wickeln und Füttern.

Dank des »Switching-off«-Systems kann zunächst ein Elternteil bei einer Fahrt mitmachen und danach der andere, ohne ein weiteres Mal anzustehen.

Treffen mit Mickey

Für viele Kinder ist der Höhepunkt im Walt Disney World® Resort ein Treffen mit den Disney-Figuren. Man sieht sie in allen Themenparks, aber entspanntere Zusammentreffen garantieren ein paar Restaurants, üblicherweise beim Frühstück. Jeder Themenpark und viele Hotels bieten Abendessen mit Disney-Figuren – reservieren Sie dafür weit im Voraus einen Tisch.

Sicherheit

Die Parks haben einen hervorragenden Ruf für ihre Sicherheit. Probleme sind selten und werden sofort aus der Welt geschafft. Das Personal hält Ausschau nach verloren gegangenen Kindern und bringt sie in spezielle Abholstationen. Am Eingang wird jede Tasche durchsucht.

Übernachten und Essen

Die Unterbringung in den Disney-Hotels und Villenkomplexen hat einen hohen Standard. Leider sind aber auch die günstigsten teurer als Hotels außerhalb von Walt Disney World®. Beachten Sie jedoch, dass im Preis einiges inbegriffen ist:

- früher Einlass in die Themenparks (bis zu einer Stunde vor der offiziellen Öffnungszeit),
- garantierter Zugang zu den Themenparks, auch wenn sie überfüllt sind,
- Lieferung aller Einkäufe vom Walt Disney World® Resort ins Hotel.

Für ein Abendessen in einem Full-Service-Restaurant in Walt Disney World®, vor allem in Epcot®, buchen Sie Priority Seating – dies ist vergleichbar mit dem FastPass für Fahrgeschäfte.

Weitere Informationen *siehe S. 146–153* und *156–163*.

Parken

Besucher des Magic Kingdom® müssen beim TTC parken und sich von dort zu Fuß oder mit dem Bus fortbewegen. Epcot®, Disney's Hollywood Studios® und Animal Kingdom® verfügen über eigene Parkplätze. Für Disney-Hotelgäste ist das Parken kostenlos – andere Besucher zahlen einmal am Tag, egal, wie oft sie den Wagen bewegen. Die Parkplätze sind riesig, notieren Sie sich also den Namen der Disney-Figur und die Reihe, die Ihren Platz kennzeichnen.

Auf einen Blick

Informationen

Allgemeine Information
T 1-407-939-5277.
Unter dieser zentralen Telefonnummer erhalten Sie umfassende Informationen zu sämtlichen Themenparks (Magic Kingdom®, Epcot®, Disney's Hollywood Studios® und Disney's Animal Kingdom®), zu den beiden Wasserparks (Blizzard Beach und Typhoon Lagoon) und zu allen Veranstaltungen im Walt Disney World® Resort. Die Nummer ist täglich von 7 bis 23 Uhr (Eastern Standard Time; *siehe S. 377*) erreichbar.

Darüber hinaus können Sie sich für den Kauf von Tickets sowie zu bestimmten weiteren Themen *(siehe unten)* an konkrete Ansprechpartner wenden.
W **disneyworld.disney.go.com**

Tickets
T 1-407-939-7679
(Kauf neuer Tickets).
T 1-407-939-7523
(Fragen zu bereits gekauften Tickets).
T 1-407-939-4357
(FastPass+).
T 1-407-560-7277
(Annual Pass).

Unterkünfte – Information/Reservierung
T 1-407-939-1936.
T 1-407-939-1942
(für Gruppen bei Reservierung von mindestens zehn Zimmern).

Fort Wilderness Resort & Campground
T 1-407-824-2900.

Tischreservierungen (auch für Dinner-Shows)
T 1-407-939-1947.

Disney-Führungen
T 1-407-939-1929.

Reisende mit besonderen Bedürfnissen
T 1-407-560-2547.

Disney Cruise Line®
T 1-800-951-3532.
W **disneycruise.disney.go.com**

❷ SeaWorld® Orlando, Discovery Cove® und Aquatica

Straßenkarte E3. 7007 SeaWorld Dr. 1-407-351-3600. tägl. 9–17 Uhr. **seaworld.com/orlando**

Der Entertainment-Komplex SeaWorld® Orlando umfasst drei unterschiedlich konzipierte Parks, die jede Menge Unterhaltung bieten.

SeaWorld® Orlando ist der populärste Bereich. In diesem Mix aus Vergnügungspark und Delfinarium stehen neben rasanten Fahrgeschäften auch Begegnungen mit Tieren auf dem Programm.

Im Themenbereich **Antarctica: Empire of the Penguin** unternimmt man eine aufregende Reise durch die Antarktis und erforscht dabei den Lebensraum von Pinguin Puck, der die Expeditionsteilnehmer als »Reiseleiter« begleitet.

Clyde & Seamore's Sea Lion High™ ist eine Show, bei der Seelöwen, Walrosse und Otter Kunststücke zeigen. Wer Schildkröten liebt, besucht die Pflegestation Turtle Point mit verletzten und kranken Tieren.

Weitere Attraktionen sind Dolphin Cove, Pacific Point Preserve, Manatee Rescue und Shark Encounter. Die beiden Achterbahnen **Kraken** und **Manta** garantieren Nervenkitzel pur.

Das Platzangebot bei den Shows ist so groß, dass man meistens problemlos einen Sitz mit guter Sicht findet. Man sollte jedoch etwa eine Viertelstunde vor der Show vor Ort sein. Bedenken Sie bei der Wahl des Platzes, dass man in den ersten Reihen durchaus nass werden kann.

Manta® – Fahrspaß in SeaWorld® Orlando

Am Nachmittag ist der Andrang in SeaWorld® geringer. Die Shows sind eng getaktet und beginnen pünktlich. Somit verpasst man meist den Start einer Vorführung, wenn man eine andere bis zum Ende verfolgen möchte.

Einen guten Überblick und die perfekte Aussicht hat man vom 122 Meter hohen Sky Tower, zu dem eine sechsminütige Fahrt hinaufführt.

Unvergessliche Erlebnisse bietet **Discovery Cove** bis zu 1300 Gästen pro Tag. Sie können das Leben unter Wasser direkt erleben, mit Delfinen schwimmen oder durch ein künstliches Korallenriff schnorcheln. Im Explorer's Aviary kann man zwischen Wasserfällen, Stränden und tropischer Vegetation Vögel mit bereitgestellter Nahrung füttern.

Der **Aquatica, SeaWorld's Waterpark™** ist ein wahres Wasserpardies mit Lagunen, Wellenbecken, Strömungskanälen, Wasserrutschen und Fahrgeschäften. Auch wegen der intensiven Farben werden Assoziationen an exotische Gefilde geweckt.

SeaWorld® unterhält auch ein Rehabilitationszentrum für gestrandete und verletzte Meerestiere. Dort werden die Tiere gepflegt, nach ausreichender Genesung kehren sie wieder in die Natur zurück.

In die Kritik geriet SeaWorld® nach Erscheinen des Dokumentarfilms *Blackfish* (2013), der ethische Fragen zur Tierhaltung aufwarf und Gefahren, die sich aus der Gefangenschaft von Tieren ergeben, thematisierte. In der Folgezeit gingen die Besucherzahlen zurück.

Eingang zu SeaWorld® Orlando

Tipps

- In SeaWorld® dürfen Besucher viele Tiere füttern, doch Art und Menge des Futters sind genau festgelegt. Das Futter muss dort gekauft werden. Wenn Sie die Tiere gerne füttern möchten, fragen Sie nach Betreten des Parks bei den Guest Services nach den Fütterungszeiten und -bedingungen.
- Bringen Sie auf jeden Fall eine Plastiktüte zum Schutz Ihrer Kamera mit. In einigen Shows können die ersten zwölf Reihen durchaus mit Salzwasser bespritzt werden.

Hotels und Restaurants in Orlando und an der Space Coast *siehe Seiten 317f und 336–339*

❸ The Orlando Eye und Merlins Entertainment Complex

Das Riesenrad The Orlando Eye ist Top-Attraktion und Wahrzeichen des Merlins Entertainment Complex, der auch Madame Tussauds Orlando und SEA LIFE Aquarium Orlando umfasst. Seine Unternehmensgruppe betreibt auch LEGOLAND® Florida *(siehe S. 196f)*. Hinweise für die Reservierung von Tickets sowie für besondere Angebote finden Sie auf den Websites der Attraktionen.

The Orlando Eye

Straßenkarte E3. 8401 International Dr. 1-866-228-6438. 8, 38, 42 von Orlando. tägl. 10–24 Uhr. **officialorlandoeye.com**

Schon der Anblick des seit 2015 betriebenen Riesenrads ist gewaltig – vor allem bei Dunkelheit, wenn seine rund 64 000 Lichter erstrahlen. Bei einer geruhsamen, rund 20-minütigen Fahrt erlebt man einen wundervollen Blick aus bis zu 122 Metern Höhe. Dreißig transparente, klimatisierte Kabinen bieten Platz für jeweils 15 Personen, die die meilenweite Aussicht genießen können. An Bord erhält man Hinweise zu den Sehenswürdigkeiten im Blickfeld, mit einem Fernglas sind die Eindrücke natürlich noch weitaus intensiver.

An klaren Tagen reicht die Sicht im Osten bis zur Atlantikküste, im Nordosten erkennt man die Skyline von Orlando, im Norden Universal's Hogwarts Castle und The Incredible Hulk Coaster. Bei entsprechender Planung kann man aus luftiger Höhe im Westen die Sonne untergehen sehen – ein unvergessliches Erlebnis. Die weltberühmten Disney-Themenparks befinden sich südweslich – dort erkennt man den riesigen »Golfball« von Spaceship Earth in Epcot® und die Gipfel von Space Mountain®.

Der Anblick des Riesenrads bei Dunkelheit ist faszinierend, die Aussicht aus den Kapseln ist hingegen deutlich weniger spektakulär als bei Tageslicht. Lediglich die Attraktionen in den Themenparks bieten »Lichtblicke«.

Madame Tussauds Orlando

Straßenkarte E3. 8387 International Dr. 1-866-630-8315. 8, 38, 42 von Orlando. tägl. 10–24 Uhr. **madametussauds.com/orlando**

Die Initiatoren dieser Attraktion bewiesen Mut, denn wohl kaum ein anderes Wachsfigurenkabinett weltweit befindet sich in einem Gebiet mit derart warmem Klima, wie es Florida bietet. Nutzen Sie die Gelegenheit, sich hier der Prominenz zu nähern. Nationale und internationale Berühmtheiten aus den Bereichen Showbusiness, Politik, Kunst, Kultur, Wissenschaft und Sport sind hier im passenden Gewand dargestellt.

Der Reigen weltbekannter Persönlichkeiten reicht von Steve Jobs bis zu Audrey Hepburn (natürlich in ihrem Outfit aus dem Erfolgsfilm *Breakfast at Tiffany's*), von Barack Obama bis zu Martin Luther King Jr., von Albert Einstein bis zu Neil Armstrong (im Astronautenanzug).

Für Erinnerungsfotos können Sie Selfies mit Ihren Favoriten machen, aber auch die Mitarbeiter von Madame Tussauds bitten, Sie neben einer Figur zu fotografieren.

Unterwassertunnel im SEA LIFE Aquarium Orlando

SEA LIFE Aquarium Orlando

Straßenkarte E3. 8449 International Dr. 1-866-622-0607. 8, 38, 42 von Orlando. tägl. 10–22 Uhr. **visitsealife.com/orlando**

Das im selben Gebäude wie Madame Tussauds Orlando untergebrachte Aquarium bietet einen wundervollen Einblick in die so artenreiche wie farbenprächtige Unterwasserwelt. Mehr als 5000 Meerestiere tummeln sich in den Tanks, die verschiedenen Ozeanen nachempfunden sind. In einem schwimmen Schwärme von Sardinen über die Köpfe der Besucher hinweg, in einem anderen kann man das Verhalten von Seesternen beobachten. In einem Unterwassertunnel kommt man Haien und Rochen ganz nahe. Man kann auch bei Fütterungen zusehen.

The Orlando Eye – 122 Meter hohes Riesenrad

Straßenkarte *Florida siehe Seite 18f*

❹ Universal Orlando®

Einst war dieses Gelände ein reiner Filmpark, der mit den anderen Attraktionen der Umgebung konkurrierte. Mittlerweile verfügt Universal Orlando® über zwei berühmte Themenparks, einen Entertainment-Komplex und vier Resort-Hotels. Universal Studios Florida®, Islands of Adventure® und Universal CityWalk® sind gute Gründe, wenigstens etwas Zeit außerhalb von Disney zu verbringen. Harry Potter ist der Star in Universal Orlando®. Ein Dampfzug bringt Besucher des Geländes zu den Universal Studios® und den Islands of Adventure®.

Universal Globe am Eingang des Universal Studios Park®

Erkundung der Parks

Die Hauptbesuchszeiten von Universal Orlando® gleichen denen von Walt Disney World® *(siehe S. 178)*. An den Wochenenden geht es in der Regel etwas ruhiger zu als unter der Woche.

Wenn die Parks abends lange geöffnet sind, reichen zwei Tage gerade aus, um beide zu sehen. Schließen die Parks früher – der einzige Nachteil der Nebensaison –, benötigen Sie wahrscheinlich drei oder vier Tage. Wenn Sie länger bleiben, erwägen Sie eines der Pauschalangebote, die Eintritt in die Parks und CityWalk sowie diverse Nachlässe beinhalten.

Die Warteschlangen bei Universal Orlando® sind länger als bei Walt Disney World®, vor allem seit The Wizarding World of Harry Potter™ in Islands of Adventure® eingerichtet und dann auf die Universal Studios® *(siehe S. 185)* erweitert wurde. Um die ganze hier präsentierte Welt von Harry Potter zu erleben, benötigt man ein Ticket für beide Themenparks.

Bei den beliebtesten Attraktionen müssen Sie bis zu zwei Stunden warten. Zur Hauptbesuchszeit können Sie die Warteschlangen umgehen, indem Sie früh ankommen (die Tore öffnen bis zu einer Stunde vor dem offiziellen Einlass). Fahren Sie mit den beliebtesten Attraktionen *(siehe S. 186)* so oft wie möglich. Sie werden nicht mit jeder Bahn fahren können, wählen Sie deshalb die wichtigsten aus, bevor der Park schließt.

Es geschieht selten, dass Sie für Shows lange warten müssen, aber in den Hauptbesuchszeiten sollten Sie eine Viertelstunde vor Beginn da sein, um gute Plätze zu ergattern. Bei den kontinuierlich laufenden Shows warten Sie nur selten länger als die Dauer einer Show. Die Warteschlangen vor den Fahrgeschäften in der Nähe großer Shows werden nach dem Ende der Vorstellung erheblich länger.

Eine andere Möglichkeit, Wartezeiten zu vermeiden, ist der Erwerb des Universal Express Pass, mit dem man im Voraus einen Zeitpunkt für die jeweilige Fahrt vereinbart.

Die meisten Fahrten sind für Kleinkinder nicht geeignet. Einige, außer ET Adventure®, haben sogar Größenbeschränkungen. Für die Jüngsten gut geeignet sind Despicable Me Minion Mayhem, Flight of the Hippogriff, ET Adventure, Pteranodon Flyers, Woody Woodpecker's Nuthouse Coaster™, Animal Actors on Location™ sowie die Inseln Seuss und Jurassic Park.

Live-Aufnahmen

Es gibt für Besucher des Themenparks zwar keine Garantie dafür, Filmaufnahmen zu sehen, aber es besteht durchaus eine realistische Chance, dass auf dem Backlot (im Themenpark) während Ihres Besuchs Kameras umherfahren. Wahrscheinlicher ist es, bei einer TV-Show im Publikum sitzen zu können, vor allem von September bis Dezember. Unter der Nummer 1-407-224-4233 können Sie erfahren, welche TV-Shows während Ihres Besuchs aufgezeichnet werden.

Am Stand nahe den Guest Services werden die Eintrittskarten für Shows ganz nach dem Motto »Wer zuerst kommt, mahlt zuerst« verkauft. Wenn Sie Tickets möchten, sollte dies Ihre erste Anlaufstelle im Park sein.

Tafel mit aktuellem Drehplan

Hogwarts Castle in The Wizarding World of Harry Potter™, Universal Studios®

Figuren der Show Despicable Me sind beliebte Fotomotive

Der Eingangsbereich zu Universal Studios Florida ist wie die Kulisse der Hollywood-Filmstudios der 1940er Jahre gestaltet. Die Anzeigetafel mit dem Drehplan bei den Drehkreuzen, die Details und Termine der Shows anzeigt, ist jedoch echt.

Im Park gibt es an der palmengesäumten Plaza of the Stars mehrere Läden *(siehe S. 187)*, gehen Sie jedoch erst zu den Hauptattraktionen, bevor die Warteschlangen zu lang werden.

Abgesehen von The Boneyard, einem Lager mit Filmrequisiten, ist **Production Central** relativ uninteressant. Karten zeigen die bedeutendsten Sound Stages, die allerdings nur Teilnehmern einer VIP-Tour vorbehalten sind. Verlockend sind allerdings die vielen verschiedenen Läden, darunter der Universal Studios® Store.

Bei Shrek 4-D sind die Besucher »hautnah« am Geschehen

Infobox

Information

Straßenkarte E2. Orange Co. 1000 Universal Studios Plaza, Ausfahrt 75A oder 75B der I-4.
1-407-363-8000.
Zeiten variieren, bitte der Website entnehmen.
universalorlando.com

Anfahrt

21, 37, 40 von Orlando.

Despicable Me entführt in das Hightech-Reich von Gru, einer animierten Schurkenfigur. Die Zuschauer werden in Minions verwandelt und treffen dann in einem 3-D-Abenteuer auf Gru und seine Adoptivtöchter Agnes, Editz und Margo. In Grus geheimem Laboratorium findet am Ende eine interaktive Tanzparty statt.

Shrek 4-D, eine mit Action vollgepackte Fahrt, beinhaltet einen 13-minütigen 3-D-Film mit den Stimmen von Cameron Diaz, Eddie Murphy, John Lithgow und Mike Myers. Spezielle »OgreVision«-Brillen vermitteln einen hautnahen visuellen und akustischen Eindruck der Szenen.

New York

In diesem Bereich gibt es über 60 Fassaden zu bewundern. Einige sind Reproduktionen wirklich existierender Gebäude, andere gab es nur auf der Leinwand. Modelle des Guggenheim Museum und der New York Public Library vermitteln einen dreidimensionalen Eindruck. Das Kaufhaus Macy's ist ebenso vertreten wie Louie's Italian Restaurant, Schauplatz einer Schießerei im Film *Der Pate*.

Jetzt sollten Sie sich zur Delancey Street begeben: Dort geben Jake und Elwood in einer 20-minütigen Live-Show mit Musik ein Potpourri ihrer größten Erfolge aus **Blues Brothers** zum Besten. Wer den Film kennt, weiß, dass dies gute Laune verheißt.

Eine weitere Virtual-Reality-Fahrt ist **Revenge of The Mummy – The Ride®**, das auf den beliebten Filmen der Reihe *Die Mumie* basiert. Auf der Hochgeschwindigkeits-Achterbahn durchfährt man ägyptische Kulissen, Korridore und Katakomben. Eine animierte Figur der Mumie versetzt die Zuschauer durch lebensnahe Bewegungen in Furcht und Schrecken.

Twister ... Ride It Out® konfrontiert die Besucher mit der Gewalt der Natur. Hier können Sie die Kraft eines simulierten Tornados erleben. Sie spüren den Wind, hören das ohrenbetäubende Getose und können zusehen, welchen Schaden der Sturm anrichtet: Lastwagen werden durch die Luft gehoben, als wären sie Spielzeuge. Fünf solche aus Jan de Bonts Katastrophenfilm *Twister* (1996) bekannte Windhosen toben sich in der Show aus, jede ist sechs Meter hoch.

Besucher erleben in Twister ... Ride It Out® einen simulierten Tornado

Eine der wunderbaren Filmkulissen am Hollywood Boulevard

Hollywood

Hollywood Boulevard und Rodeo Drive sind die schönsten Straßen der Studios. Unter Missachtung der tatsächlichen Geografie zollen diese Drehorte Hollywoods Goldenem Zeitalter von den 1920er bis zu den 1950er Jahren Tribut.

Im Restaurant Brown Derby (geformt wie ein Hut) traf sich einst die Hautevolee des Films. Universals eigene Version ist ein lustiger Hutladen.

Schwab's Pharmacy, in die viele kamen, um für den Film entdeckt zu werden, lebt als altmodische Eisdiele neu auf. Im Hollywood Walk of Fame sind wie auf dem wirklichen Hollywood Boulevard Namen in den Bürgersteig eingraviert.

Transformers: The Ride-3-D ist nichts für schwache Nerven. Auf 18 Meter hohen Leinwänden sehen Zuschauer durch ihre 3-D-Brillen Kampfszenen zwischen Decepticons und Menschen.

Hauptattraktion Hollywoods ist aber **Terminator 2: 3-D®**, eine Fahrt mit modernster 3-D-Filmtechnik, Robotern und explosiven Live-Stunts, bei der das Publikum ins Filmgeschehen an die Seite Arnold Schwarzeneggers katapultiert wird. In einer Szene, die Film und Live-Action miteinander kombiniert, stürzt eine Harley Davidson Fat Boy durch die Leinwand auf die Bühne.

Hello Kitty hat mit Lucille Ball eine der größten Attraktionen der Studios verdrängt – zum Leidwesen der Anhänger der amerikanischen Queen of Comedy. Der interaktive Hello-Kitty-Shop am Rodeo Drive bietet alles, was sich Fans der fiktiven japanischen Figur nur wünschen können. Hier kann man individuelle Fanartikel designen. Ein Höhepunkt ist natürlich ein Treffen mit der berühmten Katze.

Men in Black™ – Alien Attack™

Die **Universal Horror Make-Up Show** bietet einen faszinierenden Einblick in die Kunst der Make-up-Künstler und zeigt, wie die Filmindustrie mit schier unglaublichen Make-ups die Monster entstehen lässt.

Woody Woodpecker's Kid Zone

Das auf Steven Spielbergs Spielfilm basierende bezaubernde **ET Adventure®** sollte jeder mitmachen. Ein fliegendes Fahrrad befördert Sie über eine glitzernde Stadt zu ETs Heimatplaneten.

In der Show **Animal Actors on Location℠** schlüpfen Tier-Doppelgänger in die Rollen von Hundestars wie Lassie und Beethoven.

A Day in the Park with Barney™, arrangiert in einem Zauberpark, zielt nur auf Kinder ab. Star ist der Tyrannosaurus Rex Barney, der Held einer beliebten amerikanischen Fernsehserie für Vorschulkinder.

Fievel's Playland℠ entstand nach Motiven der *Feivel*-Zeichentrickfilme. Feivel ist eine Maus, der die Utensilien auf einem Spielplatz, wie Cowboyhut, Stiefel, Brille und Teetasse, riesengroß erscheinen.

Woody Woodpecker's Nuthouse Coaster® ist eine gemütliche kinderfreundliche Variante der allgegenwärtigen Fahrgeschäfte.

Bei **Curious George Goes to Town℠** gibt es viel Wasser zum Planschen und Hunderte von Schaumstoffbällen.

World Expo

Die Architektur von World Expo basiert auf den Olympischen Spielen 1984 in Los Angeles und der Expo 1986 in

Transformers: The Ride-3-D®, eine topmoderne Attraktion

Hotels und Restaurants in Orlando und an der Space Coast *siehe Seiten 317f und 336–339*

Vancouver. Fahrgeschäfte und Shows stehen hier im Mittelpunkt.

Bei **Men in Black™ – Alien Attack™** unterstützen Sie Will Smith in einem Vier-Personen-Simulator beim Kampf gegen die Aliens. Laserkanonen und Rauchbomben sorgen für den nötigen Nervenkitzel. Jeder Besucher bedient seine eigene Kanone. Auf einer großen Anzeige wird Ihr Geschick beim Vernichten der Aliens gemessen.

The Simpsons Ride™ transportiert die Besucher nach Springfield, die Heimat der aus der gleichnamigen Fernsehserie bekannten Familie Simpson. Diese Fahrt ist die Hauptattraktion des neu angelegten Bereichs World Expo, in dem Gäste bei Moe's einen Drink, bei Krusty Burger einen Snack oder bei Lard Lad einen Donut zu sich nehmen können. Das Fahrgeschäft Kang and Kodos' Twirl 'n' Hurl – benannt nach dem berühmten Alien-Duo – ist ebenfalls sehr beliebt.

San Francisco

Die Hälfte dieses Geländes ist San Francisco, vor allem Fisherman's Wharf, gewidmet. So sieht die Snackbar Chez Alcatraz aus wie der Kartenkiosk für Touren zur Insel Alcatraz.

Anziehungspunkt von San Francisco ist **Disaster!℠ A Major Motion Picture Ride … Starring You**. Dabei werden die Besucher Teil einer Studioproduktion. Die gedrehten Szenen werden in den Film *Mutha Nature* integriert. Die Fahrt ist nicht nur überaus aufregend, sondern hat auch Informationscharakter. Hier erfährt man, wie Spezialeffekte für Kinofilme gedreht werden. Abschließender Höhepunkt ist die Simulation eines gewaltigen Erdbebens.

Optimus Prime – eine Figur aus Transformers

Die **Beetlejuice Graveyard Revue™** nebenan ist eine Mega-Monster-Rock-Show.

Beetlejuice-Schild

The Wizarding World of Harry Potter™ – Diagon Alley™

Ein absolutes Muss für Fans von Harry Potter: Mit Diagon Alley, Hogsmeade und London wurde ein weiterer Teil der Welt des Zauberlehrlings zum Leben erweckt. Hauptattraktionen sind die Zaubererbank Gringotts und die Achterbahn **Escape from Gringotts™**. Bei dem Besuch von Läden wie Ollivanders, Weasley's Wizard Wheezes und Quality Quidditch Supplies muss man sich vor dem Drachen in Acht nehmen *(siehe auch S. 182)*.

Furcht einflößender Riesendrache, Escape from Gringotts™

Essen, Trinken und Shoppen

In den Themenparks von Universal Orlando ist das Essen gut. Das Hard Rock Café ist das größte der Welt, es gibt aber noch andere Restaurants. Im Fischlokal Lombard's Seafood Grille sollten Sie einen Tisch reservieren, das Buffet ist sehr populär. Mel's Drive-In bietet Fast-Food-Liebhabern alles, was das Herz begehrt. Das originalgetreue Restaurant im Stil der 1950er Jahre stammt aus dem Film *American Graffiti*. Das International Food and Film Festival lockt mit asiatischer, amerikanischer und italienischer Küche.

Die meisten Läden sind auch noch nach der offiziellen Schließung des Parks geöffnet. Im Universal Studios Store gibt es alles von nachgemachten Oscars bis zu Topflappen mit Universal-Logo. Wer noch etwas mehr Geld übrig hat, kann bei On Location für einige Hundert Dollar ein signiertes Foto seines Lieblingsstars erstehen.

Islands of Adventure®: Attraktionen

Islands of Adventure® ist einer der technologisch fortschrittlichsten Themenparks der Welt. Zu den Inseln gehören Jurassic Park mit dem lehrreichen interaktiven Discovery Center®, The Wizarding World of Harry Potter™ mit dem Dragon Challenge Coaster™ sowie die beliebteste Fahrt im Park: Harry Potter and the Forbidden Journey™. Marvel Super Hero Island® widmet sich Spiderman, dem Incredible Hulk, Captain America und Dr. Doom. King Kong macht Skull Island unsicher. Seuss Landing Island™ und Toon Lagoon sind für kleinere Kinder geeignet.

Top 5 Attraktionen

① **Harry Potter and the Forbidden Journey™**

② **The Amazing Adventures of Spiderman®**

③ **The Incredible Hulk Coaster®**

④ **Skull Island: Reign of Kong**

⑤ **The Jurassic Park River Adventure®**

Jurassic Park River Adventure®

Erkundung des Parks

In dem Park gibt es außer den kleinen Booten, die über den See fahren, keine Transportmittel. An einem Tag werden Sie alle Attraktionen besichtigt haben, vorausgesetzt, Sie kommen am Anfang der Öffnungszeiten in den Park.

Wie bei jedem Themenpark ist auch hier ein Tagesplan wichtig, wenn Sie möglichst viel sehen möchten.

Islands

Der Eingang zum Park wird durch Pharos Lighthouse gekennzeichnet, von dem alle paar Minuten eine Glocke ertönt.

Wenn Sie von hier aus im Uhrzeigersinn weitergehen, gelangen Sie auf **Marvel Super Hero Island®**. Hier dreht sich alles um die Figuren aus Marvel Comics' Super Heroes. Der Incredible Hulk Coaster® ist wahrscheinlich Floridas spektakulärste Achterbahn. Sie beschleunigt in nur zwei Sekunden auf 65 Kilometer pro Stunde und schießt ihre Passagiere 33,50 Meter in die Höhe, bevor diese sieben Loopings überstehen müssen.

Storm Force Accelatron® ist eine wildere Version von Disneys Mad Hatter's Tea Party Ride und absolut nicht für Personen mit empfindlichem Magen geeignet.

Obwohl Dr. Doom's Fearfall® Furcht einflößend aussieht, ist es eine bemerkenswert angenehme Fahrt, wobei Sie in Ihrem Sitz in die Luft katapultiert werden, ehe Sie 46 Meter in die Tiefe fallen. Daneben befindet sich The Amazing Adventures of Spiderman®, eine komplexe Attraktion, in der 3-D-Filmtechnologie und Simulationen sowie Spezialeffekte raffiniert kombiniert werden.

Auf **Toon Lagoon Island** werden Cartoons zum Leben erweckt. Hier gibt es zwei Wildwasserbahnen und Vorführungen des Toon Lagoon Beach Bash. Gegenüber befinden sich Popeye and Bluto's Bilge-Rat Barges®, eine überaus spannende Raftingfahrt, bei der Sie einem riesigen Kraken begegnen.

Von Me Ship, the Olive℠, einem Spielplatz für Kleinkinder, haben Sie einen hervorragenden Blick auf die Raftingfahrt. Hier erhalten Sie auch Wasserpistolen, mit denen Sie die Passagiere in den Booten nass spritzen können. Dudley Do-Right's Ripsaw Falls® basiert auf den Cartoons von Rocky und Bullwinkle™. Dies ist eine angenehme Fahrt mit einem sagenhaften Sturz gegen Ende der Fahrt, bei dem Sie unterzutauchen scheinen.

Skull Island: Reign of Kong signalisiert die Rückkehr der fiktiven Affenkreatur in den Themenpark. Ein rasantes Fahrgeschäft bringt Besucher in dichten Dschungel, durch einen antiken Tempel und einige Höhlen, bevor sich King Kong persönlich um sie kümmert. Regisseur Peter Jackson, der *King Kong* neu verfilmte, wirkte bei der Gestaltung mit.

Jurassic Park® basiert auf den Filmen gleichen Namens, die exotische Vegetation bietet hier willkommenen Schatten. The Jurassic Park River Adventure® ist eine höchst interessante Fahrt durch Jurassic Park®, auf der die Passagiere Hadro-, Stego- und anderen Sauriern begegnen, bevor sie »aus Versehen« als Folge eines Raptorenangriffs umgeleitet werden. Die Fahrt endet mit einem 26 Meter tiefen Sturz in eine Lagune, bei dem Sie nicht allzu nass werden.

Camp Jurassic®, ein prähistorischer Spielplatz, bietet Kindern die Möglichkeit, u. a. Bernsteinminen nach Herzenslust zu erforschen. Daneben befinden sich die Pteranodon Flyers. Hier fliegen die Kinder paarweise über Jurassic Park® Island, die Fahrt dauert rund 80 Sekunden.

Hotels und Restaurants in Orlando und an der Space Coast *siehe Seiten 317f und 336–339*

Das Discovery Center® ist eine interaktive Ausstellung, in der man die DNS verschiedener Spezies (inklusive des Menschen) mischen und das Resultat bestaunen kann.

The Wizarding World of Harry Potter – Hogsmeade™ bringt einen zu den Schauplätzen Hogwarts und Hogsmeade mit zwei äußerst beliebten Fahrten: Harry Potter and the Forbidden Journey™ beginnt relativ harmlos in Hogwarts und endet mit einem abenteuerlichen Flug durch die Lüfte. Bei Dragon Challenge™ treten zwei Achterbahnwagen zum Wettstreit an, welcher als erster wieder am Ausgangspunkt ankommt. Die Fahrt Flight of the Hippogriff™ ist familienfreundlicher: Sie führt durch Kürbisfelder und in Hagrids Hütte.

Bühnenshows sind z. B. The Eighth Voyage of Sindbad® Stunt Show, in der Stunts, Flammen und Explosionen begeistern. In der Show Poseidon's Fury wird der Zweikampf zwischen den Göttern Poseidon und Zeus unter Mitwirkung zahlreicher Spezialeffekte nachgespielt.

Harry Potter™: Flight of the Hippogriff™

Seuss Landing™ basiert auf den Kinderbüchern von Seuss. Bei If I Ran The Zoo™ können sich Jung und Alt auf einem interaktiven Spielplatz zwischen seltsamen Kreaturen austoben. Caro-Seuss-el™ ist ein Karussell mit Seuss-Figuren als Pferden. Bei der Fahrt One Fish Two Fish Red Fish Blue Fish™ muss man Fische fangen und Flugzeugen ausweichen. Für jene, die Seuss nicht kennen, ist The Cat in the Hat™ eine Fahrt, auf der man katzenartige Figuren auf einer wirbelnden Couch sieht.

Universal CityWalk®

Der etwa zwölf Hektar große Entertainment-Komplex Universal CityWalk® mit seinen Restaurants, Clubs, Läden und Kinos bietet den Besuchern die Möglichkeit, ihren Aufenthalt in Universal auch dann noch zu genießen, wenn die Parks schon längst geschlossen sind. Das Design des Unterhaltungszentrums wurde von vielen beliebten Kulturmachern, etwa Bob Marley, Thelonious Monk und Motown, inspiriert.

Der Entertainment-Komplex

CityWalk® ist hauptsächlich für Erwachsene geeignet. Liebhaber von Popmusik sowie leidenschaftliche Tänzer kommen voll auf ihre Kosten. Der Entertainment-Komplex ist von 11 bis 2 Uhr geöffnet. Der Eintritt ist im gesamten Komplex frei, jeder Club verlangt aber Eintritt. Sie können einen All-Club-Pass kaufen, der auch einen Kinobesuch enthält.

CityWalk® bietet eine Vielzahl an Lokalen, von Emeril's (einem berühmten TV-Koch) Restaurant Orlando bis zum Hard Rock Café® Orlando. Sportbegeisterte kommen im NASCAR Sports Grille℠ und im NBA City Restaurant auf ihre Kosten. Bubba Gump Shrimp Co.™ schwelgt in Nostalgie. Bob Marley – A Tribute to Freedom ist eine detailgenaue Rekonstruktion des Hauses des berühmten Musikers. Zum Komplex gehören auch einige Clubs wie »the groove℠«, in dem die besten Live-Musiker auftreten.

In CityWalk® gibt es eine Vielzahl an Läden und moderne Kinos sowie Bühnen für Open-Air-Konzerte, Kunstausstellungen, Kochvorführungen und Straßen-Performances.

Die glitzernde Lagune, die sich durch den ganzen Komplex zieht, ist ein guter Ort, um einen Drink bei Sonnenuntergang zu genießen oder im Mondschein spazieren zu gehen.

Hard Rock Café und Universal CityWalk®

❺ Wet 'n Wild®/Universal's Volcano Bay™

Wasserparks zählen in Florida zu den Top-Attraktionen für Familien. Mit Wasserrutschen, Wildwasserflüssen und rasanten Fahrten bieten sie Spaß, Abenteuer und Action. Der auf dieser Doppelseite vorgestellte, 1977 eröffnete Water Park Wet 'n Wild® war ein Besuchermagnet. Ende 2016 wurde der Wasserpark geschlossen. Doch für Ersatz ist gesorgt: In unmittelbarer Nähe soll 2017 Universal's Volcano Bay™ eröffnen. Benannt ist der Park nach dem 61 Meter hohen »Vulkan«, der sich über die hier nachgebildete tropische Landschaft erhebt. Hinweise zum neuen Park finden Sie in der Infobox auf Seite 189.

Wakezone
Sie knien auf einem Surfboard und werden von einem Kabel ca. 800 Meter weit auf dem See des Parks gezogen.

Black Hole™: The Next Generation
Diese rasante Wildwasserfahrt durch völlige Dunkelheit ist ein Riesenspaß. Halten Sie sich gut fest!

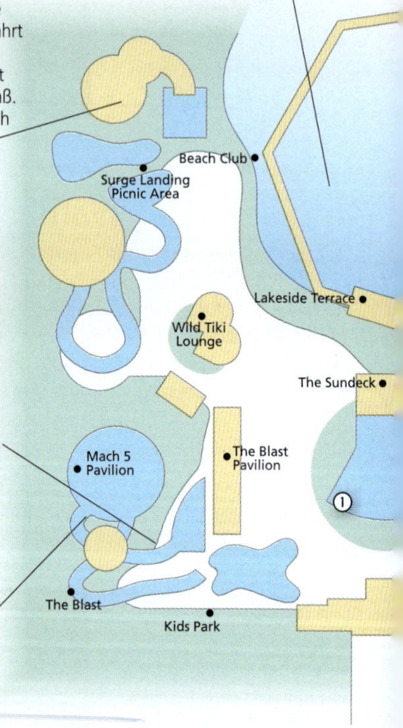

The Flyer
Viersitzer stürzen bei dieser aufregenden Fahrt aus zwölf Meter Höhe hinab und durchfahren dabei eine knapp 140 Meter lange, kurvige Bahn mit schnellen Geraden.

Mach 5
Hier rutscht man allein auf einer Schaumstoffmatte hinab. Achten Sie in scharfen Kurven darauf, so hoch wie möglich an den Außenwänden zu rutschen. Sie können zwischen drei Kanälen wählen.

Legende

① **Surf Lagoon** ist ein 580 Quadratmeter großer Gezeitenpool mit 1,20 Meter hohen Wellen und einem Wasserfall.

② **Lazy River®** ist ein 1,6 Kilometer langer Kanal, in dem man an Palmen, Orangenhainen und Wasserfällen vorüberschwimmt.

Hotels und Restaurants in Orlando und an der Space Coast *siehe Seiten 317f und 336–339*

Brain Wash™
Dies ist ganz sicher eines der extremsten Abenteuer im Park. Durch einen Tunnel gelangt man hinauf, von dort geht es durch einen tiefen Schacht in rasantem Tempo nach unten. Licht- und Soundeffekte steigern das Erlebnis dieser »Gehirnwäsche«.

Infobox

Information
6000 Universal Blvd, I-4, Ausfahrt 75A bzw. 75B.
☎ 1-407-363-8000. ◷ tägl. mindestens 10–17 Uhr, von Frühling bis Herbst deutlich länger (aktuelle Öffnungszeiten der Website entnehmen).
Kombiticket mit Universal Studios Florida® und Islands of Adventure® möglich.
W universalorlando.com

Anfahrt
Shuttle-Busse vom Universal City Walk®.

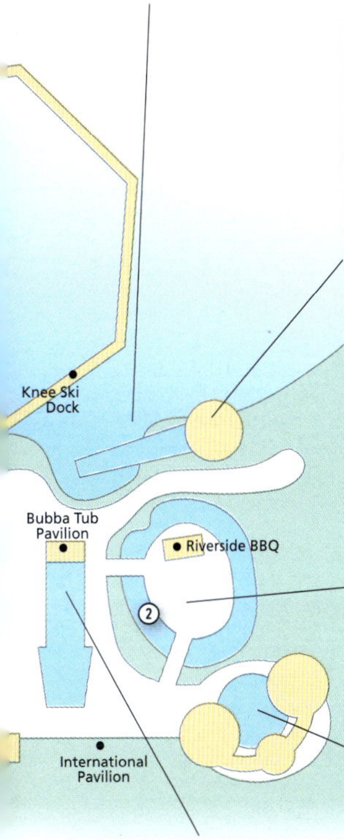

Bomb Bay
Dieser sechs Etagen tiefe, fast senkrechte Sturz aus einer Kapsel ist nichts für schwache Nerven.

Tipps

- Die Treppen der Rutschen und geteerte Wege können sehr heiß werden. Tragen Sie rutschfeste Schuhe.
- Damen sollten bei High-speed-Fahrten über Bikinis ein T-Shirt tragen.
- Für Solo-Fahrten müssen Kinder mindestens 0,90 Meter groß sein.
- Benutzen Sie Sonnenschutz und achten Sie darauf, dass Ihre Kinder jederzeit gut geschützt sind.

Cabanas
Ideal zum Entspannen: Auf Liegen kann man inmitten einer tropischen Oase am Lazy River® einen Drink genießen.

Bubba Tub®
Ein Schlauchboot für bis zu fünf Personen saust sechs Etagen auf drei großen »Schwellen« in die Tiefe – ein Spaß für die ganze Familie.

The Storm
Inmitten von Nebel, Donner und – abends – Blitzen rast man über eine Rutschbahn in eine riesige offene Kugel, aus der man schließlich in einen Pool geschleudert wird.

Downtown Orlando wird vom Sun Trust Center beherrscht

❻ Orlando

Straßenkarte E2. Orange Co.
250 000.
8723 International Dr, 1-407-363-5872. **orlando.org**

Bis in die 1950er Jahre war Orlando eine verschlafene Provinzstadt. Doch dies änderte sich durch die Errichtung des Kennedy Space Center und der Themenparks.

Das Geschäftsviertel in Downtown Orlando, dominiert von gläsernen Wolkenkratzern, ist nur am Abend wirklich einladend, wenn Einheimische wie Besucher die Bars und Restaurants an der Orange Avenue, Orlandos Hauptstraße, bevölkern. Tagsüber kann man in dem Park drei Blocks östlich der Orange Avenue schön am **Lake Eola** spazieren. Hier bekommt man einen Eindruck von Orlandos frühester Geschichte. Über dem See stehen zwischen Hochhäusern einige Holzhäuser der ersten Siedler.

In den Bezirken nördlich der Innenstadt gibt es Parks und Museen. Ist Ihre Zeit knapp, besuchen Sie auf jeden Fall Winter Park.

Brunnen mitten im Rosengarten der Harry P. Leu Gardens

Orange County Regional History Center

65 E Central Blvd. 1-407-836-8500. Mo–Sa 10–17, So 12–17 Uhr. Feiertage.
thehistorycenter.org

Die in einem 1927 errichteten Gebäude untergebrachte Sammlung dokumentiert auf drei Etagen die Geschichte Floridas. Die Objekte decken einen Zeitraum von rund 12 000 Jahren ab.

Loch Haven Park

N Mills Ave an Rollins St.
Orlando Museum of Art
1-407-896-4231. Di–Fr 10–16, Sa, So 12–16 Uhr. Feiertage. **omart.org**
Orlando Shakespeare Theater
1-407-447-1700.

In dem Park drei Kilometer nördlich von Downtown gibt es drei Museen. Das Orlando Museum of Art zeigt neben Wechsel- auch drei Dauerausstellungen: eindrucksvolle präkolumbische Artefakte, afrikanische Kunst und amerikanische Gemälde aus dem 19. und 20. Jahrhundert.

Im Park befindet sich das Orlando Shakespeare Theater mit dem Margeson Theater (350 Sitzplätze) und dem kleineren Goldman Theater. Hier finden mehrere über das Jahr verteilte Festivals statt, besonders populär ist das Orlando Fringe Festival im Frühling (www.orlandoshakes.org).

Harry P. Leu Gardens

1920 N Forest Ave. 1-407-246-2620. tägl. 25. Dez.
leugardens.org

In dem 20 Hektar großen Park laden ruhige Gärten zum Spazieren ein. Einige Bereiche, wie der größte Rosengarten Floridas, sind ganz formal angelegt, in anderen stehen Wälder mit Immergrünen Eichen, Ahornbäumen und mit Spanischem Moos bewachsenen Zypressen. Im Winter blühen die Kamelien. Der Floral Clock Lawn ahmt eine ähnliche Rasenfläche in Edinburgh nach. Sie können auch das **Leu House** besichtigen, das der einheimische Geschäftsmann Harry P. Leu der Stadt 1961 vermachte.

Enzian Theater

1300 S Orlando Ave, Maitland.
1-407-629-0054 (Programm-Hotline). tägl.
enzian.org

Dieses gemeinnützige Kino organisiert das Florida Film Festival und stellt eine der am wenigsten dem Mainstream verpflichteten Attraktionen Orlandos dar. Das Enzian Theater liegt inmitten eines Eichenhains und hat einen Ruf als Kino für unabhängige Filme erlangt. Die Eden Bar unter freiem Himmel ist ein beliebter Treffpunkt.

Maitland Art Center

231 W Packwood Ave, 6 Meilen (9 km) nördl. von Downtown. 1-407-539-2181. tägl. Feiertage. Spende erbeten. eingeschränkt. **maitlandartcenter.org**

Das in den 1930er Jahren von André Smith für Künstlerfreunde gestaltete Kunstzentrum in dem Vorort Maitland birgt Ateliers und Wohnräume. Die Gebäude mit Innenhöfen und Gärten zieren Motive der Maya und der Azteken. Eine Galerie zeigt (Wander-)Ausstellungen zeitgenössischen amerikanischen Kunsthandwerks.

Hotels und Restaurants in Orlando und an der Space Coast *siehe Seiten 317f und 336–339*

Orlando Science Center

777 East Princeton St. 1-407-514-2000 oder 1-888-OSC 4 FUN.
So–Fr 10–17, Sa 10–21 Uhr.
osc.org

Ziel des Centers ist es, eine stimulierende Umgebung für wissenschaftliches Lernen zu kreieren. Zu diesem Zweck organisiert es viele aufregende interaktive Ausstellungen. Auf insgesamt 19200 Quadratmetern gibt es viele Attraktionen zu sehen, darunter Dr. Phillips CineDome, in dem man nicht nur beeindruckende Bilder und Filme, sondern auch den Sternenhimmel bewundern kann. Die »DinoDigs«-Ausstellung mit Dinosaurierfossilien ist vor allem bei Kindern sehr beliebt, dies gilt ebenso für die Orange Packing Plant, in der man Plastikorangen pflücken und verpacken kann. In der spannenden »Body Zone« kann der Besucher die innersten Winkel des menschlichen Körpers kennenlernen.

Das Originalmuseum wurde 1960 in Loch Haven Park eröffnet. Damals hieß es noch Central Florida Museum. 1984 wurde es in Orlando Science Center umbenannt. Das heutige Gebäude ist ungefähr sechsmal größer als der Vorgängerbau und wurde im Februar 1997 fertiggestellt und eröffnet.

7 Winter Park

Straßenkarte E2. Orange Co. 25000. 150 N New York Ave, 1-407-644-8281. **Bootstour** 1-407-644-4056. **winterpark.org**

Die feine Gegend am Rand von Greater Orlando entstand um 1880, als sich wohlhabende Nordstaatler hier ihre Winterresidenzen erbauten. Aus den überaus exklusiven Läden und Cafés an der Park Avenue strömt der Duft teurer Parfüms und Kaffees, ein Stück weiter die Straße hinauf spielen Mitglieder des Country Club ganz in Weiß Krocket.

Detail des Tiffany-Fensters *Four Seasons*

Das **Charles Hosmer Morse Museum of American Art** am Nordende der Straße beherbergt die wohl weltweit schönste Sammlung von Louis Comfort Tiffany (1848–1933). Ein neuer Komplex widmet sich seinen Jugendstilwerken: Schmuck, Tischlampen und eine Vielzahl an Fenstern, darunter *The Four Seasons* (1899). Sehenswert ist auch die Tiffany-Kapelle: Louis Comfort Tiffany entwarf sie für die World's Columbian Exposition 1893 in Chicago. Fast ein Jahrhundert lang war die Kapelle der Öffentlichkeit nicht zugänglich. Die Galerien zeigen auch Werke anderer zeitgenössischer Künstler, etwa von Frank Lloyd Wright.

Potthasts *The Conference*, Orlando Museum of Art, Loch Haven Park

Hauptportal der Knowles Memorial Chapel, Rollins College

Am südlichen Ende der Park Avenue thront auf einem schön gestalteten Campus das **Rollins College** mit mehreren Gebäuden im spanischen Stil aus den 1930er Jahren. Ein Relief am Haupteingang der Knowles Memorial Chapel erinnert an ein Treffen zwischen den Ureinwohnern Floridas und den spanischen Eroberern.

Das sehenswerte **Cornell Fine Arts Museum** besitzt mehr als 6000 Kunstwerke, darunter auch wahre Schätze. Besonders kostbar ist eine erlesene Sammlung von italienischen Renaissance-Gemälden. Dies ist die älteste Gemäldesammlung in ganz Florida.

Im Rahmen der **Scenic Boat Tour** kann man sehen, wo und wie die reichen Bewohner von Winter Park leben. Zwischen 10 und 16 Uhr legen Boote jede Stunde vom Ostende des Morse Boulevard ab und tuckern über die Seen, die mit Hibiskus, Bambus und Papaya überhangen sind. Immergrüne Eichen und Zypressen sowie Villen mit weitläufigen Parkanlagen umgeben die Seen.

Charles Hosmer Morse Museum of American Art

445 Park Ave N. 1-407-645-5311. Di–So. Feiertage.
morsemuseum.org

Cornell Fine Arts Museum

1000 Holt Ave. 1-407-646-2526.
Di 10–19, Mi–Fr 10–16, Sa, So 12–17 Uhr.
rollins.edu/cfam

Straßenkarte *Florida siehe Seite 18f*

Rutsche im früheren Wasserpark Wet 'n Wild® am International Drive

❽ International Drive

Straßenkarte E2. Orange Co. Orlando. Orlando. Visitor Center, 8723 International Dr, 1-407-363-5872. **orlandoinfo.com**

Wohl jeder Besucher Orlandos, der mit dem Auto unterwegs ist, wird diese Straße befahren. Vom International Drive sind es nur wenige Minuten zu Walt Disney World®, mit Universal Studios® und SeaWorld® flankieren einige andere der größten Attraktionen Floridas die Straße. Einzig und allein wegen dieser gigantischen Besuchermagneten wurde der International Drive angelegt.

»I-Drive«, wie er im Volksmund heißt, ist ein fünf Kilometer langer Streifen von Restaurants, Hotels, Läden und Theatern. Abends locken Neonlichter und die lange geöffneten Läden.

Die größte Attraktion des I-Drive ist **The Orlando Eye** *(siehe S. 181)*. Von den transparenten Kapseln dieses 122 Meter hohen Riesenrads genießt man eine fantastische Aussicht über die gesamte Umgebung.

Die zweite Attraktion ist **Ripley's Believe It or Not!** mit absurden Gegenständen, Illusionen und Filmmaterial über seltsame Meisterwerke. Es gehört zu einer internationalen Kette von Museen, die auf der Weltausstellung in Chicago 1933 durch das sogenannte Odditorium entstanden, eine Schöpfung des amerikanischen Zeichners Robert Ripley, der Verrücktes und Wunderbares suchte. Sie können das Gebäude gar nicht übersehen – es scheint in eine der Dolinen *(siehe S. 26)* zu fallen.

Wonder Works bietet interaktiven Spaß für die ganze Familie mit Erdbebensimulationen und spannenden Lasershows.

Pointe Orlando, eine ultramoderne Shopping Mall, lockt mit gehobenen Restaurants, exklusiven Clubs, B.B. King's Blues Club, einem IMAX®-Kino und natürlich jeder Menge Läden.

Titanic – The Experience ist die weltweit größte Titanic-Ausstellung. Hier kann man sich originale Filmrequisiten und andere Artefakte sowie original große Nachbauten der Schiffsräume und des Treppenhauses ansehen.

Suppe aus Gatorland

Das Official Visitor Information Center von Orlando hält Coupons für viele der Top-Attraktionen, Hotels und Restaurants in Orlando bereit. Es lohnt sich auf jeden Fall, hier vorbeizuschauen, weil diese Coupons viel Geld sparen helfen *(siehe S. 370)*.

Ripley's Believe It or Not!
8201 International Drive. 1-407-345-0501. tägl. 9–24 Uhr. **ripleysorlando.com**

Wonder Works
9067 International Drive. 1-407-351-8800. tägl. 9–24 Uhr. **wonderworksonline.com**

Pointe Orlando
9101 International Drive. 1-407-248-2838. Okt–Mai: So–Do 10–20, Fr, Sa 10–22 Uhr; Juni–Sep: So–Do 12–20, Fr, Sa 12–21 Uhr. **pointeorlando.com**

❾ Gatorland

Straßenkarte E3. Orange Co. 14501 S Orange Blossom Trail, Orlando. 1-407-855-5496. Orlando. Orlando. tägl. **gatorland.com**

Die riesige Farm Gatorland züchtet seit den 1950er Jahren Alligatoren wegen der Häute und des Fleischs dieser Tiere. In den Gehegen, Teichen und Pflegestationen leben Tausende von Alligatoren – von Jungtieren, die auf einer Handfläche Platz haben, bis zu vier Meter großen Monstern. Sie sind vom Plankenweg und vom Turm aus zu beobachten, wenn sie sich in dem seichten Zypressensumpf aalen. Die anderen Attraktionen sind eine Alliga-

Das unverkennbar sinkende Haus von Ripley's Believe It or Not!

Hotels und Restaurants in Orlando und an der Space Coast *siehe Seiten 317f und 336–339*

Das Alligatormaul ist das Wahrzeichen am Eingang von Gatorland

toren-Kampfshow, die Fütterung und ein Gator Jumparoo, in dem die Reptilien aus dem Wasser springen, um nach Fleisch zu schnappen. Darüber hinaus gibt es Vorführungen mit Giftschlangen aus Florida. Weitaus harmlosere Attraktionen sind ein Avarium und ein Streichelzoo.

Einer der ausgefallenen Läden in der Old Town von Kissimmee

⑩ Kissimmee

Straßenkarte E3. Osceola Co. 41 000. 1925 E Irlo Bronson Memorial Hwy, 1-407-847-5000. **Old Town** 5770 W Irlo Bronson Memorial Hwy. 1-407-396-4888. **floridakiss.com**

Anfang des 20. Jahrhunderts liefen die Rinder in diesem Zentrum der Viehwirtschaft noch frei herum. Heute kann man sie meist nur noch zweimal im Jahr beim Rodeo in der **Silver Spurs Arena** von Kissimmee *(siehe S. 39)* sehen. In der Sprache der Calusa *(siehe S. 44f)* bedeutet Kissimmee »Himmel auf Erden«, die meisten Besucher kommen aber wegen der Nähe zu Walt Disney World®. Billige Motels liegen an der US 192 zwischen Kettenrestaurants und Reklametafeln, die Shopping Malls und Dinner-Shows anpreisen.

Nach einem Tag im Themenpark fühlen Sie sich vielleicht eher in der **Old Town** wohl. In dieser Fußgängerzone mit Gebäuden aus der Jahrhundertwende bieten ausgefallene Geschäfte psychologische Schriften, Tattoos, irisches Leinen, Kerzen und mehr an. Außerdem finden Sie ein bescheidenes Geisterhaus und einen kleinen, antiquierten Rummelplatz.

Warbird Adventures beim Stadtflughafen von Kissimmee bietet Besuchern die Gelegenheit, in einem T-6 Navy Trainer aus dem Zweiten Weltkrieg oder in einem MASH-Hubschrauber mitzufliegen. Ob Sie nun auf Luftakrobatik stehen oder nur einen ruhigen Sightseeing-Flug genießen möchten, Sie dürfen auch einmal die Steuerung übernehmen. Ein Pilot erklärt, worauf es beim Flug in solch einer historischen Maschine ankommt.

Silver Spurs Arena
Osceola Heritage Park.
1-321-697-3495. für Shows.
silverspursrodeo.com

Warbird Adventures
233 N Hoagland Blvd.
1-407-870-7366. Mo–Sa.
25. Dez.
warbirdadventures.com

Dinner-Shows

Die Dinner-Shows *(siehe S. 359)* bieten turbulenten Familienspaß. In Orlando gibt es am I-Drive bzw. in der Nähe der US 192 bei Kissimmee etwa ein Dutzend, die beiden Disney-Shows nicht mitgezählt *(siehe S. 177)*. Erwachsene zahlen etwa 40–75 Dollar, Kinder 20–25 Dollar. Mit Coupons aus dem Orlando Visitor Center wird es billiger. Zu den besten Dinner-Shows gehören:

Capone's Dinner Show: Das Speakeasy von 1931 bietet Gangster und italienische Küche. 1-407-397-2387. **alcapones.com**

Blue Man Group: Spektakuläre Show mit den »blauen Männern«. 1-407-307-3407. **universalorlando.com**

Pirate's Dinner Adventure: Aufwendige Show um ein Piratenschiff mit Bootsrennen, Akrobatik und einer Studio-Tour. 1-407-248-0590. **piratesdinneradventure.com**

Sleuths Mystery Dinner: Acht Shows mit mysteriösen Todesfällen. 1-407-363-1985. **sleuths.com**

Medieval Times: Kämpfende Ritter in einer bunten, spannenden Show. 1-407-396-1518. **medievaltimes.com**

Outta Control Magic Comedy Dinner Show: Zur quirligen Impro-Comedy werden unbegrenzt Gerichte und Getränke serviert. 1-407-351-8800. **wonderworksonline.com**

Ritter bei der Dinner-Show Medieval Times

⑪ Lake Toho

Straßenkarte E3. Osceola Co. 3 Meilen (5 km) südl. von Kissimmee. 🚉 Kissimmee. 🚌 Kissimmee. ⛴ vom Big-Toho-Yachthafen, Lakeshore Blvd, Downtown Kissimmee.

Der im Quellgebiet der Everglades gelegene Lake Tohopekaliga – von den Einheimischen Toho genannt – ist für seinen gewaltigen Artenreichtum bekannt. Die Insel Makinson Island in der Mitte ist ein 55 Hektar großes Naturschutzgebiet, in dem Besucher eine große Vielfalt an Tieren und Pflanzen in ihrer natürlichen Umgebung erleben. Alligatoren, Seeadler, Fischadler, Reiher und viele andere Tierarten kann man bei einer rund drei Kilometer langen Wanderung von einem Weg beobachten, der um das Reservat führt. Den Transport zur Insel muss man individuell organisieren. Etwa ein Drittel des Sees werden von Maidencane-Gras und Rohrkolben bedekt.

Angler kommen aus aller Welt zum Lake Toho – einem der besten Orte Floridas, um Barsche zu fangen – und treten bei dreitägigen Wettkämpfen gegeneinander an.

Die untergehende Sonne spiegelt sich im Lake Tohopekaliga

Wenn organisierte Veranstaltungen nicht nach Ihrem Sinn sind, gehen Sie mit einem Führer auf Angeltour, machen Sie einen Bootsausflug auf dem See und dem Kissimmee River oder verbringen Sie hier einfach einen geruhsamen Nachmittag mit Picknick.

Lake Toho ist Teil einer Gruppe von Seen, an denen viele Aktivitäten angeboten werden. Mit Sumpfbooten oder Geländewagen können Besucher tief ins Sumpfland vordringen.

Wer dieses Areal aus der Luft erleben möchte, kann dies mit einer Zipline oder – weniger aufregend – bei einer Ballonfahrt tun.

⑫ Disney Wilderness Preserve

Straßenkarte E3. 2700 Scrub Jay Trail, 12 Meilen (18 km) südwestl. von Kissimmee. ☎ 1-407-935-0002. 🚉 Kissimmee. 🚌 Kissimmee. ◯ tägl. 9–17 Uhr. ● Juni–Sep: Sa, So. 🛈 So 13.30 Uhr. **W nature.org**

Orlandos gepflegtestes Naturreservat ist ein wunderbar ruhiger Ort, an dem man sich von den Massen der weiter nördlich gelegenen Attraktionen zurückziehen kann. Das 48 Quadratkilometer große Reservat, das an einen der schönsten Seen Floridas grenzt, wurde 1992 für die Öffentlichkeit zugänglich gemacht. Seine Seen und Sümpfe sind wahre Paradiese für Pflanzen und Tiere.

Zu den ungefähr 160 hier wild lebenden Spezies gehören auch Florida-Kranich, Buschblauhäher und Sherman-Fuchshörnchen.

Im Gegensatz zu den anderen Disney-Attraktionen werden hier keine Fahrgeschäfte geboten, dennoch gibt es viel zu unternehmen. So kann man auf drei Wegen zum Lake Russell wandern. Die kürzeste Variante ist der »Interpretive Trail« (1,2 km), auf dem man viel über die hiesige Natur erfährt.

Amateurpilot im simulierten Kampf bei Fantasy of Flight

Die längeren Wege sind teilweise der Sonne ausgesetzt, nehmen Sie also vor allem bei einem Besuch des Geländes im Sommer auf jeden Fall Sonnenschutzmittel und genügend Wasser mit.

Sie können auch an einer Offroad-Buggy-Tour teilnehmen, die mit einer 20-minütigen Video-Einführung über das Reservat beginnt, ehe Sie sich mit einem Führer auf den Weg durch Sümpfe machen. Hinweis: Trotz des Namens Disney ist das Areal kein Themenpark, Alligatoren und Schlangen sind echt.

⑬ Fantasy of Flight

Straßenkarte E3. Polk Co. 1400 Broadway Blvd SE, Polk City. ☎ 1-863-984-3500. 🚉 Winter Haven. 🚌 Winter Haven. ◯ tägl. 🛈 ♿ **W fantasyofflight.com**

Laut Fantasy of Flight werden hier, verglichen mit anderen Attraktionen Floridas, wirkliche Sensationen geboten. Begeh-

Lake Russell, einer der vielen Seen im Disney Wilderness Preserve

bare Ausstellungsstücke versetzen Sie in eine B-17 Flying Fortress aus dem Zweiten Weltkrieg während eines Bombardements und in Gräben während eines Luftangriffs im Ersten Weltkrieg.

In einer Kampfflugzeug-Simulation aus dem Zweiten Weltkrieg erleben Sie einen Nahkampf über dem Pazifik. Im Cockpit erhalten Sie Anweisungen vor dem Flug und Mitteilungen vom Kontrollturm über Start, Landung und feindliche Flugzeuge. In einem Hangar mit alten Flugzeugen stehen das erste viel genutzte Flugzeug der USA – die Ford Tri-Motor aus dem Jahr 1929, die in dem Film *Indiana Jones und der Tempel des Todes* eingesetzt wurde – und die Roadair 1, eine Kombination aus Flugzeug und Auto, die 1959 nur einmal flog.

Wer sich näher mit der Theamtik auseinandersetzen möchte, kann an einer der angebotenen Führungen teilnehmen. Dabei können Besucher einen Blick hinter die Kulissen der riesigen Lagerhallen werfen oder einen Restoration Shop besuchen, in dem man auf Experten trifft, die die alten Maschinen reparieren. Sie können auch in einer privaten Luftschau die Pilotenkünste bestaunen – oder gar selbst in die Luft gehen.

⓮ LEGOLAND®

Siehe S. 196f.

⓯ Bok Tower Gardens

Straßenkarte E3. Polk Co. 1151 Tower Blvd, Lake Wales. ☎ 1-863-676-1408. 🚉 Winter Haven. 🚌 Lake Wales. ◯ tägl. ♿ **W** **boktowergardens.org**

Edward W. Bok kam 1870 im Alter von sechs Jahren aus Holland in die USA und wurde hier ein einflussreicher Verleger. Kurz vor seinem Tod 1930 öffnete er den wunderschön bewaldeten Park dem Publikum »als Dank für seinen Erfolg, den er der Öffentlichkeit schuldet«. Das Gelände erstreckt sich am höchsten Punkt der Halbinsel Florida – 91 Meter über dem Meeresspiegel. Das Zentrum bildet der drei Stockwerke hohe Singing Tower mit Boks Grab. Sie können den Turm nicht besteigen, sollten sich aber das 45-minütige Glockenspiel um 15 Uhr anhören.

Singing Tower aus rosa Marmor in den Bok Tower Gardens

⓰ Yeehaw Junction

Straßenkarte E3. Osceola Co. Desert Inn, 5570 South Kenansville Drive, Yeehaw Junction 34972. ☎ 1-407-436-1054. ◯ tägl. ♿ **W** **desertinnrestaurant.com**

Yeehaw Junction war einst nur als Raststation für Holzfäller und Cowboys bekannt, die ihr Vieh von Zentralflorida zu den Reservaten und Plantagen an der Küste trieben. Das **Desert Inn**, das an der Kreuzung zwischen dem Florida's Turnpike und dem Highway 441 liegt, bietet sich als Zwischenstopp an. Hier gibt es Alligatoren- und Schildkrötenburger, einen Souvenirladen und ein großes Freigelände für Partys und Barbecues.

Desert Inn am Highway 441, Yeehaw Junction

Das Holzgebäude aus dem späten 19. Jahrhundert wurde in das National Registry of Historical Places aufgenommen. Hier erhalten Sie einen tiefen Einblick in die interessante Geschichte von Cracker Country.

Polizeiauto der 1930er Jahre, Police Hall of Fame

⓱ American Police Hall of Fame

6350 Horizon Drive, Titusville. ☎ 1-321-264-0911. 🚌 Titusville. ◯ tägl. 10–18 Uhr. ● Thanksgiving, 25. Dez. ♿ **W** **aphf.org**

Wohl kaum ein Besucher bleibt ungerührt angesichts der riesigen marmornen Ruhmeshalle der amerikanischen Polizei, in der mehr als 5000 Namen von Polizisten, die im Dienst getötet wurden, eingraviert sind.

Einige der hier präsentierten Ausstellungsstücke sind faszinierend, andere hingegen blutrünstig und geschmacklos. Der weibliche Robocop, Schlagringe und als Lippenstifte oder Regenschirme getarnte Waffen wirken eher langweilig. Man kann sich aber auf den elektrischen Stuhl setzen oder eine Gaskammer besichtigen, beides schwer ertragbare Attraktionen.

⑭ LEGOLAND® Florida

In LEGOLAND® Florida tauchen Besucher in eine besonders fantasievolle Welt ein. Der etwa auf halber Strecke zwischen Orlando und Tampa gelegene Themenpark erstreckt sich über rund 60 Hektar am Ufer des Lake Eloise, einem der größten Seen in Zentralflorida. Hier können Familien auch mit sehr kleinen Kindern einen wundervollen Tag mit jeder Menge Spaß und Action verbringen. Bei einem Bummel trifft man bekannte Figuren und sieht Nachbildungen von Bauwerken aus Legosteinen. Auch spannende Live-Shows, rasante Fahrgeschäfte und ein Wasserpark erfreuen Besucher.

Am Eingang zu dieser Erlebniswelt werden Besucher von bunten Figuren begrüßt

LEGOLAND® Water Park
Wellenbecken, Wasserrutschen, Planschbecken und vieles mehr: Der Wasserpark bietet Spaß für die ganze Familie.

Außerdem

① In den geheimnisvollen **Cypress Gardens** schlendert man zwischen exotischen Bäumen.

② **Miniland** bietet neun Themenbereiche, u. a. Kennedy Space Center und LEGO® STAR WARS™.

③ **LEGO® Kingdoms** mit LEGOLAND® Castle versetzt die Besucher zurück ins Mittelalter.

④ **Fun Towns** Highlights sind ein großes Karussell und ein 4-D-Kino.

⑤ **The Beginning** bietet von einer rotierenden Plattform in 30 Metern Höhe den besten Blick über das Gelände.

Pirate's Cove Show
Piraten nähern sich auf Wasserskiern der Küste. Bei ihrem Angriff auf ein dort vor Anker liegendes Schiff ist Spannung garantiert.

Imagination Zone
Aufregende interaktive Stationen bieten viel Spaß. An den Kid Power Towers ziehen sich die Teilnehmer eigenhändig hinauf. Oben angekommen geht es in freiem Fall nach unten.

Hotels und Restaurants in Orlando und an der Space Coast *siehe Seiten 317f und 336–339*

Land of Adventure
Bei einer Fahrt mit der hölzernen Achterbahn Coastersaurus wird man ordentlich durchgeschüttelt. Im urzeitlichen Dschungel erlebt man lebensgroße Dinos aus Legosteinen.

Duplo® Valley
Die knallbunten Mini-Waggons bieten Fahrspaß für die Kleinsten.

Infobox

Information
Straßenkarte E3.
One LEGOLAND® Way, Winter Haven, etwa 45 Minuten südwestl. von Orlando.
☎ 1-877-350-5346.
🕘 Zeiten variieren, bitte der Website entnehmen. ♿
W **florida.legoland.com**

Anfahrt
LEGOLAND®-Shuttle-Busse fahren vom International Drive ab. Die Haltestelle befindet sich vor Madame Tussauds Orlando, 8387 International Drive.

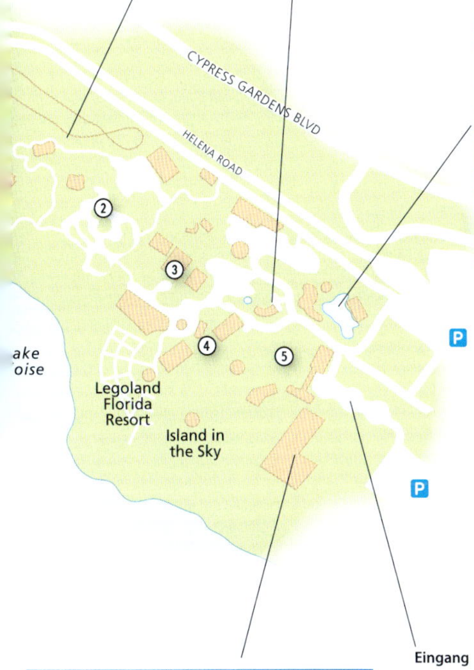

World of Chima™
Bei der Bootsfahrt The Quest for Chi™ unterstützen Passagiere mit Wasserkanonen den Löwenkönig Laval beim Kampf gegen Cragger, den König der Krokodile.

Tipps

- Wenn man auch den Wasserpark nutzen will, sollte man für einen Besuch des Geländes zwei Tage einkalkulieren.
- Kommen Sie möglichst früh, um lange Wartezeiten zu vermeiden.
- Bei einigen Achterbahnen müssen Fahrgäste eine Mindestgröße haben, bei anderen müssen kleinere Kinder von einem Erwachsenen begleitet werden.
- Heben Sie sich Aquazone Wave an heißen Tagen für den Nachmittag auf, dann tut eine kleine Erfrischung gut.
- Steuern Sie die Kid Power Towers am Vormittag an, bevor die große Hitze kommt. Denn in diesem Bereich kommen die Kleinen ohnehin ins Schwitzen.

LEGOLAND® Hotel
Alle 152 Zimmer des Hotels sind mit Figuren aus Legosteinen dekoriert. Zum Anwesen gehören ein Pool, Spielplätze und ein Restaurant.

Straßenkarte *Florida siehe Seite 18f*

⓲ Canaveral National Seashore und Merritt Island

Straßenkarte F2. Brevard Co. 🚌 Titusville. **W nps.gov/cana**

In diesen benachbarten Reservaten gibt es eine beachtliche Vielfalt an Tierarten und dank des Zusammentreffens von gemäßigtem und subtropischem Klima viele Lebensräume, darunter Salzwasserbuchten, Sümpfe, Pinienhaine und Hammocks. Man kann Alligatoren und gefährdete Tierarten wie Seekühe sehen, beherrschend ist jedoch die Vogelwelt.

Viele Besucher gehen direkt zum Strand. Zum **Canaveral National Seashore** gehört eine Barriere-Insel mit Floridas größtem naturbelassenem Strand – ein herrlicher, 39 Kilometer langer Sandstrand. Apollo Beach im Norden ist von der A1A, Playalinda Beach im Süden über Route 402 zu erreichen. Dazwischen gibt es keine Straßenverbindung. Die Strände eignen sich sehr gut zum Sonnenbaden, Schwimmen kann jedoch gefährlich sein – es gibt keine Rettungsschwimmer.

Hinter dem Apollo Beach errichteten Timucua-Indianer zwischen 800 und 1400 einen zwölf Meter hohen Muschelhügel. Ein Plankenweg führt hinauf, wo man einen herrlichen Blick über die Mosquito Lagoon mit ihren Tausenden von Mangroveninseln hat.

Vögel der Space Coast

Die herrliche, vielfältige Vogelwelt der Space Coast kann man am besten frühmorgens oder kurz vor Einbruch der Dunkelheit beobachten. Vor allem zwischen November und März wimmelt es in den Sümpfen und Lagunen von Zugenten und Stelzvögeln, denn bis zu 100 000 ziehen aus dem kälteren Norden hierher.

Die Route 402 nach Playalinda Beach bietet ebenfalls eine schöne Aussicht – auf die Abschussrampen des Kennedy Space Center, die aus dem Wasser herausragen. Diese Straße kreuzt auch das 570 Quadratkilometer große **Merritt Island National Wildlife Refuge**, das größtenteils im Kennedy Space Center liegt und daher unzugänglich ist.

Alligator in freier Natur

Die beste Möglichkeit, einheimische Tierwelt zu erleben, bietet der zehn Kilometer lange Black Point Wildlife Drive. Eine Broschüre, die zu Beginn der Route an der Kreuzung der Straßen 402 und 406 erhältlich ist, erklärt, wie die Moskito-Populationen durch Schutzwälle kontrolliert werden (im Sommer sollten Sie möglichst viel Haut bedecken und Insektenspray mit sich führen). Auf halber Strecke führt der acht Kilometer lange Cruickshank Trail zu einem Aussichtsturm.

Das östlich an der Route 402 in Richtung Playalinda gelegene Merritt Island Visitor Information Center erläutert die Lebensräume und die einzigartige Flora und Fauna des Reservats. 1,5 Kilometer weiter östlich führen auf dem Oak Hammock und dem Palm Hammock Trail Plankenwege durch Sumpfgebiet. Hier kann man hervorragend Vögel beobachten und fotografieren.

Canaveral National Seashore
Route A1A, 20 Meilen (32 km) nördl. von Titusville, oder Route 402, 10 Meilen (16 km) östl. von Titusville. 📞 1-321-267-1110. 🕒 tägl.

Merritt Island National Wildlife Refuge
Route 406, 4 Meilen (6,5 km) östl. von Titusville. 📞 1-321-861-0667. 🕒 tägl. **W fws.gov/merrittisland**

Blick vom Black Point Drive, Merritt Island National Wildlife Refuge

⓳ Kennedy Space Center

Siehe S. 200–205.

⑳ US Astronaut Hall of Fame

Straßenkarte E2. Brevard Co. Kreuzung von Route 405 und US 1. 1-866-737-5235. Titusville. tägl. 12–18.30 Uhr. 25. Dez. **kennedyspacecenter.com**

Die zum Kennedy Space Center Visitor Complex gehörende Ruhmeshalle gedenkt der Astronauten der Weltraumprogramme Mercury, Gemini, Apollo und Space Shuttle. Zu den Exponaten gehören persönliche Gegenstände der Astronauten. Besucher können sich auf eine 3-D-Reise um die Welt und ins Sonnensystem begeben. In der Nähe befindet sich das Camp Kennedy Space Center. Es bietet Kurse für Kinder an, in denen auch Schwerelosigkeit getestet wird.

***Tico Belle*, Vorzeigestück im Warbird Air Museum**

㉑ Valiant Air Command Warbird Air Museum

Straßenkarte E2. Brevard Co. 6600 Tico Road, Titusville. 1-321-268-1941. Titusville. tägl. 10–18 Uhr. Thanksgiving, 25. Dez. **vacwarbirds.org**

In einem Hangar sind liebevoll restaurierte Militärflugzeuge aus dem Zweiten Weltkrieg

Porcher House im historischen Bezirk von Cocoa

und späteren Zeiten zu sehen. Prunkstück ist eine Douglas C-47, die *Tico Belle*. Bevor das Flugzeug offizielles Transportmittel der dänischen Königsfamilie wurde, tat es im Zweiten Weltkrieg Dienst.

Jedes Jahr im März werden in einer Flugshow Nahkampfdemonstrationen präsentiert.

㉒ Cocoa

Straßenkarte E3. Brevard Co. 20 000. 400 Fortenberry Rd, Merritt Island, 1-321-459-2200. Cocoa Beach Chamber of Commerce. **cocoafl.org**

Cocoa ist der attraktivste Ort auf dem Festland an der Space Coast. Wo die Route 520 den Indian River bei Cocoa Beach überquert, liegt der als Cocoa Village bekannte historische Bezirk mit Gebäuden, die um 1880 entstanden (einige beherbergen einfache Boutiquen), Gaslaternen und Kopfsteinpflaster.

In der Delannoy Avenue am östlichen Ende steht das Classical Revival Porcher House, 1916 aus Coquina-Stein *(siehe S. 219)* gebaut. Achten Sie auf die in den Säulengang eingravierten Karo-, Herz-, Pik- und Kreuzsymbole: Mrs. Porcher spielte begeistert Bridge.

㉓ Cocoa Beach

Straßenkarte F3. Brevard Co. 14 000. Merritt Island. 400 Fortenberry Rd, 1-321-459-2200. **cocoabeach.com**

Der Ferienort bezeichnet sich als das Surfzentrum der Ostküste. Surfpartys, Bikini- und Bier-Wettkämpfe geben auf dem Pier den Ton an. Motels, Kettenrestaurants und Kneipen prägen das Bild der Hauptdurchgangsstraße.

Der **Ron Jon Surf Shop** stellt jedoch alle in den Schatten. Der Neonpalast bietet Surfbretter in rauen Mengen (Verkauf und Verleih) und eine riesige Auswahl an T-Shirts. Vor den blinkenden Türmen stellen Skulpturen verrückte Strandsportler dar.

Ron Jon Surf Shop
4151 N Atlantic Ave. 1-321-799-8888. ganzjährig.

Der Ron Jon Surf Shop in Cocoa Beach hat für Surfer und Strandbegeisterte alles zu bieten

⑱ Kennedy Space Center

Das Kennedy Space Center auf Merritt Island National Wildlife Refuge, das von Orlando nur eine Autostunde entfernt liegt, ist weltweit berühmt. Mit dem Start von *Apollo 11* im Juli 1969 begann Präsident J.F. Kennedys Traum von der Landung auf dem Mond wahr zu werden. Die Space Shuttles (bemannte Raumfähren; *siehe S. 204*) der NASA (National Aeronautics and Space Administration) starteten von 1981 bis 2011 von einer der Rampen. Heute lockt der Kennedy Space Center Visitor Complex mit vielen Attraktionen, Veranstaltungen und interaktiven Programmen, die zugleich informieren und unterhalten.

★ Apollo/Saturn V Center
Eine Saturn-V-Rakete, wie sie auch bei Apollo-Missionen eingesetzt wurde, ist die Hauptattraktion. Im rekonstruierten Kontrollzentrum kann man einen simulierten Start erleben *(siehe S. 203)*.

Lunch with an Astronaut
Hier bietet sich die einmalige Gelegenheit, mit einem Astronauten zu plaudern und ein Autogramm von ihm zu ergattern.

★ Rocket Garden
Jede der hier aufgestellten, hoch aufragenden Raketen spiegelt eine andere Periode der Geschichte der Raumfahrt wider.

Außerdem

① Astronaut Encounter
② Children's Play Dome
③ Astronaut Memorial
④ Space Shop
⑤ Shuttle Atlantis Experience
⑥ Abfahrt für Bustouren
⑦ Robot Scouts
⑧ Informationszentrum

Visitor Complex
Jedes Jahr pilgern mehr als 1,5 Millionen Besucher aus aller Welt zu diesem Weltraumerlebnis. Der 1967 eröffnete Visitor Complex zählt zu den größten Attraktionen Zentralfloridas und kann sich auch mit Orlandos Themenparks messen.

Hotels und Restaurants in Orlando und an der Space Coast *siehe Seiten 317f und 336–339*

★ KSC-Bustour
Die KSC-Bustour fährt die ehemaligen Abschussrampen an. Außerdem kann man einen Blick auf die Zukunft der Raumfahrt werfen.

Infobox

Information
Straßenkarte F2. Brevard Co. bei Route 405, 6 Meilen (9,5 km) östl. von Titusville. ☎ 1-855-433-4210. ◯ tägl. ab 9 Uhr (Schließzeiten variieren je nach Jahreszeit). ♿ Alle Ausstellungen sind barrierefrei zugänglich, Rollstühle sind beim Information Center erhältlich.
W kennedyspacecenter.com

Anfahrt
🚌 Titusville.

★ IMAX® Theater
Ein 3-D-Film vermittelt Zuschauern den Eindruck, dass sie selbst durchs All schweben oder sich in der International Space Station bewegen *(siehe S. 202)*.

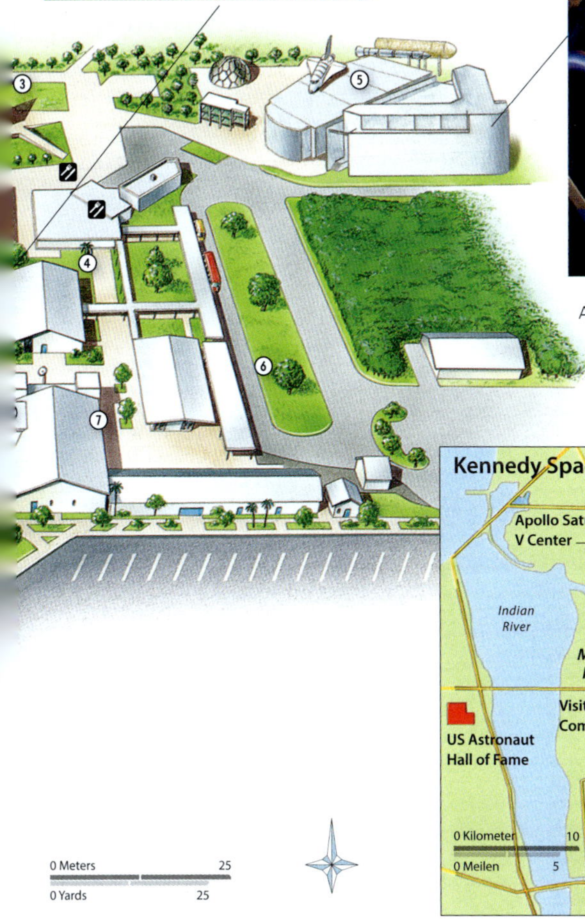

Shuttle Atlantis Experience
Anschnallen und los geht's! Die Simulation des Starts eines Space Shuttle ist nichts für schwache Nerven.

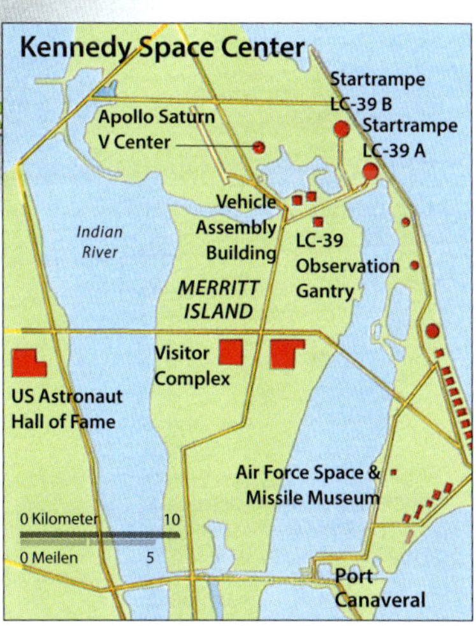

Kennedy Space Center: Touren

Das Kennedy Space Center wurde 1967 für Astronauten und deren Familien erbaut. Heute wird der gewaltige Visitor Complex jedes Jahr von mehr als zwei Millionen Menschen besucht. Die etwa 340 Quadratkilometer große Anlage bietet umfassende Informationen über den Weltraum sowie exzellente IMAX®-Filme, Live-Action-Shows, Treffen mit Astronauten und das Apollo/Saturn V Center – der Höhepunkt der Bustour mit Videoerklärungen. Die Tour erlaubt es Besuchern, das Apollo/Saturn V Center selbst anzusteuern und zu erforschen. Mit dem All-inclusive-Ticket kann man die KSC-Tour, die IMAX®-Weltraumfilme, die US Astronaut Hall of Fame und alle Ausstellungen besuchen.

Kinder bewundern die Robot Scouts im IMAX® Theater

Visitor Complex

Die meisten Besucher strömen hier zuerst zu **Atlantis Shuttle Exhibit**. Von einer Aussichtsrampe, zu der man hinaufsteigt, hat man einen sehr guten Blick auf das Shuttle *Atlantis*. Noch näher sind ihm nur Astronauten gekommen. Ein weiteres Highlight ist Shuttle Launch Experience, die Simulation des Starts eines Space Shuttle. Bei diesem Erlebnis an Bord wird man auch in den Zustand der Schwerelosigkeit versetzt.

Nicht entgehen lassen sollte man sich auch einen Besuch des **IMAX® Theater**, in dessen Kinos imposante Filme auf fünf Stockwerke hohen Leinwänden gezeigt werden.

Zu den Attraktionen gehört außerdem *Hubble 3D*, ein IMAX®-Film, bei dem Leonardo DiCaprio über die Errungenschaften des Weltraumteleskops Hubble erzählt. Es wurde 1990 an Bord des Space Shuttle *Discovery* in einen erdnahen Orbit transportiert und bescherte der Menschheit unvergleichliche Einsichten in das Universum. *Das Auge ins Weltall*, so der deutsche Untertitel des 3-D-Films, erlaubt den Zuschauern faszinierende Blicke in die Weiten des Alls, wie sie sonst nur Raumfahrer erleben. Ein weiterer IMAX®-Film ist *Journey to Space* mit dem britischen Schauspieler Sir Patrick Stewart als Erzähler. Eindrucksvolles Bildmaterial erläutert die Pläne der NASA, weiter in den Weltraum vorzudringen. Der Eintritt ins IMAX®-Kino ist schon im Preis des Tickets für das Kennedy Space Center enthalten.

Das Astronaut Encounter Theater hat Platz für etwa 300 Zuschauer und bietet die Möglichkeit, Berichte ehemaliger Astronauten zu hören und ihnen Fragen zu stellen.

Die **Astronaut Hall of Fame** *(siehe S. 199)* erinnert an die Astronauten mehrerer Weltraumprogramme. Der nahe gelegene »Space Mirror« verfolgt den Lauf der Sonne und reflektiert das Sonnenlicht auf die Namen, die im **Astronaut Memorial** eingraviert sind. Hier wird der 20 Astronauten gedacht, die auf den Missionen zur Erforschung des Weltraums – von *Apollo 1* bis zur *Columbia*-Katastrophe – ihr Leben ließen.

Space Shuttle *Atlantis* – heute ein »Museumsstück«

1958 Der erste US-Satellit, *Explorer 1*, startet (31. Jan)

1962 John Glenn umkreist die Erde in der *Mercury*

1966 Erstes Andocken der *Gemini 8* im All (16. März)

1968 *Apollo 8* umkreist den Mond (24. Dez)

1977 Das Space Shuttle *Enterprise* wird an Bord einer Boeing 747 getestet (18. Feb)

1983 Die erste Amerikanerin fliegt an Bord des Space Shuttle *Challenger* ins All (18. Jun)

1955 **1960** **1965** **1970** **1975** **1980** **19**

1961 Am 5. Mai ist Alan Shephard der erste Amerikaner im All. Kennedy verspricht der Nation die Mondlandung

1965 Edward White ist der erste Amerikaner auf Weltraumspaziergang (3. Juni)

1969 Neil Armstrong und Buzz Aldrin *(Apollo 11)* betreten den Mond (21. Juli)

1975 Die amerikanische *Apollo* und die russische *Sojus* docken aneinander an (17. Juli)

1981 *Columbia* ist das erste Shuttle im All (12. Apr)

1982 Das Space-Shuttle-Programm beginnt

1986 Die *Challenger* explodiert, die ganze Mannschaft stirb (28. Jan

Hotels und Restaurants in Orlando und an der Space Coast *siehe Seiten 317f und 336–339*

Ausstellungen und Bustour im KSC

Das Eingangstor führt Besucher zur mit Brunnen versehenen Plaza, wo man Tickets löst. Hier befinden sich auch ein Informationszentrum, ein Restaurant und ein Laden. Bei einem Rundgang wird die umfassende Geschichte der wichtigsten Weltraummissionen erläutert.

Der gläserne Rundbau führt zur Ausstellung **Early Space Exploration**, die die bedeutendsten Persönlichkeiten in den Anfangstagen der Weltraumfahrt zeigt.

Im **Mercury Mission Control Room** können die Besucher das Beobachtungsdeck, die Instrumente und die Konsolen betrachten, mit denen die ersten acht bemannten Missionen überwacht wurden. Ein absolutes Highlight sind hier Aufnahmen und Interviews mit Mitgliedern der Crew. Nebenan sind einige Teile der Raumschiffe *Mercury* und *Gemini* ausgestellt, sodass Besucher die Weltraumerforschung hautnah erleben können.

Raketen bei der Cape Canaveral Air Station

Auffällig in der flachen Landschaft: das Vehicle Assembly Building

Die KSC-Tourbusse fahren alle 15 Minuten vom Visitor Complex ab und bieten einen Überblick über die Haupteinrichtungen, u. a. das Apollo/Saturn V Center. Im Rahmen des Programms werden die Funktionsweisen der Einrichtungen erklärt. Die Besucher können sich so viel Zeit lassen, wie sie möchten, um alle Einrichtungen zu besichtigen.

Space Complex Tour

Wenn Sie die Einrichtungen der KSC-Tour lieber auf eigene Faust erforschen möchten, kann dies jeweils zwischen zwei und drei Stunden in Anspruch nehmen.

Im **Apollo/Saturn V Center** bekommen Sie eine echte 110 Meter lange Saturn-V-Mondrakete zu sehen. Im Firing Room Theater läuft ein Film über den historischen Start von *Apollo 8*, der ersten bemannten Mission zum Mond. Danach kann man sich im Lunar Theater einen weiteren Film ansehen, der Aufnahmen der Mondlandung präsentiert.

Die **Apollo Treasures Gallery** geht auf das Apollo-Programm ein, das von der NASA zwischen 1961 und 1972 betrieben wurde. Hier sieht man die originale Kommandokapsel von *Apollo 14* sowie Ausrüstungen und Raumanzüge einiger Mondmissionen. Im Moon Rock Café haben Sie die Möglichkeit, direkt neben echtem Mondgestein zu essen.

Zudem gibt es weitere Touren: Die **Cape Canaveral: Then & Now Tour** führt über die *Mercury-*, *Gemini-* und *Apollo-*Abschussrampen sowie zum Air Force Space and Missile Museum. Die **KSC Up-Close Tours** vermitteln detailliertes Wissen über das gesamte Weltraumprogramm. Die drei hier angebotenen Touren (The Vehicle Assembly Building, Launch Pad und Launch Control Center) sind oft ausgebucht, Sie sollten also reservieren. Ideal ist es, dafür zwei Tage vorzusehen.

988 Erster Start der *scovery* nach der *hallenger*-Kata-rophe (29. Sep)

1990 Start des Hubble-Teleskops (24. Apr)

1995 Die *Atlantis* dockt an der russischen Raumstation *Mir* an (29. Juni)

1996 Die Raumsonde *Pathfinder* startet zum Mars

2001 Dennis Tito zahlt 20 Millionen US-$ für einen einwöchigen Aufenthalt an Bord der International Space Station

2003 Die *Columbia* explodiert, alle sieben Astronauten kommen ums Leben (1. Feb)

2006 Die Raumsonde *New Horizons* wird auf die neunjährige Reise zum Pluto geschickt (19. Jan)

2008 Die Raumsonde *Phoenix* sendet Bilder der Marsoberfläche und entnimmt Proben (Juni)

2011 Das Space-Shuttle-Programm endet (31. Aug)

2012 SpaceX übernimmt als erstes privat geführtes US-Weltraumunternehmen die Versorgung der ISS.

1990 | 1995 | 2000 | 2005 | 2010 | 2015

Space Shuttle

Ende der 1970er Jahre waren die Kosten für die Entsendung von Astronauten ins All nicht mehr tragbar. Die Apollo-Missionen verschlangen Milliarden Dollar, dabei kehrte höchstens ein verschmortes Steuermodul zur Erde zurück. Wiederverwendbare Raumfahrzeuge waren nötig, die mehrere Jahre benutzt werden konnten. Die Antwort war das Space Shuttle *Columbia*, das am 12. April 1981 ins All startete *(siehe S. 56f)*. Es konnte verschiedenste Satelliten und Sonden ins All transportieren. Außerdem beförderte es Material zur International Space Station (ISS). Das Space-Shuttle-Programm endete 2011.

Cockpit
Das Cockpit des Shuttle war wie das eines Flugzeugs konzipiert, nur komplexer. Das Launch Control Center gewährt Einblick in die Navigation.

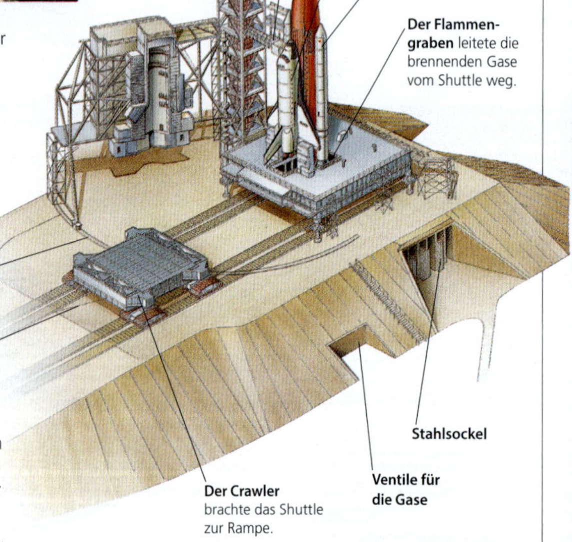

Crawlerway
Die 55 Meter breite, zweigleisige Kriechspur wurde so konstruiert, dass sie dem Gewicht des Shuttle und der Kettenfahrzeuge standhielt. Unter der Steinoberfläche befinden sich eine Asphaltschicht und ein zwei Meter tiefes Schotterbett.

Die Shuttle-Starts

Dem Jungfernflug des ersten Shuttle im April 1981 folgten die Missionen der *Columbia*, *Challenger*, *Discovery*, *Atlantis* und *Endeavour*. Die Explosion der *Challenger* beim Start 1986 beeinträchtigte das Programm, doch fanden weitere Starts statt, bis 2003 die *Columbia* beim Wiedereintritt auseinanderbrach. Als Reaktion auf das Unglück wurde das Shuttle überarbeitet, 2005 flog mit der *Discovery* wieder ein Shuttle zur Internationalen Raumstation ISS. Insgesamt wurden 135 Flüge durchgeführt. Mit der Landung des Shuttle *Atlantis*, das man jetzt im KSC sehen kann, ging im Juli 2011 die Ära dieser US-Fähren zu Ende.

Ein Shuttle verlässt den Turm

Zukunft der US-Raumfahrt

Nach dem Ende der Space-Shuttle-Ära suchte die NASA in der Privatindustrie Partner für die Entwicklung von Raumkapseln zur Vesorgung der Internationalen Raumstation (ISS). Unternehmen wie SpaceX und Blue Origin übernahmen von der NASA Aufgaben wie etwa die Konstruktion von Shuttle-Nachfolgern, wofür sie von der Weltraumbehörde finanzielle Mittel und Einrichtungen des Kennedy Space Center zur Verfügung gestellt bekamen. So starten hier die von privaten Raumfahrtunternehmen entwickelten Raketen. Besucher können die Starts verfolgen, die besten Beobachtungspunkte finden Sie im Kasten unten.

Privatisierung der Raumfahrt

Nach der Privatisierung des Raumfahrtgeschäfts entwickelten mehrere Firmen Raumkapseln und Satelliten, die vom Kennedy Space Center und von Cape Canaveral in den Weltraum geschossen werden. Großes Ziel bleibt die Entsendung bemannter Raumkapseln zur ISS.

SpaceX

Das 2002 gegründete Unternehmen SpaceX sorgte im Mai 2012 mit dem ersten Flug eines seiner Raumschiffe (Dragon) zur Internationalen Weltraumstation für weltweites Aufsehen. Im Rahmen der neun Tage dauernden, im Auftrag der NASA durchgeführten Mission wurde eine Fracht von rund 500 Kilogramm zur ISS transportiert, wodurch deren Versorgung gesichert werden konnte. Zudem wurden nicht mehr benötigte Ausrüstungsgegenstände von der Raumstation sicher zur Erde zurückgebracht. Vorherige Versuche waren durch Verglühen der Frachtsysteme beim Wiedereintritt in die Erdatmosphäre gescheitert.

Weitere Raumfahrtfirmen

Das Raumfahrtunternehmen Blue Origin (Gründungsjahr: 2000) entwickelt Raumfahrzeuge wie New Shephard für suborbitale Flüge. Da derartige Fluggeräte nur bis in circa 100 Kilometer Höhe fliegen und mangels ausreichender Geschwindigkeit nicht in eine Umlaufbahn gelangen, können sie kostengünsiger konstruiert werden als Raumschiffe, die für Weltraumflüge konzipiert werden. Für die nähere Zukunft sieht Blue Origin im Transport von »Weltraumtouristen« ein Geschäftsfeld.

Das von den Konzernen Boeing und Lockheed Martin unter dem Namen United Launch Alliance betriebene Joint Venture nahm 2006 seine Arbeit auf. Vorrangiges Ziel ist die Weiterentwicklung bestehender Raketentypen wie Atlas und Delta.

Dragon-Raumkapsel beim Andocken an die ISS

Trägerrakete Falcon 9 mit einer Dragon-Raumkapsel

Orion

Auch nach Beginn der Kooperation mit der Privatindustrie verfolgt die NASA eigene Raumfahrtprojekte. Große Hoffnungen setzt die Weltraumbehörde auf ihr Projekt Orion, das auf die Entwicklung bemannter Raumschiffe zielt, die auch in – im Vergleich zur ISS – entferntere Sphären des Weltraums fliegen sollen.

Beobachtungspunkte für Raketenstarts

- Titusville: Hinter der Lagune
- Marina Park: 501 Marina Road
- Sand Point Park: 101 N Washington Ave (US 1)
- Space View Park: 8 Broad Street
- Manzo Park: 3335 S Washington Ave (US 1)
- Rotary Riverfront Park: 4141 S Washington Ave (US 1)
- Kennedy Point Park: 4915 S Washington Ave (US 1)
- Westbound SR 528: Damm über den Banana River
- Cocoa Beach
- Jetty Park: Östliche Seite von Port Canaveral beim George King Blvd
- Cocoa Beach Pier: 401 Meade Ave
- Alan Shepard Park: Östliche Seite der SR 520
- Fischer Park: Östliche Seite der SR A1A, ca. 800 Meter südlich der SR 520
- Lori Wilson Park: 1500 N Atlantic Ave

Nordosten

Der Charme des Nordostens ist, verglichen mit dem Glitzer Miamis oder dem Nervenkitzel Orlandos, diskreter. Nicht weit von den Interstate Highways entfernt erinnern beschauliche Fischerdörfer, überwucherte Plantagen und malerische Städte an das Florida vergangener Zeiten. Fantastische Strände locken Sonnenanbeter an. St. Augustine ist die älteste europäische Siedlung der Vereinigten Staaten.

Floridas geschriebene Geschichte beginnt an der First Coast im Nordosten. Juan Ponce de León landete hier erstmals 1513 *(siehe S. 46)*, und spanische Siedler bauten das noch gut erhaltene St. Augustine, bewacht von dem mächtigen Fort San Marcos.

Mit den Dampfschiffen *(siehe S. 52)* kamen im 19. Jahrhundert die ersten Urlauber. Damals war Jacksonville das Tor Floridas, und Dampfer befuhren den St. Johns River und seine Nebenflüsse. In den 1880er Jahren erreichte die Eisenbahn die Ostküste, danach strömten reiche Urlauber in die Luxushotels von St. Augustine und Ormond Beach. Auf der Suche nach Sonne zogen einige im Winter auch weiter nach Süden.

Breite Sandstrände säumen den beliebten Ferienort Daytona, ein Synonym für Autorennen, seit Männer wie Henry Ford und Louis Chevrolet in ihrem Winterurlaub am Strand Autorennen veranstalteten. In Daytona verbringen viele Studenten ihre Frühjahrsferien.

Ein Stück weiter im Landesinneren erstreckt sich westlich des St. Johns River der Ocala National Forest. Dahinter werden die Wälder allmählich immer lichter und gehen schließlich in das hügelige Weideland der Milliarden Dollar schweren Vollblutpferdezucht des Marion County über. Die bezaubernden Provinzstädte und Dörfer wie Micanopy blieben von den Entwicklungen des 20. Jahrhunderts praktisch unberührt.

Das prächtige Lightner Museum *(siehe S. 217)* im ehemaligen exklusiven Alcazar Hotel von St. Augustine

◄ **Castillo de San Marcos, St. Augustine *(siehe S. 218f)***

Überblick: Nordosten

Die stark befahrene First Coast erstreckt sich über 193 Kilometer an der Atlantikküste und führt an Stränden, Ferienorten, Dünen und einem Sumpfgebiet vorbei, das bei Vogelbeobachtern beliebt ist. Unter den Ferienorten ist vom bieder wirkenden Fernandina Beach bis zum lebhaften Daytona Beach alles vertreten. Zwischen diesen beiden Extremen liegt die historische Stadt St. Augustine. Im Landesinneren kann man im Ocala National Forest wandern, Bootstouren unternehmen oder an Seen angeln. Kristallklare Quellen eignen sich ideal zum Schnorcheln und Tauchen. Viele viktorianische Häuser bieten Bed-and-Breakfast, eine willkommene Abwechslung zu den eher unpersönlichen Hotels.

Sehenswürdigkeiten auf einen Blick

1. Fernandina Beach
2. Little Talbot Island State Park
3. Kingsley Plantation
4. Fort Caroline National Memorial
5. *Jacksonville S. 212f*
6. Jacksonvilles Strände
7. *St. Augustine S. 214–219*
8. Fort Matanzas National Monument
9. Marineland Dolphin Conservation Center
10. Washington Oaks Gardens State Park
11. Bulow Plantation Ruins Historic State Park
12. Ormond Beach
13. Daytona Beach
14. Daytona International Speedway
15. Ponce de León Inlet Lighthouse
16. Blue Spring State Park
17. Sanford
18. Mount Dora
19. Ocala National Forest
20. Silver Springs
21. Ocala
22. Marjorie Kinnan Rawlings Historic State Park
23. Micanopy
24. Gainesville

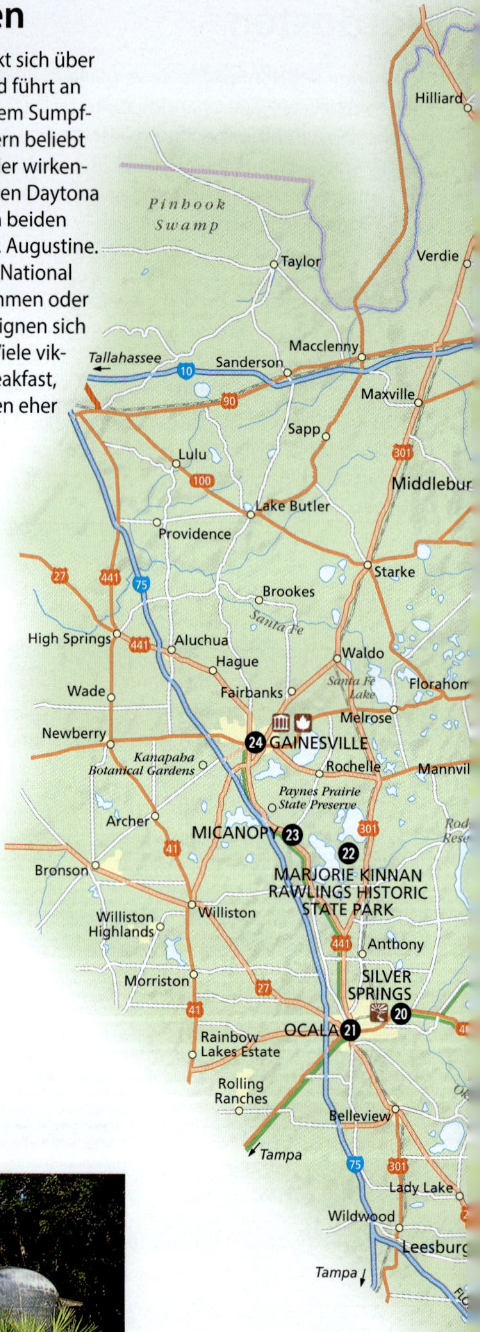

Alter amerikanischer Wohnwagen im Ocala National Forest

Weitere Zeichenerklärungen *siehe hintere Umschlagklappe*

Blick über den Intracoastal Waterway auf St. Augustine

Im Nordosten unterwegs

Jacksonville, der Verkehrsknotenpunkt der Region, liegt an der Kreuzung der I-10 vom Panhandle und den großen Nord-Süd-Achsen I-95 und US 1. Für Rundreisen bietet sich die malerische A1A entlang der Küste an. Um Jacksonville zu umgehen, können Sie die Mayport-Fähre über die Mündung des St. Johns River nehmen. Mehrere Ost-West-Strecken, die den St. Johns bei Palatka oder südlich des Lake George überqueren, verbinden Küste und I-75.

Jacksonville und Daytona Beach haben internationale Flughäfen. In Jacksonville halten Amtrak-Züge, die dann landeinwärts nach Ocala und Sanford – Endhaltestelle des Autoreisezugs *(siehe S. 384)* – fahren, jenseits der großen Städte ist jedoch ein eigener Wagen unbedingt erforderlich.

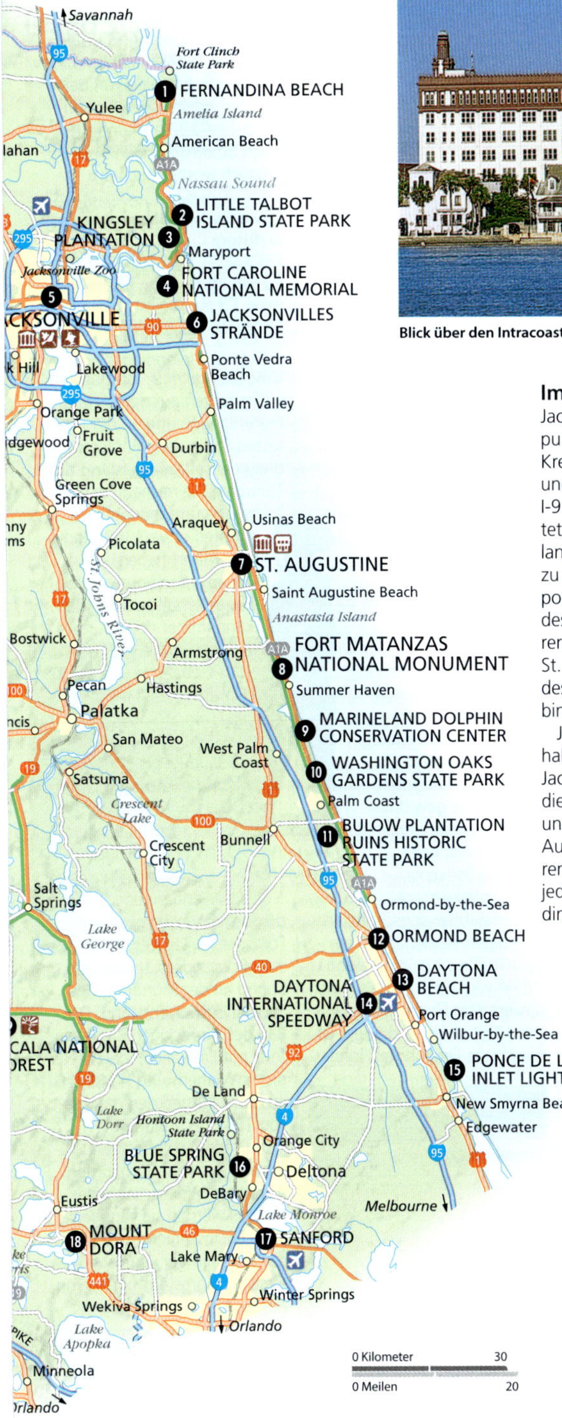

Die Skyline aus Glas und Stahl dominiert das Nordufer von Jacksonville

❺ Jacksonville

Straßenkarte E1. Duval Co.
820 000. ✈ 🚆 🚌 ℹ 550 Waterstreet, 1-904-798-9148.
W visitjacksonville.com

Jacksonville, Zentrum der First Coast in Florida, wurde 1822 gegründet und nach General Andrew Jackson *(siehe S. 49)* benannt. Es erlebte Anfang des 19. Jahrhunderts einen Boom als Hafen und Eisenbahn-Endstation. Schmucke Läden bestimmen noch heute den Handelsbezirk in Downtown, den man vom JTA Skyway *(siehe S. 384)* aus sieht.

Durch die flächenmäßig größte Stadt Floridas fließt der St. Johns River. Zwischen den Fußgängerzonen an den Ufern verkehren Wassertaxis *(siehe S. 385)*. Am Nordufer des St. Johns River liegen der Shopping- und Restaurantkomplex **Jacksonville Landing**, das **Jacksonville Maritime Heritage Center** und das **Museum of Contemporary Art Jacksonville**. Das **Cummer Museum of Art and Gardens** findet man im Wohngebiet Riverside. Am Südufer verläuft der zwei Kilometer lange **Riverwalk**, nicht weit davon steht das **Museum of Science and History**.

Museum of Science and History

1025 Museum Circle.
1-904-396-6674. tägl.
W themosh.org

Hier wird die 12 000 Jahre alte Kultur der Timucua-Indianer *(siehe S. 44f)* und deren Vorgänger mit Werkzeugen, Pfeilspitzen, Töpferwaren und anderen Funden verdeutlicht. Es gibt Abteilungen zu Ökologie und Geschichte des St. Johns River und der *Maple Leaf*, eines 1864 gesunkenen Dampfschiffs aus dem Bürgerkrieg.

Im Bryan Gooding Planetarium finden freitags und samstags 3-D-Lasershows statt.

Museum of Contemporary Art Jacksonville

333 North Laura St. 1-904-366-6911. Di–So. Feiertage.
W mocajacksonville.org

Zentrum von Jacksonville

① Jacksonville Landing
② Jacksonville Maritime Heritage Center
③ Riverwalk
④ Museum of Science and History
⑤ Cummer Museum of Art and Gardens
⑥ Museum of Contemporary Art Jacksonville

Zeichenerklärung
siehe hintere Umschlagklappe

Hotels und Restaurants im Nordosten *siehe Seiten 319 und 339–341*

Dieses geräumige Museum im Herzen der Stadt zeigt in fünf Galerien die größte Sammlung moderner Kunst im Südosten der USA.

Jacksonville Maritime Heritage Center

Jacksonville Landing. 1-904-355-1101. vorher anrufen.
jacksonvillemaritime heritagecenter.org

Das kleine Museum präsentiert Kopien berühmter Wasserfahrzeuge. Das Highlight ist die USS *Saratoga*, die vermutlich von einem deutschen U-Boot versenkt wurde. Sowohl die Deutschen als auch die US-Marine leugnen dies – obwohl es mehrere Hundert Zeugen gibt.

Breitmaulnashörner im Jacksonville Zoo

Jacksonville Zoo & Gardens

870 Zoo Parkway. 1-904-757-4463. tägl. 25. Dez.
jacksonvillezoo.org

Der 1914 eröffnete Zoo liegt nördlich der Stadt an der I-95. Hier leben etwa 1000 Tiere, von Ameisenbären bis Zebras, in natürlichen Lebensräumen. Im afrikanischen Buschland streifen Löwen, Elefanten und Kudus umher, winzige Weißwedelhirsche, afrikanische Krokodile und Stachelschweine kann man am Okavango Trail beobachten. Sehenswert sind auch die größte Jaguar-Population der USA und die Magelan-Pinguine. Einen Überblick bietet eine 15-minütige Fahrt mit einer Miniaturbahn.

Cummer Museum of Art and Gardens

829 Riverside Ave. 1-904-356-6857. Di–So. Feiertage.
cummer.org

Das ausgezeichnete Museum in einem herrlichen Park am St. Johns River präsentiert in zwölf Galerien 4000 Kunstwerke, die von klassischen und präkolumbischen Skulpturen und Keramiken über Renaissance-Gemälde bis zur Wark-Sammlung mit frühem Meissener Porzellan reichen.

Weiter sind die *Grablegung Christi* (ca. 1605) von Rubens und eine Sammlung japanischer Exponate zu sehen. Auch Werke amerikanischer Impressionisten sowie Bilder von Künstlern des 19. und 20. Jahrhunderts wie John James Audubon sind hier ausgestellt.

6 Jacksonvilles Strände

Straßenkarte E1. Duval Co, St. Johns Co. Jacksonville. Jacksonville. BH1, BH2, BH3. 325 Jacksonville Drive, 1-904-249-3868.
jacksonvillebeach.org

Etwa 19 Kilometer östlich von Downtown Jacksonville erstrecken sich auf 45 Kilometern ein halbes Dutzend Strände. Im Süden ist der Ponte Vedra Beach wegen seines Sportangebots (hauptsächlich Golf) bekannt. Jacksonville Beach ist der überlaufenste und lauteste Strand. **Adventure Landing** bietet hier ganzjährig Unterhaltung. Neptune Beach und Atlantic Beach im Norden sind familienfreundlich. Am schönsten ist der **Kathryn Abbey Hanna Park** mit seinem langen weißen Sandstrand, Waldwanderwegen, einem Süßwassersee zum Angeln und Baden sowie Campinganlagen. Der Park liegt südlich von **Mayport**, einem der ältesten Fischerdörfer der USA. Hier gibt es eine Krabbenkutterflotte, aber auch ein Flugzeugträger der US Navy ist hier beheimatet.

Badende in einem Süßwassersee des Kathryn Abbey Hanna Park

Adventure Landing

1944 Beach Blvd.
1-904-246-4386. tägl., wetterabhängig.
adventurelanding.com

Kathryn Abbey Hanna Park

500 Wonderwood Drive. 1-904-249-4700. tägl.
coj.net

Krabbenkutter in den malerischen Docks von Mayport am St. Johns

7 Im Detail: St. Augustine

Amerikas älteste von Europäern besiedelte Stadt gründete Pedro Menéndez de Avilés *(siehe S. 46)* 1565 am Tag der heiligen Augustina. 1702 brannte die Stadt nieder, sie wurde jedoch im Schutz des imposanten Castillo de San Marcos bald wieder aufgebaut. Viele der malerischen, engen, mit hübschen Steingebäuden gesäumten Altstadtgassen stammen aus dieser frühen Zeit.

Henry Flagler *(siehe S. 128f)* verbrachte 1883 in St. Augustine seine Flitterwochen und war von dem Ort so angetan, dass er später zurückkam und das Ponce de León Hotel errichtete (heute Flagler College). Schon bald strömten Besucher in Scharen herbei, und noch immer ist St. Augustine bei Urlaubern beliebt. Heute bietet die Stadt jede Menge Attraktionen, nicht zuletzt 70 Kilometer Strand und mehrere Golfplätze.

★ Flagler College
Fliesen und andere spanische Elemente charakterisieren die Architektur des Flagler College.

★ Lightner Museum
Cleopatra (um 1890) von Romanelli ist eines der Exponate aus dem Goldenen Zeitalter Floridas.

Die Casa Monica
war das dritte Hotel Flaglers in der Stadt (1888).

Government House
In dem Gebäude ist das Museum of History and Archaeology untergebracht. Die Ausstellung »First Colony: Our Spanish Origins« dokumentiert die Gründung St. Augustines.

Prince Murat House
Fürst Achille Murat, ein Neffe Napoléons, wohnte 1824 in diesem Haus.

Zum Oldest House

★ Ximenez-Fatio House
Das Privathaus (1797) bekam später eine zweite Etage mit einer Außenveranda. Um 1850 wurde es in ein Gasthaus umgewandelt.

Hotels und Restaurants im Nordosten *siehe Seiten 319 und 339–341*

Plaza de la Constitución
Herz der spanischen Niederlassung ist dieser baumbestandene Platz mit Government House und Kathedrale. Gelegentlich finden hier Konzerte statt.

Infobox

Information
Straßenkarte E1. St. Johns Co. 16000. 500 San Sebastian View, 1-800-653-2489. Arts & Crafts Spring Festival (Apr).
floridashistoriccoast.com

Anfahrt
1711A Dobbs Road, 1-904-827-9273.

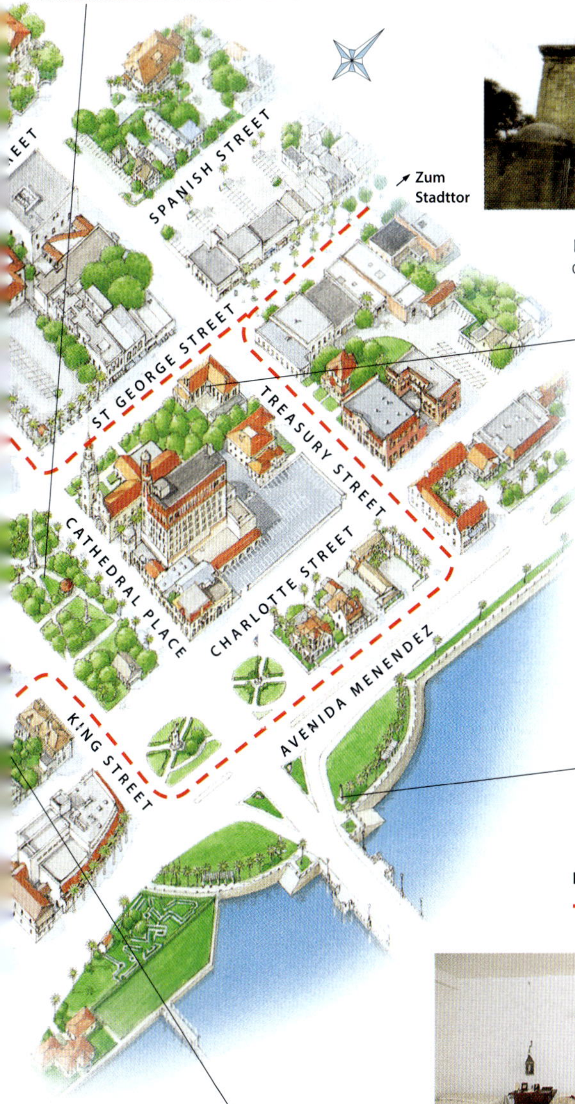

Stadttor
Das Stadttor (18. Jh.) führt über die historische St. George Street zur Altstadt.

Das Peña-Peck House
(um 1740) ist das schönste Haus der Stadt aus der ersten spanischen Periode.

Bridge of Lions
Marmorlöwen bewachen die 1927 eröffnete Brücke über die Matanzas Bay.

0 Meter 50
0 Yards 50

Legende
— Routenempfehlung

Spanish Military Hospital
Die Rekonstruktion eines Lazaretts spiegelt das karge Leben der spanischen Siedler Ende des 18. Jahrhunderts wider.

Überblick: St. Augustine

St. Augustines übersichtliches historisches Zentrum ist leicht zu Fuß zu erkunden. So kann man den geschäftigen Hauptstraßen entkommen und in die schattigen Seitenstraßen flüchten, in Innenhöfe spähen und ruhige Ecken entdecken, in denen Katzen ein Sonnenbad nehmen und alte Immergrüne Eichen im graugrünen Schleier von Spanischem Moos harren. An der Avenida Menendez, nördlich der Bridge of Lions, beginnen die beliebten Kutschfahrten. Die Fahrer des »Sightseeing Train« erklären die Sehenswürdigkeiten anhand geschichtlicher Anekdoten.

St. George Street, die Hauptstraße des historischen Viertels

Tour durch St. Augustine

An der Hauptstraße der Altstadt, der verkehrsberuhigten St. George Street, stehen viele Läden und Sehenswürdigkeiten, auch das ausgezeichnete Colonial Quarter Museum. Die Straße führt vom alten Stadttor zur Plaza de la Constitución. In der südlich von diesem Platz abgehenden, gepflasterten Aviles Street stehen interessante Häuser im Kolonialstil.

In der King Street westlich des Platzes sind das Lightner Museum und das Flagler College in Hotels untergebracht, die Henry Flagler *(siehe S. 52f)* zur Blütezeit von St. Augustine Ende des 19. Jahrhunderts erbaute.

Oldest Wooden Schoolhouse

14 St. George St. 1-888-653-7245. tägl. 9–17 Uhr. 25. Dez.

Das vor 1788 errichtete Gebäude ist angeblich das älteste Schulhaus Amerikas. Holznägel und gusseiserne Bolzen halten die Wände aus Zypressen- und Zedernholz zusammen. Zudem umgibt das Haus eine massive Kette, die es bei Sturm auf dem Boden halten soll.

Colonial Quarter

33 St. George St. 1-904-342-2857. tägl. 9–20 Uhr. 25. Dez und bei Veranstaltungen.
colonialquarter.com

In diesem Altstadtviertel wird das Leben der Menschen dokumentiert, die zwischen dem 16. und 18. Jahrhundert in St. Augustine lebten – von den indianischen Kulturen über europäische Siedler bis zu afrikanischen Sklaven. Mehrmals am Tag werden Führungen veranstaltet, darüber hinaus werden von Zeit zu Zeit historische Ereignisse nachgestellt.

Im Colonial Quarter sind Reste des ersten hier errichteten Forts erhalten, darüber hinaus werden alte Handwerkstraditionen wie etwa Bootsbau und Schmieden zum Leben erweckt. Vom Aussichtsturm genießt man einen sehr beeindruckenden Blick auf das Castillo de San Marcos und die Bucht.

Peña-Peck House

143 St. George St. 1-904-829-5064. Mo–Sa. teilweise.

Das restaurierte Haus entstand um 1740 für den königlichen Schatzmeister Juan de Peña. 1837 wurde es Wohnhaus von Dr. Seth Peck. Die Pecks lebten hier fast 100 Jahre lang. Das Haus ist im Stil um 1850 eingerichtet, viele Gegenstände sind Familienerbstücke.

Museum of History and Archaeology at the Government House

8 King St. 1-904-825-5079. tägl. 25. Dez.
historicstaugustine.com

Das Government House an der Plaza de la Constitución zieren Loggien im spanischen Stil, die man nach einem Gemälde (17. Jh.) des Originalgebäudes kopierte. Das hier untergebrachte Museum beleuchtet die Zeit der Gründung von St. Augustine.

Spanish Military Hospital

3 Aviles St. 1-904-827-0807. tägl. 25. Dez.
ancientcitytours.net

Apotheke, eine Liste patientenfreundlicher Krankenhausvorschriften, Operationsbesteck und blutbefleckte Arztberichte geben Einblick in die Pflege der Soldaten Ende des 18. Jahrhunderts.

Prince Murat House

246 St. George St. 1-904-823-9722. tägl. 9–17 Uhr.
dowmuseum.com

In diesem Gebäude lebte 1824 Fürst Achille Murat, ein Neffe

Das im 18. Jahrhundert errichtete Oldest Wooden Schoolhouse

von Napoléon Bonaparte. Als eines von neun historischen Gebäuden bietet das Prince Murat House Ausstellungen, interaktive Stationen und Objekte, die die historische und kulturelle Entwicklung Floridas dokumentieren.

Ximenez-Fatio House

20 Aviles St. 1-904-829-3575. Di–Sa. Feiertage. teilweise.
ximenezfatiohouse.org

Das Haus entstand 1797 als Domizil eines spanischen Kaufmanns. Heute ist das von der National Society of Colonial Dames geführte Museum eine Rekonstruktion einer Pension um 1830, als Invalide, Stadtplaner und Abenteurer nach Florida kamen, um dem harten Winter im Norden zu entkommen.

Oldest House

14 St. Francis St. 1-904-824-2872. tägl. Ostern, Thanksgiving, 25. Dez. teilweise.
oldesthouse.org

Die Geschichte des auch als Gonzáles-Alvarez-Haus bekannten Gebäudes lässt sich über fast 300 Jahre verfolgen. Die Stelle war erstmals um 1600 bebaut, das jetzige Gebäude ist erst durch den englischen Angriff von 1702 dokumentiert *(siehe S. 47)*.

Die Coquina-Mauern *(siehe S. 219)* waren Teil des ursprünglich eingeschossigen Hauses des spanischen Artilleriesoldaten Tomás González, der hier lebte. Unter englischer Besatzung (1763–83) kam eine zweite Etage hinzu, später gab es noch weitere Ergänzungen.

Tiffany-Bleiglasfenster

Lightner Museum

75 King St. 1-904-824-2874. tägl. 9–17 Uhr. 25. Dez.
lightnermuseum.org

Das im spanisch-maurischen Stil von Henry Flagler errichtete dreistöckige Alcazar Hotel eignet sich als Museum für Floridas Goldenes Zeitalter. Den Standort wählte der Chicagoer Verleger Otto C. Lightner, der seine Sammlungen viktorianischer Kunst nach St. Augustine verlegte, ehe er 1948 das Museum eröffnete. Zu sehen sind Glasarbeiten (u. a. von Louis Tiffany), Möbel, Gemälde, Skulpturen und mechanische Musikinstrumente.

González Room, benannt nach dem ersten Bewohner des Oldest House

Flagler College

King St bei Cordova St. 1-904-829-6481. tägl.
flagler.edu

Bei seiner Eröffnung 1888 wurde Flaglers Ponce de León Hotel als »weltweit bestes Hotel« angepriesen. Speisesaal und Foyer sind zugänglich. Motive, die Spanien und Florida symbolisieren, zieren eine vergoldete Stuckkuppel: Sehr schön sind die goldene Maske des Sonnengottes der Timucua *(siehe S. 44f)* und das Lamm, das die spanische Ritterschaft symbolisiert.

Fort Mose Historic State Park

15 Fort Mose Trail. 1-904-823-2232. tägl. 9–17 Uhr. Di.
floridastateparks.org

Auf diesem Areal wurde 1738 die erste Siedlung geflohener afrikanischer Sklaven gegründet. Besucher können das Gelände besichtigen, auf dem auch ein Museum und ein Informationszentrum eingerichtet wurden.

St. Augustine Lighthouse

81 Lighthouse Ave. 1-904-829-0745. tägl. 9–18 Uhr.
staugustinelighthouse.com

Der immer noch betriebene Leuchtturm bietet eine gute Aussicht über die Stadt. Hier erhält man Informationen über Themen wie Fischerei und Bootsbau. Zudem werden Aktivitäten für Kinder angeboten.

St. Augustine Alligator Farm Zoological Park

999 Anastasia Blvd. 1-904-824-3337. tägl. 9–17 Uhr.
alligatorfarm.com

Größte Attraktion des Zoos ist die Alligatorlagune, der sich mutige Besucher nähern können. Außerdem gibt es hier Ausstellungen und interaktive Stationen.

Villa Zorayda

83 King St. 1-904-829-9887. Mo–Sa 10–17, So 11–16 Uhr. Ostern, Thanksgiving.
villazorayda.com

Dies ist die Kopie eines Teils der Alhambra in Granada im Maßstab 1 : 10. Eine Ausstellung zeigt Kunst und Artefakte aus dem Nahen Osten, darunter den möglicherweise ältesten Teppich der Welt.

Maurisches Maßwerk und arabische Motive an der Villa Zorayda

Straßenkarte Florida *siehe Seite 18f*

Castillo de San Marcos

Obwohl St. Augustine dem Schutz spanischer Flotten auf ihrem Weg zurück nach Europa diente, bestanden seine Vorläufer nur aus Holz. Erst nach mehreren Piratenangriffen und Überfällen wie von Sir Francis Drake *(siehe S. 47)* errichteten die Spanier 1672 eine Festung aus Stein. Nach 23 Jahren war das Castillo de San Marcos fertig, das größte und besterhaltene spanische Fort Amerikas. Es besteht aus Coquina-Kalkstein und ist mit seinen Außenbefestigungen und bis zu sechs Meter dicken Mauern ein Musterbeispiel für die Militärarchitektur im 17. Jahrhundert.

Nach der Übernahme Floridas durch die Amerikaner 1821 hieß es vorübergehend Fort Marion. Im 19. Jahrhundert diente es hauptsächlich als Militärgefängnis und Lager.

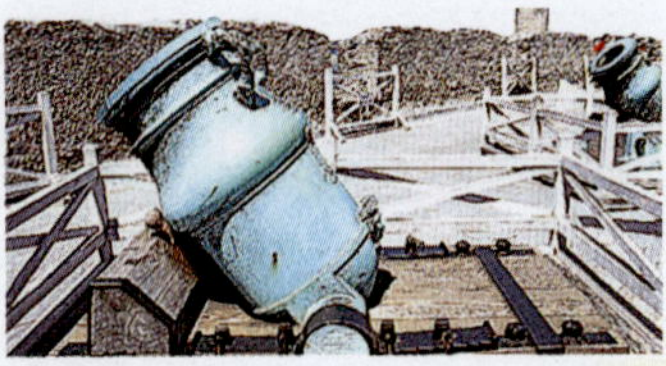

Mörser
Die großen, schweren Projektile der oft üppig dekorierten Waffen mit dem königlichen Wappen hatten einen gekrümmten Flugverlauf, sodass sie Hindernisse überwinden und auf Schiffen landen konnten.

★ Guard Rooms
Die spanischen Soldaten wohnten nicht im Fort. Während des Wachdienstes (meist 24 Stunden) kochten, aßen und verbargen sie sich in den Gewölben.

★ Glacis und Covered Way
Jenseits des Grabens schützte ein ummauerter Bereich, der »Covered Way«, die auf den Feind schießenden Soldaten. Der »Glacis«, ein Hang die Mauer hinauf, hielt Kanonenfeuer stand.

Coquina

Das sedimentäre Kalkgestein aus zusammengepressten Muscheln und Korallen hatte, mit Wasser vollgesogen, die Konsistenz von hartem Käse und konnte gut verbaut werden. Trocken war es hart, konnte aber den Aufprall einer Kanonenkugel auffangen, ohne zu brechen. Bei der Belagerung von 1740 wurden die englischen Projektile, die in die Coquina-Mauern des Forts eingedrungen waren, angeblich herausgepult und zurückgefeuert.

Die dicken Coquina-Mauern des Pulverlagers

Infobox

Information
1 South Castillo Drive, St. Augustine. 1-904-829-6506. tägl. 8.45–16.45 Uhr. 25. Dez. teilweise. Informationen per Telefon. **nps.gov/casa**

★ Kanonendeck
Die Kanonen konnten fünf Kilometer entfernte Ziele treffen. Strategische Positionen ermöglichten Kreuzfeuer.

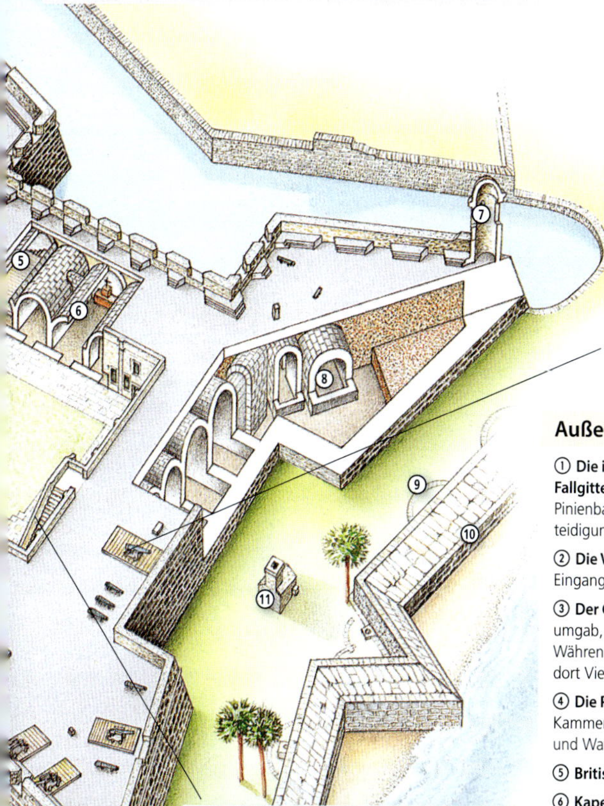

La Necessaria
Unter der Rampe, die zum Kanonendeck führt, lag der »Notdurft«-Raum, ein Abwassersystem mit Gezeitenspülung.

Außerdem

① **Die innere Zugbrücke und das Fallgitter** aus eisenbeschlagenen Pinienbalken waren die letzte Verteidigung des Forts.

② **Die Vorschanze** schützte den Eingang vor feindlichen Angriffen.

③ **Der Graben**, der das ganze Fort umgab, führte meist kein Wasser. Während der Besatzungen war dort Vieh untergebracht.

④ **Die Plaza de Armas** umgeben Kammern, in denen Lebensmittel und Waffen aufbewahrt wurden.

⑤ **Britischer Raum**

⑥ **Kapelle**

⑦ **Auf dem Wachturm** an der nordöstlichen Bastion wurde Tag und Nacht nach feindlichen Schiffen Ausschau gehalten.

⑧ **Pulvermagazin**

⑨ **Wassertank**

⑩ **Kaimauer**

⑪ **Der Kugelofen**, den die Armee 1844 baute, erhitzte die Kanonenkugeln. Die rot glühende Kugel konnte feindliche Schiffe in Brand setzen.

Straßenkarte Florida *siehe Seite 18f*

❽ Fort Matanzas National Monument

Straßenkarte E2. 8635 A1A South, St. Augustine. ◯ tägl. 9–17.30 Uhr. ● 25. Dez.

Die Spanier errichteten die Festung 1740–42, um von hier die Küste zu überwachen und sich nähernde feindliche Schiffe frühzeitig zu sichten. Heute dient die Anlage als architektonisches Dokument der spanischen Kolonialzeit in dieser Region.

Das im Küstengebiet gelegene Schutzgebiet umfasst mehrere Naturräume wie Salzmarschen und Buschland – entsprechend vielfältig ist die Tier- und Pflanzenwelt.

❾ Marineland Dolphin Conservation Center

Straßenkarte E2. Flagler Co. 9600 Ocean Shore Blvd, Marineland. 1-904-471-1111. St. Augustine. ◯ tägl. 8.30–16.30 Uhr. **marineland.net**

Der Meerespark entstand 1938 als Filmgelände, auf dem Szenen berühmter Streifen – u. a. *Tarzan* – gedreht wurden. Heute stehen Delfine im Fokus des Interesses, eine Begegnung mit diesen Tieren bleibt unvergessen. Besucher des Areals können mit Delfinen schwimmen, sie berühren und füttern oder eine mehrtägige Ausbildung zum Trainer machen.

Die Tiere finden Lebensumstände wie in natürlicher Umgebung vor.

❿ Washington Oaks Gardens State Park

Straßenkarte E2. Flagler Co. 6400 N Ocean Shore Blvd, 2 Meilen (3 km) südl. von Marineland. 1-386-446-6780. St. Augustine. ◯ tägl. **floridastateparks.org**

Unter dem Blätterdach von Eichen und Palmen entstand auf 162 Hektar früheren Plantagenlands ein herrlicher Park mit Hortensien, Azaleen, üppigem Farn und Rosengarten.

Überreste der Zuckermühle (19. Jh.) auf der Bulow Plantation

Wanderwege führen durch einen Hammock zum Matanzas River. Auf der anderen Seite der A1A führt ein Holzsteg zum Strand mit Coquina-Findlingen *(siehe S. 219)* und Gezeitenbecken.

⓫ Bulow Plantation Ruins Historic State Park

Straßenkarte E2. Flagler Co. Old Kings Rd, 3 Meilen (5 km) südl. der SR 100. 1-386-517-2084. Daytona Beach. ◯ tägl. **floridastateparks.org**

In der Nähe von Flagler Beach sind die Ruinen dieser Plantage aus dem 19. Jahrhundert im Wald versteckt. Früher wuchs hier Zuckerrohr. Major Charles Bulow kaufte das 1890 Hektar große Gelände am Fluss 1821. Sklaven rodeten es zur Hälfte und pflanzten Reis, Baumwolle und Zuckerrohr an. Nach Indianerangriffen im Seminolenkrieg *(siehe S. 50f)* wurde die Plantage aufgegeben.

Im Rahmen von Kanutouren auf dem Bulow Creek kann man das Gelände erkunden. Am Flussufer befinden sich noch die Fundamente des Herrenhauses. Ein zehnminütiger Waldspaziergang führt von hier zu einer Lichtung, auf der die Ruinen der Zuckermühle zu sehen sind. Sie ähneln den mysteriösen Überresten eines südamerikanischen Tempels aus schon längst vergangenen Zeiten.

Umgebung: Etwa 16 Kilometer nördlich der Bulow Plantation liegt Flagler Beach, ein charmantes Städtchen mit Angelsteg, Museum und einigen Restaurants direkt am Wasser.

⓬ Ormond Beach

Straßenkarte E2. Volusia Co. 38 000. Daytona Beach. 126 East Orange Ave, Daytona Beach, 1-386-255-0415. **ormondbeach.org**

Dies war einer der ersten Winterferienorte an Flaglers Eisenbahnlinie *(siehe S. 52f)*. In dem nicht mehr existenten Ormond Hotel wohnten auch Berühmtheiten wie John D. Rockefeller und Henry Ford.

Rockefeller-Zimmer in The Casements, Ormond Beach

Gegenüber dem Hotel erwarb Rockefeller 1918 ein Haus. Trotz seines Reichtums war der Chef von Standard Oil sehr sparsam. Seine Wintervilla, **The Casements**, wurde renoviert und beherbergt heute Museum und Kulturzentrum mit Erinnerungsstücken aus der Rockefeller-Epoche, darunter der Strandkorb des großen Mannes mit verglasten Bullaugen. Es gibt auch ein im Stil der Zeit eingerichtetes Zimmer und eine zusammengewürfelte Ausstellung ungarischer Volkskunst.

Alte Flagler-Lok, Ormond Beach

In der Nähe von The Casements liegt in einem Park das **Ormond Memorial Art Museum**. Schattige Wege winden sich um Seerosenteiche, in denen Schildkröten leben. Das Museum ziegt Ausstellungen zeitgenössischer Künstler.

The Casements
25 Riverside Drive. 1-386-676-3216. Mo–Sa. Feiertage. teilweise. Mo–Fr.
thecasements.net

Ormond Memorial Art Museum
78 E Granada Blvd. 1-386-676-3347. tägl. Feiertage.
ormondartmuseum.org

13 Daytona Beach

Straßenkarte E2. Volusia Co.
63 000. 126 East Orange Ave, 1-386-255-0415.
daytonabeach.com

Südlich von Ormond Beach erstreckt sich der laute und ausgelassene Ferienort Daytona Beach, in den jedes Jahr – trotz des Widerstandes vor Ort – 200 000 Studenten zum Spring Break *(siehe S. 38)* einfallen. Der berühmte Strand (37 km) ist einer der wenigen in Florida, auf dem Autos fahren dürfen, Überbleibsel aus jenen Tagen, als Rennsportfans hier Wettrennen veranstalteten *(siehe S. 223)*.

Daytona ist ein Motorsport-Mekka. Massen strömen zur Rennstrecke *(siehe S. 222)*, im Februar zu den Speedweeks und zu den Motorcycle Weeks im März und Oktober.

Jenseits des Halifax River liegt Downtown Daytona, auch »Mainland« genannt. Der meiste Betrieb ist auf der mit Hotelbunkern gesäumten Strandseite. Am Boardwalk, der ein paar seiner Arkaden erhalten hat, wirkt das Flair wie auf dem Rummelplatz. Auch der Daytona Lagoon Waterpark zieht viele an. Unten am Strand sind Wasserskier, Surfbretter, Buggys und Strandfahrräder zu leihen.

Im restaurierten Innenstadtbezirk jenseits des Halifax River zeigt das **Halifax Historical Museum** in einem imposanten Bankgebäude von 1910 mit Stützpfeilern und Wandgemälden ein Modell des Boardwalk von ca. 1938 mit Palmen, einem Riesenrad und Miniaturfiguren.

Im exzellenten **Museum of Arts and Sciences** westlich der Innenstadt ist ein breites Spektrum an Gegenständen zu sehen. Die prähistorische Abteilung über Florida dominiert ein vier Meter großes Skelett eines Riesenfaultiers. Arts in America zeigt Werke von 1640 bis 1920. Außerdem gibt es kubanische und afrikanische Sammlungen sowie ein Planetarium.

J. Whiting Stocks *Miss Perkins* (um 1840), Museum of Arts and Sciences

Der für James N. Gamble von Procter & Gamble 1907 erbaute **Gamble Place** untersteht der Leitung des Museums. Diese Jagdhütte steht auf einer Klippe über dem Spruce Creek und ist von offenen Veranden umgeben. Führungen bietet das Museum nach Vereinbarung. Sie zeigen auch eine Kopie des Hauses aus Disneyland, das 1937 für Gambles Urenkel gebaut wurde.

Halifax Historical Museum
252 S Beach St. 1-386-255-6976. Di–Sa. Feiertage.
halifaxhistorical.org

Museum of Arts and Sciences
1040 Museum Blvd. 1-386-255-0285. Di–So. Thanksgiving, 24., 25. Dez. **Gamble Place**
moas.org

Autos auf dem festgefahrenen Sandstrand von Daytona Beach

⑭ Daytona International Speedway

Straßenkarte E2. Volusia Co. 1801 W International Speedway Blvd. ☎ 1-866-761-7223. 🚌 Daytona. 🚌 9 (Busbahnhof 209 Bethune Blvd). ○ tägl. ● 25. Dez. ♿ **W** **daytonainternationalspeedway.com**

Daytonas »World Center of Racing«, der Daytona International Speedway, zieht jedes Jahr an bedeutenden Rennwochenenden jeweils Scharen von Motorsportfans aus der ganzen Welt an. Das Publikumsinteresse ist gewaltig. Auf den zum Teil recht steilen Tribünen dieser Anlage der Superlative finden bis zu 160 000 Zuschauer Platz. Im Angebot sind Rennen der NASCAR-Serie (National Association for Stock Car Auto Racing) – Daytona 500 ist das mit Abstand berühmteste Rennen – sowie Sportwagen-, Motorrad- und Gokartrennen.

Im Coca Cola 3D IMAX® Theatre wird der Film *NASCAR 3D: The IMAX® Experience* gezeigt, der auf faszinierende Art über die Abläufe hinter den Kulissen informiert und auch die Fahrer und ihre Teams vorstellt.

Daytona 500, jeden Februar auf dem Daytona International Speedway

An den Tagen ohne Rennen finden 30-minütige Besichtigungstouren an der Rennstrecke statt. Darüber hinaus werden weitere zwischen einer halben Stunde und drei Stunden dauernde Führungen angeboten. Dabei gelangt man auch ins Velocitorium mit Sir Malcolm Campbells *Bluebird*. Mit diesem Rennwagen wurde 1935 im nahe gelegenen Ormond Beach ein neuer Geschwindigkeitsweltrekord aufgestellt *(siehe S. 223)*.

Rote Corvette von 1953, ein Sportwagen-Klassiker

Als Beifahrer kann man in einem Wagen Geschwindigkeiten bis zu 165 km/h erleben und bekommt einen lebhaften Eindruck davon, welchen Situationen Rennfahrer ausgesetzt sind.

⑮ Ponce de León Inlet Lighthouse

Straßenkarte E2. Volusia Co. 4931 S Peninsula Drive. ☎ 1-386-761-1821. ○ tägl. ● 25. Dez. ♿ teilweise. **W** **ponceinlet.org**

Der imposante 53 Meter hohe Leuchtturm (1887) aus rotem Backstein wacht an der Spitze der Daytona-Halbinsel über den gefährlichen Küstenabschnitt. Das Signal ist 30 Kilometer weit zu sehen. Das windumtoste Aussichtsdeck, das man über 203 Stufen erreicht, bietet einen weiten Ausblick. Eines der Wärtergebäude wurde entsprechend seinem Aussehen um 1890 restauriert, in einem anderen befindet sich das Museum of the Sea. In einem dritten Gebäude steht eine fünf Meter hohe Fresnellinse.

Daytona International Speedway

Legende

- Besucherzentrum
- Rennstrecke
- Große Tribüne
- Winton Tower

0 Meter 500
0 Yards 500

Der Leuchtturm am Ponce de León Inlet südlich von Daytona Beach

Hotels und Restaurants im Nordosten *siehe Seiten 319 und 339–341*

Daytona: Geburtsort der Geschwindigkeit

Die innige Beziehung zwischen Daytona und dem Automobilsport begann 1903 mit den ersten Rennen auf dem Strand von Ormond Beach, dem offiziellen »Geburtsort der Geschwindigkeit«. In jenem Jahr stellte der Rennfahrer Alexander Winton mit 109 Kilometern pro Stunde einen Rekord an Land auf. Die Rennen waren immer gut besucht. Reiche Motorbegeisterte trafen sich in Henry Flaglers Ormond Hotel *(siehe S. 220)*, darunter auch Harvey Firestone und Henry Ford. Die Autorennen wurden bis 1935, als Malcolm Campbell den letzten Weltrekord am Strand fuhr, fortgesetzt. Im Jahr 1936 fuhren in Ormond Beach die ersten Stockcars, 1937 fand das erste Daytona 200 für Motorräder statt. Wegen Bauarbeiten musste man die Rennstrecke 1948 verlegen. 1959 öffnete der Daytona International Speedway. Danach gab es am Strand keine Rennen mehr.

Rennen am Strand

1902 stellte ein Gast des Ormond Hotel fest, wie leicht sein Auto auf dem harten Sandstrand fuhr. Er veranstaltete die ersten Rennen.

Ransom E. Olds' *Pirate* fuhr 1902 als erstes Auto auf dem Ormond Beach. Im ersten Rennen trat 1903 Olds gegen Alexander Winton und Oscar Hedstrom auf dem Motorrad an. Winton gewann in seinem Wagen *Bullet No. 1*.

Mit dem *Bluebird Streamliner* fuhr Malcolm Campbell 1935 in Ormond Beach einen neuen Weltrekord. Der von einem Rolls-Royce-Motor angetriebene Wagen erreichte sagenhafte 444 Kilometer pro Stunde.

»World Center of Racing«

1953 erkannte Bill France, Teilnehmer am ersten Stockcar-Rennen, dass das Wachstum von Daytona Beach den Strandrennen ein Ende setzen würde. Er schlug den Bau des Daytona International Speedway vor, heute eine der führenden Rennstrecken.

Lee Petty gewann 1959 das erste Daytona 500 auf dem Daytona International Speedway. Er schlug seinen Gegner Johnny Beauchamp um gerade einmal 50 Zentimeter. An dem Wettkampf über 800 Kilometer waren 59 Autos beteiligt. 41 000 Fans schauten zu.

Gokarts sehen eher wie Spielzeug aus, doch die Karts in Daytona erreichen Geschwindigkeiten von über 130 Kilometern pro Stunde.

⑯ Blue Spring State Park

Straßenkarte E2. Volusia Co. 2100 West French Ave, Orange City. 1-386-775-3663. tägl. **floridastateparks.org**

Eine der größten und bedeutendsten artesischen Quellen spendet täglich 450 Millionen Liter Wasser. Dank konstanter Temperatur von 20 °C ist der Park ein beliebtes Winterquartier für Seekühe *(siehe S. 254)*, die zwischen November und März aus dem St. Johns River kommen. Sie sind von den erhöhten Plankenwegen des Parks aus zu beobachten.

In dem türkisfarbenen Wasser kann man schnorcheln und tauchen, auf dem St. Johns kann man Kanufahrten unternehmen.

Das **Thursby House** wurde Ende des 19. Jahrhunderts auf einem der alten Muschelschalenhügel des Parks errichtet.

Umgebung: Von Hontoon Landing fährt eine kostenlose Fähre zum bewaldeten **Hontoon Island State Park**, etwa drei Kilometer weiter nördlich des Blue Spring State Park gelegen. Hier gibt es einen 24 Meter hohen Aussichtsturm, Camping- und Picknickplätze sowie einen Naturlehrpfad. Kanus und Angelskiffs kann man leihen.

1955 wurde hier ein seltener hölzerner Eulen-Totempfahl der Timucua-Indianer gefunden *(siehe S. 44f)*.

Hontoon Island State Park
2309 River Ridge Rd, De Land. 1-386-736-5309. tägl. **floridastateparks.org**

Floridas sprudelnde Quellen

Der überwiegende Teil der 320 bekannten Quellen Floridas befindet sich im Norden des Bundesstaats und ist meist artesischen Ursprungs, d. h., das Wasser wird von unterirdischen Gerinnen (Wasser enthaltenden Felslagern) häufig durch tiefe Spalten nach oben gedrückt. Quellen mit einer Ausschüttung von mehr als drei Kubikmetern pro Sekunde gelten als sehr ergiebig.

Das vom Fels gefilterte Wasser ist klar und in manchen Fällen auch salz- und mineralhaltig. Auch die Schönheit der Quellen lockt Besucher an.

Seit den 1930er Jahren lädt Juniper Springs im Ocala National Forest zum Baden ein

⑰ Sanford

Straßenkarte E2. Seminole Co. 50 000. 400 E 1st St, 1-407-322-2212. mit Autoreisezug. Lynx-Busse ab Orlando (siehe S. 387). **sanfordchamber.com**

Das während der Seminolenkriege *(siehe S. 48–51)* errichtete Fort Mellon war die erste Siedlung am Lake Monroe. 1870 entstand in der Nähe Sanford. Dank der Schaufelraddampfer, die später auch abenteuerlustige Urlauber brachten *(siehe S. 52)*, entwickelte es sich zu einem wichtigen Binnenhafen.

Die Innenstadt entstand um 1880, in der Blütezeit der Dampfschifffahrt. In einigen restaurierten roten Ziegelgebäuden (selten in Florida) sind Antiquitätenläden untergebracht. Der Bezirk ist zu Fuß in wenigen Stunden erkundet, Ausflugsfahrten auf dem Fluss sind möglich. Die meisten Besucher Sanfords kommen heute per Autoreisezug oder SunRail-Zug *(siehe S. 387)*.

Ortsschild von Sanford

⑱ Mount Dora

Straßenkarte E2. Lake Co. 13 000. Sanford. 341 N Alexander St, 1-352-383-2165. **mountdora.com**

Die Stadt in den Zitrushainen des Lake County ist einer der schönsten viktorianischen Orte Floridas. Ihren Namen verdankt sie der relativ hohen Lage von 56 Metern. Ursprünglich hieß die Stadt Royellou nach Roy, Ella und Louis, den Kindern des ersten Postmeisters.

Die hübschen, mit Bäumen gesäumten Straßen Mount Doras liegen auf einer Klippe oberhalb des Seeufers. In der Handelskammer ist eine Karte über eine historische Route (5 km) erhältlich. Sie enthält eine landschaftlich schöne Strecke durch ruhige Gegenden mit schindelgedeckten Häusern (19. Jh.) sowie die restaurierte historische Innenstadt mit Geschäften und Antiquitätenläden.

Das Donnelly House, jetzt eine Freimaurerloge, ist mit seinen Türmchen und der Kuppel ein Paradebeispiel für die

Spielende Kinder vor dem Thursby House, Blue Spring State Park

Hotels und Restaurants im Nordosten *siehe Seiten 319 und 339–341*

Schindeldächer und Verzierungen am Donnelly House, Mount Dora

dekorative Steamboat-Architektur. Das **Mount Dora History Museum** in der alten Feuerwache, dem späteren Gefängnis, widmet sich der Stadtgeschichte. Am Lake Dora kann man angeln und Wassersport betreiben.

Mount Dora History Museum
450 Royellou Lane. 1-352-383-0006. Di–So. 1. Jan, Thanksgiving, 25. Dez. teilweise.

⑲ Ocala National Forest

Straßenkarte E2. Lake Co/Marion Co. tägl. Campingplatz und Badeplätze. **Besucherzentrum** 3199 NE Co. Rd. 1-352-236-0288. **Juniper Springs Kanuverleih** 1-352-625-2808. **fs.usda.gov**

Zwischen Ocala und dem St. Johns River erstreckt sich der größte Sandpinienwald der Welt. Ein dichtes Gewässernetz und viele Wanderwege durchziehen den 148 000 Hektar großen Wald. Das Gelände ist eines der letzten Rückzugsgebiete des bedrohten Schwarzbären und Heimat vieler anderer Tiere wie Hirsche, Otter und Vögel, darunter Weißkopfseeadler, wilde Truthähne und viele Reiher.

Die Wege sind unterschiedlich lang, von Planken- und Rundwegen unter 1,5 Kilometern bis zu einem 106 Kilometer langen Abschnitt des National Scenic Trail *(siehe S. 365)*. In vielen Seen werden Barsche geangelt. Bade-, Picknick- und Zeltplätze findet man in Salt Springs, Alexander Springs und Fore Lake.

An vielen Stellen gibt es Kanus zu leihen. Die von der Juniper Springs Recreation Area ausgehende, elf Kilometer lange Kanutour den Juniper Creek hinunter zählt zweifellos zu den schönsten in ganz Florida. Sie sollten sie im Voraus buchen. Am Salt Springs Trail kann man besonders gut Stelzvögel beobachten, und auf dem Lake Dorr versammeln sich Brautenten.

Im Hauptbesucherzentrum im Westen des Waldes sowie in den kleineren Zentren bei Salt Springs und Lake Dorr, jeweils an der Route 19 gelegen, erhalten Sie nähere Informationen.

⑳ Silver Springs

Straßenkarte E2. Marion Co. 5656 E Silver Springs Blvd. 1-352-236-7148. tägl. teilweise. **floridastateparks.org**

Seit 1878 kann man in Silver Springs mit Glasbodenbooten die natürlichen Wunder der weltweit größten artesischen Quelle entdecken, die jeden Besucher in Staunen versetzen.

Das Areal war früher Floridas älteste kommerzielle Besucherattraktion, 2013 wurde es zum State Park erklärt. Noch heute werden hier vielfältige Freizeitaktivitäten angeboten. Zu den beliebtesten gehören Bootsfahrten durch den Busch, in dem die ersten Tarzan-Filme mit Johnny Weissmuller gedreht wurden.

Umgebung: Im wesentlich ruhigeren **Silver River State Park** drei Kilometer östlich führt eine sehr angenehme 15-minütige Wanderung durch einen Hartholz-Hammock und ein Zypressen-Sumpfgebiet zu einem Badeplatz an einer Krümmung des kristallklaren Flusses.

Silver River State Park
1425 NE 58th Ave, Ocala. 1-352-236-7148. tägl. **floridastateparks.org**

Bootsfahrt – eine der vielen Attraktionen von Silver Springs

Straßenkarte Florida *siehe Seite 18f*

Junge Schäferin **(1868) von Bougereau im Appleton Museum**

㉑ Ocala

Straßenkarte D2. Marion Co. 58 000. Chamber of Commerce, 110 East Silver Springs Blvd, 1-352-629-8051.
ocalacc.com

Ocala, Verwaltungssitz von Marion County und Floridas Zentrum der Vollblutpferdezucht, umgibt hügeliges, mit kilometerlangen weißen Holzzäunen begrenztes Weideland. Das mit kalkhaltigem Quellwasser *(siehe S. 224)* angereicherte Gras und das kalziumhaltige Weideland tragen zu den leichten, starken Knochen der Pferde bei. Florida brachte bereits 37 Champions hervor, auch fünf Gewinner des Kentucky Derby.

Viele der über 400 Vollblut-Gestüte und spezialisierten Zuchtzentren bei Ocala können kostenlos besucht werden. Auf den Farmen gibt es Araber, Paso Finos und Zwergponys zu sehen. Wer eine Farm besuchen möchte, erhält bei der Handelskammer von Ocala hierzu aktuelle Informationen.

Sehenswert ist auch das **Appleton Museum of Art** östlich von Ocala. Das 1984 von dem Industriellen und Pferdezüchter Arthur I. Appleton aus italienischem Marmor errichtete Museum zeigt Kunstwerke aus aller Welt, darunter präkolumbische und europäische Antiquitäten, orientalische und afrikanische Stücke sowie Meissener Porzellan. Ein Schwerpunkt des Museums liegt auf europäischer Kunst des 19. Jahrhunderts.

Appleton Museum of Art
4333 NE Silver Springs Blvd.
1-352-291-4455. Di–So.
1. Jan, 25. Dez.

㉒ Marjorie Kinnan Rawlings Historic State Park

Straßenkarte D2. Alachua Co. S CR 325, Cross Creek. 1-352-466-3672. Ocala. Gelände: tägl.; Haus: Do–So. Aug, Sep.
floridastateparks.org

Die Autorin Marjorie Kinnan Rawlings kam 1928 in den kleinen Ort Cross Creek, den sie später liebevoll als »Biegung in einer Landstraße« beschrieb. Ihr verschachteltes Farmhaus in einem Zitrushain, vor dem Hühner picken und Enten vom Orange Lake heraufwatscheln, ist nahezu unverändert.

Stocksammlung im Herlong Inn

Die Schriftstellerin wohnte hier in den 1930er Jahren und kam bis zu ihrem Tod 1953 immer wieder zu Besuch. Personen und Landschaften dieser Gegend bestimmen ihren autobiografischen Roman *Cross Creek* (1942). *The Yearling* (1938) über einen Jungen und seinen Pfau, mit dem sie den Pulitzerpreis gewann, ist von der Buschlandschaft im Süden inspiriert.

Führungen zeigen die um 1880 im Cracker-Stil erbaute Heimstätte, die fantasievoll restauriert wurde und Originalmobiliar der Rawlings enthält: Bücherregale mit Werken von Autoren wie John Steinbeck und Ernest Hemingway, ein geheimes Likörfach, eine Schreibmaschine und einen Sonnenhut auf der Veranda. Alles erweckt den Eindruck, als ob die Besitzerin nur kurz in den Garten gegangen sei.

Die Veranda, auf der die Autorin Marjorie Kinnan Rawlings schrieb

㉓ Micanopy

Straßenkarte D2. Alachua Co. 650. 30 East University Ave, Gainesville, 1-352-374-5260.
mycanopytown.com

Die zweitälteste Niederlassung von Weißen (1821) war erst ein Handelsposten namens Wanton auf Indianergebiet. 1826 wurde das hübsche Dorf nach einem Indianerhäuptling in Micanopy umbenannt und ist jetzt ein Paradies für Regisseure und Antiquitätenliebhaber. An der mit vielen moosbewachsenen Immergrünen Eichen gesäumten Hauptstraße, Cholokka Boulevard, stehen viktorianische Häuser und historische Läden mit Backsteinfront, die Antiquitäten und Kunsthandwerk verkaufen. Das imposanteste Gebäude in Micanopy ist **Herlong Mansion** mit vier korinthischen Säulen. Das im 19. Jahrhundert von einem Holzbaron errichtete Haus bietet heute Bed-and-Breakfast.

Der 1825 angelegte malerische Friedhof liegt jenseits der Seminary Road in Richtung I-75. Samtenes Moos bedeckt diese Oase der Ruhe mit Schatten spendenden Immergrünen Eichen und Zedern.

Hotels und Restaurants im Nordosten *siehe Seiten 319 und 339–341*

Flechtenüberzogene Grabsteine auf dem Friedhof von Micanopy

Umgebung: Im 17. Jahrhundert befand sich eine der größten spanischen Rinderfarmen Floridas nördlich vom heutigen Micanopy. Einst grasten Rinder, Pferde und Schweine auf dem üppigen Grün des **Paynes Prairie State Preserve**, wo heute eine kleine Herde amerikanischer Bisons und über 200 Arten einheimischer Vögel und Zugvögel zu sehen sind.

Der **Gainesville – Hawthorne State Trail** (27 km) folgt einer einstigen Bahnlinie und ist bei Wanderern, Reitern und Radfahrern beliebt.

Paynes Prairie State Preserve
100 Savannah Blvd, US 441, 1 Meile (1,6 km) nördl. von Micanopy.
1-352-466-3397. tägl.
floridastateparks.org

㉔ Gainesville

Straßenkarte D2. Alachua Co.
128 000. 300 East University Ave, 1-352-334-7100.
gainesvillechamber.com

Die Universitätsstadt Gainesville, kulturelle Hauptstadt im nördlichen Zentralflorida und Heimat der Football-Mannschaft Gators, bietet eine sehr angenehme Mischung aus Jung und Alt. In der restaurierten historischen Innenstadt beherbergen Backsteingebäude (1820–1920) Cafés und Restaurants. Auf dem großen Campus stehen Verbindungshäuser und zwei wichtige Museen.

Für das ausgezeichnete **Florida Museum of Natural History** sollten Sie viel Zeit einplanen. Neben dem naturwissenschaftlichen Teil mit über zehn Millionen Fossilienarten gibt es erstklassige Schmetterlings- und Muschelsammlungen. Zudem sind die verschiedenen Landschaftsformen Floridas und eine anthropologische Reise durch die Geschichte des Bundesstaates bis ins 19. Jahrhundert zu sehen.

Gainesvilles Limonade

Das **Samuel P. Harn Museum of Art** gehört zu den größten Universitäts-Kunstmuseen der Vereinigen Staaten. Die Sammlung besticht durch asiatische Keramik, afrikanische Zeremonienobjekte, japanische Holzschnitte sowie eine Sammlung europäischer und amerikanischer Gemälde.

Florida Museum of Natural History
Hull Rd bei SW 34th St.
1-352-846-2000. tägl.
Thanksgiving, 25. Dez.
flmnh.ufl.edu

Samuel P. Harn Museum of Art
Hull Road (von SW 34th St).
1-352-392-9826. Di–So.
Feiertage.
harn.ufl.edu

Umgebung: Die **Kanapaha Botanical Gardens** südwestlich der Stadt sind besonders von Juni bis September lohnenswert, doch auch im Frühling blühen hier unzählige Azaleen. Ein Wanderweg führt um das abschüssige Gelände (25 ha), dessen Schönheit erstmals der Botaniker William Bartram *(siehe S. 49)* zu Beginn des 19. Jahrhunderts entdeckte. Weitere Bereiche sind ein Wüstengarten, ein Sumpfpark an einem See und ein Kolibrigarten.

Kanapaha Botanical Gardens
4700 SW 58th Drive (von der Route 24). 1-352-372-4981.
Fr–Mi. 25. Dez.
kanapaha.org

Riesige Amazonas-Wasserlilien, Spätsommer-Höhepunkt in den Kanapaha Botanical Gardens

Panhandle

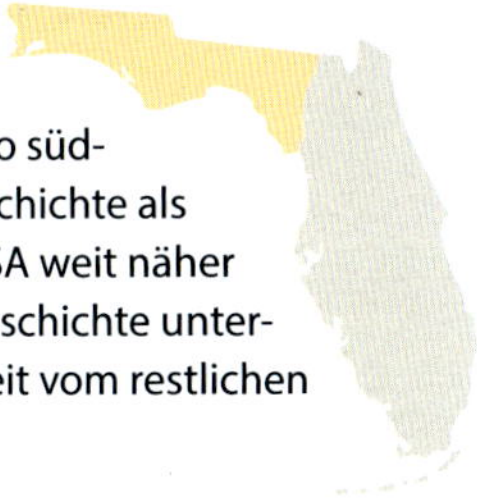

Man sagt in Florida, je weiter man nach Norden fahre, umso südlicher würde das Ambiente. Tatsächlich stehen sowohl Geschichte als auch Lebensart des »Pfannenstiels« den Südstaaten der USA weit näher als den Küstengebieten. Abgesehen von Geografie und Geschichte unterscheidet sich dieser faszinierende Teil auch in Klima und Zeit vom restlichen Florida – der Panhandle ist eine Stunde hinterher.

Die Besiedlung Floridas durch die Spanier, die zu Kämpfen zwischen den Kolonialmächten führte, begann im Norden. 1559 wurde in der Nähe des heutigen Pensacola noch vor St. Augustine eine Siedlung errichtet, die jedoch nach einem Hurrikan verlassen wurde. Nach dem Wiederaufbau musste sie ihren Rang als wichtigste Siedlung der Region um 1824 an Tallahassee abtreten *(siehe S. 50)*. Dieser Kompromiss orientierte sich an Tallahassees Lage etwa in der Mitte zwischen St. Augustine und Pensacola. Hier sollen sich die berittenen Boten der beiden Siedlungen begegnet sein.

Heute präsentiert sich Tallahassee als würdevolle Hauptstadt mit einem gelungenen Mix aus eleganter Architektur und beschaulicher Kleinstadtatmosphäre. Holz- und Baumwollhandel bescherten der Region wiederholte Phasen des Reichtums, doch durch den Eisenbahnbau in anderen Teilen Floridas fand sich der Panhandle bald auf einem Nebengleis. Touristisch wurde er erst relativ spät erschlossen, obwohl die weißen Sandstrände ihresgleichen suchen.

Die nördliche Küste Floridas erfreut sich vor allem bei Gästen aus den Südstaaten zunehmender Beliebtheit, während Urlauber aus Europa sie meist noch recht wenig beachten. Am Ostende des Panhandle (dem »Big Bend«) befinden sich unter den vielen Ferienorten auch einige malerische historische Küstenorte wie etwa Cedar Key – ein gemütliches Fischerdorf, das an das alte Key West erinnert. Landeinwärts bieten Parks mit Wäldern, Quellen und gut befahrbaren Flüssen ideale Bedingungen für Outdoor-Aktivitäten.

Einer der vielen schönen Strände des Panhandle (hier bei Pensacola; *siehe S. 232–237*)

◀ **Das alte Regierungsgebäude von Tallahassee (*siehe S. 246f*) im Schatten des neuen**

Überblick: Panhandle

Wer Urlaub am »Pfannenstiel« macht, fährt meist geradewegs zu den berühmten Stränden zwischen Pensacola und Panama City Beach. Fort Walton Beach und Destin, ideale Urlaubsziele für die ganze Familie, haben eine breite Auswahl an Hotels und Freizeitangeboten von Wassersport über Hochseefischen bis zu Golf und Tennis. Von den Ferienorten an der Küste kann man bequem Ausflüge ins Landesinnere mit seinen Hügeln und Wäldern unternehmen, um den Massen zu entkommen. Der Blackwater und der Suwannee River eignen sich gut zum Kanufahren. In der Nähe von Tallahassee findet man eine der schönsten Landschaften Floridas mit einsamen Alleen vor.

Quietwater Beach bei Pensacola auf Santa Rosa Island

Sehenswürdigkeiten auf einen Blick

1 *Pensacola S. 232–235*
2 *National Naval Aviation Museum S. 236f*
3 Perdido Key
4 Gulf Breeze
5 Santa Rosa Island
6 Blackwater River
7 Fort Walton Beach
8 Destin
9 Seaside
10 Eden Gardens State Park
11 Panama City Beach
12 Florida Caverns State Park
13 Torreya State Park
14 St. Joseph Peninsula State Park
15 Apalachicola
16 St. George, St. Vincent und Dog Island
17 Wakulla Springs State Park
18 *Tallahassee S. 246f*
19 A. B. Maclay Gardens State Park
20 Monticello
22 Suwannee River State Park
23 Steinhatchee
24 Cedar Key

Tour

21 *Cotton Trail S. 248f*

Im Plantagenstil: Gebäude im Eden Gardens State Park

Weitere Zeichenerklärungen *siehe hintere Umschlagklappe*

Auf dem Panhandle unterwegs

Früher bedienten Amtrak-Schnellzüge das Gebiet parallel zur I-10, doch der Hurrikan Katrina beschädigte die Gleise, sodass der Service 2005 eingestellt wurde. Also braucht man für den Panhandle unbedingt ein Auto. Es gibt zwei Routen: die schnelle, aber eintönige I-10 von Pensacola nach Tallahassee und weiter zum Atlantik sowie die US 98, die von Pensacola bis zum »Big Bend« parallel zur Küste verläuft und dann an die Hauptverbindung zwischen Norden und Süden, den Highway US 19, anschließt. Auf den Landstraßen herrscht wenig Verkehr. Achten Sie aber auf versteckt liegende Ausfahrten.

Beliebtes Urlaubsziel: der Hafen von Destin

Legende

- Interstate Highway
- US Highway
- State Highway
- Highway
- Panoramastraße
- Eisenbahn
- Bundesstaatsgrenze

Auch Pelikane genießen die Ruhe von Apalachicola

❶ Im Detail: Pensacola

Pensacola wurde 1559 von spanischen Siedlern unter der Führung von Don Tristan de Luna *(siehe S. 47)* gegründet, zwei Jahre später jedoch von einem Hurrikan zerstört. Die Spanier kamen zurück, doch Pensacola wechselte ständig den Besitzer: Innerhalb von 400 Jahren wehten hier die Flaggen der Spanier, Franzosen, Engländer, Konföderierten und schließlich der USA. Der Großteil des Zentrums stammt aus der Zeit des Aufschwungs nach 1880. Hier stehen Gebäude diverser Stilrichtungen: Häuschen aus der Kolonialzeit und klassizistische Gebäude aus der Blütezeit des Holzhandels (spätes 19. Jh.). Die vorgeschlagene Route konzentriert sich auf das Historic Pensacola Village *(siehe S. 234)*.

Lavalle House
Mit einfachem Grundriss und bunten Farben war dieses kleine Haus auf den Geschmack seiner französisch-kreolischen Bewohner zugeschnitten.

Museum of Industry
Das Museum mit rekonstruierter Sägemühle und der Kopie eines Zugs für den Holztransport widmet sich der Zeit des Holz- und Seehandels.

Pensacola Children's Museum
Die unzähligen Exponate dieses Museums dokumentieren die Geschichte der Region Pensacola.

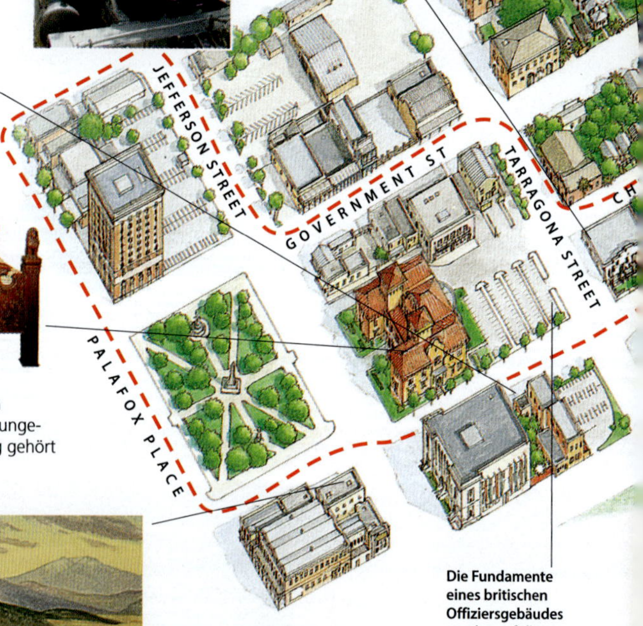

★ T. T. Wentworth, Jr. Florida State Museum
Zur breit gefächerten, ungewöhnlichen Sammlung gehört dieses Bett von 1870.

Pensacola Museum of Art
In den 1950er Jahren wurde das alte Stadtgefängnis (1908) in ein Museum umgewandelt. Unter den Exponaten findet sich dieses Landschaftsgemälde von William Nell.

Die Fundamente eines britischen Offiziersgebäudes
wurden auf diesem Parkplatz entdeckt. Sie sind Teil des Colonial Archaeological Trail *(siehe S. 234)*.

Steamboat House
Das Haus in der Form eines Dampfschiffs mit zwei »Decks« als Veranda stammt aus der Blütezeit der Dampfschiffe im 19. Jahrhundert *(siehe S. 52)*.

Infobox

Information
Straßenkarte A1. Escambia Co. 60 000. 1401 E Gregory St, 1-800-874-1234. Fiesta of Five Flags (Juni). **visitpensacola.com**

Anfahrt
5 Meilen (8 km) nördl. 980 E Heinburg St. 505 W Burgess Rd, 1-850-476-4800.

★ Seville Square
Im Schatten von Eichen und Magnolien liegt dieser Platz mitten im Seville District, den die Briten um 1770 anlegten.

Fountain Square ist nach dem Brunnen, der Darstellungen lokaler Sehenswürdigkeiten zeigt, benannt.

Dorr House ist die letzte griechisch-klassizistische Villa im Westen Floridas.

★ Museum of Commerce
Eine Druckerei ist nur eine der vielen Attraktionen dieses Museums, das geschickt in Form einer spätviktorianischen Straße präsentiert wird.

0 Meter 200
0 Yards 200

Legende
— Routenempfehlung

Überblick: Pensacola

Pensacolas historische Viertel sind die wichtigsten Anziehungspunkte. An erster Stelle steht das alte Zentrum, das Historic Pensacola Village um die hübsche Zarragossa Street. Im North Hill Preservation District ein Stück weiter nördlich trifft man auf historische Gebäude, die zur Zeit des Holzbooms für reiche Kaufleute, Ärzte und Anwälte errichtet wurden. Der lebhafte Palafox Place mit typischen Gebäuden und kuriosen Läden verbindet beide Viertel.

Das Zentrum von Pensacola wird durch zwei Brücken mit dem vorgelagerten Ferienort Pensacola Beach verbunden *(siehe S. 240)*. Trotz der Sehenswürdigkeiten in Pensacola wohnen die Gäste eher in Hotels am Strand.

Pensacola Museum of Art: Kunst hinter offenen Gittern

Fremdenführer in Kostümen aus dem 19. Jahrhundert

Historic Pensacola Village

Tivoli House, 205 E Zarragossa St. 1-850-595-5985. Di–Sa. Feiertage. **historicpensacola.org**

Die Museen und historischen Gebäude im ältesten Viertel der Stadt befinden sich im Seville District. Bei einem gemütlichen Spaziergang durch die Gassen können Sie sich ins 19. Jahrhundert zurückversetzen lassen.

Genauere Einblicke gewinnen Sie bei einer der Führungen, die zweimal täglich am Tivoli House in der Zarragossa Street beginnen. In der Hochsaison tragen die Führer historische Kostüme. Die Route führt u. a. zum einfachen französisch-kreolischen Lavalle House (1805), zum edlen Dorr House (1871), zur Old Christ Church (1832) und zum Lear-Rocheblave House (1890). Mit einem Ticket können Sie an der Führung teilnehmen und innerhalb von einer Woche sämtliche Gebäude besichtigen. Das Ticket gilt auch für das Museum of Industry und das Museum of Commerce. In einem Lagerhaus aus dem 19. Jahrhundert behandelt das Museum of Industry Themen wie Fischerei, Ziegelherstellung, Transportwesen und Holzhandel und vermittelt einen guten Eindruck von den Anfängen Pensacolas. Das nicht weniger interessante Museum of Commerce in der Zarragossa Street ist als viktorianische Straße mit Druckerei samt funktionierender Druckerpresse, Apotheke, Sattlerwerkstatt und nostalgischem Musikladen aufgebaut.

Den Seville Square überragt die Old Christ Church (1832), eine der ältesten Kirchen Floridas, die noch an der Originalstelle steht.

T. T. Wentworth, Jr. Florida State Museum

330 S Jefferson St. 1-850-595-5990. Di–Sa. Feiertage.

Das sehenswerte Museum befindet sich im einstigen Rathaus der Stadt, einem imposanten Gebäude im spanischen Neorenaissance-Stil. Unter den vielfältigen Exponaten befinden sich Stücke aus dem Westen Floridas und Kuriositäten aus der ganzen Welt: das Sammelsurium reicht von präkolumbischen Pfeilspitzen über Schrumpfköpfe bis zu einer Telefonvermittlung aus den 1930er Jahren und Cola-Flaschen.

Gut durchdachte historische Schautafeln und Dioramen illustrieren die Stationen des Pensacola Colonial Archaeological Trail mit Befestigungsanlagen aus den Jahren zwischen 1752 und 1821. Eine der Ausstellungen widmet sich Pensacolas rund 450-jähriger Geschichte.

Pensacola Museum of Art

407 S Jefferson St. 1-850-432-6247. Di–Sa. 4. Juli, Thanksgiving, 25. Dez, 1. Jan. Di frei. **pensacolamuseumofart.org**

In den weiß getünchten Zellen des alten Stadtgefängnisses hängen nun die Exponate des Museums hinter den Original-Eisengittern. Präsentiert werden immer wechselnde Ausstellungen, z. B. präkolumbische Keramiken, satiniertes Glas aus dem 19. Jahrhundert oder Pop-Art von Roy Lichtenstein.

Spanische Neorenaissance: T. T. Wentworth, Jr. Florida State Museum

Pensacola Children's Museum

115 E Zarragossa St. 1-850-595-1559. Di–Sa 10–16 Uhr. Feiertage.
historicpensacola.org

Das von der West Florida Historic Preservation, Inc. betriebene Museum in einem zunächst als Gulf Saloon bekannten Gebäude (1885) vermittelt Stadtgeschichte auf spielerische Art. Zu den behandelten Themen gehören u. a. die Entwicklung von Seefahrt, Holzwirtschaft und Kultur. Die auf Kinder zugeschnittenen Sammlungen umfassen auch nachgebaute Gebäude (u. a. ein Fort und eine Post).

Im zweiten Stock richten sich die Objekte eher an Jugendliche und Erwachsene.

North Hill Preservation District

Dieses historische Viertel (ca. zehn Blocks ab Wright Street nördlich vom Historic Pensacola Village) zeichnet sich durch

McCreary House im North Hill Preservation District

Endlose, unberührte Sandstrände: Johnson Beach auf Perdido Key

elegante Häuser (Ende 19., Anfang 20. Jh.) aus, die auf dem Gebiet der britischen und spanischen Forts gebaut wurden. Noch heute findet man in den schattigen Gärten zuweilen Kanonenkugeln. Alle Häuser sind in Privatbesitz. Eines der schönsten ist das McCreary House *(siehe S. 34)* in der North Baylen Street in der Nähe der Kreuzung mit der De Soto Street.

❷ National Naval Aviation Museum

Siehe S. 236f.

❸ Perdido Key

Straßenkarte A1. Escambia Co. Route 292, 12 Meilen (19 km) westl. von Pensacola. Pensacola. Pensacola. 15500 Perdido Key Dr, Pensacola, 1-850-492-4600.
perdidochamber.com

Nur 30 Autominuten südwestlich von Pensacola liegen die unberührten Strände von Perdido Key, die regelmäßig unter den Top 20 der USA rangieren. Es gibt Bars, Restaurants, Wassersport, Fischen und Tauchen, Sie können aber auch einfach Sonne tanken und ein Bad nehmen.

Der Westen der Insel ist nur zu Fuß erreichbar. Die Straße hört bei der **Johnson Beach Day Use Area** auf, östlich der Brücke vom Festland. Die Strände erstrecken sich über eine Gesamtlänge von rund zehn Kilometern.

Am Festland gegenüber bietet der **Big Lagoon State Park** sowohl Sandstrände als auch marschige Abschnitte, in denen man Vögel beobachten und wandern kann. Vom Aussichtsturm hat man herrlichen Blick auf die Küste.

Johnson Beach Day Use Area

13300 Johnson Beach Rd, ab Route 292. Federal Govt. Office of National Seashore, 1-850-934-2600. tägl. 25. Dez.

Big Lagoon State Park

12301 Gulf Beach Highway. 1-850-492-1595. tägl.

Der Holzboom

Im 19. Jahrhundert spielte die rege Nachfrage nach Holz, Teer und Terpentin für den Schiffsbau eine wichtige Rolle für die Entwicklung Nordfloridas. Die hoch aufragenden Immergrünen Eichen waren wegen ihrer zunehmenden Resistenz gegen Krankheiten und der hohen Wasserbeständigkeit in den Werften besonders beliebt. Einige florierende Städte wie Cedar Key *(siehe S. 248f)* entstanden. Die Einnahmen aus dem Holzboom flossen in elegante Häuser, wie zum Beispiel das Eden Mansion *(siehe S. 241)* in Pensacola.

Um 1930 war ein Großteil der Hartholzwälder gerodet. Andere Bau- und Heizmaterialien hatten Holz zudem langsam verdrängt. Die Sägemühlen mussten schließen, Tausende wurden arbeitslos.

Harte und schwere Arbeit: Holzfäller im 19. Jahrhundert

❷ National Naval Aviation Museum

Das 1963 eröffnete Museum wurde ständig erweitert und nimmt mittlerweile eine Fläche von rund 32 000 Quadratmetern ein. Damit ist es das größte Luftfahrtmuseum der Welt. Mit über 150 Flugzeugen und Raumfähren sowie themenbezogener Kunst und interaktiven Stationen wird die Entwicklung von Luft- und Raumfahrt anschaulich dokumentiert: von den ersten Doppeldeckern bis zu modernen Raketen. Jedes Jahr verzeichnet das Museum rund eine Million Besucher.

Hangar Bay One
Dieser Mueumsbereich widmet sich der Zeit nach dem Zweiten Weltkrieg. Zu den Objekten gehören ein Präsidentenhubschrauber und ein Nachbau der *Apollo-17*-Raumkapsel.

Flying Tigers
Bei den Einsätzen dieser freiwilligen Piloten am Himmel über China und Burma war das Haifischgebiss auf den Kampfflugzeugen das Markenzeichen.

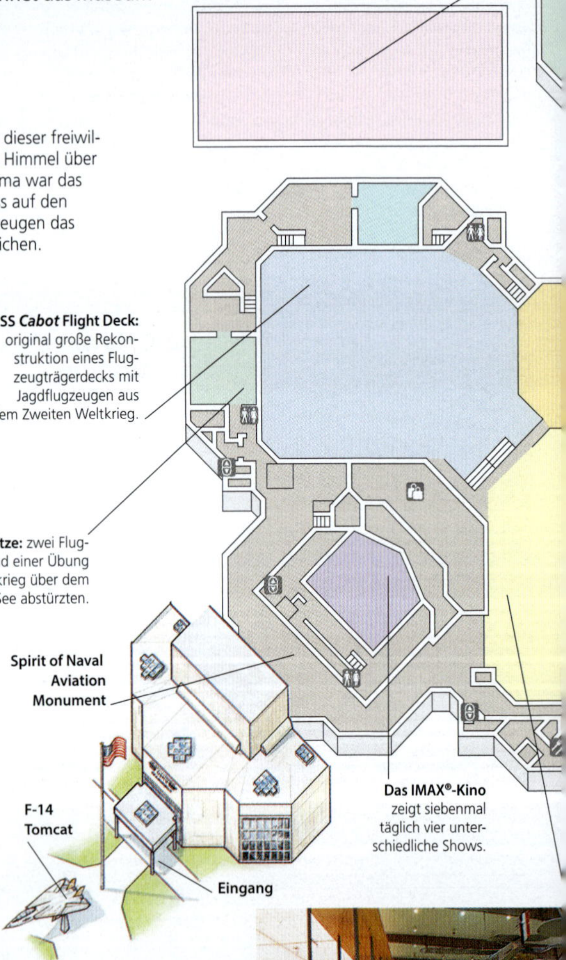

USS *Cabot* Flight Deck: original große Rekonstruktion eines Flugzeugträgerdecks mit Jagdflugzeugen aus dem Zweiten Weltkrieg.

Versunkene Schätze: zwei Flugzeuge, die während einer Übung im Zweiten Weltkrieg über dem Michigan-See abstürzten.

Das IMAX®-Kino zeigt siebenmal täglich vier unterschiedliche Shows.

Kurzführer

Das Museum erstreckt sich über zwei »Decks«, deren beide Flügel von einem Atrium verbunden werden. Der Westflügel ist fast ausschließlich dem Zweiten Weltkrieg gewidmet, während der Südflügel eher allgemein gehalten ist. Weitere Flugzeuge findet man im Hangar Bay One hinter dem Gebäude.

Doppeldecker
Die Abteilung mit den ältesten Modellen bietet Trainingsflugzeuge aus dem Ersten Weltkrieg und Doppeldecker.

K 47
Amerikas Flugzeuge der Serie »K« flogen im Zweiten Weltkrieg Patrouilleneinsätze über dem Meer.

Infobox

Information
Straßenkarte 1A. 1750 Radford Blvd, NAS Pensacola. ☎ 1-850-453-3604. ○ tägl. 9–17 Uhr. ● 1. Jan, Thanksgiving, 25. Dez.
W navalaviationmuseum.org

Anfahrt
Pensacola. Pensacola.

Space Capsule Display: Kommandozentrale eines Skylab, eine Mercury-Kapsel, das Mondauto, Raumanzüge, Filme und Mondgestein.

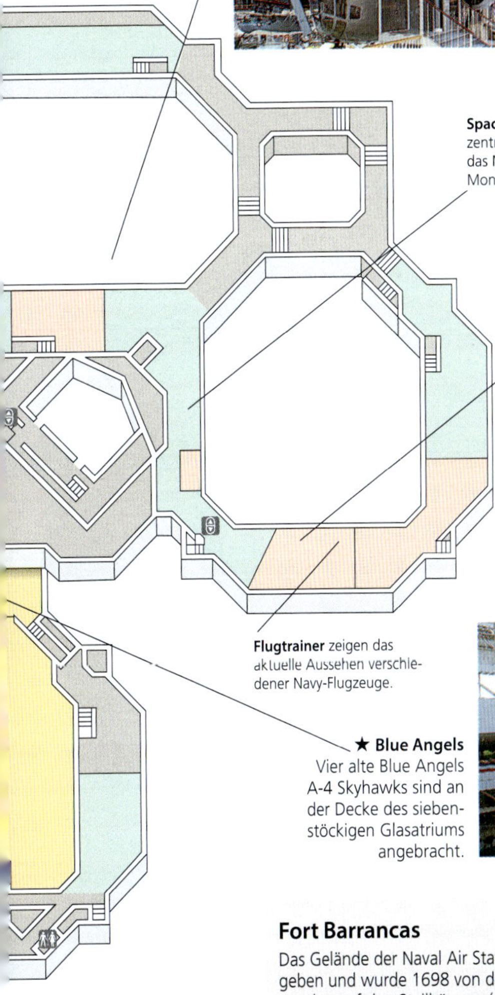

★ MaxFlight Simulators
Hier kann man Luftkämpfe, Kunstflugfiguren und wagemutige Sturzflüge mit Dutzenden verschiedenen Flugzeugtypen selbst steuern.

Flugtrainer zeigen das aktuelle Aussehen verschiedener Navy-Flugzeuge.

★ Blue Angels
Vier alte Blue Angels A-4 Skyhawks sind an der Decke des siebenstöckigen Glasatriums angebracht.

Fort Barrancas

Das Gelände der Naval Air Station ist auf drei Seiten von Wasser umgeben und wurde 1698 von den Spaniern befestigt. Die Originalwälle wurden auf den Steilhängen (spanisch *barrancas*) über der Pensacola Bay errichtet. 1781 ersetzte man die Anlage durch ein Fort, das um 1840 von der US Army erheblich erweitert wurde. Die Reste der spanischen und amerikanischen Anlage sind hinter eindrucksvollen Verteidigungswällen versteckt und durch einen Tunnel miteinander verbunden. Vom nahe gelegenen Museum gibt es auch Führungen dorthin.

Wälle rund um Fort Barrancas

Legende
- 2. Weltkrieg, Koreakrieg
- Anfänge der Fliegerei
- Moderne Flugzeuge
- Kino
- Interaktive Exponate
- Ausstellung
- Kunstgalerie
- Hangar Bay One
- Keine Ausstellungsfläche

Straßenkarte Florida *siehe Seite 18f*

❹ Gulf Breeze

Straßenkarte A1. Santa Rosa Co. 6600. Pensacola. Pensacola. 409 Gulf Breeze Parkway, 1-850-932-7888.
gulfbreezechamber.com

Die florierende Stadt Gulf Breeze liegt am Westende des Hügelzuges, der sich weiter gegen Süden zur Pensacola Bay ausdehnt. Östlich der Stadt erstrecken sich große Wälder, früher Teil des riesigen Waldgebietes im Süden, dessen Holz um 1820 zum Schiffsbau verwendet wurde *(siehe S. 235)*.

Die **Naval Live Oaks Reservation**, die sich nicht weit von der US 98 erstreckt, war ursprünglich eine staatliche Holzfarm und setzt sich heute für den Schutz der Wälder ein. Hier findet man Pfade durch 500 Hektar Eichenwald, Sandhügel und Sümpfe – wahre Vogelparadiese. Ein Informationszentrum bietet Wissenswertes über die lokale Flora und Fauna und zeigt auch historische Ausstellungsstücke.

Der **Zoo**, 16 Kilometer östlich von Gulf Breeze mit über 700 Tierarten, ist ein beliebtes Ziel. Man hat die Wahl zwischen einer Zugfahrt mit der Safari Line durch zwölf Hektar Land an grasenden Tieren vorbei, Elefant Ellies Show und einem Spaziergang durch den Botanischen Garten. Von einer Plattform kann man sogar einer Giraffe tief in die Augen schauen.

Mit der Safari Line durch den Zoo (Gulf Breeze)

Naturlehrpfad, Naval Live Oaks Reservation

Naval Live Oaks Reservation
1801 Gulf Breeze Parkway. 1-850-934-2600. tägl. 25. Dez. teilweise. **nps.gov/guis**

Zoo
5701 Gulf Breeze Parkway. 1-850-932-2229. tägl. Thanksgiving, 25. Dez. **gulfbreezezoo.org**

❺ Santa Rosa Island

Straßenkarte A1. Escambia Co, Okaloosa Co, Santa Rosa Co. Pensacola. Pensacola oder Fort Walton Beach. 8543 Navarre Parkway, Navarre, 1-850-939-2691.
floridabeachestorivers.com

Der lange, schmale Sandstreifen von Santa Rosa erstreckt sich von Pensacola Bay bis Fort Walton Beach (70 km). **Fort Pickens** an der Westspitze ist das größte der vier amerikanischen Forts, die man im frühen 19. Jahrhundert zur Verteidigung der Pensacola Bay erbaute. 1886–88 wurde hier Apachenhäuptling Geronimo gefangen gehalten, und viele kamen, um ihn zu sehen. Vermutlich hatten die Behörden gegen diesen Besucheransturm nichts einzuwenden. Das Fort wurde von der US Army bis 1947 verwendet. Heute erkunden Besucher die geschichtsträchtigen dunklen Mauern und das hier eingerichtete Museum.

Santa Rosa hat einige weiße Strände. Beliebt sind Pensacola Beach und Navarre Beach, beide mit Fischersteg und Wassersportangeboten. Zwischen den Stränden erstreckt sich ein schöner, einsamer Abschnitt abseits des Trubels. Bei Fort Pickens im Westen gibt es einen Campingplatz.

Fort Pickens
1400 Fort Pickens Rd (Route 399). 1-850-934-2621. tägl. teilweise. **nps.gov/guis**

Holzsteg zum Pensacola Beach auf Santa Rosa Island

❻ Blackwater River

Straßenkarte A1. Santa Rosa Co. Pensacola. Pensacola. 5247 Stewart St, Milton, 1-850-623-2339. **santarosachamber.com**

Der Blackwater entspringt in Alabama und fließt 95 Kilometer nach Süden in den Golf von Mexiko. Er schlängelt sich in malerischen Windungen durch die Wälder und bildet dabei Abschnürungen, natürliche Dämme und Sandstrände. Hauptattraktion ist die Kanuroute: Die 50 Kilometer zählen zu den schönsten der USA. In Milton, Floridas selbst ernanntem Kanuzentrum, werden Kanu- und Kajaktouren angeboten, von halbtägigen Paddelversuchen bis zu Drei-Tage-Marathons, bei denen man sich auch an den Sweetwater und den Juniper Creek im Norden wagt.

Herrliche Kanuroute: Blackwater River

Im kleinen **Blackwater River State Park** am Ende der Kanuroute kann man schwimmen, picknicken oder auch das Flusssystem entlang der Nature-Trail-Route verfolgen, die sich etwa 1,5 Kilometer lang durch Wälder mit Eichen, Hickory, Magnolien und Ahorn schlängelt und in einer Reihe kleiner Seen mündet.

Blackwater River State Park
Ab US 90, 15 Meilen (24 km) nordöstl. von Milton.
1-850-983-5363. tägl.
teilweise.
floridastateparks.org

7 Fort Walton Beach

Straßenkarte A1. Okaloosa Co.
20 000. Crestview.
34 Miracle Strip Parkway SE, 1-850-244-8191, 1-800-322-3319.
fwbchamber.org

Fort Walton Beach liegt am westlichen Ende der »Smaragdküste«, die sich 40 Kilometer bis über Destin hinaus erstreckt. Die US 98 mit zahlreichen Tauchläden und Häfen verläuft an der Küste und verbindet Fort Walton mit Santa Rosa Island. Okaloosa Island, wie es die Einheimischen nennen, zieht die meisten Besucher an.

Im klaren Wasser kann man schwimmen und fischen. Auch andere Arten von Wassersport werden hier betrieben.

Keramiktopf, Temple Mound Museum

Auch in der geschützten Choctawhatchee Bay im Norden können Sie baden oder segeln. Außerdem bieten die Häfen Bootstouren an. Wer lieber an Land bleibt, hat die Wahl zwischen einem Dutzend Golfplätzen.

Delfine und Seelöwen sind die Stars der täglichen Shows im **Gulfarium**. Durch die Glaswände der Aquarien kann man Haie, Rochen und riesige Meeresschildkröten beobachten. Es gibt auch Gehege für Seehunde, Otter und Alligatoren sowie Volieren für exotische Vögel.

Im Stadtzentrum wird außer dem sehr informativen **Indian Temple Mound Museum** nicht viel geboten. Das Museum befindet sich neben einem Grabhügel, den die Indianer *(siehe S. 44f)* um 1400 für Zeremonien und Bestattungen errichteten. Besucher können Funde aus diesem Hügel und anderen indianischen Kultstätten besichtigen und anhand dieser Exponate rund 10 000 Jahre menschlicher Besiedlung im Gebiet an der Choctawhatchee Bay nachvollziehen.

Bei Shalimar, fünf Kilometer nördlich, liegt der größte Luftwaffenstützpunkt der Welt, die Eglin Air Force Base. Im **US Air Force Armament Museum** sind Flugzeuge und Waffen ausgestellt. Zu sehen sind u. a. ein SR-71-»Blackbird«-Spionageflugzeug und modernste Laserwaffen. Führungen durch das 1865 Quadratkilometer große Gelände werden angeboten.

Gulfarium
1010 Miracle Strip Parkway.
1-850-244-5169. tägl.
Thanksgiving, 24., 25. Dez.
teilweise. **gulfarium.com**

Indian Temple Mound Museum
139 SE Miracle Strip Parkway.
1-850-833-9595. Mo–Sa.
1. Jan, Thanksgiving, 25. Dez.
eingeschr. **fwb.org**

US Air Force Armament Museum
100 Museum Drive (Route 85).
1-850-651-1808. tägl.
Feiertage.

Ford Walton Beach: Strand mit weißem, feinem Sand am Golf von Mexiko

Straßenkarte Florida *siehe Seite 18f*

❽ Destin

Straßenkarte A1. Okaloosa Co. 13 000. Fort Walton Beach. 4484 Legendary Dr, Suite A, 1-850-837-6241.
destinchamber.com

Die schmale Stadt zwischen Golf von Mexiko und Choctawhatchee Bay verläuft entlang der Küstenstraße US 98. 1845 als Fischercamp gegründet, entwickelte sich Destin zum »wohlhabendsten Fischerdorf der USA«. Hochseefischen

Ein Fischer und sein Fang im Hafen von Destin

stellt die Attraktion schlechthin dar, im Hafen wimmelt es von Charterbooten. Die Gewässer um Destin sind dank eines 30-Meter-Abbruchs, 16 Kilometer von der Küste entfernt, sehr fischreich. Mit Glück fängt man hier sogar einen Silberkönig oder Fächerfisch. Wettkämpfe und Veranstaltungen auf diesem Gebiet finden recht häufig statt. Sehr berühmt ist das Fishing Rodeo, das den ganzen Oktober dauert, auch das Seafood Festival Anfang Oktober lockt viele Besucher an. Interessant ist der Markt für Meeresfrüchte beim Destin Seafood Festival Anfang Oktober. Alle Arten von Muscheln, Shrimps und Krabben werden dort angeboten.

Mit herrlichen Stränden und der Emerald Coast ist Destin auch ein beliebter Ferienort, an dem man gut tauchen oder schnorcheln kann.

Destin Seafood Festival
Destin (Anfang Okt).
destinseafoodfestival.org

Typisch Seaside: ein Holzhaus mit Turm

❾ Seaside

Straßenkarte B1. Walton Co. 200. 1-850-231-4224.
seasidefl.com

Als Robert Davis Mitte der 1980er Jahre beschloss, hier den Fremdenverkehr anzukurbeln, hatte er die Badeorte seiner Kindheit vor Augen. Dabei stellte er sich einen nostalgischen Ferienort mit Floridas traditionellen Holzhäusern mit Veranda, steilem Dach und weißem Zaun vor. Überladene

Die Strände des Panhandle

Zwischen Perdido Key und Panama City Beach liegen einige der schönsten Strände Floridas. Auf den breiten, geschwungenen Stränden wird man vom Sand – 90 Prozent Quarzsand, der von den Appalachen herabgeschwemmt wird – fast geblendet. Im Juni und im Juli sind die Strände sehr voll, doch das Wasser im Golf ist auch im November noch angenehm warm. Das Angebot reicht von ruhigen Stränden bis zu quirligen Ferienorten. Auch Tauch- und Wassersportmöglichkeiten sind gut.

③ **Pensacola Beach** mit kilometerlangem Sandstrand wird von Läden, Hotels und Bars gesäumt. Am Wochenende ist hier viel los *(siehe S. 238)*.

① **Perdido Key**
Einige Strände auf Perdido Key sind mit dem Auto nicht erreichbar und deshalb angenehm ruhig *(siehe S. 235)*.

② **Gulf Islands National Seashore** bietet einen Campingplatz und einen Strand mit ausgezeichneten Wassersportmöglichkeiten.

④ **Navarre Beach** ist einer der ruhigeren Strände der Insel. Gut ausgestattet, mit einem Pier zum Fischen *(siehe S. 238)*.

0 Kilometer 15
0 Meilen 10

Details, Türmchen und Erker lassen heute den Originalstil aber kaum noch erkennen. Der Charme der pastellfarbenen, neoviktorianischen Häuser erinnert an Disney World und ist eine kurze Pause wert, wenn Sie an der US 98 daran vorbeikommen. Auch der Strand ist nicht zu verachten.

Umgebung: 1,5 Kilometer westlich von Seaside liegt der **Grayton Beach State Park**: Dieser Strand am Panhandle findet sich regelmäßig ganz vorne in den Hitlisten der US-Strände. Doch nicht nur der breite Strand mit seinem herrlichen, weißen Quarzsand lockt – man kann hier auch fischen, Boot fahren, wandern und campen. Während des Sommers werden Ranger-Programme für die ganze Familie angeboten.

Grayton Beach State Park
County Rd 30A, ab US 98, 1 Meile (1,6 km) westl. von Seaside.
1-850-231-4210. tägl.
floridastateparks.org

Statue im üppigen Grün des Eden Gardens State Park

⑩ Eden Gardens State Park

Straßenkarte B1. Walton Co. Point Washington. 1-850-231-4214.
Fort Walton Beach.
Gärten tägl. **Haus** Do–Mo.
10–14 Uhr.
floridastateparks.org

Holzbaron William H. Wesley baute sich sein prachtvolles Anwesen Eden Mansion 1897 am Choctawhatchee River. Die Räume dieses zweistöckigen Gebäudes, dem Stil der Zeit vor dem Sezessionskrieg nachempfunden, sind noch heute mit Originalmöbeln ausgestattet. Die blühenden Gärten mit Kamelien, Azaleen, Magnolien und Eichen stehen dem Haus in nichts nach.

Am Ufer, wo sich einst das Sägewerk befand, stehen heute Picknicktische. Bäume trieb man von den Wäldern im Landesinneren hierher, wo man sie bearbeitete. Danach wurden die Stämme mit Kähnen auf dem Intracoastal Waterway nach Pensacola gebracht.

⑦ **Santa Rosa Beach**
Der unberührte Sandstrand geht in Dünen und Marschland mit reicher Fauna und Vogelwelt über.

⑨ **Panama City Beach**
Ferienwohnungen, Hotels und Freizeitparks säumen Panama City Beach. Tauchen und Wassersport sind hier sehr beliebt *(siehe S. 242)*.

⑥ **Destin** mit seinem herrlichen Strand zieht Sonnenanbeter und Hochseefischer an.

⑧ **Grayton**, einen der schönsten Strände Amerikas, erreicht man über Holzstege.

⑤ **Fort Walton Beach** ist ein gemütlicher, familienfreundlicher Ort mit gutem Wassersportangebot *(siehe S. 239)*.

⑩ **St. Andrews** hat einen herrlichen Strand, der nicht wie der Panama City Beach verbaut werden darf *(siehe S. 242f)*.

Panama City Beach, der quirligste Ferienort des Panhandle

⓫ Panama City Beach

Straßenkarte B1. Bay Co. 14500. 17001 Panama City Beach Pkwy, 1-850-233-5070. **Captain Anderson's Marina** 1-904-234-3435. **Treasure Island Marina** 1-850-234-8944. **visitpanamacitybeach.com**

Panama City Beach mit seinem 43 Kilometer langen »Miracle Strip« voller Hotels, Freizeitparks und Läden vor gleißendem Quarzsandstrand ist der beliebteste Ferienort am Panhandle. Während des Spring Break *(siehe S. 38)* zieht er Horden junger Leute an, im Sommer beherrschen Familien das Bild. Das Sportangebot ist ausgezeichnet.

Panama City Beach, die »Schiffswrackhauptstadt«, ist als eines der besten Tauchziele am Golf von Mexiko bekannt. Neben natürlichen Korallenriffen gibt es über 50 künstliche Tauchgärten, die mit Bootswracks angelegt sind. Tauchschulen bieten Trips und Kurse an. Wer es etwas gemütlicher mag, füttert von Captain Anderson's oder Treasure Island Marina aus Delfine oder bucht eine Rundfahrt im Glasbodenboot.

Gulf World Marine Park

15412 Front Beach Rd. 1-850-234-5271. tägl. Thanksgiving, 25. Dez. **gulfworldmarinepark.com**

Shows mit Delfinen und Seelöwen sind hier die Hauptattraktion. Aquarien und das begehbare Haibecken liegen in einem üppigen tropischen Garten mit einem Schwarm fröhlicher Papageien.

Museum of Man in the Sea

17314 Panama City Beach Pkwy. 1-850-235-4101. tägl. 1. Jan, Thanksgiving, 25. Dez. **maninthesea.org**

Das etwas schlichte Museum gewährt lehrreiche Einblicke in die Geschichte des Tauchens und der Schiffsbergung. Unter einer Vielzahl von Exponaten findet man u. a. alte Taucherhelme, aber auch Schätze der versunkenen spanischen Galeone *Atocha (siehe S. 32)* und U-Boote. Interessantestes Stück ist die *Moby Dick*, ein Walrettungsboot, das als Killerwal bemalt ist.

ZooWorld

9008 Front Beach Rd. 1-850-230-1243. tägl. 25. Dez. **zooworldpcb.net**

Der Zoo beherbergt mehr als 350 Tiere, darunter Bären, Großkatzen, Alligatoren, Kamele, Giraffen und Orang-Utans, und betreut mehr als 15 gefährdete Tierarten.

Der Streichelzoo Gentle Jungle Petting Zoo, bei Kindern sehr beliebt, bietet jede Menge Gelegenheit, Tiere hautnah zu erleben.

Unterhaltsamer Bewohner von ZooWorld: ein Orang-Utan

Shipwreck Island Waterpark

12201 Hutchison Blvd. 1-850-234-3333. Mitte Apr–Mai: Sa; Juni, Juli, 1. Woche im Aug: tägl. teilweise. **shipwreckisland.com**

In diesem Wasserpark wird Familien ein Tag sicher nicht lang. Die 490 Meter lange Wasserrutsche rangiert bei allen ganz oben, doch auch für Abenteuerlustige ist gesorgt: mit Speed Slide (55 km/h), Rapid River oder der 110 Meter langen White Water Tube. Für die Kleinsten gibt es weniger rasante Rutschbahnen und ein Planschbecken, für alle zusätzlich einen Wellenpool und Plätze zum Sonnenbaden.

Wasserspaß im Shipwreck Island Waterpark

Coconut Creek Family Fun Park

9807 Front Beach Rd. 1-850-234-2625, 1-888-764-2199. tägl. 9–23.30 Uhr. 24., 25. Dez. (Kinder bis 6 Jahre frei). **coconutcreekfun.com**

In diesem Park gibt es zwei 18-Loch-Minigolfplätze unter dem Thema »Safari in Afrika« sowie ein Labyrinth von der Größe eines Fußballfeldes, in dem man quasi von einer südpazifischen Insel zu einer anderen reist.

Umgebung: Fünf Kilometer südöstlich ist der **St. Andrews State Park** ein willkommener Ausgleich zu Panama City Beach, obwohl es im Sommer auch hier voll werden kann.

Hotels und Restaurants auf dem Panhandle *siehe Seiten 320 und 341–343*

Nachbildung einer Terpentindestillerie im St. Andrews State Park

Der herrliche weiße Strand wurde 1995 als bester Strand der USA gekürt. Hier kann man gut schwimmen, um die Felsen sollte man unbedingt schnorcheln. Im Marschland und in den Lagunen hinter den Dünen leben Alligatoren und Watvögel.

Beim Fischerpier hat man eine Terpentindestillerie nachgebaut, wie es sie Anfang des 19. Jahrhunderts in Florida überall gab *(siehe S. 235)*.

St. Andrews State Park
4607 State Park Ln.
1-850-233-5140. tägl. teilweise.
floridastateparks.org

⓬ Florida Caverns State Park

Straßenkarte B1. Jackson Co. 3345 Caverns Rd, ab Route 166, 3 Meilen (5 km) nördl. von Marianna.
Marianna. 1-850-482-9598.
tägl.
floridastateparks.org

Der Kalkstein, der die Oberfläche der Halbinsel Florida bestimmt, tritt in dem Höhlensystem, das vom Chipola River entwässert wird, an die Oberfläche. Das Regenwasser, das in Jahrtausenden durch das weiche Kalkgestein sickerte, bildete eine atemberaubende Höhlenlandschaft mit Stalagmiten, Stalaktiten und Tropfsteinsäulen. Ziehen Sie sich warm an, die Temperatur liegt dort zwischen 16 und 19 °C.

Im Park kann man auch wandern und reiten, der Chipola River bietet sich zum Schwimmen und Fischen an. Eine 84 Kilometer lange Kanuroute windet sich durch die hohen Kalkklippen nach Süden zum Dead Lake, etwas westlich vom Apalachicola National Forest *(siehe S. 244)*.

⓭ Torreya State Park

Straßenkarte C1. Liberty Co. Route CR 1641, 13 Meilen (21 km) nördl. von Bristol. Blountstown.
1-850-643-2674. tägl.
teilweise.
floridastateparks.org

Etwas abseits der üblichen Touristenrouten liegt dieser Park, der einen Abstecher wert ist. Seinen Namen erhielt er von einer Eibenart, die hier früher häufig vorkam. Er liegt an einer reich bewaldeten Flussschlinge. Die hohen Steilufer, von denen die Konföderierten im Sezessionskrieg die gegnerischen Kanonenboote beschossen, gehören zu den wenigen natürlichen Aussichtspunkten Floridas.

Das schöne neoklassizistische **Gregory House** (19. Jh.) steht in 45 Metern Höhe auf dem Steilufer. Es wurde 1935 von seinem ursprünglichen Platz weiter flussabwärts hierher versetzt und restauriert. Das Innere ist mit Originalmöbeln ausgestattet.

Zum Fluss und wieder zurück braucht man 25 Minuten, oder man folgt dem elf Kilometer langen Weeping Ridge Trail. Beide Routen führen durch Wald, wo man Vögel, Rotwild, Biber und eine seltene Schildkrötenart beobachten kann, deren Panzer eine landkartenartige Zeichnung aufweist.

⓮ St. Joseph Peninsula State Park

Straßenkarte B1. Gulf Co. Route 30E.
Blountstown. 1-850-227-1327. tägl. teilweise.
ganzjährig. **floridastateparks.org**

Wer Ruhe sucht, findet sie mit Sicherheit in diesem Park an der Spitze der Landzunge, die nördlich vom Cape San Blas in die St. Joseph's Bay reicht. Man kann auf dem Parkgelände schwimmen, schnorcheln und fischen. Vogelliebhaber sollten ihren Feldstecher dabeihaben, denn hier wurden mehr als 200 Vogelarten registriert. Man kann in Hütten mit Blick auf die Bucht übernachten, es gibt aber auch einen gut ausgestatteten Campingplatz.

Vom Strand können Sie einen Ausflug in die Palmen- und Nadelwälder unternehmen, wo Sie auf eine artenreiche Tierwelt (u. a. Rotwild, Waschbären, Luchse und Kojoten) treffen.

Das bewaldete Ufer des Apalachicola River im Torreya State Park

Restaurierte Häuser in der Water Street, Apalachicola

⓯ Apalachicola

Straßenkarte B1. Franklin Co. 3000. Tallahassee. 122 Commerce St, 1-850-653-9419. **apalachicolabay.org**

Die 1823 gegründete Stadt erlebte in den ersten 100 Jahren ihrer Existenz als Zollstation am gleichnamigen Fluss ihre Blütezeit. Mit dem Baumwollhandel nahm sie einen Aufschwung, später kamen Holzhändler und Schwammtaucher hier zu großem Reichtum. Die Nadel- und Hartholzwälder des Apalachicola National Forest reichen 19 Kilometer nördlich von Apalachicola bis zur Stadtgrenze von Tallahassee.

Nach dem Ende des Holzbooms in den 1920er Jahren wandte sich die Stadt dem Fisch- und Austernfang in der Mündung des Apalachicola River zu. Die Boote liegen noch immer hier am Kai, der mit Kühlhäusern und alten Baumwolllagerhallen gesäumt ist. In der Water Street bieten Läden frische Austern an.

Die schachbrettartig angelegte Altstadt hat viele nette Gebäude aus der Zeit des Baumwollbooms aufzuweisen. Im Stadtplan der Handelskammer wird auch auf private Schätze wie das neoklassizistische Raney House (1838) hingewiesen.

Im **John Gorrie Museum State Park**, benannt nach dem berühmtesten Sohn der Stadt, steht ein Modell seiner Eismaschine. Ursprünglich zur Kühlung der Säle für Gelbfieberpatienten gedacht, legte Dr. Gorries Erfindung den Grundstein für die Entwicklung von Kühlschränken und Klimaanlagen.

John Gorrie Museum State Park
46 6th St (Gorrie Square). 1-850-653-9347. Do–Mo. 1. Jan, Thanksgiving, 25. Dez.

⓰ St. George, St. Vincent und Dog Island

Straßenkarte B2, C2, C1. Franklin Co. Tallahassee. 122 Commerce St, Apalachicola, 1-850-653-9419.
Jeannie's Journeys 1-850-927-3259. **sgislandjourneys.com**

Die Inseln trennen die Apalachicola Bay vom Golf von Mexiko. Das touristisch gut erschlossene St. George ist durch eine Brücke mit Apalachicola verbunden. 14 Kilometer Dünen am Ostende gehören zum Schutzgebiet **St. George Island State Park**. Die meisten Strände liegen am Golf von Mexiko, sie werden jedes Jahr unter den besten der USA gelistet.

Das **St. Vincent National Wildlife Refuge** im Westen ist unbewohnt und nur von St. George aus erreichbar.

Angeln in der Brandung: beliebt auf St. George Island

Jeannie's Journeys am East Gorey Drive bieten Bootsfahrten an. Mai bis Oktober sind Kajaktouren im Programm. Auf St. Vincent können Sie im Frühling Fischadler beobachten, im Sommer Seeschildkröten, im Winter Zugvögel. Dog Island im Osten erreicht man per Boot von Carrabelle. Dort gibt es eine kleine Gaststätte, große Dünen und einen herrlichen Strand zum Muschelsammeln.

St. George Island State Park
1-850-927-2111. tägl.

St. Vincent National Wildlife Refuge
1-850-653-8808. Mo–Fr.

Spaß im Bad von Wakulla Springs

⓱ Wakulla Springs State Park

Straßenkarte C1. Wakulla Co. 550 Wakulla Park Drive, Wakulla Springs. 1-850-926-0700. Tallahassee. tägl. **floridastateparks.org**

Eine der größten Süßwasserquellen der Welt pumpt hier 2,6 Millionen Liter pro Minute in das große Becken, das die Hauptattraktion des Parks darstellt. In dem kristallklaren Wasser kann man schwimmen, schnorcheln oder mit einem der Glasbodenboote fahren. Bei einem Ausflug auf dem Wakulla River hat man recht gute Chancen, Alligatoren, Fischadler oder Watvögel zu sehen.

Es gibt Waldwanderwege sowie das Hotel Wakulla Springs Lodge (1930), das im spanischen Stil erbaut ist.

Hotels und Restaurants auf dem Panhandle *siehe Seiten 320 und 341–343*

Fischfang in der Apalachicola Bay

Die Apalachicola Bay zählte lange Zeit zu den tierreichsten Mündungssystemen der Welt. Austern, Krabben, Garnelen (auch Shrimps genannt) und andere Krustentiere, aber auch Fische waren ein bedeutender Wirtschaftsfaktor. Ein ganzes Bündel von Gründen, darunter auch die Verschlechterung der Wasserqualität, bewirkte jedoch einen starken Rückgang mancher Populationen, darunter auch der Austern. Diese Entwicklung führte zu drastischen Einbußen beim Fischfang. Darüber hinaus wurde in einigen Gebieten die Jagd auf Fische zur Regeneration des Ökosystems komplett verboten. Das warme, seichte Wasser der Salzsümpfe zwischen der Apalachicola Bay und Cedar Key *(siehe S. 248f)* hingegen bietet weiterhin gute Bedingungen für ertragreichen Fischfang.

Mit den »Tongs«, einem scherenartigen Gerät, werden die Austern aus dem Wasser geholt.

Der »Culler« sortiert die Austern nach Größe und wirft die kleinen zurück ins Meer.

Austernfischer in der Apalachicola Bay

Austernfischen

Die Austernfischer – nach ihren Fangscheren »Tongers« genannt – verwenden kleine Holzboote und fischen in öffentlichen Gewässern. Austern gibt es ganzjährig, doch im Sommer ist meist Flaute, wenn die Fischer andere Meerestiere fangen.

Am besten auf Eis: frische Austern

Frische Meeresfrüchte gibt es in Apalachicola das ganze Jahr über. Am ersten Wochenende im November treffen sich Fisch- und Muschelfans zum jährlichen Florida Seafood Festival.

Weiße, braune und rosa Shrimps werden in Küstennähe von kleinen Booten aus gefangen. Auf hoher See im Golf von Mexiko setzt man größere Schiffe ein, die eine Woche oder länger draußen sind. Vor dem Verkauf werden die Tiere sortiert.

Krabben mit harten und weichen Panzern (»Peelers«) fängt man in Köder-Drahtfallen, die von kleinen Booten ausgelegt und eingesammelt werden. Die Krabben kommen bei warmem Wetter, manchmal schon im Februar.

⑱ Tallahassee

Das Zentrum des »anderen Florida« liegt nur 23 Kilometer von der Grenze zu Georgia entfernt, inmitten von Hügeln und Alleen: herrschaftlich, gastfreundlich, kompromisslos den Südstaaten verbunden. Die abgelegene einstige Indianersiedlung und Franziskanermission bot sich 1824 nicht unbedingt zur Gründung von Floridas Hauptstadt *(siehe S. 229)* an, während der Zeit der großen Plantagen und als Florida 1845 in die USA aufgenommen wurde, nahm die Stadt jedoch einen enormen Aufschwung. Die eleganten Häuser von Politikern, Plantagenbesitzern und Geschäftsleuten sind noch immer schön anzusehen.

Infobox

Information
Straßenkarte C1. Leon Co. 185 000. 106 East Jefferson St, 1-850-606-2305, 1-800-628-2866. Springtime Tallahassee (März–Apr). **visittallahassee.com**

Anfahrt
8 Meilen (13 km) südl. 918 Railroad Ave, 1-800-872-7245. 112 West Tennessee St, 1-850-222-4240.

Überblick: Tallahassee
Die Altstadt mit den schönen Häusern aus dem 19. Jahrhundert gruppiert sich um die Park Avenue und die Calhoun Street – ruhige, schattige Straßen mit alten Eichen und Magnolienbäumen.

Schnitzerei im Senat des Old Capitol

Das Brokaw-McDougall House an der Meridian Street ist ein schönes Beispiel für amerikanischen Klassizismus. Ähnliche Einflüsse spürt man am Haus The Columns (1839) in der Duval Street, dem ältesten Gebäude der Stadt. Das Capitol liegt im Stadtzentrum. Das ehrwürdige Old Capitol wurde liebevoll restauriert, sodass die weiße Kuppel und die gestreiften Markisen im Glanz von 1902 erstrahlen. Innen können der Saal des Obersten Gerichts, jener für Kabinettssitzungen und der Senat besichtigt werden. Das Old Capitol steht heute im Schatten des dahinter aufragenden New Capitol mit 22 Etagen. Der Blick über Tallahassee von ganz oben versöhnt mit der etwas düsteren Architektur der 1970er Jahre. Im Informationsbüro in der Jefferson Street erhält man Stadtpläne.

Knott House Museum

301 East Park Ave. 1-850-922-2459. Mi–Sa.
museumoffloridahistory.com

Ungewöhnlich an diesem Haus ist die Tatsache, dass es 1843 von einem freien Schwarzen erbaut wurde – 20 Jahre vor Abschaffung der Sklaverei in Florida. Seinen Namen hat das

Zentrum von Tallahassee

① Museum of Florida History
② Old Capitol
③ New Capitol
④ The Columns
⑤ Knott House Museum
⑥ Brokaw-McDougall House

Zeichenerklärung
siehe hintere Umschlagklappe

herrlich restaurierte viktorianische Gebäude allerdings von den Knotts, die 1928 hier einzogen und das Haus völlig neu einrichteten. Viel erinnert an die ehemaligen Besitzer – die Gedichte, die Luella Knott über ihre Möbel schrieb und daran befestigte, sind noch immer an ihrem Platz.

Museum of Florida History
500 S Bronough St. 1-850-488-1484. tägl. Thanksgiving, 25. Dez.
museumoffloridahistory.com

Dieses Museum behandelt rund 12 000 Jahre Geschichte. Dioramen zeigen Szenen aus der paläoindianischen Kultur, Gürteltiere und ein Mastodonskelett aus Wakulla Springs *(siehe S. 244)*. Die Objekte und Schautafeln geben einen Überblick von der Kolonisierung Floridas bis zu den »Dosentouristen« der 1920er Jahre *(siehe S. 55)*.

Umgebung: Fünf Kilometer südwestlich der Stadt führt die Bradford Road zum **Tallahassee Museum**, das besonders Kinder begeistert. Zentrales Element ist die Big Bend Farm, auf der das Farmleben des 19. Jahrhunderts mit Schauspielern in Originalkostümen, Ziegen und Gänsen inmitten von authentischen, um 1880 entstandenen Gebäuden veranschaulicht wird.

Eine weitere Attraktion ist Bellevue, ein kleines Plantagenhaus von 1830. Es gibt außerdem ein interaktives Discovery Center und einen Zoo.

Holzsteg im Tallahassee Museum, einer Attraktion für Familien

Der A. B. Maclay Gardens State Park ist im Frühling am schönsten

In den Wäldern rund um den Lake Bradford leben Schwarzbären und Luchse, während Alligatoren unter den Seerosen und in den Sumpfgebieten lauern.

Goodwood Museum and Gardens im Nordosten gehörte im 19. Jahrhundert zu den führenden Baumwoll- und Maisplantagen *(siehe S. 50f)*. Im Haupthaus (um 1830) ist noch viel original erhalten, darunter auch die Mahagonitreppe. Die Gebäude standen jahrelang leer, werden derzeit aber restauriert.

Tallahassee Museum
3945 Museum Drive. 1-850-576-1636. tägl. 1. Jan, Thanksgiving, 24., 25. Dez.
tallahasseemuseum.org

Goodwood Museum and Gardens
1600 Miccosukee Rd. 1-850-877-4202. Mo–Fr. Mo–Sa.
goodwoodmuseum.org

⑲ A. B. Maclay Gardens State Park

Straßenkarte C1. 3540 Thomasville Rd, Leon Co. 1-850-487-4556. Tallahassee. Tallahassee. Mo–Sa. teilweise.
floridastateparks.org

Die herrlichen Gärten, sechs Kilometer nördlich von Tallahassee, wurden ursprünglich um Killearn, das Winterhaus des New Yorker Finanziers Alfred B. Maclay, angelegt. In den Gärten rund um den Lake Hall findet man mehr als 200 Pflanzenarten. Selbst im Winter blühen Kamelien und Azaleen (Jan–Apr). Man kann schwimmen, fischen oder auf dem Big Pine Nature Trail wandern.

⑳ Monticello

Straßenkarte C1. Jefferson Co. 13 000. Tallahassee. Tallahassee. 420 West Washington St, 1-850-997-5552.
monticellojeffersonfl.com

Das 1827 gegründete Monticello (sprich »Montisello«) ist nach der Heimat Präsident Jeffersons in Virginia benannt. Im Herzen von Floridas Baumwollanbaugebiet gelegen, florierte die Stadt und förderte den Bau eleganter Häuser. Einige von ihnen sind heute Gästehäuser, die sich als Stützpunkt für Ausflüge in die Umgebung von Tallahassee gut eignen.

Im Zentrum der Stadt steht an der US 90 das imposante Rathaus. Die Altstadt liegt im Norden, wo Sie auf Alleen und eine Vielzahl alter Gebäude stoßen, angefangen bei Häusern, die um 1850 vor dem Sezessionskrieg erbaut wurden, bis hin zu Queen-Anne-Häusern mit Holzverzierung und neugotischen Elementen. Ende Juni findet das Watermelon Festival statt, eine Art Erntedankfest mit Festzügen, Tanz, Rodeos und dem traditionellen Wassermelonenkerne-Spuckwettbewerb.

Schlichte presbyterianische Kirche in Monticello

㉒ Suwannee River State Park

Straßenkarte D2. Suwannee Co. 13 Meilen (21 km) nordwestl. von Live Oak. Live Oak. 1-386-362-2746. tägl. teilweise. **floridastateparks.org**

Der Suwannee River, der durch Stephen C. Fosters Lied *Old Folks at Home* (1851) berühmt wurde, entspringt in Georgia. Nach 425 Kilometern mündet er in den Golf von Mexiko.

Der Park lockt mit einigen der schönsten Kanurouten Floridas. Der Fluss fließt gemächlich dahin. Im Kanu haben Sie gute Chancen, Wildtiere zu beobachten, z. B. Reiher, Blesshühner, Falken und Schildkröten. Die Kanus kann man im Park mieten, es gibt einen Steg und einen schattigen Campingplatz.

Der **Stephen Foster Folk Culture Center State Park** nahebei bietet ähnliche Aktivitäten.

Sonne und Wasser genießt man im Suwannee River State Park

Stephen Foster Folk Culture Center State Park
11016 Lillian Saunders Drive.
1-386-397-4331. tägl.
floridastateparks.org

㉓ Steinhatchee

Straßenkarte D2. Taylor Co. 1000. Chiefland. 428 N Jefferson, Perry, 1-904-584-5366. **taylorcountychamber.com**

Das alte, etwas verschlafen wirkende Fischerstädtchen liegt vor der Mündung des Steinhatchee River am Flussufer. Schlendern Sie zwischen den Fischercamps, Köderläden und den Booten an den Zypressenholzdocks umher. Hier angelt man nach Forellen, kann aber auch auf Krabbenfang gehen.

Etwa 42 Kilometer nordwestlich von Steinhatchee liegt der Ferienort **Keaton Beach**.

㉔ Cedar Key

Straßenkarte D2. Levy Co. 950. Chiefland. 525 2nd St, 1-352-543-5600. **cedarkey.org**

Am Ende der Inselkette, die in den Golf von Mexiko hineinreicht und durch Brücken verbunden ist, liegt das malerische viktorianische Fischerdorf Cedar Key. Im 19. Jahrhundert nahm der Ort als Endstation der ersten Eisenbahn, die durch ganz Florida ging, und durch den Holzboom einen großen Aufschwung. Innerhalb

㉑ Cotton Trail Tour

Tallahassees Umgebung galt in den 1920er und 1930er Jahren als wichtigstes Baumwollanbaugebiet Floridas. Quietschende Pferdewagen zogen von den entlegenen Plantagen zum Markt in der Hauptstadt. Heute kommt man auf diesen alten Straßen zu den letzten ländlichen Ecken Floridas. Die Cotton Trail Tour folgt der alten Route, gesäumt von Bäumen, vorbei an Kuhweiden und Pferdekoppeln. Sie dauert 3,5 Stunden, kann aber auch auf dem Weg zwischen Tallahassee und Monticello mitgenommen werden *(siehe S. 247)*.

④ Bradley's Country Store
Dieser seit 1927 bestehende Laden ist berühmt für seine selbst gemachten Würste und wird noch immer von den Bradleys geführt.

③ Old Pisgah United Methodist Church
Diese schlichte klassizistische Kirche wurde 1858 erbaut und ist das älteste Methodistengebäude in Leon County.

② Miccosukee Road
Diese Allee war ein Indianerpfad und wurde um 1850 von 30 Plantagen benutzt.

① Goodwood Plantation
Auf der ehemaligen Plantage *(siehe S. 247)* steht noch das um 1840 erbaute Haus – inmitten alter Eichen.

kurzer Zeit waren die Zedern, die dem Ort ihren Namen gaben, abgeholzt. Einige der alten Lagerhäuser existieren als Läden und Restaurants weiter, doch im Allgemeinen ist Cedar Key angenehm ruhig.

Von den Docks fahren Boote zum Beispiel zum National Wildlife Refuge vor der Küste oder zu Touren entlang der Salzmarschküste, wo man Vögel beobachten kann.

Eine Alternative zu Bootsfahrten bietet das **Cedar Key Historical Society Museum**, in dem versteinerte Tapirzähne, indianische Keramikscherben und Krabbenfallen zu sehen sind. Hier erhält man auch einen Plan mit den Sehenswürdigkeiten der Stadt.

Cedar Key Historical Society Museum
Ecke D St und 2nd St.
1-352-543-5549. So–Fr 13–16, Sa 11–17 Uhr. 1. Jan, Thanksgiving, 25. Dez.

Umgebung: 50 Kilometer nördlich von Cedar Key befindet sich der **Manatee Springs State Park**, wo in einem azurblauen See eine Quelle in einer Tiefe von mehr als neun Metern in einer Unterwasserhöhle entspringt. Das klare, sprudelnde Quellwasser speist den Suwannee River und ist bei Tauchern und Schnorchlern sehr beliebt. Seekühe, die dem Park ihren Namen gaben und hier überwintern, sieht man eher selten, dafür aber Schildkröten, Fische, Silberreiher und Geier.

Im Park kann man schwimmen, ein Kanu mieten, Bootsfahrten unternehmen oder wandern, wobei Sie mit einigem Glück ein Gürteltier aufstöbern.

Manatee Springs State Park
Route 320, 6 Meilen (10 km) westl. von Chiefland. 1-352-493-6072.
tägl.
floridastateparks.org

Windgebeutelte Hütte auf Pfählen vor der Küste von Cedar Key

⑤ **Miccosukee**
Dieses Indianerdorf bestand bis 1818, als es von Andrew Jacksons Armee während des Ersten Seminolenkrieges *(siehe S. 49)* zerstört wurde.

⑥ **Reeve's Landing**
Fischercamps aus den 1930er Jahren stehen am friedlichen Ufer des Lake Miccosukee.

⑦ **Magnolia Road**
Eine der letzten nicht asphaltierten Alleen. Sie führte einst zum Baumwollhafen Magnolia, von wo die Schiffe nach New York ausliefen.

Routeninfos

Länge: 80 km.
Rasten: Entlang der Route gibt es keine Restaurants, nehmen Sie also selbst etwas mit. Sie können sich auch bei Bradley's Country Store für ein Picknick am Lake Miccosukee eindecken.

SYKES
WACHOVIA
CAPTRUST

Golfküste

Die meisten Besucher verbinden die Golfküste mit herrlichen Stränden am warmen, ruhigen Golf von Mexiko und den dazugehörigen Ferienorten. Wenn Sie sich aber aufraffen und den Sand aus Ihren Sandalen schütteln, können Sie sich in einige der interessantesten Städte Floridas aufmachen oder in eine bemerkenswerte Wildnis vorstoßen, die wirkt, als hätte sie nie ein Menschen betreten.

Schon seit der spanischen Kolonisation konzentriert sich das Leben an der Golfküste um die Tampa Bay. Pánfilo de Narváez ging hier 1528 vor Anker, Hernando de Soto *(siehe S. 47)* 1539. Als natürlicher Hafen zog die Bucht im 19. Jahrhundert viele Pioniere an. Das günstige Klima bewog sogar einige dazu, hier Zucker anzubauen: Gamble Plantation bei Bradenton ist die südlichste Plantage der USA *(siehe S. 270f)*.

Nach dem Bürgerkrieg entwickelte sich die Golfküste zu einer wichtigen Handelsregion für den karibischen Raum. Zu verdanken war dies unter anderem der Eisenbahn von Henry Plant, die um 1880 von Virginia verlegt worden war. So florierte die Region um Tampa zu dieser Zeit wie nie mehr danach. Pioniere aus aller Welt strömten hierher: von den griechischen Schwammtauchern, die sich in Tarpon Springs ansiedelten, bis zu wohlhabenden Amerikanern wie dem Zirkuskönig John Ringling, dessen wunderbares Haus im italienischen Stil mit seiner Sammlung europäischer Kunst die Hauptattraktion von Sarasota darstellt.

Wie Flagler im Osten Floridas *(siehe S. 52f)* lockte Henry Plant reiche Reisende aus dem Norden mit dem Anpreisen des sommerlichen Winterwetters hierher. Die viel zitierten 361 Sonnentage pro Jahr ziehen noch heute zahlreiche Urlauber an die großzügig verteilten Strände. Um St. Petersburg und Clearwater geht es hoch her, doch diesen international renommierten Ferienorten kann man leicht entkommen. Unweit davon findet man malerische Weiler, ideale Flüsse zum Kanufahren und Sümpfe oder Wälder, in denen die Tiere noch ungestört leben können.

Breiter Sandstrand von Clearwater Beach

◀ **Bedeutendste Stadt an der Golfküste: Tampa mit seinen Wolkenkratzern** ***(siehe S. 262–267)***

Überblick: Golfküste

Nur einige Buchten unterbrechen die scheinbar endlosen Strände der Golfküste, deren Reiz man sich nur schwer entziehen kann. Zudem kann man hier seinen Strandurlaub ganz leicht mit etwas Sightseeing aufpeppen. Sämtliche Sehenswürdigkeiten im Landesinneren sind leicht zu erreichen, sodass sich die Golfküste mit ihrer großen Auswahl an Hotels – von urigen Gästehäusern bis zu Luxusanlagen – als Basis geradezu anbietet. Gleich in der Nähe: St. Petersburg mit einigen der besten Museen Floridas, Tampa mit dem Florida Aquarium, Sarasota, die Busch Gardens, aber auch lokale Attraktionen wie die größte Konzentration von Frank-Lloyd-Wright-Gebäuden im Florida Southern College oder die schräg-schöne Meerjungfraushow von Weeki Wachee Springs.

Die gleißende Dachlandschaft des alten Tampa Bay Hotel *(siehe S. 262)*

Zum Entdecken: die unberührte Landschaft des Myakka River State Park

Weitere Zeichenerklärungen *siehe hintere Umschlagklappe*

An der Golfküste unterwegs

Die Region ist für Autos gut erschlossen. Die US 19 verläuft entlang der Küste nördlich der Tampa Bay, die Bucht überquert man auf der herrlichen Sunshine Skyway Bridge. Die US 41 verbindet Tampa mit der Region südlich der Stadt. Wem es nur auf Geschwindigkeit ankommt, der fährt auf der I-75 etwas weiter ins Landesinnere. Wie überall in Florida hat man es ohne eigenen Wagen recht schwer. Greyhound-Busse bedienen die größeren Städte, Amtrak-Züge gehen nur bis Tampa, doch die Thruway-Busse *(siehe S. 384)* fahren von Tampa weiter nach St. Petersburg und nach Süden bis Fort Myers.

Clearwater Beach bei Sonnenuntergang

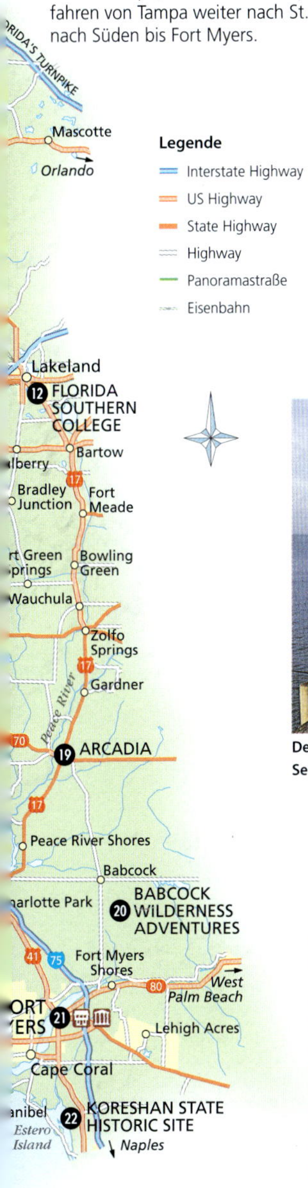

Der alte Pier auf Anna Maria Island westlich von Bradenton ist eine bekannte Sehenswürdigkeit

Sehenswürdigkeiten auf einen Blick

1. Crystal River
2. Homosassa Springs Wildlife State Park
3. Weeki Wachee Springs
4. Tarpon Springs
5. Dunedin
6. Clearwater Beach
7. St. Petersburg Beaches
8. *St. Petersburg S. 258–261*
9. *Tampa S. 262–267*
10. *Busch Gardens S. 268f*
11. Hillsborough River
12. Florida Southern College
13. Gamble Plantation Historic State Park
14. Bradenton
15. *Sarasota S. 272–277*
16. Myakka River State Park
17. Venice
18. Gasparilla Island
19. Arcadia
20. Babcock Wilderness Adventures
21. *Fort Myers S. 280f*
22. Koreshan State Historic Site
23. *Lee Island Coast S. 282f*

❶ Crystal River

Straßenkarte D2. Citrus Co. 5000. 28 NW US 19, 1-352-795-3149. **crystalriverfl.org**

Es gibt mindestens zwei gute Gründe, Crystal River zu besuchen: Zwischen Januar und März sind es die Seekühe, die sich in großen Herden (bis zu 300 Tiere) in den warmen Quellen tummeln. Das **Crystal River National Wildlife Refuge** mit den Quellen und Buchten der nahen Kings Bay schuf man zum Schutz dieser Tiere. Auf morgendlichen Bootstouren sind die Tiere im klaren Wasser gut zu sehen (Touren sollte man im Voraus buchen).

Den **Crystal River Archaeological State Park** hingegen kann man das ganze Jahr hindurch besuchen. Der Komplex aus sieben indianischen Siedlungshügeln westlich der Stadt hat 1600 Jahre Siedlungsgeschichte (ca. 200 v. Chr.–1400 n. Chr.) hinter sich. Er zählt zu den ältesten durchgehend bewohnten Gebieten Floridas. Etwa 7500 Indianer pilgerten alljährlich über große Distanzen zu ihren Zeremonien hierher. Ausgrabungen von 400 der etwa 1000 Gräber ergaben, dass die lokalen Stämme auch Handelsbeziehungen mit Stämmen in Nordflorida unterhielten.

Von der Aussichtsplattform überblickt man das gesamte Gelände. Darunter liegt der Hügel mit dem Hauptheiligtum (600 n. Chr.).

Keramik, Crystal River

Unweit davon flankieren Zeremoniensteine (440 n. Chr.) zwei Grabhügel. Der Stil ist charakteristisch für Mesoamerikas präkolumbische Kulturen, doch Beweise für eine Verbindung mit Crystal River gibt es nicht. Im Westen liegt ein Siedlungsgebiet mit zwei versteckten Hügeln *(siehe S. 44)*. Im Informationszentrum sieht man ein Modell des Geländes und Keramiken.

Crystal River National Wildlife Refuge
1502 SE Kings Bay Drive. 1-352-563-2088. tägl. (Apr–Mitte Nov: Mo–Fr). **fws.gov/crystalriver**

Crystal River Archaeological State Park
3400 N Museum Point. 1-352-795-3817. tägl. teilweise.

Floridas Seekühe

Es dauert in Florida nicht lange, bis Sie von den Seekühen (engl. *manatees*) hören, die vom Aussterben bedroht waren. Im Rahmen eines Schutzprogramms stieg die Population in den letzten zwei Jahrzehnten von rund 2500 auf etwa 6000 Individuen. Bis Anfang des 20. Jahrhunderts wurden die Tiere wegen ihres Fleisches oder als Sport gejagt. Heute sind sie durch die Zerstörung ihres Lebensraums bedroht. Die Seekühe werden bis zu drei Meter lang, sind aber trotz ihrer Größe ungefährlich. Sie leben in seichten Gewässern in Küstennähe, Flüssen und Quellen und verbringen fünf Stunden täglich mit Fressen – am liebsten Seegras.

Sanfte Riesen: Seekühe kommen im Salz- und Süßwasser vor

❷ Homosassa Springs Wildlife State Park

Straßenkarte D2. Citrus Co. 4150 South Suncoast Blvd, Homosassa. Crystal River. 1-352-628-5343. tägl. **floridastateparks.org**

In diesem ausgedehnten Park mit seiner schwimmenden Beobachtungsstation kann man Seekühe wie kaum sonst aus allernächster Nähe betrachten. Hier werden auch verletzte Tiere – meist Verletzungen durch Bootsmotoren – behandelt, bevor man sie wieder freilässt. Im Pool befinden sich oft bis zu sechs Tiere, im Winter kommen die Seekühe bis zum Zaun des Parks: Sie genießen hier das warme Quellwasser.

❸ Weeki Wachee Springs

Straßenkarte D2. 6131 Commercial Way, Spring Hill, Hernando Co. Kreuzung US 19 und SR 50. 1-352-592-5656. Brooksville. tägl. **weekiwachee.com**

Dieser traditionsreiche Themenpark wurde auf einer der größten Süßwasserquellen Floridas errichtet. In den 1940er Jahren ließ der ehemalige Navy-Taucher Newton Perry Schwimmerinnen als Meerjungfrauen in Unterwasser-

Weeki Wachee Springs: »Meerjungfrau« im Einsatz

Hotels und Restaurants an der Golfküste *siehe Seiten 320–323 und 343–345*

shows auftreten. Fünf Meter unter Wasser wurde ein Theater mit Luftröhren gebaut, die die Schwimmerinnen mit Sauerstoff versorgen.

Weitere Attraktionen: Wasserpark, »Misunderstood Creatures Show« und eine Flussfahrt durch die Wildnis.

❹ Tarpon Springs

Straßenkarte D3. Pinellas Co.
24 000. Clearwater.
11 East Orange St, 1-727-937-6109.
tarponspringschamber.com

Die Stadt, die sehr lebhaft wirkt, ist als Zentrum griechischer Kultur bekannt – ein Vermächtnis der griechischen Fischer, die in den 1920er Jahren von reichen Schwammvorkommen angelockt wurden. So stößt man hier auf griechische Restaurants, eine Athens Street und auf eine Parthenon-Bäckerei.

An den Docks am Dodecanese Boulevard geht es heute wieder hoch her – die lokalen Schwammbestände konnten sich nach dem Schwammsterben in den 1940er Jahren erholen. Die Schwammtaucher der Stadt organisieren Bootsfahrten, auf denen auch ein Tauchgang in traditioneller Ausrüstung demonstriert wird.

Das **Spongeorama**, ein Mix aus Museum und Shopping-Center, ist in alten Schuppen an den Docks untergebracht. Die kürzlich renovierte Sponge Exchange ist ein moderner und exklusiver Komplex mit Boutiquen, Galerien und Cafés.

Schwämme müssen vor dem Verkauf geputzt werden

Wanderpfad durch die Wälder auf Caladesi Island

Drei Kilometer südlich steht die **St. Nicholas Greek Orthodox Cathedral** (1943), Zeugnis des griechischen Erbes von Tarpon Springs. Die neobyzantinische Kirche ist der Hagia Sophia in Istanbul nachempfunden. In der Kathedrale werden die Feierlichkeiten zum wichtigsten Fest von Tarpon Springs eröffnet: dem Dreikönigsfest *(siehe S. 41)*.

Spongeorama
510 Dodecanese Blvd.
1-727-943-2164. tägl.
spongeorama.com

St. Nicholas Greek Orthodox Cathedral
36 N Pinellas Ave bei Orange St.
1-727-937-3540. tägl.

❺ Dunedin

Straßenkarte D3. Pinellas Co.
38 000. Clearwater.
301 Main St, 1-727-733-3197.
dunedin-fl.com

Dunedin wurde von dem Schotten John L. Branch gegründet. Er eröffnete hier 1870 einen Laden, der die Schiffe auf dem Weg nach Key West versorgte. Schiffe und Eisenbahn brachten Handel und Wohlstand mit sich, der auch Branchs Landsleute überzeugte. Die schottischen Wurzeln zeigen sich in den jährlichen Highland Games Ende März oder Anfang April.

Die renovierten Gebäude im Viertel um die Main Street verbreiten authentische Kleinstadtatmosphäre des frühen 20. Jahrhunderts. Das **Historical Museum** im ehemaligen Bahnhof zeigt Exponate und Fotos vom Beginn der Stadt. Die Railroad Avenue unweit davon ist heute Teil des Pinellas Trail, eines asphaltierten Wander- und Radwegs, der 76 Kilometer entlang der alten Eisenbahnroute von Tarpon Springs bis St. Petersburg verläuft.

Historical Museum
349 Main St. 1-727-736-1176.
Di–Sa. Feiertage.

Umgebung: Fünf Kilometer nördlich von Dunedin führt ein Damm zum **Honeymoon Island State Park**. Dort kann man schwimmen und fischen, doch ist diese Insel aus Rücksicht auf brütende Fischadler größtenteils nicht erschlossen. Hier legt auch die Fähre zum verlockenden **Caladesi Island State Park** ab, den man auch von Clearwater Beach aus *(siehe S. 256)* erreicht. Der fünf Kilometer lange, zum Golf von Mexiko gelegene Strand auf Caladesi wurde 2008 zum besten der USA gewählt. Er wird von Dünen gesäumt, und ein fünf Kilometer langer Wanderpfad führt durch Zypressen- und Mangrovenwälder.

Honeymoon Island State Park
Route 586, 3 Meilen (5 km) nordwestl. von Dunedin. 1-727-469-5942. tägl. teilweise.

Caladesi Island State Park
1 Causeway Blvd. 1-727-469-5918. tägl.
floridastateparks.org

Im McMullen-Blockhaus im Pinellas County Heritage Village

❻ Clearwater Beach

Straßenkarte D3. Pinellas Co. 23 000. Clearwater. Bus ab Cleveland St. 1130 Cleveland St, 1-727-461-0011.
clearwaterflorida.org

Mit dem quirligen Clearwater Beach beginnen die Ferienorte, die sich bis Tampa Bay aneinanderreihen. Das Bild prägen Hotels und Bars mit meist europäischen Gästen. Clearwater Beach hingegen konnte sich einen eigenen Charakter bewahren. Wem die Küste zu teuer ist, der kann in die günstigeren Hotels am Intracoastal Waterway ausweichen.

Der Sandstrand ist beeindruckend, das Wassersportangebot sehr gut. Am Hafen werden Bootstouren angeboten – von Tauchexpeditionen bis hin zum Sportfischen.

Umgebung: Sand Key gegenüber von Clearwater Pass verläuft 19 Kilometer nach Süden. **Sand Key Park** an der Spitze hat einen schönen, palmengesäumten Strand (rangiert unter den Top 20 der USA), wo es etwas gemütlicher als im quirligen Clearwater Beach ist.

Beim noblen Wohnviertel Belleair mit einem Hotel von Henry Plant *(siehe S. 52f)*, elf Kilometer südlich, befindet sich das beliebte **Suncoast Seabird Sanctuary** (ein Indianerheiligtum), in dem bis zu 500 verwundete Vögel gepflegt werden. Man sieht Pelikane, Eulen, Reiher und andere Arten, wenn man von Leiter Ralph Heath oder seinen Mitarbeitern durch die Gehege geführt wird.

Pinellas County Heritage Village ist die 13 Kilometer weite Fahrt ins Landesinnere nach Largo südöstlich von Clearwater wert. Die 16 historischen Gebäude des Dorfes stammen aus diversen Gegenden. Highlights sind zweifellos das McMullen-Blockhaus *(siehe S. 34)* und das Seven Gables Home (1907), das Einblick in das Leben einer viktorianischen Familie gibt. Das Museum zeigt Fertigkeiten aus der Pionierzeit.

Kreischeulen im Suncoast Sanctuary

Suncoast Seabird Sanctuary
18328 Gulf Blvd, Indian Shores, 33785. 1-727-391-6211. tägl. 9 Uhr–Sonnenuntergang.

Pinellas County Heritage Village
11909 125th St N. 1-727-582-2123. Di–So. teilweise.
pinellascounty.org/heritage

❼ St. Petersburg Beaches

Straßenkarte D3. Pinellas Co. Tampa. St. Petersburg. zahlreiche Linien von St. Petersburg. Tampa Bay Beaches Chamber of Commerce, 6990 Gulf Blvd, 1-727-360-6957.
tampabaybeaches.com

Südlich von Clearwater beginnen die St. Petersburg Beaches. Bis Madeira Beach bieten sie einen eher enttäuschenden Anblick. Wenn Sie die größeren Orte meiden wollen und auf der Suche nach gemütlicher Atmosphäre sind, sind Sie in **Madeira Beach** richtig. Das nachgebaute Fischerdorf Johns Pass Village in der Nähe hat originelle Restaurants und Läden sowie einen Pier, an dem Fischer- und andere Boote anlegen.

Weiter südlich prägen recht monotone Hotelketten Treasure Island. **St. Pete Beach** (St. Petersburg wurde offiziell zu St. Pete abgekürzt, weil man allgemein der Ansicht war, dass dieser Name eher nach Sonne, Spaß und Meer klingt) schließt daran an und hat einen sieben Kilometer langen Strand mit quirliger Szene. Am Südende thront das aus den 1920er Jahren stammende Don CeSar Resort, dessen illustre Gästeliste typisch für die Hotels dieser Zeit war.

Am südlichen Ende kann man in **Pass-a-Grille** nach den überfüllten Stränden von St. Pete Frischluft tanken. Der verschlafene Ort hat nette Häuser (frühes 20. Jh.) und unberührte Strände zu bieten. Achtung: viel Kleingeld für die Parkuhren mitnehmen!

Extravagant: Don CeSar Resort, St. Pete Beach

Strände an der Golfküste

Nur zwei Autostunden von Orlando entfernt und mit durchschnittlich 361 Sonnentagen pro Jahr zieht der Abschnitt zwischen St. Petersburg und Clearwater Horden von Urlaubern aus Europa an. Die Holiday Isles (oder die Pinellas Coast; beide Namen sind üblich) umfassen 45 Kilometer herrlicher Strände. Wegen der hohen Qualität von Sand und Wasser, der geringen Verschmutzung und der niedrigen Kriminalitätsrate tauchen die Strände regelmäßig in den Top-Listen der US-Strände auf. Die Strände von Sarasota im Süden sind von gleicher Qualität und eher bei Einheimischen als bei den Pauschalurlaubern beliebt.

① **Clearwater Beach** ist vor allem bei jungen Leuten beliebt und eine gute Basis für Tagesausflüge nach Tampa, St. Petersburg und Orlando.

② **Sand Key Park** ist beliebt bei Familien.

③ **Indian Rocks Beach** mit moderaten Wellen eignet sich gut für Surfanfänger.

④ **Madeira Beach** hat herrliche Dünen. Hier laden Fischer ihre Fänge von Johns Pass aus.

⑤ **St. Pete Beach** ist das Szene-Zentrum der Golfküste mit exzellentem Wassersportangebot.

⑥ **Pass-a-Grille** bietet einen schönen Strand, wunderbare Sonnenuntergänge und – mit Glück – Blick auf Tümmler.

⑦ **Fort de Soto Park** hat drei herrliche Strände, die unter den Top 10 der USA rangieren. Mit Gratis-Parkplätzen und einem guten Campingplatz *(siehe S. 259)*.

⑧ **Anna Maria Island** wirkt karibisch und hat schöne Strände *(siehe S. 271)*.

⑨ **Longboat Key** bietet über 16 Kilometer hellen Sandstrand, von dem aus man seine Angel auswerfen kann *(siehe S. 273)*.

⑩ **Lido Key**
Lido Key mit pulsierender Nachtclub-Szene *(siehe S. 273)* ist die quirligste Insel vor Sarasota.

⑪ **Siesta Key** ist familienfreundlich, hat herrliche Strände und ein umfassendes Wassersportangebot *(siehe S. 273)*.

Salvador Dalí Museum

Dieses Museum besitzt die umfassendste Sammlung von Werken Salvador Dalís (1904–1989) außerhalb Spaniens. Das erste Museum wurde 1982 eröffnet, 40 Jahre nach der ersten Begegnung Dalís mit Reynolds Morse, einem Geschäftsmann aus Ohio, der daraufhin Dalís Kunst zu sammeln begann. 2011 zog das Museum in einen Bau am Wasser um. Zur Sammlung aus allen Schaffensperioden Dalís gehören 96 Ölbilder, über 100 Aquarelle und Zeichnungen, 1300 Grafiken, Skulpturen und andere Objekte. Die Exponate umfassen ein breites Spektrum: von frühen figurativen Malereien über die ersten surrealistischen Experimente bis hin zu den großen Kompositionen Dalís.

Gebäude
Vor den Betonwänden des Gebäudes wölbt sich die aus über 1000 dreieckigen Glasteilen bestehende Konstruktion *Enigma*.

Lebendes Stillleben
Das Bild aus dem Jahr 1956 gehört zu Dalís Experimenten mit mathematischen Rastern und DNA-Spiralen als Kompositionsgrundlage.

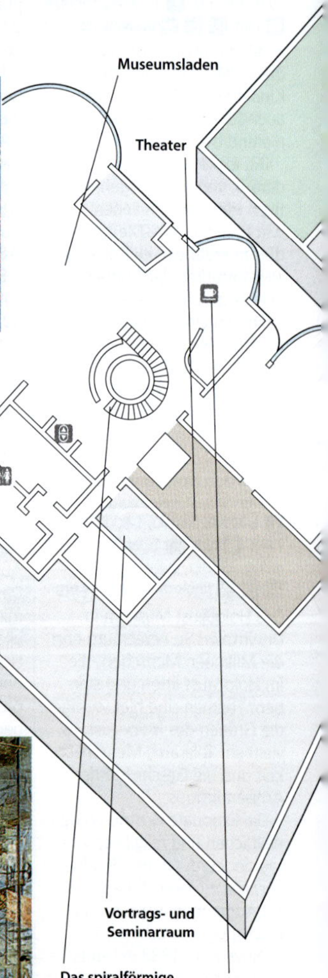

Das spiralförmige Treppenhaus steht für Dalís Interesse an Wissenschaft.

Cadaqués
Impressionistische Einflüsse zeigt dieses Bild (1917) mit dem Schatten vom Berg Pani über Dalís Elternhaus und anderen Häusern in der Bucht.

★ **Die Entdeckung Amerikas**
Ein »kosmischer Traum« inspirierte Dalí zu diesem Bild (1958/59), eine Hommage an den Spanier Velázquez und eine Vision der Mondlandung.

Don Quichotte und Sancho Pansa
Dies ist eine von über 1000 Zeichnungen und Illustrationen aus Dalís klassischer Periode. Beispiele werden in Wechselausstellungen präsentiert.

Infobox

Information
1 Dalí Boulevard, St. Petersburg.
1-727-823-3767.
tägl. 10–17.30 (Do bis 20 Uhr). Thanksgiving, 25. Dez.
thedali.org

Anfahrt
4, 32.

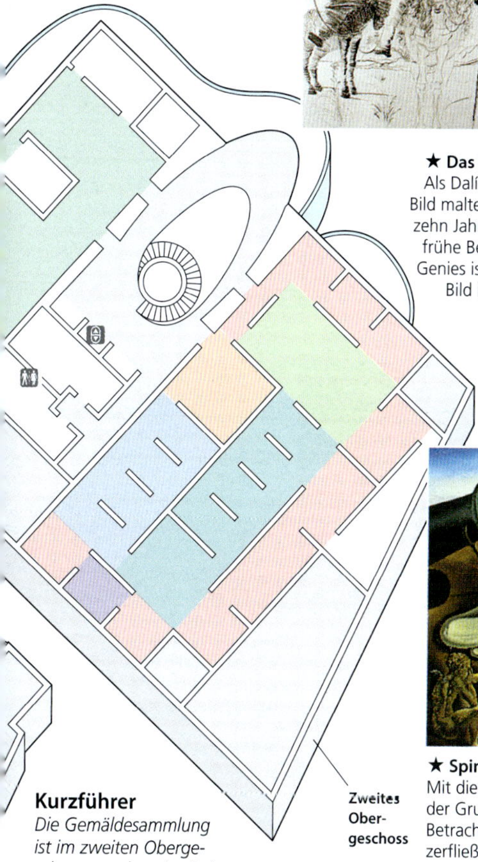

Zweites Obergeschoss

★ Das kranke Kind
Als Dalí 1914 dieses Bild malte, war er erst zehn Jahre alt. Dieses frühe Beispiel seines Genies ist das älteste Bild im Museum.

★ Spinne am Abend – Hoffnung!
Mit diesem surrealistischen Werk (1940) wurde der Grundstein der Sammlung gelegt. Bei genauer Betrachtung sieht man eine Spinne, die über das zerfließende Gesicht eines Geigers kriecht.

Kurzführer

Die Gemäldesammlung ist im zweiten Obergeschoss zu sehen. Im Erdgeschoss wird ein kurzer Film über das Museum gezeigt. Die Bibliothek befindet sich im ersten Obergeschoss.

Legende

- Einführung
- Frühe Werke
- Anti-Art
- Surrealismus
- Mystizismus
- Sammlungen
- Sonderausstellungen
- Keine Ausstellungsfläche

Dalís Werke in St. Petersburg

Reynolds Morse und seine Frau Eleanor waren von Dalí fasziniert, seit sie 1942 eine Ausstellung seiner Werke sahen. Zwei Jahre später kauften sie ihr erstes Dalí-Gemälde *(Spinne am Abend – Hoffnung!)*. Bald danach lernten sie Dalí und Gala kennen – eine lebenslange Freundschaft sollte sie verbinden. In den nächsten 40 Jahre häufte Morse die größte Dalí-Privatsammlung der Welt an. Nach langer Suche wählte Morse einen Standort für das Dalí-Museum aus, weil ihn das Flair an Dalís Heimatstadt Cadaqués erinnerte. Die Sammlung zog 2011 in ein hurrikansicheres Gebäude um, das im Jahr 2011 eröffnete.

Straßenkarte Florida *siehe Seite 18f*

❾ Tampa

Tampa wächst so schnell wie nur wenige Städte Floridas. Viele der alten Häuser mussten bereits riesigen Wolkenkratzern Platz machen, dennoch stößt man hier und da noch auf Spuren der bewegten Geschichte der Stadt – besonders im ehemaligen Latino-Zentrum Ybor City *(siehe S. 264f)* und in einigen Gebäuden im Zentrum. Die Spanier landeten 1539 in dieser Bucht, doch blieb Tampa eine Kleinstadt, bis Henry Plant *(siehe S. 52f)* im 19. Jahrhundert die Eisenbahn bis hierher verlängerte. Hauptattraktion der Stadt sind die Busch Gardens *(siehe S. 268f)*, doch das elegante Aquarium im Channel District zieht mehr und mehr Besucher an.

Blick auf die Skyline von Tampa

Überblick: Stadtzentrum

Das kompakte Zentrum von Tampa kann man wunderbar zu Fuß erkunden, die Distanzen sind angenehm kurz. Hier finden Sie das historische Tampa Theatre und verschiedene Kunstobjekte, auf die Tampa zu Recht stolz ist.

Besonders schön ist es auch, die Stadt an der Mündung des Hillsborough River vom Wasser aus zu betrachten. Das Unternehmen Yacht StarShip *(siehe S. 361)* bietet populäre Lunch- und Dinner-Fahrten über die Tampa Bay. Auch von Wasserfahrrädern, Paddelbrettern oder Wassertaxis aus hat man eine grandiose Sicht auf die Sehenswürdigkeiten wie das alte Tampa Bay Hotel und das Museum of Art.

Einen völlig anderen Blick auf die Stadt gewährt der kostenlose »Uptown-Downtown Connector«, ein Trolleybus mit Gummireifen, der von Harbour Island gen Norden zur Tampa Street fährt und an jedem Block hält, um Fahrgäste aufzunehmen.

Besonders nett lässt sich das Stadtzentrum mit den Straßenbahnen der TECO-Linie erkunden, die von der Downtown über den Channel District nach Ybor City fahren. Die Bahnen sind Nachbauten der Birney Safety Cars, die bis zum Jahr 1946 auf Tampas Straßen unterwegs waren. Sie fahren sieben Tage die Woche, sind klimatisiert und benötigen rund 22 Minuten für die komplette Strecke. Sie kreuzen sich mit der Linie des »Uptown-Downtown Connector«.

Henry B. Plant Museum

401 West Kennedy Blvd. Tel. 1-813-254-1891. Geöffnet Di–So. Geschlossen 1. Jan, Thanksgiving, 25. Dez. Spende. W **plantmuseum.com**

Das frühere Tampa Bay Hotel mit dem Henry B. Plant Museum ist eine wichtige Sehenswürdigkeit. Die maurischen Türme sieht man von überall.

Henry Plant gab das Gebäude 1891 als Hotel für reiche Passagiere seiner neuen Eisenbahn in Auftrag. Allein der Bau verschlang drei Millionen Dollar, weitere 500 000 Dollar gab er für die Einrichtung aus. Das Hotel hatte jedoch leider keinen Erfolg und war nach Plants Tod 1899 dem Verfall preisgegeben. Die Stadt erwarb das Gebäude 1905, seit 1933 gehört es zur University of Tampa. Südflügel und Erdgeschoss wurden original belassen und bilden heute das Museum.

Einrichtung und Exponate des Museums stammen zu 90 Prozent noch aus dem Hotel. Inmitten von exklusivem Wedgwood-Porzellan, venezianischen Spiegeln und französischen Möbeln fühlt man sich in die alte Zeit versetzt. Wer nur um das Gebäude herumspazieren möchte, um dessen Größe zu ermessen, kann dies gerne tun: Es steht auf dem Universitätsgelände.

Tampa Museum of Art

120 W Gasparilla Plaza. Tel. 1-813-274-8130. Geöffnet Mo–Do 11–19, Fr 11–20, Sa, So 11–17 Uhr. Geschlossen 1. Jan, Ostern, Thanksgiving, 25. Dez. W **tampamuseum.org**

Das Museum genießt einen besonderen Ruf wegen der

Glanz vergangener Zeiten: Henry B. Plant Museum

Moderne Architektur an der Flusspromenade

Infobox

Information
Straßenkarte D3. Hillsborough Co. 350 000. 401 E Jackson St, 1-813-223-1111. Gasparilla Festival (Ende Jan).
visittampabay.com

Anfahrt
5 Meilen (8 km) nordwestl. 601 Nebraska Ave, 1-800-872-7245. 610 Polk St, 1-800-231-2222. Channelside Drive, 1-800-241-2297. HARTline-Busse, 1-813-254-4278.

großen Vielfalt seiner Exponate: Zu sehen ist hier klassisch-griechische, römische und etruskische bis hin zu zeitgenössischer Kunst. Berühmt ist das Museum auch für seine hervorragenden Wechselausstellungen.

Das Museum wurde 2010 in ein neues Gebäude im Curtis Hixon Waterfront Park verlegt. Schon der Bau (Architekt: Stanley Saitowitz) gilt als Kunstwerk aus Aluminium, Glas und Fiberglas. Auf dem Gelände organisiert das Museum auch Outdoor-Events.

Tampa Theatre

711 Franklin St. 1-813-274-8981. tägl. 25. Dez. **tampatheatre.org**

Zu seiner Zeit war das Tampa Theatre das modernste Kino der Vereinigten Staaten. John Eberson entwarf es 1926 mit zahlreichen Anklängen an die Mittelmeerarchitektur. Das Resultat gilt manchen als »andalusisches Bonbon«.

Um die Illusion von freiem Raum zu erzielen, stattete Eberson die Decke mit einem Sternenhimmel aus Lämpchen aus. Von Nebelmaschinen wurden künstliche Wolken produziert, spezielle Lichteffekte sollten die aufgehende Sonne simulieren.

Der einfachste Weg, das Kino zu besichtigen, ist der Besuch einer Vorstellung *(siehe S. 359)*. Hier finden regelmäßig Filmfestivals, Theaterspiele und Veranstaltungen statt. Führungen mit einem Film über das Kino und einem kleinen Konzert auf der alten Kino-Orgel mit ihren 1000 Pfeifen gibt es nur zweimal im Monat.

Zentrum von Tampa

1. Henry B. Plant Museum
2. Tampa Museum of Art
3. Tampa Theatre
4. Florida Aquarium
5. Harbour Island

Zeichenerklärung *siehe hintere Umschlagklappe*

Im Detail: Ybor City

Der Spanier Don Vicente Martinez Ybor verlegte 1886 seine Zigarrenfabrik von Key West nach Tampa, wohin ihm etwa 20 000 Arbeiter – größtenteils Kubaner und Spanier – folgten. Man spürt hier noch das Erbe des Zigarrenbooms Anfang des 20. Jahrhunderts. Die spanisch angehauchte Hauptstraße 7th Avenue hat sich seit damals nur wenig verändert. Das Leben geht heute jedoch einen anderen Gang: An der Stelle der Zigarrenfabriken und Arbeiterhütten sind nun Läden, Restaurants und Clubs. Tagsüber ist es hier ruhig, doch abends erwacht Ybor City zum Leben.

Zigarrenmuseum und Besucherzentrum
Das Besucherzentrum in der weltweit größten Zigarrenkiste bietet Informationen zu Unterkünften und Veranstaltungen.

Historische Clubs
Der 1917/18 errichtete Tampa Cuban Club (El Circulo Cubano de Tampa) ist eine der kulturellen Institutionen in Ybor City.

Cigar City Cider Mead ist bekannt für seine reiche Auswahl an Bier und Cider.

The Ritz, ein altes Kino von 1917, beherbergt heute einen der besten Clubs von Ybor City.

José Martí Park
Eine Statue erinnert an José Martí, der Ybor City mehrmals besuchte, um Leute für Kubas Freiheitskampf zu mobilisieren.

Legende
– Routenempfehlung

0 Meter 100
0 Yards 100

Hotels und Restaurants an der Golfküste *siehe Seiten 320–323 und 343–345*

★ Haus eines Zigarrenarbeiters
»La Casita« beim Ybor City State Museum ist eingerichtet wie die Häuser der Arbeiter der Zigarrenfabriken und ein Beispiel für »Shotgun«-Häuser *(siehe S. 304)*, die um 1900 für Immigranten gebaut wurden.

Infobox

Information
3 Meilen (5 km) östl. von Downtown. 1600 E 8th Ave, 1-813-241-8838. tägl. (So nur nachmittags). **Ybor City Museum State Park** 1-813-247-6323. tägl. **ybor.org**

Anfahrt
Streetcar Tampa–Ybor ab Convention Center und Aquarium nach Ybor City.

Im Centennial Park kann man auf dem Markt frische Produkte kaufen.

Das Ybor City State Museum in einer ehemaligen Bäckerei verfolgt die Geschichte der Stadt und organisiert Spaziergänge durch das Viertel. Es besitzt auch einen kleinen Ziergarten.

Columbia Restaurant

La Tropicana hat viele Stammgäste und serviert traditionell Kubanisches.

Columbia Restaurant
Das älteste Restaurant Floridas nimmt einen ganzen Block in der 7th Avenue ein. Mit spanisch-kubanischer Küche und Flamenco ist es bei Besuchern sehr beliebt *(siehe S. 345)*.

El Sol Cigars
Ybors ältester Laden (1929) und noch immer ein guter Tipp, auch wenn die Zigarren nicht mehr handgerollt sind.

Tampas Zigarrenindustrie

Mit einem Hafen, in den regelmäßig Schiffe mit Tabak aus Kuba einliefen, war Tampa ein idealer Standort für die Herstellung von Zigarren. Nachdem Ybor seine Fabrik hierherverlegt hatte, taten es ihm andere gleich. Um 1900 wurden in Ybor City über 111 Millionen Zigarren im Jahr produziert, jede war handgerollt. Den Arbeitern wurde dabei zur Unterhaltung oft vorgelesen. Diese Zeiten sind seit der Mechanisierung und der steigenden Beliebtheit der Zigaretten vorbei. Zwar werden noch immer Zigarren produziert (meist mit Tabak aus Honduras), doch nur wenige stellen wie die Gonzalez y Martinez Cigar Company handgerollte Zigarren her.

Arbeiter in der Ybor City Zigarrenfabrik, 1929

Zwischen Riffen und exotischen Fischen: Taucher im Florida Aquarium

Florida Aquarium

701 Channelside Drive. 1-813-273-4000. tägl. Thanksgiving, 25. Dez. **flaquarium.org**

Keine Kosten scheute man bei diesem gigantischen Aquarium. Direkt am Wasser gelegen, ist es mit der blauen, muschelförmigen Kuppel nicht zu übersehen. In dieser hochmodernen Interpretation eines Aquariums können Sie außer Fischen aller Art auch Alligatorenbabys, Vögel, Otter und viele andere Tiere in artgerechter Haltung bestaunen. Es wird auch eine 90-minütige Bootsfahrt in der Bay angeboten.

Das Konzept des Florida Aquarium besteht darin, den Besucher sämtliche Stationen auf dem Weg eines Wassertropfens von der unterirdischen Quelle bis zu seinem Ziel im Meer nachvollziehen zu lassen. Die Lebensräume dieser Stationen werden in Galerien vorgestellt. Die Florida Coral Reefs Gallery etwa entführt den Besucher unter Wasser in ein Korallenriff mit farbenprächtigen tropischen Fischen. Es gibt Tonbänder mit Kommentaren von Experten auszuleihen, und in *»hands-on-labs«* können Sie sich mit speziellen Projekten und Aufgaben »befassen«, bei denen Ihnen Biologen und Botaniker helfen.

Hyde Park

Hyde Park auf der anderen Seite des Flusses, südwestlich vom Zentrum am Bayshore Boulevard gelegen, ist geschichtlich sehr interessant. Das Viertel aus dem 19. Jahrhundert ist eine faszinierende Mixtur von Stilen, vom Kolonialstil bis zur Neogotik. Im Hyde Park Village mit exklusiven Läden und Restaurants in der Nähe der Snow Avenue werden Sie wahrscheinlich gerne aussteigen. Manchmal spielen hier auch Straßenmusikanten.

Open-Air-Konzert im Hyde Park Village

Museum of Science and Industry

4801 E Fowler Ave. 1-813-987-6100. tägl. **mosi.org**

Dieses exzellente Museum prägt mit seiner charakteristischen Form Tampas Skyline. In der Jugendstilkuppel sind ein IMAX®-Kino und ein Museum untergebracht. Im Museum gibt es jede Menge interaktive Spielereien. In Amazing You können Sie erforschen, wie der menschliche Körper funktioniert, im Hurrikan-Raum einen Sturm entstehen lassen. Das Challenger Learning Center wurde im Gedenken an die Crew der Raumfähre *(siehe S. 203)* eingerichtet, mit nachgebauter Raumstation und einem Kontrollraum. In der Focus Gallery sind Wanderausstellungen zu sehen.

Im Saunders Planetarium des MOSI finden regelmäßig Vorführungen statt. An allen Freitag- und Samstagabenden werden auf dem Parkplatz, sofern es das Wetter zulässt, Teleskope aufgestellt, mit denen die Besucher den nächtlichen Sternenhimmel beobachten können.

Lowry Park Zoo

1101 W Sligh Ave. 1-813-935-8552. tägl. 9.30–17 Uhr. Thanksgiving, 25. Dez. **lowryparkzoo.com**

Der zehn Kilometer nördlich des Zentrums gelegene Zoo zählt zu den besten der USA. Besonders interessant ist das Manatee-Center, das ständig bis zu 20 Seekühe betreut und einen Pool für kranke Tiere hat. Mehr über die gefährdeten Seekühe erfahren Sie, wenn Sie an einem speziellen Programm teilnehmen, bei dem Sie den Zoo abends nach der Schließung erforschen können und die Nacht bei den Seekühen verbringen.

Ebenfalls überaus sehenswert ist das Florida Wildlife Center mit vielen für Florida typischen Tieren wie Alligatoren oder dem Florida-Panther. Außerdem findet man Affen in der Primate World, Sumatra-Tiger und das selte-

Blickfang: die Kuppel des Museum of Science and Industry

Die Legende von Gaspar

Der Pirat José Gaspar überfiel im 19. Jahrhundert viele Schiffe und Orte zwischen Tampa und Fort Myers. Sein Stützpunkt waren die Inseln der Lee Island Coast *(siehe S. 282f)*, deren Namen wie Gasparilla oder Captiva noch an ihn erinnern. Auf Captiva soll er die Frauen gefangen gehalten haben, die er entführt hatte. Schließlich wurde er angeblich von einem amerikanischen Kriegsschiff in die Enge getrieben, worauf er sich lieber mithilfe von Ankerketten ertränkte, statt sich gefangen nehmen zu lassen.

Tampa fiel Gaspar mehrmals zum Opfer und begeht nun jedes Jahr im Januar ein entsprechendes Gasparilla Festival *(siehe S. 41)*. Höhepunkt der Festivitäten ist der Piratenüberfall von einem Piratenschiff mit Hunderten von »Bösewichten«.

»Piraten« bei einem Gasparilla-Festival in den 1950er Jahren in Tampa

Sumatra-Tiger in der Asian Domain im Lowry Park Zoo

ne Indische Nashorn in der Asian Domain sowie Vögel im Aviarium. Es gibt auch ein Kindermuseum, einen Vergnügungspark und einen sehr netten Picknickplatz.

⑩ Busch Gardens

Siehe S. 268f.

⑪ Hillsborough River

Straßenkarte D3. Hillsborough Co.
Tampa. Tampa.

Der Hillsborough River fließt durch das Gebiet im Nordosten nach Tampa und stellt eine willkommene Abwechslung zur Hektik der Stadt dar. Beide Ufer sind mit dichten Wäldern mit Immergrünen Eichen, Magnolien und Mangroven bewachsen, von denen einst große Gebiete Floridas bedeckt waren.

Am unmittelbarsten erleben Sie den Hillsborough River auf einer Kanutour. **Canoe Escape** organisiert Touren auf einem Abschnitt, der etwa 15 Autominuten von Tampa entfernt liegt. Trotz dieser Nähe zur Stadt ist das Gebiet überraschend unberührt. Mit Glück sehen Sie eines der zahlreichen hier lebenden Wildtiere wie Reiher, Alligatoren, Schildkröten oder Otter. Die Tour ist für Anfänger geeignet. Sie können zwischen drei Routen wählen, die etwa acht Kilometer lang sind und für die Sie zwei Stunden paddeln müssen. Dabei haben Sie genügend Zeit, die Natur zu genießen. Es werden auch Tagestouren angeboten.

Ein Abschnitt des Flusses ist Naturschutzgebiet – auch den **Hillsborough River State Park** erforschen Sie am besten mit dem Kanu. Es gibt Wanderwege, und Sie können fischen oder schwimmen. Auf dem Gebiet liegt auch ein ganzjährig geöffneter Campingplatz, zudem gibt es Picknickplätze.

Der 1936 eröffnete Hillsborough River State Park zählt zu den ältesten Floridas, u. a. wegen der Bedeutung von Fort Foster, das im Zweiten Seminolenkrieg *(siehe S. 50)* erbaut wurde, um eine Brücke am Zusammenfluss von Hillsborough River und Blackwater Creek zu sichern. Fort und Brücke wurden rekonstruiert, jeden März wird eine Schlacht nachgestellt. An Wochenenden fahren Busse vom Parkeingang dorthin.

Canoe Escape
12702 US 301, Thonotosassa, 12 Meilen (19 km) nordöstl. von Tampa. 1-813-986-2067. tägl. **canoeescape.com**

Hillsborough River State Park
15402 US 301 N, 12 Meilen (19 km) nordöstl. von Tampa.
1-813-987-6771. tägl.
teilweise.
floridastateparks.org

Sumatra-Tiger in der Asian Domain im Lowry Park Zoo

⑩ Busch Gardens

Die Mischung aus Vergnügungspark und einem der besten Zoos der USA macht die Busch Gardens zu einem einzigartigen Erlebnis. Um Afrikas Flair aus der Kolonialzeit einzufangen, werden hier über 12 000 Tiere gehalten: Giraffen, Büffel und Zebras bewegen sich frei in der Serengeti Plain. Elefanten, Gorillas und Königstiger leben in eigenen Reservaten. In den Bird Gardens gibt es Aras, Kakadus und Raubvögel zu sehen. Wenn auch Tiere die Hauptattraktion darstellen, haben doch auch die Achterbahnen ihre Fans – und das in allen Altersklassen. SheiKra ist Nordamerikas einzige Tauchbahn und Floridas höchste Achterbahn. Adventure Island ist ein Wasserpark mit Key-West-Thema.

Congo River Rapids
Stromschnellen, Geysire, Wasserfälle und eine dunkle Höhle erwarten Sie auf diesem Fluss.

Kumba
In dieser Achterbahn stürzen Sie 41 Meter tief – mit mehr als 100 Kilometern pro Stunde. Die Loopings zählen zu den größten der Welt, außerdem drehen Sie sich mehrfach um die eigene Achse.

★ Jungala
Das Freizeitgelände bietet Klettergerüste und Irrgärten. Zu den Höhepunkten zählen die exotischen Tiere.

★ SheiKra
Die atemberaubende dreiminütige Reise mit dieser Achterbahn endet mit einer Wasserdurchfahrt.

Außerdem

① **Bird Gardens**

② **Stanleyville**

③ **Falcon's Fury**

④ **Pantopia**

⑤ **Pantopia Theater**

⑥ **Serengeti Plain**

⑦ **Ein Zug** fährt alle wichtigen Teile des Parks an.

⑧ **Besucherzentrum**

0 Meter 100
0 Yards 100

Edge of Africa
Im südlichen Winkel der Serengeti Plain können Sie auf einer Safari Löwen, Nashörner, Hyänen und andere Tiere Afrikas ganz aus der Nähe betrachten.

Infobox

Information
Straßenkarte D3. 10165 N McKinley Dr, Tampa.
1-813-884-4386.
tägl. (genaue Zeiten bitte der Website entnehmen).
buschgardens.com

Anfahrt
Tampa. Tampa. 5 ab Marion St, Downtown Tampa, 39 ab Netpark Transfer Center.

Egypt
Zu den Attraktionen gehören die abenteuerliche Montu-Achterbahn und das 2016 eröffnete Fahrgeschäft Cobra's Curse.

Myombe Reserve
In diesem einem Regenwald nachempfundenen Gehege leben Tieflandgorillas und Schimpansen – beides bedrohte Arten.

★ Cheetah Hunt
Die Achterbahn ragt hoch über der afrikanischen Landschaft auf. Bei den rasanten Abwärtsfahrten über den Köpfen der Besucher werden Geschwindigkeiten bis zu 100 Stundenkilometern erreicht.

Straßenkarte Florida *siehe Seite 18f*

⓬ Florida Southern College

Straßenkarte E3. Polk Co. 111 Lake Hollingsworth Drive, Lakeland. 1-863-680-4111. Lakeland. Lakeland. tägl. 1. Jan, 4. Juli, Thanksgiving, 25. Dez. **Besucherzentrum** Mo–Sa bis 14 Uhr. **flsouthern.edu**

Das ein wenig abgelegene College stellt die umfassendste Ansammlung von Frank-Lloyd-Wright-Gebäuden dar. Erstaunlicherweise ließ sich der vielleicht bedeutendste Architekt der Moderne darauf ein, den Campus in Lakeland lediglich zu gestalten, um seine Ideen verwirklichen zu können – bezahlt würde er, sofern man Geldgeber fand.

Licht und Raum: die Annie Pfeiffer Chapel von Wright

Mit seinem »Kind der Sonne« begann Wright, bereits bekannt als Begründer der Organischen Architektur, 1938. Zum Zweck, die Gebäude mit ihrer natürlichen Umgebung verschmelzen zu lassen, setzte er Glas ein, um das Sonnenlicht ins Innere zu integrieren. Von den 18 geplanten Gebäuden waren bei seinem Tod 1959 erst sieben fertig. Fünf weitere folgten später.

An der Annie Pfeiffer Chapel wird Wrights Konzept deutlich. Buntes Glas unterbricht die Monotonie der Mauern, anstelle des traditionellen Turms steht ein spektakulärer Aufsatz. Wright selbst nannte das Gebäude »Schmuckschatulle«.

Der Campus wirkt hell und offen, wie Wright es geplant hatte. Die Gebäude werden durch überdachte Gänge, die zwei Kilometer langen »Esplanaden«, miteinander verbunden, deren Licht- und Schatteneffekte und unterschiedliche Höhen auch optische Übergänge schaffen.

Der Campus ist immer zugänglich, die Gebäude jedoch nur wochentags. Im Thad Buckner Building mit seinen Lichtgaden befindet sich jetzt ein Informationszentrum mit Zeichnungen und Möbeln des Architekten und Fotos vom Bau des College.

Südstaaten pur: Gamble Mansion

⓭ Gamble Plantation Historic State Park

Straßenkarte D3. Manatee Co. 3708 Patten Ave, Ellenton (Highway 301, 1,6 Meilen (2,5 km) westl. der I-75). 1-941-723-4536. Tampa. Bradenton. tägl. 1. Jan, Thanksgiving, 25. Dez. eingeschränkt. **floridastateparks.org**

Das einzige Haus Südfloridas aus der Zeit vor dem Bürgerkrieg steht an der Straße nach Bradenton.

Es wurde 1845–50 von Major Robert Gamble erbaut, der sich nach dem Zweiten Seminolenkrieg *(siehe S. 50)* am Manatee River niederließ. An der Stelle der Sklavenhütten befindet sich heute eine

Florida Southern College

1. Emile Watson Building
2. Benjamin Fine Building
3. J. Edgar Wall Waterdome
4. Raulerson Building
5. Thad Buckner Building
6. Annie Pfeiffer Chapel
7. William Danforth Chapel
8. Polk County Science Building
9. Lucius Pond Ordway Building

Legende

Esplanade

0 Meter 100
0 Yards 100

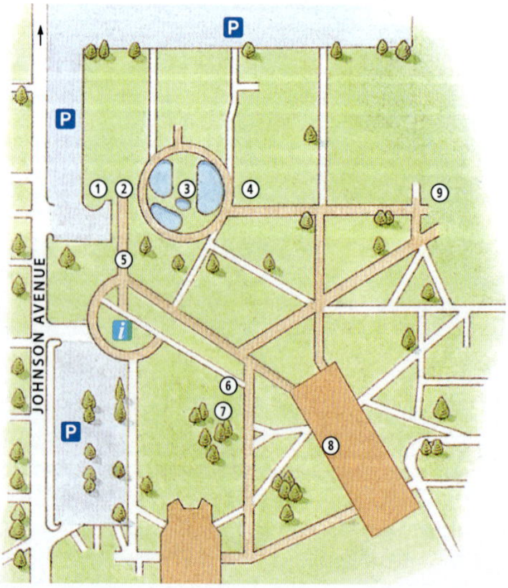

Hotels und Restaurants an der Golfküste *siehe Seiten 320–323 und 343–345*

Schule. Vom über 1400 Hektar großen Grundbesitz ist wenig übrig, doch die Einrichtung des Hauses und der Garten mit moosbewachsenen Bäumen sind Südstaatenromantik pur.

Weniger romantisch präsentiert sich Gambles Leben im kleinen Museum des Informationszentrums. Er geriet in finanzielle Nöte und war gezwungen, das Haus zu verkaufen, um seine Schulden zu begleichen. Unter den Exponaten befindet sich auch das Dokument über den Verkauf der Plantage im Jahr 1856: Das Land und 191 Sklaven brachten 190 000 Dollar.

⓮ Bradenton

Straßenkarte D3. Manatee Co. 48 000. u. a. Amtrak-Thruway-Bus. 222 10th St West, 1-941-748-3411.

Bradenton, die Hauptstadt von Manatee County, ist wegen der Nick Bollettieri Tennis Academy *(siehe S. 365)* bekannt, in der Tennistalente wie Andre Agassi oder Pete Sampras zu Weltstars aufgebaut wurden.

Bevor Sie sich zu den schönen Stränden aufmachen, gibt es einiges zu sehen. Der **Manatee Village Historical Park** z. B. erzählt mit einer Sammlung restaurierter Häuser die Geschichte der Besiedlung Floridas vor 100 Jahren. Ob Bootshaus, Kramladen oder Haus eines der ersten Siedler – alle Gebäude sind original eingerichtet und sehen aus wie damals.

Das **South Florida Museum** mit dem Thema »Von der Steinzeit in den Weltraum« ist unterhaltsam und lehrreich zugleich. Zu sehen sind Dioramen mit Dinosauriern, Häuser der spanischen Siedler aus dem 16. Jahrhundert in Originalgröße und frühe Autos. Im Bishop Planetarium gibt es Lasershows, das Parker Aquarium bietet Einblick in Floridas Unterwasserwelt.

So kochten die ersten Siedler: Küche im Manatee Village Historical Park

Manatee Village Historical Park
1404 Manatee Ave E. 1-941-49-7165. Mo–Fr (Winter: So nachmittags). Feiertage.

South Florida Museum
201 10th St W. 1-941-746-4131. tägl. Apr, Mai, Aug–Dez: Mo; 1. Jan, 1. Sa im Nov, Thanksgiving, 25. Dez.
southfloridamuseum.org

Umgebung: Acht Kilometer westlich vom Zentrum Bradentons erinnert das **De Soto National Memorial** an die Landung Hernando de Sotos *(siehe S. 46)* von 1539. Auf der Suche nach Gold stieß er in vier Jahren mit 600 Männern 6500 Kilometer in den Südosten der USA vor und entdeckte den Mississippi. De Soto und die Hälfte seiner Armee starben auf dem glücklosen Treck. Ein Denkmal erinnert an die gescheiterte Expedition. Hier beginnt auch der De Soto Trail, der einem Teil ihrer Route folgt.

Gedenkstein für den Entdecker de Soto

Im Park wurde de Sotos Basislager nachgebaut. Kostümierte spanische Konquistadoren versetzen Besucher in den damaligen Alltag. Im Informationszentrum befinden sich ein Museum und ein Buchladen, darüber hinaus sind hier Waffen und Rüstungen aus dem 16. Jahrhundert zu sehen. Ein Wanderpfad (1 km) führt durch das Dickicht der Mangrovenwälder.

Zwei Brücken verbinden Bradenton mit **Anna Maria Island**, deren Sandstrände größtenteils nicht erschlossen sind. Die Wellen sind aber hoch genug, um Surfer anzulocken. Feriensiedlungen entstanden um die drei Hauptorte Anna Maria, Holmes Beach und Bradenton Beach. Der Anna Maria Pier im Norden mit einem kleinen Restaurant, einer Snackbar und einem Laden wurde 1910 erbaut.

De Soto National Memorial
8300 DeSoto Memorial Hwy.
1-941-792-0458.
tägl. 1. Jan, Thanksgiving, 25. Dez. **nps.gov/deso**

Abendstimmung an einem Strand auf Anna Maria Island

⑮ Sarasota

Die Stadt gilt als Floridas kulturelles Zentrum, was unter anderem John Ringling *(siehe S. 274)* zu verdanken ist. Wie viele andere einflussreiche Persönlichkeiten Anfang des 20. Jahrhunderts fühlte auch er sich von der aufstrebenden Region angezogen, in die er viel Geld investierte. Man stößt überall auf seine Spuren, besonders natürlich in seinem Haus und der Kunstsammlung, der Hauptattraktion der Stadt *(siehe S. 274–277)*. Als weiteres Plus gilt die Tatsache, dass die hübsche Stadt am Meer unter den exzentrischen Städten Floridas die gemäßigtste ist. Entweder mischen Sie sich unter die wohlhabenden konservativen Bewohner beim Shopping, oder Sie genießen das Meer. Ein guter Tipp sind die vom Zentrum nicht weit entfernten Barriere-Inseln mit ihren schönen Stränden.

Überblick: Sarasota

Das netteste Viertel des Stadtzentrums erstreckt sich um die Palm Avenue und die Main Street, hinter deren restaurierten Fassaden aus dem frühen 20. Jahrhundert Antiquitätenläden, Bars und Restaurants warten. Läden und Restaurants dominieren auch den Sarasota Quay, wo Sie im Yachthafen Bootsfahrten buchen können.

Die Meerseite im Norden wird von der Van Wezel Performing Arts Hall *(siehe S. 35)* beherrscht. Das 1970 eröffnete, in Rosa und Lila gehaltene Gebäude ist einen Besuch wert, einerseits, um die geschwungene, muschelartige Linienführung zu bestaunen, aber auch, um ein Konzert oder eine Broadway-Show zu genießen *(siehe S. 361)*.

Sarasota Classic Car Museum

5500 N Tamiami Trail. 1-941-355-6228. tägl. 25. Dez. **sarasotacarmuseum.org**

Das Sarasota Classic Car Museum, eines der weltweit ältesten seiner Art, öffnete 1953 seine Pforten. Der heutige Bestand von 120 Autoklassikern kam durch Spenden und den Tauschhandel mit anderen Museen zustande.

Karussellorgel von 1890 im Museum

Highlights der Sammlung sind ein seltenes Packard-Cabrio, Modell 120, von 1954, ein Rolls-Royce Silver Wraith von 1955, ein DeLorean von 1981 und ein Cadillac-Kombi, von dem nur fünf Stück gefertigt wurden. Auch John Lennons Mercedes Roadster und Paul McCartneys geliebter Mini Cooper sind hier ausgestellt.

Das Christy Payne House in den Marie Selby Botanical Gardens

Flamingos in den Sarasota Jungle Gardens

Sarasota Jungle Gardens

3701 Bay Shore Rd. 1-941-355-1112. tägl. 25. Dez. **sarasotajunglegardens.com**

Die ehemalige Bananenplantage (4 ha) war ursprünglich als botanischer Garten konzipiert. Heute wachsen hier tropische Pflanzen, Bäume und Blumen aus aller Welt, Palmwälder, Hibiskusgärten, Farne, Rosen, Gardenien und Bougainvilleen. Sehr beliebt ist die Flamingolagune.

Im Mittelpunkt von weiteren Sehenswürdigkeiten wie dem Streichelzoo und dem Schmetterlingsgarten stehen Information und Arterhaltung, reine Unterhaltung bieten exotische Vögel- und Reptilienshows. Ein Café und einen Buchladen gibt es auch.

Marie Selby Botanical Gardens

811 S Palm Ave. 1-941-366-5731. tägl. 25. Dez. **selby.org**

Man muss kein Hobbygärtner sein, um dem Anwesen der reichen Familie Selby etwas abzugewinnen. Marie Selby plante es in den 1920er Jahren als Zuflucht vor der modernen Welt. Die Anlage erhebt sich über der Bucht von Sarasota inmitten von Lorbeer und viel Grün. Noch heute steht der Bambus, den Marie als Sichtschutz gegen die Wolkenkratzer pflanzte.

In den Gärten wachsen mehr als 20 000 tropische Pflanzen, sie sind besonders für ihre Orchideen und Epiphyten *(siehe S. 294)* berühmt. Teile sind bestimmten Arten gewidmet, von tropischen Früchten und Kräutern bis zu farbenfrohen Hibiskussträuchern. Dschungelgewächse sind im Tropical Display House zu bewundern.

Das Haus im spanischen Stil, in dem sich heute ein Souvenirladen befindet, ist nicht so interessant wie das hübsche Christy Payne House von 1930, das nun ein Botanik- und Kunstmuseum ist.

St. Armands Circle

Der überaus elegante Laden- und Restaurant-Komplex auf St. Armands Key ist eine Schöpfung Ringlings. Er kaufte die Insel 1917 mit dem abenteuerlichen Plan, darauf eine runde Shopping Mall mit Gärten und klassischen Statuen zu bauen.

Das Projekt überlebte nur bis zur Depression, wurde in den 1950er Jahren jedoch wieder aufgegriffen. Es entspricht heute Ringlings Plan: mit schattigen Straßen, die wie Speichen eines Rades von einem Zentrum ausgehen.

St. Armands Circle liegt günstig zwischen Downtown und Strand und zieht rund um die Uhr zahlreiche Besucher an. Die meisten Läden sind teuer, doch die Straßenkünstler bieten für jeden Geschmack das Richtige.

Mote Aquarium und Mote Marine Laboratory

1600 Ken Thompson Parkway. 1-941-388-4441. tägl. mote.org

Das Aquarium liegt auf City Island zwischen Lido Key und

Faszinierend für Kinder: tropische Fische im Mote Aquarium

Longboat Key. Von hier hat man einen wunderbaren Blick auf die Skyline von Sarasota, doch wirklich interessant wird es im Inneren.

Besonders beliebt sind das Haibecken mit Unterwasserfenstern und das Streichelbecken, wo Sie die Tiere anfassen können: von Krabben bis zu Wellhornschnecken und Stachelrochen. Einheimische Fische und Pflanzen sind in über 30 weiteren Aquarien untergebracht, und es gibt auch eine spannende Abteilung über die Flüsse und Buchten der Umgebung.

Broschüren geben detaillierte Informationen. Das Personal erklärt Ihnen, wie das Aquarium mit seinen Labors zusammenarbeitet, die sich mit Haien und Umweltverschmutzung befassen.

Asolo Repertory Theatre

5555 North Tamiami Tr. 1-941-351-8000. Sep–Juli. asolorep.org

Seit über 50 Jahren ist dies eines der bedeutendsten Theater in Florida und aus dem kulturellen Leben von Sarasota nicht mehr wegzudenken. In jeder Spielzeit werden 15 Stücke aufgeführt, das Spektrum reicht von Klassikern bis zu moderen Stoffen. Auch Musiktheater steht hier auf dem Programm. Zum Ensemble des Hauses gehören auch bekannte Regisseure, Dramaturgen und Kostümbildner.

Asolo Repertory Theatre – wichtige Kulturstätte in Sarasota

Sarasota Beaches

Die Barriere-Inseln Longboat Key, Lido Key und Siesta Key sind wegen ihrer herrlichen Sandstrände auf der Golfseite äußerst beliebt *(siehe S. 257)*. Die Inseln sind stellenweise verbaut, mit teilweise langen Apartmentanlagen. Es gibt aber auch ruhigere Plätze. Der Strand im South Lido Park auf Lido Key ist unter der Woche wenig frequentiert und hat einen schönen Wanderweg.

Das Wohngebiet auf Siesta Key liegt in einem Netz von Kanälen im Norden der Insel. Der Strand in der Nähe ist immer voll. Ruhiger geht es am Turtle Beach zu, bei dem sich auch der einzige Campingplatz der Insel befindet. Longboat Key ist für seine Golfplätze bekannt. Alle Inseln bieten gute Wassersportmöglichkeiten.

South Lido Park Beach mit Blick auf Siesta Key

Infobox

Information

Straßenkarte D3. Sarasota Co. 52 000. 655 N Tamiami Trail, 1-941-957-1877. Circus Festival (Jan). **visitsarasota.org**

Anfahrt

2 Meilen (3 km) nördl. 575 N Washington Blvd, 1-941-955-5735; Amtrak-Bus, 1-800-872-7245.

Ringling Museum of Art

Der aus Iowa stammende John Ringling begann als Zirkusdirektor und brachte es mit seinen phänomenalen Erfolgen *(siehe S. 276)* zum Multimillionär. 1925 entschloss er sich zum Bau eines Museums für seine umfangreiche Kunstsammlung, die er dem Bundesstaat Florida schenkte. Ringling und seine Frau Mable sammelten neben europäischer Kunst auch Werke aus Asien. Der Besitz mit der palastartigen Winterresidenz Cà' d'Zan *(siehe S. 276f)* wurde nach John Ringlings Tod 1936 dem Staat übergeben.

Skulpturen
Klassische Skulpturen wie diese Bronzekutsche stehen im Innenhof.

Der **James Turrell »Skyspace«** ist im William G. and Marie Selby Courtyard.

Kopie von Michelangelos *David*

Center for Asian Art
Die Dr. Helga Wall-Apelt Gallery of Asian Art ist die neueste Sammlung des Hauses. Sie umfasst neben Kunst früherer Epochen auch zeitgenössische Werke.

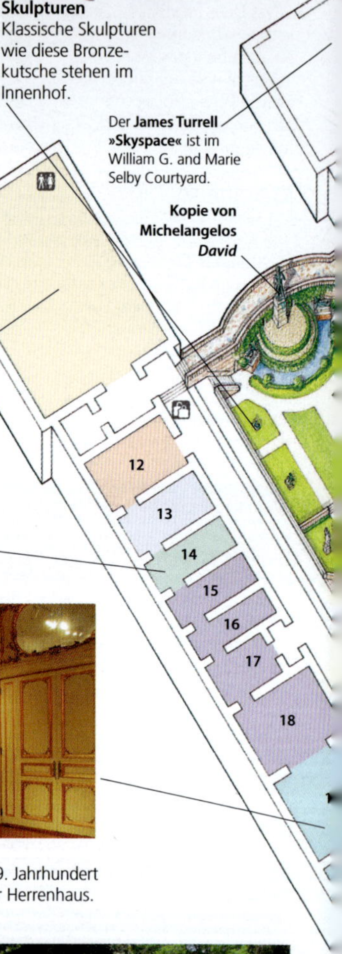

Spanish Gallery
Die Ausstellung zeigt spanische Arbeiten aus dem 17. Jahrhundert, z. B. von El Greco und von Velázquez, darunter auch dieses Porträt Philipps IV. von Spanien, mutmaßlich Velázquez' frühestes Bild seines Königs.

★ Astor Rooms
Die eleganten Möbel aus dem 19. Jahrhundert stammen aus einem New Yorker Herrenhaus.

Kurzführer

Die Räume reihen sich um einen Skulpturengarten. Man beginnt rechts vom Eingang und folgt den chronologisch angeordneten Räumen entgegen dem Uhrzeigersinn. Vertreten sind Werke von spätmittelalterlicher Malerei bis zur europäischen Kunst aus dem 20. Jahrhundert. Der Schwerpunkt liegt auf italienischen Werken aus dem 16. und dem 17. Jahrhundert. Moderne Kunst und Sonderausstellungen befinden sich im Searing-Flügel. Der Besucher-Pavillon ist die Heimat des Historic Asolo Theater.

Bayfront Gardens
Das Museum befindet sich auf einem 26 Hektar großen Gelände an der Küste der Sarasota Bay. Sehr eindrucksvoll ist auch der 1913 angelgte Rosengarten.

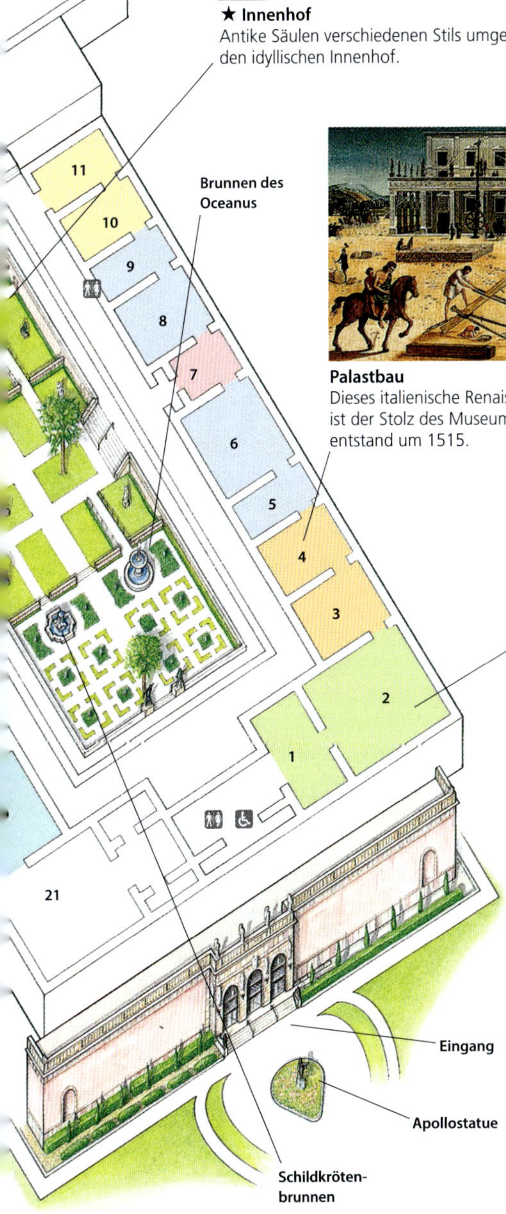

★ Innenhof
Antike Säulen verschiedenen Stils umgeben den idyllischen Innenhof.

Infobox

Information
5401 Bay Shore Road, Sarasota.
1-941-359-5700.
Museen, Theater und Gärten
tägl. 10–17 Uhr (Do bis 20 Uhr). 1. Jan, Thanksgiving, 25. Dez. nur der 1. Stock der Cà' d'Zan. **ringling.org**

Anfahrt
2, ab Ecke 1st St und Lemon St, Downtown.

Palastbau
Dieses italienische Renaissance-Gemälde von Piero di Cosimo ist der Stolz des Museums. Das Bild (Tempera auf Holzpaneel) entstand um 1515.

★ Rubens-Galerie
Hier hängen große Schätze des Museums, z. B. *Abraham und Melchisedek* (um 1625).

Legende

- Niederlande 1600–1700
- Rubens-Galerie
- Mittelalter und Renaissance
- Italien 1500–1700
- Spanien 1600–1700
- Europa 1700–1800
- Astor Rooms
- Frankreich 1600–1700
- Flämische Kunst 1600–1700
- Ringling Master Plan
- Center for Asian Art

Ringling Museum: Cà' d'Zan

Die Winterresidenz der Ringlings wurde als erstes Gebäude des Anwesens fertig und gab einen spektakulären Vorgeschmack auf das, was noch folgen sollte. An diesem Gebäude manifestierten die Ringlings ihre Liebe zu Italien. Es trägt auch einen venezianischen Namen – Cà' d'Zan bedeutet »Johns Haus«. Das Anwesen über der Sarasota Bay ist einem venezianischen Palast nachempfunden, obwohl man auch eine Reihe von Anklängen an die französische und italienische Renaissance findet.

Die Cà' d'Zan mit ihrer Marmorterrasse und dem charakteristischen Turm wurde 1926 nach zwei Jahren Bauzeit fertiggestellt. Ballsaal, Hof, formelles Speisezimmer und Schlafräume geben einen guten Eindruck vom Leben der Superreichen dieser Zeit. Die Originalmöbel stehen großteils noch an ihrem Platz.

★ Terrakotta-Dekoration
Die Cà' d'Zan ist außen mit einigen der schönsten Terrakotta-Arbeiten des Landes geschmückt.

★ Ballsaal
Dominantes Element des Ballsaals ist die Kassettendecke. Ihr Goldschmuck reflektiert den extravaganten Zeitgeist der 1920er Jahre. Das Deckengemälde *Tanz der Nationen* stellt Tanzkostüme verschiedener Nationen dar.

Außerdem

① **Der Innenhof** mit Marmorboden und Onyxsäulen wurde als Wohnraum genutzt und ist das Herzstück des Hauses.

② **Sonnenraum**

③ **Brannte im Turm** Licht, waren die Ringlings zu Hause.

④ **Mable Ringlings Schlafzimmer** ist eine elegante Louis-XV-Suite der 1920er Jahre. Die Polster nähte die Dame des Hauses selbst.

⑤ **Dienstbotenzimmer**

⑥ **Küche**

⑦ **John Ringlings Büro**

⑧ **Trainingsraum**

Zirkus Ringling

Der kleine Wanderzirkus, den fünf von sieben Ringling-Brüdern 1884 gegründet hatten, entwickelte sich zu einem der erfolgreichsten Zirkusimperien seiner Zeit. Die abwechslungsreiche Show der Ringlings war so beliebt, dass die Brüder ihre Konkurrenz langsam aufkaufen konnten.

1907 gewannen sie Phineas T. Barnum als Partner. A. Everett Austin Jr., erster Direktor des Zirkus, gründete 1948 das Zirkusmuseum – das erste Museum in den USA zur reichen Historie der Zirkuswelt.

Im 2006 eröffneten Tibbals Learning Center steht das Howard Bros. Circus Model, der größte Miniaturzirkus des Welt.

***Fünf Grazien*: Zirkuswagen (1878)**

Schankraum
Ringling liebte es, Dinge von überall her zusammenzutragen. Dies demonstriert der Schankraum mit Gewölbe und Buntglasfenstern. Der Schanktisch stammt aus Cicardi's Restaurant in St. Louis (Missouri).

John Ringlings Schlafzimmer
Die edle Mahagoni-Einrichtung (19. Jh.) verleiht diesem Raum ein elegantes Flair. An der Decke: *Eos vertreibt die Dunkelheit* (1735, Jacob de Wit).

Historic Asolo Theater
Das Theater wurde 1798 im italienischen Asolo für die dort im Exil lebende Königin von Zypern errichtet. Die Familie Ringling erwarb die Bühne 1949. Das Historic Asolo Theater gilt als Wiege der darstellenden Kunst in Sarasota. Noch heute ist es Veranstaltungsort für ein buntes Programm mit Theater-, Tanz-, Musik- und Filmdarbietungen.

Frühstücksraum
Der einfach ausgestattete Raum wurde hauptsächlich von der Familie genutzt. Die Jalousien sind noch original.

Myakka River State Park: üppige Vegetation am Ufer

⓰ Myakka River State Park

Straßenkarte D3. Sarasota Co. 13207 SR 72, 9 Meilen (14 km) östl. von Sarasota. Sarasota. 1-941-361-6511. tägl. teilweise. myakkariver.org

Trotz der Nähe zu Sarasota vermittelt der Myakka River State Park einen lebendigen Eindruck davon, wie die ersten Siedler die Region erlebten. Dichte Eichenwälder, Palmendickicht, Nadelwälder und trockene Prärie werden von Marschland, Seen und Sümpfen unterbrochen.

Das 11 300 Hektar große Gebiet erstreckt sich am Myakka River und rund um den Upper Myakka Lake. In diesem Naturreservat wurden über 200 Vogelarten registriert, u. a. Silber- und Blaureiher, Geier und Ibisse, aber auch Exemplare der seltenen Fischadler, Weißkopfseeadler und wilden Truthähne. Alligatoren und Rotwild sieht man häufig, andere Parkbewohner wie Füchse lassen sich seltener blicken. Beobachtungsstationen liegen im gesamten Park verstreut.

Für Naturliebhaber stehen 63 Kilometer markierte Wanderwege und 24 Kilometer Reitwege zur Verfügung. Zwischen Dezember und Mai, der günstigsten Zeit für einen Besuch, gibt es auch Führungen mit einer Kleinbahn.

Geführte Bootsfahrten werden das ganze Jahr über angeboten.

⓱ Venice

Straßenkarte D4. Sarasota Co. 22000. 597 Tamiami Trail S, 1-941-488-2236. **venicechamber.com**

Venice ist ein verschlafenes Städtchen am Meer, etwas abseits der Touristenrouten. Die Haupteinkaufsstraße, Venice Avenue, ist voller Blumen und Palmen. Es gibt auch einige liebevoll restaurierte historische Gebäude, zum Beispiel das Venice Little Theatre aus dem Jahr 1927 an der Tampa Avenue.

Fossiliensuche, Caspersen Beach

Der palmengesäumte **Caspersen Beach** liegt am südlichen Ende des Harbor Drive. Hierher kommt man zum Schwimmen und Muschelsammeln, obwohl die Muschelstrände weiter südlich liegen *(siehe S. 282f)*. Das Gebiet ist berühmt für versteinerte Haizähne, die von der Flut angeschwemmt werden. Der Brohard Paw Park am Harbor Drive South ist ein Paradies für Hundeliebhaber.

⓲ Gasparilla Island

Straßenkarte D4. Lee Co, Charlotte Co. Venice. 5800 Gasparilla Rd, Boca Grande, 1-941-964-0568. **bocagrandechamber.com**

Gasparilla Island entdeckten zuerst die Fischer für sich, später flüchteten die Reichen vor dem Winter im Norden auf die Insel zwischen Sarasota und Fort Myers.

Das Leben spielt sich um den Ort Boca Grande ab, der durch einen Damm mit dem Festland verbunden ist. Der restaurierte ehemalige Bahnhof, das San Marco Theatre und das großartige Gasparilla Inn erinnern an vergangene Zeiten. Viele Holzgebäude blieben erhalten und verleihen dem Ort durch ihre bunten Farben ein geradezu tropisches Gepräge. Die Fischerei hat große Bedeutung – Boca Grande gilt als Tarpon-Zentrum. In zahlreichen Häfen werden Bootsfahrten angeboten, einige zu den Barriere-Inseln in der Nähe *(siehe S. 282f)*. Man kann die Insel auch auf dem Radweg erkun-

Leuchtfeuer auf Gasparilla Island

den, der entlang der alten Eisenbahnlinie über die gesamte Länge der Insel verläuft.

Im **Gasparilla Island State Park** an der Südspitze der Insel erwarten Sie ruhige Strände. Ein alter Leuchtturm aus dem 19. Jahrhundert steht auf dem Boca Grande Pass, doch seine Aufgabe hat inzwischen das modernere Range Light übernommen.

Gasparilla Island State Park
880 Belcher Rd, Boca Grande.
1-941-964-0375. tägl.

Das farbenfrohe Schlossberg-Camp Building in Arcadia

⑲ Arcadia

Straßenkarte E3. De Soto Co.
8000. 16 South Volusia Ave, 1-863-494-4033.
desotochamber.net

Ein Spaziergang durch die alte Cowboystadt ist ein Vergnügen. Die Cowboys von heute bewegen sich zwar üblicherweise mit mehreren Pferdestärken vorwärts, doch Pferde sind noch immer Teil des Lebens hier. Im März und Juli erreicht das Cowboyfieber einen Höhepunkt, wenn Teilnehmer und Fans aus ganz Amerika sich zum All-Florida Championship Rodeo einfinden, dem ältesten Floridas.

Die Architektur Arcadias spiegelt Reichtum und Optimismus der 1920er Jahre wider. Beste Beispiele dafür sind das Koch Arcade Building (West Oak Street) und das Schlossberg-Camp Building (West Magnolia Street). Viele der älteren Häuser wurden 1905 bei einem Brand zerstört. Das J. J. Heard Opera House (Oak Street) wurde im Jahr darauf erbaut.

Gebäude aus dem späten 19. Jahrhundert sind nur wenige erhalten. Wer sie besichtigen will, wendet sich an die Chamber of Commerce.

⑳ Babcock Wilderness Adventures

Straßenkarte E4. Charlotte Co.
8000 SR 31. 1-800-500-5583.
Punta Gorda. tägl.
25. Dez. obligatorisch.
babcockwilderness.com

Die riesige Ranch gehörte ursprünglich dem Holzbaron E. V. Babcock, der die Zypressenwälder in den 1930er Jahren brutal abholzen ließ. Sie wird noch immer von den unermesslich reichen Babcocks bewirtschaftet. Ein Teil des 36 420 Hektar großen Gebiets ist Naturpark.

Geländegängig: Bus im Naturpark Babcock Wilderness Adventures

Eine Führung mit dem geschulten Personal dauert 90 Minuten, wobei die Besucher mit Bussen durch tiefe Wälder und Sümpfe kutschiert werden und Gelegenheit haben, Tiere aus der Nähe zu beobachten. Panther, die hier erfolgreich gezüchtet wurden, streifen durch ihre Gehege. Alligatoren tauchen nicht weit entfernt auf. Die Pferde und Cracker-Rinder sind zu sehen. Diese Touren sind sehr beliebt und müssen im Voraus gebucht werden.

Rodeos in Florida

Ein Großteil des Landesinneren Floridas sind Viehweiden, vor allem um Arcadia, Kissimmee *(siehe S. 193)* und Davie *(siehe S. 141)*, wo Rodeos zum Alltag gehören. Geschwindigkeit, Kraft und Mut sind dabei alles. Wenn Kälber mit Lassos eingefangen oder Bullen zu Boden gerungen werden müssen, siegt der Schnellste – die Zeiten liegen meist unter zehn Sekunden. Beim Rodeo muss sich der Cowboy mindestens acht Sekunden auf dem Rücken seines Tieres oder im Sattel halten können, doch hier werden auch Geschick und Technik bewertet. Während der Wettkämpfe informiert ein Kommentator über die Cowboys und die Titel, die sie erworben haben.

Geschwindigkeit und Mut zählen beim Rodeo in Arcadia

㉑ Fort Myers

Der Weg über den Caloosahatchee River nach Fort Myers gibt bereits einen Vorgeschmack auf die schöne Stadt mit dem Flair vergangener Zeiten. Der palmengesäumte McGregor Boulevard folgt der Biegung des Flusses. Die ersten Königspalmen pflanzte um 1880 der Erfinder Thomas Edison, durch den sich das kleine Fischerdorf zur Stadt mausern konnte.

Neben Edisons Haus und ein paar anderen Attraktionen ist auch das Viertel um die First Street mit seinen vielen Läden und Restaurants sehr sehenswert. Ein Busservice verbindet die wichtigsten Sehenswürdigkeiten des Zentrums. Wer von der Stadt genug hat, kann sich an den nahen Stränden ausruhen.

Infobox

Information
Straßenkarte E4. Lee Co.
68000. 2310 Edwards Drive, 1-239-332-3624.
Edison Festival of Lights (Feb). **fortmyers.org**

Anfahrt
7 Meilen (11 km) südöstl.
2275 Cleveland Ave, 1-800-231-2222; Amtrak-Bus, 1-800-872-7245.

Originalequipment aus Thomas Edisons Labor

Edison and Ford Winter Estates

2350 McGregor Blvd. 1-239-334-7419. tägl. (Planetarium Di–So). Thanksgiving, 25. Dez. **edisonfordwinterestates.org**

Das Heim des berühmtesten Erfinders Amerikas an der Meerseite von Fort Myers ist die beliebteste Sehenswürdigkeit der Stadt. Thomas Edison (1847–1931) baute es im Jahr 1886. Haus, Labor und botanischer Garten blieben größtenteils unverändert.

Das zweistöckige Gebäude mit dem angrenzenden Gästehaus war eines der ersten Fertighäuser in den USA. Die einzelnen Teile wurden nach Edisons Vorgaben in Maine vorgefertigt und danach mit dem Schiff nach Fort Myers gebracht. Aus diesem Grund weist das Haus keine architektonischen Spielereien auf, es ist jedoch geräumig und sehr bequem, und die überdachten Terrassen halten das Innere angenehm kühl. Drinnen befindet sich noch ein Großteil der Originalmöbel.

Edison hatte über 1000 verschiedene Patente inne: Er erfand die Glühbirne, aber auch den Fonografen, einen Vorläufer des Grammofons. In seinem Labor sieht man noch, womit der Erfinder versuchte, synthetischen Gummi zu erzeugen. Im Museum nebenan befinden sich neben einigen eindrucksvollen Beispielen des außergewöhnlichen Erfindergeistes auch persönliche Gegenstände Edisons, Dutzende Fonografen und ein Ford-Modell, das Edison von Henry Ford geschenkt bekam.

Als begeisterter Hobbygärtner bepflanzte Thomas Edison die Gärten um Haus und Labor mit exotischen Pflanzen. Der riesige Banyanbaum, den Edison 1925 vom Reifenmagnaten Harvey Firestone erhielt, hat einen Umfang von mehr als 120 Zentimetern. Edison war in der Stadt sehr beliebt.

Sein Haus wird noch heute mit Enthusiasmus präsentiert, und das Personal hat viele Anekdoten zu erzählen.

Ford Winter Home

2350 McGregor Blvd. 1-239-334-3614. tägl. Thanksgiving, 25. Dez.

Neben Edisons Haus (Besuch mit dem gleichen Ticket) steht das kleine Anwesen Mangoes, das der Autohersteller Henry Ford 1916 kaufte. Die Fords waren mit den Edisons eng befreundet. Nach Edisons Tod im Jahr 1931 kamen sie nie mehr hierher.

Die Räume wurden mit Stilmöbeln ausgestattet und strahlen noch immer die Gemütlichkeit aus, die Clara Ford so schätzte. In der Garage stehen frühe Ford-Modelle.

Imaginarium Hands-On Museum and Aquarium

2000 Cranford Ave. 1-239-321-7420. Di–Sa 10–17, So 12–17 Uhr. Thanksgiving, 25. Dez. **imaginariumfortmyers.com**

Das Imaginarium Hands-On Museum and Aquarium bietet

Einer der schönen Strände bei Fort Myers

Hotels und Restaurants an der Golfküste *siehe Seiten 320–323 und 343–345*

Junge Besucher auf dem Holzsteg im Calusa Nature Center

für die ganze Familie etwas, denn die mehr als 60 spannenden interaktiven Exponate sind auf alle Altersstufen zugeschnitten. Man kann eine Wolke berühren, die unbändige Kraft eines Hurrikans spüren und durch ein Gewitter laufen. Es gibt ein Kino, eine Dinosaurier-Ausgrabung und ein Mini-TV-Studio, in dem Kids im Rahmen eines täglichen Programms die Wettervorhersage machen dürfen.

Im Aquarium tummeln sich verschiedenste Fische, auch Haie und Muränen sowie andere Tierarten wie Schildkröten, Schwäne und Leguane.

Southwest Florida Museum of History
2031 Jackson St. 1-239-321-7430. Di–Sa 10–17 Uhr. **swflmuseumofhistory.com**

Das Museum im alten Bahnhof erinnert an Fort Myers' große Zeit als Rinderstadt und geht in der Geschichte bis zu den Calusa-Indianern und Spaniern zurück. Sehenswert sind ein Modell der Stadt im frühen 20. Jahrhundert und ein Privatwaggon aus den 1930er Jahren, mit dem Reiche vor dem Winter im Norden nach Florida flohen. Eine Ausstellung zeigt prähistorische Kunst.

Calusa Nature Center and Planetarium
3450 Ortiz Ave. 1-239-275-3435. tägl. 1. Jan, Thanksgiving, 25. Dez. auf Anfrage. **calusanature.org**

Das 42 Hektar große Stück Wildnis gibt eine gute Einführung in Flora und Fauna von Floridas Südwesten: mit einem großen Vogelhaus und Wegen mit Farnen und Mangroven, von denen Sie Reiher und ab und zu auch Ibisse beobachten können. Im Museum werden Vorträge über Schlangen und Alligatoren gehalten. Führungen durch die Natur und das Vogelhaus finden regelmäßig statt. Es gibt auch ein Schmetterlingsgehege mit Zuchtstation. Hier kann man »Startpakete« für einen eigenen Schmetterlingsgarten kaufen. Im Planetarium laufen Stern- und Lasershows, für die extra Eintritt bezahlt werden muss.

Umgebung: Die **Shell Factory**, eine Art Riesen-Souvenirladen, befindet sich sechs Kilometer nördlich von Fort Myers. Man kann hier Muschelornamente und -schmuck kaufen, doch am beeindruckendsten ist die angeblich größte Muschel- und Korallensammlung der Welt. Der Laden führt auch Bücher, Schwämme und andere Mitbringsel. Außerdem gibt es einen Zoo und eine Show.

Shell Factory
2787 N Tamiami Trail. 1-239-995-2141. Mo–Sa 10–21, So 10–20 Uhr. **shellfactory.com**

㉒ Koreshan State Historic Site

Straßenkarte E4. Lee Co. Estero, 14 Meilen (23 km) südl. von Fort Myers. 1-239-992-0311. Fort Myers. tägl. **floridastateparks.org**

Das ehemalige Zentrum der Koresh-Sekte zieht neben Leuten, die sich für obskure Religionen interessieren, auch Naturliebhaber an.

1894 hatte der Gründer der Sekte, Dr. Cyrus Teed, eine Vision, nach der er seinen Namen in Koresh (hebräisch für Cyrus) ändern und in den Südwesten Floridas ziehen sollte, um dort eine Stadt mit 122 Meter breiten Straßen zu gründen. Er wählte dafür ein Gebiet am Estero River. Die Sekte lebte in einer Art Kommune, mit gleichen Rechten für Frauen und Männer und gemeinsamem Eigentum.

Auf zehn Millionen Mitglieder, wie Teed gehofft hatte, brachte es die Sekte nie. Die Zahl überschritt die 250 nie und ging nach seinem Tod 1908 noch mehr zurück. Die letzten vier Mitglieder überließen 1961 das Gebiet dem Staat. Zwölf der 60 Häuser blieben stehen, darunter auch Cyrus Teeds Haus, das originalgetreu renoviert wurde.

Durch den Park führen Wege, auf dem Fluss kann man Kanu fahren. Es gibt einen Campingplatz, geführte Touren und die Möglichkeit zu fischen.

Koreshan State Historic Site: Haus von Sektengründer Cyrus Teed

Straßenkarte Florida *siehe Seite 18f*

㉓ Lee Island Coast

Die Lee Island Coast ist eine wunderbare Mischung aus Sandstrand (berühmt für die Muscheln), exotischen Tieren, üppiger Vegetation und herrlichen Sonnenuntergängen. Besonders beliebt sind Sanibel und Captiva Island mit ihren Ferienorten, Häfen und Golfplätzen. Ruhigere Inseln mit Strand und Natur pur sind leicht per Boot zu erreichen. Charterboote und Bootsausflüge gibt es an vielen Orten, es verkehren auch regelmäßig Linienboote, deren Routen in der Karte unten eingezeichnet sind.

Sanibel Island: Strandidylle mit Bungalows

Sanibel Island und Captiva Island

Obwohl diese Inseln am leichtesten erreichbar sind, herrscht hier eine karibisch-entspannte Atmosphäre. Wer gerne relaxt und Muscheln sucht, ist hier richtig. Die meisten Besucher lassen sich bald vom Muschelfieber anstecken und laufen wie andere eifrige Sucher gebückt über den Strand.

Zeichenerklärung *siehe hintere Umschlagklappe*

Infobox

Information
Straßenkarte D4, E4. Lee Co.
1159 Causeway Rd, Sanibel, 1-239-472-1080.
Boote: Tropic Star, 1-239-283-0015; Captiva Cruises, 1-239-472-5300; North Captiva Island Club Resort, 1-239-395-1001.

Anfahrt
SW Florida International Airport, 15 Meilen (24 km) östl.
2275 Cleveland Ave, Fort Myers, 1-800-231-2222.

Sanibel mit seinen gepflegten Gärten, Restaurants und Läden am Periwinkle Way mag nicht unbedingt jedermanns Bild einer Insel entsprechen, es gibt jedoch keine hässlichen Bungalows, dafür zwei Naturschutzgebiete. Die meisten öffentlichen Strände liegen am Gulf Drive, davon sind Turner und Bowman's Beach ganz besonders schön.

Captiva Island ist weniger erschlossen als Sanibel, es gibt aber Ferienanlagen, z. B. das South Seas Resort *(siehe S. 320)* mit einem eigenen Hafen – von hier fahren Boote nach Cayo Costa.

Sanibel Captiva Conservation Foundation

Mile Marker 1, Sanibel-Captiva Rd. 1-239-472-2329. Mai–Nov: Mo–Fr; Dez–Apr: Mo–Sa. **sccf.org**

Die private Stiftung bemüht sich um den Schutz eines Großteils des Sumpflands im Landesinneren. Die sechs Kilometer Plankenweg sind viel ruhiger als jene des bekannteren »Ding« Darling Refuge. Von einem Beobachtungsturm hat man eine tolle Aussicht.

Bailey-Matthews National Shell Museum

3075 Sanibel-Captiva Rd. 1-239-395-2233. tägl. **shellmuseum.org**

Auch wenn Sie für Muscheln nicht viel übrig haben: Besuchen Sie das Muschelmuseum auf Sanibel. Hier kann man angeblich ein

Drittel der weltweit insgesamt 10 000 vorkommenden Arten bestaunen, die in der Hall of Shells nach Herkunft angeordnet sind.

J N »Ding« Darling National Wildlife Refuge

1 Wildlife Dr, Sanibel. 1-239-472-1100. tägl.
fws.gov/dingdarling

Das Reservat nimmt ungefähr zwei Drittel von Sanibel ein. Tiere wie Waschbären, Alligatoren, Rosalöffler und Weißkopfseeadler bekommt man oft zu Gesicht. Der acht Kilometer lange »Wildlife Drive« kann mit Rad oder Auto zurückgelegt werden. Die Wanderwege und Kanurouten führen an Mangroven und Kohlpalmen vorbei. Kanus, Boote und Räder kann man ausleihen.

Rosalöffler im J N »Ding« Darling National Wildlife Refuge

Cayo Costa State Park

Cayo Costa Island. 1-941-964-0375. tägl.
floridastateparks.org

Cayo Costa Island ist eine der ursprünglichsten Inseln Floridas. Weite Teile sind mit Beständen von australischen Kiefern und brasilianischen Pfefferbäumen bedeckt. In den 1950er Jahren importierte man für Schatten und Holz diese für die Insel untypischen Bäume. Heute werden die Wälder langsam ausgelichtet, um einheimischen Arten Platz zu machen.

Besucher können sich am 14 Kilometer langen Dünenstrand sonnen oder einige Mangrovensümpfe im östlichen Teil der Insel erkunden. Es gibt auch zahlreiche Vogelbeobachtungsposten.

Cabbage Key: Yacht vor Anker im Hafen

Die Insel wird das ganze Jahr über von Booten angelaufen, am häufigsten fährt Tropic Star von Bokeelia auf Pine Island. Eine Bahn verbindet die Docks mit dem Golf von Mexiko. Ein einfacher Campingplatz mit zwölf Bungalows ist vorhanden.

Cabbage Key

Die Autorin Mary Roberts Rhinehart ließ sich 1938 hier nieder. In ihrem Haus im Schatten zweier Lorbeerbäume liegt heute das Cabbage Key Inn. Berühmt ist das Restaurant wegen der ca. 30 000 signierten Ein-Dollar-Scheine. Der erste Schein stammte von einem Fischer, der sicherstellen wollte, dass er sich auch beim nächsten Besuch etwas zu trinken leisten konnte. Das nächste Mal reichte das Geld aber auch so, und deshalb ließ er den Schein dort. Viele Gäste übernahmen die Idee. Vom zwölf Meter hohen Wasserturm blickt man über die Insel. Hier beginnt auch ein Wanderpfad. Tropic Star von Pine Island und Captiva Cruises von Captiva Island bieten Fahrten nach Cabbage Key an.

Pine Island

Die Insel wird eher von Mangroven als von Stränden umgeben und eignet sich sehr gut als Zwischenstation zu anderen Inseln. Bootsfahrten aller Art starten am Hafen von Bokeelia.

Muscheln, Muscheln, Muscheln

Scaphella junonia

Die Strände von Sanibel und Captiva zählen zu den muschelreichsten der USA. Am Golf von Mexiko gibt es vor der Küste keine Riffe, an denen die Muscheln zerrieben würden. Das Wasser ist relativ seicht und warm, der Meeresboden flach – ideale Bedingungen für Muscheln. Das Plateau vor der Südküste von Sanibel wirkt zudem als Rampe. Lebende Muscheln zu sammeln ist auf Sanibel strafbar, halten Sie sich an leere Muschelschalen.

Am besten sucht man frühmorgens am Spülsaum direkt unter dem Sand. Im Winter und nach Stürmen findet man die meisten Muscheln. Recht häufig sind Juno-Walzenschnecken *(Scaphella junonia)* und Kammmuscheln.

Fechterschnecke

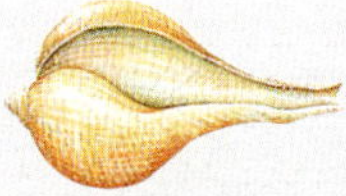

Feigenschnecke

Kammmuschel

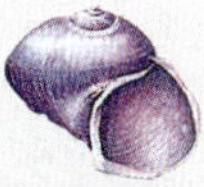

Veilchenschnecke

Everglades und Keys

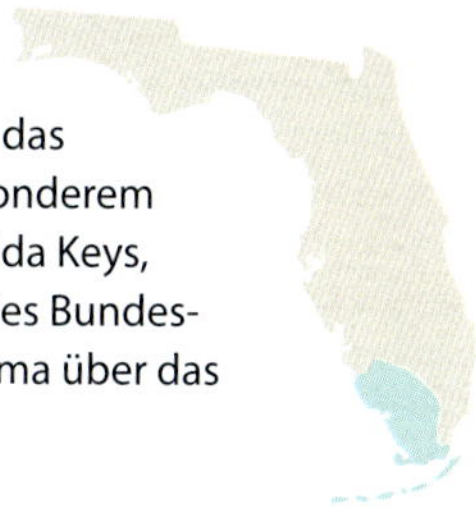

Den Südwesten Floridas nehmen zu einem großen Teil die weltberühmten Everglades ein – ein Sumpfland, das als Nationalpark und UNESCO-Welterbestätte unter besonderem Schutz steht. Die lange Kette von Korallenriffen, die Florida Keys, stellt das zweite Naturwunder dieser Region im Süden des Bundesstaats dar. Anfang September 2017 fegte der Hurrikan Irma über das Gebiet und richtete schwere Schäden an *(siehe S. 290f)*.

Bevor die Europäer kamen, besiedelten Stämme wie die Calusa und die Matecumbe *(siehe S. 44f)* den Süden Floridas. Seit etwa 1500 besuchten Siedler, Piraten und »Wreckers« *(siehe S. 307)* die Keys, doch das damals von Unmengen von Moskitos verseuchte Festland wurde erst Mitte des 19. Jahrhunderts im Gebiet um Naples besiedelt, einem heute florierenden Ferienort an der Küste.

Erschlossen wurde das Gebiet erstmals durch den 1928 gebauten Tamiami Trail zwischen Atlantik- und Golfküste. Entlang diesem Trail entstanden Siedlungen wie etwa Everglades City und Chokoloskee, die sich seit der Wende zum 20. Jahrhundert kaum verändert haben. Sie kennzeichnen den westlichen Eingang zum Everglades National Park. Die von Bauminseln unterbrochenen riesigen Sägegrasflächen besitzen ihre eigene Schönheit und sind ein wahres Paradies für Tiere. Vom Ende der Halbinsel setzen sich die Keys nach Südwesten fort, eine Kette von Inseln im Schutz des einzigen Korallenriffs von Nordamerika.

Einst führte Henry Flaglers Overseas Railroad über die Inseln, die Bahnlinie wurde allerdings durch den Overseas Highway abgelöst, eine der klassischen Routen in den Vereinigten Staaten. Je weiter südlich man kommt, desto stärker bewahrheitet sich der Satz, dass die Florida Keys mehr ein Lebensgefühl als ein Ort sind. Am Ende des Wegs liegt Key West, wo es viel zu sehen gibt und wo der unverkrampfte Zugang zu allen Dingen am stärksten spürbar ist.

Bunte Graffiti in Bahama Village (Key West) sind Ausdruck der karibischen Wurzeln der Bevölkerung

◀ **Bauminseln in einem stehenden Gewässer – typisch für das Sumpfland**

Überblick: Everglades und Keys

Naples und Marco Island im Nordwesten sind die beste Basis für die Strände am Golf mit ihren herrlichen Golfplätzen. Von hier ist es nicht weit in die weitläufigen Landschaften des Big Cypress Swamp oder des Everglades National Park. Die Florida Keys sind für die Möglichkeiten berühmt, die das nahe gelegene Korallenriff bietet: Man kann hier gut angeln, tauchen und schnorcheln. Key Largo und Islamorada im Norden bieten eine große Auswahl an Unterkünften, das turbulente Marathon und das bunte Key West mit seinen malerischen Gästehäusern eignen sich gut als Ausgangspunkt für den Besuch der Inseln im Süden.

Anfang September 2017 richtete Hurrikan Irma in der gesamten Region schwere Schäden an. Zu den Auswirkungen siehe Seiten 290f.

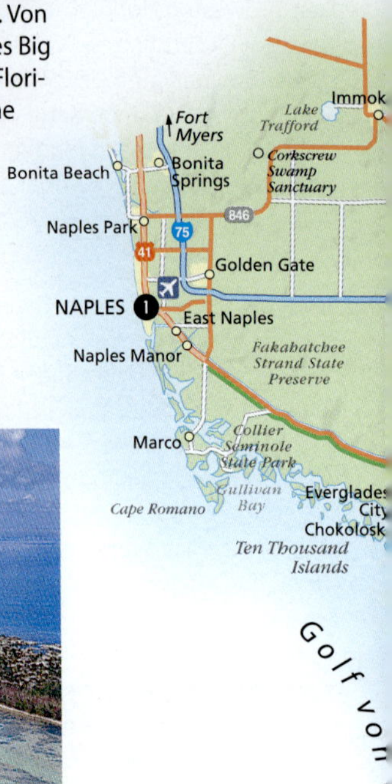

Der Overseas Highway verbindet die Keys

Sehenswürdigkeiten auf einen Blick

1. Naples
2. Big Cypress Swamp
3. Ah-Tah-Thi-Ki Museum
4. Miccosukee Indian Village
5. *Everglades National Park S. 290–295*
6. Biscayne National Park
7. Key Largo
8. John Pennekamp Coral Reef State Park
9. Tavernier
10. Theater of the Sea
11. Islamorada
12. Indian und Lignumvitae Keys
13. Dolphin Research Center
14. Marathon
15. Pigeon Key
16. Lower Keys
17. *Key West S. 302–307*
18. Dry Tortugas National Park

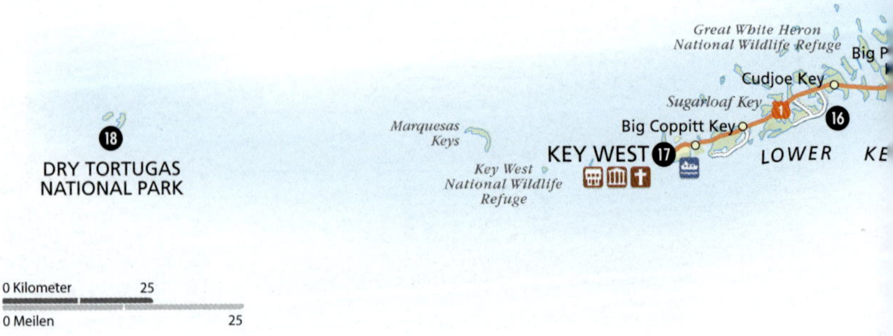

Weitere Zeichenerklärungen *siehe hintere Umschlagklappe*

Unberührte Wildnis im Big Cypress Swamp

In den Everglades und auf den Keys unterwegs

Es gibt in der Region zwar keine Züge, Key West, Marathon und Naples haben aber Flughäfen. Von Miami fahren Busse nach Key West und Naples. Der Tamiami Trail (US 41) und die I-75 verbinden Miami und Fort Lauderdale mit Naples. Der Overseas Highway (US 1) beginnt in Florida City, die Keys sind aber auch über die Card Sound Road (Route 997) mit weniger Verkehr und besserer Aussicht erreichbar. Nach der 7-Mile Bridge bietet der Overseas Highway die schönste Aussicht. Als Richtungen und Adressen nennt man auf den Keys oft die sogenannten Mile Markers (MM) – das sind die kleinen grün-weißen Zeichen an der Straße, die die Entfernung nach Key West angeben.

❶ Naples

Straßenkarte E4. Collier Co. 21 000. 2390 Tamiami Trail N, 1-239-262-6141. **napleschamber.org**

Die konservative und wohlhabende Stadt am Meer ist stolz auf ihr makelloses Äußeres und auf die größte Anzahl an Golfplätzen in den USA: Insgesamt gibt es hier 55 Plätze.

Ein großer Teil des »historischen« Stadtzentrums stammt aus dem frühen 20. Jahrhundert. Dieses Viertel mit den pastellfarbenen Gebäuden lädt zum Bummeln ein. Viele der Häuser aus dem 19. Jahrhundert wurden 1960 vom Hurrikan Donna zerstört, ebenso auch der Pier von 1887. 1961 wurde er wieder aufgebaut und von Anglern und Pelikanen bevölkert. Hinter dem 16 Kilometer langen weißen Sandstrand stehen viele Privathäuser, es gibt aber auch öffentliche Zugänge zu sicheren Stränden, wo man im warmen Golf baden kann.

Vor allem auf die Geschichte der Region konzentriert sich das informative **Collier County Museum** mit einem nachgebauten Seminolendorf und Exponaten indianischer Herkunft, Hinterlassenschaften der Siedler und Zeugnissen vom Bau des Tamiami Trail (US 41), an dem das Museum steht.

Der beliebte Strand am Pier von Naples

Collier County Museum
333 Tamiami Trail E. 1-239-252-8476. Mo–Fr 9–17 Uhr. Feiertage. **colliermuseums.com**

Umgebung: Marco Island, die nördlichste der Ten Thousand Islands und guter Ausgangspunkt für den Westrand der Everglades *(siehe S. 290–295)*, ist seit den 1960er Jahren touristisch erschlossen. Hier wurden bedeutende archäologische Funde gemacht – einige sind über 3500 Jahre alt. Sie wurden an Museen weitergegeben, doch auf der Insel findet man noch Hügel aus Muscheln und Knochen, die auf das Leben der Calusa-Indianer hinweisen *(siehe S. 44f)*.

❷ Big Cypress Swamp

Straßenkarte E4. Collier Co, Monroe Co. 1-239-695-1201.

Das riesige, seichte Sumpfbassin, in dem viele Tiere wie der vom Aussterben bedrohte Florida-Panther *(siehe S. 131)* leben, ist kein homogenes Sumpfgebiet, sondern eine Mischung verschiedener Lebensräume, bestimmt von nur geringen Unterschieden im Niveau: sandige Nadelwäldchen, Feucht- und Trockenprärie und Waldinseln (Hammocks, *siehe S. 292*). Ein Drittel des Sumpfs bedecken Zypressen, die lang gestreckte Wälder bilden. Diese Zypressen gaben dem Gebiet seinen Namen.

Der Sumpf dient bei Niederschlägen als wichtiges Wasserreservoir für die Everglades und als Puffer für den Everglades National Park *(siehe S. 290f)*. Der im Jahr 1928 fertiggestellte Tamiami Trail (U 41) durchschneidet das Sumpfgebiet und erschloss es. Die Straße führt an den Everglades vorbei und reicht von Tampa bis Miami – daher auch ihr Name. Heute erscheinen solche technischen Kraftakte ökologisch bedenklich, da sie den natürlichen Fluss des Wassers blockieren und damit die Balance des einzigartigen Ökosystems Südfloridas gefährden.

Die **Big Cypress National Preserve** ist das größte Naturschutzgebiet im Sumpf. Hier

Holzsteg durch Fakahatchee Strand (Big Cypress Swamp)

Die Seminolen Floridas

Die Bezeichnung »Seminolen« (Wanderer, Ausreißer) kam um 1700 für verschiedene Creek-Stämme in Gebrauch, die vor den landhungrigen Europäern in den Süden nach Florida und weiter in die Everglades flohen *(siehe S. 51)*. Heute gilt der Stamm gegenüber den Miccosukee als eigenständig, obwohl beide als Seminolen bezeichnet werden.

Landstreitereien veranlassten die Regierung 1911, den Florida-Indianern Reservate zuzusprechen. Hier leben die Seminolen nach ihren Traditionen, verbinden sie jedoch mit Elementen des modernen Amerika. So errichteten sie Casinos, mit deren Erlösen sie ihre finanzielle Lage verbessern *(siehe S. 141)*.

Europäisch beeinflusst: Seminolen Ende des 19. Jahrhunderts

Waldibisse in den Bäumen des Corkscrew Swamp Sanctuary

kann man den Blick von der US 41 genießen und am Oasis Visitor Center halten, um sich zu informieren.

Im westlichen Teil des Big Cypress Swamp liegt der **Fakahatchee Strand Preserve State Park**, eines der wildesten Gebiete Floridas. Der Entwässerungsgraben ist 32 Kilometer lang und zwischen fünf und acht Kilometer breit.

Die Holzwirtschaft wurde in den 1950er Jahren aufgegeben, nachdem rund 99 Prozent der Zypressen zerstört worden waren. Die letzten, teilweise mehr als 600 Jahre alten Exemplare stehen am Big Cypress Bend, wo ein schmaler Pfad an Orchideen, nestartigen Bromelien *(siehe S. 294)* und an der größten Gruppe von Königspalmen in den Vereinigten Staaten vorbeiführt. Auf der Route 846 von Naples nach Nordosten gelangt man zum **Audubon of Florida's Corkscrew Swamp Sanctuary**. Ein Plankenweg (3 km) führt an verschiedenen Lebensräumen vorbei, u. a. an Floridas größter Gruppe alter Zypressen.

Das Reservat ist landesweit berühmt für seinen Vogelreichtum. Der bedrohte Waldibis kommt fast jeden Winter her.

Big Cypress National Preserve
Oasis Visitor Center, US 41.
1-239-695-2000. tägl.
25. Dez. **nps.gov/bicy**

Fakahatchee Strand Preserve State Park
137 Coast Line Dr, Copeland.
1-239-695-4593. tägl.

Audubon of Florida's Corkscrew Swamp Sanctuary
375 Sanctuary Rd W, ab Route 846.
1-239-348-9151. tägl.
corkscrew.audubon.org

3 Ah-Tah-Thi-Ki Museum

Straßenkarte F4. Hendry Co. Snake Rd, 17 Meilen (27 km) ab Ausfahrt 14 an I-75. 1-863-902-1113. Di–So 9–17 Uhr. Feiertage. tägl. 14.30 Uhr.
seminoletribe.com/museum

Das Museum nimmt eine Fläche von rund 26 Hektar der Big Cypress Seminole Reservation ein. Hier gibt es u. a. ein nachgebautes Dorf zu sehen, wo Seminolen traditionelles Handwerk zeigen. Das Museum bemüht sich um die Vermittlung von Kultur und Geschichte. Ah-Tah-Thi-Ki bedeutet »Ort zum Lernen«. Eindrucksvoll ist auch ein 180-Grad-Panoramafilm.

4 Miccosukee Indian Village

Straßenkarte F5. Dade Co. US 41, 25 Meilen (40 km) westl. des Florida's Turnpike. 1-305-552-8365. tägl.
miccosukeetribe.com

Viele Indianer des Miccosukee-Stammes leben entlang der US 41. Das Miccosukee Indian Village nahe dem Shark Valley *(siehe S. 291)* ist als einziges öffentlich zugänglich. Man sieht traditionelle *chickees* *(siehe S. 34)* und Handwerke wie Puppenbinden oder Perlenarbeiten. Im Miccosukee Museum sind Gemälde, Bekleidung und Alltagsgegenstände ausgestellt. Zum erstklassig ausgestatteten Resort gehören auch ein Spa-Bereich und ein Golfplatz.

Palmetto-Puppen und Perlenschmuck im Miccosukee Indian Village

❺ Everglades National Park

Mit seiner Fläche von etwa 610 000 Hektar nimmt der Park (seit 1979 UNESCO-Welterbe) rund ein Fünftel der gesamten Everglades ein. Ein besonderer Reiz des Gebiets liegt in seiner Ursprünglichkeit und der damit verbundenen ökologischen Bedeutung. Der Haupteingang im Osten befindet sich 16 Kilometer westlich von Florida City. Boote und Kanus kann man ausleihen, angeboten werden auch Bootsausflüge. Übernachtungsmöglichkeiten bieten Campingplätze, einige sind nur per Kanu erreichbar.

Nach dem Hurrikan Irma Anfang September 2017 war der Nationalpark kurzzeitig geschlossen. In Teilen des Areals konnten die Schäden rasch beseitigt werden, in anderen dauerten die Aufräumarbeiten an. Weitere Informationen finden Sie im Kasten auf Seite 291.

Everglades City
Die Ten Thousand Islands und die Westküste des Nationalparks sind von Everglades City aus erreichbar.

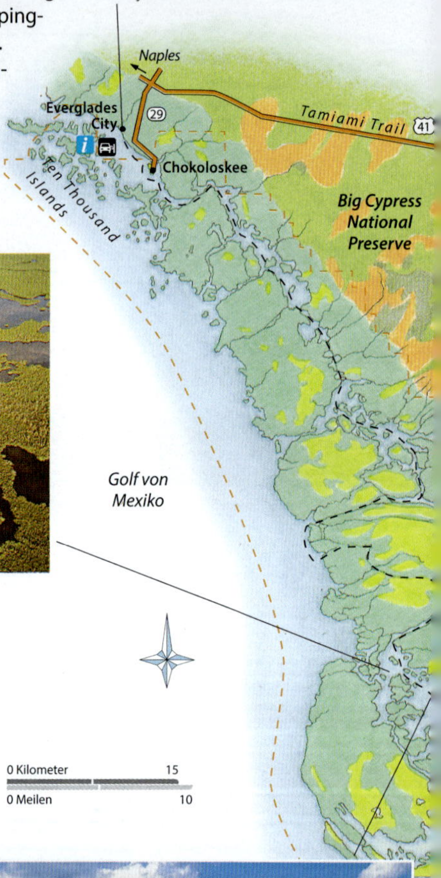

Whitewater Bay
Durch das dichte Netz aus Wasserwegen führen einige Kanutouren. Zu den beliebtesten Arealen dafür gehört die Whitewater Bay.

Sicherheitstipps

Insektenschutzmittel sind unabdingbar, vor allem im Sommer. Folgen Sie den Anweisungen der Hinweistafeln und des Personals, seien Sie vorsichtig mit Tieren und Pflanzen. Alligatoren bewegen sich auch an Land schnell. Manche Bäume und Büsche sind giftig, auch manche Raupen und Schlangen. Seit zehn Jahren vermehren sich Tigerpythons in den Everglades – sie können gefährlich sein. Geben Sie Bescheid, wenn Sie von den Routen abweichen. Wildtiere können plötzlich auf der Straße stehen – fahren Sie stets langsam.

Korallenotter

Kanufahrten in den Everglades
An der Westküste und um die Florida Bay gibt es Touren für jeden Geschmack: von kurzen Schnupperfahrten bis zur Abenteuerwoche am anspruchsvollen und abgelegenen Wilderness Waterway.

Zeichenerklärung *siehe hintere Umschlagklappe*

Shark Valley Die 25 Kilometer können Sie per Bus oder Rad zurücklegen. Am Ende erwartet Sie ein 18 Meter hoher Turm mit toller Aussicht.

Anhinga Trail Die beliebte Route beginnt am Parkeingang. Den Schlangenhalsvogel (»Anhinga«) sieht man oft nach einem Fischzug sein Gefieder in der Sonne trocknen.

Infobox

Information
Straßenkarte E4–F5.
Nach Hurrikan Irma schlossen die Besucherzentren, auch einige Wege und Zeltplätze waren nicht mehr zugänglich. Informieren Sie sich auf der Website oder telefonisch über die aktuelle Situation.

Ernest F. Coe Visitor Center (in Royal Palm) 1-305-242-7700. Mitte Dez–Mitte Apr: tägl. 8–17 Uhr; Mitte Apr–Mitte Dez: tägl. 9–17 Uhr.
Flamingo Visitor Center 1-239-695-2945. Mitte Nov–Mitte Apr: tägl. 8–16.30 Uhr; Mitte Apr–Mitte Nov: unregelmäßig.
Gulf Coast Visitor Center (in Everglades City) 1-239-695-3311. Mitte Nov–Mitte Apr: tägl. 8–16.30 Uhr; Mitte Apr–Mitte Nov: tägl. 9–16.30 Uhr.
Shark Valley Information Center 1-305-221-8776. Mitte Dez–Mitte Apr: tägl. 8.30–17 Uhr; Mitte Apr–Mitte Dez: tägl. 9–17 Uhr.
nps.gov/ever

Legende
- Mangroven
- Salzwasserprärie
- Zypressen
- Süßwasserprärie
- Süßwassergraben
- Nadelwald
- Hammock
- Wasserweg
- Parkgrenze
- Befestigte Straße
- Privatweg

Flamingo hat das einzige Hotel und den größten Campingplatz. In der Nähe beginnen Wander- und Kanurouten.

Mahogany Hammock Boardwalk Dieser Pfad windet sich durch einen großen, dichten tropischen Wald und ist bekannt für seine Baumschnecken *(siehe S. 293)* und Bromelien *(siehe S. 294)*. Hier steht der größte Mahagonibaum Floridas.

Everglades NP: Fauna und Flora

Die Everglades sind ein Sumpfgebiet, dessen bis zu neun Meter dicke Torfschicht über wasserundurchlässigem Kalkstein vom Lake Okeechobee *(siehe S. 132)* überschwemmt wird. Das Gebiet ist 80 Kilometer breit, 322 Kilometer lang und selten tiefer als einen Meter.

Tropische Luft- und Wasserströmungen bedingen in dieser gemäßigten Zone in Nordamerika einzigartige Ökosysteme. Spezielle Vegetationsformen wie Zypressenkuppeln *(siehe S. 29)* und Bauminseln mit verschiedenen Baumarten unterbrechen die Weite der Sägegrasprärie. Hier leben Hunderte von Tierarten, darunter etwa 350 Vogelarten, für die die Everglades berühmt sind. Das Ökosystem mit seiner reichen Vegetation und Tierwelt kann nur durch den Wechsel von Regen- (Sommer) und Trockenzeiten (Winter) bestehen.

Fischadler
Diese Adlerart sieht man über der Küste, den Buchten und Seen. Seine großen Horste sind leicht zu erkennen.

Grüner Baumfrosch
Das Gequake dieser Amphibien ist überall in den Everglades zu hören.

Schmuckreiher
erkennt man an prächtigem Gefieder, gelben Beinen und schwarzem Schnabel.

Bauminseln
Sogenannte Hammocks entstehen auf erhöhtem Grund in Süßwassersümpfen. Hier gedeihen unzählige Pflanzen und Tiere.

Mississippi-Alligatoren
Schuppenpanzer und Gebiss machen die Alligatoren zu den bekanntesten und gefürchtetsten Parkbewohnern.

Kanadareiher
Der Stelzvogel mit zwei Metern Flügelspannweite kommt in ganz Florida vor. Im Süden ist sein Gefieder manchmal völlig weiß.

Rosalöffler
Rosalöffler überwintern im Park. Mit ihren spatelförmigen Schnäbeln fischen sie nach Nahrung.

Baumschnecken
Es gibt 58 Arten dieser farbenprächtigen Baumschnecken. Sie leben in Hammocks und kriechen nur bei Nässe herum.

Otter
Diesen Verwandten des Wiesels sieht man oft in Süßwasserteichen herumtoben.

Überblick: Everglades National Park

Den Park kann man sehr gut auf Wanderwegen erkunden. Neben dem Anhinga Trail ist auch die Route zur Florida Bay und weiter nach Flamingo sehr beliebt. Versuchen Sie, einen der weniger besuchten Pfade zwischen Mahogany Hammock und Flamingo zu besuchen. Informationstafeln helfen, Tiere und Pflanzen zu bestimmen. Vergessen Sie Insektenschutzmittel und Sonnencreme nicht!

Nach Hurrikan Irma (Sep 2017) waren einige Wege nicht zugänglich. Informieren Sie sich bei den Besucherzentren des Parks über den aktuellen Zustand *(siehe S. 291)*.

Ranger bringen Besuchern die Natur näher

Rund um das Ernest F. Coe Visitor Center

Das Besucherzentrum und zwei Pfade befinden sich auf dem Gebiet des ersten Nationalparks Floridas (1916 gegründet). An dem beliebten **Anhinga Trail** über den Taylor Slough ist das Wasser etwas tiefer als in der Umgebung, sodass Tiere in den trockenen Wintermonaten hierher zum Trinken kommen. Auf den offenen Flächen kann man gut fotografieren, es gibt auch weniger Insekten, doch die Sonne kann gefährlich werden. Alligatoren versammeln sich am Alligatorloch *(siehe S. 292)* am Anfang des Trails. Zudem sieht man Rotwild, Waschbären und Schlangenhalsvögel.

Der schattige **Gumbo Limbo Trail** hingegen ist im Sommer ein wahres Moskitoparadies. Die Tour in der östlichen Parkhälfte ist nicht anspruchsvoll und bietet die beste Gelegenheit, einen Hammock zu erkunden. Achten Sie auf Bromelien: Sie gehören zur Familie der Ananasgewächse und sind Epiphyten. Bromelien sind keine Parasiten: Sie wachsen auf anderen Pflanzen, holen sich ihre Nahrung aber aus der Luft. Hier sieht man auch Orchideen und Gumbo-Limbo-Bäume *(siehe S. 293)*.

Bromelien auf einem Mahagonibaum

Schattige Pfade am Long Pine Key – hier kann man gut kampieren

Long Pine Key

Große Flächen mit im Süden Floridas einzigartigen Sumpfzypressen gaben dem Gebiet seinen Namen. Das insekten- und witterungsbeständige Holz war lange als Baumaterial beliebt. Zypressenwälder brauchen Feuer, um zu überleben, sie degenerieren sonst. Straßen und Kanäle wirken wie Feuerschneisen, und so legt man heute kontrollierte Brände, damit sich Zypressen und Sägepalmen regenerieren können.

Der Campingplatz liegt wunderschön und ist einer der Hauptgründe für einen Besuch in Long Pine Key. Vom Platz weg führen schattige Trails, drei Kilometer westlich liegt eine 800 Meter lange Schlaufe des Pineland Trail. Weichen Sie nicht vom Pfad ab. Das Kalkgestein hat oft Löcher, die vom Regen ausgeschwemmt wurden und schwer zu sehen sind.

Trails um Flamingo

Allgemein gilt, dass man auf dem Wasser im Kanu vor den Insekten im Sommer sicher ist, während man Wanderungen zweifellos besser für die Wintermonate planen sollte.

Legende

- Wanderweg
- Kanuroute
- Befestigte Straße
- Unbefestigte Straße

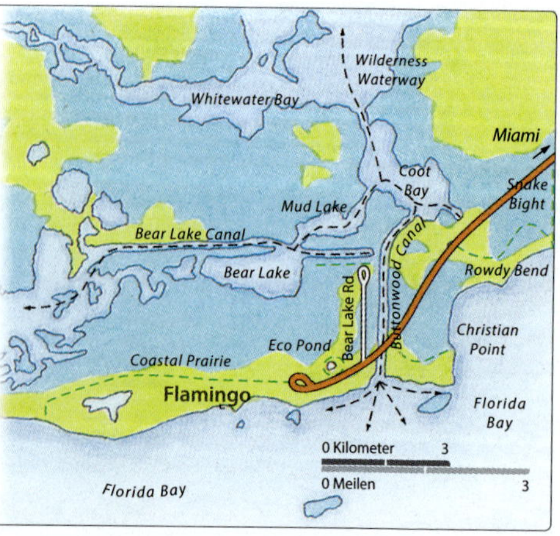

Hotels und Restaurants in den Everglades und auf den Keys *siehe Seiten 323–325 und 345–347*

Von Pa-hay-okee nach Flamingo

Die offene Sägegrasprärie, auf die man vom **Pa-hay-okee Overlook** einen schönen Blick hat, ist der Inbegriff der Everglades. Vom Aussichtsturm kann man gut beobachten, wie der Wind über das Meer von Gras streicht und sich dessen Farbe dabei in Wellen verändert. Zu sehen sind auch Stelzvögel, Falken und Schneckenweihen, deren einzige Nahrung, die Apfelschnecken, auf dem Sägegras lebt. In der Prärie wachsen auch Rohrkolben und andere Sumpfpflanzen.

Der **Mahogany Hammock Boardwalk** *(siehe S. 291)* führt durch die größten Bauminseln (Hammocks) des Parks. Hier gedeiht eine vielfältige Flora und Fauna. Beeindruckend: die Bromelien und die dichte, dschungelartige Vegetation in den feuchten Sommermonaten.

Die Pfade und Seen zwischen Mahogany Hammock und Flamingo ziehen weniger Besucher an, haben aber viel zu bieten – z. B. Vögel. Erkunden Sie West Lake Trail oder Snake Bight Trail (endet an der Florida Bay).

Flamingo liegt 60 Kilometer vom Haupteingang des Parks entfernt. Vor 1900 war die Siedlung ein abgelegener Stützpunkt sowie Versteck für Jäger und Fischer. Heute leben nur wenige Parkangestellte ständig dort. Die Lage an der Florida Bay ist für verschiedenste Aktivitäten günstig: zum Wandern, Fischen, Bootfahren und für Naturbeobachtungen. Es empfiehlt sich, über Nacht zu bleiben, besonders für Vogelbeobachtungen, für die sich der frühe Morgen und späte Abend am besten eignen. In der Florida Bay leben auch Seekühe *(siehe S. 254)* und das vom Aussterben bedrohte Amerikanische Krokodil. Vom Alligator unterscheidet es sich durch die graugrüne Farbe und sein Gebiss: Bei geschlossenem Maul sieht man sowohl Zähne des Ober- als auch des Unterkiefers. Die Chance, ein Krokodil zu entdecken, ist gut.

Im Besucherzentrum von Flamingo gibt es Naturführer und Informationen über Programme mit Rangern, Diashows, Vorträge und »Slough-Slogs«: Touren durch den Sumpf für Unerschrockene.

Sägegrasprärie vom Pa-hay-okee Overlook aus gesehen

6 Biscayne National Park

Straßenkarte F5. Dade Co.
9700 SW 328th St, Convoy Point.
Miami. Homestead.
1-305-230-7275. tägl.
25. Dez. **Besucherzentrum**
tägl. 9–17 Uhr. **Bootstouren**
1-305-230-1100. teilweise.
nps.gov/bisc

Dichte Mangrovensümpfe schützen den Küstenbereich des Biscayne National Park mit den nördlichsten Inseln der Florida Keys. Das Highlight des Parks ist das Korallenriff mit unzähligen Formen und nicht weniger als 200 Tropenfischarten. Die Barriere-Inseln hier sind weitestgehend unberührt, sodass das Riff gesünder und das Wasser klarer ist als in den Unterwasserparks südlich um Key Largo.

Geboten werden Touren im Glasbodenboot sowie Tauch- und Schnorcheltrips, die alle vom Besucherzentrum abfahren. Am besten buchen Sie im Voraus.

Korallen und Fische im Biscayne National Park

Everglades in Gefahr

Dem Everglades National Park drohen Gefahren. Seit der Gründung 1974 hat man mit Wasserproblemen zu kämpfen. Das Ökosystem der Everglades und wirtschaftliche Interessen stehen einander gegenüber: Bewässerungskanäle und Straßen unterbrechen den natürlichen Fluss des Wassers vom Lake Okeechobee. Auch die Trockenlegung zur Baulandgewinnung wirkte sich negativ auf die Natur aus. Die Landwirtschaft benötigt viel Wasser, hohe Mengen chemischer Düngemittel bewirken ein unnatürliches Wachstum der Sumpfvegetation. Seit mehr als zehn Jahren vermehren sich in den Everglades asiatische Tigerpythons, Würgeschlangen, die vermutlich ausgesetzt wurden. Sie stellen insbesondere für die Säugetierpopulation eine Gefahr dar.

Interessenkonflikt: Die Landwirtschaft braucht viel Wasser

7 Key Largo

Straßenkarte F5. Monroe Co. 16 000. MM 106, 1-305-451-1414, 1-800-822-1088. **African Queen** 1-305-451-4655. **keylargochamber.org**

Key Largo, die erste bewohnte Key-Insel, wurde als größte der Kette von den Spaniern »Lange Insel« genannt. Wegen ihrer Nähe zu Miami ist sie auch die lebhafteste der Keys – besonders an Wochenenden kann es hier recht voll werden.

Hauptattraktion ist das Korallenriff vor der Küste, wo man im John Pennekamp Coral Reef State Park und im National Marine Sanctuary gut tauchen und schnorcheln kann.

Wertvoller Schmuck aus einem Schiffswrack

Berühmt ist auch die *African Queen*, das Schiff aus dem gleichnamigen Film von 1951. Auf dem Schiff kann man kurze Rundfahrten unternehmen (wenn es nicht restauriert wird). Es liegt bei MM 100 vor Anker, neben einem Casinoschiff, das die seltene Gelegenheit zum Glücksspiel bietet *(siehe S. 360)*.

Die Einheimischen erzählen von einem mysteriösen ehemaligen Regierungsbeamten, der in den Wäldern lebt und nur in die Zivilisation zurückkehrt, wenn ein ökologisches Problem auftritt. Seinem Einfluss ist es zu verdanken, dass viele Gebiete, die Opfer des Fortschritts geworden waren, renaturiert wurden. Feuchtgebiete, Laubwälder und Strände mussten Hotels, Shopping Malls und Wohnhäusern weichen, doch dank des Engagements einiger Bürger besteht noch Hoffnung für die Intakthaltung des Ökosystems.

8 John Pennekamp Coral Reef State Park

Straßenkarte F5. Monroe Co. MM 102,5. Key Largo. 1-305-451-1202. tägl. teilweise. **floridastateparks.org**

Nur fünf Prozent des Naturparks liegen über Wasser: ein Besucherzentrum, ein kleines Museum zur Ökologie des Riffs, drei Schwimmbereiche und Waldpfade. Berühmt ist der Park für sein Unterwassergebiet, das sich fünf Kilometer von Key Largo nach Osten erstreckt und unvergessliche Einblicke in die Farben und Formen eines Korallenriffs gewährt.

Im Park kann man Kanus, Schlauch- oder Motorboote mieten sowie Schnorchel- und Tauchausrüstung. Arrangiert werden auch Schnorchel- und Tauchtrips. Es gibt zudem eine Tauchschule, bei der man Tauchscheine erwerben kann.

Floridas Korallenriff

Das einzige lebende Korallenriff Nordamerikas erstreckt sich 320 Kilometer an den Keys entlang, von Miami bis Dry Tortugas. Das komplexe und äußerst sensible Ökosystem schützt die niedrigen Inseln vor Stürmen und hohen Wellen, die vom Atlantik kommen. Korallenriffe werden über Jahrtausende von Milliarden von kleinsten Organismen, den Polypen, gebildet. Das drei bis 18 Meter unter dem Meeresspiegel gelegene Riff stellt ein kompliziertes Gebilde aus zahllosen Spalten und Höhlen dar, in denen verschiedenste Pflanzen und Tiere wohnen, darunter über 500 Fischarten.

Muränen wirken bedrohlich, sind aber für Menschen meist harmlos

Fächerkoralle: weiche Koralle ohne Skelett

Große Augen für die Dunkelheit: der Eichhörnchenfisch

Legende

① Sternkoralle
② Fächerkoralle
③ Blumenkoralle
④ Elliptische Sternkoralle
⑤ Peitschenkoralle
⑥ Baumkoralle
⑦ Koralle *Tubastrea*
⑧ Steinkorallenart
⑨ Hirnkoralle
⑩ Steinkorallenart
⑪ Große Blumenkoralle
⑫ Hornkoralle

Hotels und Restaurants in den Everglades und auf den Keys *siehe Seiten 323–325 und 345–347*

Taucher und Hummer im John Pennekamp Coral Reef State Park

Wer nicht gerne nass wird, nähert sich der Unterwasserwelt im Glasbodenboot. Die meisten Touren führen ins Gebiet des Florida Keys National Marine Sanctuary (auch Key Largo National Marine Sanctuary), das sich weitere fünf Kilometer ins Meer erstreckt.

Teile des Riffs eignen sich sehr gut zum Schnorcheln, z. B. das seichte Wasser der White Bank Dry Rocks mit einer Vielzahl an Korallen und tropischen Fischen. Das Molasses Reef daneben lockt Taucher und Schnorchler an, die hier auf unzählige Fische stoßen werden. Das French Reef weiter im Norden wartet mit verschiedenen Höhlen auf, durch die man schwimmen kann. Der *Christ of the Deep*, eine Statue in sechs Metern Tiefe bei den Key Largo Dry Rocks, ist ein beliebtes Fotomotiv.

❾ Tavernier

Straßenkarte F5. Monroe Co. 2500. MM 106, 1-305-451-1414.

Henry Flaglers Eisenbahn *(siehe S. 52f)* erreichte diesen Teil der Keys um 1910. Heute findet man um MM 92 einige Häuser aus den 1920er und 1930er Jahren. Nur das Tavernier Hotel ist öffentlich zugänglich.

Die bemerkenswerteste Attraktion von Tavernier ist das **Florida Keys Wild Bird Rehabilitation Center**, in dem verwundete Vögel gepflegt werden. Die meisten Verletzungen stammen von Auto- und Angelunfällen. Die Vögel erholen sich in großen Käfigen in ruhiger Umgebung – ein krasser Gegensatz zur Hektik auf der Insel.

Florida Keys Wild Bird Rehabilitation Center
92080 Overseas Highway.
1-305-852-4486. tägl.
keepthemflying.org

Steinkorallenpolypen bilden ein Außenskelett aus Kalk, um ihren weichen Körper zu schützen. Die Korallenstöcke entstehen durch die Vermehrung der zahllosen Polypen. Mikroskopisch kleine Pflanzen im Gewebe bestimmen die Farbe.

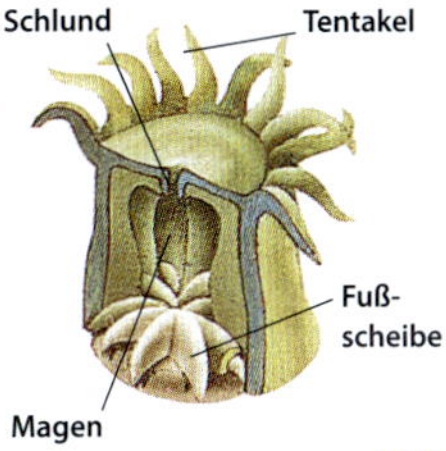

Mit seinem schnabelartigen Gebiss schabt der Papageifisch Korallenpolypen ab

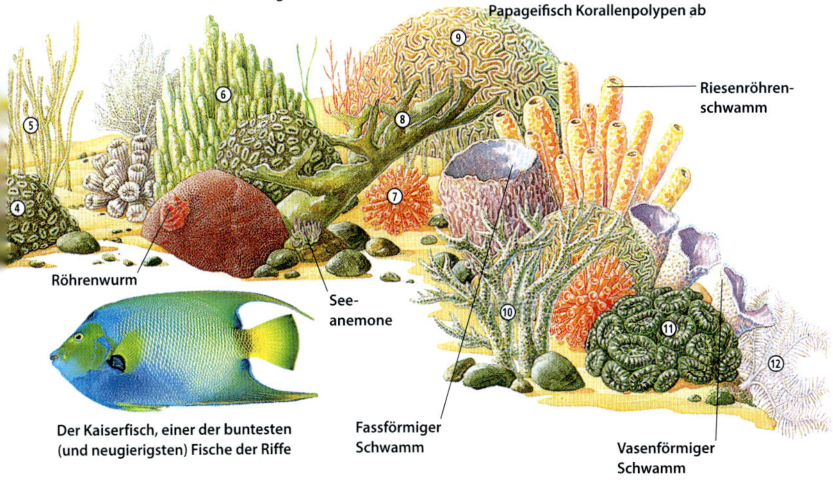

Der Kaiserfisch, einer der buntesten (und neugierigsten) Fische der Riffe

❿ Theater of the Sea

Straßenkarte F5. Monroe Co. MM 84,5. ☎ 1-305-664-2431. ◯ tägl. ♿ **W theaterofthesea.com**

Das Theater of the Sea auf Windley Key wurde 1946 eröffnet und ist der zweitälteste Wasserpark Floridas. Der ehemalige Steinbruch stammt aus der Zeit von Flaglers Eisenbahnbau *(siehe S. 52f)* und ist berühmt für die Seelöwen- und Delfinshows. Es gibt Bootstouren, auf denen man das Leben in den nahen Lagunen kennenlernen kann.

Beim »Dolphin Adventure« wird Ihnen nicht nur eine Zwei-Stunden-Show geboten, sondern Sie können auch mit den Delfinen schwimmen. Buchen Sie lange im Voraus!

Kinder genießen die Nähe zu Delfinen

⓫ Islamorada

Straßenkarte F5. Monroe Co. 8500. **i** MM 82,5, 1-305-644-4503. **W islamoradachamber.com**

Die »Sportfishing Capital of the World« wird »Ailamoreída« ausgesprochen, umfasst sieben Inseln und ist als Zentrum für Sportfischerei allgemein bekannt.

In der Whale Harbor Marina in Islamorada-Stadt auf Upper Matecumbe Key liegen Charterschiffe für die Hochseefischerei, auch für größere Gruppen mit unterschiedlicher Erfahrung. Selbst weniger passionierte Angler können so herrliche Stunden auf See verbringen. Bei MM 82 gedenkt das Art Deco Hurricane Monument der 500 Menschen, die 1935 *(siehe S. 30)* bei einem Hurrikan durch eine Flutwelle starben.

⓬ Indian und Lignumvitae Keys

Straßenkarte F5. Monroe Co. Islamorada. Lower Matecumbe Key. **i** Islamorada, 1-305-664-4503.

Diese unbewohnten Inseln links und rechts vom Ocean Highway sind nur mit einem Boot zu erreichen.

Für seine Größe hat Indian Key erstaunlich viel Geschichte aufzuweisen. 1831 ließ sich hier »Wrecker« *(siehe S. 307)* Captain J. Houseman nieder. Eine kleine Siedlung entstand unter seiner Herrschaft, wurde jedoch 1840 von Seminolen ausgerottet. Seitdem wurde die kleine Insel nicht wieder besiedelt, und inmitten von vielfältiger, üppiger Vegetation sind nur noch Reste der Siedlung zu sehen. Ein Aussichtsturm bietet einen schönen Rundblick.

Lignumvitae Key ist etwas größer, botanisch noch interessanter und nur mit einem Ranger zugänglich. Unter den 133 Baumarten gab eine Art mit blauen Blüten, die bis zu 1000 Jahre alt werden kann, der Insel ihren Namen. Wissenschaftler schätzen die Vegetation auf über 10 000 Jahre. Man findet auch einige schöne Baumschnecken *(siehe S. 293)* und eindrucksvoll große Spinnen. Insektenschutzmittel ist ratsam.

Delfine in Sicherheit im Dolphin Research Center

⓭ Dolphin Research Center

Straßenkarte E5. Monroe Co. MM 59. ☎ 1-305-289-1121. ◯ tägl. ● Feiertage. ♿ **W dolphins.org**

Das nicht gewinnorientierte Unternehmen auf Grassy Key hat sich die Aufgabe gesetzt, das Verhalten von Delfinen zu erforschen. Das Center ist auch eine Genesungsstation für kranke und verwundete Delfine. Hier können sich gestresste Tiere von den Anstrengungen als Sehenswürdigkeiten der Wasserparks erholen.

Es finden regelmäßig Wanderungen zur Lagune und Sonderprogramme statt wie »Dolphin Encounter«, bei dem Sie mit den Tieren schwimmen können. Sämtliche Veranstaltungen erfreuen sich sehr großer Beliebtheit. Reservierungen (online oder telefonisch) sollten dementsprechend möglichst frühzeitig erfolgen.

Aussichtsturm und die zerstörte Originalzisterne auf Indian Key

Fischen auf den Florida Keys

Es gibt im Süden Floridas drei Gebiete zum Fischen. In der Nähe des warmen Golfstroms tummeln sich große Fische wie der Marlin – für Sportfischer beste Bedingungen zum Hochseefischen. Die Gewässer an der Atlantikküste bis zum Korallenriff warten mit tropischen Arten wie Schnapper und Zackenbarsch auf. Nördlich der Keys im flachen Wasser des Golfs von Mexiko gibt es Tarpone. Zentren für Sportfischen sind Islamorada, Marathon und Key West. Im gesamten Gebiet stoßen Sie auf kleine Häfen mit Booten zum Mieten. Im Angebot findet sich etwas für jedes Können, jeden Geschmack und jeden Geldbeutel. Mehr Erfolg haben Sie eventuell auf einer Gruppenfahrt oder mit einem erfahrenen Fischer. Das Angebot an Fischen hängt von Wetter und Jahreszeit ab, doch grundsätzlich können Sie um die Florida Keys das ganze Jahr über fischen.

Offene See oder Küste?

Hochseefischen spricht Abenteurernaturen an. Ein eigenes Boot mit Crew zu heuern kommt jedoch teuer. Kleine Boote fischen in den ruhigen Gewässern nahe der Küste. Hier ist dafür gesorgt, dass Sie nicht mit leeren Händen heimkommen.

An der Küste werden die flachen Boote gestakt – Motoren würden sich im Seegras verfangen.

Keine Chance dem Fisch: Schiffe zum Hochseefischen sind bestens ausgerüstet.

Anglerläden am Overseas Highway und in den Häfen bieten Genehmigungen *(siehe S. 365)* und Ausrüstung (auch zu leihen), meist auch gute Tipps zu Begleitern und Touren in der Umgebung.

Ein großer Fisch ist die ultimative Trophäe. Ihre Beute können Sie in einem Restaurant zubereiten lassen. Für eine bleibende Erinnerung wenden Sie sich an einen Tierpräparator *(siehe S. 363)*.

Auf beliebten Gruppenfahrten kann man preiswert in Riffnähe fischen. Der Preis enthält üblicherweise die Lizenz. Die Ausrüstung wird gestellt, und die Crew berät Sie.

Marathons Hafen mit der 7-Mile Bridge im Hintergrund

⓮ Marathon

Straßenkarte E5. Monroe Co.
13 000. MM 53,5,
1-305-743-6555.
floridakeysmarathon.com

Die Spanier nannten die Insel »Kuhinsel« (Vaca Key), wohl wegen der damals vielen Seekühe *(siehe S. 254)*. Umbenannt wurde sie nach 1900 von den Männern, die die zermürbende Aufgabe hatten, die Overseas Railroad zu verlegen *(siehe S. 285)*.

Als Zentrum der mittleren Keys (»Middle Keys«) ist die Insel verbaut und erscheint auf den ersten Blick als wenig einladende Ansammlung von Läden und Tankstellen. Marathons größtes Plus sind seine reichen Fischgründe – besonders vielversprechend angeblich unter den Brücken, wo der Atlantik in den Golf von Mexiko übergeht.

Passionierte Fischer haben die Wahl zwischen verschiedenen Gebieten und Techniken *(siehe S. 299)*, darunter auch Harpunieren, das im Norden (in den »Upper Keys«) verboten, hier aber erlaubt ist. Oder Sie angeln vom wahrscheinlich längsten Pier der Welt: einem drei Kilometer langen Teil der alten 7-Mile Bridge. Wer nicht angeln möchte, findet südlich vom Overseas Highway schöne Strände, die häufig künstlich mit Sand aufgeschüttet wurden.

Türdetail (Crane Point Hammock)

Sehenswert ist **Crane Point Hammock** mit insgesamt rund 26 Hektar tropischem Wald mit Hartholzgewächsen und wilden Mangrovensümpfen. Es gibt einige Wanderwege, zu sehen ist auch ein für die Inseln typisches Haus *(siehe S. 305)* aus *tabby*, einer Art selbst gemischtem Beton aus verbrannten Muschelschalen und Korallen.

Den Naturpark betritt man durch das **Crane Point Museum**, das 1991 eröffnet wurde. Die interessante Sammlung dokumentiert die Geschichte und Geologie der Inseln und wendet sich besonders an junge Besucher.

Crane Point Museum
MM 50,5. 1-305-743-9100.
tägl. 25. Dez.
cranepoint.net

⓯ Pigeon Key

Straßenkarte E5. Monroe Co.
MM 47,5, über die alte 7-Mile Bridge. 1-305-289-0025.
tägl. **pigeonkey.net**

Die winzige Insel war einst die Basis für den Bau von Henry Flaglers 7-Mile Bridge, die man als das achte Weltwunder bezeichnete, als sie schließlich 1912 fertig war. Sieben Holzbauten – einst von Bau- und Erhaltungstrupps benutzt – gehören heute zur Marine Research and Educational Foundation und bilden eine der letzten intakten Eisenbahnsiedlungen aus jener Zeit.

Im Brückenwärterhaus befindet sich ein historisches Museum, doch viele besuchen die Insel nur der Ruhe wegen. Die alte Brücke verläuft auf Betonpfeilern parallel zur neuen 7-Mile Bridge (1982). Sie ist die einzige Verbindung zur Insel und für Autos gesperrt, sodass Sie zu Fuß gehen oder mit dem Rad fahren müssen. Eine weitere Möglichkeit ist der Bus, der von der Foundation-Zentrale bei MM 48 abfährt.

⓰ Lower Keys

Straßenkarte E5. Monroe Co.
Key West.
MM 31, 1-305-872-2411.
lowerkeyschamber.com

Südlich der 7-Mile Bridge ändern die Keys ihr Gesicht. Das Land wirkt zerklüfteter und weniger bebaut als im Norden, man sieht mehr Wald mit viel-

Negro Quarters, eine original erhaltene Siedlung in Pigeon Key

Bahia Hondas herrlicher Strand, einer der wenigen natürlichen Sandstrände auf den Keys

fältiger Flora und Fauna. Hier läuft alles viel gemächlicher ab. Und so erlebt man wirklich, was behauptet wird: Die Lower Keys sind eher ein Gefühl als ein Ort.

Nur 60 Kilometer von Key West entfernt erstreckt sich der **Bahia Honda State Park**, ein geschütztes Gebiet von 212 Hektar mit den schönsten Stränden der Keys: gleißend weiß, direkt vor dichtem, tropischem Wald mit zahlreichen Wanderwegen. Wer sich auf den Weg macht, kommt an ungewöhnlichen Baumarten wie Silberpalmen oder *Cladrastis lutea* vorbei und kann viele Vögel belauschen oder auch sichten. Es gibt auch die Möglichkeit, sich ein Boot zu leihen, doch Vorsicht: Die Strömung kann hier sehr stark sein.

Vom Park kann man auch in das **Looe Key National Marine Sanctuary** abtauchen. Dieser acht Kilometer lange Abschnitt des Riffs ist ein wunderbarer Tauchgrund mit einzigartigen Korallenformationen und Tieren.

Von Bahia Honda schwenkt der Highway nach Norden und gelangt zur nächsten Attraktion, der zweitgrößten Insel der Kette: **Big Pine Key**. Es ist die Wohninsel der Lower Keys und der beste Ort, die kleinen Key-Hirsche zu beobachten (am besten in der Morgen- oder Abenddämmerung). Wenn Sie bei MM 30 der Abzweigung nach Key Deer Boulevard folgen, kommen Sie zum **Blue Hole**, einem gefluteten Steinbruch im Wald. Von der Aussichtsplattform sehen Sie die Hirsche und andere Tiere, die hierher zum Trinken kommen. Tafeln auf dem Jack Watson Nature Trail (1,6 km Rundweg) helfen Ihnen, die Pflanzen zu bestimmen.

Perkys Fledermausturm

Wieder auf dem Overseas Highway sollten Sie den Himmel über Cudjoe Key nach **»Fat Albert«** absuchen. Das große Luftschiff ist in 427 Metern Höhe vertäut und beobachtet alles: angefangen von Hurrikans über Drogenschmuggler bis zur Lage in Kuba.

Sugarloaf Key gleich daneben war einst für Schwämme berühmt, heute eher für seinen **Bat Tower** (Fledermausturm), den Sie erreichen, wenn Sie nach MM 17 gen Norden abbiegen. Errichtet wurde der Turm 1929 vom Grundstücksspekulanten Richter C. Perky, der damit Fledermäuse anlocken wollte, die Sugarloaf Key von den lästigen Moskitos befreien sollten. Danach sollte hier ein Ferienparadies entstehen. Leider ließ sich jedoch keine einzige Fledermaus in seinem Turm nieder.

Bahia Honda State Park
MM 37. 1-305-872-2353.
tägl. teilweise.
floridastateparks.org

Key-Hirsche

Die vom Aussterben bedrohte, kleinwüchsige Hirschart kommt ausschließlich auf Big Pine Key und den umliegenden Inseln vor. Die Tiere schwimmen zwischen den Inseln hin und her, häufiger sieht man sie allerdings in den Wäldern. Trotz strenger Geschwindigkeitsbeschränkungen und eines Reservats auf Big Pine Key werden jährlich ungefähr 50 Tiere durch Autos getötet. Die Zahl der Tiere hat sich bei etwa 300 eingependelt. Füttern ist strengstens verboten.

Nicht größer als ein Hund: Hirsche auf Big Pine Key

⑰ Im Detail: Key West

Key West ist der südlichste Punkt des US-Festlands. Die Stadt wirkt wie ein Magnet auf alle, die Florida und die USA hinter sich lassen wollen. Hier kann man sich gut dem legeren Lebensgefühl hingeben.

Die erstmals 1513 erwähnte Insel zog Piraten und später »Wreckers« an *(siehe S. 307)*, die auf vorbeifahrende Frachtschiffe und deren Ladung lauerten. Key West entwickelte sich zur reichsten Stadt Floridas, Einwanderer aus allen Teilen der Welt strömten hierher. Architektur, Küche und Lebensgeist zeugen von diesem vielfältigen kulturellen Erbe.

Hurrikan Irma (Sep 2017) beschädigte Teile der Infrastruktur von Key West, einige Einrichtungen waren zeitweise nicht zugänglich. Binnen weniger Monate hatte sich die Situation jedoch weitestgehend entspannt.

Curry Mansion
Luxuriöse Einrichtung im Haus (19. Jh.) eines »Wreckers« *(siehe S. 306)*.

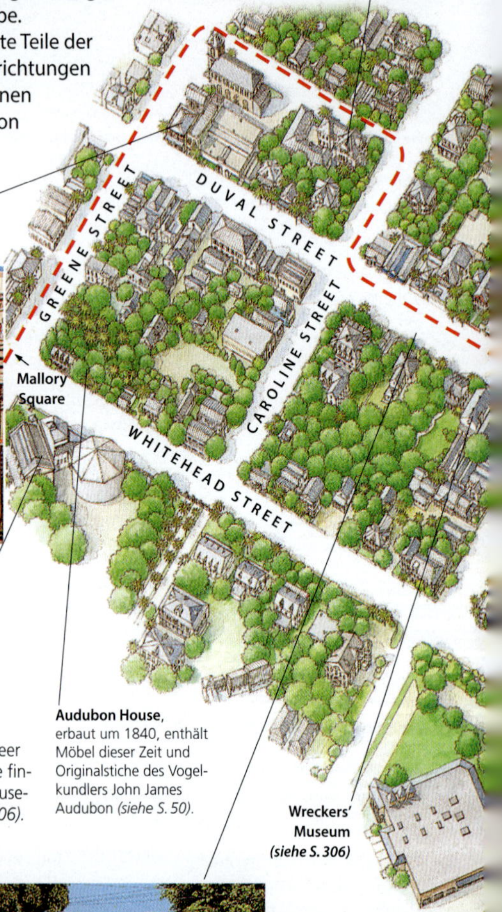

Sloppy Joe's zählte zu Hemingways Lieblingsbars. 1935 zog sie aus ihrem alten Sitz in der Greene Street in die Duval Street.

Pier House Resort
Erlebnis Sonnenuntergang: Logenplätze auf der Terrasse des Hotels unweit des Mallory Square.

★ Mel Fisher Maritime Museum
Welche Schätze das Meer bietet und wie man sie findet, wird in diesem Museum gezeigt *(siehe S. 306)*.

Audubon House, erbaut um 1840, enthält Möbel dieser Zeit und Originalstiche des Vogelkundlers John James Audubon *(siehe S. 50)*.

Wreckers' Museum ***(siehe S. 306)***

Legende

— Routenempfehlung

0 Meter 100
0 Yards 100

Duval Street
mit Souvenirläden und den meisten Attraktionen der Altstadt bildet die Hauptachse der Stadt. Hier tummeln sich auch viele Besucher.

Fleming Street
Ein schönes Beispiel für die stillen, schattigen Straßen der Altstadt ist die Fleming Street mit eindrucksvollen Gebäuden in der für Key West typischen Architektur *(siehe S. 305)*.

Infobox

Information
Straßenkarte E5. Monroe Co. 28 000. 510 Greene Street, 1-305-294-2587.

Audubon House
1-305-294-2116. tägl. Conch Republic Independence Celebration (Apr), Hemingway Festival (Juli), Fantasy Fest (Okt). **keywestchamber.org**

Anfahrt
2 Meilen (3 km) östl. von Duval St. Simonton und Virginia St, 1-305-296-9072. Mallory Sq, 1-305-292-8158.

St. Paul's Episcopal Church
Die Kirche (1912) ist dem Patron der Schiffbrüchigen geweiht. Einige der 49 Glasfenster sind mit nautischen Symbolen versehen.

Margaritaville
Der floridianische Sänger Jimmy Buffet ist Besitzer dieses Cafés mit Shop, in dem es T-Shirts und Souvenirs gibt *(siehe S. 349)*.

Das San Carlos Institute wurde 1871 von Kubanern gegründet. Das kubanische Kulturinstitut befindet sich heute in einem neobarocken Gebäude von 1924.

★ **Bahama Village**
In diesem noch recht ursprünglichen alten Viertel von Key West sieht man viele hell gestrichene Holzhäuser.

Straßenkarte Florida *siehe Seite 18f*

Überblick: Key West

Die meisten Sehenswürdigkeiten liegen höchstens drei Blocks von der Duval Street entfernt, Hauptachse der Altstadt und Verbindung zwischen dem Golf von Mexiko und dem Atlantik. Nirgendwo sonst in Florida gibt es so viele Holzhäuser aus dem 19. Jahrhundert wie hier zwischen Whitehead und White Street. Schlichte »Shotgun«-Häuser der kubanischen Zigarrenarbeiter kontrastieren mit extravaganten Gebäuden der Reichen. Mit dem Conch Train, der Old Town Trolley Tour, dem Rad oder bei einem Spaziergang durch die Gassen gewinnen Sie einen guten Überblick. Der Süden der Insel bietet schöne Sandstrände.

Palmen spenden auf einem Strand im Süden der Insel Schatten

Spaziergang durch Key West

Mallory Square im Norden der Altstadt ist berühmt für seine Sonnenuntergänge, wenn Straßenkünstler um die Gunst des Publikums wetteifern. Tagsüber wird das Flair der Stadt in der Duval Street und ihren Nebengassen am besten spürbar. Die netten Straßen mit tropischen Bäumen und Bougainvilleen werden von den typischen Key-West-Häusern mit ihren reichen Verzierungen gesäumt.

Noch reizvoller ist **Bahama Village**, dem die ersten Siedler von Key West den Namen gaben. Das historische Viertel im Westen wird von Fort, Virginia, Petronia und Whitehead Street begrenzt. Das Leben spielt sich hier auf der Straße ab. Man spielt Domino, und die Hühner laufen frei herum – eine karibische Enklave in Nordamerika. Die meisten charakteristischen »Shotgun«-Häuser blieben von der allgemeinen Renovierungswut verschont.

Fort East Martello Museum and Gallery

3501 S Roosevelt Blvd.
1-305-296-3913. tägl. 9.30–16.30 Uhr. 25. Dez. teilweise. **kwahs.com**

Der East Martello Tower im Osten der Insel wurde 1861 begonnen, um das Fort Zachary Taylor *(siehe S. 306)* zusätzlich zu sichern, wurde aber nie fertiggestellt, weil er bald als überholt galt.

Heute beherbergt der Turm ein Museum, in dem man einen guten Überblick über die bunte Vergangenheit von Key West gewinnt: von den vielen literarischen Spuren bis zur wirtschaftlichen Entwicklung der Insel. Zu sehen sind auch abenteuerliche Flöße, auf denen Kubaner vor Castros Regime flohen *(siehe S. 56f)*.

Vom Turm selbst hat man einen sehr schönen Blick, er beherbergt auch Werke lokaler Künstler.

Hemingway Home

907 Whitehead St. 1-305-294-1136. tägl. 9–17 Uhr. teilweise. **hemingwayhome.com**

Das Haus im spanischen Kolonialstil ist wohl die am meisten gepriesene Attraktion der Stadt. Hemingway lebte hier 1931–40. Zu sehen ist auch der Raum, in dem der Autor mehrere Werke verfasste. *Haben und Nichthaben* spielt als einziges in Key West. Gezeigt werden seine Bibliothek, Erinnerungsgegenstände und der Sessel, in dem er beim Schreiben saß. Auf Führungen werden Hemingways außerliterarische Leidenschaften beschrieben: Hochseefischen und Sloppy Joe's Bar *(siehe S. 302)*.

Nachfahren seiner sechszehigen Katzen streichen noch heute durch Garten und Haus.

Lighthouse Museum

938 Whitehead St. 1-305-294-0012. tägl. 9.30–16.30 Uhr. 25. Dez. **kwahs.com**

Gegenüber Hemingways Haus steht der 1848 erbaute Leuchtturm. Im Wärterhaus ist ein bescheidenes Museum mit historischen Exponaten, u. a. aus dem Leuchtturm, untergebracht. Der Leuchtturm selbst ist die größte Attraktion. Der 88-stufige Aufstieg wird mit tollem Rundblick belohnt. Man kann auch durch die alte Linse schauen, durch die das Licht 40 Kilometer über das Meer strahlte.

Originale Leuchtturmflagge

***Boza's Comparsa* (1975) von M. Sanchez im East Martello Museum**

Hotels und Restaurants in den Everglades und auf den Keys *siehe Seiten 323–325 und 345–347*

Key-West-Stil

Key Wests Architektur zeichnet sich durch Schlichtheit aus, bedingt durch das heiße Klima und die Knappheit an Baumaterial. Das Holz wurde häufig importiert. Die frühen »Conch«-Häuser (vom Beginn des 19. Jh.) wurden oft von Schiffbauern errichtet, die Eindrücke von ihren Reisen einfließen ließen. Von den Bahamas stammen diverse Vorrichtungen für Schatten und Belüftung gegen die Hitze. Neoklassizistische Elemente kamen aus dem Norden, die dekorativen Spielereien gehen auf den viktorianischen Stil Ende des 19. Jahrhunderts zurück. Wer es sich leisten konnte, bevorzugte verspielte »Gingerbread«-Details, aber auch ärmlichere Gebäude waren verziert. Seit den 1970er Jahren, als man die eigenständige Architektur der Stadt zu schätzen begann, wurden viele Häuser vor allem innen renoviert. Ihr besonderes Flair blieb dabei gewahrt.

Fensterläden schützen gegen Sonne und Stürme. Ursprünglich waren nicht alle Fenster verglast.

Große Fenster sichern gute Belüftung.

Großzügige Veranden spenden viel Schatten.

Das Haus steht erhöht auf Pflöcken, sodass unter dem Boden kühle Luft zirkulieren kann.

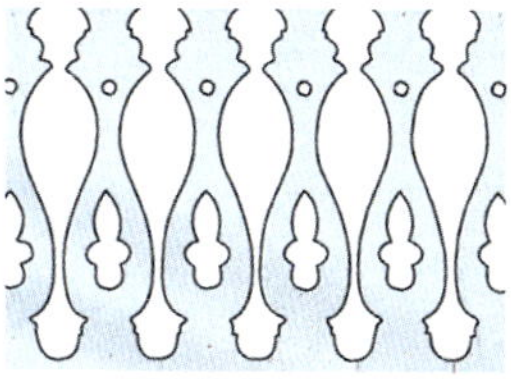

Die Geländer wirken häufig wie Lebkuchenverzierungen (»Gingerbread«-Stil). Keines gleicht dem anderen.

Dreifeld-Bauweise

Der am weitesten verbreitete Häusertyp auf Key West unterscheidet sich nur unwesentlich von den »Shotgun«-Häusern, bei denen ein Schuss durch die Vordertür auch die Rückwand durchschlagen würde, weil es keine Zwischenwände gibt. Der zur Straße weisende Giebel sparte Platz.

An den Türen werden neoklassizistische Einflüsse am deutlichsten.

»Eyebrows« (Augenbrauen) verdecken die oberen Fenster.

Dachluken sorgen für zusätzliche Belüftung im Dachgeschoss. Dieses System findet man auch auf Schiffen.

Bunte Anstriche sind heute beliebt, am häufigsten findet man jedoch traditionelles Weiß.

Fünffeld-Bauweise mit »Augenbrauen«

Die für Key West klassische Symmetrie wird hier besonders deutlich. Typisch sind die »Augenbrauen«, die das Dach bildet, um das obere Stockwerk vor Sonne zu schützen.

Beeindruckende Gewölbe im Fort Zachary Taylor

Fort Zachary Taylor Historic State Park

601 Howard England Way. 1-305-292-6713. **Park** tägl. 8 Uhr–Sonnenuntergang. **Fort** tägl. 8–17 Uhr. teilweise. **floridastateparks.org**

Das Fort wurde 1866 als Teil des nationalen Küstenverteidigungssystems fertiggestellt. Im Bürgerkrieg waren hier Nordstaaten-Truppen stationiert, um die Loyalität der Insel zum Norden zu sichern. Ursprünglich hatte das Fort drei Etagen und Toiletten, die von den Gezeiten gespült wurden. Um 1890 wurde es umgebaut. Heute befindet sich hier ein Museum mit Exponaten aus dem Bürgerkrieg. Auch das Areal und eine Aussichtsplattform können besichtigt werden. In der Nähe liegt der schönste öffentliche Strand der Insel mit einem Picknickplatz.

Mel Fisher Maritime Museum

200 Greene St. 1-305-294-2633. Mo–Fr 8.30–17, Sa, So 9.30–17 Uhr. **melfisher.com**

Hinter dem schlichten Äußeren verbergen sich Schätze. Fisher machte 1985 Schlagzeilen, als er 64 Kilometer westlich von Key West die Wracks der spanischen Galeonen *Nuestra Señora de Atocha (siehe S. 32)* und *Santa Margarita* entdeckte. 47 Tonnen Gold- und Silberbarren und 32 Kilogramm Rohsmaragde waren 1622 mit den Schiffen untergegangen.

Zu den Exponaten gehören u.a. Schmuck, Münzen und Kruzifixe. Auch die Geschichte der Bergung wird beleuchtet.

Wreckers' Museum

322 Duval St. 1-305-294-9501. Mo, Di, Do–Sa 10–16 Uhr. teilweise. **oirf.org**

Das 1829 errichtete Haus von »Wrecker« Francis B. Watlington soll das älteste Gebäude von Key West sein. Maritime Einflüsse sind unverkennbar, etwa die von Schiffen entlehnte Dachluke. Das Haus ist voll mit nautischem Krimskrams, Schiffsmodellen und Gemälden sowie Dokumenten zum »Wrecking« – dem Gewerbe, mit dem Key West (und Captain Watlington) reich wurde. Die Anekdoten der freiwilligen »Besatzung« lassen die Historie des Hauses lebendig werden.

Versäumen Sie auf keinen Fall das Küchenhaus im Hof, das älteste der wenigen Beispiele, die man in Key West noch antrifft. Durch die Trennung vom Hauptgebäude hielt man das Brandrisiko gering und vermied außerdem eine unnötige Erwärmung im Rest des Hauses.

Den Schiffen abgeschaut: Dachluke im Wreckers' Museum

Curry Mansion

511 Caroline St. 1-305-294-5349. tägl. 8.30–20 Uhr. **currymansion.com**

Das herrschaftliche, detailreiche Gebäude wurde 1855 von »Wrecker« William Curry begonnen, Key Wests erstem Millionär. Sein Sohn Milton vollendete es 44 Jahre später.

Das Haus mit den geschwungenen Veranden ist zum Großteil original erhalten, auch die Holztäfelung in den Räumen und die elektrischen Installationen. Die Ausstattung reicht von viktorianischen bis zu jüngeren Gegenständen, angefangen von Tiffany-Glas bis zu einem Gewehr Hemingways, die alle vom derzeitigen Besitzer stammen.

Angeblich erfand »Aunt Sally« hier den Key Lime Pie *(siehe S. 328)* mit Kondensmilch (seit 1895 erhältlich). Die Curry Mansion ist auch ein Hotel *(siehe S. 324)*.

Robert Frost Cottage im Garten des Heritage House

Heritage House Museum and Robert Frost Cottage

410 Caroline St. 1-305-296-3573. Mo–Sa. 1. Jan, Thanksgiving, 25. Dez.

Das 1834 errichtete Haus eines britischen Captains zählt zu den ältesten Gebäuden von Key West. Es ist fast original erhalten und mit Kuriositäten der reichen Familie Porter ausgestattet. Im Garten stehen ein Küchenhaus und das Robert Frost Cottage unter einem großen Banyanbaum. Das Häuschen wurde nach dem amerikanischen Dichter (1874–1963) benannt, der hier während seiner Besuche in Key West zwischen 1945 und 1960 wohnte.

Key West Cemetery

701 Passover Lane. 1-305-292-8177. Sommer: tägl. 7–19 Uhr; Winter: tägl. 7–18 Uhr.

Die Gräber werden hier wegen des Kalkbodens und der Nähe zum Wasser meist oberirdisch angelegt. Im rasterartig gestalteten Friedhof liegen viele der ersten Bewohner von Key West begraben. Es gibt einen jüdischen und einen katholischen Bereich, während viele der kubanischen Grüfte von einem Huhn gekrönt werden – wohl ein Hinweis auf die Santería-Religion *(siehe S. 81)*. Es gibt sogar einen Tierfriedhof. Die Statue eines Matrosen erinnert an die 252 Seemänner, die zu Beginn des Spanisch-Amerikanischen Krieges 1898 im Hafen von Havanna mit dem Schlachtschiff USS *Maine* untergingen. Lesenswert sind die Inschriften auf den Grabsteinen, z. B.: »Ich sagte doch, dass ich krank bin«. Von den meisten ersten Siedlern kannte man nur den Spitznamen, und diese in Key West übliche Vertraulichkeit folgte ihnen bis ins Grab: Auf dem Friedhof liegen Bunny, Shorty, Bean … Unbeeindruckt von dieser Tradition soll Ernest Hemingway gesagt haben: »Lieber esse ich Affenaas, als in Key West zu sterben.«

Statue des einsamen Matrosen

»Wrecking«: Ein gutes Geschäft

Seit dem ausgehenden 18. Jahrhundert wurden die Gewässer um die Keys von britischstämmigen Bewohnern der Bahamas kontrolliert, die auch in der Nähe des Riffs patrouillierten, um auf Grund gelaufene Schiffe zu retten. Das Seerecht sah vor, dass Schiff samt Ladung in einem solchen Fall dem Retter gehört. Aus diesem Grund landeten Güter aus aller Welt auf den Keys: angefangen von Holz bis hin zu Luxusgütern wie Spitze, Wein und Silber. Diese Art der Warenbeschaffung nannte man »Wrecking«. Sie war derart beliebt, dass sich der US-Kongress im Jahr 1825 genötigt sah, strengere Gesetze zu erlassen und ausschließlich US-Bürgern das »Wrecking« zu erlauben. Key West florierte und entwickelte sich zur wohlhabendsten Stadt Floridas.

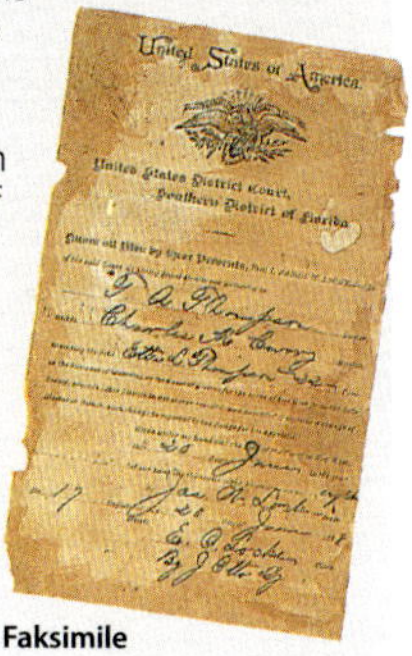

Faksimile einer »Wrecker«-Lizenz

⓲ Dry Tortugas National Park

Straßenkarte D5. Monroe Co. Key West. 1601 North Roosevelt Blvd, 1-305-242-7700. **nps.gov/drto**

Die Dry Tortugas bestehen aus sieben Koralleninseln 109 Kilometer westlich von Key West. Am häufigsten wird **Fort Jefferson** auf Garden Key besucht – hierbei handelt es sich um die größte steinerne Befestigung der USA. Ein 21 Meter breiter Graben und 15 Meter hohe, bis zu 2,50 Meter dicke Mauern umgeben die Anlage.

Ursprünglich sollten hier 1500 Männer mit 450 Kanonen die Florida Straits kontrollieren. Im Jahr 1845 wurde mit dem Bau begonnen, der insgesamt 30 Jahre in Anspruch nahm, doch das Fort wurde niemals fertiggestellt oder in einem Kampf genutzt. Nachdem die während des Bürgerkriegs stationierten Nordstaaten-Truppen abgezogen waren, diente es lediglich als Gefängnis für Deserteure.

Die Insel ist nur per Boot oder Wasserflugzeug zu erreichen. Die meisten Besucher kommen im Rahmen organisierter Touren von Key West, bei denen man auch im kristallklaren Wasser schnorcheln kann.

Von März bis Oktober lassen sich hier Zugvögel nieder: Tölpel, Schwalben und der herrliche Fregattvogel.

Garden Key im Dry Tortugas National Park mit dem imposanten Fort Jefferson (19. Jh.)

ZU GAST IN FLORIDA

Hotels

Florida bietet eine Riesenauswahl an Zimmern für jeden Geschmack und in sämtlichen Preiskategorien: von rustikalen Blockhütten bis hin zu Luxushotels mit jeglichem Komfort. Dazwischen liegen Mittelklassehotels, Familienunterkünfte, Gästehäuser, Motels oder Apartments. Es gibt darüber hinaus viele Campingplätze, auf denen Sie Ihr Zelt aufschlagen bzw. Wohnmobil oder Wohnwagen parken können. Im Allgemeinen herrscht in Florida ein ausgezeichnetes Preis-Leistungs-Verhältnis, die Preise schwanken jedoch nach Ort und Saison. In der Hotelliste auf den Seiten 314–325 finden Sie mehr als 200 Unterkünfte, die als beste ihrer Art und Preisklasse ausgewählt wurden.

Prachtvolle Lobby des Eden Roc Miami Beach *(siehe S. 314)*

Hotels und Ferienanlagen

Abgesehen von den herrlichen Art-déco-Anlagen in Miami Beach präsentieren sich Floridas Hotels überwiegend als große, moderne Bauwerke mit ausgezeichneter Ausstattung inklusive Swimmingpool, doch mit wenig Atmosphäre und oft unpersönlichem Service.

Hotelketten sind in den USA sehr verbreitet und auch sehr beliebt. Sie haben den Vorteil, dass die Gäste jederzeit wissen, was Sie erwartet – auch wenn die Preise je nach Ort schwanken. Das Angebot reicht von exklusiven Marriott- und InterContinental-Hotels, Holiday Inns und Howard Johnsons (HoJos) im Mittelklassebereich bis hin zu den preiswerten Day Inns.

Ferienanlagen (»Resorts«), die häufig sehr groß und gepflegt sind, findet man vor allem am Meer. Die Preise sind hier in der Regel sehr hoch, doch wird auch jede Art von Luxus geboten: mit Pools (manche mit olympischen Maßen), Läden und meist mehreren Restaurants. Viele haben ein exzellentes Sportangebot mit Golf- und Tennisplätzen und eventuell auch Sportlehrern. Wellness-Programme werden immer umfangreicher und beliebter, mit täglichen Fitness-Stunden und speziellen Diät-Angeboten. Mit gut ausgestatteten Spielbereichen und Kinderprogrammen bieten sich diese Hotels auch für Familienurlaube an.

Schattige Gärten und Pools sind typisch für Floridas Resorts

Pensionen

Wenn Sie Gastfreundschaft im engeren Sinn suchen, so liegen Sie mit Bed-and-Breakfast (B&B) genau richtig. Bei solchen »Homestays« sind Sie in Privathäusern zu Gast. Das Frühstück ist meist ausgezeichnet und wird oft in familiärer Atmosphäre gemeinsam eingenommen. Ambiente und Flair wiegen die Abwesenheit traditionellen Hotelkomforts auf – obwohl so manches B&B recht luxuriös ist.

»Inns« sind etwas größer und teurer als ein durchschnittliches B&B, haben eventuell sogar ein Restaurant und sind auf jeden Fall freundlicher als Hotelketten.

Auf dem Land und in historischen Städten finden Sie ein großes Angebot an Bed-and-Breakfasts. In Key West oder St. Augustine gibt es zum Beispiel wunderbare alte Häuser mit antiken Möbeln.

Von Nachteil ist, dass Einschränkungen für Kinder bestehen können und Zimmer nur für eine Mindestanzahl von Nächten vergeben werden. B&Bs sind oft klein – buchen Sie im Voraus.

Einige Agenturen haben sich auf B&B spezialisiert, zum Beispiel die **Key West Innkeepers Association** und **Florida B&B Inns**, die hauptsächlich historische Gebäude in Florida im Angebot hat. Gute Informationen finden sich z. B. auch in Pamela Laniers *Complete Guide to Bed and Breakfasts, Inns and Guesthouses* und in der AAA-Publikation *Bed and Breakfasts, Country Inns, and Historical Lodgings*. Eine Alternative sind die lokalen Gelben Seiten, in denen Sie ebenfalls Adressen finden.

◀ **Lincoln Road Mall, Miami Beach**

Reservierung

Um in der Hochsaison im Hotel Ihrer Wahl Zimmer zu bekommen – besonders in Miami oder Orlando –, sollten Sie einige Monate im Voraus buchen. Außerhalb der Saison bekommen Sie auch kurzfristig etwas. Normalerweise ist immer ein Zimmer frei, wenn auch vielleicht nicht in Ihrem Traumhotel. Mit Kreditkarte können Sie online oder telefonisch reservieren (ggf. wird Kaution fällig). Geben Sie Bescheid, wenn Sie nach 17 Uhr kommen, sonst verfällt die Reservierung.

Ausstattung

Die Konkurrenz in Florida ist so groß, dass die Ausstattung in aller Regel mehr als zufriedenstellend ist. Üblich sind TV, Bad und Klimaanlage (auch bei B&B), die meisten Zimmer verfügen über Kühlschrank und Schreibtisch. Man findet auch Zimmer mit Küchenzeilen *(siehe S. 311f)*. In den Zimmern stehen meist zwei breite Betten.

Behinderte sind mit Hotels am besten bedient. Es gibt meist Rampen und Aufzüge, und nicht wenige Hotels bieten rollstuhlgerechte Zimmer an. Sollten Sie besondere Wünsche haben, so informieren Sie das Hotel, wenn Sie Ihr Zimmer reservieren.

Hotelpreise

Die Preise sind nach Saison sehr stark gestaffelt – in der Hochsaison können Sie 30 bis 50 Prozent mehr als in der Nebensaison zahlen. In Südflorida gilt der Zeitraum von Mitte November bis Ostern als Hochsaison, im Nordwesten (Panhandle) und Nordosten, wo es im Winter kühler ist, sind es die Sommermonate. Zu Weihnachten, Ostern und Thanksgiving sind übrigens überall Höchstpreise zu erwarten. Zimmer mit Meerblick können bis zu 25 Prozent teurer sein, erkundigen Sie sich nach dem gesamten Angebot.

Zimmer bis 70 Dollar bieten üblicherweise ähnliche Ausstattung und Komfort, erst ab 70 Dollar (ausgenommen auf dem Land) können Sie einen deutlichen Unterschied merken. Sie zahlen meist für das Zimmer und nicht pro Person. Das bedeutet aber auch, dass ein Einzelzimmer nur unwesentlich günstiger als ein Doppelzimmer ist.

Es lohnt sich immer, sich nach Sonderangeboten zu erkundigen. So zahlt man manchmal weniger für das Zimmer, wenn man im Hotel isst (fragen Sie nach den Menüs), länger als eine Woche bleibt, mit Familie reist oder Rentner ist.

Versteckte Preisaufschläge

Zimmerpreise verstehen sich ohne Umsatzsteuer *(sales tax,* *siehe S. 350)* und Kurtaxe *(resort tax)*, die je nach Ort zwei bis fünf Prozent beträgt. Insgesamt können zum Preis also durchaus 15 Prozent Steuer hinzukommen.

Telefonate vom Hotelzimmer sind teuer. Manchmal sind Ortsgespräche gratis, doch in der Regel telefonieren Sie mit dem eigenen Handy preiswerter. Oft werden Ihnen Faxe berechnet, die Sie erhalten.

Parken Sie Ihr Auto auf dem hoteleigenen Platz, kann das pro Tag zwischen zehn und 30 Dollar kosten, nicht eingerechnet Trinkgeld für das Personal, das dann in der Regel Ihren Wagen parkt. Angesichts der oft überhöhten Preise fürs Frühstück sind Sie mit einem Café meist besser bedient. Fernsehen kann auch extra kosten: Informieren Sie sich, bevor Sie nach der Fernbedienung greifen.

Miami: The Delano – modernes Hotel in South Beach *(siehe S. 314)*

Motels

Die meisten Urlauber ziehen Motels nur im Notfall in Betracht. In der Hochsaison stellen sie aber eine gute Möglichkeit bei kurzfristigen Terminen dar. Motels stehen klassischerweise am Stadtrand, doch in Florida findet man sie auch in den Ferienorten am Meer, wo sie in der Hochsaison eine gute Alternative zu Hotels sind.

Motels sind billiger und oft auch bequemer. Sie parken Ihr Auto (gratis) in der Nähe Ihres Zimmers, laden die Taschen aus und können gleich an den Strand oder zum Sightseeing gehen. Die Zimmer sind meist einfach. Werfen Sie ruhig vorher einen Blick ins Zimmer, denn nicht alle Motels werden Ihre Ansprüche voll erfüllen.

Suite mit Himmelbett im Casa Monica Hotel, St. Augustine *(siehe S. 319)*

Ferienhütte am Meer in Bahia Honda auf den Keys *(siehe S. 301)*

Hotels in Orlando

Wer bei seinem Aufenthalt in Florida auch einen Besuch in einem der zahlreichen Themenparks plant, sollte bei der Wahl des Hotels die Nähe zum jeweiligen Park in den Vordergrund stellen: Je früher Sie zum Park kommen, desto weniger Zeit verlieren Sie im Stau und beim Schlangestehen. Außerdem haben Sie bei einem Hotel in der Nähe die Möglichkeit, sich tagsüber eine Pause zu gönnen oder die Zeiten des schlimmsten Ansturms im Zimmer abzuwarten.

Drei Hotels befinden sich auf dem Gelände von Universal Orlando®, mehr als 20 im Walt Disney World® Resort und einige weitere ganz in der Nähe. Diese Megaresorts sind relativ teuer, sehr bequem und als Pauschalangebot zu buchen. In der Nähe beider Themenparks gibt es jedoch auch eine ganze Reihe weiterer guter Hotels, die günstiger sind und im Preis ebenso den Eintritt enthalten.

Hotels sind sehr gefragt und sollten für Termine zu Ostern oder Weihnachten im Idealfall bereits sechs Monate bis zu einem Jahr im Voraus reserviert werden. Es gibt in Orlando jedoch ausreichend Hotels, sodass Sie immer ein Zimmer finden. Fragen Sie bei der Wahl des Hotels, wie weit entfernt es von den Themenparks liegt, ob ein Busservice angeboten wird und wie häufig die Busse fahren.

Ferienwohnungen und Wohnungstausch

Als beliebtes Urlaubsziel für Familien mit Kindern bietet Florida auch ein entsprechendes Angebot an Ferienwohnungen. Einige Hotels und Motels bieten Zimmer mit Küchenzeilen *(efficiencies)*. Sie kosten mehr als Standardzimmer, dafür spart man sich aber die teuren Mahlzeiten im Restaurant. Auf dem Land gibt es Ferienhäuschen auch häufig bei Campingplätzen.

Ferienhäuser *(condos)* mit Apartments findet man vor allem an der Küste. Sie scheinen auf den ersten Blick teuer (1200 Dollar pro Woche ist die Untergrenze!), lohnen sich aber für Großfamilien. **Airbnb** und **Vacation Rentals by Owner (VRBO)** sind zwei Agenturen, die Ferienhäuser, aber auch private Häuser und Apartments vermitteln. Fragen Sie auch bei einem Reisebüro zu Hause nach: Florida-Spezialisten haben manchmal entsprechende Angebote im Programm.

Gratis in einem Privathaus können Sie wohnen, wenn Sie ganz einfach Häuser (bzw. Wohnungen) tauschen. Dafür sollten Sie Mitglied bei einer der entsprechenden Organisation sein, beispielsweise bei **HomeLink**.

Camping

Florida bietet eine Vielzahl an Campingplätzen: von einfachen Arealen ohne fließendes Wasser bis hin zu luxuriös ausgestatteten Anlagen mit Pools, Restaurants, Läden und Bootsverleih. Zelte sieht man seltener, üblich sind eher Wohnwagen und Wohnmobile. Bei manchen Plätzen kann man Wohnwagen oder Ferienhäuschen mieten.

Staatliche Plätze verlangen 10–25 Dollar pro Stellplatz, private bis zu 40 Dollar pro Nacht. Sie können im Voraus reservieren, doch staatliche Campingplätze lassen immer etwas frei, damit auch Neuankömmlinge untergebracht werden können.

Die renommierte **Florida RV Park & Campground Association (ARVC)** gibt jedes Jahr eine Mitgliederliste heraus, die direkt vom ARVC angefordert werden kann. Sehr beliebt sind auch Campingplätze in den Nationalparks, hier sollten Sie möglichst lange im Voraus reservieren. Empfehlenswert sind darüber hinaus auch die Campingplätze von **KOA**

Zimmer mit wundervoller Aussicht im Sandestin Resort, Destin *(siehe S. 320)*

(Kampgrounds of Amerika) – sie betreiben etwa 30 sehr gut ausgestattete Plätze in unterschiedlichen Regionen Floridas und geben ihre eigene Broschüre heraus.

Jugendherbergen

In Florida stehen Gästen mehrere Jugendherbergen zur Auswahl, darunter auch in South Beach und Orlando. **Hostelling International – American Youth Hostels** gibt eine aktuelle Liste mit den Mitgliedsherbergen heraus. Informationen erteilt auch das **Deutsche Jugendherbergswerk**.

Die Herbergen sind häufig außerordentlich gut ausgestattet (etwa mit Pool), die Preise sehr erfreulich niedrig: um 15 Dollar pro Nacht, für Nicht-Mitglieder etwas mehr. In der Hochsaison, vor allem während des Spring Break, sollte man reservieren!

Ruhiger Platz in einem Park auf dem Panhandle

Honeymoon Cottage, The Moorings Village, Islamorada *(siehe S. 323)*

Mit Kindern reisen

Die meisten Hotels haben eine passable Grundausstattung für Kinder parat (wie Kinderbetten), manchmal gibt es auch Babysitter. Einige Orte wie etwa Orlando oder beliebte Badeorte bemühen sich um ihre jüngsten Gäste und sorgen für Planschbecken und Spielplätze. Hin und wieder werden Kinderprogramme angeboten, mit Veranstaltungen und Tagesausflügen (die extra kosten können).

Die meisten Hotels lassen Kinder unter zwölf Jahren umsonst im Zimmer der Eltern schlafen, manchmal (in Walt Disney World® beispielsweise) gilt das sogar für Jugendliche bis 18 Jahre. Ist kein Schlafsofa im Zimmer vorhanden, stellt das Hotelpersonal gegen geringe Gebühr ein Zusatzbett auf.

Hotelkategorien

Die Hotels in der Hotelauswahl *(siehe S. 314–325)* sind in Gebiete gegliedert, die den Kapiteln dieses Buchs entsprechen, innerhalb dieser nach Städten und Preiskategorien gelistet und in Kategorien eingeteilt.

»Luxus« ist die Bezeichnung für Hotels am oberen Ende der Preisskala. Bei »Boutique« bzw. »Historischer Charme« handelt es sich um meist kleinere Häuser mit besonderem Design bzw. erhabenem Ambiente. »Gästehaus« steht für Gemütlichkeit, bei »B&B« und »Hostel« handelt es sich um günstige Unterkünfte. »Motels«, »Lodges« und »Resorts« komplettieren die hier berücksichtigten Hotelkategorien.

Hotels mit spezieller Ausstattung oder besonderem Design werden in der Hotelauswahl als **Vis-à-Vis-Tipp** hervorgehoben.

Auf einen Blick

Bed-and-Breakfast

AAA Auto Club South
W aaasouth.com

Florida B&B Inns
1065 4th Ave, Wauchula, FL 33873.
T 1-877-303-3224.
W florida-inns.com

Key West Innkeepers Association
316A Simonton St, Key West, FL 33040.
T 1-305-295-1334.
W keywestinns.com

Ferienwohnungen und Wohnungstausch

Airbnb
W airbnb.com

HomeLink
T 1-800-638-3841.
W homeaway.com

VRBO
W vrbo.com

Camping

ARVC
1340 Vickers Dr, Tallahassee, FL 32303.
T 1-800-395-2267.
W arvc.org

KOA
PO Box 30558, Billings, MT 59114.
T 1-406-248-7444.
W koa.com/where/fl

Jugendherbergen

Deutsches Jugendherbergswerk
Leonardo-da-Vinci-Weg 1, 32756 Detmold.
T (05231) 740 10.
W djh.de

Hostelling International – American Youth Hostels
8401 Colesville Rd, Silverspring, MD 20910.
W hiusa.org

Hotelauswahl

Miami

Miami Beach

Aqua $$
Modern SP 2 F2
1530 Collins Ave, 33139
1-305-538-4361
aquamiami.com
Gut ausgestattete, moderne Zimmer in einem Art-déco-Bau. Terrasse und tropischer Garten.

Clay Hotel $$
Historischer Charme SP 2 E3
1438 Washington Ave, 33139
1-305-534-2988
clayhotel.com
Helle Zimmer mit modernem Dekor in einem Hotel aus den 1930er Jahren, einige mit Balkon.

Freehand Miami $$
Hostel SK F1
2727 Indian Creek Dr, 33140
1-305-531-2727
thefreehand.com
Elegantes Hostel unweit des Strands mit Zweibettzimmern und Schlafsälen. Pool und Bar.

The Kent $$
Modern SP 2 F3
1131 Collins Ave, 33139
1-305-604-5068
thekenthotel.com
Komfortable, zeitgemäß eingerichtete Zimmer in einem fabelhaften Art-déco-Gebäude.

Lord Balfour $$
Boutique SP 2 E4
350 Ocean Dr, 33139
1-305-673-0401
lordbalfourmiami.com
Moderne Einrichtung mit zeitgenössischer Kunst in einem Hotel im britischen Stil.

Terrasse am Pool des Clinton Hotel, Miami Beach

Nassau Suite Hotel $$
Historischer Charme SP 2 F3
1414 Collins Ave, 33139
1-305-532-0043
nassausuite.com
Das 1937 erbaute Hotel bietet Rundumservice. Die Suiten sind mit einer Küche ausgestattet.

The Albion $$$
Historischer Charme SP 2 F2
1650 James Ave, 33139
1-305-913-1000
rubellhotels.com
Das Interieur des schönen Gebäudes von 1939 ist minimalistisch und modisch.

Vis-à-Vis-Tipp

The Angler's $$$
Luxus SP 2 E4
660 Washington Ave, 33139
1-305-534-9600
theanglersresort.com
In dem mediterran anmutenden Komplex mit vier prächtigen Gebäuden können Sie in einer geräumigen Suite, einem Studio oder einer Villa wohnen. Entspannen Sie in den privaten Gärten, Whirlpools und Dachterrassen. Luxuriöses Spa.

The Beach Plaza Hotel $$$
Boutique SP 2 F3
1401 Collins Ave, 33139
1-305-531-6421
beachplazahotel.com
Art-déco-Hotel mit geräumigen Zimmern, einer Bar im Hof und Weinempfang am Abend.

Cadet Hotel $$$
Historischer Charme SP 2 F2
1701 James Ave, 33139
1-305-672-6688
cadethotel.com
Früher Unterkunft der Kadetten von Captain Clark Gable. Nette Zimmer, luxuriöse Suiten, Spa.

Clinton Hotel $$$
Boutique SP 2 E4
825 Washington Ave, 33139
1-305-538-1471
clintonsouthbeach.com
Modernistisches Gebäude mit zeitgemäßem Interieur. Einige Suiten haben Balkon mit Spa.

The Delano $$$
Luxus SP 2 F2
1685 Collins Ave, 33139
1-305-672-2000
delano-hotel.com
Das Dekor ist vom Stil Philippe Starcks inspiriert. Die schicken Zimmer sind in Weiß gehalten.

Preiskategorien
Preise in der Hochsaison für ein Standard-Doppelzimmer pro Nacht, inklusive Frühstück, Steuer und Service:

$	**unter 100 US-Dollar**
$$	**100–200 US-Dollar**
$$$	**über 200 US-Dollar**

Eden Roc Miami Beach $$$
Boutique SK F5
4525 Collins Ave, 33140
1-305-531-0000
edenrocmiami.com
Elegantes Art-déco-Hotel mit geräumigen Zimmern, großem Pool, Strand und Meerblick.

Fontainebleau Hotel $$$
Resort SK F5
4441 Collins Ave, 33140
1-305-538-2000
fontainebleau.com
Hotel im Retrostil mit grell-buntem Las-Vegas-Dekor, spektakulärem Pool und Spa.

Hotel Astor $$$
Luxus SP 2 E3
956 Washington Ave, 33139
1-305-531-8081
hotelastor.com
Das schicke Astor verfügt über große Suiten mit warmem Dekor und ein beliebtes Restaurant.

Hotel St. Augustine $$$
Boutique SP 2 E4
347 Washington Ave, 33139
1-305-532-0570
hotelstaugustine.com
Schickes Boutiquehotel mit geräumigen Zimmern und Dampfbädern.

The Hotel of South Beach $$$
Luxus SP 2 E4
801 Collins Ave, 33139
1-305-531-2222
thehotelofsouthbeach.com
Die Inneneinrichtung wurde von dem Modedesigner Todd Oldham gestaltet. Schöner Ausblick.

Impala Hotel $$$
Boutique SP 2 F3
1228 Collins Ave, 33139
1-305-673-2021
impala-miami.com
Intime Atmosphäre in einem Hotel im mediterranen Stil. Individuell eingerichtete Zimmer.

The Mondrian $$$
Boutique SP 2 D3
1100 West Ave, 33139
1-305-514-1500
mondrian-miami.com
Das Hotel wurde von dem Unternehmer und Designer Ian Shrager glamourös gestaltet.

Hotelkategorien *siehe Seite 313*

National Hotel $$$
Historischer Charme SP 2 F2
1677 Collins Ave, 33139
T 1-305-532-2311
W **nationalhotel.com**
Ruhiges Art-déco-Hotel mit echtem 1940er-Jahre-Flair und luxuriösem Swimmingpool.

The Palms Hotel & Spa $$$
Luxus SK F5
3025 Collins Ave, 33140
T 1-305-534-0505
W **thepalmshotel.com**
Ruhige, entspannte Atmosphäre und private Gärten, die direkt zum Strand führen.

Park Central Hotel $$$
Historischer Charme SP 2 E4
640 Ocean Dr, 33139
T 1-305-538-1611
W **theparkcentral.com**
1940er-Jahre-Ambiente und moderner Komfort in einem Art-déco-Hotel mit Dachterrasse.

Pelican Hotel $$$
Boutique SP 2 F4
826 Ocean Dr, 33139
T 1-305-673-3373
W **pelicanhotel.com**
Unkonventionelles Hotel mit Themenzimmern: »Viva Las Vegas«, »Tarzans Dschungel«.

Ritz-Carlton South Beach $$$
Luxus SP 2 F2
1 Lincoln Rd, 33139
T 1-786-276-4000
W **ritzcarlton.com**
Erleben Sie ultimativen Luxus im Ritz-Carlton. Von einigen Zimmern hat man Meerblick, es gibt zwei große Swimmingpools.

The Sagamore $$$
Luxus SP 2 F2
1671 Collins Ave, 33139
T 1-305-535-8088
W **sagamorehotel.com**
Das Hotel ist berühmt für seine tolle Kunstsammlung. Alle Zimmer haben eine Küche und Spa.

The Sanctuary $$$
Luxus SP 2 F2
1745 James Ave, 33139
T 1-305-673-5455
W **sanctuarysobe.com**
Zeitgemäße Suiten mit Küche sorgen für einen gemütlichen Aufenthalt. Die Dachterrasse hat einen Swimmingpool.

The Setai $$$
Luxus SP 2 F1
2001 Collins Ave, 33139
T 1-305-520-6000
W **thesetaihotel.com**
Hotel am Meer mit wunderschönen Unterkünften sowie erstklassigen Restaurants und Spa.

Spanisch inspirierte Fassade des Biltmore Hotel, Coral Gables

Townhouse Hotel $$$
Modern SP 2 F1
150 20th St, 33139
T 1-305-534-3800
W **townhousehotel.com**
Feines Hotel mit einfachen Zimmern, Bar auf der Dachterrasse und Sushi-Restaurant.

Villa Paradiso $$$
Modern SP 2 F3
1415 Collins Ave, 33139
T 1-305-532-0616
W **villaparadisohotel**
Ehemaliges Wohnhaus mit hellen, geräumigen Suiten und einem ruhigen Garten.

Vis-à-Vis-Tipp

W South Beach $$$
Luxus SP 2 F1
2201 Collins Ave, 33139
T 1-305-938-2000
W **wsouthbeach.com**
Das eindrucksvolle Flaggschiff der W-Hotelkette bietet große Zimmer mit Balkon, Küche und Meerblick sowie Privatstrand, Swimmingpool, Tennisplatz auf dem Dach, Basketballplätze und außerdem eine ganze Reihe von Lokalen.

Whitelaw Hotel $$$
Boutique SP 2 E4
808 Collins Ave, 33139
T 1-305-398-7000
W **whitelawhotel.com**
Die unkonventionellen, gemütlichen Zimmer haben lebhaftes Flair gemäß dem Motto »Clean sheets, hot water, stiff drinks«.

Downtown und Little Havana

Conrad Hotel $$$
Modern SP 4 E3
1395 Brickell Ave, 33131
T 1-305-503-6500
W **conradmiami.com**
Von den meisten der komfortablen Zimmer des 36-stöckigen Hotels hat man schönen Ausblick.

The Four Seasons $$$
Luxus SP 4 E3
1435 Brickell Ave, 33131
T 1-305-358-3535
W **fourseasons.com/miami**
Businesshotel für den Jetset in einem Hochhaus. Herrlicher Blick auf die Skyline.

Mandarin Oriental $$$
Luxus SP 4 F2
500 Brickell Key Dr, 33131
T 1-305-913-8288
W **mandarinoriental.com**
Extravantes Hotel mit großzügig gestalteten Zimmern, Spa und Fünf-Sterne-Restaurant. Promi-Klientel.

Coral Gables und Coconut Grove

Courtyard by Marriott $$
Modern SP 5 C1
2051 LeJeune Rd, 33134
T 1-305-443-2301
W **marriott.com**
Traditionell eingerichtete Zimmer in einem modernen Hotel. Swimmingpool auf der Dachterrasse.

Hotel St. Michel $$
Boutique SP 5 C1
162 Alcazar Ave, 33134
T 1-305-444-1666
W **hotelstmichel.com**
Hotel mit europäischem Flair und individuell, aber traditionell eingerichteten Zimmern.

Vis-à-Vis-Tipp

Biltmore Hotel $$$
Resort SP 5 A2
1200 Anastasia Ave, 33134
T 1-305-445-1926
W **biltmorehotel.com**
Große Zimmer und fabelhafte Suiten in einem Luxushotel im spanischen Stil der 1920er Jahre mit Giralda-Glockenturm. Zur Ausstattung gehören ein Golfplatz, zehn Tennisplätze, ein Swimmingpool und vier Restaurants.

SP = Stadtplan Miami *siehe Seiten 104–109* **SK = Straßenkarte Florida** *siehe Seite 18f*

Mayfair Hotel and Spa $$$
Boutique **SP** 6 F4
3000 Florida Ave, 33133
☎ 1-305-441-0000
W mayfairhotelandspa.com
Wunderschönes Jugendstilambiente und helle, geschmackvoll eingerichtete Zimmer mit Balkon. Haustiere willkommen.

Ritz-Carlton Coconut Grove $$$
Luxus **SP** 6 F4
3300 SW 27th Ave, 33133
☎ 1-305-644-4680
W ritzcarlton.com
Atemberaubende Unterkünfte in einem intimen, tropischen Rückzugsort mit Blick über die Bucht.

Abstecher

Ritz-Carlton Key Biscayne $$$
Resort **SK F5**
455 Grand Bay Dr, Key Biscayne, 33149
☎ 1-305-365-4500
W ritzcarlton.com
Luxuriöses Hotel mit Privatstrand und erstklassigem Spa.

Trump International $$$
Resort **SK** F5
18001 Collins Ave, Sunny Isles 33160
☎ 1-305-692-5600
W trumpmiami.com
Das Hochhaus am Strand bietet stilvolle Unterkunft. Alle Zimmer verfügen über Küche und Balkon.

Turnberry Isle Resort $$$
Resort **SK** F5
19999 W Country Club Dr, Aventura, 33180
☎ 1-305-932-6200
W turnberryislemiami.com
Der weitläufige Urlaubsrückzugsort bietet Spa, Privatstrand, Tennisplätze und eine Golfanlage.

Gold und Treasure Coast

BOCA RATON: Ocean Lodge $$
Motel **SK** F4
531 N Ocean Blvd, 33432
☎ 1-561-395-7772
W oceanlodgeflorida.com
Das gehobene, zweistöckige Motel in Strandnähe hat große Zimmer mit Küche.

BOCA RATON:
Boca Raton Resort $$$
Resort **SK** F4
501 E Camino Real, 33432
☎ 1-561-447-3000
W bocaresort.com
Das Resort, entworfen von Addison Mizner, verfügt über viele Einrichtungen für Kinder. Weitere Pluspunkte sind Golfplatz, Bootsverleih und Privatstrand.

CLEWISTON: Clewiston Inn $$
Historischer Charme **SK** F4
108 Royal Palm Ave, 33440
☎ 1-863-983-8151
W magnusonhotels.com
Das Hotel mit einfachen Zimmern zu vernünftigen Preisen gilt als ältestes der gesamten Gegend um den Lake Okeechobee.

DELRAY BEACH:
Sundy House $$$
Boutique **SK** F4
106 S Swinton Ave, 33444
☎ 1-561-272-5678
W sundyhouse.com
Gemütliche Cottages in Gartenumgebung. Zum Schwimmen gibt es einen Süßwasserteich.

FORT LAUDERDALE:
The Hotel Deauville $
Hostel **SK** F4
2916 N Ocean Blvd, 33308
☎ 1-954-568-5000
W thedeauvillehotel.com
Saubere Schlafsäle, aber auch Privatzimmer mit Küche und Pool. Das Hostel liegt in Strandnähe.

FORT LAUDERDALE:
The Atlantic Hotel & Spa $$$
Luxus **SK** F4
601 Fort Lauderdale Beach Blvd, 33304
☎ 1-954-567-8020
W atlantichotelfl.com
Das Strandhotel bietet große Zimmer mit Küche und Balkon. Zudem gibt es Swimmingpool und Spa-Einrichtungen.

FORT LAUDERDALE: Harbor Beach Marriott Resort & Spa $$$
Luxus **SK** F4
3030 Holiday Dr, 33316
☎ 1-954-525-4000
W marriottharborbeach.com
Das Marriott liegt an einem einsamen Strand. Es bietet schöne Zimmer, Spa und Swimmingpool.

Vis-à-Vis-Tipp

FORT LAUDERDALE:
Lago Mar Resort $$$
Resort **SK** F4
1700 S Ocean Ln, 33316
☎ 1-954-523-6511
W lagomar.com
Es mag großzügigere Resorts geben, aber wenige sind so unprätentiös wie diese familiengeführte Anlage. Zur Ausstattung gehören Privatstrand, Swimmingpool, Tennisplätze, Putting Greens (Golf) und ein riesiges Schachbrett.

FORT LAUDERDALE:
The Pillars Hotel $$$
Luxus **SK** F4
111 N Birch Rd, 33304
☎ 1-954-467-9639
W pillarshotel.com
Üppig ausstaffiertes Refugium am Intracoastal Waterway. Schöner Pool und große Bibliothek.

FORT LAUDERDALE:
Riverside Hotel $$$
Historischer Charme **SK** F4
620 E Las Olas Blvd, 33301
☎ 1-954-467-0671
W riversidehotel.com
Hotel in der City mit großen Zimmern, von Palmen umrahmtem Pool und Terrasse.

FORT LAUDERDALE:
W Fort Lauderdale $$$
Luxus **SK** F4
401 N Fort Lauderdale Beach Blvd, 33304
☎ 1-954-414-8200
W wfortlauderdalehotel.com
Trendiges Strandhotel mit stilvollen Zimmern und beliebter Bar.

HOBE SOUND: Jonathan Dickinson State Park $
Lodge **SK** F4
16450 SE Federal Hwy, 33455
☎ 1-772-546-2771
W floridastateparks.com
Die Anlage nahe dem Loxahatchee River bietet modern ausgestattete Unterkünfte für bis zu sechs Personen.

HOLLYWOOD:
Diplomat Resort $$$
Resort **SK** F4
3555 S Ocean Dr, 33019
☎ 1-954-602-6000
W diplomatresort.com
Großes, schickes Hotel mit Lagunen-Pool (mit zwei Wasserfällen) und Privatstrand.

Seminole Hard Rock Hotel and Casino, Hollywood

Suite im PGA National Resort, Palm Beach Gardens

HOLLYWOOD: Seminole Hard Rock Hotel and Casino $$$
Luxus SK F4
1 Seminole Way, 33314
1-954-327-7625
seminolehardrockhollywood.com
Große Zimmer und Pool. Hauptattraktion ist das Casino.

JUPITER: La Quinta Inn $$
Motel SK F4
34 Fisherman's Way, 33477
1-561-575-7201
laquintainn.com
Traditionell eingerichtete Zimmer, aber moderne Ausstattung mit Fitnessraum und Pool.

LAUDERDALE-BY-THE-SEA: Beachside Village Resort $$
Motel SK F4
4564 N Ocean Dr, 33308
1-954-652-1216
thebeachsidevillageresort.com
Eine sehr entspannte Anlage mit zwei Pools, Dachterrasse, Tennisplätzen und Kajakverleih.

NORTH HUTCHINSON ISLAND: The Mellon Patch Inn $$
B&B SK F3
3601 N Hwy A1A, Fort Pierce, 34949
1-772-462-6699
themellonpatchinn.com
Das freundliche B&B im Cottage-Stil gibt es schon seit 1949.

PALM BEACH: Palm Beach Historic Inn $$
Gästehaus SK F4
365 S County Rd, 33480
1-561-832-4009
palmbeachhistoricinn.com
Traditionelles Gästehaus mit komfortablen Zimmern. Der Strand liegt in Gehweite.

PALM BEACH: Chesterfield Hotel $$$
Historischer Charme SK F4
363 Coconut Row, 33480
1-561-659-5800
chesterfieldpb.com
Ein für Palm Beach typisches Hotel mit schönen Zimmern und schattigem Innenhof. Verpassen Sie nicht den Nachmittagstee.

PALM BEACH: The Colony $$$
Luxus SK F4
156 Hammon Ave, 33480
1-561-655-5430
thecolonypalmbeach.com
Elegante Zimmer mit britischem Dekor. Englisches Frühstück.

PALM BEACH: Four Seasons Palm Beach $$$
Resort SK F4
2800 S Ocean Blvd, 33480
1-561-582-2800
fourseasons.com
Elegante Strandoase mit schicken Möbeln, Restaurant, Bar, Lounge und Sportanlagen.

PALM BEACH GARDENS: PGA National Resort $$$
Resort SK F4
400 Ave of the Champions, 33418
1-561-627-2000
pgaresort.com
Highlights in diesem Resort sind der berühmte Golfkurs, 19 Tennisplätze und ein großzügiges Spa. Die neun Restaurant bieten unterschiedlichste Küchen.

PORT ST. LUCIE: Club Med Sandpiper $$$
Resort SK F3
4500 SE Pine Valley St, 34952
1-772-398-5100
clubmed.com
All-inclusive-Resort für Familien mit Golf- und Tenniskursen. Auch Beachvolleyball steht auf dem Programm.

SEBASTIAN: Floridana Beach Motel $
Motel SK F3
6580 S Hwy A1A, Melbourne Beach, 32951
1-321-726-6560
motelfloridana.com
Preisgünstige Unterkünfte mit Küche. Der Besitzer kann interessenten Tipps geben, wo die besten Angelreviere liegen. Auch Surfer finden hier beste Möglichkeiten.

SINGER ISLAND: Hilton Singer Island Resort $$$
Resort SK F3
3700 N Ocean Dr, 33404
1-561-848-3888
hilton.com
Das elegante Hotel bietet komfortable Zimmer mit Meerblick. Privatstrand.

SOUTH HUTCHINSON ISLAND: Dockside Inn $$
Gästehaus SK F3
1160 Seaway Dr, 34949
1-772-468-3555
docksideinn.com
Das hübsche Gästehaus besitzt Zimmer mit maritimem Dekor. Angelreviere und Yachthafen.

VERO BEACH: The Driftwood Resort $$
Resort SK F3
3150 Ocean Dr, 32963
1-772-231-0550
thedriftwood.com
Neun Zimmer mit Balkon, rustikalem Chic und allen modernen Annehmlichkeiten.

VERO BEACH: Islander Inn $$
Motel SK F3
3101 Ocean Dr, 32963
1-772-231-4431
islanderinnverobeach.com
Deckenventilatoren, Korbmöbel, Innenhof und Pool vermitteln traditionelles Florida-Flair.

VERO BEACH: Disney's Vero Beach Resort $$$
Resort SK F3
9250 Island Grove Terrace, 32963
1-772-234-2000
disneybeachresorts.com
Familienresort mit Villen, einem Mickey-Mouse-Pool, Minigolf und vielen Optionen für Kinder.

WEST PALM BEACH: Hotel Biba $$
Boutique SK F4
320 Belvedere Rd, 33407
1-561-832-0094
hotelbiba.com
Das Motel bietet viel 1940er-Jahre-Flair und gemütliche, farbenfroh eingerichtete Zimmer.

Orlando und Space Coast

CELEBRATION: Bohemian Hotel $$
Gästehaus SK E3
700 Bloom St, 34747
1-407-566-6000
celebrationhotel.com
Elegantes Gästehaus am See abseits der großen Besucherströme.

COCOA BEACH:
Doubletree Hotel **$$**
Modern **SK** F3
2080 Atlantic Ave, 32931
1-321-783-9222
cocoabeachdoubletree.com
Hotel am Meer mit gemütlichen Zimmern, bei der Ankunft gibt es frisch gebackene Kekse.

COCOA BEACH:
The Inn at Cocoa Beach **$$**
Gästehaus **SK** F3
4300 Ocean Blvd, 32931
1-321-799-3460
theinnatcocoabeach.com
Strandhotel mit individuell gestalteten Zimmern. Abends gibt es wunderbaren Wein und Käse.

KISSIMMEE:
Quality Inn & Suites **$**
Motel **SK** E3
2945 Entry Point Blvd, 34747
1-407-390-1254
choicehotels.com
Preiswerte Option nahe dem Disney-Park mit sauberen Zimmern und Frühstück inklusive.

KISSIMMEE:
Gaylord Palms Resort **$$$**
Resort **SK** E3
6000 W Osceola Pkwy, 34747
1-407-586-0000
marriott.com
Üppig ausgestattetes Resort mit Wasserpark, idyllischem Garten und Pools.

NEW SMYRNA BEACH:
Riverview Hotel **$$$**
Historischer Charme **SK** E2
103 Flagler Ave, 32169
1-386-428-5858
riverviewhotel.com
Viktorianisches Hotel mit Blick auf den Indian River, komfortablen Zimmern, Pool und Spa.

ORLANDO:
Grand Bohemian **$$$**
Luxus **SK** E3
325 S Orange Ave, 32801
1-407-313-9000
grandbohemianhotel.com
Sehr gute Wahl in Orlandos Zentrum mit schönen Zimmern, Kunstdekor, Pool und Jazzbar.

Vis-à-Vis-Tipp

ORLANDO:
Villas of Grand Cypress **$$$**
Resort **SK** E3
1 N Jacaranda, 32836
1-407-239-4700
grandcypress.com
Die schön gestaltete Anlage verfügt über extravagante Villen mit Küche, Terrasse und römische Badezimmer. Es gibt vier Golfbahnen, Tennisplätze, eine Kletterwand und Pools mit Rutschen. Kostenloser Shuttle-Service zu den Themenparks.

UNIVERSAL ORLANDO®:
Hyatt Place Universal **$$**
Modern **SK** E3
5895 Caravan Court, 32819
1-407-351-0627
orlandouniversal.place.hyatt.com
Das Hotel liegt in der Nähe von drei Themenparks. Schön eingerichtete Suiten mit gut ausgestatteter Küchenzeile.

UNIVERSAL ORLANDO®:
Hard Rock Hotel **$$$**
Luxus **SK** E3
5800 Universal Blvd, 32819
1-407-503-2000
hardrockhotelorlando.com
Das Themenhotel (Rockmusik) bietet geräumige Zimmer und schöne Wellness-Einrichtungen.

Vis-à-Vis-Tipp

UNIVERSAL ORLANDO®:
Loews Portofino Bay Hotel **$$$**
Luxus **SK** E3
5601 Universal Blvd, 32819
1-407-503-1000
loewshotels.com
Die extravagante Anlage ist gestaltet wie ein italienisches Dorf mit Kanälen und festlicher Piazza. Geräumige Zimmer und Suiten sowie drei Pools und Wellness-Einrichtungen. Genießen Sie exklusive Vergünstigungen bei der Nutzung des eindrucksvollen Themenparks.

WALT DISNEY WORLD®:
Disney's All Star Resorts **$$**
Hotel **SK** E3
World Dr & Osceola Pkwy, Lake Buena Vista, 32830
1-407-934-7639
disneyworld.com
Disneys preisgünstigste Unterkünfte mit relativ kleinen Zimmern und drei Thementürmen.

WALT DISNEY WORLD®: Disney's Caribbean Beach Resort **$$**
Resort **SK** E3
900 Cayman Way, Lake Buena Vista, 32830
1-407-934-3400
disneyworld.com
Fünf »Dörfer« um einen See mit Piratenschiffen und Minigolf.

WALT DISNEY WORLD®: Disney's Coronado Springs Resort **$$**
Resort **SK** E3
1000 W Buena Vista Dr, 32830
1-407-939-1000
disneyworld.com
Luxusoase mit Maya-Pyramide, Minigolf und Fitness-Center.

WALT DISNEY WORLD®:
Disney's Port Orleans Resort **$$**
Resort **SK** E3
2201 Orleans Dr, Lake Buena Vista, 32830
1-407-934-5000
disneyworld.com
Mit schmiedeeisernen Balkonen, Pferdekutschen und einem See vermittelt die Anlage New-Orleans-Atmosphäre.

WALT DISNEY WORLD®:
Animal Kingdom Lodge **$$$**
Luxus **SK** E3
2901 Osceola Pkwy, Lake Buena Vista, 32830
1-407-938-3000
disneyworld.com
Opulente Unterkunft im afrikanischen Safari-Stil mit Blick auf Zebras und Giraffen.

Pool des Grand Bohemian in Orlando

Nordosten

Vis-à-Vis-Tipp

AMELIA ISLAND: Omni Amelia Island Plantation $$$
Resort SK E1
6800 First Coast Hwy, 32035
1-904-261-6161
omnihotels.com
Die weitläufige Anlage bietet ihren Gästen eine Fülle von Freizeitmöglichkeiten im Freien: Strand, Innen- und Außenpool, Golfkurse, Tennisplätze und Wanderwege. Die Unterkünfte verfügen über komfortable Zimmer.

DAYTONA BEACH: Shoreline All Suites Inn $$
B&B/Gästehaus SK E2
2435 S Atlantic Ave, 32118
1-386-252-1692
daytonashoreline.com
Die einfachen Suiten des Motels am Strand sind mit einer Küche ausgestattet. Frühstück inklusive.

DAYTONA BEACH: The Villa Inn $$
B&B SK E2
801 N Peninsula Dr, 32118
1-386-248-2020
thevillabb.com
Villa im spanischen Stil mit eleganter europäischer Einrichtung und ummauertem Garten. Nur für Gäste über 16 Jahren.

DAYTONA BEACH: Hilton Daytona Beach $$$
Luxus SK E2
100 N Atlantic Ave, 32118
1-386-254-8200
daytonahilton.com
Hochhaus am Meer mit attraktiven Zimmern und überragender Aussicht. Planschbecken für Kinder.

DAYTONA BEACH: The Plaza Resort & Spa $$$
Historischer Charme SK E2
600 N Atlantic Ave, 32118
1-386-255-4471
plazaresortandspa.com
Traditionell eingerichtete Zimmer mit Küchenzeile in einem schön renovierten Strandhotel.

DAYTONA BEACH: The Shores Resort & Spa $$$
Resort SK E2
2637 S Atlantic Ave, 32118
1-386-767-7350
shoresresort.com
Resort mit Blick auf den Atlantik und kostenlosem Shuttle-Service zu den Sehenswürdigkeiten.

Stilvolle Ausstattung, Casa Monica Hotel in St. Augustine

FERNANDINA BEACH: Hampton Inn & Suites $$
Historischer Charme SK E1
19 S 2nd St, 32034
1-904-491-4911
hamptoninn3.hilton.com
Perfekte Lage im Zentrum. Geräumige, stilvolle Zimmer und Suiten. Frühstück inklusive.

Vis-à-Vis-Tipp

FERNANDINA BEACH: Elizabeth Pointe Lodge $$$
B&B SK E1
98 S Fletcher Ave, 32034
1-904-277-4851
elizabethpointelodge.com
Preisgekröntes Strandhotel mit Schindeldach im Nantucket-Stil und grandiosem Blick aufs Meer. Elizabeth Pointe bietet stilvoll eingerichtete Zimmer und leckere Frühstücksmahlzeiten. Abends serviert man Wein und *hors d'œuvres*.

JACKSONVILLE: Hyatt Regency Riverfront $$
Modern SK E1
225 E Coastline Dr, 32202
1-904-588-1234
jacksonville.hyatt.com
Modernes Hochhaus am Riverwalk mit schönen Zimmern, Pool auf der Dachterrasse und Spa.

JACKSONVILLE: The Omni $$$
Modern SK E1
245 Water St, 32202
1-904-355-6664
omnihotels.com
Hotel mit spektakulärer Aussicht sowie Top-Bar und -Restaurant.

NEPTUNE BEACH: Seahorse Oceanfront Inn $$
Motel SK E1
120 Atlantic Blvd, 32266
1-904-246-2175
jacksonvilleoceanfronthotel.com
Motel mit Balkonen und Terrasse zum Meer. Frühstück inklusive.

PONTE VEDRA BEACH: Ponte Vedra Inn $$$
Historischer Charme SK E1
200 Ponte Vedra Blvd, 32082
1-904-285-1111
pontevedra.com
Das Fünf-Sterne-Resort von 1928 ist im spanischen Stil eingerichtet. Es verfügt über hübsche Zimmer und einen Golfplatz.

ST. AUGUSTINE: The Pirate Haus Inn $
Hostel SK E1
32 Treasury St, 32084
1-904-808-1999
piratehaus.com
Beliebtes B&B mit großen Schlafsälen, aber auch Privatzimmern. Üppiges Frühstück mit Pfannkuchen.

ST. AUGUSTINE: Best Western Bayfront Inn $$
Historischer Charme SK E1
16 Avenida Menendez, 32087
1-904-824-4482
bestwesternbayfrontstaugustine.com
Gemütliche Zimmer mit modernem Komfort. Vom Pool hat man Blick auf die Matanzas Bay.

ST. AUGUSTINE: Casa de Solana $$
Historischer Charme SK E1
24 Aviles St, 32094
1-904-824-3316
casadesolana.com
Anheimelnde Zimmer mit britisch-kolonialem Dekor und Kamin. Das Frühstück ist reichhaltig und gut.

ST. AUGUSTINE: Victorian House $$
Historischer Charme SK E1
11 Cadiz St, 32084
1-904-824-5214
victorianhousebnb.com
Hotel im viktorianischen Stil mit eklektischer Einrichtung und reichhaltigem Frühstück.

Vis-à-Vis-Tipp

ST. AUGUSTINE: Casa Monica Hotel $$$
Historischer Charme SK E1
95 Cordova St, 32084
1-904-827-1888
casamonica.com
Spanischer Charme durchweht das hübsche, renovierte Gebäude von 1888, von der Lobby, die mit Wandmalereien geschmückt ist, den stimmungsvollen Gästezimmern bis hin zur Lounge, wo Gitarrenmusik erklingt. Die Besucher genießen jeglichen modernen Komfort.

SK = Straßenkarte Florida *siehe Seite 18f*

Urlaubsatmosphäre pur, Watercolor Inn, Santa Rosa Beach

Panhandle

APALACHICOLA: Coombs House Inn $$$
Gästehaus **SK** B1
80 6th St, 32320
1-850-653-9199
coombshouseinn.com
Bezauberndes Gästehaus in drei schönen viktorianischen Gebäuden. Zimmer mit Himmelbett.

APALACHICOLA: Gibson Inn $$$
Gästehaus **SK** B1
51 Ave C, 32320
1-850-653-2191
gibsoninn.com
Das Gästehaus von 1907 verfügt über eine Terrasse und originale Einrichtung. Frühstück inklusive.

DESTIN: Summer Place Inn $$
Gästehaus **SK** A1
14047 Emerald Coast Pkwy, 32541
1-850-650-8003
summerplaceinn.com
Gut ausgestattete Zimmer mit modernem Komfort. Mehrere Pools. Frühstück inklusive.

DESTIN: Sandestin Resort $$$
Resort **SK** A1
9300 Emerald Coast Pkwy, 32541
1-850-267-1816
sandestin.cm
Cottages, aber auch Zimmer in einem Hochhaus. Golf, Tennis, Pool, Strand und Seilbahn.

FORT WALTON BEACH: Aunt Martha's B&B $$
B&B **SK** A1
315 Shell Ave, 32548
1-850-243-6702
auntmarthasbedandbreakfast.com
Charmante Zimmer mit Ausblick in einem traditionellen Florida-Strandhaus. Großes Frühstück.

FORT WALTON BEACH: Ramada Plaza Beach Resort $$
Modern **SK** A1
1500 E Miracle Strip Pkwy, 32548
1-850-243-9161
ramadafwb.com
Komfortable Zimmer. Strand, Wasserfall, Pool mit Grotte, Spielplatz.

FORT WALTON BEACH: Holiday Inn $$$
Luxus **SK** A1
573 Santa Rosa Blvd, 32548
1-800-238-8686
hifwb.com
Das Hochhaus am Strand bietet Familiensuiten mit Küche. Pool mit Wasserfall und Spielplätze.

FORT WALTON BEACH: Islander Beach Resort $$$
Luxus **SK** A1
790 Santa Rosa Blvd, 32548
1-850-244-4237
wyndhamvacationrentals.com
Komfortable Ferienwohnungen, Suiten und Dreibettzimmer mit Küchenzeile, Balkon und Pool.

GRAYTON BEACH: Grayton Beach State Park $$
Lodge **SK** B1
357 Main Park Rd, 32459
1-900-326-3521
floridastateparks.com
Wohnen Sie in Cottages in der Nähe eines Strandes. Mindestaufenthalt zwei Tage.

PANAMA CITY BEACH: Beachcomber by the Sea $$
Modern **SK** B1
17101 Front Beach Rd, 32413
1-850-233-3600
beachcomberbythesea.com
Zimmer mit Küchenzeile in einem siebenstöckigen Strandhotel. Kontinentales Frühstück.

PANAMA CITY BEACH: Flamingo Motel $$
Motel **SK** B1
15525 Front Beach Rd, 34213
1-850-324-2232
flamingomotel.com
Preisgünstiges, einfaches Strandmotel in Familienbesitz. Komfortable Zimmer mit Küche.

PANAMA CITY BEACH: Sunset Inn $$
Gästehaus **SK** B1
8109 Surf Dr, 32408
1-850-234-7370
sunsetinnfl.com
Sunset Inn bietet komfortable Apartments und Suiten, zudem ein fabelhaftes Sonnendeck.

PENSACOLA: Lee House $$$
Boutique **SK** A1
400 Bayfront Pkwy, 32502
1-850-912-8770
leehousepensacola.com
Elegantes Hotel im historischen Zentrum. Zimmer mit Blick über die Pensacola Bay. Zum Anwesen gehören auch einige Hütten.

PENSACOLA BEACH: Portofino Island Resort $$$
Resort **SK** A1
10 Portofino Dr, 32561
1-877-484-3405
portofinoisland.com
Apartments im mediterranen Stil mit Küche, Spa, Pools, Golfplatz und Kinderspielplätzen.

Vis-à-Vis-Tipp

SANTA ROSA BEACH: Watercolor Inn $$$
Gästehaus **SK** B1
34 Goldenrod Circle, 32459
1-850-534-5000
watercolorresort.com
Watercolor ist ein luxuriöses, entspanntes Strandhaus mit geräumigen Zimmern, Kingsize-Betten, Dusche und Balkon. Sie können Fahrräder, Kanus und Kajakboote ausleihen.

TALLAHASSEE: Governors Inn $$$
Historischer Charme **SK** C1
209 S Adams St, 32301
1-850-681-6855
thegovinn.com
Altmodische, freundliche Zimmer in der Innenstadt, benannt nach ehemaligen Gouverneuren. Kontinentales Frühstück inklusive.

Golfküste

CAPTIVA ISLAND: Captiva Island Inn $$
Gästehaus **SK** E4
11508 Andy Rosse Ln, 33924
1-239-395-0882
captivaislandinn.com
Ansprechende Anlage in Strandnähe und Cottages mit Küche. Frühstück wird in einem nahe gelegenen Restaurant serviert.

CAPTIVA ISLAND: South Seas Island Resort $$$
Resort **SK** E4
5400 Plantation Rd, 33924
1-239-472-5111
southseas.com
Ausgedehntes Refugium mit luxuriösen Zimmern, Golfanlage, Tennisplätzen und einem vier Kilometer langen Privatstrand.

CAPTIVA ISLAND:
Tween Waters Inn $$$
Resort SK E4
15951 Captiva Dr, 33924
1-239-472-5161
tween-waters.com
Unterkünfte auf einer riesigen Anlage zwischen Gulf und Bay Beach. Spa, Golf und Tennisplätze. Kontinentales Frühstück.

CLEARWATER:
Amber Tides Motel $
Motel SK D3
420 Hamden Dr, 33767
1-727-445-1145
ambertides-motel.com
Altmodisches Motel in Strandnähe. Einfache, saubere Zimmer mit Mikrowelle und Kühlschrank.

CLEARWATER BEACH:
Clearwater Beach Marriott $$$
Luxus SK D3
1201 Gulf Blvd, 33767
1-727-596-1100
marriott.com
Nettes Hotel auf dem schönen Sand Key. Alle Suiten verfügen über Küche und Balkon.

CLEARWATER BEACH:
Hyatt Regency Clearwater $$$
Luxus SK D3
301 S Gulfview Blvd, 33767
1-727-373-1234
clearwaterbeach.hyatt.com
Das Strandhotel bietet extravagante Suiten mit Balkon und Küche. Es gibt Kinderspielplätze.

FORT MYERS BEACH:
Palm Terrace Resort $$
Modern SK E4
3333 Estero Blvd, 33931
1-239-765-5783
palm-terrace.com
Bescheidene Apartments für Selbstversorger mit Balkon. Verlockender Swimmingpool.

Pink Shell Beach Resort, Fort Myers Beach

FORT MYERS BEACH:
Diamond Head Resort $$$
Luxus SK E4
2000 Estero Blvd, 33931
1-239-765-7654
diamondheadfl.com
Suiten mit Balkon in einem Strandhotel. Zur Ausstattung gehören Pool, Whirlpool und Spa.

Vis-à-Vis-Tipp

FORT MYERS BEACH:
Edison Beach House $$$
Gästehaus SK E4
830 Estero Blvd, 33931
1-239-463-1530
edisonbeachhouse.com
Das große Strandhotel bietet jede Menge Komfort. Die geräumigen Suiten für zwei bis sechs Personen sind ausgestattet mit Korbstühlen, Deckenventilatoren, Balkon, Küche und Waschmaschine. Zudem gibt es einen beheizten Pool und Spielzimmer für Kinder.

FORT MYERS BEACH:
Outrigger Beach Resort $$$
Luxus SK E4
6200 Estero Blvd, 33931
1-239-463-3131
outriggerfmb.com
Sie haben die Wahl zwischen Suiten oder Motelzimmern, einige mit Strandblick. Großer Pool.

FORT MYERS BEACH:
Pink Shell Beach Resort $$$
Luxus SK E4
275 Estero Blvd, 33931
1-239-463-6181
pinkshell.com
Großes Luxushotel an einem weißen Sandstrand. Apartments und Villas mit Kochgelegenheit.

LONGBOAT KEY: The Resort at Longboat Key Club $$$
Resort SK D3
220 Sands Point Rd, 34228
1-941-383-8821
longboatkeyclub.com
Große Apartments für Selbstversorger. Golf- und Tennisplätze.

PALM HARBOR:
Innisbrook Golf Resort $$
Resort SK D3
36057 US Hwy 19N, 34683
1-727-942-2000
innisbrookgolfresort.com
Vier Golfplätze. Luxuriös ausgestattete Zimmer und Kinderclub.

SAFETY HARBOR:
Safety Harbor Resort & Spa $$
Resort SK D3
105 N Bayshore Dr, 34695
1-727-726-1161
safetyharborspa.com
Strandresort mit schön eingerichteten Zimmern und vielen Fitness- und Wellness-Einrichtungen.

SANIBEL ISLAND:
Seaside Inn $$
Gästehaus SK E4
541 E Gulf Dr, 33957
1-866-717-2323
sanibelinn.com
1960er-Jahre-Gästehaus am Strand mit Golfplatz und Tennisanlage. Frühstück inklusive.

SANIBEL ISLAND:
Tarpon Tale Inn $$
Gästehaus SK E4
367 Periwinkle Way, 33957
1-239-472-0939
tarpontale.com
Die Anlage verfügt über große, helle, individuell eingerichtete Apartments und Cottages inmitten eines üppigen Gartens.

SANIBEL ISLAND: Casa Ybel $$$
Resort SK E4
2255 W Gulf Dr, 33957
1-239-472-3145
casaybelresort.com
Gehobene Apartments in einem Strandrefugium. Voll ausgestattete Küche und Balkon. Viele Möglichkeiten für Kinder.

SANIBEL ISLAND: Island Inn $$$
Gästehaus SK E4
3111 W Gulf Dr, 33957
1-239-472-1561
islandinnsanibel.com
Weitläufige Anlage in Strandnähe mit luxuriösen Cottages, modernen Apartments und Tennisplatz.

SANIBEL ISLAND:
Sanibel Inn $$$
Gästehaus SK E4
937 E Gulf Dr, 33957
1-239-472-3181
sanibelinn.com
Geräumige, gut ausgestattete Zimmer und Apartments. Schöner Strand, Tennis und Fahrräder.

SANIBEL ISLAND:
Sundial Beach Resort $$$
Resort SK E4
1451 Middle Gulf Dr, 33957
1-239-395-6031
sundialresort.com
Suiten und Dreizimmer-Apartments in einem Strandresort. Golf, Tennis, Pools und Spa.

SARASOTA:
Holiday Inn Sarasota Airport $$
Motel SK D3
8009 15th St E, 34243
1-941-355-9000
holidayinn.com
Hochmodernes sechsstöckiges Motel in Stadtnähe mit erstklassigen Zimmern und Hallenbad.

SK = Straßenkarte Florida *siehe Seite 18f*

SARASOTA:
La Quinta Inn & Suites $$
Modern **SK** D3
1803 N Tamiami Trail, 34234
1-941-366-5128
laquintasarasota.com
Preisgünstiges Hotel mit schönen Zimmern. Frühstück inklusive.

SARASOTA:
Captiva Beach Resort $$$
Resort **SK** D3
6772 Sara Sea Circle, Siesta Key, 34242
1-941-349-4131
captivabeachresort.com
Resort mit weißem Sandstrand nahe Sonesta Key. Moderne Unterkünfte mit Küche.

SARASOTA: The Cypress $$$
B&B **SK** D3
621 Gulfstream Ave, 34236
1-941-955-4683
cypressbb.com
Schönes B&B mit Blick auf die Bucht, verborgen zwischen Palmen und Mangobäumen. Zimmer mit Orientteppichen.

SARASOTA: The Ritz-Carlton $$$
Resort **SK** D3
1111 Ritz-Carlton Dr, 34236
1-941-309-2000
ritzcarlton.com
Schwelgen Sie in typischem Ritz-Carlton-Luxus. Spa, Tennis, Golf und Lido-Key-Strandclub.

SARASOTA:
Sandcastle Hotel $$$
Luxus **SK** D3
1540 Benjamin Franklin Dr, Lido Key, 34236
1-941-388-2181
sandcastlelidobeach.com
Hotel am Lido Beach mit Pool, Restaurant im Freien und Sportmöglichkeiten. Einige Zimmer haben Balkon mit wundervollem Strandblick.

Vis-à-Vis-Tipp

SARASOTA:
Turtle Beach Resort $$$
Resort **SK** D3
9049 Midnight Pass Rd, Siesta Key, 34242
1-941-349-4554
turtlebeachresort.com
Das Resort mit Privatstrand verströmt traditionellen Florida-Charme. Die Cottages liegen versteckt am südlichen Ende von Siesta Key. Die Suiten und Apartments sind individuell eingerichtet und verfügen über eine Terrasse und Whirlpool. Pool, Hängematten und kostenloser Fahrrad- und Kajakverleih.

ST. PETE BEACH:
Beach Haven $$
Motel **SK** D3
4980 Gulf Blvd, 33706
1-727-367-8642
beachhavenvillas.com
Einfaches Strandmotel mit preiswerten Zimmern. Die Einzelzimmer verfügen über eine Küche.

ST. PETE BEACH:
Loews Don CeSar Hotel $$$
Historischer Charme **SK** D3
3400 Gulf Blvd, 33706
1-727-360-1881
loewshotels.com
Schön renoviertes Strandhotel von 1928 für den gehobenen Anspruch. Zur modernen Ausstattung gehören Pool und Spa.

ST. PETE BEACH:
Tradewinds Island Grand $$$
Resort **SK** D3
5500 Gulf Blvd, 33706
1-727-367-6461
tradewindsresort.com
Das luxuriöse Strandresort verfügt über fünf Pools und Wasserwege mit Tretbooten. Einige Zimmer sind mit Küche ausgestattet.

ST. PETERSBURG:
Dickens House $$
B&B **SK** D3
335 8th Ave NE, 33701
1-727-822-8622
dickenshouse.com
Hübsches Gebäude von 1912 mit fünf Zimmern, einige haben Whirlpool. Gourmet-Frühstück.

ST. PETERSBURG:
Hotel Indigo $$
Modern **SK** D3
234 3rd Ave NE, 33706
1-727-822-4814
hotelindigo.com
Komfortables Hotel mit modernen Zimmern, Fitness-Center rund um die Uhr, Pool und Whirlpool.

Lounge am Pool des Turtle Beach Resort, Sarasota

Vis-à-Vis-Tipp

ST. PETERSBURG:
The Vinoy Renaissance $$$
Historischer Charme **SK** D3
501 5th Ave NE, 33701
1-727-894-1000
marriott.com
Das schön renovierte Gebäude hat die Pracht der Vergangenheit bewahrt. Zu dem Resort der Spitzenklasse gehören Pool, Golf- und Tennisplätze, Spa und ein erstklassiges Restaurant. Hier können Sie Florida-Flair der 1920er Jahre erleben.

ST. PETERSBURG:
Watergarden Inn at the Bay $$$
Gästehaus **SK** D3
126 4th Ave NE, 33701
1-727-822-1700
innatthebay.com
Geschmackvoll restauriertes Gästehaus mit Luxusbetten und vorzüglichem Frühstücksbuffet.

TAMPA: Baymont Inn & Suites $
Motel **SK** D3
3001 University Dr, 33612
1-813-971-8930
baymontinns.com
Günstige Zimmer und Suiten mit Kochnische. Kostenloser Shuttle-Service zu den Busch Gardens.

TAMPA:
Embassy Suites Westshore $$
Modern **SK** D3
555 N Westshore Blvd, 33609
1-813-875-1555
embassysuites.com
Zweizimmer-Suiten mit Kochgelegenheit, gute Wahl für Familien. Frühstück inklusive.

TAMPA: Hilton Garden Inn $$
Gästehaus **SK** D3
1700 E 9th Ave, 33602
1-813-769-9267
hiltongardeninn.com
Hübsche Zimmer und Suiten. Pool, Spa, Fitness-Center und Möglichkeiten für Kinder.

TAMPA: Sheraton Riverwalk Hotel $$$
Luxus **SK** D3
200 N Ashley Dr, 33602
1-813-223-2222
sheratontampariverwalk.com
Das Sheraton Riverwalk ist ein komfortables Stadthotel mit Swimmingpool und sehr gutem Gartenrestaurant. Ideal für angenehme Spaziergänge am Fluss.

TAMPA: Marriott Waterside $$$
Luxus **SK** D3
700 S Florida Ave, 33602
1-813-221-4900
marriott.com

Idylle direkt am Meer – The Moorings Village, Islamorada

Zentral gelegenes, 22-stöckiges Luxushotel mit gemütlichen Zimmern und Dachterrasse mit Pool.

TAMPA:
Westin Harbour Island $$$
Luxus SK D3
725 S Harbour Island Blvd, 33602
1-813-229-5000
westintampaharbourisland.com
Modernes Inselhotel mit zeitgemäß eingerichteten Zimmern. Sensationeller Blick auf das Meer.

VENICE: Inn at the Beach $$$
Luxus SK D4
725 W Venice Ave, 34285
1-941-484-8471
innatthebeach.com
Komfortable Strandunterkünfte im Motelstil. Kontinentales Frühstück inklusive.

Everglades und Keys

EVERGLADES CITY:
Ivey House $$
B&B SK E5
107 Camelia St, 34139
1-239-695-3299
iveyhouse.com
Sie haben die Wahl zwischen einem modernen B&B oder einer preisgünstigen Unterkunft aus den 1920er Jahren mit Gemeinschaftsbädern. Die Besitzer organisieren Ausflüge in die Everglades.

FLORIDA CITY:
Best Western Gateway $$
Motel SK F5
411 S Krome Ave, 33034
1-305-246-5100
bestwestern.com
Das Motel liegt günstig für Ausflüge in die Keys und Everglades. Frühstück inklusive.

FLORIDA CITY: Everglades International Hostel $$
Hostel SK F5
20 SW 2nd Ave, 33034
1-305-248-1122
evergladeshostel.com
Hostel mit Schlafsälen und Privatzimmern sowie Gemeinschaftsküche, ideal für Rucksackreisende und preisbewusste Urlauber.

ISLAMORADA:
Ragged Edge Resort $$
Resort SK F5
243 Treasure Harbor Rd, 33036
1-305-852-5389
ragged-edge.com
Ruhiges, weitläufiges Strandresort mit bequemen Zimmern, aber auch Cottages. Großer Pool und kostenloser Fahrradverleih.

ISLAMORADA: Casa Morada $$$
Boutique SK F5
136 Madeira Rd, 33036
1-305-664-0044
casamorada.com
Gehobenes Refugium im karibischen Stil. Suiten mit Jacuzzi und großartigem Ausblick.

ISLAMORADA:
Cheeca Lodge & Spa $$$
Resort SK F5
81801 Overseas Hwy, US 1 bei MM 82, 33036
1-305-664-4651
cheeca.com
Entspannter Rückzugsort mit karibischem Dekor und Marmorbädern. Schnorcheln, Naturlehrpfade und Camp für Kinder.

ISLAMORADA:
Postcard Inn at Holiday Isle $$$
Gästehaus SK F5
84001 Overseas Hwy, US 1 bei MM 84, 33036
1-305-664-2321
holidayisle.com
Aufgrund seiner lebhaften Atmosphäre und der legendären Tiki-Bar ist das Postcard Inn eine echte Empfehlung. Strand, Pool und Wassersportmöglichkeiten.

Vis-à-Vis-Tipp

ISLAMORADA:
The Moorings Village $$$
Luxus SK F5
123 Beach Rd, 33036
1-305-664-4708
themooringsvillage.com
18 schön eingerichtete Cottages mit Veranda und Balkon sind über ein großes Areal verteilt, darunter die besten Strände in den Keys. Das exzellente Spa bietet Massagen und Yogakurse im Freien. Zudem gibt es einen Tennisplatz und Hängematten unter Palmen.

KEY LARGO:
Jules' Undersea Lodge $$$
Luxus SK F5
51 Shoreland Dr, 33037
1-305-451-2353
jul.com
Erstaunliches Unterwasserhotel für Tauchbegeisterte. Durchs Fenster sieht man Fische. Frühstück und Abendessen inklusive.

Vis-à-Vis-Tipp

KEY LARGO: Kona Kai Resort & Gallery $$$
Resort SK F5
97802 Overseas Hwy, 33037
1-305-852-7200
konakairesort.com
Kona Kai ist ein tropisches Refugium. Die Cottages befinden sich in einem botanischen Garten mit Hunderten von Orchideen und anderen Pflanzen. Es gibt Führungen durch den Garten, Kajak- und Tretbootverleih, Pool und eine Kunstgalerie.

KEY LARGO:
Ocean Pointe Suites $$$
Luxus SK F5
500 Burton Dr, Tavernier, 33070
1-305-853-3000
providentresorts.com
Die komfortablen Unterkünfte liegen über ein weites Areal verstreut. Yachthafen und Strand.

KEY WEST: Key West Hostel & Seashell Motel $
Motel SK E5
718 South St, 33040
1-305-296-5719
keywesthostel.com
Einfaches Motel mit Schlafsälen und Zimmern, Gemeinschaftsräumen und Waschküche.

Hübsch dekorierte Suite, Marquesa Hotel, Key West

KEY WEST: Angelina Guest House $$
Gästehaus **SK** E5
302 Angela St, 33040
1-305-294-4480
angelinaguesthouse.com
Angelina, einst ein Bordell, ist nun ein Gästehaus. Kontinentales Frühstück inklusive. Keine Kinder.

KEY WEST: Southernmost Point Guest House $$
Gästehaus **SK** E5
1327 Duval St, 33040
1-305-294-0715
southernmostpoint.com
Viktorianisches Gästehaus in einer ruhigen Straße. Veranda, Pool, Jacuzzi und Hängematten.

KEY WEST: Ambrosia Key West $$$
B&B **SK** E5
622 Fleming St, 33040
1-305-296-9838
ambrosiakeywest.com
Beliebtes und charmantes B&B mit Themenzimmern und -suiten, drei Pools und großartigem Frühstück.

KEY WEST: Amsterdam's Curry Mansion Inn $$$
Historischer Charme **SK** E5
511 Caroline St, 33040
1-305-294-5349
currymansion.com
Viktorianisches Gästehaus mit großen Veranden, Korbstühlen und alten Möbeln. Exzellentes Frühstück und Abendcocktails.

KEY WEST: Doubletree by Hilton Hotel Grand Key Resort $$$
Luxus **SK** E5
3990 Roosevelt Blvd, 33040
1-305-293-1818
doubletreekeywest.com
Komfortable Zimmer und Pool mit Wasserfall in einem Inselhotel. Haustiere willkommen. Kostenloser Shuttle-Service.

KEY WEST: Duval House $$$
B&B **SK** E5
815 Duval St, 33040
1-305-924-1666
theduvalhouse.com
Attraktiver Ferienhaus-Komplex um einen Innenhof mit Pool und Garten. Kontinentales Frühstück.

Vis-à-Vis-Tipp

KEY WEST: The Gardens Hotel $$$
Luxus **SK** E5
526 Angela St, 33040
1-305-294-2661
gardenshotel.com
Die Unterkünfte liegen abgeschieden in einem botanischen Garten. Die hübsch eingerichteten Zimmer besitzen Marmorbad und Whirlpool. Genießen Sie das kontinentale Frühstück auf der Veranda mit Blick auf den Garten. Keine Kinder.

KEY WEST: The Grand $$$
B&B **SK** E5
1116 Grinnell St, 33040
1-305-294-0590
thegrandguesthouse.com
Freundliches Gästehaus mit gemütlichen Zimmern und Suiten für Selbstversorger. Kontinentales Frühstück inklusive.

KEY WEST: Island City House Hotel $$$
Historischer Charme **SK** E5
411 William St, 33040
1-305-294-5702
islandcityhouse.com
Hotel in drei historischen Gebäuden um einen Innenhof mit Pool. Die Suiten mit Küche sind altmodisch eingerichtet.

Vis-à-Vis-Tipp

KEY WEST: Marquesa Hotel $$$
Historischer Charme **SK** E5
600 Fleming St, 33040
1-305-292-1919
marquesa.com
Drei restaurierte Häuser aus den 1880er Jahren und ein modernes Gebäude bilden eine Oase nahe der Stadt. Helle, vornehme Zimmer mit Deckenventilatoren. Das Café Marquesa ist sehr beliebt.

KEY WEST: Ocean Key Resort $$$
Luxus **SK** E5
Zero Duval St, 33040
1-305-296-7701
oceankey.com
Das Hotel liegt nahe dem Mallory Square. Geräumige Zimmer mit Balkon, Pool am Strand.

KEY WEST: La Pensione $$$
Historischer Charme **SK** E5
809 Truman Ave, 33040
1-305-292-9923
lapensione.com
Viktorianisches Hotel von 1891 in der Altstadt. Die Zimmer haben Kingsize-Betten und Balkon. Kontinentales Frühstück.

KEY WEST: The Reach Waldorf Astoria $$$
Resort **SK** E5
1435 Simonton St, 33040
1-305-296-5000
reachresort.com
Attraktive Zimmer in einer ruhigen Gegend. Großzügiges Spa und Zugang zum Strand.

KEY WEST: Sunset Key Cottages $$$
Luxus **SK** E5
245 Front St, 33040
1-305-292-5300
sunsetkeycottages.com
Die Insel-Cottages sind mit einer Küche ausgestattet. Kostenloser Fährdienst in die Stadt.

KEY WEST: Weatherstation Inn $$$
Gästehaus **SK** E5
57 Front St, 33040
1-305-294-7277
weatherstationinn.com
Gästehaus in einer ehemaligen Wetterstation. Schöne Zimmer und Frühstückspakete. Keine Kinder unter 15 Jahre.

KEY WEST: Westwinds Inn $$$
Historischer Charme **SK** E5
914 Eaton St, 33040
1-305-296-4440
westwindskeywest.com
Übernachten Sie in einem einzigartigen Gebäude (19. Jh.). Moderne Zimmer, Swimmingpool und Bibliothek.

LITTLE TORCH KEY: Parmer's Resort $$
Hotel **SK** E5
565 Barry Ave, 33043
1-305-872-2157
parmersresort.com
Strandresort mit eleganten Zimmern, einige mit Küche, und einem Cottage an der Lagune. Zur Ausstattung gehören eine Minigolfanlage und eine Bocciabahn. Kontinentales Frühstück.

LITTLE TORCH KEY: Little Palm Island $$$
Luxus **SK** E5
28500 Overseas Hwy, US 1 bei MM 28,5, 33042
1-305-515-4004
littlepalmisland.com
Inselparadies mit strohgedeckten Villen und allen erdenklichen

Annehmlichkeiten. Keine Kinder unter 16 Jahre.

LONG KEY:
Lime Tree Bay Motel $$
Motel SK F5
68500 Overseas Hwy, US 1 bei MM 68,5, 33001
1-305-664-4740
limetreebayresort.com
Ruhiges Motel mit angenehmen Zimmern, Pool und Zugang zum Strand. Kostenloser Kajakverleih.

MARATHON: Banana Bay Resort and Marina $$
Resort SK E5
4590 Overseas Hwy, US 1 bei MM 49,5, 33050
1-305-743-3500
bananabay.com
Schön gelegenes Erholungsresort an der Bucht mit netten Zimmern, Pool, Bocciabahn, Tennisplatz und Schnorchelmöglichkeit.

MARATHON: Holiday Inn Express & Suites $$
Modern SK E5
13201 Overseas Hwy, 33050
1-305-289-0222
holidayinnkeys.com
Das moderne Hotel in den Keys bietet Pool sowie erstklassige Business- und Fitness-Einrichtungen. Frühstück inklusive.

MARATHON:
Conch Key Cottages $$$
Luxus SK E5
US 1 bei MM 62, 33050
1-305-289-1377
conchkeycottages.com
Erholung pur auf einer winzigen Insel mit kleinem Strand. Die Gäste wohnen in Cottages aus Florida-Pinie und Blechdach.

MARATHON:
Hawk's Cay Resort $$$
Luxus SK E5
61 Hawk's Cay Blvd, 33050
1-305-743-7000
hawkscay.com
In diesem stilvollen Resort können Sie mit Delfinen schwimmen. Die Zimmer besitzen westindisches Dekor. Angelbecken und Animation für Kinder.

MARCO ISLAND:
The Boat House Motel $$
Motel SK E5
1180 Edlington Pl, 3414
1-239-642-2400
theboathousemotel.com
Motel in Familienbesitz am Marco River. Saubere Zimmer mit Küche, Pool und Angelbecken.

MARCO ISLAND:
Olde Marco Inn & Suites $$
Historischer Charme SK E5
100 Palm St, 34145
1-239-394-3131
oldemarcoinn.com
Das historische Hotel von 1883 bietet moderne Zimmer und Suiten mit Veranda und Kochnische. Französisches Restaurant.

MARCO ISLAND:
Hilton Marco Beach Resort $$$
Luxus SK E5
560 S Collier Blvd, 34145
1-239-394-5000
hiltonmarcoisland.com
Große, gut eingerichtete Zimmer mit Balkon in einem Strandhotel. Spa und Tennisplätze.

MARCO ISLAND:
Marco Beach Ocean Resort $$$
Luxus SK E5
480 S Collier Blvd, 34145
1-239-393-1400
marcoresort.com
Luxushotel in einem Hochhaus am 6,5 Kilometer langen Strand. Tolle Suiten mit Balkon, Pool auf der Dachterrasse und Sonnendeck.

MARCO ISLAND:
Marco Island Marriott $$$
Resort SK E5
400 S Collier Blvd, 34145
1-239-394-2511
marcoislandmarriott.com
Riesiges Resort mit allen erdenklichen Optionen, u. a. fünf Kilometer langer Strand, zwei Golfbahnen, Tennisplätze und einige Pools.

Charmante Suite des Hawk's Cay Resort, Marathon

NAPLES: Sea Shell Motel $
Motel SK E4
82 9th St S, 34102
1-239-262-5129
Schlichtes, preisgünstiges Motel mit einfachen Zimmern und Unterkünften für Selbstversorger.

NAPLES:
Lighthouse Inn Motel $$
Motel SK E4
9140 Gulf Shore Dr, 34108
1-239-597-3345
Einfache Ausstattung und Suiten mit kleiner Küche in einem altmodischen, preiswerten Motel.

NAPLES: Staybridge Suites $$
Modern SK E4
4805 N Tamiami Trail, 34103
1-239-643-8002
igh.com
Gut ausgestattete Suiten mit voll eingerichteter Küche. Kostenloses Frühstücksbuffet.

NAPLES: Hotel Escalante $$$
Boutique SK E4
290 5th Ave S, 34102
1-239-659-3466
hotelescalante.com
Kleines Boutiquehotel in einer ruhigen Gegend nahe am Strand. Schöne Zimmer, Garten und viele Wellness-Einrichtungen.

NAPLES: Inn on Fifth $$$
Gästehaus SK E4
699 Fifth Ave S, 34102
1-239-403-8777
innonfifth.com
Elegante Zimmer sowie Golf- und Tennisanlage machen das Inn on Fifth zu einer guten Wahl.

NAPLES:
Naples Beach Hotel $$$
Resort SK E4
851 Gulf Shore Blvd, 34102
1-239-261-2222
naplesbeachhotel.com
Strand, Kinderprogramm, Golf- und Tennisanlage machen das Resort zu einem Dauerbrenner.

NAPLES:
Naples Grand Beach Resort $$$
Resort SK E4
475 Seagate Dr, 34103
1-239-597-3232
waldorfastoria.com
Luxuriöse Ferienanlage mit großen Zimmern, Pool mit Rutschen und Sportanlagen.

NAPLES: La Playa Resort $$$
Resort SK E4
9891 Gulf Shore Dr, 34108
1-239-597-3123
laplayaresort.com
Beliebte Ferienanlage in bester Lage direkt am Strand. Große Zimmer und exklusiver Golfclub.

Restaurants

Fast Food ist hier so beliebt wie überall in den Vereinigten Staaten, aber eine Gaumenfreude sind in Floridas Restaurants die vielen frischen tropischen Früchte und das fangfrische Seafood. Lokale gibt es für jeden Geldbeutel, von schicken Etablissements in Miami bis zu einfachen, traditionellen Lokalen im Landesinneren. Die auf den Seiten 329–347 aufgeführten Restaurants sind vor allem wegen der Qualität der Speisen, des guten Service und des Preis-Leistungs-Verhältnisses empfehlenswert. Cafés und Bars, in denen auch kleine Mahlzeiten serviert werden, finden Sie auf den Seiten 348f.

Elegant: Barton G. The Restaurant ***(siehe S. 330)*****, Miami Beach**

Restauranttypen

In Floridas feinsten Restaurants, die man meist in Großstädten oder in Urlaubshotels findet, werden europäische (oft französische) oder raffiniert zubereitete regionale Gerichte serviert. Einige Küchenchefs kombinierten die heimischen Erzeugnisse mit Gewürzen der karibischen Küche und kreierten so die »Floribbean«, die »floribische« Küche. Sie wird auch in bistroähnlichen Lokalen aufgetischt, deren Speisekarte in der Regel täglich wechselt.

Hervorragend essen kann man überall in Florida. Insbesondere die Restaurants der Metropole Miami und der Städte an Gold Coast und Golfküste genießen einen guten Ruf. Dasselbe gilt für die Lokale in Walt Disney World® und Universal® in Orlando, in denen teils berühmte Köche tätig sind.

In Miami finden Sie die meisten ausländischen Lokale: Hier können Sie sich um die ganze Welt essen. Insbesondere die hispanische Küche ist gut vertreten, sowohl in günstigen Gaststätten als auch in feinen Clubhäusern. Entsprechend dem relativ hohen kubanischen Anteil an der Bevölkerung in Florida finden sich viele Restaurants, in denen die Küche dieses Inselstaats serviert wird.

Restaurants aller Größen und Arten – nicht nur Lokale an der Küste – servieren Fisch und Meeresfrüchte in riesiger Auswahl. Die *Raw Bar* ist in Florida eine Institution: Hier locken frische rohe Austern und Muscheln sowie gedünstete Garnelen.

Essenszeiten

Die Bewohner der Städte gehen gerne zum Essen, auch zum Frühstück, das man meist zwischen 7 und 11 Uhr bestellen kann. Besonders populär ist diese Tradition am Sonntag, wenn viele Restaurants von 10 bis 14 Uhr ein Brunchbuffet anbieten.

Werktags ist von 12 bis 14.30 Uhr Zeit für das Mittagessen, das Abendessen wird ab 18 Uhr serviert. Außerhalb der Ferienorte, wo viele Menschen erst gegen 23 Uhr zu Abend essen, neigen die Bewohner Floridas dazu, das Nachtmahl zwischen 19 und 21 Uhr einzunehmen.

Tischreservierung

Um Enttäuschungen zu vermeiden, empfiehlt es sich, frühzeitig zu reservieren. Dies gilt besonders an Wochenenden für die beliebteren Restaurants. In manchen Lokalen, wie z. B. Joe's Stone Crab in South Beach in Miami *(siehe S. 330)*, werden keine Reservierungen angenommen. Kommen Sie also früh, um Wartezeiten zu vermeiden.

Weitere Hinweise

Essengehen ist in Florida eine relativ zwanglose Angelegenheit. Auf Jackett und Krawatte bestehen nur wenige Restaurants. »Zwanglos, aber ordentlich« lautet die Devise.

In allen Restaurants in Florida herrscht Rauchverbot. Zum Rauchen müssen Sie vor die Tür gehen.

Trinkgeld ist in Höhe von 15 bis 20 Prozent üblich. In eleganten Restaurants geben die Gäste oft einen höheren Betrag, wenn sie zufrieden

Spanisches Dekor im Columbia Restaurant, Tampa ***(siehe S. 345)***

waren. Die State Sales Tax in Höhe von sechs Prozent wird automatisch aufgeschlagen.

Reiseschecks und Kreditkarten akzeptieren die meisten Restaurants, in kleinen Lokalen, Fast-Food-Ketten, Cafés und Feinkostläden muss oft bar bezahlt werden.

Vegetarische Gerichte

Vegetarier, die Fisch und Meeresfrüchte essen, kommen in Florida auf keinen Fall zu kurz. Alle anderen werden in den meisten Lokalen vergeblich nach fleisch- und fischfreien Gerichten suchen. Wenn sie keines der wenigen echten vegetarischen Restaurants ausfindig machen können, müssen sie sich mit Salaten, Nudelgerichten und Pizza zufriedengeben.

Preiswert essen

Geld sparen beim Essen kann man auf verschiedene Weise: In den Vereinigten Staaten werden meist recht üppige Portionen serviert, bestellen Sie also weniger als sonst. Eine Vorspeise reicht oft schon als leichte Mahlzeit.

Buffets, von denen man zu einem Festpreis so viel essen kann, wie man will, sind genauso empfehlenswert wie Restaurants, in denen günstigere Gerichte auf einer Extra-Speisekarte angeboten werden. Darüber hinaus gibt es »Early bird«-Mahlzeiten zu reduzierten Preisen für alle, die schon zwischen 17 und 18 Uhr zu Abend essen. So kann man bis zu 35 Prozent sparen, weshalb diese Lokale insbesondere von Familien gerne besucht werden. Suchen Sie in unserer Liste nach Restaurants mit diesem Angebot und erkundigen Sie sich telefonisch nach den genauen Zeiten.

In Nobelrestaurants ist das Mittagessen im Allgemeinen günstiger als das Abendessen. Zum Frühstück tun Sie es am besten den Einheimischen gleich und begeben sich in einen Feinkostladen mit Imbiss, wo mit Sicherheit mehr los und wahrscheinlich das Essen besser ist.

Terrasse von Aunt Catfish's On the River in Daytona Beach *(siehe S. 339)*

In Bars werden häufig Mahlzeiten zu angemessenen Preisen angeboten. Zur Happy Hour am frühen Abend gibt es Snacks, die bei nicht allzu großem Hunger als Abendessen ausreichen.

Manche Restaurants, vor allem auf den Keys, bereiten auch Ihren mitgebrachten Fisch zu einem reduzierten Preis zu. Viele State Parks in Florida verfügen über Grillplätze, wo Sie Ihren Fang oder Ihr Mitgebrachtes selbst grillen können.

Speisekarten

Auf den Speisekarten in Florida stehen normalerweise am Anfang die *appetizers* (Vorspeisen), dann die *entrées* (Hauptgerichte) und schließlich die Desserts. Die Beschreibung einiger Zutaten und Gerichte klingt vielleicht selbst für den sonst im Englischen versierten Gast ungewöhnlich: *Aged beef* beispielsweise ist erstklassiges, zartes Rindfleisch mit recht nussigem Geschmack, *surf 'n' turf* verspricht eine Kombination von Meeresfrüchten und Fleisch, *dolphin* hingegen ist ein mit Mahi Mahi, einem weißfleischigen Fisch, zubereitetes Gericht, für das kein einziger Delfin sein Leben lassen musste.

Jeder Fisch, der *blackened* auf den Teller kommt, also »geschwärzt«, wurde bei der Zubereitung mit Gewürzen eingerieben und anschließend in einer Pfanne gebraten. *Broiled* bedeutet gegrillt.

Mit Kindern essen

In den meisten Restaurants ist man auf kleine Gäste eingestellt. Manche Lokale bieten Kinderportionen an, andere haben Extra-Speisekarten für Kinder, auf denen all das aufgeführt wird, was Kinder lieben – z. B. Hotdogs und Pommes. Mancherorts stehen auch Hochstühle für Kinder zur Verfügung.

Restaurantkategorien

Die Restaurantauswahl *(siehe S. 329–347)* reflektiert den kulinarischen Reichtum Floridas. Bei jedem vorgestellten Restaurant wird eine Typisierung nach Stil bzw. vorherrschender Küche vorgenommen (z. B. Bistro, Steakhouse, Diner, Barbecue bzw. Amerikanisch, Kubanisch, Mexikanisch, Seafood etc.).

Restaurants mit besonderem Charakter oder Charme werden als **Vis-à-Vis-Tipp** hervorgehoben.

Im beliebten Strandcafé Big Pink, Miami Beach *(siehe S. 329)*

Spezialitäten in Florida

Riesengarnele

Dank des idealen Klimas ist Florida das ganze Jahr über mit einer Fülle an tropischen Früchten sowie mit vielerlei Gemüsesorten und frischen Meeresfrüchten gesegnet – dies sind auch die Hauptzutaten der einheimischen Küche. In Zentral- und Südfloridas Städten sorgten die vielen Immigranten aus Kuba und der Karibik für kulinarische Vielfalt, aus Lateinamerika stammen Gerichte wie *ceviche*. Die Küche im Norden weist Einflüsse der benachbarten Südstaaten auf. Um den zahlreichen Urlaubern gerecht zu werden, ist in Florida allerdings nahezu jede Küche der Welt zu bekommen.

Der Fang des Tages – fertig zum Verkauf an Restaurants

Tropische Früchte

In Floridas tropischem Klima gedeihen zahlreiche exotische Früchte, die Auswahl reicht von Kumquats und Papayas bis zu Litschis und Sternfrüchten. Angesichts dieser Fülle haben immer irgendwelche Sorten Saison. Die wöchentlichen Bauernmärkte, die es in fast jedem Ort gibt, lohnen einen Besuch.

Seafood

Zu den besten Fischen, die in Floridas Gewässern gefangen werden, gehören Bernstein- und Goldmakrele, Pompano (Stachelmakrele), Schnapper, Thunfisch und Wahoo. Beliebt ist der Zackenbarsch, dessen Filets zu Hauptspeisen und Sandwiches verarbeitet werden. Die Florida-Golfgarnele, ein weiterer Favorit, ist groß, süß und weich. Sie wird z. B. gegart, gepult und kalt mit Cocktailsauce gegessen oder in scharfer Sauce gekocht und ungeschält serviert.

Lateinamerikanische Küche

In Städten mit großen kubanischen oder mexikanischen Gemeinden wie Tampa und Miami bereiten viele Lokale Gerichte mit spanischem Einschlag zu: z. B. *arroz con pollo* (Huhn mit gewürztem Reis), Paella, kubanische Sandwiches und als Desserts köstliche Flans.

Auswahl an frischen Früchten aus dem »Sonnenstaat«

Typische Gerichte

Limetten

Die fleischigen, süßlichen Steinkrabben sind die begehrtesten Meeresfrüchte Floridas, vielleicht weil sie nur von Mitte Oktober bis Mitte Mai erhältlich sind. Das Fleisch wird gekocht, aber meist kalt mit Butter und Senfsauce serviert. Conch (Fechterschnecke) wird als Appetizer, in Salaten oder als Grundzutat von Eintöpfen verwendet. Garnelen gibt es in zwei Varianten: große rosarote aus dem Golf und zarte weiße aus dem Atlantik. Das Dessert Floridas schlechthin ist Key Lime Pie, der nur echt ist, wenn die Füllung aus den kleinen runden, gelbgrünen, aromatischen Limetten der Florida Keys zubereitet wird. Fische werden gegrillt, sautiert oder in der Pfanne gegart. Oft werden sie in Limettensaft mariniert und mit Saucen oder Beilagen, z. B. Früchten, serviert.

Die Scheren sind der einzige essbare Teil der Steinkrabbe. Sie werden in Butter gewendet und in Senfsauce gedippt.

Restaurantauswahl

Miami

Miami Beach

11th Street Diner $
Amerikanisch **SP** 2 F3
1065 Washington Ave, 33139
1-305-534-6373
Traditionelles Abendessen in fröhlichem Ambiente. Man serviert Hacksteaks, Brathähnchen, Sandwiches und Burger.

Big Pink $
Amerikanisch **SP** 2 E5
157 Collins Ave, 33139
1-305-532-4700
Das beliebte Strandcafé ist bekannt für seine großen Portionen. Gute Sandwiches und Salate. Es gibt Frühstück rund um die Uhr.

Café Charlotte $
Argentinisch/Italienisch **SP** 2 F3
1497 Washington Ave, 33139
1-305-535-1522
Einfaches Lokal mit köstlichen argentinischen Spezialitäten wie Steaks, *empanadas* (Teigtaschen gefüllt mit Fleisch, Gemüse und Käse) und Brathähnchen.

Lime Fresh $
Mexikanisch **SP** 2 D3
1439 Alton Rd, 33139
1-305-532-5463
Filiale einer Kette, die preisgünstig mexikanische Klassiker wie Tacos, Burritos, Quesadillas und Fajitas auf den Tisch bringt.

Puerto Sagua $
Kubanisch **SP** 2 E4
700 Collins Ave, 33139
1-305-673-1115
Beliebtes Lokal, das seit 1962 gute kubanische Gerichte serviert, aber auch American Turkey und Käse-Sandwiches.

Roasters 'n Toasters $
Deli **SP** F4
525 Arthur Godfrey Rd, 33140
1-305-531-7691
Feinkostladen New Yorker Art, hier bekommt man Corned Beef, Pastrami, Teigtaschen, Bagels, Sandwiches und Suppen.

Rosinella $
Italienisch **SP** 2 E2
525 Lincoln Rd, 33139
1-305-672-8777
Das familienfreundliche Lokal serviert Pastagerichte und preisgünstige Pizzas sowie italienische und amerikanische Weine.

Shake Shack $
Amerikanisch **SP** 2 D2
1111 Lincoln Rd, 33139
1-305-434-7787
Kommen Sie ins Shake Shack, um vorzügliche, preiswerte Burger und Pommes zu genießen. Hier lohnt es sich, sich anzustellen.

Vis-à-Vis-Tipp

Tap Tap Haitian $
Haitianisch **SP** 2 E4
819 5th St, 33139
1-305-672-2898
Seit 1994 zieht dieses Restaurant, Kunstgalerie und Kulturzentrum eine Multikulti-Klientel an. Das Lokal ist bekannt für authentische haitianische Speisen wie Fisch gedünstet in Limettensauce, Garnelen mit Creole Sauce, Eintopf mit Ziegenfleisch, Kartoffelkuchen und gebratene Bananen.

Balans $$
International **SP** 2 D2
1022 Lincoln Rd, 33139
1-305-534-9191
Das britische Restaurant bietet für jeden etwas: Jambalaya (Eintopfgericht) und Thai-Currys. Sehr guter Brunch.

Preiskategorien
Preise für ein Drei-Gänge-Menü pro Person mit einer halben Flasche Wein, inklusive Steuer und Service.

$	unter 35 US-Dollar
$$	35–50 US-Dollar
$$$	über 50 US-Dollar

Fratelli la Bufala $$
Italienisch **SK** F4
437 Washington Ave, 33139
1-305-532-0700
Genießen Sie leckere Pizzas aus dem Holzofen und Pasta einer neapolitanischen Kette. Viele Weine aus Kampanien. Gute Wahl, wenn man preisgünstig essen will.

Front Porch Café $$
Amerikanisch **SP** 2 F3
1458 Ocean Dr, 33139
1-305-531-8300
Ein sehr guter Ort für Frühstück und Brunch. Abends speist man gemütlich am Pool.

News Café $$
Amerikanisch **SP** 2 F4
800 Ocean Dr, 33139
1-305-538-6397
Rund um die Uhr kommen Gäste, um Krabbenkuchen, Lachs, Pizza oder Nudeln zu genießen.

Nexxt Café $$
International **SP** 2 E2
700 Lincoln Rd, 33139
1-305-532-6643
Das Speisenangebot im Nexxt reicht von leichten Gerichten und Tapas bis hin zu Cajun-Hähnchen und Miso-Lachs. Das Café bietet eine gute Auswahl an Cocktails.

Rosafarbene Fassade des Big Pink, Miami Beach

Vis-à-Vis-Tipp

1500 Degrees $$$
Amerikanisch **SK** F4
4525 Collins Ave, 33140
1-305-674-5594
Um saftige Steaks zu braten, bevorzugt der Chefkoch eine Temperatur von 1500 Grad, danach ist das elegante Restaurant des Eden Roc Hotels benannt. Auf der Speisekarte finden sich kreative Gerichte aus regionalen Produkten. Verpassen Sie nicht das dreigängige Festpreismenü.

A Fish Called Avalon $$$
Seafood **SP** 2 E4
700 Ocean Dr, 33139
1-305-532-1727
Hier erhalten Sie frisches Seafood, darunter Überraschungen wie Risoni-Paella oder Zackenbarsch mit Krabbenkruste. Live-Musik.

Barton G. The Restaurant $$$
Amerikanisch **SP** 2 D3
1427 West Ave, 33139
1-305-672-8881
Schickes Lokal mit skurrilem Dekor. Der Fokus liegt auf extravaganter Präsentation der Speisen. Probieren Sie den Königslachs oder Thunfisch Samurai.

Casa Tua $$$
Italienisch **SP** 2 E2
1700 James Ave, 33139
1-305-673-1010
Genießen Sie italienische und europäische Küche im Speiseraum am Tisch für zwanzig Gäste oder im von Laternen beleuchteten Garten.

Grillfish $$$
Seafood **SP** 2 F2
1444 Collins Ave, 33139
1-305-538-9908
Frisches Seafood und Pasta mit schmackhaften Saucen in einem Restaurant, das bei den Einheimischen sehr beliebt ist.

Joe's Stone Crab $$$
Seafood **SP** 2 E5
11 Washington Ave, 33139
1-305-673-0365 ● Aug–Okt
Versäumen Sie nicht, das überaus populäre Joe's zu besuchen, wo man frisches Seafood geboten bekommt, vor allem wunderbare Steinkrabben.

Las Vacas Gordas $$$
Argentinisch **SK** F4
933 Normandy Dr, 33141
1-305-867-1717
Genießen Sie große, saftige Steaks in einem preisgünstigen argentinischen Restaurant.

Nobu Miami Beach $$$
Japanisch **SP** 2 F1
1901 Collins Ave, 33139
1-305-695-3232
Die beliebte Filiale einer namhaften internationalen Kette serviert fantastisches Sushi und andere japanische Spezialitäten.

Ola $$$
Lateinamerikanisch **SP** 2 E2
1745 James Ave, 33139
1-305-695-9125
Eines der besten Lokale Miamis bietet wundervolles *Ceviche* (Seafood) und *churrasco*-Rindfleisch (gegrilltes Steak). Und als Dessert die Schokoladenzigarre.

Osteria del Teatro $$$
Italienisch **SP** 2 F3
1443 Washington Ave, 33139
1-305-538-7850
Das intime Lokal ist bekannt für seine exzellente norditalienische Küche, u. a. für die Pastagerichte. Die Weinkarte lässt keine Wünsche offen, der Service ist hervorragend.

Prime One Twelve $$$
Steakhouse **SP** 2 E5
112 Ocean Dr, 33139
1-305-532-8112
Viele Prominente laben sich hier an üppigen Steaks, getrocknetem Rindfleisch und gutem Seafood (u. a. Langustengerichte).

Sardinia Enoteca Ristorante $$$
Italienisch **SP** 2 D2
1801 Purdy Ave, 33139
1-305-531-2228
Wählen Sie aus einem reichhaltigen Sortiment an italienischen Weinen und nehmen Sie dazu ein delikates Nudelgericht. Authentisch italienisches Flair.

Lange Bar des beliebten Strandlokals Azul

Spiga $$$
Italienisch **SP** 2 E3
1228 Collins Ave, 33139
1-305-534-0079
Selbst gemachte Pasta ist die Spezialität des Hauses. Versuchen Sie Ravioli gefüllt mit Kalbfleisch und Pilzen oder Fettuccine mit Garnelen und Spargel.

Tantra $$$
International **SP** 2 E2
1445 Pennsylvania Ave, 33139
1-305-672-4765 ● So
Hübsches asiatisches Ambiente und eine abenteuerlich vielfältige Speisekarte mit asiatischer, karibischer und europäischer Küche. Populäre Lounge mit DJ-Musik.

Yuca $$$
Kubanisch **SP** 2 E2
501 Lincoln Rd, 33139
1-305-532-9822
Zeitgemäße kubanische Küche: Rippchen mit Guaven und Mahi

Hoher Speisesaal des Joe's Stone Crab, Miami Beach

Mahi (Goldmakrele) mit Wegerich. Das Lokal bietet Salsakurse.

Downtown und Little Havana

La Casita $
Kubanisch/Mexikanisch **SK** F4
3805 SW 8th St, 33134
1-305-448-8224
Mexikanische Klassiker wie Tacos, Burritos und Enchiladas zu vernünftigen Preisen.

Hy Vong $
Vietnamesisch **SK** F4
3458 SW 8th St, 33135
1-305-446-3674 Mo
Seit mehr als 30 Jahren erfreut das kleine Restaurant seine Gäste mit vorzüglicher vietnamesischer Küche. Hy Vong bietet auch Kochkurse.

Islas Canarias $
Kubanisch **SK** F4
285 NW 27th Ave, 33135
1-305-649-0440
Preiswerte kubanische Küche, auch Sandwiches sowie Schweinefleisch- und Geflügelgerichte.

People's Bar-B-Que $
Südstaatenküche **SK** F4
360 NW 8th St, 33136
1-305-373-8080
Herzhafte Mahlzeiten, darunter Rippchen, gespickter Schweinebraten und Cheeseburger. Sehr beliebt sind die köstlichen Platten zum Mittagessen.

S&S Restaurant $
Diner **SP** 4 E1
1757 NE 2nd Ave, 33132
1-305-373-4291
Die traditionelle Eckkneipe bietet erstklassige Sandwiches und leckere Salate zu überraschend günstigen Preisen.

Versailles $
Kubanisch **SP** 4 E2
3335 8th St, 33135
1-305-444-8358
Bestellen Sie eine der beiden gemischten Platten als Einführung in die kubanische Küche in Little Havanas bekanntestem Lokal.

Azul $$$
Amerikanisch/Asiatisch **SP** 4 F2
500 Brickell Key Dr, 33131
1-305-913-8288 So, Mo
Gehobene Küche in einem großartigen Strandlokal. Auf der Speisekarte finden Sie klassische amerikanische und asiatische Gerichte. Probieren Sie z. B. die Hummerpastete oder Berkshire-Schweinelende.

Cena by Michy's $$$
Amerikanisch **SK** F4
6927 Biscayne Blvd, 33138
1-305-759-2001
Das entspannte Bistro wird von Michelle Bernstein geführt. Ihr gelingt der kulinarische Mix aus amerikanischen Klassikern und europäischen Spezialitäten.

DB Bistro Moderne $$$
Französisch **SP** 4 F1
255 Biscayne Blvd, 33131
1-305-421-8800 So
Das schicke Bistro wird von Küchenchef Daniel Boulud geführt und ist bekannt für seine *escargots* (Schnecken), Entenconfit und seine leckeren Burger.

Il Gabbiano $$$
Italienisch **SP** 4 F1
One Miami Tower, 335 S Biscayne Blvd, 33131
1-305-373-0063 So
Genießen Sie einfallsreiche italienische Küche in einem edlen Strandrestaurant: schmackhafte Pasta- und Kalbfleischgerichte.

Michael's Genuine Food & Drink $$$
Amerikanisch **SK** F4
33 NE 40th St, 33137
1-305-573-5550
Hier bereitet man Speisen aus frischen regionalen Erzeugnissen und bietet eine außerordentlich breite Palette an Gerichten.

Naoe $$$
Japanisch **SP** 4 F2
661 Brickell Key Dr, 33131
1-305-947-6263 Mo
Naoe ermöglicht außergewöhnliche kulinarische Erfahrungen mit himmlischen japanischen Speisen.

The River Seafood and Oyster Bar $$$
Seafood **SP** 4 E2
650 S Miami Ave, 33130
1-305-530-1915
Genießen Sie in noblem Ambiente leckeren Fisch und Meeresfrüchte, variantenreich zubereitet. Die Krabben mit gebratenem braunen Reis sind ein Muss.

Vis-à-Vis-Tipp

Tuyo $$$
Amerikanisch **SP** 4 E1
415 NE 2nd Ave, 33132
1-305-337-3200 So, Mo
Der kreative Küchenchef bereitet köstliche »floribische« Küche, indem er heimische und lateinamerikanische Aromen zu leckeren Speisen kombiniert. Hoch oben im Miami Culinary Institute hat man einen herrlichen Blick. Highlights der täglich wechselnden Speisekarte sind Entenbrust mariniert oder Gelbschwanzmakrele mit Zitronenbutter.

Coral Gables und Coconut Grove

Jaguar $$
Lateinamerikanisch **SK** F5
3067 Grand Ave, 33133
1-305-444-0216
Auf der bunten Speisekarte des Jaguar finden sich kunstvoll gewürzte lateinamerikanische Gerichte, u. a. leckeres Seafood.

Vis-à-Vis-Tipp

Seasons 52 $$
Amerikanisch **SK** F4
321 Miracle Mile, 33134
1-305-442-8552
Wählen Sie aus einem breiten Spektrum gesunder Speisen mit wenig Kalorien und Hauptgerichten wie gebratenem Lachs und gegrillten Lammkoteletts. Es gibt eine große Auswahl an Weinen und Drinks wie Granatapfel-Margarita oder Mandarinen-Orangen-Cosmopolitan. Live gespielte Klaviermusik verleiht der Bar Charme.

Lounge im DB Bistro Moderne, Downtown und Little Havana

FORT LAUDERDALE:
The Floridian $
Diner **SK** F4
1410 E Las Olas Blvd, 33301
1-954-463-4041
Das altmodische Speiselokal hat rund um die Uhr geöffnet. Herzhafte, preiswerte Gerichte. Frühstück wird den ganzen Tag über serviert.

FORT LAUDERDALE:
Tarpon Bend $$
Amerikanisch **SK** F4
200 SW 2nd Ave, 33301
1-954-523-3233
Lebhafte Sportbar, die eine junge Klientel anzieht. Es gibt gegrillten Fisch, Burger und Fassbier. Nutzen Sie die Happy Hour.

FORT LAUDERDALE: 15th Street Fisheries & Dockside Café $$$
Seafood **SK** F4
1900 SE 15th St, 33316
1-954-763-2777
Beobachten Sie die Schiffe und füttern Sie die Tarpune. Nehmen Sie in dem Hafencafé eine leichte Mahlzeit ein oder genießen Sie erstklassigen Fisch und Meeresfrüchte.

FORT LAUDERDALE:
Blue Moon Fish Co. $$$
Seafood **SK** F4
44405 Tradewinds Ave, 33308
1-954-267-9888
Schwelgen Sie in frischem Seafood, während Sie den Segelbooten zusehen. Wählen Sie ein Zwei-Personen-Menü zum Preis von einem.

FORT LAUDERDALE:
Le Café de Paris $$$
Französisch **SK** F4
715 E Las Olas Blvd, 33301
1-954-467-2900
Das gehobene, stilvolle französische Restaurant ist eine lokale Institution. Die Speisekarte präsentiert *escargots* (Schnecken), Jungentenbraten und abends eine ganze Reihe von Crêpes.

FORT LAUDERDALE:
Café Seville $$$
Spanisch **SK** F4
2768 Oakland Park Blvd, 33306
1-954-565-1148 So
Große Vielfalt an spanischen Spezialitäten wie Tapas, Gazpacho und Paella. Vorzügliche Auswahl an spanischen Weinen.

FORT LAUDERDALE:
Canyon $$$
Amerikanisch **SK** F4
1818 E Sunrise Blvd, 33304
1-954-475-1950
Äußerst populäres Restaurant, das bekannt ist für seine großen Portionen und seine Kaktusfeigen-Margaritas. Rechnen Sie mit einer Wartezeit, man kann nicht reservieren.

Speiseraum des The Floridian in Fort Lauderdale

FORT LAUDERDALE:
Casablanca Café $$$
Amerikanisch **SK** F4
3049 Alhambra St, 33304
1-954-764-3500
Wunderschön romantisches Ambiente mit Blick auf den Ozean und gemütlicher Piano-Bar. Die umfangreiche Speisekarte bietet Jakobsmuscheln mit Chili, Walnusshähnchen und Schwertfisch aus dem Atlantik.

FORT LAUDERDALE:
Eduardo de San Angel $$$
Mexikanisch **SK** F4
2822 E Commercial Blvd, 33308
1-954-772-4731 So
Kulinarischer Hochgenuss mit gehobener mexikanischer Küche. Man serviert vorzügliche Speisen in Hacienda-Ambiente.

FORT LAUDERDALE:
Greek Islands Taverna $$$
Greek **SK** F4
3300 N Ocean Blvd, 33308
1-954-565-5505
Wunderbare griechische familiengeführte Taverne, in der die Stammgäste *meze*, frischen Fisch und Lamm genießen, begleitet von noch wenig bekannten griechischen Weinen.

FORT LAUDERDALE:
Lobster Bar Sea Grille $$$
Seafood/Steakhouse **SK** F4
450 E Las Olas, 33301
1-954-772-2675
Köstliches Seafood wie Hummer und hochwertige Steaks in vornehmer, doch legerer Atmosphäre. Als Nachspeise gibt es selbst gemachtes Eis und Sorbets.

Vis-à-Vis-Tipp

FORT LAUDERDALE:
Market 17 $$$
Amerikanisch **SK** F4
1850 SE 17th St, 33316
1-954-835-5507
Mai–Okt: Mo
Im Market 17 verwendet man für die Zubereitung der Speisen Bioprodukte. Lassen Sie sich gebratenes Hühnchen oder sautierte Rote Garnelen aus Key West munden. Über 350 Weine stehen zur Auswahl. Zur Happy Hour von 16.30 bis 17 Uhr Getränke und Snacks zum halben Preis.

FORT LAUDERDALE:
Sette Bello $$$
Italienisch **SK** F4
6241 N Federal Hwy, 33308
1-954-351-0505 So
Traditionelles italienisches Flair und schmackhaft zubereitete Klassiker (u. a. köstlicher Ricotta-Käsekuchen).

FORT LAUDERDALE:
Valentino's Cucina Italiana $$$
Italienisch **SK** F4
620 S Federal Hwy, 33301
1-954-523-5767 So
Kreative italienische Gourmet-Küche und exzellenter Service sind Charakteristika des vornehmen Restaurants. Der Küchenchef ist auch der Inhaber.

HOLLYWOOD:
Las Vegas Cuban Cuisine $
Kubanisch **SK** F4
1212 N State Rd 7, 33021
1-954-961-1001
Das Lokal ist Teil einer Kette und serviert leckere kubanische Kost in großen Portionen. Es gibt auch Gerichte für Kinder.

HOLLYWOOD: Le Tub Saloon $
Amerikanisch **SK** F4
1100 N Ocean Dr, 33019
1-954-921-9425
Lokal bei einer Tankstelle, wo man im Freien sitzen kann. Es gibt sensationelle Burger, gutes Bier und köstlichen Key Lime Pie (Limettenkuchen).

HOLLYWOOD: Taverna Opa $$
Griechisch **SK** F4
410 N Ocean Dr, 33019
1-954-929-4010
Toller Ort mit Bauchtanz und schönem Ausblick. Wählen Sie leckere *meze*, gegrillten Fisch, Lammbraten oder Souvlaki, begleitet von griechischem Wein.

JENSEN BEACH: 11 Maple Street $$$
Amerikanisch **SK** F4
3224 NE Maple Ave, 34957
1-772-334-7714 So
Uriges, gemütliches Lokal mit anspruchsvoller Speisekarte. Schön angerichtete Teller mit Tintenfisch, Wachteln und Steaks.

PALM BEACH: Pizza Al Fresco $$
Italienisch **SK** F4
14 Via Mizner, 33480
1-561-832-0032 So
Genießen Sie leckere Holzofenpizza mit knusprigem, dünnem Boden und leckere Vorspeisen in einem schönen Garten. Auch ein guter Ort zum Frühstücken.

PALM BEACH: Bice Ristorante $$$
Italienisch **SK** F4
313 1/2 Worth Ave, 33480
1-561-835-1600
Gehobene italienische Küche der Spitzenklasse in elegantem Ambiente. Schön gestalteter Innenhof und aufmerksamer Service.

PALM BEACH: Bonefish Grill $$$
Seafood **SK** F4
11658 US Hwy 1, 33408
1-561-799-2965
Die Filiale einer Kette bringt u. a. frischen Fisch, Austern und Hummer auf den Tisch. Gute Martinis. Lebhaft und manchmal ein bisschen laut.

Vis-à-Vis-Tipp

PALM BEACH: Buccan $$$
Amerikanisch **SK** F4
350 S County Rd, 33480
1-561-833-3450
Mit seiner vibrierenden Atmosphäre und seiner einfallsreich zusammengestellten Speisekarte ist das Buccan etwas Besonderes. Der renommierte Küchenchef bereitet Standardgerichte wie Steaks oder Schwertfisch zu, aber auch *empanadas* (gefüllte Teigtaschen), Hotdogs und Holzofenpizzas belegt mit Wachtel- oder Lammfleisch.

PALM BEACH: Café Boulud $$$
Französisch **SK** F4
301 Australian Ave, 33480
1-561-655-6060
Der New Yorker Starkoch Daniel Boulud bringt anspruchsvolle französische Küche in den Süden. Preiswertes Mittagsmenü.

PALM BEACH: Chez Jean Pierre $$$
Französisch **SK** F4
132 N County Rd, 33480
1-561-833-1171 So
Gehobene Küche in kunstvoll gestaltetem Ambiente macht den Reiz des Lokals aus. Zu den Spezialitäten des Hauses gehören Seezunge und Profiteroles.

Italienisches Flair im Sette Bello, Fort Lauderdale

PALM BEACH: Echo $$$
Asiatisch **SK** F4
230A Sunrise Ave, 33480
1-855-435-0061 Mo
Erfreuen Sie Ihren Gaumen mit exzellentem Sushi, Thai-Ente und Zitronenhähnchen. Schickes Ambiente in einer vitalen Bar.

PALM BEACH: Palm Beach Grill $$$
Amerikanisch **SK** F4
340 Royal Poinciana Way, 33480
1-561-835-1077
In diesem lebhaften Restaurant bekommen Sie leckere Rippchen, Snapper, Burger und Key Lime Pie (Limettenkuchen).

POMPANO BEACH: Calypso $$
Karibisch **SK** F4
460 S Cypress Rd, 33060
1-954-942-1633 Sa, So
Würzige Inselspezialitäten wie jamaikanisches Jerk Chicken, westindische Currys und Muschelsuppe in schlichtem Ambiente.

Vis-à-Vis-Tipp

POMPANO BEACH: Café Maxx $$$
Amerikanisch **SK** F4
2601 E Atlantic Blvd, 33062
1-954-782-0606
Liebhaber feiner Gourmet-Küche pilgern seit 1984 ins Café Maxx. Man serviert einfallsreich zubereitete Gerichte wie Jakobsmuscheln scharf gewürzt, Lammrücken in Pinienkernkruste und Kürbiscremesuppe. Gute Weinkarte.

VERO BEACH: Ocean Grill $$$
Amerikanisch **SK** F3
1050 Beachland Blvd, 32963
1-772-231-5409
Genießen Sie gutes Essen auf einer Düne mit schönem Meerblick. Vielfältige Speisekarte mit viel Seafood. Gerichte für Kinder.

WEST PALM BEACH: Agora $
Türkisch **SK** F4
2505 North Dixie Hwy, 33407
1-561-651-7474 So
Agora bietet eine Kombination aus türkischen Gerichten und modernen Interpretationen mediterraner Küche. Türkische Weine.

WEST PALM BEACH: Hot Pie Pizza $
Pizzeria **SK** F4
123 S Olive Ave, 33401
1-561-655-2511
Das Lokal serviert knusprige Pizzas, Burger und Nudelgerichte. Von Holz geprägtes Ambiente mit einem original New Yorker Kohleofen und Backsteinwänden.

Eingang und Terrasse des französischen Restaurants Pistache, West Palm Beach

WEST PALM BEACH:
Pistache **$$$**
Französisch **SK** F4
101 N Clematis St, 33401
1-561-833-5090
Das französische Bistro serviert Muscheln, *coq au vin* und Crêpes. Terrasse mit Blick auf den Intracoastal Waterway.

WEST PALM BEACH:
Rhythm Café **$$$**
Amerikanisch **SK** F4
3800A S Dixie Hwy, 33405
1-561-833-3406 Mo
Das Café befindet sich in einer umgebauten Tankstelle. Hier bekommt man Tapas und variantenreich zubereitete Fischgerichte.

Orlando und Space Coast

COCOA: Café Margaux **$$$**
Französisch **SK** F3
220 Brevard Ave, 32922
1-321-639-8343 So
Feine französische Küche mit kreativer Note. Probieren Sie norwegischen Lachs und mit Walnüssen gefüllte Schweinelende. Fabelhafte Weine.

COCOA BEACH: Oh Shucks **$**
Seafood **SK** F3
401 Meade Ave, 32931
1-321-783-7549
Legeres Hafenrestaurant, wo man im Freien sitzen kann. Austern, Garnelen in Kokoskruste oder Krabben. Selbst gebackener Key Lime Pie (Limettenkuchen).

COCOA BEACH:
Pompano Grill **$$**
Seafood **SK** F3
110 N Brevard Ave, 32931
1-321-784-9005 So, Mo
In dem beliebten, kleinen Lokal bekommen Sie fangfrischen Fisch und leckere Seafood-Crêpes. Zudem gibt es eine Auswahl an Steak- und Geflügelgerichten. Reservierung empfohlen.

COCOA BEACH:
The Fat Snook **$$**
Seafood **SK** F3
2464 Atlantic Ave, 32931
1-321-784-1190
Das Restaurant in Familienbesitz ist bekannt für seine Seafood-Spezialitäten sowie Rindfleisch-, Geflügel- und karibische Gerichte. Genießen Sie Weine und Biere aus aller Welt. Entspannte Atmosphäre.

INTERNATIONAL DRIVE:
Bahama Breeze **$$**
Karibisch **SK** E2
8849 International Dr, 32819
1-407-248-2499
Niederlassung einer Kette, die bekannt ist für ihre vorzüglichen karibischen Gerichte und tropischen Drinks. Probieren Sie Garnelen in Kokoskruste oder Pulled Pork.

INTERNATIONAL DRIVE:
The Capital Grille **$$$**
Steakhouse **SK** E2
9101 International Dr, 32819
1-407-370-4392
Die Restaurantkette der Extraklasse serviert erlesene Steaks und dazu leckere Beilagen. Besonders empfehlenswert ist der köstliche Teller mit Fisch und Meeresfrüchten.

INTERNATIONAL DRIVE:
Cuba Libre **$$$**
Kubanisch **SK** E2
9101 International Dr, 32819
1-407-226-1600
Das Restaurant serviert kubanische Kost wie Mojitos, dazu Sangria. Das Ambiente vermittelt einen Hauch von Havanna. Samstags Salsatanz.

INTERNATIONAL DRIVE:
Everglades **$$$**
Steakhouse **SK** E2
Rosen Center Hotel, 9840 International Dr, 32819
1-407-996-2385
Dieses Restaurant bietet Florida-Kost, u. a. Zackenbarsch, Steingarnelen, Hirschsteak und als Spezialität Krokodilsuppe. Probieren Sie Key Lime Pie (Limettenkuchen).

INTERNATIONAL DRIVE:
The Oceanaire **$$$**
Seafood **SK** E2
9101 International Dr, 32819
1-407-363-4801
Perfekt zubereitetes Seafood. Das Interieur erinnert an einen Ozeandampfer. Wählen Sie einen Tisch im ruhigen Innenhof.

INTERNATIONAL DRIVE:
Urban Tide **$$$**
Seafood **SK** E2
9801 International Dr, 32819
1-407-352-4000
Das gehobene Restaurant serviert exzellentes Seafood aus frischem Fang.

KISSIMMEE:
Pacino's Italian Ristorante **$$$**
Italienisch **SK** E3
5795 W Hwy 192, 34746
1-407-239-4141
Holzofenpizzas, gegrillte Steaks, Koteletts, Nudeln und Seafood in einem stilvollen, traditionellen italienischen Restaurant mit hübschem Ambiente.

LAKE BUENA VISTA:
Hemingway's **$$$**
Seafood **SK** E2
Hyatt Regency Resort, 1 Grand Cypress Blvd, 32836
1-407-239-1234
Inspiriert von Ernest Hemingways Angelabenteuern, bringt dieses beliebte Restaurant fantastisches

Seafood auf den Tisch, darunter Schwertfisch aus heimischen Gewässern, Steingarnelen, Mahi Mahi und Krabbenkuchen. Trinken Sie Papa Doble, auch bekannt als Hemingway-Daiquiri.

ORLANDO: Lee & Rick's $
Seafood **SK** E2
5621 Old Winter Garden Road, 32811
1-407-293-3587
Das Lokal ist seit mehr als sechs Jahrzehnten in Betrieb. Begeben Sie sich auf eine genüssliche Zeitreise. Die Auswahl an Meeresfrüchten und Seafood kann sich sehen lassen.

ORLANDO: Little Saigon $
Vietnamesisch **SK** F2
1106 Colonial Dr, 32803
1-407-423-8539
Das beliebte Lokal bietet preiswerte, authentische vietnamesische Gerichte. Delikate Appetitanreger sowie Nudel- und Reisgerichte.

ORLANDO: Artisan's Table $$
Amerikanisch **SK** E2
22 E Pine St, 32801
1-407-730-7499
Für seine Lage mitten in Downtown ist das Ambiente des Restaurants auffallend heimelig. Hier wird großer Wert auf regionale Zutaten und Frische gelegt.

ORLANDO: Rusty Spoon $$
Amerikanisch **SK** E2
55 West Church Street, 32801
1-407-401-8811
Bei Küchenchefin Kathleen Blake kommen ausschließlich der Jahreszeit entsprechende Gerichte sowie Fisch aus den Küstengewässern Floridas auf den Tisch. Die Auswahl an Biersorten stellt auch anspruchsvolle Biertrinker zufrieden.

ORLANDO: Seasons 52 $$
Amerikanisch **SK** E2
7700 Sand Lake Rd, 32819
1-407-354-5212
Im Seasons 52 kommt gesunde, kalorienarme, dennoch wohlschmeckende Kost auf den Tisch. »Flights and Flatbreads«-Happy Hour mit vorzüglichem Wein und Fladenbrot loht den Besuch.

ORLANDO: Smokey Bones $$
Amerikanisch **SK** F2
3400 E Colonial Dr, 32803
1-407-894-1511
Die Sportbar gehört zu einer Kette und bietet herzhafte Gerichte wie Chicken Wings, Rippchen, Sandwiches mit Schweinefleisch, Rinderbrust und Burger.

ORLANDO: The Boheme $$$
Amerikanisch **SK** F2
325 S Orange Ave, 32801
1-407-248-2499
Gourmet-Diner in wunderschöner Umgebung, dekoriert mit Kunstwerken. In der Lounge serviert man Cocktails bei Klaviermusik. Sonntags Jazz-Brunch.

Vis-à-Vis-Tipp

ORLANDO: Christini's Ristorante $$$
Italienisch **SK** E2
7600 Dr. Phillips Blvd, 32819
1-407-345-8770
Die Feinschmeckerbastion besteht seit mehr als 25 Jahren und wurde für ihre vorzügliche Küche und ihre edlen Weine mehrfach ausgezeichnet. Freundliche Atmosphäre mit Fotos berühmter Persönlichkeiten an den holzgetäfelten Wänden. Man hat die Wahl zwischen kostspieligen Fleischgerichten und preisgünstigeren, aber ebenso schmackhaften Nudeln oder Geflügel.

ORLANDO: Le Coq au Vin $$$
Französisch **SK** F2
4800 S Orange Ave, 32806
1-407-851-6980 Mo
Französisches Lokal, bekannt für gebratenen Fisch mit gerösteten Pekannüssen und Zitronen-*beurre blanc* (Buttersauce).

ORLANDO: FishBones $$$
Steakhouse/Seafood **SK** E2
6707 Sand Lake Rd, 32819
1-407-352-0135
Genießen Sie Steaks, Rippchen, Koteletts und Hähnchen, die am offenen Grill zubereitet werden. Es gibt auch eine Auswahl an Seafood-Gerichten.

UNIVERSAL ORLANDO®: Bubba Gump Shrimp $$
Seafood **SK** E3
6000 Universal Blvd, 32819
1-407-903-0044
Die Spezialität in dieser Filiale einer Kette sind Mac 'n' Cheese und Garnelen. Umfangreiche Speisekarte und eine Auswahl an Gerichten für Kinder in heiterer Atmosphäre.

UNIVERSAL ORLANDO®: Emeril's Orlando $$$
Kreolisch **SK** E3
6000 Universal Blvd, 32819
1-407-224-2424
Kreolische Spezialitäten in modernem New-Orleans-Ambiente mit offener Küche. Das Sortiment an edlen Tropfen umfasst mehr als 10 000 Flaschen. Man serviert auch Gerichte für Kinder.

UNIVERSAL ORLANDO®: Emeril's Tchoup Chop $$$
Asiatisch **SK** E3
6300 Hollywood Way, 32819
1-407-503-3340
Wählen Sie aus einem großen Spektrum asiatischer Gerichte, darunter Schweinefleisch in Bananenblättern, Lammkeule mit chinesischen Gewürzen und Riesengarnelen mit Knoblauch. Fabelhafte klassische Cocktails.

WALT DISNEY WORLD®: Chef Mickey's $
Amerikanisch **SK** E3
Contemporary Resort, 4600 N World Dr, 32830
1-407-824-1000
Ein tolles Vergnügen für die ganze Familie. Erfreuen Sie sich an dem reichhaltigen Buffet und treffen Sie Mickey, Minnie, Donald und ihre Freunde. Beliebt bei Kindern: die Sundae-Bar.

Beste Aussicht – Seasons 52 in Orlando

SK = Straßenkarte Florida *siehe Seite 18f*

Gut bestückte Bar des Flying Fish Café, Walt Disney World®

Vis-à-Vis-Tipp

WALT DISNEY WORLD®:
Boma - Flavors of Africa $$
Afrikanisch **SK** E3
Animal Kingdom Lodge, 2901 Osceola Pkwy, 32830
☎ 1-407-938-4744
Boma präsentiert die Farben und Gerüche eines afrikanischen Marktes mit seinen Strohdächern, Einbaumtischen und einer erstaunlichen Vielfalt an gewürztem Fleisch und Fisch, Currys sowie Makkaroni mit Käse überbacken. Nehmen Sie als Nachtisch Zebra Dome (Schokoladenmousse mit dunkler und weißer Schokolade).

WALT DISNEY WORLD®:
Bongos Cuban Café $$
Kubanisch **SK** E3
Disney Springs, 1498 E Buena Vista Dr, 32830
☎ 1-407-828-0999
Köstliche kubanische Spezialitäten wie Shrimps oder Rindergeschnetzeltes mit Reis in einem Ambiente eines Clubs im Havanna der 1950er Jahre.

WALT DISNEY WORLD®:
Cape May Café $$
Seafood **SK** E3
Beach Club Resort, 1800 Epcot Resorts Blvd, 32836
☎ 1-407-939-3463
Admiral Goofy wacht über das Frühstück, und abends gibt es traditionelle Seafood-Gerichte Neuenglands in angenehmer Strandatmosphäre.

WALT DISNEY WORLD®:
Ohana $$
Polynesisch **SK** E3
Polynesian Resort, 1600 Seven Seas Dr, 32836
☎ 1-407-824-1334
In einem Umfeld von Geschichtenerzählern, Kokosnussrennen und anderer Attraktionen bietet Ohana ausgezeichnet zubereitetes und polynesisches Essen.

WALT DISNEY WORLD®:
Whispering Canyon Café $$
Amerikanisch **SK** E3
Wilderness Lodge Resort, 901 Timberline Dr, 32830
☎ 1-407-939-3463
Blockhüttenfest mit Musik und Freizeit-Pferderennen. Genießen Sie riesige Milchshakes und S'more-Käsekuchen.

WALT DISNEY WORLD®:
California Grill $$$
International **SK** E3
Contemporary Resort, 4600 N World Dr, 32830
☎ 1-407-939-3463
California Grill bietet leckeres Sushi und andere Gerichte wie Florida-Snapper, gegrillte Steaks und Biohähnchen. Guter Wein.

Vis-à-Vis-Tipp

WALT DISNEY WORLD®:
Les Chefs de France $$$
Französisch **SK** E3
Epcot World Showcase, 32830
☎ 1-407-827-8709
Les Chefs de France befindet sich im französischen Pavillon des Epcot-Themenparks und bietet herausragende kulinarische Genüsse. Auf der Speisekarte finden sich Gerichte wie Jakobsmuscheln oder Jungentenbraten mit Kirschen. Es gibt ein Festpreismenü und Gerichte für Kinder. Als Nachtisch: Profiteroles, eine Spezialität des Hauses.

WALT DISNEY WORLD®:
Cinderella's Royal Table $$$
Amerikanisch **SK** E3
Fantasyland, Magic Kingdom Dr, 32830
☎ 1-407-934-2927
Kosten Sie märchenhafte Speisen mit Cinderella und ihrem Prinzen. Zum Essen erhalten Sie ein kostenloses Erinnerungsfoto.

WALT DISNEY WORLD®:
Flying Fish Café $$$
Seafood **SK** E3
Boardwalk Inn, 2101 Epcot Resorts Blvd, 32830
☎ 1-407-939-2359
Gehobenes Restaurant in wunderschöner Lage am Meer. Wählen Sie aus einer umfangreichen, abwechslungsreichen Speisekarte, u. a. Mahi Mahi vom Eichenholzgrill oder Snapper in Kartoffelkruste.

WALT DISNEY WORLD®:
Portobello $$$
Italienisch **SK** E3
Disney Springs, 1650 E Buena Vista Dr, 32830
☎ 1-407-934-8888
Von der hübschen Terrasse des Gourmet-Restaurants hat man einen schönen Blick auf die Lagune. Italienische Gerichte, aber auch Steaks und Seafood.

WALT DISNEY WORLD®:
Todd English's Bluezoo $$$
Seafood **SK** E3
Swan and Dolphin, 1500 Epcot Resorts Blvd, 32830
☎ 1-407-934-1111
Genießen Sie im Bluezoo Todd Englishs wunderbare Seafood-Kreationen in erstaunlichem »Unterwasser«-Ambiente. Es gibt auch Gerichte für Kinder.

WALT DISNEY WORLD®:
T-REX $$$
Amerikanisch **SK** E3
1676 E Buena Vista Dr, 32830
☎ 1-407-828-8739
Dinosaurier findet man zuhauf im T-REX. Die skurrile Speisekarte listet Paläo-Shrimps, Bronto-Burger, fossile Fish and Chips, ausgestorbene Schokolade usw.

Restaurantkategorien *siehe Seite 327* **Preiskategorien** *siehe Seite 329*

WALT DISNEY WORLD®: Victoria & Albert's $$$
Amerikanisch **SK** E3
Grand Floridian Resort, 4401 Floridian Way, 32830
1-407-939-3862
Hier trifft viktorianische Eleganz auf gehobene amerikanische Küche. Eines der besten Gourmet-Restaurants der Gegend hat ein mehrgängiges Festpreismenü im Angebot. Die Weinkarte ist außerordentlich verlockend, zu jedem Gericht gibt es den passenden Tropfen.

WALT DISNEY WORLD®: Wolfgang Puck Grand Café $$$
Amerikanisch/Japanisch **SK** E3
Disney Springs, 1482 E Buena Vista Dr, 32830
1-407-938-9653
Das Lokal verfügt über ein umfangreiches Speisenangebot von Sushi über Pizza bis hin zu anspruchsvollen Gerichten.

WINTER PARK: Café de France $$$
Französisch **SK** E2
526 Park Ave S, 32789
1-407-647-1869 ● So, Mo
Highlights in diesem schicken französischen Café sind Jungentenbraten, *coq au vin* und gegrillter Lachs, dazu werden französische und europäische Weine serviert.

WINTER PARK: Park Plaza Gardens $$$
Europäisch **SK** E2
319 Park Ave S, 32789
1-407-645-2475
Das romantische Café bietet exzellente Vorspeisen wie etwa Lammrücken, Schweinefilet oder Hummerschwanz französisch. Nutzen Sie das preisgünstige Angebot während der Happy Hour.

WINTER PARK: Ravenous Pig $$$
Gastro-Pub **SK** E2
1234 N Orange Ave, 32789
1-407-628-2333 ● So, Mo
Der Inhaber und Küchenchef bietet Standardgerichte mit anspruchsvoller Note, u. a. geräucherten Lachs und Porterhouse-Steak vom Schwein, die Spezialitäten des Hauses.

Nordosten

DAYTONA BEACH: Hog Heaven $
Amerikanisch **SK** E2
37 N Atlantic Ave, 32118
1-386-257-1212
Grillrestaurant mit den Standards: Rippchen, Schweinesteak, Hähnchen und vier Sorten Sauce. Gutes Angebot für Kinder.

Vis-à-Vis-Tipp

DAYTONA BEACH: Aunt Catfish's On the River $$$
Amerikanisch **SK** E2
4009 Halifax Dr, Port Orange, 32127
1-386-767-4768
Das Restaurant ist bekannt für seine Buffetbar. Genießen Sie gegrillten Wels, Alligator gebraten, Rippchen, Garnelen mit Kokoskruste und Salate, die mit Hushpuppies (frittierte Bällchen aus Maismehl) und den berühmten Zimtschnecken serviert werden.

DAYTONA BEACH: Azure $$$
Amerikanisch **SK** E2
2637 S Atlantic Ave, 32118
1-386-767-7356
Das Azure ist eines der besten Restaurants in Daytona Beach direkt am Meer. Spezialitäten des Hauses sind *étouffée* (Seafood und Reis mit sämiger Sauce) und Steaks.

DAYTONA BEACH: Down the Hatch $$$
Seafood **SK** E2
4894 Front St, 32127
1-386-761-4831
Das legere Esslokal mit Blick auf Ponce Inlet verwöhnt seine Gäste mit frischem Seafood, Steaks und Nudelgerichten in üppigen Portionen. Gute Tagesgerichte.

FERNANDINA BEACH: 29 South $$$
Amerikanisch **SK** E1
29 S 3rd St, 32034
1-904-799-7919
Vielseitige Speisekarte mit leichten Gerichten und interessanten Vorspeisen wie Garnelen mit Grits (Maisgrieß), Wildlachs und Rippchen, auch Pizzas und Salate.

FERNANDINA BEACH: Joe's 2nd Street Bistro $$$
Amerikanisch **SK** E1
14 S 2nd St, 32034
1-904-321-2558
Stilvolles Restaurant in einem restaurierten Gebäude aus dem frühen 20. Jahrhundert mit einem schönen Innenhof. Auf der Speisekarte stehen Tilapia mit Mandelkruste, Lammkeule und Pasta.

FERNANDINA BEACH: Salt $$$
Amerikanisch **SK** E1
2750 Amelia Island Pkwy, 32034
1-904-277-1100 ● Mo
Preisgekröntes Restaurant für den gehobenen Anspruch. Man serviert gegrilltes Fleisch in vielen Variationen. Verlockend sind auch die Tagesgerichte und die dekadenten Soufflés als Dessert.

GAINESVILLE: Harry's Seafood Bar & Grill $$
Seafood/Creole **SK** D2
110 SE 1st St, 32601
1-352-372-1555
Probieren Sie typische Gerichte aus New Orleans wie Jambalaya, Langusten, Garnelen kreolisch, außerdem Krabbenkuchen, Bratenteller und reichlich Salat.

GAINESVILLE: Paramount Grill $$
Amerikanisch **SK** D2
12 SW 1st Ave, 32601
1-352-378-3398
Ansprechendes Restaurant in der Innenstadt. Der Küchenchef und Inhaber kombiniert frische Zutaten zu überragenden Speisen, die von ausgezeichneten amerikanischen und internationalen Weinen begleitet werden.

Geflügelgericht im Café de France, Winter Park

Trendiges Flair: Florida Cracker Café, St. Augustine

JACKSONVILLE:
Clark's Fish Camp $$
Amerikanisch **SK** E1
12903 Hood Landing Rd, 32258
☎ 1-904-268-3474
Die Speisekarte des rustikalen, ungewöhnlichen Lokals präsentiert Seafood-Klassiker, aber auch Alligator-, Känguru- und Straußensteaks.

JACKSONVILLE: bb's $$$
Amerikanisch **SK** E1
1019 Hendricks Ave, 32207
☎ 1-904-306-0100 ● So
Beliebtes Restaurant mit leichter Kost, aber auch anspruchsvollen Seafood-Gerichten. Wochentags am Abend spezielle Angebote.

JACKSONVILLE: Biscottis $$$
Amerikanisch **SK** E1
3556 St. Johns Ave, 32205
☎ 1-904-387-2060
Zum Dekor des eleganten Lokals gehören Kunstwerke. Opulente Salate, Abendspezialitäten, köstliche Desserts, Kindergerichte.

JACKSONVILLE: Bistro Aix $$$
Amerikanisch **SK** E1
1440 San Marco Blvd, 32207
☎ 1-904-398-1949
Das angesagte Bistro in Jacksonvilles Altstadt serviert leichte Gerichte wie Pizza und französische Köstlichkeiten wie Muscheln und Steaks mit Pommes frites.

Vis-à-Vis-Tipp

JACKSONVILLE:
Matthew's Restaurant $$$
Amerikanisch **SK** E1
2107 Hendricks Ave, 32207
☎ 1-904-396-9922 ● So
Im Weinkeller des Feinschmeckerrestaurants in reizvoller Umgebung lagern mehr als 2000 edle Tropfen. Matthew Medures anspruchsvoll präsentierte, erstklassige Gerichte sind ihren Preis wert. Exzellente Vorspeisen wie Seesaibling mit Pistazienkruste, Steaks mit Portobellopilzen und Gorgonzola. Probieren Sie als Dessert Schokoladenkuchen oder Ricotta-Käsekuchen. Am Wochenende Live-Musik.

JACKSONVILLE: Orsay $$$
Französisch **SK** E1
3630 Park St, 32205
☎ 1-904-381-0909
Restaurant mit Brasserie-Speisekarte: Seezunge, *duck à l'orange* und *coq au vin*. Wochentags preiswerte Festpreismenüs.

JACKSONVILLE BEACH: Mojo $
Amerikanisch **SK** E1
1500 Beach Blvd, 32250
☎ 1-904-247-6636
Mojo ist Räucherkammer, Grillplatz und Bluesbar in einem. Es bringt gute Südstaaten-Grillgerichte auf den Tisch. Checken Sie das Programm für einen wundervollen Abend mit Bluesmusik.

Einrichtung mit Stil – Orsay in Jacksonville

JACKSONVILLE BEACH:
Marker 32 $$$
Seafood/Amerikanisch **SK** E1
14549 Beach Blvd, 32250
☎ 1-904-223-1534 ● So
Genießen Sie Spezialitäten wie Makrele und Schweinekoteletts, während hinter dem Intercoastal Waterway die Sonne untergeht.

OCALA:
Sonny's Real American $
Barbecue **SK** E2
4102 E Silver Springs Blvd, 34470
☎ 1-352-236-1012
Sonny's ist eine allgegenwärtige Kette mit sehr guten Grillgerichten zu moderaten Preisen.

OCALA: Arthur's Bistro $$$
Südstaatenküche **SK** E2
3600 SW 36 Ave, 34474
☎ 1-352-390-1515
Südstaaten-Köstlichkeiten wie Rippchen, Bayou-Garnelen und gegrillter Zackenbarsch und einfache Sandwiches.

ORMOND BEACH:
Frappe's North $$$
Amerikanisch **SK** E2
123 W Granada Blvd, 32174
☎ 1-386-386-4888
Genießen Sie leckere Gerichte aus Bioprodukten: *saltimbocca* vom Schwein (mariniertes Fleisch mit Schinken und Salbei), Cajun-Hähnchen, Shrimps oder Gelbflossenthunfisch.

ORMOND BEACH:
Stonewood Grill & Tavern $$$
Steakhouse **SK** E2
100 S Atlantic Ave, 32176
☎ 1-386-671-1200
In der gemütlichen Taverne erhält man Grillspezialitäten wie Steaks und Koteletts, aber auch Seafood, Burger und Sandwiches.

PONTE VEDRA BEACH:
Palm Valley Fish Camp $$
Seafood **SK** E1
299 N Roscoe Blvd, 32082
☎ 1-904-285-3200
Dank seiner großen Auswahl an frischem Fisch, Austern und anderen Seafood-Gerichten hat das kleine Lokal eine treue Gemeinde von Stammgästen.

ST. AUGUSTINE:
Florida Cracker Café $$
Amerikanisch **SK** E1
81 St. George St, 32084
☎ 1-904-829-0397
Das Café bietet eine Speisekarte mit einheimischer Kost wie Garnelen mit Grits (Maisgrieß), Hacksteaks oder Sandwiches und den

Restaurantkategorien *siehe Seite 327* **Preiskategorien** *siehe Seite 329*

Dezent beleuchteter Speisesaal des 95 Cordova in St. Augustine

berühmten Key Lime Pie (Limettenkuchen). Gute Auswahl an Biersorten.

ST. AUGUSTINE: The Floridian $$
Amerikanisch SK E1
39 Cordova St, 32084
1-904-829-9655 Di mittags
Genießen Sie die Lebensart der Südstaaten – Mac 'n' Cheese mit Garnelen, Hähnchen und Waffeln, zudem Sandwiches, Salate und vegetarische Gerichte.

ST. AUGUSTINE: Gypsy Cab Company $$
Seafood SK E1
838 Anastasia Blvd, 32808
1-904-824-8244
Angesehenes Restaurant mit einfallsreichen Kombinationen wie Lachs und Jakobsmuscheln provençales sowie Steak und Shrimps Carbonara. Sonntags Brunch.

ST. AUGUSTINE: Columbia $$$
Spanisch SK E1
98 St. George St, 32084
1-904-824-3341
Das betriebsame Schwesterlokal eines berühmten Restaurants in Tampa zeigt Haciendastil und bietet gut zubereitete spanisch-kubanische Gerichte.

Vis-à-Vis-Tipp

ST. AUGUSTINE: Costa Brava at 95 Cordova $$$
International SK E1
95 Cordova St, 32084
1-904-824-0402
Sitzen Sie auf bequemen Sesseln zwischen Säulen, Bogen und schmiedeeisernen Kronleuchtern. Das Restaurant im Casa Monica Hotel bietet spanische und mediterrane Genüsse, darunter viel Seafood (u. a. Jakobsmuscheln).

ST. AUGUSTINE: Raintree $$$
Amerikanisch SK E1
102 San Marco Ave, 32084
1-904-824-7211
Beliebtes Restaurant in einem viktorianischen Gebäude mit schönem Innenhof. Man serviert Steaks, Beef Wellington sowie Fisch und Meeresfrüchte. Der Service ist exzellent.

Panhandle

APALACHICOLA: Up the Creek Raw Bar $
Seafood SK B2
313 Water St, 32320
1-850-653-2525
Das legere Lokal mit Terrasse am Ufer ist der richtige Ort, um die berühmten Apalachicola-Austern zu probieren. Versuchen Sie auch andere Spezialitäten des Hauses. Biertrinker haben hier eine große Auswahl.

APALACHICOLA: Owl Café $$
Seafood/Amerikanisch SK B2
15 Ave D, 32320
1-850-653-9888
Zum Angebot des netten Cafés gehören heimische Austern, Zackenbarsch, Pasta, Krabbenkuchen und viele weitere Köstlichkeiten. Das Owl Café ist ein guter Ort für einen Sonntagsbrunch.

APALACHICOLA: Tamara's Café Floridita $$
Spanisch SK B2
71 Market St, 32320
1-850-653-4111 Mo
Das nette und entsprechend beliebte Café mit Ziegelwänden und ansprechend heller Einrichtung serviert solide spanische Kost: Tapas, Paella, Zackenbarsch und Hähnchen.

DESTIN: Donut Hole $
Amerikanisch SK A1
6475 US 98 West, 32459
1-850-267-3239
Eine ausgezeichnete Wahl für ein leckeres Frühstück: Corned Beef, Omeletts, Eggs Benedict, Sandwiches, Burger und Salate sowie eine riesige Auswahl an Donuts.

DESTIN: The Back Porch $$
Seafood SK A1
1740 Old Hwy 98, 32541
1-850-837-2022
Von der Veranda des legeren Seafood-Lokals hat man einen schönen Blick auf den Strand und die Bucht. Highlights sind Austern und gegrillte Makrele.

DESTIN: Marina Café $$$
Amerikanisch/Seafood SK A1
404 Hwy 98 E, 32541
1-850-837-7960
Eleganter Speiseraum mit maritimem Dekor, von der Terrasse hat man herrlichen Blick auf den Hafen. Zum Speisenangebot gehören Steaks und Seafood, aber auch Holzofenpizza, Pasta und Sushi, dazu der passende Wein.

FORT WALTON BEACH: Pandora's Steakhouse $$$
Steakhouse SK A1
1120B Santa Rosa Blvd, 32548
1-850-244-8669 Mo
In dem familiengeführten Steakhouse werden die Fleischstücke am offenen Holzofen gegrillt. Im Angebot sind auch Seafood und Gerichte für Kinder.

GRAYTON BEACH: Picolo's Restaurant and the Red Bar $$
Seafood SK B1
70 Hotz Ave, 32459
1-850-231-1008
Entspanntes Restaurant mit Live-Jazz. Auf der Speisekarte stehen einfache Seafood-Gerichte.

PANAMA CITY BEACH: Hunt's Oyster Bar $$
Seafood SK B1
1150 Beck Ave, 32401
1-850-763-9645 So
Schlichtes Restaurant in Familienbesitz. Man serviert frische Apalachicola-Austern – roh oder gegart. Werktags preisgünstige Abendspezialitäten.

PANAMA CITY BEACH: Schooners $$
Seafood SK B1
5121 Gulf Dr, 32408
1-850-235-3555
Fantastische Lage in Strandnähe. Das Lokal bietet solide Seafood-Gerichte, oft wird Live-Musik gespielt. Angebote für Frühbucher.

PANAMA CITY BEACH: Capt. Anderson's $$$
Seafood SK B1
5551 N Lagoon Dr, 32408
1-850-234-2225 So
Beobachten Sie in einem Hafenlokal, das seit 1953 besteht, wie von den Fischerbooten der frische Fang ausgeladen wird. Probieren Sie gegrillte Garnelen und Hummerschwänze aus Südafrika.

Vis-à-Vis-Tipp

PANAMA CITY BEACH: Firefly $$$
Amerikanisch SK B1
535 Richard Jackson Blvd, 32407
1-850-249-3359
Firefly ermöglicht Ihnen ein sensationelles kulinarisches Erlebnis in romantischer Atmosphäre unter einem riesigen Eichenbaum. Die Speisekarte für Anspruchsvolle präsentiert Speisen wie Krabbensuppe, Lammrücken, Red Snapper mit Andouille-Wurst, Schweinekoteletts und Hummerschwänze. In der Library Lounge gibt es eine große Auswahl an Martinis.

PENSACOLA: Cactus Flower Café $$
Mexikanisch SK A1
1425 M 12th Ave, 32502
1-850-912-4856 So
Das Lokal ist populär wegen seiner Mahi-Mahi-Fisch-Tacos und seiner mexikanischen Klassiker wie Quesadillas und Burritos.

PENSACOLA: Five Sisters Blues Café $$
Amerikanisch SK A1
421 W Belmont St, 32501
1-850-912-4856
Genießen Sie Live-Musik und Südstaaten-Klassiker wie Gumbo, Brathähnchen, Krabbenkuchen, Pulled Pork oder Schmorbraten. Exzellenter Sonntagsbrunch.

Vis-à-Vis-Tipp

PENSACOLA: Dharma Blue $$$
Amerikanisch SK A1
300 S Alcaniz St, 32502
1-850-433-1275 So
Das Dharma Blue befindet sich in einem schönen viktorianischen Gebäude mit Blick auf den historischen Seville Square. Erleben Sie kulinarischen Hochgenuss mit Speisen wie gebratenen Fisch mit Garnelen, gegrillte Entenbrust, Rinderfilet oder Schweinekoteletts.

PENSACOLA: McGuire's Irish Pub $$$
Gastro-Pub SK A1
600 E Gregory St, 32502
1-850-433-6789
Das Restaurant ist Steakhouse, Pub, Brauerei und Weinkeller in einem. Man erhält leckere irische Eintopfgerichte, Corned Beef mit Kohl und Seafood. Die riesigen Burger sind sehr zu empfehlen.

SANTA ROSA BEACH: Fish Out of Water $$$
Seafood SK B1
Watercolor Inn, 34 Goldenrod Circle, 32459
1-850-534-5050
Das preisgekrönte Restaurant liegt unweit von Grayton Beach. Die Zubereitung der Speisen ist von der Südstaatenküche inspiriert, man verwendet nur frische Zutaten. Leckere Abendcocktails.

SEAGROVE BEACH: Café 30A $$$
Amerikanisch SK B1
3899 E County Hwy 30A, 32459
1-850-231-2166
Schöner Speisesaal mit mehreren Ebenen. Die Speisen wie Seafood, Grillfleisch und Pizzas werden im Holzofen zubereitet.

SEASIDE: Bud & Alley's $$$
Amerikanisch SK B1
2236 E County Rd 30A, 32459
1-850-231-5900
Der Schwerpunkt der Speisekarte in diesem Strandrestaurant liegt auf Seafood. Es gibt aber auch Tacos, Pizzas und Kindergerichte.

SEASIDE: Great Southern Café $$$
Amerikanisch SK B1
83 Central Square, 32459
1-850-231-7327
Wie der Name sagt, gibt es Spezialitäten der Südstaatenküche wie Grits à Ya Ya (Schinken, Pilze, Spinat und Garnelen mit Sauce).

TALLAHASSEE: Dog et Al $
Amerikanisch SK C1
1456 Monroe St, 32301
1-850-222-4099 So
Beliebter Treffpunkt, wo man Hotdogs in allen Varianten zubereitet: große, kleine, mit Mehrkornbrötchen, mit Putenwurst, dazu Chili, Käse oder Sauerkraut.

TALLAHASSEE: Mom & Dad's $$
Italienisch SK C1
4175 Apalachee Pkwy, 32311
1-850-877-4518 So, Mo
Das Speiselokal befindet sich in Familienbesitz und bringt seit mehr als 50 Jahren traditionelle italienische Gerichte auf den Tisch. Umfangreiche Auswahl an Weinen.

TALLAHASSEE: Azu Lucy Ho's $$$
Asiatisch SK C1
3220 Apalachee Pkwy, 32311
1-850-893-4112
Genießen Sie chinesische Speisen und japanische Gerichte wie Sushi und Tempura in einem der besten Asia-Restaurants der Stadt. Lecker: Rindfleisch mit Mango und Garnelen mit Ananas.

Terrasse des Schooners am Strand von Panama City Beach

TALLAHASSEE:
Cypress Restaurant $$$
Amerikanisch **SK** C1
320 E Tennessee St, 32301
1-850-513-1100 So, Mo
Der Küchenchef und Inhaber brilliert mit einer anspruchsvollen Speisekarte: glasierte Entenbrust, Zackenbarsch mit Pekankruste sowie Shrimps und Grits (Maisgrieß). Teuer, aber es lohnt sich.

TALLAHASSEE:
Kool Beanz Café $$$
Karibisch **SK** C1
921 Thomasville Rd, 32303
1-850-224-2466
Trendiges, etwas lautes Café mit fabelhafter Kost: gewürzte Jakobsmuscheln oder Garnelen mit Limetten und Basilikum. Toller Brunch.

Golfküste

Vis-à-Vis-Tipp

ANNA MARIA ISLAND:
Beach Bistro $$$
Amerikanisch **SK** D3
6600 Gulf Dr, Holmes Beach, 34217
1-941-778-6444
Beach Bistro ist eines der besten Restaurants in Florida und der richtige Ort für ein romantisches Diner mit Blick aufs Meer bei Sonnenuntergang. Zu den Spezialitäten gehören Zackenbarsch mit Cashew-Kokos-Kruste, *bouillabaisse* mit Hummerschwanz, sündhaft leckeres Roastbeef, *foie gras* und süße Röllchen mit *sauce béarnaise*.

ANNA MARIA ISLAND:
Sign of the Mermaid $$$
Amerikanisch/Europäisch **SK** D3
9707 Gulf Dr, 34216
1-941-778-9399
Wundervoll gestaltetes Restaurant in einem restaurierten Landhaus von 1912. Wählen Sie aus einer großen Bandbreite an Florida-Gerichten und europäischen Speisen. Außerdem serviert man sehr gute Desserts und internationale Weine.

CAPTIVA ISLAND:
Bubble Room $$$
Amerikanisch **SK** E4
15001 Captiva Rd, 33924
1-239-472-5558
Essen Sie Steaks und Seafood in kitschigem Ambiente mit Spielzeug, Jukeboxes, alten Schallplatten und Weihnachtsbeleuchtung.

Dem Meer ganz nahe: Beach Bistro, Anna Maria Island

CAPTIVA ISLAND:
Mucky Duck $$$
Amerikanisch/Seafood **SK** E4
11546 Andy Rosse Ln, 33924
1-239-472-3434
Das legere Strandcafé serviert leckere Speisen wie Zackenbarsch, Kokosgarnelen, Jungentenbraten und Masala-Hähnchen.

CAPTIVA ISLAND:
Old Captiva House $$$
Amerikanisch/Seafood **SK** E4
15951 Captiva Dr, 33924
1-239-472-5161
Gourmet-Küche in einem zauberhaften Gebäude aus dem Jahr 1931. Genießen Sie eine schönes Diner bei Klaviermusik.

CLEARWATER BEACH:
Frenchy's South Beach Café $$
Amerikanisch **SK** D3
351 S Gulfview Dr, 33767
1-727-441-9991
Lässiges Strandcafé, die Spezialität des Hauses sind Sandwiches mit Zackenbarschfilet. Es gibt auch Krabbensuppe, Salate, Rippchen, Seafood Teller und Pasta.

CLEARWATER BEACH:
The Lobster Pot Bistro $$$
Seafood **SK** D3
478 Mandalay Ave, 33767
1-727-446-8809
Menü mit Amerikanischem Hummer, Steak und Hummercremesuppe. Donnerstags bis sonntags erklingt auf der Terrasse Live-Jazz. Im Angebot sind auch Gerichte für Kinder.

DUNEDIN: Bon Appetit $$$
Amerikanisch **SK** D3
150 Marina Plaza, 34698
1-727-733-2151
Gehobenes Strandrestaurant, wo man auch im Freien sitzen kann. Die Speisekarte präsentiert viele gut zubereitete Köstlichkeiten. Preisgünstiges Abendmenü.

FORT MYERS: The Veranda $$$
Amerikanisch **SK** E4
2122 2nd St, 33901
1-239-332-2065 So
Restaurant in einem charmanten alten Haus. Geboten ist gehobene Südstaatenküche. Probieren Sie Zackenbarsch auf Grits (Maisgrieß), Hähnchen mit Garnelen oder Snapper mit Krebsen.

Vis-à-Vis-Tipp

LONGBOAT KEY:
Euphemia Haye $$$
Europäisch **SK** D3
5540 Gulf of Mexico Dr, 34228
1-941-383-3633
Ein Haus in tropischer Umgebung birgt dieses vornehme Restaurant. Im Erdgeschoss können Sie Gourmet-Küche genießen mit Speisen wie Snapper in Pistazienkruste, Lammkeule und Jungentenbraten. Das Haye Loft im Obergeschoss bietet Live-Musik, Drinks, Pizza und eine Dessertbar mit Köstlichkeiten wie Apfel-Walnuss-Torte.

LONGBOAT KEY:
Pattigeorge's $$$
Asiatisch **SK** D3
4120 Gulf of Mexico Dr, 34228
1-941-383-5111
Anspruchsvolles Restaurant mit herrlichem Blick auf die Bucht. Zum asiatischen Speisenangebot gehören schmackhafte Wok-Gerichte, aber auch Dim Sum und Sushi.

SANIBEL ISLAND: Island Cow $$
Amerikanisch **SK** E4
2163 Periwinkle Way, 33957
1-239-472-0606
Das Lokal bietet sehr preisgünstige Frühstücksmahlzeiten, Burger, Sandwiches und Fisch, variantenreich zubereitet.

SK = Straßenkarte Florida *siehe Seite 18f*

SANIBEL ISLAND: Mad Hatter $$$
Amerikanisch **SK** E4
6467 Sanibel-Captiva Rd, 33957
1-239-472-0033 Mo
Die Speisekarte des Strandcafés wechselt je nach Jahreszeit: Shrimps im Filoteig, Jakobsmuscheln mit schwarzen Trüffeln und Jungentenbraten.

SANIBEL ISLAND: Timbers Restaurant and Fish Market $$$
Seafood **SK** E4
703 Tarpon Bay Rd, 33957
1-239-395-2722
Lebhafter, geschäftiger Ort mit frischem Seafood, Chowder (Fischsuppe) und gemischten Platten. Knusprig gebratener Zackenbarsch und leckere Steaks.

SARASOTA: Nancy's Bar-B-Q $
Amerikanisch **SK** D3
301 S Pineapple Ave, 34236
1-941-366-2271 So
Es lohnt sich, hier anzustehen für großartige Grillgerichte wie Pulled Pork, Rinderbrust, Hähnchen, Rippchen, Lachs und schmackhafte Beilagen.

SARASOTA: Yoder's $
Amerikanisch **SK** D3
3434 Bahia Vista St, 34239
1-941-955-7771 So
Seit 1975 bekommt man hier Amish-Köstlichkeiten: üppiges Frühstück, Brathähnchen und köstliche Kuchen wie Erdnussbutterkuchen. Kein Alkohol.

SARASOTA: Café L'Europe $$$
Französisch **SK** D3
431 St. Armands Circle, 34236
1-941-388-4415
Feinschmeckerbastion in großartigem Ambiente. Kulinarische Highlights sind Seezunge und *chateaubriand* (Doppellendensteak). Festpreismenü am frühen Abend.

SARASOTA: Michaels on East $$$
Amerikanisch **SK** D3
1212 E Ave S, 34239
1-941-366-0007 So
Das Nobelrestaurant bietet unter dem Titel »Epikureische Abenteuer« Abendmenüs mit Rezepten diverser Nationalküchen. Die Gäste haben die Wahl zwischen mehr als 350 edlen Tropfen.

ST. PETE BEACH: Madfish $$$
Amerikanisch **SK** D3
5200 Gulf Blvd, 33706
1-727-360-9200
In dem gehobenen, informellen Restaurant bekommt man ein vorzügliches Frühstück und wundervolle Abendmahlzeiten.

ST. PETE BEACH: Maritana Grille $$$
Europäisch **SK** D3
Don Cesar Hotel, 3400 Gulf Blvd, 33706
1-727-360-1882
Gehobenes Restaurant mit stilvollem Speisesaal. Probieren Sie erstklassige Spezialitäten wie gegrilltes Seafood, Steaks, Wild oder Lammrücken.

ST. PETERSBURG: The Moon Under Water $$
Gastro-Pub **SK** D3
332 Beach Dr NE, 33701
1-727-896-6160
Angesagtes Pub mit britischen und indischen Einflüssen. Man hat die Wahl zwischen 17 verschiedenen Fassbieren. Fish and Chips, Currys, Burger und köstliche Torten.

ST. PETERSBURG: Red Mesa Cantina $$
Mexikanisch **SK** D3
128 3rd St S, 33701
1-727-896-8226
Exzellente mexikanische Kost in farbenfrohem Ambiente, u. a. Tortillas, Tacos, Burritos und *ceviche* (Seafood mariniert in Limettensaft). Live-Musik und verführerische Cocktails in der Tequilabar.

ST. PETERSBURG: Cassis American Brasserie $$$
Französisch/Amerikanisch **SK** D3
170 Beach Dr NE, 33701
1-727-827-2927
Die elegant eingerichtete, trendige Brasserie serviert überragendes Seafood an Tischen auf dem Bürgersteig. Es gibt eine eigene Karte für Hunde.

TAMPA: Cigar City Cider & Mead $
Weinlokal **SK** D3
1812 N 15th St, Ybor City, 33605
1-813-242-6600
Modernes Weinlokal mitten im ehemaligen Latino-Zentrum Ybor City. Das Sortiment an Cider ist mehr als üppig. Auch wer Honigwein liebt, ist hier richtig.

TAMPA: Mel's Hot Dogs $
Amerikanisch **SK** D3
4136 Busch Blvd, 33617
1-813-986-8000 So
Das legendäre Lokal nahe Busch Gardens besteht schon seit Anfang der 1970er Jahre. Es gibt Hotdogs und fabelhafte Burger.

TAMPA: Bella's Italian Café $$
Italienisch **SK** D3
1413 S Howard Ave, 33606
1-813-254-3355
Seit mehr als 25 Jahren bringt dieses freundliche Café Holzofenpizzas und andere traditionelle italienische Kost auf den Tisch. Spätabends Happy Hour.

TAMPA: Bern's Steakhouse $$$
Steakhouse **SK** D3
1208 S Howard Ave, 33606
1-813-251-2421
Das Restaurant ist bekannt für seine opulente Einrichtung, seine erstklassig zubereiteten Steaks und seine köstlichen, dekadenten Desserts.

TAMPA: Ceviche Tapas Bar and Restaurant $$$
Spanisch **SK** D3
2500 W Azeele St, 33609
1-813-250-0203
Restaurant mit Live-Musik und Flamenco-Darbietungen. Man hat

Legere Atmosphäre im Island Cow, Sanibel Island

die Wahl zwischen Hunderten von leckeren Tapas, Paella und *ceviche* (Seafood mariniert in Limettensaft).

Vis-à-Vis-Tipp

TAMPA:
Columbia Restaurant **$$$**
Spanisch **SK** D3
2117 E 7th Ave, Ybor City, 33605
☎ 1-813-248-4961
Floridas ältestes Restaurant verströmt spanisches Flair und belegt einen ganzen Häuserblock. Trotz seiner Größe ist es dem familiengeführten Lokal gelungen, das hohe Niveau seiner spanisch-kubanischen Küche zu halten. Spezialitäten des Hauses sind Paella und Snapper Alicante. Abends Flamencotanz (außer sonntags).

TAMPA: Mise en Place **$$$**
Amerikanisch **SK** D3
442 W Kennedy Blvd, 33606
☎ 1-813-254-5373 ● So, Mo
Dieses Restaurant ist der perfekte Ort für besondere Anlässe. Der Braten vom Kobe-Rind und Lammrücken sind sehr empfehlenswert.

TAMPA: The Refinery **$$$**
Amerikanisch **SK** D3
5137 N Florida Ave, 33603
☎ 1-813-237-2000
Die wöchentlich wechselnde Speisekarte zeugt von kulinarischer Raffinesse. Zu den Highlights gehören Makrele mit Fenchel und Koriander sowie Hähnchen mit Dijon-Butter.

Vis-à-Vis-Tipp

TAMPA: Restaurant BT **$$$**
Französisch **SK** D3
2507 S MacDill Ave, 33629
☎ 1-813-258-1916 ● So
Feinschmecker kommen von weit her, um die raffinierte Mischung aus französischen und vietnamesischen Geschmacksrichtungen in diesem eleganten Restaurant zu genießen. Bemerkenswerte Kreationen des Küchenchefs sind Snapper Saigon, Viet-Bouillabaisse, Côte-Basque-Garnelen und Ente in Mangosauce.

VENICE: Sharky's on the Pier **$$**
Seafood **SK** D4
1600 S Harbor Dr, 34285
☎ 1-941-488-1456
Das populäre Strandrestaurant mit belebter Tiki-Bar serviert Snacks und Sandwiches, aber auch Hauptmahlzeiten. Mittwoch bis Samstag Live-Musik.

Urige Getränkepräsentation im The Refinery, Tampa

Everglades und Keys

EVERGLADES:
City Seafood and Market **$**
Seafood **SK** E5
702 Begonia St, 34139
☎ 1-239-695-4700
Das Café am Flussufer bietet schmackhafte Sandwiches, fangfrisches Seafood wie Steinkrabben und Shrimps, aber auch Alligatorschwanz und Froschschenkel. Als Nachspeise gibt es z. B. Key Lime Pie und köstliche Eiscreme.

EVERGLADES:
Coopertown Restaurant **$**
Seafood **SK** E5
22700 SW 8 St, 33194
☎ 1-305-226-6048
Schnappen Sie sich einen Pappteller und schlagen Sie sich den Bauch voll mit ausgewählten Spezialitäten wie Alligatorschwanz, Froschschenkel und Wels. Das Coopertown ist auch bekannt für gutes Frühstück.

ISLAMORADA: Marker 88 **$$$**
Seafood **SK** F5
88000 Overseas Hwy, 33070
☎ 1-305-852-9315
Genießen Sie gehobene Küche in einem entspannten Strandlokal. Man serviert exzellentes Seafood, aber auch Fleischgerichte.

ISLAMORADA: Pierre's **$$$**
Französisch **SK** F5
81600 Overseas Hwy, MM 81,6, 33036
☎ 1-305-664-3225
Pierre's ist das perfekte Lokal für besondere Anlässe. Es garantiert gehobene Küche und großartigen Ausblick von der Terrasse. Köstliches Seafood und Steaks.

ISLAMORADA:
Wahoo's Bar and Grill **$$$**
Seafood **SK** F5
83413 Overseas Hwy, MM 83,5, 33036
☎ 1-305-664-9888 ● So
Beobachten Sie die Fischerboote, während Sie sich an frisch gefangenem Snapper, Zackenbarsch oder Thunfisch gütlich tun. Es gibt auch Sandwiches.

KEY LARGO:
Mrs. Mac's Kitchen **$$**
Seafood **SK** F5
99336 Overseas Hwy, MM 99,4, 33037
☎ 1-305-451-6227 ● So
Suchen Sie Mrs. Mac's Kitchen auf, um traditionelle Südstaatenküche zu genießen: Chili, Muschelsuppe, Krabbenkuchen, Fisch des Tages und Kuchen.

KEY LARGO: Fish House Restaurant and Market **$$$**
Seafood **SK** F5
102401 Overseas Hwy, MM 102,4, 33037
☎ 1-305-451-4665
Lassen Sie den Fang des Tages nach Ihren Wünschen zubereiten: gebraten, frittiert, gegrillt oder »blackened« (stark angebraten). Man serviert auch schmackhafte Fleisch- und Nudelgerichte.

KEY WEST: Banana Café **$$**
Französisch **SK** E5
1215 Duval St, 33040
☎ 1-305-294-7227
Das Bistro bietet Seafood-Crêpes, Rib-Eye-Steaks und sautierten Snapper sowie gutes Frühstück.

KEY WEST: Camille's **$$**
Amerikanisch **SK** E5
1202 Simonton St, 33040
☎ 1-305-296-4811
Das familienfreundliche Restaurant bietet exzellentes Frühstück wie Crab Benedict und Abendmahlzeiten wie Krabbenkuchen.

SK = Straßenkarte Florida *siehe Seite 18f*

KEY WEST: Mangia Mangia Pasta Café $$
Italienisch/Seafood **SK** E5
900 Southard St, 33040
☎ 1-305-294-2469
Hausgemachte Pasta dominiert die Speisekarte bei Mangia Mangia, außerdem gibt es Scampi, Mahi Mahi und Hähnchen. Die Hummer-Linguini sind ein Muss.

KEY WEST: Mangoes $$
Amerikanisch **SK** E5
700 Duval St, 33040
☎ 1-305-292-4606
Abwechslungsreiche Speisekarte mit vielen Seafood-Optionen und, wie der Name sagt, Drinks wie Mangorita und Mango-Colada. Die schöne Terrasse eignet sich zum Leutebeobachten.

KEY WEST: Sarabeth's Kitchen $$
Amerikanisch **SK** E5
530 Simonton St, 33040
☎ 1-305-293-8181 ● Mo, Di
Der Ableger eines New Yorker Lokals ist bekannt für sein Brunch und seine Mittagsmahlzeiten. Hervorragende Suppen und Salate, Fleisch- und Fischgerichte.

Vis-à-Vis-Tipp

KEY WEST: Seven Fish $$
Amerikanisch **SK** E5
632 Olivia St, 33040
☎ 1-305-296-2777 ● Di
Halten Sie sich fern von den Urlauberströmen und entdecken Sie ein Eckbistro, das bei Einheimischen sehr beliebt ist. Die Speisekarte bietet Mahi Mahi und Fleischgerichte, aber auch Überraschungen wie etwa Bananenhähnchen oder Nudeln mit Krabben und Shitakepilzen. Reservieren Sie rechtzeitig.

KEY WEST: El Siboney $$
Kubanisch **SK** E5
900 Catherine St, 33040
☎ 1-305-296-4184
Probieren Sie hausgemachte kubanische Kost zu günstigen Preisen. Rufen Sie etwa eine Stunde vorher an, um Paella zu bestellen. Fragen Sie nach der Tageskarte.

KEY WEST: Sloppy Joe's Bar $$
Amerikanisch **SK** E5
201 Duval St, 33040
☎ 1-305-294-5717
Die berühmte, freundliche Kneipe, wo Ernest Hemingway einst verkehrte, bietet Live-Musik und typische Pubkost. Serviert werden auch Fassbier und reiches Angebot an Drinks.

An der Straßenecke: Mangia Mangia Pasta Café in Key West

KEY WEST: La Trattoria Restaurant $$
Italienisch **SK** E5
3593 S Roosevelt Blvd, 33040
☎ 1-305-295-6789
Genießen Sie Klassiker der italienischen Küche in entspannter Atmosphäre. Exzellente Martinis. Live-Musik.

KEY WEST: A&B Lobster House $$$
Seafood **SK** E5
700 Front St, 33040
☎ 1-305-294-5880
Das Restaurant in günstiger Hafenlage serviert fangfrisches Seafood, exzellente Hummerschwänze mit Pekan-Reis-Kruste und herrliche Steaks.

KEY WEST: Antonia's Restaurant $$$
Italienisch **SK** E5
615 Duval St, 33040
☎ 1-305-294-6565
Hoch angesehenes, italienisches Restaurant der Extraklasse mit umfangreicher Speisekarte und reichem Angebot an Weinen. Reservierung notwendig.

KEY WEST: Blue Heaven $$$
Amerikanisch **SK** E5
729 Thomas St, 33040
☎ 1-305-296-8666
Angesagter Treffpunkt mit Live-Musik und völlig unpassendem Dekor. Sagenhaftes Seafood wie Hummer und Steinkrabben.

KEY WEST: Café Marquesa $$$
Amerikanisch **SK** E5
600 Fleming St, 33040
☎ 1-305-292-1244
Die erstaunliche Speisekarte des gehobenen, intimen Restaurants hält interessante Gerichte wie Entenbrust mit Geflügel-Apfel-Wurst bereit.

Vis-à-Vis-Tipp

KEY WEST: Café Sole $$$
Französisch/Amerikanisch **SK** E5
1029 Southard St, 33040
☎ 1-305-294-0230
An der Spitze des kleinen Cafés steht ein talentierter Küchenchef, der die provenzalische Küche mit den Aromen Floridas zusammenbringt: Hummersuppe und französische Zwiebelsuppe, Muschel-Carpaccio und Jungentenbraten *l'orange*. Spezialität ist Snapper in roter Pfeffersauce, ein erstklassiger Speisefisch mit weißem Fleisch.

KEY WEST: HarbourView Café $$$
Seafood **SK** E5
Pier House Resort, 1 Duval St, 33040
☎ 1-305-296-4600
Das Strandrestaurant bietet frisches Seafood und Standardgerichte. Von der Terrasse haben Sie eine grandiose Aussicht. Live-Musik in der Pianobar.

KEY WEST: Louie's Backyard $$$
Amerikanisch **SK** E5
700 Waddell Ave, 33040
☎ 1-305-294-1061
Herrlicher Blick auf den Ozean und fabelhafte, mit karibischen Gewürzen verfeinerte Speisen.

KEY WEST: Michael's Key West $$$
Amerikanisch **SK** E5
532 Margaret St, 33040
☎ 1-305-295-1300

Die Gourmet-Speisen nimmt man bei Michael's im förmlichen Speiseraum, im romantischen Innenhof oder im Garten ein.

KEY WEST: Pisces $$$
Seafood SK E5
1007 Simonton St, 33040
1-305-294-7100
Zum modernen Dekor gehören Kunstwerke etwa von Andy Warhol. Man serviert Seafood wie Hummer-Tango-Mango oder Gelbschwanz-Snapper.

KEY WEST: Square One Restaurant $$$
Amerikanisch SK E5
1975 Duval St, 33040
1-305-296-4300
Renommiertes, gehobenes Restaurant mit freundlichem Ambiente und live gespielter Klaviermusik. Die Gerichte werden mit heimischen Kräutern und saisonalen Produkten zubereitet.

KEY WEST: La Te Da $$$
Amerikanisch SK E5
1125 Duval St, 33040
1-305-296-6706
Gehobenes, entspanntes Restaurant, wo man Hacksteaks, Scampi, Snapper und tahitisches Brathähnchen serviert bekommt.

MARATHON: Butterfly Café $$
Amerikanisch/Karibisch SK E5
2600 Overseas Hwy, 33050
1-305-289-7177
In einem schönen Speiseraum serviert man leckere Muschelsuppe, Kokosshrimps, Burger und Gerichte für Kinder. Die gut zubereiteten Gerichte haben karibischen Touch.

MARATHON: Herbie's Restaurant $$
Seafood SK E5
6350 Overseas Hwy, 33050
1-305-743-6373 ● So, Mo
Völlig zu Recht ist das traditionelle Lokal beliebt für seine Muschelfritters, die man zu fairen Preisen auf den Tisch bringt.

MARATHON: Lazy Days South $$$
Amerikanisch SK E5
725 11th St Ocean, 33050
1-305-289-0839
Das außerordentlich beliebte Restaurant liegt direkt am Meer. Hier bekommt man Seafood, Nudeln und Sandwiches.

MARCO ISLAND: Arturo's $$$
Amerikanisch SK E5
844 Bald Eagle Dr, 34145
1-239-642-0550
Zum umfangreichen Speisenangebot des eleganten Restaurants gehören Froschschenkel, Hähnchen mit Parmesan und gefüllte Schweinkoteletts. Beliebte Bar.

MARCO ISLAND: Old Marco Lodge Crab House $$$
Seafood SK E5
401 Papaya St, Goodland, 34145
1-239-642-7227
Idyllisch gelegenes Restaurant mit schöner Veranda und Meerblick. Man serviert frisches Seafood, auch Suppen, Sandwiches und Gerichte für Kinder.

MARCO ISLAND: Sale e Pepe $$$
Italienisch SK E5
480 S Collier Blvd, 34145
1-239-393-1600
Gehobene Küche in einem Resort mit Blick auf die Bucht. Gut zubereitete Nudel-, Seafood- und Fleischgerichte.

MARCO ISLAND: Snook Inn $$$
Seafood/Amerikanisch SK E5
1215 Bald Eagle Dr, 34145
1-239-394-3313
Strandrestaurant mit breit gefächertes Speisenangebot. Zu den Spezialitäten zählen gefüllte Shrimps und Rippchen auf karibische Art gegrillt.

NAPLES: First Watch $$
Café SK E4
225 Banyan Blvd, 34102
1-239-434-0005
Besuchen Sie das First Watch, um ein gesundes Frückstück mit Mehrkornpfannkuchen zu sich zu nehmen. Zu den Sandwiches gibt es eine Suppe oder Salat.

NAPLES: Noodles Italian Café and Sushi Bar $$
Italienisch/Japanisch SK E4
1585 Pine Ridge Rd, 34109
1-239-592-0050
Traditionelle italienische Kost und japanisches Sushi führen hier eine friedliche Koexistenz. Man serviert Gourmet-Pizzas und Spezialitäten wie Steak Oscar und Lachs auf florentinische Art.

Sea Salt – ein italienisches Speiselokal in Naples

NAPLES: Barbatella Spirited Italian Trattoria $$$
Italienisch SK E4
1290 3rd St, 34102
1-239-263-1955
Das italienische Gourmet-Restaurant hat einen schicken Speisesaal und einen schönen Innenhof. Man erfreut die Gäste mit Grillspezialitäten, Holzofenpizzas, Nudelgerichten und Eiscreme.

NAPLES: Bistro 821 $$$
International SK E4
821 5th Ave, 34102
1-239-261-5821
Das gehobene Bistro zeigt South-Beach-Atmosphäre. Auf der Speisekarte finden sich Gerichte wie Pot Pie, Paella, Risotto, Miso-Sake und gebratener Wolfsbarsch. Hochklassige Weinkarte.

NAPLES: Café Lurcat $$$
Amerikanisch SK E4
494 5th Ave, 34102
1-239-213-3357
In diesem angesagten Treffpunkt bekommt man an der Bar liebevoll zubereitete Tapas und leichte Gerichte. Im Obergeschoss und im Freien werden Gourmet-Gerichte aufgetischt.

NAPLES: Côte d'Azur $$$
Französisch SK E4
11224 Tamiami Trail N (US 41), 34110
1-239-597-8867 ● Mo
Das niveauvolle Bistro pflegt fabelhafte französische Kochkunst. Probieren Sie die Spezialität gebratenen Fisch, der am Tisch entgrätet und filetiert wird.

NAPLES: Sea Salt $$$
Italienisch SK E4
1186 3rd St S, 34102
1-239-434-7258
Das stilvolle, moderne Ambiente und die Kochkunst des neapolitanischen Küchenchefs machen das Sea Salt zu einem der besten Restaurants in Naples. Beginnen Sie mit rohen Austern und Carpaccio, und fahren Sie fort mit Schwertfisch auf Parmesanpolenta oder Heilbutt mit Linsenpüree.

NAPLES: USS Nemo $$$
Seafood SK E4
3745 Tamiami Trail (US 41), 34103
1-239-261-6366
Versuchen Sie vorzügliches Seafood mit asiatischen Aromen in skurrilem Unterwasserambiente, z. B. gebratenen Seebarsch mit Zitronen-Ingwer-Butter.

Bars und Cafés

Dank des unbeschwerten Lebensstils herrscht in Florida kein Mangel an Bars und Cafés. »Café« beschreibt häufig ein zwangloses Restaurant im Bistrostil, kann sich aber auch auf ein Kaffeehaus oder sogar eine Bar beziehen. In den Sportbars stehen meist mehrere Fernseher, auf denen unterschiedliche Programme laufen. In vielen Bars und Cafés sind zur Happy Hour (meist 16–19 Uhr) Drinks billiger, Snacks gibt es dann sogar oft umsonst. Die hier aufgeführten Adressen eignen sich sowohl für einen Drink als auch für eine Mahlzeit oder einen Kaffee mit Imbiss.

Miami

Miami Beach: News Café
800 Ocean Drive. **Stadtplan** 2 F4.
1-305-538-6397.
Dieses rund um die Uhr geöffnete Café ist *der* Treffpunkt in South Beach. Hier treffen sich die Leute zum Trinken, Essen und um in die Szene am Ocean Drive einzutauchen. Die Speisekarte bietet riesige Nudelportionen sowie leichte und gesunde Mahlzeiten. Wählen Sie unter zwölf verschiedenen Arten der Kaffeezubereitung.

Miami Beach: Van Dyke Café
846 Lincoln Rd. **Stadtplan** 2 E2.
1-305-534-3600.
Dieses In-Lokal mit bequemen Sitzmöglichkeiten draußen und drinnen ist in einem restaurierten Gebäude untergebracht. Zu den Spezialitäten gehören Brotpudding und Zabaglione mit frischen Beeren. Gute Auswahl an Kaffee und Kräutertees, abends spielt ein Jazztrio.

Downtown: Hard Rock Café
401 Biscayne Blvd. **Stadtplan** 4 F1. 1-305-377-3110.
Besucher und Einheimische strömen ins Hard Rock Café, wo die Musik laut hämmert. Wer nur ein Gläschen trinken und die Atmosphäre genießen möchte, geht in die Bar. Wenn Sie aber auch essen wollen, sollten Sie vorher einen Tisch reservieren. Serviert wird amerikanische Kost: saftige Hamburger und heißer Apfelkuchen.

Coral Gables:
Café at Books & Books
265 Aragon Ave. **Stadtplan** 5 C1.
1-305-448-9599.
Dieses Deli liegt im Innenhof von Books & Books und bietet europäische Küche – von Suppen über Sandwiches bis Desserts, alles frisch zubereitet. Die Café-Bar ist täglich von 9 bis 19 Uhr geöffnet.

Coconut Grove:
Monty's in the Grove
2550 S Bayshore Dr. **Stadtplan** 6 E4.
1-305-856-3992.
Das Monty's bietet beste Aussicht auf das Wasser, der Jahreszeit entsprechende Seafood-Gerichte und gute Musik. Vor allem an Wochenenden kommen viele Familien hierher.

Coconut Grove: Fat Tuesday
CocoWalk, 3015 Grand Ave.
Stadtplan 6 E4.
1-305-441-2992.
Bar mit drei Satellitenschüsseln, 51 Fernsehern und drei Pool-Billardtischen. Die Bar gehört zu der Restaurantkette »Fat Tuesday« und ist ein Treffpunkt für Junggebliebene. Ausgeschenkt wird amerikanisches und importiertes Bier, auf der Speisekarte stehen leichte Mahlzeiten und Snacks wie Buffalo Wings, vegetarische Pizza, Burger oder »Mississippi Mud Pie«.

Gold und Treasure Coast

Boca Raton: Tin Muffin Café
364 East Palmetto Park Rd. **Straßenkarte** F4. 1-561-392-9446.
In dem kleinen, gemütlichen Café bekommt man leckere Sandwiches und Quiches ebenso wie hausgemachte Kuchen und Desserts. Vielleicht haben Sie Lust auf Shrimpssalat gefolgt von Bananenkuchen. Hier kann man auch im Freien sitzen.

Fort Lauderdale:
Shooters Waterfront
3033 NE 32nd Ave. **Straßenkarte** F4.
1-954-566-2855.
Ein wahres Paradies, um Leute zu beobachten: Als Bar und Restaurant ist das Shooters immer mit essenden, trinkenden und plaudernden Leuten überfüllt. Die Speisekarte ist umfangreich, die Preise sind angemessen. Knabbern Sie Krabbenkuchen oder lassen Sie sich den Thunfischsalat schmecken. Schön ist der Anblick der auf dem Meer vorbeisegelnden Boote.

Palm Beach:
The Leopard Lounge
363 Coconut Row.
Straßenkarte F4.
1-561-659-5800.
Die Leopard Lounge im Chesterfield Hotel zieren scharlachrote und schwarze Vorhänge. Das Leopardenmotiv taucht auf Plüschteppich und Tischdecken auf. Am Wochenende ist das Lokal voller Einheimischer, die zur Live-Musik einer Big Band tanzen.

Orlando und Space Coast

Orlando: Bongo's Cuban Café
1498 E Buena Vista Drive.
Straßenkarte E2.
1-407-828-0999.
Dieses hippe Café gehört Gloria Estefan und ihrem Gatten Emilio. Geboten werden kubanische Küche und heiße Tanzmusik. Auf zwei Ebenen stehen Tische im Freien und drinnen – vom Balkon kann man sehr gut Leute beobachten.

News Café am Ocean Drive, Miami Beach

Zeichenerklärung siehe hintere Umschlagklappe

Nordosten

Jacksonville: River City Brewing Company
835 Museum Circle.
Straßenkarte E1.
☎ 1-904-398-2299.
Bier aus eigener Brauerei und eine große Speisenauswahl zu angemessenen Preisen machen das Lokal so beliebt. Freitags Live-Bands, samstags legt ein DJ die neuesten Hits auf. Es wird kein Gedeck berechnet.

St. Augustine: A1A Ale Works
1 King St. **Straßenkarte** E1.
☎ 1-904-829-2977.
Die nette Kneipe mit Restaurant am Fuß der Bridge of Lions verfügt über eine kleine Brauerei. Ale-Freunde kommen hier bei sieben Sorten auf ihre Kosten. Am Wochenende treten Live-Bands auf.

St. Augustine:
OC White's Seafood and Spirits
118 Avenida Menendez. **Straßenkarte** E1. ☎ 1-904-824-0808.
In einem Gebäude aus dem 18. Jahrhundert auf der anderen Straßenseite von St. Augustines Hafen bietet OC White's eine herrliche Aussicht und jeden Abend Live-Unterhaltung. Beim Verzehr von Meeresfrüchten, Steaks oder Hamburgern werden Sie von Wachspiraten beobachtet.

Daytona Beach: Oyster Pub
555 Seabreeze Blvd. **Straßenkarte** E2. ☎ 1-386-255-6348.
Nur einen Block vom Strand lockt in dieser Kneipe eine Bar mit frischen Austern, Garnelen und anderen Meeresfrüchten. In der Happy Hour sind Drinks und Seafood billiger. Auf 27 Fernsehern werden Sportsendungen gezeigt, dazu gibt es ein Billardzimmer.

Gainesville: 2 Bits Lounge
1714 SW 34th St.
Straßenkarte D2.
☎ 1-352-371-3600.
Im Hilton Hotel beim Campus der University of Florida zeigt die beliebte Sportbar auf vielen Fernsehern die wichtigsten Spiele. Dazu werden Snacks gereicht.

Panhandle

Panama City Beach:
Shuckum's Oyster Pub
15614 Front Beach Rd. **Straßenkarte** B1. ☎ 1-850-235-3214.
Die Bar dieser beliebten Kneipe ist mit unterschriebenen Dollarnoten tapeziert, die zufriedene Kunden hinterlassen haben. Bekannt ist Shuckum's insbesondere für seine Austern, die roh, gebacken, gedämpft oder gebraten in einem Sandwich serviert werden. Es gibt neben Austern aber auch andere Meeresfrüchte, die nicht weniger beliebt sind.

Pensacola Beach: Sidelines Sports Bar and Restaurant
2 Via de Luna Drive.
Straßenkarte A1.
☎ 1-850-934-3660.
Dieses zwanglose Lokal in Pensacola Beach bietet jeden Abend eine andere Spezialität: In der »Cajun Night« beispielsweise werden Cajun Bloody Marys serviert. Viele Sportrequisiten und riesige Fernsehmonitore zieren die Wände.

Golfküste

Lee Island Coast:
The Mucky Duck
11546 Andy Rosse Lane, Captiva Island. **Straßenkarte** D4.
☎ 1-239-472-3434.
Dieses britisch anmutende Pub ist in einem eindrucksvollen Bau aus den 1930er Jahren in der Stadt Captiva untergebracht. Sein erster Besitzer, ein ehemaliger britischer Polizist, gab ihm den Namen seiner Lieblingskneipe zu Hause. Hier können Sie Darts spielen oder bei einem Bierchen den Sonnenuntergang genießen. Auf der Speisekarte finden sich typisch englische Gerichte wie Fish and Chips sowie vegetarische Platten.

Tampa:
Elmer's Sports Café
2003 E 7th Ave, Ybor City.
Straßenkarte D3.
☎ 1-813-248-5855.
Ybor Citys beliebte Sportbar ist bekannt für ihre dicken Pizzas, die leckeren Chicken Wings und ihr gutes Bier. In der ganzen Bar stehen riesige TV-Bildschirme, auch ein Billardtisch gehört zum Inventar. Das hausgemachte Essen ist gut und die Atmosphäre angenehm.

St. Petersburg:
Ferg's Sports Bar & Grill
1320 Central Ave.
Straßenkarte D3.
☎ 1-727-822-4562.
Eine Tankstelle an der Straße zum Tropicana Stadium wurde zu einer zweistöckigen Bar mit Innenhof umgestaltet. Zu essen gibt es Burger, Sandwiches und Steaks. Bei Übertragungen wichtiger Sport-Events drängen sich Massen von Gästen um die mehr als 40 Bildschirme. Der Lautstärkepegel kann entsprechend steigen.

Everglades und Keys

Naples: HB's On The Gulf
851 Gulf Shore Blvd N.
Straßenkarte E4.
☎ 1-239-435-4347.
Das 1946 eröffnete HB's On The Gulf befindet sich im Naples Beach Hotel am Naples Pier. Zum Sonnenuntergang und danach ist die riesige Bar im Freien voll. Eine Live-Band sorgt für Unterhaltung.

Key West: Hog's Breath Café
400 Front St. **Straßenkarte** E5.
☎ 1-305-296-42222.
Der ursprüngliche Hog's Breath Saloon wurde 1976 von einem Mann aus Alabama in Fort Walton Beach eröffnet und 1988 nach Key West verlegt. Seither hat es sich zu einem Lieblingslokal der Einheimischen entwickelt, in dem rohe Meeresfrüchte, Fisch und tolle Desserts serviert werden. Täglich Live-Musik von 13 bis 2 Uhr nachts.

Key West: Jimmy Buffet's Margaritaville Café
500 Duval St. **Straßenkarte** E5.
☎ 1-305-292-1435.
Sowohl als Dekor als auch zum Verkauf gibt es hier zahlreiche Jimmy-Buffet-Andenken *(siehe S. 303)*, doch der einheimische Sänger und Liedermacher lässt sich leider nur recht selten blicken. Geeiste Margaritas sind die Spezialität des Hauses, daneben werden weitere Cocktails gemixt. Zu essen gibt es eher leichte Mahlzeiten, Sandwiches, Hamburger und Meeresfrüchten.

Key West: Sloppy Joe's
201 Duval St. **Straßenkarte** E5.
☎ 1-305-294-5717.
Die ehemalige Lieblingsbar von Ernest Hemingway *(siehe S. 302)* ist heute kommerzieller als zu Lebzeiten des Schriftstellers. Trotz der vielen Urlauber hat sie ihren Key-West-Charakter beibehalten. Wenn eine Band spielt, ist kein Sitzplatz mehr frei. Auf der Speisekarte steht typische Kneipenkost wie Pommes und der berühmte Hamburger »Original-Sloppy-Joe«.

Shopping

Shopping ist wahrscheinlich die beliebteste Freizeitbeschäftigung in Florida. Insbesondere Miami übt auf Kaufwillige aus Übersee eine schier unwiderstehliche Anziehungskraft aus. Bekannt ist Florida für seine Discount-Märkte, als Kontrastprogramm dazu gibt es aber auch einige Nobelläden, die meist in schönen Shopping-Vierteln oder Malls liegen. Wer das erste Mal die Vereinigten Staaten besucht, muss sich vielleicht erst noch an die hier herrschenden Einkaufsriten gewöhnen.

Anstatt in der Innenstadt einzukaufen, zieht es die Bewohner Floridas eher in die riesigen Shopping Malls außerhalb der Stadtzentren. Andenken ergattern Sie am besten in kleinen Speziallȧden.

Auf der Seite 352f erhalten Sie einen Überblick über Souvenirs aus Florida. Wer etwas Bestimmtes sucht, erhält in den Informationsbüros Listen mit den Läden seines Gebiets. Informationen über Shopping in Miami finden Sie auf der Seite 98f.

Mizner Park in Boca Raton mit Läden in eleganter Architektur

Öffnungszeiten

Die meisten Läden haben montags bis samstags von 10 bis 18 Uhr geöffnet, manche an einem Abend in der Woche länger. Die Läden in den Malls schließen häufig erst um 21 Uhr. Einige Geschäfte (auch in Malls) haben sonntags geöffnet, meist von 12 bis 18 Uhr. In den Städten schließen einige sogar nie.

Im Dezember lassen viele Läden ihre Tore eine bis zwei Stunden länger geöffnet, damit die Kunden genügend Zeit für ihre Weihnachtseinkäufe haben.

Steuer

Florida erhebt auf alle Waren außer auf Medikamente, Lebensmittel und Kinderkleidung eine Verkaufssteuer *(sales tax)* von üblicherweise sechs Prozent (kann je nach Region variieren). Die Steuer ist in den angegebenen Preisen nicht enthalten, sondern wird auf die Rechnung automatisch aufgeschlagen.

Jedes Jahr in der letzten Julioder ersten Augustwoche gestattet Florida eine »steuerfreie Shopping-Woche«, wovon vor allem die Familien profitieren sollen, die Materialien für das neue Schuljahr kaufen müssen. Da in dieser Zeit Kleidung und Bücher bis zum Wert von 50 Dollar steuerfrei sind, nützen freilich viele diese Chance, Geld zu sparen.

Kaufhäuser

In den meisten Malls gibt es mindestens ein Kaufhaus. Diese sind häufig riesig und bieten ihren Kunden eine erstaunliche Vielfalt an Waren und Dienstleistungen wie z. B. kostenlose Verpackung von Geschenken oder Hilfe beim Tragen der Einkäufe.

Die meisten Kaufhausketten haben Filialen in den ganzen USA, und jede ist auf eine oder mehrere Sparten spezialisiert. Bloomingdale's etwa ist bekannt für hochwertige aktuelle Mode sowie für erstklassige Delikatessen.

Einige Kaufhäuser haben sich der Designermode verschrieben, so etwa das elegante Saks Fifth Avenue, Neiman Marcus und das konservativ-klassische Lord & Taylor. Die USA-weit operierende Kaufhauskette Macy's betreibt eine Reihe von Filialen im ganzen Bundesstaat.

Alles Mögliche – von Kleidung über Kosmetik bis hin zu Elektrogeräten – haben die seit Langem bestehenden Shopping-Paradiese Sears und JCPenney im Angebot. Alltagsartikel, von Schreibwaren und Drogeriebedarf über Lebensmittel bis zu Elektrogeräten, bekommt man in den Superstores wie Target, Kmart und Walmart, die Niederlassungen im ganzen Staat unterhalten.

Neben einer breiten Produktpalette bekommt man in Kaufhäusern wie Walgreens und CVS Pharmacy auch Snacks und Filmabzüge innerhalb von nur einer Stunde. Die meisten

Elegante Modeboutique in Bal Harbour Shops in Miami

dieser Warenhäuser haben rund um die Uhr geöffnet, vor allem jene in den größeren Städten.

Schnäppchen

Manche Einheimische und Urlauber haben es bei ihrem Shopping-Bummel vor allem auf die reduzierten Waren in Floridas Geschäften abgesehen. Discount-Märkte führen alle möglichen Produkte, ihr Schwerpunkt sind jedoch Elektrogeräte, Haushaltswaren und Billigkleidung.

Einige Läden haben sich auf günstige Designermode spezialisiert, z. B. Ross, TJ Maxx und Marshalls, die in allen größeren Städten vertreten sind. Best Buy ist der beste Laden für preisgünstige CDs, DVDs, Computer und Elektroartikel.

Besonders beliebt bei Schnäppchenjägern sind die Werkverkäufe, bei denen Waren mit leichten Fehlern oder auslaufende Produkte 50 bis 75 Prozent unter dem Einzelhandelspreis verkauft werden. Dort werden beispielsweise Marken-Haushaltswaren und Kleidung wie Levis-Jeans oder Benetton-Pullover angeboten.

Orlandos International Drive *(siehe S. 192)* säumen zahlreiche Discount-Märkte und Fabrikverkäufe. Hier findet man sogar reduzierte Disney-Souvenirs. Bedenken Sie jedoch, dass die Qualität nicht dieselbe wie in Disney World selbst ist. Statten Sie deshalb besser den Filialen des Character Warehouse einen Besuch ab, die Artikel der vergangenen Saison bis zu 75 Prozent billiger verkaufen. Sie finden sie in einigen Outlet-Malls der Stadt.

Orange World, ein Obstladen in Kissimmee

Die in der Regel riesigen, lebhaften Flohmärkte finden am Wochenende statt. Sie sind eine wahre Fundgrube für Schnäppchenjäger. Wenn Sie keine Secondhand-Ware mögen, interessieren Sie vielleicht doch das dort angebotene Kunsthandwerk und die Antiquitäten. An Imbissständen kann man sich stärken.

Der Fort Lauderdale Swap Shop *(siehe S. 138)* ist der größte Flohmarkt Floridas und die zweitwichtigste Attraktion nach Walt Disney World®.

In Key West werden Schwämme verkauft

Geschenke und Souvenirs

Frische Orangen werden gern von amerikanischen Besuchern gekauft. Die besten Orangen wachsen am Indian River an der Ostküste *(siehe S. 119)*. Hier werden Früchte von November bis März in Läden und an Ständen säckeweise angeboten.

Auch Meeresmuscheln sind in Florida überaus beliebt. Fragen Sie jedoch immer nach, woher sie stammen. Die Lee Island Coast ist bekannt für Muscheln, in der Shell Factory nahe Fort Myers *(siehe S. 281)* gibt es sie zu kaufen. Die am Straßenrand entlang der US 1 in den Keys feilgebotenen Muscheln und Korallen sind in den meisten Fällen importiert. An diesen Ständen werden häufig auch Naturschwämme verkauft, wofür in Florida jedoch Tarpon Springs *(siehe S. 255)* an der Golfküste der klassische Ort ist.

Indianer verkaufen von ihnen angefertigtes Kunsthandwerk im Miccosukee Indian Village *(siehe S. 289)* und in Hollywood *(siehe S. 140f)*. Doch Florida ist nicht gerade berühmt für seine Handwerkskunst. Mehrere Städte sind dagegen für ihre Antiquitätenläden bekannt, z. B. Micanopy *(siehe S. 226f)*, Dania *(siehe S. 140)* und Mount Dora *(siehe S. 224f)*.

In Walt Disney World® und in den anderen Themenparks gehört Shopping zu den Attraktionen. Auch Museumsläden sind eine gute Quelle für Souvenirs und Lernspiele.

Fabrikverkauf in Florida, die Preise verheißen Schnäppchen

Souvenirs

Wahrscheinlich wird man Ihnen sagen, dass Sie in Florida alles kaufen können, was Ihr Herz begehrt – vom Designer-Bikini bis zum neuesten DVD-Player oder sogar ein Haus. In der Tat reisen manche Besucher aus Europa nur zum Shopping nach Florida. Selbst wenn Sie nur einfache Geschenke suchen, haben Sie in den Vergnügungsparks und Ferienzentren an der Küste die Qual der Wahl. Wenn Sie keinen Kitsch mit nach Hause nehmen möchten, müssen Sie länger suchen, doch bedenken Sie – Kitsch ist fester Bestandteil des amerikanischen Lebensgefühls.

Fankappe der Miami Dolphins

Astronautenkost vom Kennedy Space Center

Oscar-Kopie der Universal Studios®

Unverwechselbar Florida
In ganz Florida können Sie lustige (und geschmacklose) Souvenirs zu angemessenen Preisen erstehen, vom Handtuch bis zum Aschenbecher. Sie zieren meist der Schriftzug »Florida«, eine Palme oder ein Alligator.

Schlüsselanhänger

Parkerinnerungen
Alle Parks, von den Universal Studios® bis zu Busch Gardens, bieten ihre eigenen Andenken für alle Altersstufen an.

Fliese mit beliebtem Flamingo-Motiv

Alligator-Spardose

Kunsthandwerk der Seminolen
Handarbeiten der Seminolen werden nur an zwei Orten zum Kauf angeboten *(siehe S. 351)*. Puppen und Schmuck für ein paar Dollar oder bunte Kleider, Taschen und Decken sind schöne Mitbringsel.

Bücher
Bücher über Miamis Art-déco-Viertel sind eine bleibende Erinnerung an die Stadt. Oder Sie führen Ihre kulinarischen Streifzüge zu Hause mithilfe eines Kochbuches fort.

Handgerollte Zigarren
Die kubanische Tradition der handgerollten Zigarren ist in Ybor City in Tampa *(siehe S. 264f)* und in Miamis Little Havana *(siehe S. 99)* noch lebendig, wenn auch viele heute maschinell hergestellt werden. Ein schönes Geschenk für Zigarrenfreunde.

Lateinamerikanische Musik
Wer die Rhythmen der hispanischen Bevölkerung mag, hat eine große Auswahl an regional produzierten Kassetten und CDs.

Preisgünstige Waren

Wegen der niedrigeren Steuern sind in den USA einige Dinge günstiger als in Europa, z. B. Jeans, Sonnenbrillen, Turnschuhe, CDs, Kameras und Bücher. Florida verfügt zudem über viele Discount-Märkte *(siehe S. 351)*, in denen alles noch billiger ist. Kleine Elektrogeräte sind oft günstig zu haben. Miamis Innenstadt ist bekannt für ihre Billigläden *(siehe S. 98f)*, in denen vor allem Goldschmuck und elektronische Geräte verkauft werden. Bedenken Sie, dass Sie für Elektrogeräte einen Transformator brauchen, wenn sie für den Gebrauch in Europa bestimmt sind. In den meisten Läden ist man auf ausländische Kunden eingestellt und schickt sperrige Einkäufe gern für Sie nach Hause.

T-Shirts
T-Shirts werden überall angeboten und sind oft recht günstig. Prüfen Sie jedoch die Qualität, bevor Sie sich zum Kauf entschließen.

Cowboy-Stiefel

Ledergürtel

Western-Accessoires
Die Lederwaren, die in Läden wie JW Cooper angeboten werden, stammen nicht unbedingt aus Florida, entsprechen aber der auch hier bestehenden Cowboy-Kultur.

Spezialitäten aus Florida

Florida ist weltweit für seine Zitrusfrüchte bekannt, die Sie entweder frisch oder konserviert erstehen können – als bunte Süßigkeiten, Marmelade, Gelee oder als köstliche Marinaden und Öle zum Kochen. Für Naschkatzen gibt es alles von klebrigen Kokos-Pastetchen bis zu gummiartigen »Salzwasser-Toffees«. In Florida hergestellte Schokolade ist nicht besonders gut, präsentiert sich aber oft in lustigen Formen.

Gelee-Zitrusfrüchte, eine beliebte Leckerei

Kokos-Pastetchen

Orangen aus Florida im Netz

Bunte Salzwasser-Toffees

Limonen-marmelade

Mandarinen-marmelade

Scharfes Jalapeño-Chiligelee

Mango-marinade

Limonenöl zum Kochen

Malls und Shopping-Meilen

Floridas Shopping Malls bieten eine große Vielfalt an Läden, Restaurants und Unterhaltung in einem Komplex. In vielen Malls gibt es zwei oder mehr Kaufhäuser *(siehe S. 350f)* und eine Reihe von Läden, die von Kleidung über Drogeriewaren und Kosmetik bis zu Büchern, CDs und DVDs alles verkaufen. Die meisten Malls sind überdacht, es gibt aber auch welche unter freiem Himmel. Fabrik-Outlet-Malls *(siehe S. 351)* verkaufen Markenwaren zu teils dramatisch reduzierten Preisen. Die meisten Shopping-Center haben große Parkplätze, sie werden aber auch von öffentlichen Verkehrsmitteln angefahren.

Wenn Sie beim Shopping auch Floridas Sonnenschein genießen wollen, suchen Sie eine der zahlreichen Open-Air-Einkaufsgegenden auf. Hier finden Sie insbesondere schicke und exklusive Boutiquen sowie einige bodenständigere Läden.

Einkaufsgegenden

Wer Shopping Malls nicht mag, zieht die Einkaufsgegenden unter freiem Himmel vor, die innerhalb von fünf oder sechs Blocks zahlreiche – meist gehobene – Läden bieten. Durch sie wurde einigen historischen Bezirken neues Leben eingehaucht.

Miami

Miamis größte Mall, die **Aventura Mall**, umfasst mehr als 250 Läden. Gleich danach kommen **Dadeland Mall** und **Dolphin Mall**. Die kleinere Mall **Bal Harbour Shops** in Miami Beach richtet sich mit ihren Designer-Boutiquen wie Prada, Dolce & Gabbana und Gucci an betuchte Kunden. Downtown findet man im **Bayside Marketplace** Läden, Restaurants und Entertainment.

Zu den besten Einkaufsgegenden in der Region Miami *(siehe S. 98f)* gehören Coral Gables' **Village of Merrick Park** und **Downtown Coral Gables and Miracle Mile**. Auch Downtown Coconut Grove ist ein wunderbares Shopping-Gebiet mit Malls wie **Streets of Mayfair** und **CocoWalk**. Weitere interessante Gebiete sind z. B. South Beachs elegante, acht Blocks lange **Lincoln Road Mall** sowie **Cauley Square Historic Village**, das schon näher an den Everglades als an Miamis Innenstadt liegt.

Gold und Treasure Coast

Preisbewusste lieben **Sawgrass Mills** in Fort Lauderdale. In den über 300 günstigen Kaufhäusern und Outlet-Läden kann man locker einen Tag verbringen. Shopping der gehobeneren Art garantiert dagegen **The Galleria**.

Palm Beachs **Worth Avenue**, schon seit den 1920er Jahren in Mode, ist heute eine der exklusivsten Shopping-Meilen der Welt. In Boca Raton kaufen die Reichen und Berühmten im **Mizner Park** – benannt nach seinem berühmten Architekten – ein. Nicht weit davon entfernt, in der Glades Road in Boca Raton, befindet sich die **Town Center Mall** für gehobene Ansprüche.

Orlando und Space Coast

Orlando rühmt sich der höchsten Anzahl an Outlet-Malls in ganz Florida. Am International Drive liegen Prime Outlets und **Artegon Marketplace**. **Orlando Premium Outlets** und die **Lake Buena Vista Factory Stores** befinden sich in der Nähe von Walt Disney World®.

Eine Shopping-Tradition für Orlando-Besucher ist **The Florida Mall** mit vielen günstigen Läden. Deutlich nobler sind dagegen **Pointe Orlando** und **Mall at Millenia**. **Park Avenue** in Winter Park *(siehe S. 191)* ist voller Boutiquen und Gourmet-Restaurants.

Nordosten

Shopper in Jacksonville sehen den malerischen St. Johns River vom Komplex **Jacksonville Landing** aus. **The Avenues** bietet ein traditionelleres Einkaufserlebnis.

Die Küste etwas abwärts ist **St. Augustine Premium Outlets** ein wahres Paradies für ausgewiesene Schnäppchenjäger. Ein Besuch in Daytona Beach ohne einen Bummel bei **Ocean Walk Shoppes** direkt am Meer wäre nicht komplett.

Panhandle

In Destin wählt man zwischen der Open-Air-Mall **Destin Commons** und den **Silver Sands Premium Outlets** mit günstiger Designermode.

In Tallahassee, der Hauptstadt des Bundesstaates Florida, führt **Governor's Square Mall** die beste Auswahl an Läden.

Golfküste

Schnäppchenjäger können an der I-75 unter drei Outlet-Malls wählen, von Norden nach Süden sind dies **Ellenton Premium Outlets** nicht weit von Sarasota, **Tanger Outlet** in Fort Myers und **Miromar Outlets** in Estero.

Gehobenere Läden findet man bei **International Plaza and Bay Street** in der Nähe des Flughafens Tampa und im **Centro Ybor** in Tampas Ybor City.

Zu den besten Shopping-Meilen gehören vor allem Sarasotas Feinschmecker-Paradies **St. Armands Circle**, **Hyde Park Village** in Tampa und **Johns Pass Village** bei Madeira Beach, das einem Fischerdorf aus dem 19. Jahrhundert nachempfunden ist.

Everglades und Keys

Wer aufs Geld schauen muss, wird bei **Outlets** in Naples und Florida City fündig. Das elegante Viertel **Fifth Avenue South** in Naples ist die Heimat von zahlreichen Boutiquen. Besuchen Sie in Key West unbedingt den **Mallory Square** mit Souvenirläden, Boutiquen und Straßenhändlern.

Auf einen Blick

Miami

Aventura Mall
19501 Biscayne Blvd, Aventura. 1-305-935-1110. aventuramall.com

Bal Harbour Shops
9700 Collins Ave, Bal Harbour. 1-305-866-0311. balharbourshops.com

Bayside Marketplace
401 Biscayne Blvd, Miami. **Stadtplan** 4 F1. 1-305-577-3344. baysidemarketplace.com

Cauley Square Historic Village
22400 Old Dixie Hwy (US 1), Miami. **Straßenkarte** F5. 1-305-258-3543. cauleysquare.com

CocoWalk
3015 Grand Ave, Coconut Grove. **Stadtplan** 6 E4. 1-305-444-0777. cocowalk.net

Dadeland Mall
7535 N Kendall Drive, Kendall. 1-305-665-6226.

Dolphin Mall
11401 NW 12th St, Miami. 1-305-365-7466. shopdolphinmall.com

Downtown Coral Gables and Miracle Mile
224 Miracle Mile, Coral Gables. **Stadtplan** 5 C1. 1-305-569-0311. shopcoralgables.com

Lincoln Road Mall
Lincoln Rd at Meridian Ave, Miami Beach. **Stadtplan** 2 E2. 1-305-531-3442.

Streets of Mayfair
3390 Mary St, Coconut Grove. **Stadtplan** 6 E4. 1-305-448-1700. mayfairinthegrove.com

Village of Merrick Park
358 San Lorenzo Ave, Coral Gables. **Stadtplan** 5 C4. 1-305-529-0200. villageofmerrickpark.com

Gold und Treasure Coast

The Galleria
2414 E Sunrise Blvd, Fort Lauderdale. 1-954-564-1015. galleriamall-fl.com

Mizner Park
327 Plaza Real, Boca Raton. 1-561-362-0606. miznerpark.com

Sawgrass Mills
12801 W Sunrise Blvd, Fort Lauderdale. 1-954-846-2350. sawgrassmills.com

Town Center Mall
6000 Glades Road, Boca Raton. 1-561-368-6000. simon.com

Worth Ave
Palm Beach. 1-561-659-6909. worth-avenue.com

Orlando und Space Coast

Artegon Marketplace
5250 International Dr, Orlando. 1-407-351-7718. artegonmarketplace.com

The Florida Mall
8001 S Orange Blossom Trail, Orlando. 1-407-851-6255.

Lake Buena Vista Factory Stores
15591 Apopka Vineland Rd, Orlando. 1-407-238-9301. lbvfs.com

Mall at Millenia
4200 Conroy Rd, Orlando. 1-407-363-3555. mallatmillenia.com

Orlando Premium Outlets
8200 Vineland Av, Orlando. 1-407-238-7787. 4951 International Drive, Orlando. 1-407-352-9600.

Park Avenue
Winter Park, Orange Co. 1-877-972-4262. wpfl.org

Pointe Orlando
9101 International Drive, Orlando. 1-407-248-2838. pointeorlando.com

Nordosten

The Avenues
10300 Southside Blvd, Jacksonville. 1-904-363-3060.

Jacksonville Landing
2 Independent Drive, Jacksonville. 1-904-353-1188. jacksonvillelanding.com

Ocean Walk Shoppes
250 N Atlantic Ave, Daytona Beach. 1-386-258-9544. oceanwalkshoppes.com

St. Augustine Premium Outlets
2700 State Rd 16, St. Augustine. 1-904-825-1555.

Panhandle

Destin Commons
4300 Legendary Drive, Destin. 1-850-337-8700. destincommons.com

Governor's Square Mall
1500 Apalachee Pkwy, Tallahassee. 1-850-877-8106. governorssquare.com

Silver Sands Premium Outlets
10562 Emerald Coast Pkwy, W Destin. 1-850-654-9771. premiumoutlets.com

Golfküste

Centro Ybor
1600 E 8th Ave, Tampa. 1-813-242-4660. centroybor.com

Ellenton Premium Outlets
5461 Factory Shops Blvd, Ellenton. 1-941-723-1150. primeoutlets.com

Hyde Park Village
1509 W Snow Ave, Tampa. 1-813-251-3500. hydeparkvillage.net

International Plaza and Bay Street
2223 N Westshore Blvd, Tampa. 1-813-342-3790. shopinternationalplaza.com

Johns Pass Village
12901 Gulf Blvd, Madeira Beach. 1-727-394-0756. johnspass.com

Miromar Outlets
10801 Corkscrew Rd, Estero. 1-239-948-3766. miromaroutlets.com

St. Armands Circle
300 Madison Drive, Sarasota. 1-941-388-1554. starmandscircleassoc.com

Tanger Outlets
20350 Summerlin Rd, Fort Myers. 1-239-454-1974. tangeroutlet.com/fortmyers

Everglades und Keys

Fifth Avenue South
649 5th Ave S, Naples. 1-239-692-8436. fifthavenuesouth.com

Florida Keys Outlet Center
250 E Palm Drive, Florida City. 1-305-248-4727.

Mallory Square
400 Wall St, Key West. 1-305-809-3700. mallorysquare.com

Naples Outlet Center
6060 Collier Blvd, Naples. 1-239-775-8083. premiumoutlets.com/naples

Fachgeschäfte

Shopping ist in Florida ein natürliches Bedürfnis wie das Atmen, dementsprechend gibt es unzählige Läden, die sich auf alle möglichen Waren spezialisiert haben, von Antiquitäten über Musik bis zu Sportartikeln.

Da die meisten Fachgeschäfte nicht in den großen Einkaufsgegenden zu finden sind, ist man auf das Auto oder auf öffentliche Verkehrsmittel angewiesen. Doch die große Auswahl und das fachkundige Verkaufspersonal lohnen die Anfahrt auf jeden Fall.

Antiquitäten

Mount Dora *(siehe S. 224f)* nordwestlich von Orlando ist die Antiquitäten-Metropole Floridas schlechthin. **Renninger's**, einer der größten Antiquitätenmärkte, ist ein wahres Paradies für Sammler. Schöne Stücke findet man auch bei Micanopy *(siehe S. 226f)*, einem weiteren Zentrum für Antiquitäten mit 18 entsprechenden Läden.

Weitere Ziele für Antiquitäten-Liebhaber sind **Waldo's Antique Village**, ein Flohmarkt in der Kleinstadt Waldo bei Starke, und die wunderbare **Hillsboro Antique Mall** in Pompano Beach. Durch seine Größe beeindruckt der **Historic Antique District** in Dania *(siehe S. 140)* mit mehr als 100 Läden in einem Block.

Kunsthandwerk

Die Florida Keys sind ideal, um vor Ort produziertes Kunsthandwerk zu kaufen. Auf Key Largo *(siehe S. 296)* findet man z. B. bei **Happy Feathers** einzigartige Objekte. In Key Wests Duvall Street gibt es viele Kunsthandwerks-Galerien, darunter auch die **Alan S. Maltz Gallery**, die mit Preisen ausgezeichnete Werke dieses Fotografen ausstellt.

Im Ferienort Seaside *(siehe S. 240f)* kommen Kunstliebhaber in **Ruskin Place Artists' Colony** auf ihre Kosten: Galerien und Läden präsentieren hier Werke einheimischer Künstler.

Bauernmärkte

Auf Bauernmärkten kann man frische Zitrusfrüchte und andere Produkte kaufen, die von den Farmen und Plantagen direkt geliefert werden. Auf vielen Märkten bieten die Händler außerdem Kunsthandwerk und andere interessante Waren an.

Downtown Farmer's Market in Orlando am Sonntagmorgen bietet Backwaren, Bauernhofprodukte und Blumen zum Kauf an. Die **Lincoln Road Mall** am Sonntag ist bei den Bewohnern South Beachs sehr beliebt. Auf dem Panhandle findet dienstags, donnerstags und samstags auf dem **Tallahassee Downtown Marketplace** ein sehr beliebter Markt statt.

An der Golfküste lohnt der **Clearwater Downtown Farmer's Market** jeden Mittwoch und Samstag (von Mitte Oktober bis Mitte April) den Besuch. Das ganze Jahr wird samstags der **Ybor City Fresh Market** abgehalten.

Geschenke und Souvenirs

Miami mit seinem Viertel Little Havana hat für Zigarrenliebhaber eine ganze Menge auf Lager: **El Titan de Bronze** bietet eine exzellente Auswahl handgerollter Zigarren. **Sosa Family Cigars** in Walt Disney World® führt ebenfalls hochwertige Zigarren und entsprechendes Zubehör. Weniger rauchig geht es hingegen bei **Little Havana To Go** zu, einem Laden für kubanische Kunst, Musik, Bücher und mehr.

Die Artikel von **Key West Aloe**, auf Aloe basierende Beauty-Produkte, haben eindeutig floridianischen Touch. Die duftenden Seifen erinnern daheim an die Keys.

Biker kommen bei **Orlando Harley-Davidson**, Floridas größtem Motorradladen, auf ihre Kosten. Über Artikel mit dem Harley-Davidson-Logo freuen sich auch die Daheimgebliebenen.

Delikatessen

Key West bietet eine große Auswahl an Köstlichkeiten. Probieren Sie z. B. feurig-scharfe Genüsse von **Peppers of Key West**, frisch gebackenes Brot von **Cole's Peace** und geradezu unglaublich frischen Fisch der **Conch Republic Seafood Company**.

Die **St. Augustine Distillery** führt eine große Auswahl an Whiskey, Wodka, Rum und Gin, die **Lakeridge Winery** bietet Rot-, Weiß- und Roséweine aus Floridas Muscadine-Traube.

Köstliche Schokolade bekommt man bei **Peterbrooke**, wo man auch bei der Produktion zusehen kann.

Der **International Food Club** verkauft Lebensmittel aus aller Welt, von Würstchen mit Kartoffelbrei bis zu indischem Tee und Gewürzen aus China.

CDs und DVDs

Die Kette **F.Y.E.** hat in Florida mehrere Niederlassungen, darunter auch in Miami und Orlando. Hier bekommt man eine breite Auswahl an CDs und DVDs.

Park Ave CDs ist auf Indie-Rock spezialisiert. **Uncle Sam's** in Miami hat ein ähnliches Sortiment und zusätzlich eine Bühne.

Sportausrüstung

Mit seinem fast permanenten Sonnenschein ist Florida ideal für Sport im Freien, vor allem im Wasser. Glücklicherweise gibt es Läden für das nötige Equipment.

Fußballer finden alles, was sie brauchen, bei **Soccer Locker** in Miami. In Cocoa Beach befindet sich der legendäre **Ron Jon Surf Shop**, der rund um die Uhr alles für Wassersportler feilbietet. Wenn Sie campen und angeln wollen, suchen Sie eine der Filialen von **Bass Pro Shops** auf.

Auf einen Blick

Antiquitäten

Hillsboro Antique Mall and Café
2900 W Sample Rd, Pompano Beach.
1-954-571-9988.
hillsboroantiquemall.com

Historic Antique District
Federal Hwy, Dania Beach Blvd, Dania.
1-954-925-6935.

Renninger's
20651 US Hwy 441, Mount Dora.
1-352-383-8393.
renningers.com/dora

Waldo's Antique Village
17805 NE US Hwy 301, Waldo.
1-407-877-5921.
waldosfleamarket.com

Kunsthandwerk

Alan S. Maltz Gallery
1210 Duval St, Key West. 1-305-295-0005. **alanmaltz.com**

Happy Feathers
99150 Overseas Hwy, Key Largo.
1-305-453-1800.

Ruskin Place Artists' Colony
Ruskin Place, Seaside.
1-888-732-7433.

Bauernmärkte

Clearwater Downtown Farmer's Market
112 S Osceola, Clearwater.
(Mitte Okt–Mitte Apr: Mi, Sa 8–13 Uhr).
1-727-461-7674.
clearwaterfarmersmarket.com

Downtown Farmer's Market
Lake Eola Park, Orlando.
1-321-202-5855.
(So 10–16 Uhr).
orlandofarmersmarket.com

Lincoln Road Mall
Lincoln Rd bei 16th St, Miami Beach.
Stadtplan 2 E2.
1-305-531-3442.
lincolnroad.org

Tallahassee Downtown Marketplace
115 E Park, Tallahassee.
(Di, Do, Sa 8–14 Uhr).
1-850-224-3252.
downtownmarket.com

Ybor City Fresh Market
8th Ave und 19th St, Ybor City.
1-813-241-2442.
ybormarket.com

Geschenke und Souvenirs

El Titan de Bronze
1071 SW 8th St, Miami.
Stadtplan 3 B2.
1-305-860-1412.

Key West Aloe
1075 Duval St, Key West.
1-305-517-6365.
keywestaloe.com

Little Havana To Go
1442 SW 8th St, Miami.
Stadtplan 3 B2.
1-305-857-9720.

Orlando Harley-Davidson
3770 37th St, Orlando.
1-407-423-0346.
orlandoharley.com

Sosa Family Cigars
1502 E Buena Vista Drive, Lake Buena Vista.
1-407-827-0114.
sosacigars.com

Delikatessen

Cole's Peace
1111 Eaton St, Key West.
1-305-292-0703.
colespeace.com

Conch Republic Seafood Company
631 Greene St, Key West.
1-305-294-4403.
conchrepublicseafood.com

International Food Club
4300 LB McLeod Rd, Orlando.
1-321-281-4300.

Lakeridge Winery
19239 US 27 N, Clermont.
1-800-768-9463.
lakeridgewinery.com

Peppers of Key West
602 Greene St, Key West.
1-800-597-2823.
peppersofkeywest.com

Peterbrooke
1470 San Marco Blvd, Jacksonville.
1-800-771-0019.
peterbrooke.com

St. Augustine Distillery
112 Riberia St, St. Augustine.
1-904-825-4962.
staugustinedistillery.com

CDs und DVDs

F.Y.E.
Coral Square, 9009 W Atlantic Blvd, Coral Springs.
1-954-755-8052.
Altamonte Mall, 451 E Altamonte Dr, Altamonte Springs.
1-407-332-8851.

Park Ave CDs
2916 Corrine Dr, Orlando.
1-407-447-7275.
parkavecds.com

Uncle Sam's
939 Washington Ave, Miami Beach.
Stadtplan 2 E3.
1-305-532-0973.
unclesamsmusic.com

Sportausrüstung

Bass Pro Shops
Artegon Marketplace, 5156 International Drive, Orlando.
1-407-563-5200.
basspro.com

Ron Jon Surf Shop
4151 N Atlantic Ave, Cocoa Beach.
1-888-757-8737.
ronjons.com

Soccer Locker
9601 S Dixie Hwy, Miami.
Straßenkarte F5.
1-305-670-9100.
soccerlocker.com

Unterhaltung

Ob Sie nun ein Theaterstück am Broadway, eine Varietéshow im Las-Vegas-Stil, eine Nacht in der Disco oder eine Runde Glücksspiel in einem Casino vorziehen: Florida bietet für jeden etwas. Im Süden des Bundesstaats haben Sie sicher die größte Auswahl, insbesondere entlang der Gold Coast und in Miami *(siehe S. 100–103)*, aber auch Sarasota und Tampa haben ein vielseitiges Unterhaltungsprogramm. Die kunterbunten Themenparks in Walt Disney World® und Orlando sind zweifellos die erste Adresse, wenn die ganze Familie unterhalten werden will. Im Nordosten Floridas und auf dem Panhandle geht es deutlich ruhiger zu, dort wird die beste Unterhaltung in den populären Ferienorten wie etwa Panama City Beach und in Universitätsstädten wie Gainesville und Tallahassee geboten.

Ganz allgemein gilt, dass sich in Küstenorten das Nachtleben in erster Linie entlang der Uferpromenade abspielt – Fort Lauderdale ist hierfür wohl das beste Beispiel. Die anspruchsvollsten Theateraufführungen finden zwischen Oktober und April statt, doch auch zu anderen Zeiten stehen verschiedene Stücke auf dem Programm. Ein Teil der Vorstellungen findet im Freien statt.

Raymond F. Kravis Center for the Performing Arts, West Palm Beach

Information

Die meisten regionalen Zeitungen verfügen über einen Wochenendteil, in dem alle Attraktionen und Veranstaltungen aufgelistet sind. Broschüren verteilen auch die Local Convention and Visitors' Bureaux sowie die Chambers of Commerce.

Tickets

Am einfachsten kaufen Sie Konzert-, Theater- oder Footballkarten, indem Sie bei der zuständigen Vorverkaufsstelle anrufen und mit Kreditkarte bezahlen. Manche Veranstaltungen müssen jedoch über **Ticketmaster** gebucht werden. Über diese Agentur, die auch in Musik- und Discount-Märkten vertreten ist, kann man auch am Telefon reservieren und bezahlen. Beachten Sie: Die Vorverkaufsgebühr beträgt zwischen zwei und acht Dollar pro Karte.

Veranstaltungsorte

Die größten Veranstaltungsorte Floridas, von denen einige als *performing arts centers* bekannt sind, werden für eine breite Palette an Veranstaltungen genutzt: Opern, Rockkonzerte oder Sportwettkämpfe. Hier treten die bedeutendsten amerikanischen Wanderbühnen und Künstler auf, aber auch lokale Produktionen werden dargeboten.

Die wichtigsten Veranstaltungsorte in Florida sind das **Raymond F. Kravis Center for the Performing Arts** in West Palm Beach, Fort Lauderdales **Broward Center for the Performing Arts**, das **Adrienne Arsht Center for the Performing Arts** in Miami *(siehe S. 100)*, das riesige **Straz Center** und das **1-800-ASK-GARY Amphitheatre** in Tampa sowie die **Van Wezel Performing Arts Hall** in Sarasota. Eine weitere bedeutende Bühne ist die **Florida Citrus Bowl** in Orlando mit rund 70 000 Plätzen. Hier treten Stars wie George Michael und Paul McCartney auf. Im **EverBank Field** in Jacksonville finden ebenfalls Rockkonzerte statt.

Theater-Emblem, Pensacola

Theater

Großartige Produktionen, die meist am Broadway ihren Ursprung haben, sind die anspruchsvollsten Darbietungen, die Sie zu sehen bekommen. Auch in Florida selbst gibt es gute Theaterensembles, die in kleineren Häusern auftreten, beispielsweise in der **Mann Performing Arts Hall** in Fort Myers oder in Key Wests **Red Barn Theatre**. Das **Florida State University Center for the Performing Arts** ist das Zuhause der Asolo Theatre Company von Sarasota. Das Gebäude, einst ein schottisches Opernhaus, wurde in den 1980er Jahren nach Sarasota geschafft. **Players of Sarasota** ist die am längsten bestehende Theatertruppe der Stadt, in der berühmte Schauspieler wie Montgomery Clift ihre Karriere begannen. Die Musical- und Schauspielaufführungen ernten meist sehr gute Kritiken und sind beim Publikum beliebt.

Klassische Musik, Oper und Ballett

Die meisten Großstädte warten mit ihrem eigenen Symphonieorchester auf. Das **Symphony of the Americas** tritt vor allem in Fort Lauderdale und in den Städten an der Gold Coast auf, gibt aber auch weltweit Gastspiele. Auch Miamis New World Symphony *(siehe S. 100)* tourt durch die ganze Welt. Ebenfalls sehr hörenswert sind die Konzerte der Concert Association of Florida (in Fort Lauderdale und Miami) und des Jacksonville Symphony Orchestra, das im **Times-Union Center for the Performing Arts** zu Hause ist.

Die größte Oper Floridas ist die **Florida Grand Opera**, die im Adrienne Arsht Center for the Performing Arts auftritt. Das Broward Center for the Performing Arts ist Heimstätte der Gold Coast Opera, eines privaten Orchesters, das klassische Werke wie *Carmen* und *Der Barbier von Sevilla* aufführt. Einen Besuch lohnt auch das kleine, aber sehr stimmungsvolle **Monticello Opera House**, in dem von September bis Mai Opern gespielt werden.

Erstklassiges Ballett bietet das Miami City Ballet *(siehe S. 100)*, dessen Choreograf Edward Villella bei George Balanchine in die Lehre ging.

Kino

Für anspruchsvolle Filme wäre eher New York oder Los Angeles das geeignete Pflaster, in Florida werden vor allem die neuesten Blockbuster präsentiert. Das berühmteste Kino des Bundesstaats ist das **Tampa Theatre** *(siehe S. 263)*, in dem eine Vielzahl von Live-Darbietungen sowie eine Mischung aus Filmklassikern und ausländischen Produktionen zu sehen sind.

Alljährlich finden in Sarasota im November und in Miami im Februar Filmfeste statt. Im Rahmen des Miami International Film Festival werden im Gusman Center for the Performing Arts *(siehe S. 100)* Filme gezeigt. Das Florida Film Festival von Orlando findet im Frühjahr statt.

Dinner-Shows

Dinner-Shows sind beliebte Familienunterhaltung, insbesondere in Orlando *(siehe S. 193)*. Hierbei sitzen die Gäste an großen Tischen, an denen üppige Mahlzeiten serviert werden, die meist einen Bezug zur Show haben. Die Beteiligung der Zuschauer an der Show ist durchaus üblich.

Außerhalb von Orlando bieten die Dinner-Shows Unterhaltung vom Schauspiel bis zu Komödien, Musicals oder sogar Krimis. Das **Mai Kai** in Fort Lauderdale dagegen unterhält die Gäste mit Tänzerinnen, Feuerschluckern und Ähnlichem. Im **Alhambra Dinner Theatre** in Jacksonville werden anspruchsvolle Musicals der *Oklahoma*- und *South-Pacific*-Schule inszeniert.

Schild von Hog's Breath Café, Key West

Sänger im lateinamerikanischen Karneval in Miami *(siehe S. 38)*

Live-Musik und Clubs

Am meisten Spaß macht das Tanzen in Clubs, in denen Live-Musik gespielt wird. In den besten sorgt eine Big Band oder ein Orchester für Stimmung. »Supper Clubs« bieten Essen und Musik. Letztere ist oft abwechslungsreich: Der **Coliseum Ballroom**, ein orientalisch angehauchtes Lokal in St. Petersburg, zieht Standard- wie Country-Tänzer an.

South Beach bietet die größte Auswahl an Clubs *(siehe S. 101)*. Gute Tanzlokale sind in allen Ferienorten zu finden. Das **Razzles** in Daytona Beach bietet hervorragende Musik, während das **Cheers** in Fort Lauderdale vor allem Live-Musik spielt, zu der es sich gut tanzen lässt. **Cowboys Orlando** ist ein beliebter Country-Tanzclub.

Sehr häufig müssen Sie mit Ihrem Ausweis belegen, dass Sie über 18 oder sogar über 21 Jahre alt sind.

Auf Festivals wird ebenfalls häufig Live-Musik gespielt, außerdem gibt es zahlreiche Tanzlokale, in denen man auch nur zuhören kann. **Skipper's Smokehouse** in Tampa ist bei Fans für Reggae und Blues beliebt. Für Country-Musik ist **Farmers' Opry House** in Pace die allererste Adresse.

Manche Bars und Cafés von den Seiten 348f, etwa das Hog's Breath Café auf Key West *(siehe S. 349)*, bieten ebenfalls Live-Musik.

Das prächtige Tampa Theatre, ein historischer Filmpalast

Auf dem Mallory Square treten jeden Abend bei Sonnenuntergang Straßenkünstler auf

Kreuz- und Bootsfahrten

In Florida starten die meisten Karibik-Kreuzfahrten. Die Schiffe legen regelmäßig in Miami, Port Everglades und anderen Häfen ab. Mehrtägige Fahrten bieten die **Royal Caribbean Cruise Line** und die **Carnival Cruise Line** an.

Auch Mini-Kreuzfahrten für nur einen Tag oder auch für nur einen Abend sind möglich und schon ab 40 Dollar zu buchen. Zu einer Schifffahrt am Abend gehören meist Dinner und Tanz, manchmal auch Glücksspiel. Die Nähe von Freeport, Grand Bahama, nutzt **Balearia Bahamas Express** in Fort Lauderdale für eine Tagesfahrt.

Rivership Romance auf dem St. Johns River

Kurze Bootsfahrten werden überall an Floridas Küsten angeboten. So startet die *Jungle Queen* in Fort Lauderdale *(siehe S. 139)* und die ***Manatee Queen*** in Jupiter *(siehe S. 131)*. St. Petersburgs **Starlite Cruises** sind überaus beliebt. **St. Johns Rivership Company** bietet Fahrten auf dem St. Johns River von Sanford *(siehe S. 224)* aus.

Glücksspiel

Glücksspiel auf Schiffen erfreut sich so großer Beliebtheit, weil es auf dem Festland überwiegend illegal ist. Sobald das Schiff internationale Gewässer erreicht hat (ca. 5 km vor der Küste), ist das Gesetz nicht mehr wirksam. Sie können auch eines der sechs legalen **Seminole Indian Casinos** besuchen, zwei in Hollywood *(siehe S. 141)*, in Coconut Creek, in Immokalee bei Naples, in Tampa und in Okeechobee. Der Miccosukee-Stamm betreibt ein Casino in der Nähe von Miami.

Gulfstream Park Racetrack und Mardi Gras at Hollywood Racetrack, beide in Hallandale, und Pompano Park Harness Track in Pompano Beach besitzen ebenfalls Casinos.

Spaß für Kinder

Für Kinder ist in ganz Florida gesorgt, nicht nur in Disney World. In den Museen gibt es einiges zu erleben, in vielen Zoos und manchen Parks sind Streichelgehege eingerichtet. Auch die in ganz Florida zu findenden Wasserparks *(siehe S. 363)* machen den Kleinen großen Spaß. Mit **Walt Disney World® Resort, Universal Orlando®, SeaWorld®** und anderen Parks kommt in Orlando die Unterhaltung der ganzen Familie nicht zu kurz. Achten Sie auf das Programm des **Amway Center**, wo von Eislaufshows über Zirkus bis hin zu NBA-Spielen alles Mögliche zu sehen ist. Auch kostenlose Unterhaltung gibt es überall: Kinder lieben Straßenkünstler, die etwa auf dem Mallory Square in Key West auftreten.

Schwule und Lesben

South Beach in Miami ist für seine pulsierende Gay-Szene *(siehe S. 102)* bekannt, die immer mehr homosexuelle Besucher aus dem In- und Ausland anzieht. Key West ist seit Jahren ein Schwulen-Mekka. Auch der Club **Scandal's Saloon** in Fort Lauderdale ist ein beliebter Homosexuellen-Treff.

Weitere Informationen bekommen Sie im Internet auf der hilfreichen Website des **Gay Guide to Florida**. Hier finden Sie Tipps zur Unterhaltungsszene, über das Nachtleben, Restaurants, Bars, Unterkünfte, spezielle Aktivitäten und Läden von und für Homosexuelle.

Buntes Treiben auf dem Fest Gay Pride in Fort Lauderdale

Auf einen Blick

Tickets

Ticketmaster
1-800-745-3000.
ticketmaster.com

Veranstaltungsorte

1-800-ASK-GARY Amphitheatre
4802 US 301 North, Tampa.
1-866-614-4183.

Adrienne Arsht Center for the Performing Arts
1300 Biscayne Blvd, Miami.
1-786-468-2000.

Broward Center for the Performing Arts
201 SW Fifth Ave, Fort Lauderdale.
1-954-522-5334.

EverBank Field
1 Stadium Blvd, Jacksonville.
1-904-633-6100.

Florida Citrus Bowl
1 Citrus Bowl Place, Orlando.
1-407-423-2476.

Raymond F. Kravis Center for the Performing Arts
701 Okeechobee Blvd, West Palm Beach.
1-561-832-7469.

Straz Center
1010 N MacInnes Place, Tampa.
1-813-229-7827.

Van Wezel Performing Arts Hall
777 N Tamiami Trail, Sarasota.
1-941-955-7676.
vanwezel.org

Theater

Florida State University Center for the Performing Arts
5555 N Tamiami Trail, Sarasota.
1-941-351-8000.

Mahaffey Theater
400 First St South, St. Petersburg.
1-727-892-5798.

Mann Performing Arts Hall
8099 College Parkway, Fort Myers.
1-239-481-4849.

Players of Sarasota
838 N Tamiami Trail, Sarasota.
1-941-365-2494.

Red Barn Theatre
319 Duval St, Key West.
1-305-296-9911.

Klassische Musik, Oper und Ballett

Florida Grand Opera
8390 NW 25th St, Miami.
1-305-854-7890.

Monticello Opera House
West Washington St, Monticello.
1-850-997-4242.

Symphony of the Americas
2425 E Commercial Blvd, Fort Lauderdale.
1-954-335-7002.

Times-Union Center for the Performing Arts
300 W Water St, Jacksonville.
1-904-633-6110.

Kino

Tampa Theatre
711 N Franklin St, Tampa.
1-813-274-8981.
tampatheatre.org

Dinner-Shows

Alhambra Dinner Theatre
12000 Beach Blvd, Jacksonville.
1-904-641-1212.

Mai Kai
3599 N Federal Highway, Fort Lauderdale.
1-954-563-3272 oder 1-800-262-4524.

Live-Musik und Clubs

Cheers
941 E Cypress Creek Rd, Fort Lauderdale.
1-954-771-6337.

Coliseum Ballroom
535 4th Ave North, St. Petersburg.
1-727-892-5202.

Cowboys Orlando
1108 S Orange Blossom Trail, Orlando.
1-407-422-7115.

Farmers' Opry House
8897 Byron Campbell Rd, Pace.
1-850-994-6000.

Razzles
611 Seabreeze Blvd, Daytona Beach.
1-386-257-6236.

Skipper's Smokehouse
910 Skipper Rd, Tampa.
1-813-971-0666.

Kreuz- und Bootsfahrten

Balearia Bahamas Express
Terminal 1, Port Everglades, Fort Lauderdale.
1-866-699 6988.

Carnival Cruise Line
3655 NW 87th Ave, Miami.
1-800-764-7419.

Manatee Queen
1065 N Ocean Blvd, Jupiter.
1-561-744-2191.

Royal Caribbean Cruise Line
Miami, Fort Lauderdale, Port Canaveral.
1-800-561-7225.

St. Johns Rivership Company
433 N Palmetto Ave, Sanford.
1-321-441-3030.

Starlite Cruises
3400 Pasadena Ave South, St. Petersburg.
1-727-462-2628.

Yacht StarShip
601 Channelside Drive, Tampa.
1-813-223-7999.

Glücksspiel

Seminole Hard Rock Hotel and Casino
5223 N Orient Rd, I-4 Exit 5, Tampa.
1-866-502-7529.
506 South 1st St, Immokalee.
1-800-218-0007.
5550 NW 40th St, Coconut Creek.
1-866-222-7466.

Spaß für Kinder

Amway Center
400 W Church St, Orlando.
1-407-440-7000.

SeaWorld®/ Busch Gardens
1-407-363-2613.
buschgardens.com

Universal Orlando®
1 407 363 8000.
universalorlando.com

Walt Disney World®
1-407-934-7639.
disneyworld.com

Schwule und Lesben

Gay Guide to Florida
gay-guide.com

Scandal's Saloon
1373 NE 6th Ave, Wilton Manors.
1-954-567-2432.

Sport und Aktivurlaub

Das milde Klima Floridas mit seinen enorm vielen Sonnentagen ermöglicht das ganze Jahr über das Ausüben zahlreicher Sportarten und Outdoor-Aktivitäten, was den Staat zu einem beliebten Urlaubsort für alle Sportbegeisterten macht: von Golfern und Tennisspielern über Kanufahrer bis zu Tiefseetauchern kommen alle Aktivurlauber auf ihre Kosten. Für alle Arten von Wassersport herrschen an den Stränden sowohl der Atlantik- als auch der Golfküste praktisch ideale Bedingungen. Florida wartet darüber hinaus mit nicht weniger als vier Millionen Hektar Naturschutzgebieten auf, die im Rahmen von Wanderungen, auf einem Pferd, mit einem Fahrrad oder per Boot erkundet werden können. Wer nicht selbst aktiv ist, kann sich als Zuschauer an Sportveranstaltungen erfreuen *(siehe S. 36f)*, in vielen Sportarten sind hochkarätige Teams am Start.

Golfplatz in Boca Raton an der Gold Coast

Information

Die besten und aktuellsten Informationsquellen sind die **Florida Sports Foundation** und das **Department of Environmental Protection (DEP)**. Im *Florida Vacation Guide*, der bei den Fremdenverkehrsämtern Floridas im Ausland erhältlich ist, sind nützliche Adressen aufgelistet. In den Informationsbüros Floridas erteilt man Auskunft über die betreuten Gebiete. Weitere Quellen sind bei den jeweiligen Sportarten angegeben.

Golf

Florida ist ein Golfparadies: Mit über 1100 öffentlichen und privaten Plätzen ist es Amerikas wichtigstes Urlaubsziel für Golfer. Palm Beach mit seinen 150 Plätzen hat sich zur »Golf-Hauptstadt der Welt« ausgerufen, obwohl Naples die höchste Konzentration an Plätzen aufweist.

Die meisten Plätze sind flach, doch es wurden leichte Erhebungen geschaffen. Viele der interessantesten Anlagen gehören zu den Hotels an der Küste, doch auch im Landesinneren finden Sie Golfplätze, z. B. in Walt Disney World®. Ungefähr zwei Drittel aller Plätze sind für die Öffentlichkeit zugänglich. Im Golfführer *PLAY FLA GOLF* der Florida Sports Foundation sind alle öffentlichen und privaten Golfplätze aufgeführt.

Golf kann das ganze Jahr über gespielt werden. Im Sommer sollte man frühmorgens anfangen, um Gewittern am Spätnachmittag aus dem Weg zu gehen. Die Gebühren variieren von unter 20 bis über 75 Dollar pro Person, im Winter sind sie am höchsten.

Tennis

Tennis erfreut sich in Florida großer Beliebtheit. Viele Hotels verfügen über eigene Plätze, manche Ferienanlagen bieten Tennisunterricht an. Auskunft über Unterricht, Clubs und Turniere erteilt die **United States Tennis Association (Florida Section)**. Die berühmteste Tennisschule ist die **Nick Bollettieri Tennis Academy** *(siehe S. 271)*, die Wochen-Trainingsprogramme und Intensiv-Unterricht anbietet.

Tauchen und Schnorcheln

Herrlich ist es, in Florida zu schnorcheln und zu tauchen. Das einzige lebende Korallenriff der USA, das an der Südostküste entlang den Keys verläuft, bietet eine wunderbare Vielfalt an Korallen und Fischen *(siehe S. 296f)*. Das Riff, fünf bis acht Kilometer vor der Küste, ist ohne Probleme zugänglich.

Floridas etwa 4000 Tauchplätze sind wegen des Programms »Künstliche Riffe« noch angewachsen. Von Panama City Beach bis Fort Lauderdale wurde alles, vom Brückenbogen bis zum Frachter, genutzt, um neuen Lebensraum für Korallen und Fische zu schaffen. Vor Palm Beach liegt zu diesem Zweck sogar ein Rolls-Royce auf dem Meeresgrund. Gesunkene spanische Galeonen faszinieren in Südflorida die Taucher.

Wer keinen Tauchschein hat, muss einen Kurs buchen. Aner-

Badende in den Wakulla Springs bei Tallahassee

Farbenfroher Bootsverleih auf dem Panhandle

kannte Kurse, in denen Anfänger in nur vier Tagen für 300 bis 400 Dollar das Tauchen lernen, werden überall angeboten.

Informationen bietet der *Florida Boating and Diving Guide* der Florida Sports Foundation, oder Sie fragen bei der **Keys Association of Dive Operators (KADO)** nach.

Wassersport

Schwimmen ist den Bewohnern Floridas so vertraut wie atmen. Viele Hotels verfügen zwar über Pools, aber das Baden im Meer oder in einem der vielen Seen, Quellen und Flüsse ist viel besser.

Der Atlantik bringt die besten Wellen, sodass an seiner Küste die einzigen Surfstrände von Florida liegen, z. B. Cocoa Beach *(siehe S. 199)*. Die sanfte Dünung des Golfs von Mexiko eignet sich für Kinder. Diese Strände im Westen sind wunderschön, mit weißem Sand auf dem Panhandle. Wegen der Küstenerosion sind die Strände im Südosten oft recht schmal, die Keys haben nur wenige Sandstrände zu bieten.

Manchmal sind die Strände nicht zugänglich: Viele gehören zu Parks, für die Eintritt bezahlt werden muss. Manche Hotels vermitteln gerne den Eindruck, dass ihr Strand nur für ihre Gäste ist, doch sie dürfen anderen den Zugang nicht verweigern.

In Parks im Landesinneren, z. B. im Blue Spring State Park *(siehe S. 224)*, findet man klare Quellen zum Baden. Familienspaß versprechen auch Floridas Wasserparks.

Alle Arten von Wassersport, von Surfen bis Wasserski, werden in den Urlaubsorten angeboten. Wasserski ist am Meer, an Süßwasserseen und Binnenwasserwegen möglich.

Fischen

In Floridas zahlreichen Seen und Flüssen wimmelt es geradezu von Fischen. Das Angeln ist für die Bewohner Floridas kein Sport, sondern es gehört vielmehr zu ihrem Lebensstil. Gelegenheiten zum Fischen bieten sich sowohl an der Küste als auch im Landesinneren.

An Atlantik- und Golfküste stehen viele Fischer. Das Angeln direkt vor dem Pier ist in vielen Küstenorten beliebt, aber auch für Sportfischer gibt es verschiedene Angebote.

In vielen Urlaubsorten an der Küste kann man Hochseefischerboote chartern. Die größten Fischereiflotten befinden sich auf dem Panhandle, insbesondere um Fort Walton Beach und Destin, sowie auf den Keys. Aufgrund des nahen Golfstroms tummelt sich in den Gewässern vor den Keys die größte Fischvielfalt *(siehe S. 299)*. Wer seinen Fisch mitnehmen möchte, lässt ihn am besten von einem Präparator konservieren. Umweltbewusstere Angler lassen sich jedoch ein Modell ihres Fangs anfertigen. In Angelgeschäften oder bei Bootsverleihern erhalten Sie Adressen von Präparatoren.

Süßwasserfische gehen in den zahlreichen Seen, Flüssen und Kanälen an die Angel. An größeren Flüssen wie dem St. Johns sowie in anderen beliebten Fischgebieten wie am Lake Okeechobee *(siehe S. 132)* stehen Bootsverleiher und Anglerführer zur Verfügung. In ländlichen Gegenden bieten Camps einfache Unterkünfte, manche sind jedoch nur im Sommer offen.

Einen Angelschein zum Preis von zwölf bis 30 Dollar benötigt man für das Angeln sowohl in Süß- als auch in Salzwasser. Das über die **Florida Fish and Wildlife Conservation Commission** erhältliche *Fishing Handbook* informiert über Gewässer und die Vergabe von Angelscheinen. Weiterhin enthält es Informationen über Angelturniere, von denen das Destin Fishing Rodeo *(siehe S. 40)* das bekannteste ist.

Weitere Informationen über das Angeln und Jagen erhalten Sie beim Department of Environmental Protection oder bei der Florida Fish and Wildlife Conservation Commission *(siehe S. 365)*.

Pelikane beobachten Angler auf Cedar Key

Der Intracoastal Waterway bei Boca Raton an der Gold Coast

Bootstouren

Auf Floridas Gewässern sieht man die unterschiedlichsten Wasserfahrzeuge, von der modernsten Yacht bis zum Holzkahn. Mit einer Küste von 12 870 Kilometern Länge und einer Binnenwasserfläche von 11 655 Quadratkilometern ist der Bundesstaat ein Paradies für Bootsfahrer. Für sehr viele Einheimische ist ein Boot genauso selbstverständlich wie ein Auto. In Florida sind rund 700 000 Boote registriert, wozu noch 300 000 hinzukommen, die Urlauber jedes Jahr mitbringen.

Der Intracoastal Waterway, der sich über 800 Kilometer an der Ostküste bis zu den Keys erstreckt, erfreut sich größter Beliebtheit. Dieser oft durch Inseln vor dem Atlantischen Ozean geschützte Wasserweg verbindet Flüsse, Bäche und Kanäle. Obwohl die Westküste offen ist, interessiert das Gebiet die Bootsfahrer am meisten, wo sich der Intracoastal Waterway zwischen den Inseln der Lee Island Coast *(siehe S. 282f)* fortsetzt.

Auf dem 217 Kilometer langen Okeechobee Waterway, der quer durch Florida verläuft, ist im Sommer viel los. Er führt von Stuart den St. Lucie Canal entlang über den Lake Okeechobee und dann weiter über den Caloosahatchee River zur Sanibel Island.

Diese Binnenwasserwege eignen sich – wie viele der 166 Flüsse – für kleine Schiffe oder Hausboote. Letztere sind häufig schwimmende Apartments mit Klimaanlage, Mikrowelle und Fernseher. Hausboote gibt es in mehreren Häfen zu mieten, z. B. in Sanford am St. Johns River *(siehe S. 224)*, während kleinere Boote in vielen Fischer-Camps und Häfen aufzutreiben sind.

Florida hat 1250 Bootshäfen aufzuweisen. An der Küste verfügen sie normalerweise über hervorragende Anlagen sowie Unterkünfte und Bootsverleihe. Binnenhäfen sind meist einfacher. In der von der **Florida Sports Foundation** herausgegebenen Broschüre *Florida Boating and Diving* sind die meisten Häfen mit ihren Anlagen aufgelistet.

Florida-State-Park-Schild

Erkundung des Hinterlands

Floridas Schutzgebiete umfassen belebte Strände und wildere Gegenden wie die Everglades. In den meisten Parks gibt es ein Besucherzentrum, in dem Karten und Broschüren zur Verfügung stehen. Wenn die sommerlichen Regenfälle und Moskitoplagen vorüber sind, beginnt die richtige Zeit für eine Erkundung der Parks.

Mehr als 110 Gebiete sind als State Parks und State Preserves staatlich geschützt. Für alle wird eine Eintrittsgebühr erhoben, die Öffnungszeiten erstrecken sich meist täglich von 8 Uhr bis zum Sonnenuntergang. Das Department of Environmental Protection (DEP) gibt den Führer *Florida State Parks* heraus (www.floridastateparks.org).

Informationen über Nationalparks erhalten Sie beim **National Park Service** in Georgia. Viele andere Parks sind privat, auch die von **Audubon Florida** verwalteten Schutzgebiete, in denen es besonders Vögel zu sehen gibt.

Der Führer *Florida Trails* des Fremdenverkehrsamts enthält eine Liste aller Privat-, Staats- und Nationalparks. Im Rahmen des Florida Rails-to-Trails-Programms wurden alte Bahngleise in Wege umgestaltet, auf denen man wandern, Rad fahren, inlineskaten und reiten kann. Zwei der besten sind Tallahassee–St. Marks Historic Railroad State Trail südlich von Tallahassee und Gainesville–Hawthorne State Trail *(siehe S. 227)* im Nordosten.

Abenteuertouren bieten ein paar Reiseveranstalter wie **Build a Field Trip** an, der Ausflüge durch ganz Florida im Programm hat.

Besucher im Everglades National Park

Radfahren

Ob auf Straßen oder Wegen – in ganz Florida bieten sich sehr viele Möglichkeiten zum Radfahren, was aufgrund der flachen Landschaft auch gar nicht anstrengend ist. Dennoch ist der leicht hügelige Panhandle die interessanteste Gegend, aber auch der Nordosten weist beispielsweise in der Paynes Prairie *(siehe S. 227)* gute Wege auf.

Auch wenn Sie wahrscheinlich kein eigenes Fahrrad mitbringen: Vor Ort können Sie sich eines leihen. Informationen für Radfahrer finden Sie auf der Website von **Florida Trails and Greenways**.

Kanus, Blackwater River State Park

Wandern

Florida ist auf den ersten Blick nicht gerade ein ideales Wandergebiet, aber die Vielfalt an Lebensräumen macht die flache Landschaft wieder wett.

Durch die meisten Staatsparks führen Wege. Außerdem ist der National Scenic Trail geplant, ein Weg, der im Big Cypress National Preserve *(siehe S. 288f)* in Südflorida beginnen und bei Pensacola enden soll. Bis jetzt sind bereits 1600 der 2080 Kilometer langen Route fertiggestellt.

Die **Florida Trail Association** erteilt Auskunft über Wanderwege.

Kanufahren

Zum Kanufahren besteht ebenfalls vielerorts Gelegenheit. Das Florida Canoe Trail System umfasst 36 Routen, die insgesamt 1520 Kilometer lang sind.

Mehrere Parks sind für ihre Kanuwege bekannt. Der beliebteste unter ihnen ist der 160 Kilometer lange Wilderness Waterway im Everglades National Park *(siehe S. 290–295)*. Manche der schönsten Flüsse, wie der Blackwater *(siehe S. 238f)*, fließen durch den Norden, aber auch der Hillsborough River an der Gulf Coast *(siehe S. 267)* ist beliebt.

Auf Erkundungstour bei Ocala hoch zu Ross

Prüfen Sie immer den Wasserstand, bevor Sie losfahren. Sowohl niedriger als auch hoher Stand bergen Gefahren.

Reiten

Der Ocala National Forest im Nordosten *(siehe S. 225)* bietet 160 Kilometer Wege, die alle zum Reiten geeignet sind. Weiterhin gibt es in 15 State Parks Reitwege, z. B. im Myakka River *(siehe S. 278)*, Jonathan Dickinson *(siehe S. 121)* und im Florida Caverns State Park *(siehe S. 243)*.

Sehr informativ ist das *Florida Horse Trail Directory* des **Department of Agriculture and Consumer Services**, aber auch das Department of Environmental Protection erteilt Auskunft.

Auf einen Blick

Information

Department of Environmental Protection (DEP)
3900 Commonwealth Blvd, Tallahassee, FL 32399.
Tel. 1-850-245-2052.

Florida Sports Foundation
Tallahassee, FL 32308.
Tel. 1-850-488-8347.
W flasports.com

Tennis

Nick Bollettieri Tennis Academy
5500 34th St W, Bradenton, FL 34210.
Tel. 1-800-872-6425.
W imgacademies.com

United States Tennis Association (Florida Section)
Deuce Court, Daytona Beach, FL 32124.
Tel. 1-386-617-8949.
W florida.usta.com

Tauchen und Schnorcheln

Keys Association of Dive Operators
3128 N Roosevelt Blvd, Key West, FL 33040.
W divekeys.com

Fischen

Florida Fish and Wildlife Conservation Commission
Tel. 1-850-488-4676 bzw. 1-888-347-4356. (Angellizenzen).
Tel. 1-888-486-8356 (Jagdlizenzen).
W myfwc.com

Erkundung des Hinterlands

Audubon Florida
Tel. 1-407-539-5700 bzw. 1-305-371-6399.
W fl.audubon.org

Build a Field Trip
1925 NE 45th St, Suite 132, Fort Lauderdale, FL 33308.
Tel. 1-954-772-7800.

National Park Service (Southeast)
100 Alabama St SW, Atlanta, GA 30303.
Tel. 1-404-507-5600.

Radfahren

Florida Trails and Greenways
W visitflorida.com/trails

Wandern

Florida Trail Association
PO Box 13708, Gainesville, FL 32604.
Tel. 1-352-378-8823 oder 1-800-343-1882.

Reiten

Department of Agriculture and Consumer Services
Tel. 1-850-487-3867.
W doacs.state.fl.us

Heiraten

Florida ist nicht nur ein unglaublich beliebtes Urlaubsziel, sondern inzwischen auch einer der populärsten Orte für Hochzeiten und Flitterwochen. Das wunderbare Wetter ist ideal für Trauungen im Freien, ob für wenig Geld in einem hübschen Garten bis zu extravaganten Feiern in Themenparks für mehrere Tausend Dollar. Hochzeiten unter einem bestimmten Thema sind besonders beliebt. Organisatoren zaubern geradezu alles herbei, was das Paar wünscht, sogar ein nachgebautes Cinderella-Schloss. Berühmt sind darüber hinaus Floridas außergewöhnliche Orte für eine Trauung: Man kann z. B. beim Golfen, beim Fischen, am Strand oder im Heißluftballon die Ringe tauschen. Viele Hochzeitsplaner erfüllen jeden noch so ausgefallenen Wunsch für Zeremonien und Flitterwochen.

Romantische Trauungszeremonie am Strand

Hochzeitspauschalen

Die meisten Hotels und Ferienanlagen in Florida bieten ihren Gästen Hochzeits- und Flitterwochenpauschalen an.

Im **Grand Bohemian Hotel** in Orlando kann man unter dem Thema »Boheme« auf dem Dachgarten heiraten. Der Preis – zwischen 1600 und über 3000 Dollar – enthält eine Übernachtung in diesem Art-déco-Hotel. **The Inn on Fifth** in Naples befindet sich in einer renovierten Bank aus den 1930er Jahren mit vielen Originalelementen wie Kristalllüster, rote Teppiche auf den Treppen und schmiedeeiserne Geländer. Der Pool-Bereich auf dem Dach – mit Wasserfällen! – bildet die romantische Kulisse für Hochzeiten.

Das legendäre **Biltmore Hotel** in Coral Gables bietet auf seinem Gelände mehrere höchst eindrucksvolle Ecken für den Ringetausch, von der überaus hübschen, mit Rosen dekorierten Laube am Pool bis hin zum großen Ballsaal. Die Pauschalangebote beginnen bei 3000 Dollar.

Key Wests Sonnenuntergänge sind einfach fantastisch, und sich bei derartiger Stimmung das Jawort zu geben, ist Romantik pur. Im **Westin Key West Resort & Marina** und seiner Schwesteranlage **Westin Sunset Key Guest Cottages** können Sie dies tun. Tauschen Sie am Pier, mit dem Sonnenuntergang als Kulisse, die Ringe – oder am Strand des Sunset Key, einer Insel, die vom Key West Resort mit dem Boot in nur drei Minuten zu erreichen ist.

Die ultimative tropische Trauung in perfektem Inselflair bietet **Little Palm Island Resort & Spa** vor Little Torch Key. Die Preise beginnen bei 1500 Dollar. Sie beinhalten zwar keine Übernachtung, jedoch wird den Brautleuten garantiert, dass ihre Hochzeit als einzige an diesem Tag auf der Insel stattfindet.

Themenparks

Ob Sie es romantisch oder kindisch finden – eine Hochzeit im **Walt Disney World® Resort** ist etwas Besonderes. Mehr als 2000 Paare im Jahr lassen sich hier trauen. Die Pauschalen beginnen bei etwa 3000, individuell gestaltete Zeremonien kosten zwischen 7500 und 20 000 Dollar. Im Angebot stehen z. B. Märchenhochzeiten im Magic Kingdom® – die Braut kommt in einer Aschenputtel-Glaskutsche –, Safari-Trauungen im Animal Kingdom®, Filmhochzeiten, bei denen Sie der Star sind, in Disney's Hollywood Studios® und der Ringetausch während einer Show in einem Länderpavillon von Epcot®.

Weitere Optionen finden Sie auf den Websites der Themenparks. Wenn Sie Giraffen und Gazellen mögen, heiraten Sie im exotischen Ambiente der **Busch Gardens** – hier organisiert man alles nach Ihren Wünschen.

Hochzeitspaar in Walt Disney World®

Romantische Orte

Die **Harry P. Leu Gardens** *(siehe S. 190)* bei Orlando bieten auf ihren rund 20 Hektar mehrere Gärten, in denen man zwischen Rosen und Kamelien die Ringe tauschen kann. Ganz besonders beliebte Ecken für Trauungen sind hier Rose Garden, Floral Clock und Butterfly Garden.

Die **Bok Tower Gardens** *(siehe S. 195)* in Lake Wales gehören zu den höchstgelegenen Plätzen in Florida. Hier kann man in überaus romantischer Kulisse mit Palmen, Blumen und einem Glockenspiel mit 57 Glocken den Bund fürs Leben schließen.

Originelle Orte

Auch wenn Sie eine ganz einzigartige Hochzeit wünschen, haben Sie die Qual der Wahl. Der Veranstalter **Orlando Balloon Rides** bietet beispielsweise Trauungen in einem Heißluftballon an. Im Preis sind der Transport zum Startplatz enthalten, die Zeremonie im Ballon auf dem Boden, eine einstündige Ballonfahrt für zwei und ein Champagner-Empfang.

Orlando Balloon Rides bietet Hochzeiten im Heißluftballon

Bei **Medieval Times Dinner & Tournament** heiratet man im England des 11. Jahrhunderts. Bei **Orlando Harley-Davidson®** fahren Braut und Bräutigam auf Harleys vor. Der **Daytona International Speedway** bietet eine Zeremonie auf dem Siegerpodest, dazu eine Ehrenrunde auf der Strecke. Im **Fantasy of Flight** gibt man sich im Hangar das Jawort. Im **Brevard Zoo** kann man im Serengeti Pavilion, Flamingo Pond oder Australian Aviary heiraten.

Details

Mit Hochzeitsplanern, Catering-Firmen und Fotografen könnte man ganze Bücher füllen. Die kostenlosen Publikationen **Perfect Wedding Guide** und **The Knot** sind sehr hilfreich. Die Bestellung von Einladungskarten in einer Druckerei oder in einem Laden für Bürobedarf, die Auswahl der Blumen beim Floristen, Hilfe beim Aussuchen des Brautkleids in darauf spezialisierten Boutiquen oder Kaufhäusern – all dies können Hochzeitsplaner für Sie übernehmen.

Rechtliches

Die Genehmigung zum Heiraten bekommen Sie in jedem Gericht des Bundesstaates. Im **State of Florida Official Marriage Guide** sind die Adressen aufgeführt. Braut und Bräutigam müssen hier Personalausweis, Reisepass oder Führerschein vorlegen. Die Lizenz wird sofort ausgestellt und ist 60 Tage lang gültig.

Wenn Sie schon einmal verheiratet waren, müssen Sie das Datum der Scheidung oder den Todestag des Ehepartners belegen können.

Auf einen Blick

Hochzeitspauschalen

Biltmore Hotel
1200 Anastasia Ave, Coral Gables.
Tel. 1-305-445-1926.

Grand Bohemian Hotel
325 S Orange Ave, Orlando.
Tel. 1-407-313-9000.

The Inn on Fifth
699 5th Ave S, Naples.
Tel. 1-888-403-8778.

Little Palm Island Resort & Spa
28500 Overseas Hwy, Little Torch Key.
Tel. 1-800-343-8567.

Westin Key West Resort & Marina
245 Front St, Key West.
Tel. 1-305-294-4000.
W **starwoodhotels.com**

Westin Sunset Key Guest Cottages
245 Front St, Key West.
Tel. 1-305-294-5300.
W **westinsunsetkeycottages.com**

Themenparks

Busch Gardens
W **buschgardensgroupevents.com/fla**

Walt Disney World® Resort
W **disneyweddings.com**

Romantische Orte

Bok Tower Gardens
W **boktowergardens.org**

Harry P. Leu Gardens
W **leugardens.org**

Originelle Orte

Brevard Zoo
8225 N Wickham Rd, Melbourne.
Tel. 1-321-254-9453.
W **brevardzoo.org**

Daytona International Speedway
1801 W International Speedway Blvd, Daytona Beach. Tel. 1-386-253-7223. W **daytonainternationalspeedway.com**

Fantasy of Flight
1400 Broadway Blvd SE, Polk City.
Tel. 1-863-984-3500.
W **fantasyofflight.com**

Medieval Times Dinner & Tournament
4510 W Irlo Bronson Hwy, Kissimmee.
Tel. 1-407-396-1518.
W **medievaltimes.com**

Orlando Balloon Rides
7769 W Irlo Bronson Hwy, Kissimmee. Tel. 1-407-894-5040. W **orlandoballoonrides.com**

Orlando Harley-Davidson®
3770 37th St, Orlando.
Tel. 1-877-740-3770.
W **orlandoharley.com**

Details

The Knot
W **theknot.com**

Perfect Wedding Guide
W **perfectweddingguide.com**

Rechtliches

State of Florida Official Marriage Guide
W **stateofflorida.com**

GRUND-INFORMATIONEN

Praktische Hinweise

Mit mehr als 40 Millionen Besuchern im Jahr ist Florida eines der herausragenden Ferienziele der Vereinigten Staaten. Der Bundesstaat ist geradezu eine ideale Destination für Familien. Auf die Unterhaltung von Kindern wird großer Wert gelegt, und der ungezwungene Lebensstil der Einheimischen sowie die hervorragenden Einrichtungen machen eine Reise zum wahren Vergnügen.

Aufgrund des warmen Klimas reisen viele Urlauber in der kalten Jahreszeit nach Florida. Die Hochsaison dauert von Dezember bis April – dann sind Flüge und Hotels auch am teuersten, Strände und Sehenswürdigkeiten in aller Regel ziemlich überfüllt. Wer Walt Disney World® oder andere Themenparks besuchen will, muss in diesen Monaten mit langen Wartezeiten rechnen.

Hilfreiche Informationsbüros findet man viele in Florida

Einreise und Zoll

Bürger aus Deutschland, Österreich und der Schweiz können im Rahmen des Visa Waiver Program (VWP) bis zu 90 Tage visumfrei in die USA einreisen. Sie müssen dafür eine ESTA-Reisegenehmigung beantragen – spätestens 72 Stunden vor Antritt der Reise. Der Antrag kann nur auf der ESTA-Website gestellt werden (https://esta.cbp.dhs.gov). Hierbei werden 14 US-Dollar Gebühr fällig, zahlbar per Kreditkarte. Achtung: Sie sollten schon hier Ihre erste Adresse in den USA nennen – spätestens beim Zollformular muss diese Adresse angegeben werden. Nehmen Sie sich den Ausdruck der ESTA-Genehmigung mit – sie bleibt übrigens zwei Jahre lang gültig.

Erforderlich für die Einreise ohne Visum ist ein maschinenlesbarer Reisepass. Pässe, die nach dem 26. Oktober 2005 ausgestellt wurden, brauchen ein digitales Lichtbild, Pässe, die nach dem 26. Oktober 2006 ausgestellt wurden, einen Chip mit biometrischen Daten. Auch Kinder jeden Alters benötigen einen maschinenlesbaren Pass – und eine eigene ESTA-Genehmigung.

Seit 2004 werden von allen Reisenden bei der Einreise digitale Fingerabdrücke genommen und ein Foto erstellt. Seit 2005 muss man vor Reiseantritt ein APIS-Formular ausfüllen (Formular von der Fluglinie bzw. unter www.drv.de).

Aktuelle Hinweise zur Einreise in die USA finden Sie unter www.us-botschaft.de, der Visa-Informationsdienst hat die kostenpflichtige Nummer 0900 185 0055 (in D) bzw. +49 9131 772 2270 (von außerhalb D, nur englisch).

Erlaubt sind bei der Einreise 200 Zigaretten (pro Person über 18 Jahre), ein Liter Alkohol (pro Person über 21 Jahre) sowie Geschenke im Wert von bis zu 100 Dollar. Verboten ist die Einfuhr von Fleisch (auch von Konserven), Pflanzen, Samen und Früchten. Informationen über Zollvorschriften finden Sie im Internet unter www.cbp.gov/xp/cgov/travel.

Internationaler Studentenausweis ISIC

Information

Die meisten Großstädte in Florida haben ein Convention and Visitors' Bureau (CVB) mit kostenlosen Broschüren. Vor der Reise können Sie sich auf der Website von **Visit Florida** informieren. In den meisten Hotels liegt das kostenlose Magazin *WHERE* aus.

Eintrittspreise

In den meisten Museen, Parks und Attraktionen wird Eintritt verlangt – ein kleines Museum etwa zwei Dollar, bei Walt Disney World's® Magic Kingdom® kostet ein Tagespass etwa 100 Dollar.

Nachlässe gibt es oft für Kinder, Studenten und Senioren sowie mit den Gutscheinen in den Broschüren der Informationsbüros – sie werden auf den Eintritt oder in Restaurants angerechnet. Gutscheine des Informationszentrums am International Drive nahe Orlando *(siehe S. 192)* können Hunderte Dollar sparen.

Öffnungszeiten

Manche Sehenswürdigkeiten bleiben an einem Wochentag (meist montags) geschlossen, die meisten haben jedoch – außer an Feiertagen wie Neujahr, Thanksgiving und Weihnachten – täglich geöffnet. Die State Parks sind gewöhnlich jeden Tag von Sonnenauf- bis Sonnenuntergang geöffnet. Vergnügungsparks öffnen in der Hochsaison länger. Infos bieten die Websites der Attraktionen.

◀ **Wachturm einer Rettungsstation an einem Strand in Florida**

Umrechnungstabelle

US-Maße
1 Inch = 2,5 Zentimeter
1 Foot = 30 Zentimeter
1 Mile = 1,6 Kilometer
1 Ounce = 28 Gramm
1 Pound = 454 Gramm
1 US-Pint = 0,47 Liter
1 US-Gallon = 4,6 Liter

Metrische Maße
1 Zentimeter = 0,4 Inch
1 Meter = 3 Feet 3 Inches
1 Kilometer = 0,6 Mile
1 Gramm = 0,04 Ounce
1 Kilogramm = 2,2 Pounds
1 Liter = ca. 2 US-Pints

Reisende mit besonderen Bedürfnissen

In diesem Führer ist vermerkt, ob eine Sehenswürdigkeit für Rollstühle zugänglich ist. Fragen Sie aber vorher telefonisch nach den Gegebenheiten.

Einige Autovermietungen verfügen über behindertengerechte Wagen, und manche Busse können auch mit Rollstuhl bestiegen werden.

Mobility International erteilt allgemeine Informationen. Visit Florida gibt ein Servicebuch heraus, und Walt Disney World® bietet einen eigenen Führer online und als Heft an.

Mit Kindern reisen

In den meisten Themenparks kann man Buggys *(strollers)* ausleihen, Autovermieter stellen Kindersitze zur Verfügung, und viele Restaurants bieten Speisekarten für Kids *(siehe S. 327)*. In Flugzeugen, Bussen und Zügen zahlt man für Kinder unter zwölf Jahren die Hälfte.

Ein Junge genießt die Fahrt in einem Delfin-Buggy in SeaWorld®

Senioren

Florida ist ein Mekka für Senioren, ganz gleich, ob sie hier Urlaub machen oder sich niederlassen wollen. Menschen über 65 bekommen bei Attraktionen, in Hotels, Restaurants und öffentlichen Verkehrsmitteln oft Rabatt.

Der **National Parks Service** gewährt gegen eine einmalige Zahlung von zehn Dollar lebenslang freien Eintritt in Nationalparks. Die **American Association of Retired Persons** hilft Mitgliedern bei der Planung der Reise.

Preiswert reisen

Wenn Sie in der Nebensaison reisen, können Sie an vielen Stellen eine Menge Geld sparen. Hotels in der Nähe der Themenparks sind preiswerter als die in den Parks. Viele Lokale bieten vor 18 Uhr verbilligte Preise an.

Elektrizität

Die Stromspannung in den USA beträgt 110–120 V bei 60 Hz. Für europäische Geräte brauchen Sie einen Spannungstransformator und einen Adapter. Am besten kaufen Sie die Geräte vor der Reise.

In vielen Hotels bekommen Sie Stecker, mit denen sowohl 120-Volt- als auch 230-Volt-Rasierapparate betrieben werden können.

Etikette

In Florida kleidet man sich lässig. Shorts und T-Shirt sind in den meisten Strandbars akzeptabel. Am Strand ist es Frauen nicht erlaubt, oben ohne zu gehen, mit Ausnahme weniger Plätze wie z. B. Miamis South Beach. Trinken von Alkohol am Strand oder an anderen öffentlichen Plätzen ist ebenfalls verboten.

In Restaurants, Bussen, Zügen, Taxis und den meisten öffentlichen Gebäuden darf nicht geraucht werden.

In Restaurants sollten Sie 15 bis 20 Prozent Trinkgeld geben. Taxifahrer erwarten ähnlich viel. Träger in Hotels erhalten meist einen Dollar pro Gepäckstück.

Logo von Green Lodging

Umweltbewusst reisen

Wenn Sie auch im Urlaub auf Ihre Umwelt achten wollen: Das **Florida Green Lodging Program** versorgt Interessierte mit einer Liste von insgesamt rund 700 Hotels und anderen Einrichtungen, die Energie sparen und auf den Wasserverbrauch achten.

Auf einen Blick

Konsulate

Deutschland
100 N Biscayne Blvd, Suite 2200, Miami, FL 33132. **Stadtplan** 4 F1. Tel. 1-305-358-0290.
W **miami.diplo.de**

Österreich
2445 Hollywood Blvd, Miami, FL 33020. Tel. 1-954-925-1100. W **austrianconsulatemiami.com**

Schweiz
1561 Agua Ave, Coral Gables, FL 33156. Tel. 1-404-870-2000.
W **eda.admin.ch/atlanta**

Information

Visit Florida
W **visitflorida.com**

Weitere Adressen

American Association of Retired Persons
601 E St, NW, Washington, DC 20049. Tel. 1-202-434-2277.
W **aarp.org**

Florida Green Lodging Program
W **dep.state.fl.us/greenlodging**

Mobility International
132 E Broadway, Eugene, OR 97401. Tel. 1-541-343-1284.
W **miusa.org**

National Parks Service
W **nps.gov**

Sicherheit und Gesundheit

Auf die hohe Kriminalitätsrate Anfang der 1990er Jahre reagierte die Polizei erfolgreich mit zusätzlichen Sicherheitsmaßnahmen für Besucher. Dennoch ist in manchen städtischen Gebieten, vor allem in Miami, Vorsicht geboten. Doch mit ein wenig Achtsamkeit können Sie Ihren Urlaub unbeschwert genießen.

Polizei

Das Gesetz wird von drei Einheiten vollstreckt: der Stadtpolizei, den für die ländlichen Gebiete zuständigen Sheriffs und der Florida Highway Patrol, die Autounfälle und Delikte außerhalb der Städte bearbeitet. Größere Ferienzentren sind gut überwacht – Miami und Orlando haben erst kürzlich die Tourist Oriented Police (TOP) ins Leben gerufen. Im Bemühen, Besucher sowohl anzuziehen als auch zu schützen, verhalten sich Polizeibeamte ihnen gegenüber sehr freundlich und hilfsbereit.

Persönliche Sicherheit

In den meisten Großstädten Floridas gibt es Viertel, die Sie nicht betreten sollten. Das Personal der Fremdenverkehrsbüros oder des Hotels wird Sie darüber aufklären. Beachten Sie, dass die Innenstädte oft nur als Geschäftsviertel dienen und in der Nacht wie ausgestorben sind. In den letzten Jahren sind die Zentren von Fort Lauderdale, Jacksonville und Orlando jedoch auch abends zunehmend belebt. Im Zweifelsfall nehmen Sie besser ein Taxi, als zu Fuß zu gehen.

Diebstähle in Hotels sind nicht selten. Lassen Sie Ihren wertvollsten Schmuck lieber zu Hause. Verschließen Sie andere Wertsachen im Safe Ihres Zimmers oder geben Sie sie an der Rezeption ab.

Wenn Sie ausgehen, nehmen Sie so wenig Geld wie möglich mit und lassen Sie Ihren Zimmerschlüssel an der Rezeption. Wer wirklich überfallen wird, sollte auf keinen Fall Widerstand leisten.

Sicherheit in Miami

Miami hat eine der höchsten Kriminalitätsraten in den USA, auch wenn Besucher selten Opfer sind. In manche Viertel sollten Sie keinen Fuß setzen. Dazu gehören Liberty City und Overtown, beide zwischen dem Flughafen und Downtown. Little Haiti und Opa-Locka bieten sich zwar für einen Besuch an, sollten aber mit Vorsicht genossen werden *(siehe S. 95)*. Vermeiden Sie alle in der Nacht verlassenen Stadtgebiete wie z. B. Downtown. Belebte Vergnügungsviertel wie etwa Coconut Grove und South Beach sind nach Einbruch der Dunkelheit sicher, aber selbst hier sollten Sie Nebenstraßen (südlich der 5th Street in South Beach) meiden.

Neben den regulären Polizeistreifen fährt die Tourist Oriented Police von Miami Extra-Patrouillen in der Gegend um den Flughafen, insbesondere um Autovermietungen, deren Personal Autofahrern die sicherste Strecke in die Stadt weisen kann.

County-Sheriff in dunkler Uniform mit Einsatzfahrzeug

Polizisten mit dem Fahrrad auf Patrouille in St. Augustine

Im Notfall

Polizei, Feuerwehr und Notarzt erreichen Sie mit der Nummer **911**. Wenn Sie überfallen oder bestohlen wurden, erhalten Sie unter dieser Nummer auch Auskunft über das nächstgelegene Polizeirevier. Auf Expressways finden Sie in Abständen von etwa einem Kilometer Notrufsäulen.

Falls Sie wegen eines Notfalls Geld überwiesen haben möchten, können Sie den Service **Moneygram** von American Express nutzen.

Diebstahl

Auch wenn die Wahrscheinlichket, gestohlenes Eigentum wiederzuerhalten, sehr gering ist, sollten Sie Anzeige erstatten. Bewahren Sie die Kopie der Anzeige sorgfältig auf, falls Sie den Fall Ihrer Versicherung melden wollen.

Ihrer Kreditkartengesellschaft können Sie den Verlust Ihrer Karte telefonisch melden. Dasselbe gilt für verlorene oder gestohlene Reiseschecks von Thomas Cook oder American Express. Wenn Sie Ihren Reisepass verlieren, verständigen Sie das Konsulat Ihres Landes *(siehe S. 371)*.

Medizinische Versorgung

In den Großstädten und manchen Kleinstädten des Bundesstaats findet man rund um die Uhr geöffnete Kliniken und Zahnkliniken. Mit weniger schlimmen Leiden können Sie auch in einer Apotheke Rat suchen, von denen viele eben-

Notarztwagen

Feuerwehrwagen

Streifenwagen der Orange-County-Polizei

falls lange oder gar rund um die Uhr geöffnet haben.

Bei einem Unfall oder einer schweren Krankheit können Sie sich auf eine hervorragende Versorgung in einem Krankenhaus verlassen. Ihre Versicherungspapiere sollten Sie immer bei sich tragen.

Umsonst gibt es nichts: Ein einfacher Arztbesuch kann bereits mehr als 100 Dollar kosten. Krankenhäuser akzeptieren die gängigen Kreditkarten, ebenso die meisten Arzt- und Zahnarztpraxen. Wer nicht versichert ist, muss meist im Voraus bezahlen.

Wer verschreibungspflichtige Medikamente einnehmen muss, sollte sich für alle Fälle zu Hause eindecken.

Risiken in der Natur

Hurrikans treten nur selten auf, können aber sehr zerstörerisch sein *(siehe S. 30f)*. Falls es während Ihres Aufenthaltes dazu kommen sollte, befolgen Sie die Anweisungen im Fernsehen und Radio. Das **National Hurricane Center** in Miami gibt über bevorstehende Hurrikans Auskunft. Im Bedarfsfall wird eine Hurricane Hotline eingerichtet.

Für Florida-Besucher ist die Sonne gefährlich. Benutzen Sie Sonnencreme mit hohem Lichtschutzfaktor und tragen Sie einen Hut. Achten Sie vor allem auf Ihre Kinder.

Florida ist zwar für seine von Menschenhand geschaffenen Attraktionen bekannt, aber es gibt Gegenden, in denen die Natur dominiert. Die Everglades bergen die meisten Gefahren: Alligatoren sind spannend anzusehen, aber sie können töten – halten Sie also gebührenden Abstand. In Florida sind mehrere Giftschlangen beheimatet, u. a. die Wassermokassin, deren Biss tödlich sein kann. Berühren Sie keine unbekannten Pflanzen: Im Spanischen Moos etwa, das von vielen Bäumen herunterhängt, lebt die Rote Milbe, die Hautreizungen auslöst. Vorsicht auch vor giftigen Spinnen und Skorpionen.

Beißende und stechende Insekten, vor allem Moskitos, stellen zwischen Juni und November eine echte Plage dar, besonders in der Nähe von Süßwasser. Besuchen Sie keinen Park ohne Insektenschutzmittel.

Reiseversicherung

Eine Auslandsreise-Krankenversicherung ist für eine USA-Reise dringend zu empfehlen, da Arzt- und Krankenhauskosten sehr hoch sind. Es gibt eine große Zahl von Versicherungsangeboten. Das Auswärtige Amt empfiehlt, eine Versicherung mit Rückholservice abzuschließen.

Zudem kann man Reisegepäck-, Diebstahl- und Unfallversicherungen abschließen. Die meisten Agenturen bieten Pakete an.

Rettungsschwimmerin am Panama City Beach

Auf einen Blick

Notrufnummern

Alle Notfälle
☎ 911 (für Polizei, Feuerwehr und Notarzt).

Miami-Dade Police Information
☎ 1-305-595-6263.

Giftnotruf
☎ 1-800-222-1222.

Moneygram
☎ 1-800-926-9400.

Krankenhäuser

Baptist Hospital of Miami
8900 North Kendall Drive
Miami, FL 33176.
☎ 1-786-596-1960.
W baptisthealth.net

Dental Care
W dentists.com/florida_dentists.php

Florida Hospital
601 E Rollins St, Orlando, FL 32803.
☎ 1-407-303-2800.
W floridahospital.com

National Hurricane Center
☎ 1-305-229-4470 (Bandansage mit Einzelheiten zu Hurrikans).

National Weather Service
Jacksonville ☎ 1-904-741-4370.
Key West ☎ 1-305-295-1316.
Miami ☎ 1-305-229-4550.
Tallahassee ☎ 1-850-942-8833.
Tampa Bay ☎ 1-813-645-2323.

Banken und Währung

Bargeld kann man in Florida – wie überall in den USA – nur noch in den großen Flughäfen umtauschen, die Kurse sind meist ungünstiger als zu Hause. Am besten macht man sich mit einer oder zwei Kreditkarten auf die Reise. In allen Städten und Ferienorten Floridas gibt es Geldautomaten, an denen Sie mit Ihrer Kredit- und Debitkarte (plus PIN) Bargeld abheben können.

Banken

Banken haben im Allgemeinen wochentags von 9 bis 15 oder 16 Uhr geöffnet. Einige Banken wechseln Bargeld, allerdings verlangen manche dazu eine Kontoeröffnung.

Im gesamten Bundesstaat finden Sie Filialen von **Bank of America**, Chase, Fifth Third Bank, SunTrust und Wells Fargo. Am besten »ziehen« Sie Dollar mit Ihrer Karte am Geldautomaten.

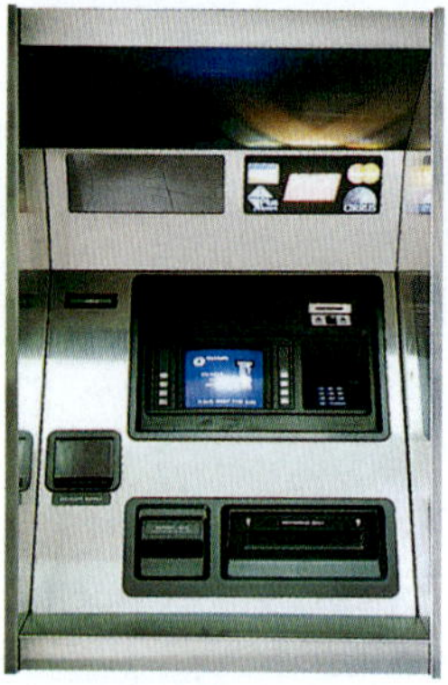

ATM (Automatic Teller Machine)

Geldautomaten

In den meisten Banken Floridas stehen Geldautomaten (ATM, Automatic Teller Machines) zur Verfügung. Sie befinden sich entweder in der Vorhalle oder außerhalb des Gebäudes. Geldautomaten ermöglichen es Ihnen, US-Währung – meist 20-Dollar-Scheine – von Ihrer Bank oder Ihrem Kreditkartenkonto zu Hause abzuheben.

Fragen Sie Ihre Bank vor Reiseantritt, welche amerikanischen ATM-Systeme und Banken Ihre Karte akzeptieren. Fragen Sie auch nach den Kosten einer Transaktion. Die größten ATM-Systeme **Plus** und **Cirrus** akzeptieren sowohl Visa und MasterCard als auch (US-) Bankkarten. An diesen Geldautomaten kann man rund um die Uhr Bargeld abheben, allerdings sollten Sie in verlassenen Gegenden möglichst wachsam sein.

Kredit- und Debitkarten

Kreditkarten gehören in Florida wie in den ganzen Vereinigten Staaten so sehr zum Alltagsleben, dass man sich ohne sie wie ein Außenseiter vorkommt. Am gängigsten sind **Visa**, **American Express**, **MasterCard** und **Diners Club**.

Mit einer Kreditkarte vermeiden Sie das Herumtragen von großen Bargeldsummen und können von Eintrittsgebühren bis Hotelrechnungen alles bezahlen. Autovermietungen dient Ihre Kreditkarte als Sicherheit, die einzige Alternative ist oft eine hohe Bargeldkaution. Manche Hotels machen es genauso: Für nur eine Nacht belasten sie Ihr Konto mit einer Summe von 200 bis 300 Dollar. Die sollte Ihnen sofort wieder gutgeschrieben werden, sobald Sie das Hotel verlassen. In manchen Fällen ist es sinnvoll, daran zu erinnern: Denn jede Verzögerung führt dazu, dass Sie weniger Kredit auf Ihrer Karte haben.

Kreditkarten sind auch in Notfällen überaus nützlich: Krankenhäuser akzeptieren die meisten Karten. Mit MasterCard, Visa und mit der **girocard** (mit Maestro-Symbol/Cirrus-System) kann man an Automaten Geld abheben. Debitkarten mit VPay-Symbol funktionieren in den USA *nicht*.

Den Verlust Ihrer Kreditkarte sollten Sie unverzüglich unter der entsprechenden Notrufnummer melden.

Geldwechsel

Tauschen Sie Bargeld am besten unmittelbar nach Ihrer Ankunft am Flughafen, während Ihres Aufenthalts ist dies nicht mehr möglich. **Interchange** hat vier Filialen am Orlando International Airport. Die Filialen von **Currency Exchange International** eignen sich nur für Einheimische.

Disney bietet Geldwechsel (in begrenzter Höhe und zu nicht unbedingt optimalen Konditionen) in seinen Hotels sowie in Epcot® und Magic Kingdom® an. Auch die anderen Themenparks bieten diesen Service.

Währung

Amerikanische Dollarnoten unterscheiden sich nur wenig voneinander – Sie sollten sich die Scheine also genau ansehen, bevor Sie sie ausgeben. Die Ein-Dollar-Münze ist nur selten im Umlauf. Für Trinkgeld, Fahrgelder und Taxis sollten Sie immer einige kleine Scheine bei sich haben.

Filiale der Fifth Third Bank

Münzen
US-amerikanische Münzen gibt es im Wert von 50, 25, 10, 5 und 1 Cent. Die goldfarbenen 1-Dollar-Münzen sind wenig im Umlauf. Jede Münze hat eine im Volksmund gängige Bezeichnung: Die 1-Dollar-Münze heißt *buck*, 25-Cent-Stücke sind *quarters*, 10-Cent-Münzen *dimes*, 5-Cent-Stücke *nickels* und 1-Cent-Münzen *pennies*.

25-Cent-Münze ***(quarter)***

10-Cent-Münze ***(dime)***

5-Cent-Münze ***(nickel)***

1-Cent-Münze ***(penny)***

Banknoten
Die Währungseinheiten der USA sind Dollar und Cent. 100 Cent sind ein Dollar. Banknoten, *bills* genannt, gibt es im Wert von 1 US-$, 2 US-$ (selten), 5 US-$, 10 US-$, 20 US-$, 50 US-$ und 100 US-$. Achtung: Alle Geldscheine haben fast die gleiche Farbe. Inzwischen sind neue 10-, 20- und 50-US-$-Noten mit leicht geänderter Farbgebung und neuen Sicherheitsmerkmalen im Umlauf. Die alten Scheine bleiben gültig.

1-Dollar-Note
(George Washington, 1. US-Präsident)

5-Dollar-Note
(Abraham Lincoln, 16. US-Präsident)

10-Dollar-Note (Alexander Hamilton, einer der Gründerväter der USA)

20-Dollar-Note
(Andrew Jackson, 7. US-Präsident)

50-Dollar-Note
(Ulysses S. Grant, 18. US-Präsident)

100-Dollar-Note (Benjamin Franklin, einer der Gründerväter der USA)

Auf einen Blick

Banken

Bank of America
☎ 1-800-732-9194.
W **bankofamerica.com**

Kartenverlust

Allgemeiner Notruf
☎ 011 49 116 116.

American Express
☎ 1-800-528-2122.

Diners Club
☎ 1-800-234-6377.

MasterCard
☎ 1-800-307-7309.

Visa
☎ 1-800-847-2911.

girocard
☎ 011 49 69 740 987.

Geldwechsel

Currency Exchange International
☎ 1-305-937-4999.
W **ceifx.com**

Interchange
Orlando International Airport.
☎ 1-407-825-4563.
W **travelex.com**

Reiseinformationen

Florida ist das meistbesuchte Urlaubsziel in den USA und wird von Fluggesellschaften aus der ganzen Welt angeflogen. Die wichtigsten Flughäfen sind Miami, Orlando und Tampa, aber auch andere Flughäfen gewinnen verstärkt an Bedeutung. Selbst innerhalb von Florida können Flüge überaus sinnvoll sein: Von Miami nach Key West fliegt man z. B. 40 Minuten, mit dem Auto benötigt man vier Stunden. Wer jedoch den ganzen Bundesstaat sehen will, ist auf der Straße besser aufgehoben: Auf den Interstate und US Highways kommt man schnell voran, Landstraßen führen in jeden Winkel Floridas. Wenn man Züge und Busse nutzen will, muss man die Reise sorgfältig planen.

Am Miami International Airport ist immer viel Betrieb

Mit dem Flugzeug

Den US-Bundesstaat Florida erreicht man mit einer Reihe von Fluggesellschaften, darunter **Lufthansa**, KLM (über Amsterdam), British Airways (über London), Air France (über Paris) sowie American Airlines und Delta Airlines (über einen US-Flughafen). Schweizer Urlauber fliegen mit **Swiss**, Österreicher mit **Austrian** – beide Airlines arbeiten mit einigen US-Fluglinien zusammen.

Wer an einem kleineren Flughafen Floridas ankommt, muss häufig einen Inlandsflug von einem anderen US-Staat buchen, was angesichts des dichten US-Flugnetzes kein Problem darstellt. Große US-Fluglinien, etwa Southwest Airlines, JetBlue Airways, American Airlines, United Airlines und Delta Air Lines, fliegen nicht nur Orlando und Miami an, sondern auch kleinere Flughäfen. Wenn Sie in den Vereinigten Staaten umsteigen, werden alle Einreiseformalitäten schon am ersten Flughafen erledigt. Dort müssen Sie auch Ihr Gepäck abholen und nach der Zollkontrolle erneut einchecken. Die Einreiseformalitäten und Sicherheitskontrollen beim erneuten Einchecken können einige Zeit beanspruchen, planen Sie dies auf jeden Fall ein.

Zunehmend bieten Charterflüge den direkten Zugang zu einigen kleineren Ferienorten Floridas wie etwa Palm Beach und Fort Myers. In Deutschland bietet z. B. **Eurowings** eine große Auswahl an Billig- und Charterflügen. Die Airline fliegt in Florida Miami, Orlando und Fort Myers an.

Flugpreise

Die günstigsten Hin- und Rückflüge sind in der Regel Economy-Tickets für einen Linienflug, der längere Zeit im Voraus gebucht wird. In der Nebensaison können die Preise dafür erstaunlich niedrig sein. Auch ist ein Flug in der Mitte der Woche oft günstiger als zum Wochenende hin. In Ferienzeiten und um Feiertage dagegen schnellen die Preise häufig in die Höhe. Am teuersten sind die Tickets im Dezember, weil immer mehr Menschen dem kalten Wetter entfliehen und die Weihnachtsferien nutzen.

Flughafen	Information	Entfernung von der City	Taxikosten in die City	Shuttle-Bus in die City
Miami	**1-305-876-7000** **miami-airport.com**	16 km nach Miami Beach	32 $ bis Miami Beach	14–20 $ bis Miami Beach
Orlando	**1-407-825-2001** **orlandoairports.net**	28 km nach Walt Disney World®	55–60 $ bis Walt Disney World®	20 $ bis Walt Disney World® oder 4 $ mit Lynx-Bus
Sanford	**1-407-585-4000** **orlandosanfordairport.com**	64 km nach Walt Disney World®	90–110 $ bis Walt Disney World®	20–50 $ bis Walt Disney World®
Tampa	**1-813-870-8700** **tampaairport.com**	14 km nach Downtown	15–25 $ bis Downtown	12–32 $ bis Downtown
Fort Lauderdale	**1-954-359-1200** **broward.org/airport**	13 km nach Fort Lauderdale, 48 km nach Miami	20 $ bis Fort Lauderdale, 100 $ bis Miami	10 $ bis Fort Lauderdale, 15 $ bis Miami

Manche amerikanischen Fluggesellschaften bieten Ermäßigungen, wenn Sie gleichzeitig Hin- und Rückflugticket erwerben.

Pauschalangebote

Am günstigsten sind Pauschalreisen, bei denen Hin- und Rückflug, Mietwagen und/oder die Unterkunft im Preis inbegriffen sind.

»Fly-drive«-Angebote versprechen oft einen »kostenlosen« oder sehr günstigen Mietwagen, doch seien Sie hierbei auf deftige Aufschläge gefasst *(siehe S. 380)*.

Kombinierte Flug- und Hotelangebote sind oft sehr preisgünstig. An Flexibilität büßen Sie vielleicht etwas ein, dafür müssen Sie sich um nichts Organisatorisches kümmern. Sehr beliebt sind Kombinationen von zwei Urlaubsorten, z. B. eine Woche in Orlando und danach eine Woche in einer Ferienanlage an der Golfküste. Wenn Sie sowieso die meiste Zeit in einem der Themenparks verbringen wollen, buchen Sie am besten gleich eine Pauschalreise dorthin. Informationen hierüber erhalten Sie bei allen Reiseveranstaltern.

Floridas Flughäfen

Floridas internationale Flughäfen sind allesamt gut ausgestattet mit Informationsschaltern, Banken, Niederlassungen von Autovermietungen und vielen anderen Einrichtungen. Ihren Mietwagen können Sie oft erst nach einer kleinen Busfahrt zu einem Abholplatz in Empfang nehmen.

Falls Sie keinen Mietwagen gebucht haben, gelangen Sie am besten mit einem Shuttle-Bus ans gewünschte Ziel in der Innenstadt. Kleine Shuttle-Busse und Limousinen, »*limos*« genannt, entsprechen Taxis, die sich mehrere Leute teilen, sind aber preisgünstiger als normale Taxis. Größere Ferienhotels bieten ihren Gästen in der Regel einen eigenen Zubringerdienst zum Hotel und am Ende des Urlaubs wieder zurück zum Flughafen.

Die Monorail People Mover am Orlando International Airport

Miami Airport

Der Miami International Airport ist einer der betriebsamsten Flughäfen der Welt und der drittwichtigste internationale Flughafen der USA, was lange Warteschlangen bei der Einreise und Abfertigung bedeuten kann. Auch die Strecken, die man innerhalb des Flughafens (drei Terminals mit sechs Abflughallen) zurücklegen muss, sind lang.

Nach Passieren des Zolls gelangen Sie zu den Informationsschaltern. Die Autovermietungen, die Taxis und Shuttle-Busse sind in der unteren Halle. Unternehmen wie **SuperShuttle** fahren rund um die Uhr die wichtigsten Viertel Miamis an. Nach Miami Beach kommt man mit dem Airport Express genannten Bus, der im 30-Minuten-Takt fährt.

Orlando Airport und Sanford Airport

Der Orlando International Airport ist für viele Flugreisende das Tor nach Florida. Pro Jahr werden hier rund 42 Millionen Passagiere abgefertigt. Laufbänder und das Monorail-System erleichtern den Verkehr zwischen den zwei Terminals. Die Informationszentren, in denen man Sie in mehreren Sprachen berät, sind von 7 bis 23 Uhr geöffnet.

Viele Hotels bieten einen direkten Shuttle-Service an, es verkehren aber auch öffentliche Flughafenbusse. Die **Mears Transportation Group** fährt viele Ziele der Umgebung an.

Günstiger kommen Sie zum International Drive oder in die Innenstadt von Orlando mit einem Lynx-Bus *(siehe S. 387)*. Er stellt eine gute Alternative zum Taxi dar und fährt jede halbe Stunde vor dem Terminal »A Side« ab. Mit dem Bus dauert die Fahrt etwa 50 Minuten.

Der erst kürzlich auf Vordermann gebrachte Orlando Sanford International Airport ist um einiges ruhiger als der von Orlando. Er liegt 48 Kilometer nördlich von Orlando und wird hauptsächlich für inneramerikanische Flüge und von Charterlinien genutzt. Die Taxistände und Autovermietungen liegen hier direkt vor dem Terminal.

Auf einen Blick

Fluglinien

Austrian
T 1-800-843-0002 (USA).
T +43 05 1766 1000 (A).
W **austrian.com**

Eurowings
T 1-845-709-8332 (USA).
T 0180 6320 320 (D).
W **eurowings.com**

Lufthansa
T 1-800-645-3880 (USA).
T +49 69 86 799 799 (D).
W **lufthansa.com**

Swiss
T 1-877-359-7947 (USA).
T +41 848 700 700 (CH).
W **swiss.ch**

Shuttle-Busse

Mears Transportation Group
T 1-407-423-5566.

SuperShuttle
T 1-305-871-2000.

Florida mit dem Auto

Autofahren kann in Florida richtig Spaß machen. Auf den meisten Highways herrscht wenig Verkehr, Benzin *(gas)* ist billig, und Autos werden zu den günstigsten Preisen in den ganzen USA vermietet. In Orlando kommen Sie ohne Auto aus *(siehe S. 387)*, anderswo ist mit einem Wagen alles einfacher. Der Straßenkriminalität begegnet man mit zusätzlichen Sicherheitsmaßnahmen: Rastplätze an den Interstates werden rund um die Uhr bewacht. Außerdem wurde Miami besser ausgeschildert *(siehe S. 382)*.

Mautstelle am Florida's Turnpike bei Boca Raton

Mietwagen

In Florida ist ein Mietwagen relativ günstig. Mit einem »Fly-drive«-Angebot lassen sich dazu bis zu 50 Prozent sparen. Wer erst bei der Ankunft ein Auto mieten möchte, tut dies am besten am Flughafen.

Um einen Wagen zu mieten, brauchen Sie nur Ihren nationalen Führerschein, Ihren Reisepass und eine Kreditkarte. Wer keine hat, muss eine Kaution in bar hinterlegen. Das Mindestalter beträgt 21 Jahre, wer jünger als 25 ist, muss eventuell einen Aufpreis zahlen.

Stellen Sie sicher, dass im Vertrag der Collision Damage Waiver (CDW; auch bekannt als Loss Damage Waiver, LDW) inbegriffen ist, ansonsten sind Sie für alle Schäden am Auto verantwortlich, auch für unverschuldete. Im Mietvertrag ist meist eine Haftpflichtversicherung enthalten, die aber selten angemessen ist. Eine zusätzliche Versicherung *(additional* oder *supplementary Liability Insurance)* ist anzuraten. Diese Extras und Steuern machen oft schon 35–40 Dollar am Tag aus.

Manche Firmen berechnen eine Gebühr, wenn Sie den Wagen in einer anderen Stadt abgeben. Wer das Auto nicht vollgetankt zurückbringt, muss auf hohe Benzinkosten gefasst sein.

Autoverleiher *(siehe S. 383)* bieten Fahrzeuge von Kleinwagen bis zum Cabrio. Alle haben Automatikschaltung und Klimaanlage.

Straßen und Maut

Der Bundesstaat Florida hat ein ausgezeichnetes Straßennetz. Die schnellsten Routen sind die Interstate Highways (I-10, I-75 usw.). Die sechsspurigen Straßen sind hervorragend ausgebaut und bieten in regelmäßigen Abständen sichere Rastplätze.

Die Interstates und Freeways gehören zum Autobahnnetz, zu dem man nur an bestimmten Ein- und Ausfahrten Zugang hat. Das Netz umfasst weiterhin gebührenpflichtige Straßen, oft Turnpikes, Expressways oder auch Toll Roads genannt. So führt beispielsweise der Bee Line Expressway von Orlando an die Space Coast und der Florida's Turnpike von der I-75 nordwestlich von Orlando nach Florida City südlich von Miami. Die Maut beträgt derzeit pro Meile ca. 8 Cent. Wer die gesamten 329 Meilen (530 km) des Turnpike fährt, zahlt derzeit um die 25 Dollar. Im Internet können Sie unter www.expresswayauthority.com die Maut berechnen.

Zeichen der Highway Patrol

Bezahlen können Sie an vielen Mautstellen noch bar – entweder beim Kassierer oder indem Sie das passende Kleingeld in einen Korb werfen. Allerdings wird die Möglichkeit der Barzahlung schrittweise abgeschafft und die Maut elektronisch erfasst und

Hinweise für Autofahrer

- Gurtpflicht besteht für den Fahrer und für die Mitfahrer. Kinder unter vier Jahren benötigen einen Kindersitz.
- Sie dürfen bei Rot nach rechts abbiegen, soweit es kein Schild verbietet, aber Sie müssen zuerst anhalten.
- Ein gelbes Blinklicht an Kreuzungen bedeutet, dass Sie langsamer fahren, den entgegenkommenden Verkehr beachten und dann vorsichtig weiterfahren sollen.
- Auf mehrspurigen Straßen, auch auf Interstate Highways, darf auf beiden Seiten überholt werden.
- Es ist nicht erlaubt, die Spur über einen doppelten gelben oder doppelten weißen Strich zu wechseln.
- Wenn ein Schulbus auf einer zweispurigen Straße hält, muss der Verkehr in beiden Richtungen anhalten. Auf einer Schnellstraße mit mindestens vier Spuren muss nur der Verkehr in Fahrtrichtung des Schulbusses anhalten.
- Trinken Sie als Fahrer absolut nichts. Autofahren unter Alkoholeinfluss wird mit Geldbußen von Hunderten von Dollar, Führerschein- oder sogar Freiheitsentzug bestraft.

über einen Pass eingezogen. Die meisten Autoverleiher haben darauf reagiert und verrechnen die fälligen Gebühren mit Ihrer Kreditkarte. In diesem Fall können Sie ohne anzuhalten eine Spur mit der Beschilderung »SunPass Only« oder »EPASS Only« nutzen (max. 25 m/h). Informieren Sie sich bei Ihrem Autovermieter.

Seien Sie darauf gefasst, dass man auf Autobahnen häufig die Fahrbahn wechselt. Seien Sie besonders aufmerksam in der Nähe von Ausfahrten, die zu beiden Seiten der Fahrbahn abgehen können. Die meisten Unfälle passieren, wenn jemand links abbiegt.

Auch US Highways haben meist mehrere Spuren. An ihnen liegen Motels und Tankstellen. Auf den schmaleren State und County Roads lässt sich die Umgebung besser genießen. Nichtasphaltierte Straßen gibt es in ländlichen Gegenden.

Straßenkarten

Eine gute Straßenkarte ist unerlässlich, wenn man Florida mit dem Auto erkunden will. Die *Florida Transportation Map*, die in den meisten Convention and Visitors' Bureaux erhältlich ist, reicht meist aus. Auf ihr sind die Rastplätze an den Interstates angegeben, außerdem finden Sie auf der Karte Pläne der wichtigsten Städte.

Wer etwas länger in einer Stadt bleiben will, sollte sich einen Stadtplan kaufen. Die in Informationsbüros verteilten Pläne reichen zum Autofahren oft nicht aus, sehen Sie sich deshalb in einem guten Buchladen um. Zunehmend sind in Mietautos auch Navigationsgeräte installiert.

Die Orientierung ist recht einfach. Ost-West-Routen haben gerade Nummern, Nord-Süd-Verbindungen ungerade. An den Schildern am Straßenrand erkennen Sie, auf welcher Straße Sie sich befinden. Der Name über einer Kreuzung bezeichnet die Straße, die Sie überqueren. Manche Straßen tragen zwei Nummern, solange sie denselben Verlauf haben.

Typische Straßenkreuzung in Tallahassee

Tempolimits

Die Geschwindigkeitsbeschränkungen sind in den Vereinigten Staaten von Bundesstaat zu Bundesstaat unterschiedlich. In Florida gelten folgende Tempolimits:

- 55–70 m/h (88–112 km/h) auf Schnellstraßen,
- 20–30 m/h (32–48 km/h) innerhalb von Ortschaften,
- 15 m/h (24 km/h) in der Nähe von Schulen.

Die erlaubte Geschwindigkeit ist angezeigt und wechselt teilweise nach wenigen Meilen. Für die Einhaltung des Tempolimits sorgt die Florida Highway Patrol, die gleich vor Ort kassiert. Zu schnelles Fahren kann bis zu 300 Dollar kosten. Auf Interstates ist mit einer Geldstrafe nicht nur bei Geschwindigkeitsüberschreitung zu rechnen, sondern auch, wenn man langsamer als 40 m/h (64 km/h) fährt.

Wenn Sie auf einem US oder Interstate Highway ein Auto sehen, das wegen einer Panne oder einem Unfall steht, müssen Sie auf die nächste Spur ausweichen.

Straßenschilder

Die meisten Schilder sprechen für sich. Wer sie nicht beachtet, muss mit einer Geldstrafe rechnen. Allgemein sind auf den Schildern eher die Nummern oder Namen der Straßen als Orte angegeben. Die einzelnen Straßenarten sind mit Schildern verschiedener Formen und Farben ausgewiesen. Wegweiser sind meist grün.

Eingeschränktes Parkverbot

Meilen-Schild auf den Keys

Interstate Highway 4

US Highway 1, Richtung Süden

Schilder über der Kreuzung von zwei Straßen

Tempolimit (in m/h)

Rastplatz an einer Interstate

Tankstelle am International Drive, Orlando

Tanken

Die meisten Autos in den USA fahren mit bleifreiem Benzin. Verkauft wird Benzin in den Qualitäten *regular*, *super* und *premium*. Diesel ist meist auch erhältlich.

Kraftstoff ist im Allgemeinen günstig, obwohl die Preise stark von Ort und Service abhängig sind. Die Preisangaben gelten für eine Gallone (etwa 3,8 Liter), die Steuer ist enthalten. Hinterlegen Sie Ihre Kreditkarte am besten an der Kasse und lassen Sie sich eine Tanksäule freischalten. Manchmal müssen Sie die Halterung der Zapfpistole hochklappen *(pull the handle)*. Viele Tankstellen werden vollautomatisch (ohne Personal) betrieben.

Sicherheit auf den Straßen

Miami genießt hinsichtlich der Sicherheit beim Autofahren einen schlechten Ruf. Auch die Interstate 95 und die Interstate 4 wurden von der National Highway Traffic Safety Administration als unsicher eingestuft. Um den Schutz ausländischer Besucher zu verbessern, schaffte man die speziellen Kennzeichen für Mietwagen ab. Verkehrsschilder, die den Weg zum und vom Flughafen weisen, tragen nun ein orangefarbenes Sonnenbanner. Hier finden Sie einige Tipps, die Ihre Sicherheit erhöhen können:

- Wenn Sie mitten in der Nacht am Miami International Airport ankommen, ist es vielleicht keine schlechte Idee, Ihren Mietwagen erst für den nächsten Morgen zu reservieren und abzuholen. So können Sie Nachtfahrten durch unbekannte Gegenden vermeiden.
- Verstauen Sie Handtaschen und wertvolle Gegenstände im Kofferraum, wo sie keiner sehen kann.
- Fahren Sie in Städten mit verschlossenen Türen.
- Wenn Fußgänger oder andere Verkehrsteilnehmer Sie zum Anhalten veranlassen wollen, indem sie Sie z. B. auf einen Schaden am Fahrzeug aufmerksam machen oder sogar Ihren Wagen beschädigen, steigen Sie nicht aus. Fahren Sie am besten weiter, denn es könnte eine Falle sein. Auch Pannen sind manchmal nur vorgetäuscht.
- Übernachten Sie nicht im Fahrzeug, es sei denn auf gekennzeichneten bewachten Parkplätzen.
- Bleiben Sie in Städten auf den Hauptstraßen, nehmen Sie keine Abkürzungen durch unbekannte Viertel. Falls Sie sich verfahren, halten Sie in beleuchteten Straßen, um auf den Stadtplan zu sehen.

Sonnenbanner für Besucher Miamis

Pannenhilfe

Bringen Sie Ihr Fahrzeug bei einer Panne an den Straßenrand, schalten Sie die Warnblinkanlage ein und rufen Sie die Polizei. Auf Expressways können Sie die Notrufsäulen *(motorist Aid Call Boxes)* benutzen *(siehe S. 372)*.

Bei einer Panne mit einem Mietwagen rufen Sie zuerst die im Mietvertrag angegebene Nummer für Notfälle an. Die **American Automobile Association** (AAA) hilft auch ADAC-, ÖAMTC- und TCS-Mitgliedern. ADAC-Mitglieder erhalten auch über die Zentrale in Deutschland Hilfe (Tel. +49 89 22 22 22). Wenn Sie kein Mitglied sind, hilft die Florida Highway Patrol (511 vom Mobiltelefon) oder der Road Ranger Service (*347). Die ADAC-Clubkarte (mit »Show your Card«-Logo) ermöglicht übrigens Nachlässe bei Hotels, Freizeitparks, Mietwagen und Attraktionen.

Parken

Bei Vergnügungsparks, an Hauptattraktionen, in Einkaufszentren und teilweise sogar in Innenstädten findet man in der Regel problemlos einen Parkplatz. Schwierig wird es meist in der Nähe der Stadtstrände, etwa in Fort Lauderdale oder South Beach *(siehe S. 386)*.

In Großstädten gibt es Parkhäuser, doch meist werden Sie um die Parkuhr nicht herumkommen. Wer (hoffentlich im Schatten) einen Parkplatz ergattert hat, sollte die Parkuhr großzügig füttern: Die Gebühr schwankt zwischen 25 Cent und einem Dollar pro Stunde. Wenn Sie überziehen, riskieren Sie eine saftige Geldstrafe, Parkkrallen oder dass Ihr Wagen abgeschleppt wird. Halten Sie Ausschau nach Parkverbotsschildern – sie sind häufig an Telefonmasten, Straßenlaternen oder auch Wänden angebracht. Allgemein gilt: Geparkte Autos müssen zu Hydranten drei Meter Abstand einhalten, sonst droht, dass sie abgeschleppt werden.

An vielen Hotels und Restaurants können Sie parken, wenn Sie dafür bezahlen.

Motorradverleih

Wer davon träumt, auf einem Motorrad den Highway (etwa zu den Keys) oder den Strand (etwa bei Daytona) entlangzubrausen, wird bei **Harley-Davidson** oder **Eagle Rider** fündig. Beide Verleihfirmen haben ein ähnliches Angebot und betreiben Filialen in mehreren Städten.

Ein Miet-Bike kostet mindestens 100 Dollar pro Tag, außerdem ist eine relativ hohe Kaution zu hinterlegen. Das Mindestalter liegt bei 21 Jahren. Wer im Voraus bucht, erhält meist Preisnachlässe.

Auch wenn in Florida nur bedingt Helmpflicht besteht, sollten Sie auf jeden Fall einen Protektionshelm (hier *»lid«* genannt) tragen. Trotz des milden Klimas empfiehlt es sich auch in Florida auf jeden Fall, Stiefel und schützende Kleidung zu tragen.

Wohnmobilverleih

Wohnmobile, sogenannte *recreational vehicles* (RV), eignen sich hervorragend für Gruppen und Familien. Die Mietkosten für ein Wohnmobil liegen bei 500 Dollar und mehr pro Woche. Angeboten werden verschiedene Größen, aber alle Modelle sind bestens ausgestattet.

Verleihfirmen für Wohnmobile gibt es überraschend wenige. Das größte amerikanische Unternehmen heißt **Cruise America**. Bezüglich der Versicherungen sollten Sie bei Wohnmobilen dieselben Regeln wie bei Mietwagen *(siehe S. 380)* beachten.

»Great Drives«

Florida besitzt zwar keine größeren Erhebungen (der höchste Punkt des Bundesstaats liegt 105 Meter über dem Meeresspiegel), trotzdem kann man hier nicht nur durch traumhaft schöne Landschaften fahren, sondern auch wunderbare Ausblicke genießen.

Zu den beliebtesten und spektakulärsten Strecken zählen zweifellos die 267 Kilometer (158 Meilen) auf der US 1 (Overseas Highway) von Miami nach Key West. Wenn man das städtische Ambiente des Großraums Miami hinter sich gelassen hat, durchquert man Buschwald und fährt anschließend von Insel zu Insel über das türkisblaue Wasser. Die längste Brücke ist die 7-Mile Bridge, die man aus vielen Filmen kennt.

An der Küstenstraße A1A zwischen Daytona und Jacksonville reihen sich historische spanische Burgen. Hier fährt man durch einige State Parks und genießt über weite Strecken den Blick auf ausgedehnte Strandlandschaften und den eher wilden Atlantischen Ozean.

Wer seinen Blick auf urtümliche Landschaften richten will, wird sich eine Fahrt durch die Everglades nicht entgehen lassen. Ob Sie sich für den Tamiami Trail (Highway 41) zwischen Naples und Miami oder für die schnellere Alligator Alley (I-75) zwischen Naples und Fort Lauderdale entscheiden, bleibt Ihnen überlassen. Spannend sind auf jeden Fall beide Routen.

Um die Apalachicola Bay bis Pensacola (und weiter bis zum Mississippi) führt Sie die US 98 am Golf von Mexiko entlang. Unterwegs sehen Sie sehr viel ursprüngliche Natur, können Shrimps-Boote entdecken und Austernfischern bei ihrer Arbeit zusehen.

Die Channel Five Bridge zwischen Craig Key und Fiesta Key

Auf einen Blick

Pannenhilfe

AAA General Breakdown Assistance
1-800-222-4357.
Alle Autovermietungen bieten 24-Stunden-Pannenhilfe.

American Automobile Association (AAA)
1000 AAA Drive, Heathrow, FL 32746. 1-800-222-1134.
aaasouth.com

Mietwagen

Alamo
1-877-222-9075.
goalamo.com

Avis
1-800-331-1212.
avis.com

Budget
1-800-527-0700.
budget.com

Dollar
1-800-800-4000.
dollarcar.com

Enterprise
1-800-261-7331.

Hertz
1-800-654-3131.
hertz.com

National
1-877-222-9058.
nationalcar.com

Thrifty
1-800-847-4389.
thrifty.com

Motorradverleih

Eagle Rider
1-888-900-9901.

Harley-Davidson
1-407-944-3700 (Orlando); 1-239-275-4647 (Fort Myers).

Wohnmobilverleih

Cruise America
1-800-671-8042.
cruiseamerica.com

In Florida unterwegs

Wer sich in Florida auf öffentliche Verkehrsmittel verlässt, wird schnell feststellen, dass ihre Leistungsfähigkeit recht begrenzt ist. Dies gilt insbesondere für das Schienennetz. Für Langstreckenverbindungen bleiben eigentlich nur die Greyhound-Busse, die die meisten größeren Städte des Bundesstaates miteinander verbinden. Außerhalb der Städte ist man ohne Auto häufig hilflos. In Städten empfehlen sich die öffentlichen Verkehrsmittel schon eher. Doch auch hier wird eher an die Pendler als an Urlauber gedacht. Nur die Ferienzentren bieten auf Besucher ausgerichtete Buslinien.

Umweltbewusst reisen

Städte wie Orlando und Miami dehnen sich immer weiter ins Umland aus, so wird es auch immer schwieriger, ohne Auto von einem Ende der Stadt zum anderen zu kommen. Doch auch wenn der Ausbau der öffentlichen Verkehrsmittel in Florida keine hohe Priorität hat, gibt es doch Möglichkeiten, sich umweltbewusst fortzubewegen.

In der Innenstadt von Fort Lauderdale fahren Kleinbusse von **Sun Trolley**, die mit umweltfreundlichem Diesel angetrieben werden. In Orlando betreibt **Lynx** ein kleines Netz von Biodiesel-Bussen. Auch wer sich auf den Weg in die Disney- und Universal-Themenparks machen will, kann dies mit Bussen von Lynx tun und dabei noch die Parkgebühr für das Auto sparen. Die Busse fahren von Downtown Orlando oder vom Hotelviertel am International Drive ab.

In Jacksonville fährt die Hochbahn JTA Skyway, die auch den St. Johns River überquert. Zwischen den Hotels und Restaurants in Downtown und dem Convention Center gibt es einen kostenlosen Trolley-Service am Fluss entlang.

Anreise mit dem Zug

Der Bahnverkehr in den USA ist im Abnehmen begriffen, doch zwischen den Großstädten bestehen noch Verbindungen. Die nationale Bahngesellschaft **Amtrak** bietet Verbindungen von der West- und der Ostküste nach Florida. Drei Züge fahren täglich von New York City nach Florida: Der Silver Service fährt über Washington, DC nach Jacksonville und Orlando, von dort nach Miami oder Tampa. Die Fahrzeit beträgt 25 Stunden, es gibt Schlafwagen. Der Palmetto bedient die gleiche Strecke, bietet aber zusätzlich eine Businessclass.

Der Tri-Rail-Bahnhof in West Palm Beach im spanischen Stil

Wer mit dem Autozug reisen will, nimmt den Auto Train von Amtrak, der täglich in 18 Stunden von Lorton in Virginia nach Sanford fährt.

Mit dem Zug unterwegs

Amtrak-Züge verkehren nur zwischen wenigen Städten Floridas *(siehe Karte auf S. 18f)*. Der Silver Meteor fährt täglich an der Ostküste entlang zwischen Jacksonville und Miami. Auch Tampa ist an den Silver Service angeschlossen, ansonsten werden die Orte an der Golfküste nur von Amtrak-Bussen, den sogenannten »Thruway«-Bussen, angefahren. Sie fahren von Winter Haven bei Orlando über St. Petersburg und Sarasota nach Fort Myers.

Die Bahnpreise können es nicht mit den Fahrpreisen von Greyhound aufnehmen, aber eine Zugreise ist meist entspannender als eine Busfahrt. Wenn Sie nachts unterwegs sind, können Sie zwischen »Coach Class« (mit verstellbaren Rückenlehnen) und Schlafwagen-Abteil wählen. Die Mahlzeiten in den Zügen sind überraschend gut.

Sind mehrere Zugreisen geplant, empfiehlt sich ein Bahnpass, mit dem man jeden Zug innerhalb eines gewissen Zeitraumes unbegrenzt nutzen kann. Er muss jedoch vor der Ankunft in den USA bei einer Amtrak-Agentur im Ausland gekauft worden sein, in der man auch Fahrpläne erhält.

Eine weitere Bahnverbindung innerhalb Floridas ist **Tri-Rail**. Der Zug hält an 15 Haltestellen zwischen dem Flughafen von Miami und West Palm Beach, u. a. in Fort Lauderdale und Boca Raton. Ursprünglich war die Linie zwar für Pendler geplant, erweist sich heute aber auch für Urlauber als sehr praktisch. Die Züge verkehren mehr oder weniger stündlich, am Wochenende seltener. Die einfache Fahrt kostet zwischen 2,50 und 7 Dollar, je nachdem, durch wie viele Zonen Sie fahren. Umsteigen in die Metrorail oder den Metromover von Miami *(siehe S. 386)* kostet nichts.

Busse

Auf längeren Strecken fahren Sie am preisgünstigsten mit **Greyhound**-Bussen. »Express«-Busse halten unterwegs nur selten, die anderen fahren mehr Orte an.

Auf einigen wenigen Routen gibt es sogenannte *flag stops*, an denen der Busfahrer Reisende an Orten ohne Bushaltestelle ein- oder aussteigen lässt. Zahlen Sie direkt beim Fahrer oder reservieren Sie im Voraus beim nächsten Greyhound-Partner, den Sie meist in einem Laden oder im Postamt finden.

Mit einem Greyhound-Pass ist unbeschränktes Reisen innerhalb eines bestimmten Zeitraumes (zwischen vier und 60 Tagen) möglich, er lohnt sich jedoch nur, wenn Sie in dieser Zeit viel unterwegs sind. Günstiger sind die Pässe, wenn Sie vor Reiseantritt außerhalb der USA erworben werden. Fahrpläne und Preise finden Sie auf der Website von Greyhound.

Red Coach betreibt kleinere, exklusiver ausgestattete Busse, in denen man aus zurücklehnbaren Sitzen Filme sehen oder das WLAN nutzen kann. Red Coach bedient die Strecken zwischen Miami und Orlando, Jacksonville, Tampa, Tallahassee sowie Gainesville.

Taxis

An Flughäfen, Bahnhöfen und großen Hotels findet man leicht ein Taxi, ansonsten sind Taxistände selten. Da nicht alle Taxis an der Straße halten, um Fahrgäste aufzunehmen, bestellt man am besten eines per Telefon. Die Nummern der örtlichen Taxiunternehmen sind in den *Yellow Pages* aufgelistet. Sie können auch das Personal Ihres Hotels bitten, Ihnen ein Taxi zu rufen. Trinkgeld wird dafür nicht erwartet.

Wenn Sie in einen entlegenen Stadtteil wollen, sollten Sie Ihr Ziel auf einer Karte markiert haben. Nicht alle Fahrer finden sich gut zurecht. Taxipreise werden nach der zurückgelegten Strecke berechnet. Manche Taxifahrer akzeptieren Kreditkarten.

Stadtbesichtigung in der Pferdekutsche, St. Augustine

Wassertaxis

In Städten wie Jacksonville, Tampa und Fort Lauderdale sowie auf den Inseln um Fort Myers stehen auch Wassertaxis zur Verfügung. Die meisten festen Routen sind zwar auf Urlauber ausgerichtet und verbinden hauptsächlich Hotels, Restaurants und Läden. Doch auch eine Stadtbesichtigung auf dem Wasser macht Spaß, und oft kann man dafür Sonderpreise vereinbaren.

Manche Boote verkehren als regelmäßige Shuttle-Taxis, etwa die Wassertaxis über den St. Johns River in Jacksonville. Andere, z. B. in Tampa, können nur telefonisch bestellt werden. Der Fahrpreis beträgt zwischen 5 und 10 Dollar.

Ein gelbes Wassertaxi in Fort Lauderdale

Touristische Verkehrsmittel

Die populärsten Ferienzentren bieten besondere Transportmittel für Besucher. In Tallahassee etwa kann man in einer nachgebauten Straßenbahn mit Holzsitzen und Messinghandläufen von einer Attraktion zur nächsten fahren. In Daytona Beach (Mitte Jan–Sep) und Fort Lauderdale verbinden Trolley-Busse die Innenstadt mit dem Strand, und in Orlando fährt ein Trolley-Bus zwischen dem International Drive und dem Hotelviertel. In Key West ist der Conch Train ein vertrauter Anblick. Die seitlich offenen Wagen werden von einem als alte Lok gestalteten Jeep gezogen. Durch St. Augustine fährt ein ähnlicher Zug. Hier gibt es auch Pferdekutschen.

Auf einen Blick

Züge

Amtrak
T 1-800-872-7245.
W **amtrak.com**

Tri-Rail
T 1-800-874-7245.
W **tri-rail.com**

Busse

Greyhound
T 1-800-229-9424.
W **greyhound.com**

Jacksonville Transportation Authority
T 1-904-630-3181.
W **jtafla.com**

Lynx
T 1-407-841-2279.
W **golynx.com**

Metrobus Miami
T 1-305-891-3131.
W **miamidade.gov/transit**

Red Coach
T 1-877-733-0724.
W **redcoachusa.com**

Sun Trolley
T 1-954-761-3543.
W **suntrolley.com**

In Miami unterwegs

Die Miami-Dade Transit Agency betreibt das Verkehrsnetz von Miami, zu dem Busse, Metrorail-Züge und der moderne Metromover gehören. Letzteren nutzen die meisten Urlauber für Fahrten in Downtown. Doch ohne Auto lernt man Miami nicht richtig kennen, außer man bleibt vorwiegend in South Beach.

Ankunft in Miami

Wie Sie vom Flughafen in die Stadt kommen, lesen Sie auf Seite 379. Wer am **Amtrak**-Bahnhof nördlich des Flughafens oder an einem **Greyhound**-Busbahnhof ankommt, findet zwar keine Autovermietungen vor, aber viele Taxis und einige Busse, die nach Downtown und Miami Beach fahren.

Die Anreise mit dem Auto ist relativ unkompliziert. Die I-95 ist zwar überaus stark befahren, aber sie führt aus nördlicher Richtung direkt durch Downtown, bevor sie auf die US 1 trifft. Der Airport Expressway (State Road 112) verbindet den Flughafen mit der I-95. Er ist mautpflichtig (1,25 $).

Vermeiden Sie den viel befahrenen Palmetto Expressway und den Dolphin Expressway. Die Route A1A bringt Sie zwar langsamer vom Norden in die Stadt, dafür aber auf schöner Strecke direkt nach South Beach. Von Westen her führt die US 41 durch Little Havana bis an die Küste.

Metrorail, Metromover und Metrobus

Die 40 Kilometer lange Metrorail Miamis bietet eine Verbindung zwischen Coral Gables oder Coconut Grove und der Innenstadt. Züge fahren täglich von 6 bis 24 Uhr alle zehn Minuten. Das Ticket kostet zwei Dollar. Das EASY Ticket, eine aufladbare Karte, die Sie am Flughafen und an Bahnhöfen erwerben können, gilt für Metrorail und Metrobus. Von der Metrorail können Sie in Hialeah in die Tri-Rail *(siehe S. 384)* umsteigen sowie an den Stationen Government Center und Brickell in den Metromover.

Der Metromover auf seiner Strecke in Downtown Miami

Der Metromover verbindet auf drei erhöhten Rundlinien das Zentrum von Downtown mit den Geschäftsvierteln Brickell und Omni. Insgesamt gibt es 20 Bahnhöfe. Die Wagen fahren von 5 bis 24 Uhr, in Spitzenzeiten alle 90 Sekunden, sonst alle drei Minuten. Vom »Inner Loop« hat man eine gute Aussicht auf Downtown. Die Benutzung dieses Verkehrsmittels ist gratis.

Metrobusse befahren das gesamte County Miami-Dade, von Miami Beach und Key Biscayne nach West Miami-Dade, Richtung Norden ins County Broward und nach Süden bis Homestead, Florida City und Middle Keys. Die Fahrt kostet zwei Dollar und kann bar oder mit dem EASY Ticket bezahlt werden. Eine Tageskarte kostet fünf Dollar, ein 7-Tage-Pass 26 Dollar. Beim Umsteigen zwischen Bus und Zug wird eine Gebühr fällig.

Taxis

Taxis berechnen etwa drei Dollar pro Meile. Die Fahrt von South Beach nach Coconut Grove kostet ca. 35 Dollar. Versuchen Sie erst gar nicht, ein Taxi herbeizuwinken, sondern bestellen Sie besser gleich eines telefonisch. **Central Cab** ist ein verbreiteter und verlässlicher Anbieter.

Orientierung und Parken

Miami wird von der Kreuzung Miami Avenue und Flagler Street in Downtown in vier Teile geteilt. Ab hier werden die Avenues, die von Norden nach Süden verlaufen, sowie die Streets, die von Osten nach Westen verlaufen, durchnummeriert. Die Koordinaten NE (NO), SE (SO), NW und SW, die den Straßennamen vorangehen, geben an, auf welcher Seite der zwei Hauptachsen sich die Straßen befinden. Die Orientierung fällt dadurch leicht.

Parken kann in South Beach schwierig, am Wochenende fast unmöglich werden. Von 9 bis 21 Uhr müssen Parkuhren mit Münzen gefüttert werden. Falls Ihr Auto abgeschleppt wurde, wenden Sie sich an die **Miami Parking Authority**.

Radfahren

In Miami gibt es immer mehr Fahrradwege. Vor allem South Beach mit seinem Weg am Wasser kann man gut mit dem Rad erkunden. **Bike and Roll** vermietet Räder, versorgt Sie mit Karten und bietet zudem Touren an.

Auf einen Blick

Amtrak
8303 NW 37th Ave, Miami.
T 1-305-835-1222.

Bike and Roll
210 10th Street (10th/Collins), South Beach.
T 1-305-604-0001.
W **bikeandroll.com/miami**

Central Cab
T 1-305-532-5555.

Greyhound
T 1-305-871-1810 (Miami Terminal). W **greyhound.com**

Miami-Dade County Transit
T 1-305-891-3131.
W **miamidade.gov/transit**

Miami Parking Authority
T 1-305-373-6789.

In Orlando unterwegs

Dank der exzellenten Lynx-Busse, die zwischen Flughafen, Downtown, International Drive und den Themenparks verkehren, kommt man in Orlando besser als anderswo ohne Auto aus. Wenn Sie sich aber außerhalb dieser touristischen Gebiete bewegen wollen, sind Sie auf ein Auto oder Taxi angewiesen. Wer gern zu Fuß geht oder mit dem Rad fährt, findet in Orlando einige Wege (Trails) vor.

Der Lymmo-Bus fährt in Downtown Orlando

Ankunft am Flughafen

Ein Taxi ist die einfachste Möglichkeit, sich vom Flughafen wegzubewegen. Nach Disney World kostet die Fahrt ca. 50 Dollar.

Der Expressbus von **Lynx** ist dagegen mit zwei bis vier Dollar richtig preiswert. Er fährt von Ebene 1 des A-Terminals, braucht jedoch bis zu eine Stunde ins Zentrum. Die meisten Hotels bieten einen kostenlosen Shuttle-Service vom und zum Flughafen.

Wer selbst mit dem Auto in die Stadt fährt, nimmt die I-4, die von West nach Ost von Daytona nach Tampa führt. Vom Flughafen nach Disney World führt der Beachline Expressway (SR528). Er kostet etwa 1,75 Dollar Maut.

Ankunft mit dem Zug

Orlandos schöner **Amtrak**-Bahnhof aus dem Jahr 1926 liegt ganz nah an Downtown. Der Warteraum ist von 7.30 bis 20.15 Uhr geöffnet. Einen Taxistand findet man direkt am Ausgang. Die Fahrt zum International Drive kostet etwa 35 Dollar.

SunRail-Züge fahren von Sand Lake Road nach Deltona im County Volusia. Eine Fahrt kostet drei bis vier Dollar.

Busse

Dank der **Lynx**-Busse kann man sich in und um Orlando auch ohne Auto gut fortbewegen. Die Linien bedienen den Flughafen, Downtown Orlando, International Drive (einschließlich Universal Studios® und SeaWorld®) sowie Walt Disney World®. Die einfache Fahrt kostet zwei Dollar, die Tageskarte 4,50 Dollar und die 7-Tage-Karte 16 Dollar.

Wenn Sie umsteigen wollen, fragen Sie beim ersten Ticketkauf nach einer Umsteigekarte.

Fahrkarten gibt es beim Fahrer. Sie müssen den Betrag allerdings passend haben, da die Fahrer nicht wechseln. Kostenlos ist die Benutzung des Lymmo-Busses, der in Downtown Orlando fährt und auch die Unterhaltungsmeile und die Sportarena Amway Center auf seiner Strecke hat.

Logo der Lynx-Busse

Taxis

Taxis der **Mears Transportation Group** warten nicht nur am Flughafen auf Fahrgäste, sondern bedienen auch ganz Orlando. Es gibt nur wenige Taxistände (am Bahnhof und vor großen Hotels), in der Regel bestellt man sich telefonisch einen Wagen.

Autofahren

In Orlando gibt es mehr als 20 Autovermietungen. Außerhalb von Downtown Orlando ist Parken an der Straße gratis, in Downtown gibt es Parkuhren und Parkhäuser. Viele Restaurants parken Ihr Auto auf dem eigenen Parkplatz.

Wegen der vielen Seen verlaufen die Straßen in Orlando nicht geradlinig. Besorgen Sie sich einen Stadtplan. Wenn Sie in der Stadt unterwegs sind, vermeiden Sie die Interstate 4 – auf ihr ist sehr oft Stau.

Mit dem Rad und zu Fuß

Alte, unbenutzte Eisenbahnstrecken wurden in Orlando zu asphaltierten Wegen umgebaut. In Zentralflorida findet man ein Netz von fast 200 Meilen Gesamtlänge vor, die allerdings nicht zusammenhängen.

Die miteinander verbundenen Trails South Lake und West Orange sind insgesamt 47 Kilometer lang und verlaufen von Clermont (nördlich von Disney) nach Apopka beim Wekiva Springs State Park. Bei **West Orange Trail Bikes and Blades** kann man Fahrräder stunden- oder tageweise mieten.

Der hübsche Cady Way Trail führt sechs Kilometer mitten durch Downtown Orlando und wird von Radfahrern, Joggern und Skatern genutzt. Mehr Informationen und Karten finden Sie auf der Website von **Rails-to-Trails**.

Auf einen Blick

Amtrak
1400 Sligh Blvd, Orlando.
☎ 1-407-843-7611.

Lynx
☎ 1-407-841-5969.
W **golynx.com**

Mears Transportation Group
☎ 1-407-422-2222.

Rails-to-Trails
W **railstotrails.org**

SunRail
☎ 1-407-487-4035.
W **sunrail.com**

West Orange Trail Bikes and Blades
W **orlandobikerental.com**

Textregister

Fett gedruckte Seitenzahlen beziehen sich auf Haupteinträge.

C

D

E

F

I

J

M

N

T

Danksagung und Bildnachweis

Dorling Kindersley bedankt sich bei allen, die bei der Herstellung dieses Buchs mitgewirkt haben.

Hauptautoren

Richard Cawthorne ist freiberuflicher Reisejournalist; sein Spezialgebiet sind die Vereinigten Staaten.

David Dick hat sich während seines Studiums am University College London auf US-amerikanische Geschichte spezialisiert.

Guy Mansell schreibt Reiseberichte für britische Zeitschriften und Zeitungen, z. B. für den *Sunday Telegraph*, sowie Reiseführer.

Fred Mawer schreibt als Reisejournalist regelmäßig für den *Daily Telegraph* und die *Mail on Sunday*. Er hat mehrere Reiseführer verfasst und auch zu verschiedenen Vis-à-Vis-Titeln Teile beigetragen.

Emma Stanford hat Florida ausgiebig bereist und ihre Erfahrungen in verschiedenen Büchern und Artikeln niedergeschrieben. Außerdem ist sie Autorin für Berlitz, AAA und Fodor's.

Phyllis Steinberg lebt in Florida. Sie schreibt zu den Themen Essen, Reise und Lifestyle in amerikanischen Zeitschriften und Tageszeitungen.

Jennifer Greenhill-Taylor aus Edinburgh lebt in Orlando. Sie hat zu einigen Vis-à-Vis-Titeln Teile beigetragen.

Weitere Autoren und Beratung
Frances und Fred Brown, Monique Damiano, Todd Jay Jonas, Marlena Spieler, David Stone.

Ergänzende Fotografie

Lucy Clark, Steven Greaves, Dave King, Ian O'Leary, Magnus Rew, Rough Guides/Demetrio Carrasco, Rough Guides/Angus Oborn, Tony Souter, Arvin Steinberg, James Stevenson, Clive Streeter, Stephen Whitehorn, Peter Wilson.

Ergänzende Illustrationen

Julian Baker, Joanna Cameron, Stephen Conlin, Gary Cross, Chris Forsey, Paul Guest, Stephen Gyapay, Ruth Lindsay, Maltings Partnership, Paul Weston.

Redaktion und Gestaltung

Researcher Fred Brown.
Managing Editor Vivien Crump.
Managing Art Editor Jane Ewart.
Deputy Editorial Director Douglas Amrine.
Deputy Art Director Gillian Allan.
Production David Proffit.
Picture Research Monica Allende.
Editorial und Design Lesley Abravanel, Umesh Aggarwal, Shahnaaz Bakshi, Claire Baranowski, Vandana Bhagra, Hilary Bird, Rohan Bolton, Louise Boulton, Sherry Collins, Cathy Day, Surya Deogun, Caroline Elliker, Alice Fewery, Emer FitzGerald, Niki Foreman, Fay Franklin, Jo Gardner, Emily Green, Jennifer Greenhill-Taylor, Donald Greig, Vinod Harish, Joseph Hayes, Leanne Hogbin, Laura Jones, Kim Kemp, Sumita Khatwani, Desiree Kirke, Maite Lantaron, Jude Ledger, Carly Madden, Tanya Mahendru, Hayley Maher, Nicola Malone, Alison McGill, Sam Merrell, Ella Milroy, Sonal Modha, Claire Naylor, George Nimmo, Mary Ormandy, Helen Partington, Sangita Patel, Susie Peachey, Rada Radojicic, Mani Ramaswamy, Lee Redmond, Lucy Richards, Rockit Design, Harvey de Roemer, Ellen Root, Michael Sasser, Shailesh Sharma, Jonathan Shultz, Azeem Siddiqui, Asavari Singh, Susana Smith, Michelle Snow, Arvin Steinberg, Phyllis Steinberg, Paul Steiner, Lia Sussman, Alka Thakur, Conrad Van Dyk, Vinita Venugopal, Deepika Verma, Ingrid Vienings, Ros Walford, Laura Walker, Marian Virginia Warder, Michael Wise, Ed Wright, Sophie Wright.

Kartografie

Malcolm Porter, David Swain, Holly Syer und Neil Wilson bei EMS Ltd. (Digital Cartography Dept.), East Grinstead, UK; Alok Pathak, Kunal Singh. Map Co-ordinators Emily Green, David Pugh.

Schlussredaktion

Stewart Wild.

Register

Hilary Bird.

Hilfe und Unterstützung

Dorling Kindersley bedankt sich bei allen Fremdenverkehrsbüros in Florida für ihre Unterstützung.
Unser besonderer Dank geht an: Rachel Bell, Busch Gardens; Alison Sanders, Cedar Key Area Chamber of Commerce; Marie Mayer, Collier County Historical Museum, Naples; Mr. und Mrs. Charlie Shubert, Coombs House Inn, Apalachicola; Nick Robbins, Crystal River State Archaeological Site; Emily Hickey, Dalí Museum, St. Petersburg; Gary B. van Voorhuis, Daytona International Speedway; James Laray, Everglades National Park; Sandra Barghini, Flagler Museum, Palm Beach; Ed Lane, Florida Geological Survey, Florida Department of Environmental Protection, Tallahassee; Dr. James Miller, Archaeological Research, Florida Department of State, Tallahassee; Florida Keys National Marine Sanctuary; Jody Norman, Florida State Archives; Damian O'Grady und Tanya Nigro, Florida Tourism Corporation, London; Larry Paarlberg, Goodwood Plantation, Tallahassee; Dawn Hugh, HistoryMiami; Ellen Donovan, Historical Society of Palm Beach County; Melissa Tomasso, Kennedy Space Center; Valerie Rivers, Marjorie Kinnan Rawlings State Historic Site, Cross Creek; Carmen Smythe, Micanopy County Historian; Bob McNeil und Philip Pollack, Museum of Florida History, Tallahassee; Frank Lepore und Ed Rappaport, National Hurricane Center, Miami; Colonel Denis J. Kiely, National Museum of Naval Aviation, Pensacola; Richard Brosnaham und Tom Muir, Historic Pensacola Preservation Board; Ringling Museum of Art, Sarasota; Ardythe Bromley-Rousseau, Salvors Inc., Sebastian; Arvin Steinberg; Wit Tuttell, Universal Studios; Holly Blount, Vizcaya, Miami; Melinda Crowther, Margaret Melia und Joyce Taylor, Walt Disney Attractions, London.

Genehmigung für Fotografien

Dorling Kindersley bedankt sich bei folgenden Institutionen für die Hilfe und freundlich gewährte Erlaubnis zum Fotografieren: The Barnacle Historic Site; © 1996 FL Cypress Gardens, Inc.; alle Rechte vorbehalten; © Disney Enterprises, Inc.; Dreher Park Zoo: The Zoo of the Palm Beaches; Fish and Wildlife Service, Department of the Interior; Florida Park Service; Harry P. Leu Gardens, Orlando, FL; Key West Art and Historical Society: Lighthouse Museum and East Martello Museum; Metro-Dade Culture Center, Historical Museum of Southern Florida; Monkey Jungle Inc., Miami, FL; National Park Service, Department of Interior; Pinellas County Park Department; National Society of the Colonial Dames of America in the State of Florida; Suncoast Seabird Sanctuary Inc., Indian Shores, FL sowie allen anderen Kirchen, Museen, Hotels, Restaurants, Läden, Galerien und Sehenswürdigkeiten, deren Aufzählung den Rahmen dieses Abschnitts sprengen würde.

Bildnachweis

o = oben, u = unten, l = links, m = Mitte,
r = rechts, d = Detail.

Kunstwerke wurden mit der freundlichen Erlaubnis folgender Copyright-Inhaber abgebildet:
Courtesy of General Services Administration, Public Building Services, Fine Arts Collection: Denman Fink, *Das Gesetz leitet Floridas Fortschritt* (1940) im US Federal Courthouse, Miami 76mlo.

Dorling Kindersley bedankt sich bei folgenden Personen, Institutionen und Bildarchiven für die freundliche Genehmigung zur Reproduktion ihrer Fotografien:

123RF.com: fotoluminate 308–309.
Aisa, Barcelona: 211u; Museo de America 48ml; Vidler 117o, 130o.
Alamy Images: America 351or; Pat & Chuck Blackley 15ur; Pat Canova 340ol; Ian Dagnall 195um, 280ur, 382ol; Dylan Garcia Photography 273mr; Greg Balfour Evans 148–149; Jeff Greenburg 123ul, 123ur; NASA Photo 56–57; PF-(space1) 205or; Peter Titmuss 370mlo; RosalreneBetancourt 1 77ul, 102or; Stephen Saks Photography 232or; ZUMA Press, Inc 36ur.
Allsport/Getty Images: Brian Bahr 37mr; Steve Swope 37u.
Appleton Museum of Art, Ocala: *Jeune Bergère (Junge Schäferin)*, William Adolphe Bougereau (1825–1905), Frankreich. Öl auf Leinwand 226o.
Archive Photos, New York: 53mlo, 56mlu; Bert & Richard Morgan 122u.
Archivo de Indias, Sevilla: 46mu.
Tony Arruza: 27mu, 30mlu, 42, 132o, 294m, 301u, 359o.
Aunt Catfish's Restaurant, Daytona Beach: Gerald Sprankel 327or.
Avalon Hotel, Miami: 65ol.
Azul: 331or.
www.barefootweddings.net: 366mlo.
Barton G. The Restaurant: 326mlo.
Beach Bistro: 343or.
Larry Benvenuti: 297mr.
Biblioteca Nacional, Madrid: *Codice Osuna* 47mu.
Big Pink: 329u.
The Bridgeman Art Library, London: *Christus am Ölberg*, 1889 von Gauguin, Paul (1848–1903), Norton Gallery, Palm Beach 131om.
British Museum: 45o, 49mr.
Busch Gardens, Tampa Bay: 112u, 268u, 268mlu, 269ol, 269ur, 296um. Alle Rechte vorbehalten, Discovery Cove: 187m, 187u.
Café de France: 339ul.
Calamari: 332ul.
Camera Press: Steve Benbow 170ul.
John Carter: 25u.
Casa Maya Grill: 333o.
Carnival Center for the Performing Arts: 100ul; Robin Hill 101ol.
The Charleston Museum, Charleston, South Carolina: Osceola (Porträt) 50mo.
Robert Clayton: 58–59, 382mu.
Clinton Hotel: 314ul.
Pat Clyne: 118o.
Bruce Coleman, London: Atlantide SDF 298o; Raimund Cramm GDT 198mlo.
Corbis: 47o, 48–495m, 374om; Morton Beebe 328mlo; Jonathan Blair 150o; Richard Cummins 263ol; Demotix/Kelly Smy 372ul; Fotog/Tetra Images 114; Photononstop/Russel Kord 123ml; Reuters/Pierre Ducharme 204mlo.
Cuban Club: © Burget Brothers, Foto mit freundlicher Genehmigung der Tampa Hillsborough County Public Library 264or.
Culver Pictures, Inc., New York: 42ml, 55o.
Salvador Dalí Museum, St. Petersburg: 260; alle Kunstwerke von Salvador Dalí © Kingdom of Spain, Gala – Salvador Dalí Foundation, DACS, London 2011, *Nature Morte Vivante* 260mo, *Das kranke Kind* 261mro, *Cadaqués* 260mlu, *Don Quichotte und Sancho Pansa* 261, *Hoffnung!* (1940) 261mu; Salvador Dalí von Marc Lacroix 261u.
© International Speedway Corporation, Daytona: 222or, 223ml, 223ul; Nascar 223mru.
DB Bistro Moderne: 331ur.
The Charles Deering Estate: 96or.
© Disney, Inc.: 146ur, 147ol, 147ur, 156, 156ml, 157, 158, 164–165, 166, 172–173 alle, 174–175 alle, 176ur, 177ol, 366u; »The Twilight Zone™ is a registered trademark of CBS, Inc. and is pursuant to a license from CBS, Inc.« 147ur, 147mlo; © LEGO 173ur; *La Nouba*™ von Cirque du Soleil® 173m.
Dorling Kindersley: Foto mit freundlicher Genehmigung von Flamingo Gardens/Steven Greaves 5mru.
Dreamstime.com: Americanspirit 298ml; Walter Arce 10ml; John Bilous 206; Mike Brown 204ur; Ivan Cholakov 368–369; Songquan Deng 74; Fotoluminate 92; Jorg Hackemann 62, 284; Hakoar 29or; Jerryway 293um; Judy Kennamer 262ml; Kmiragaya 95or; Daniel Korzeniewski 13ol; Miroslav Liska 144ul; Lunamarina 58–59; Luvemak 251u; Gilles Malo 29ml, 29ul; Mirador-pictures 195or; Felix Mizioznikov 348ur; Glenn Nagel 110–111; Offaxisproductions 11ur; Ruth Peterkin 290or; William Rothstein 258ml; Craig Sims 14or; Tommy Schlutz 373um; Tinamou 69mro; Typhoonski 82; Edwin Verin 203or; Brian Winshell 2–3; Michael Wood 22.
David Dye, University of Memphis: South Florida Museum 44mr, 47mlo.
Eden Roc Renaissance Resort and Spa: Jon Moe 310ml.
ET Archive: Natural History Museum 49mlo.
Fairchild Tropical Garden: 96u.
Fifth Third Bank: 374ur.
© Henry Morrison Flagler Museum, Palm Beach: 53o, 126or, 128ol, 128m, 128u, 129o, 129mo, 129mu; Archives 128or, 129u.
Florida Department of Environmental Protection: 371or.
The Floridian: 334or.
Fontainebleau Hilton, Miami: 73ul.
Sandra Friend: 12ul.
Pet Gallagher: 24u.
Genesis Space Photo Library: NASA 204ol.
Getty Images: Steve Bly 383ul; CBS Photo Archive 57om; John Coletti 14ur; Sir John Lavery/The Bridgeman Art Library 8–9; David Rojas /FilmMagic 376m; Bruce Weaver/Stringer 202mlu.
Giraudon, Paris: Bridgeman Sir Francis Drake (Porträt), Olivier Isaac (1540–1596) 47mr; Laurus 43u.
Grand Bohemian: 318ul.
The Granger Collection, New York: 50mlu, 50mru, 53mr, 54o.
Gulfstream Park Racetrack: 100mr.
G. WIZ, The Hands-On Science Museum: Sarah Lansky 269mr.
Hawk's Cay Resort: 325ul.
Hibel Museum of Art, Palm Beach: *Brittany and Child*, Öl, Gips und Blattgold, Edna Hibel (1994) 125m.
Historical Resources, State Department, Tallahassee: 45mru, 118m.
Historical Museum of Southern Florida: 54mu, 55mlu, 56m, 67or, 289o.
IGFA (International Game Fish Association): 140ol.
The Image Bank, London: 25m, V. Chapman 54–55m.
Images Colour Library: 21o, 55mro, 61u, 290ur, 303u.
Index Stock Photography, Inc., New York: 27u, 38m, 40mo, 41mro, 52o, 125u, 188m, 267o, 366m; © Bill Bachmann 28ml; © James Blank 21u, 286m; J. Christopher 31mr; © Henry Fichner 29mr; © Warren Flagler

57mro; Scott Kerrigan 299mr; Larry Lipsky 181ul, 295ur; Wendell Metzen 36o, 198mo, 292o; Jim Schwabel 275o, 287o, 288o; M. Still 295o; Randy Taylor 38u.
Indian Temple Mound: 44ml.
iStockphoto.com: gregobagel 89o.
Joe's Stone Crab: 330or.
The John and Mable Ringling Museum of Art: 274mu, 274ur, 277ur.
Kennedy Space Center – Visitors Center, Cape Canaveral: 200o, 200or, 201mo, 201mu, 202or.
The Kessler Collection: 311ul, 319om, 341o.
Kobal Collection: Michael Fineman 141u.
Ken Laffal: 27o, 60u, 113o, 121u.
Frank Lane Picture Library: © Dembinsky 28mul, 297ul; © David Hosking 28ur, 29ur, 198o, 292mr; Maslowski 120m; © Leonard Lee Rue 29mru.
LEGOLAND Florida © Merlin Entertainments Group: Chip Litherland 196or, 196ml, 196mlu, 196ur, 197ol, 197om, 197mr, 197ul, 197mlo.
Lightner Museum, St. Augustine: 53mul.
Lowe Art Museum: 87m.
The Lynn Conservatory: 134or.
Lynx: 387mlo.
Barry Mansell: 289m.
Macmillan Publishers: Pan Books *Native Tongue* und *Tourist Season* Carl Hiassen 88u.
Mangia Mangia Pasta Café: 346or.
Marine Dolphin Conservation Center: 220ul.
Marquesa Hotel: 324ol.
Marvel Entertainment Group, NY: Spider-Man™ and © 1996, Marvel Characters, Inc. Alle Rechte vorbehalten 134o.
Fred Mawer, London: 140u, 145o, 200mu.
© The Miami Herald: © Al Diaz 37ml, 130u; © Guzy 57mlo; © Charlie Trainor 81mr.
Miami Seaquarium: 95u.
Miami World Jai-Alai: 37o.
Miami-Dade Aviation Museum Foundation: 237mru, 237mro.
Miami-Dade Transit: 77ur, 396mo.
Jason Mitchell: 69mru.
The Moorings Village: 313or, 323ol.
Museum of Art, Fort Lauderdale: *Großer Vogel mit Kind*, Karel Appel (1972) © DACS, London 2006 136o.
Museum of Fine Arts, St. Petersburg: *Mohn*, Georgia O'Keeffe (1927) © ARS, NY und © DACS, London 2006 259o.
© NASA: 204or.
Museo Naval, Spanien: 32ml.
Peter Newark's Pictures: American Pictures 49mlu; Historical Pictures 33mu; Military Pictures 51mu.
The New York Public Library: Print Collection, Miriam und Ira D. Wallach Division of Art, Prints and Photographs, Astor, Lenox and Tilden Foundations 46–47m.
Jesse Newman Associates: 123ur.
Glenn Van Nimwegen, Wyoming: 294mo, 295ul.
Northampton Museums and Art Gallery: 44o.
NOAA National Hurricane Center, Miami: 30–31, 31o.
The Opium Group: Simon Hare Photography 101u.
Orange Blossom Balloons: 367o.
The Orlando Eye, Madame Tussauds Orlando & SEA LIFE Orlando: 181mr; 181u.
Orlando Harley-Davidson: 176ml.
Orlando Museum of Art: Dauerleihgabe der Gross Family Collection *The Conference* (d) Edward Potthast (American, 1857–1927) 193u.
Oronoz, Madrid: 46mo.
Orsay: 340ur.
The Palm Beach Post: © Thomas Hart Shelby 122ml; © Greg Lovett 39m; © Loren Hosack 123ul, 126u; © E.A. Kennedy III 26u; © Mark Mirko 41u; © Sherman Zent 39u.
Pérez Art Museum: 79or.
PGA National Resort: 317ol.
Pictures Colour Library: 307u.
Pink Shell Beach Resort: 321ul.
Pistache: 336o.
Planet Earth Pictures: 297o; Kurt Amsler 254o; Peter Gasson 29uml; © Brian Kenney 28mr, 29ul, 20mlo, 198mro, 290ul, 291mo, 292ml, 293o, 293m, 293ul; David Maitland 28mro; Doug Perrine 296mr, 297o; Mike Potts 292u; Nancy Sefton 296ul.
Quadrant Picture Library: © Anthony R. Dalton 57mru.
Mike Rastelli, Ocala: 279u.
The Refinery: 345or.
The John and Mable Ringling Museum of Art, Sarasota: 276u; Bequest of John Ringling, *Palastbau*, Piero di Cosimo (1515–1520) 275m, *Abraham und Melchisedek*, Peter Paul Rubens (um 1625) 275u, *Philipp IV., König von Spanien*, Diego Rodríguez de Silva y Velázquez, um 1625–1635 274mlo; Giovanni Lunardi, 2002 276ml, 277or, 277mr, 277ul.
Sandestin Golf and Beach Resort: 312ur.
Schooners: 342ur.
Seasons 52: 337ur.
Sea Salt: 347um.
SeaWorld, Orlando: 180or, 180ur.
Seminole Hard Rock Hotel & Casino: 141o, 316ur.
Setto Bello: 335ul.
Smithsonian Institution: Department of Anthropology Katalog-Nr. 240915 44mlu.
St. Augustine, Ponte Vedra & the Beaches VCB: 214mlu, 215ol, 215mro, 216mlo.
STA Travel Group: 370mru.
Florida State Archive, Tallahassee: 49o, 51o, 51mo, 52u, 55mo, 124ur, 127o, 233mo, 235u, 266u.
Tony Stone Images: Randy Wells 290m.
Superstock: 192o, 250.
Tampa Theatre: 359u.
Turtle Beach Resort: 322ul.
© 2010 Universal Orlando Resort: 182ur, 185ul, 185ol, 185ur, 185ul, 186m, 187or, 187u, 188–189 alle.
WaterSoundVacationRentals.com: 320ol.
Prof L. Glenn Westfall, FL: 52–53.
West Florida Historic Preservation. Inc: 232mlo.
Wet 'n Wild: 188–189 alle.
Wish Restaurant: 336ur.
Bill Wisser, Miami: 71o.
Wolfsonian Museum, Miami: Mitchell Wolfson, J.R. Collection 71u.
World Pictures: 170o.
Ybor City Chamber of Commerce: 264ol.

Vordere Umschlaginnenseiten:
Corbis: Fotog/Tetra Images Rmlu.
Dreamstime.com: Benkrut Ror; Songquan Deng Lml; Fotoluminate Lul; Jorg Hackemann Rul, Lur; Typhoonski Lum;
Superstock: Stock Connection Lmro.

Umschlag

Vorderseite: **DK:** Peter Wilson.
Buchrücken: **DK:** Peter Wilson.
Rückseite: **DK**.

Alle **anderen** Bilder © Dorling Kindersley.
Weitere Informationen unter
www.dkimages.com

Vis-à-Vis

VIS-À-VIS-REISEFÜHRER

Ägypten • Alaska • Amsterdam • Apulien • Argentinien Australien • Bali & Lombok • Baltikum • Barcelona & Katalonien • Beijing & Shanghai • Belgien & Luxemburg Berlin • Bodensee • Bologna & Emilia-Romagna Brasilien • Bretagne • Brüssel • Budapest • Chicago Chile • China • Costa Rica • Dänemark • Danzig Delhi, Agra & Jaipur • Deutschland • Dresden Dublin • Florenz & Toskana • Florida Frankreich • Gardasee • Gran Canaria Griechenland • Großbritannien • Hamburg Hawaii • Indien • Irland • Istanbul • Italien • Italienische Riviera • Japan • Jerusalem • Kalifornien • Kambodscha & Laos Kanada • Karibik • Kenia • Korsika • Krakau • Kreta • Kroatien Kuba • Las Vegas • Lissabon • Loire-Tal • London • Madrid • Mailand Malaysia & Singapur • Mallorca • Marokko • Mexiko • Moskau München & Südbayern • Myanmar • Neapel • Neuengland • Neuseeland New Orleans • New York • Niederlande • Nordspanien • Norwegen Österreich • Paris • Peru • Polen • Portugal • Prag • Provence & Côte d'Azur Rom • San Francisco • St. Petersburg • Sardinien • Schottland Schweden • Schweiz • Sevilla & Andalusien • Sizilien • Slowenien Spanien • Sri Lanka • Stockholm • Straßburg & Elsass • Südafrika Südengland • Südtirol • Südwestfrankreich • Teneriffa Thailand • Thailand – Strände & Inseln • Tokyo Tschechien & Slowakei • Türkei • Umbrien USA • USA Nordwesten & Vancouver • USA Südwesten & Las Vegas • Venedig & Veneto • Vietnam & Angkor Washington, DC • Wien • Zypern

www.dorlingkindersley.de

Vis-à-Vis

Großraum Orlando

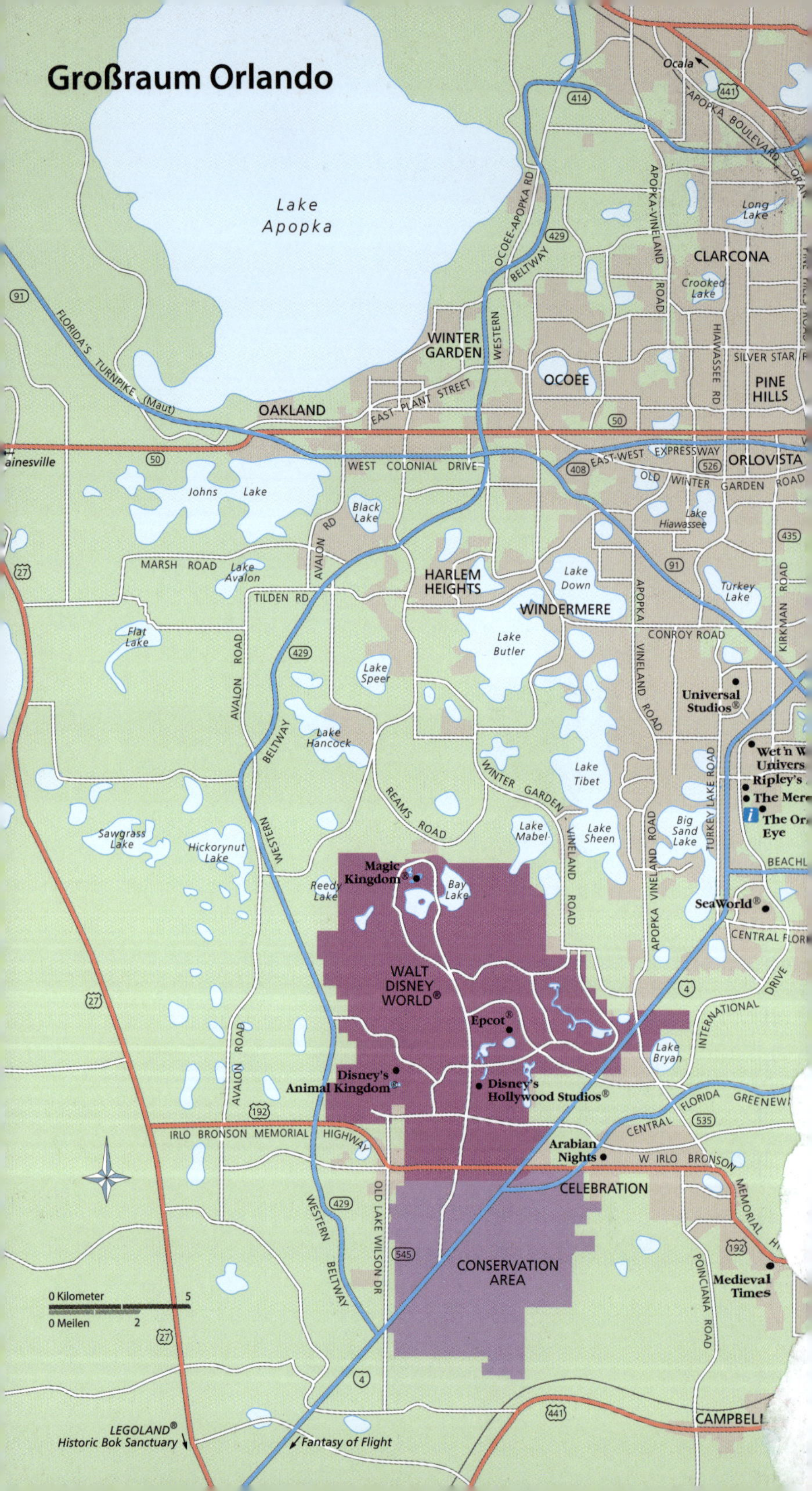